Die Zins-Wucher-Gesetzgebung in Deutschland
im 19. Jahrhundert

Europäische Hochschulschriften

Publications Universitaires Européennes

European University Studies

Reihe II

Rechtswissenschaft

Série II Series II

Droit

Law

Bd./Vol. 3394

PETER LANG

Frankfurt am Main · Berlin · Bern · Bruxelles · New York · Oxford · Wien

Jochen Dilcher

Die Zins-Wucher-Gesetzgebung in Deutschland im 19. Jahrhundert

Eine entwicklungsgeschichtliche Betrachtung unter besonderer Berücksichtigung wirtschaftlicher und wirtschaftspolitischer Faktoren

PETER LANG
Europäischer Verlag der Wissenschaften

Die Deutsche Bibliothek - CIP-Einheitsaufnahme

Dilcher, Jochen:

Die Zins-Wucher-Gesetzgebung in Deutschland im 19. Jahrhundert : eine entwicklungsgeschichtliche Betrachtung unter besonderer Berücksichtigung wirtschaftlicher und wirtschaftspolitischer Faktoren / Jochen Dilcher. - Frankfurt am Main ; Berlin ; Bern ; Bruxelles ; New York ; Oxford ; Wien : Lang, 2002
(Europäische Hochschulschriften : Reihe 2, Rechtswissenschaft ; Bd. 3394)
Zugl.: Marburg, Univ., Diss., 2001
ISBN 3-631-39258-3

D 4
ISSN 0531-7312
ISBN 3-631-39258-3

www.peterlang.de

Meinen Eltern

Vorwort

Die vorliegende Arbeit hat im Wintersemester 2001/2002 dem Fachbereich Rechtswissenschaften der Philipps-Universität Marburg als Dissertation vorgelegen. Das Promotionsverfahren ist im November 2001 mit dem Rigorosum abgeschlossen worden. Rechtsprechung und Literatur sind bis Frühjahr 2001 berücksichtigt.

Mein besonderer Dank gilt meinem Doktorvater und Erstgutachter Herrn Professor Dr. Stephan Buchholz für die hervorragende Betreuung und stete Förderung meines Promotionsvorhabens, insbesondere für die zahlreichen Diskussionen und Anregungen. Danken möchte ich auch Herrn Prof. Dr. Dieter Werkmüller, der die Mühen der Zweitbegutachtung auf sich genommen hat.

Ganz besonderen Dank schulde ich meinen Eltern Ute und Heinrich A. Dilcher für ihre unerschütterliche und kraftspendende Unterstützung in vielen Gesprächen, Ihnen sei diese Arbeit gewidmet.

Bedanken möchte ich mich schließlich bei meinem Freundeskreis, der viel Verständnis und Geduld aufbrachte. Hervorheben möchte ich in diesem Zusammenhang Frau Nadja Mielke, Frau Katja Strauch, Frau Kathrin Peter, Herrn Jörn Engstfeld, Herrn Morten Manz sowie Herrn Bernd Schmidt für seine motivierenden Vergleiche und Ratschläge.

„»Zweiundvierzig!« kreischte Luunquoal los. »Ist das alles nach siebeneinhalb Millionen Jahren Denkarbeit?«
»Ich hab`s sehr gründlich nachgeprüft«, sagte der Computer, »und das ist ganz bestimmt die Antwort...«"

Douglas Adams

Marburg a. d. Lahn, im Dezember 2001
Jochen Dilcher

Inhaltsverzeichnis

A. Grundlagen und Hintergrundstrukturierung des gesetzlichen Wucherverbots 1

I. Vertragsfreiheit und Äquivalenz der Leistungen als privatrechtlicher Grundgedanke 1

II. Wesen und Begriff des Wuchers 18

1. Das Wesen und die wichtigsten Erscheinungsformen des Wuchers nach geltendem Recht 22

a) Die volkswirtschaftliche Basis für das rechtstheoretische Wucherwesen nach geltendem Recht 23
b) Die gesellschaftlich-soziale Basis für das rechtstheoretische Wucherwesen nach geltendem Recht 55
aa) Der `Lohnwucher` 61
bb) Die Wohnungsfrage 75
c) Die allgemeinwirtschaftliche Basis für das rechtstheoretische Wucherwesen nach geltendem Recht 78
aa) Allgemeinwirtschaftlich bestehende Ausbeutungsverhältnisse 78
bb) Der legislative Hintergrund 84
aaa) Gesetzliche Vorbilder 92
bbb) Kritik und Skepsis gegenüber der gesetzestechnischen Neuorientierung des Gesetzgebers bei der Wucherbekämpfung 96
d) Die wichtigsten Erscheinungsformen des Wuchers nach geltendem Recht 108
aa) Die grundlegenden Individualwucherbestimmungen des Straf- und des Zivilrechts, §§ 138 II BGB, 291 StGB 110
aaa) Die Rechtsgeschäftsunabhängigkeit als Merkmal der modernen Wuchergesetzgebung 111
bbb) Die Festlegung des `auffälligen Mißverhältnisses` als Überwindung der klassischen Zinsmaxima beim Kreditgeschäft 113

bb) Darlehensschuldnerschutz gem. § 609a BGB 120
cc) §§ 3 – 5 WiStG 122
dd) Gewerbeerlaubnisversagung gem. § 34c GewO 123

2. Das rechtstheoretische Wesen und der Begriff des Wuchers im 19. Jahrhundert 125

a) Überblick über die Zins-Wucher-Gesetzgebung bis zum 19. Jahrhundert 134
aa) Römisches Recht 134
bb) Kanonisches Recht 137
cc) Die 'Überwindung' des kanonischen Zinsverbotes durch den Handelsverkehr und der Übergang zur Neuzeit bis zum Ende des 18. Jahrhunderts 138
b) Die begriffliche und inhaltliche Assoziation des Wuchers mit dem ausbeuterischen Zinsgeschäft im 19. Jahrhundert 142

B. Die Entwicklung der Zins-Wucher-Gesetzgebung im 19. Jahrhundert, ihre wesentlichen Hintergründe und ihre tatsächlichen wirtschaftlichen Folgen 144

I. Die erste Gesetzesperiode als Schnittphase zwischen konservativem Gemeinrechtsprinzip und liberalen Strukturveränderungen 147

1. Die gesetzliche Situation 149

a) Allgemeine Unsicherheit über die Höhe des stipulierten Zinsfußes in Württemberg 156
b) Art. 1907 des Badischen Landrechts als bedeutende Ausnahme der ersten Gesetzgebungsperiode 159

2. Die Umbildung der sozialrechtlichen Verfassung auf dem Land und der damit einhergehende erhöhte Kapitalbedarf 161

3. Die Folgen 165

a) Kreditnot auf dem Land 165
aa) Der Bankenkredit 167
aaa) Hypothekenbanken und `preußische Landschaften` 169
bbb) Notenbanken 170
ccc) Aktienbanken 171
ddd) Sparkassen 172
eee) Genossenschaftliche Selbsthilfe 173
bb) Der Privatkredit 176
b) `Segensreicher` Wucherkredit 181

4. Die Allgemeine Deutsche Wechselordnung von 1848 197

II. Die Zins-Wucher-Frage unter der `Herrschaft` von ökonomischem Liberalismus und klassischer Nationalökonomie 207

1. Deutschland und Europa unter dem Einfluß des Wirtschaftsliberalismus 207

a) Prinzipien des ökonomischen Liberalismus 208
b) Kredit und Zins in der klassischen Nationalökonomie 215

2. Der Einfluß des ökonomischen Liberalismus auf die Rechtspolitik 220

3. Die Aufgabe der Zins-Wucher-Gesetze 233

a) Die Schwierigkeiten der Zinstaxenaufgabe in Preußen 238
b) Das `preußische` Gesetz für den Norddeutschen Bund, betreffend die vertragsmäßigen Zinsen vom 14. November 1867 252

4. Auswirkungen der Zinsfreigabe 259

III. Die Entstehung des modernen gesetzlichen Wucherverbots 267

1. `Rückkehr zur Vernunft` 267

a) Das Reichsgesetz betreffend den Wucher vom 24. Mai 1880 268
b) Die Ausbeutungsverhältnisse nach Inkrafttreten des Reichsgesetzes 285

aa) Geld- und Kreditwucher 289
bb) Viehwucher 291
cc) Warenwucher 295
dd) Grundstückswucher 296
ee) Ausbeutungen außerhalb des landwirtschaftlichen Bereiches 302

2. Die gesetzliche Weiterentwicklung zum modernen Wucherverbot 303

a) Reaktionen auf die Ausbeutungsverhältnisse 303
b) Das Gesetz betreffend Ergänzung der Bestimmungen über den Wucher vom 19. Juni 1893 306
c) Die Wucherbestimmung des BGB, § 138 II 314

C. Zusammenfassung **318**

Literaturverzeichnis 323
Archivalien 367

Abkürzungsverzeichnis

a.a.O.	am angegebenen Ort
ABGB	Allgemeines Bürgerliches Gesetzbuch für Österreich v. 1811
AcP	Archiv für die civilistische Praxis
ADHGB	Allgemeines Deutsches Handelsgesetzbuch von 1861
a.F.	alte Fassung
AG	Amtsgericht
ALR	Allgemeines Landrecht für die preußischen Staaten v. 1794
amtl.	amtlich
Anm.	Anmerkung
ArchV	Archiv
ARSP	Archiv für Rechts- und Sozialphilosophie
Art.	Artikel
Aufl.	Auflage
BAG	Bundesarbeitsgericht
BArchV	Bundesarchiv
Bay.	Bayern
bayer.	bayerisch, bayerisches, bayerischer, bayerische
BayObLG	Bayerisches Oberstes Landesgericht
BB	Der Betriebs-Berater
Bd.	Band
Beschl.	Beschluß
betr.	betreffend
BGB	Bürgerliches Gesetzbuch
BGBl.	Bundesgesetzblatt
BGH	Bundesgerichtshof
BGHSt	Entscheidungen des Bundesgerichtshofs in Strafsachen
BGHZ	Entscheidungen des Bundesgerichtshofs in Zivilsachen
BKartA	Bundeskartellamt
bspw.	beispielsweise
BT	Bundestag
B-W	Baden-Württemberg
bzw.	beziehungsweise
ca.	circa
cod.	codex
cod. Max.	Codex Maximilianeus Bavaricus civilis v. 1756
DB	Deutscher Bund
DB	Der Betrieb
ders.	derselbe
Diss.	Dissertation
DJT	Deutscher Juristentag
Drucks.	Drucksache
dt.	deutsch
EGBGB	Einführungsgesetz zum Bürgerlichen Gesetzbuch
Einf.	Einführung
Entsch.	Entscheidung
etc.	et cetera
EWGV	Vertrag zur Gründung der Europäischen Wirtschaftsgemeinschaft vom 25.03.1957

f	folgende (Seite)
FamRZ	Ehe und Familie im privaten und öffentlichen Recht (Zeitschrift für das gesamte Familienrecht)
FAZ	Frankfurter Allgemeine Zeitung
ff	folgende (Seiten)
Fn.	Fußnote
fol.	foliiert (archivalische Numerierung)
Fschr.	Festschrift
GewO	Gewerbeordnung
GG	Grundgesetz
GStA PK	Geheimes Staatsarchiv Preußischer Kulturbesitz
G.v.	Gesetz vom
GWB	Gesetz gegen Wettbewerbsbeschränkungen
ha	Hektar
Hann.	Hannover
HdRw	Handwörterbuch der Rechtswissenschaft
HdSw	Handwörterbuch der Sozialwissenschaften
HdWw	Handwörterbuch der Wirtschaftswissenschaft
Hess.	Hessen
HptStaatsArchV	Hauptstaatsarchiv
Hrsg.	Herausgeber
i.d.F.	in der Fassung
i.H.v.	in Höhe von
insbes.	insbesondere
Inst.f.Stgesch.Ffm.	Institut für Stadtgeschichte Frankfurt am Main
i.R.d.	im Rahmen des/der
i.S.d.	im Sinne des/der
i.V.m.	in Verbindung mit
JRA	Jüngster Reichsabschied
JuS	Juristische Schulung
JW	Juristische Wochenschrift
JZ	Juristenzeitung
Kap.	Kapitel
Kgl. Obertribun.	Königliches Obertribunal
Konv.	Konvention
LG	Landgericht
Lp.	Legislaturperiode
MDR	Monatsschrift für Deutsches Recht
MInn	Ministeruim des Innern
MJu	Ministerium der Justiz
m.w.Nachw.	mit weiteren Nachweisen
m.W.v.	mit Wirkung vom
n.ben.	nicht benannt
n.F.	neue Fassung
Nieders.	Niedersachsen
NJW	Neue Juristische Wochenschrift
NJW-RR	NJW-Rechtsprechungs-Report
no.	numero
Norddt. Bund	Norddeutscher Bund
Nr.	Nummer
NRW	Nordrhein-Westfalen

NZA	Neue Zeitschrift für Arbeits- und Sozialrecht
OLG	Oberlandesgericht
p.a.	per annum
PAngVO	Preisangabeverordnung
Pat.v.	Patent vom
Prot.	Protokoll, Protokolle
Rdnr.	Randnummer
Reg.	Regierung
resp.	respektive
RG	Reichsgericht
RGBl.	Reichsgesetzblatt
RGSt	Entscheidungen des Reichsgerichts in Strafsachen
RGZ	Entscheidungen des Reichsgerichts in Zivilsachen
RM	Reichsmark
RPO	Reichspolizeiordnung
RT	Reichstag
S.	Seite
SED	Sozialistische Einheitspartei Deutschlands
SeuffA	Seufferts Archiv für Entscheidungen der obersten Gerichte in den deutschen Staaten
sog.	sogenannter, sogenanntes, sogenannte
Sp.	Spalte
StaatsArchV	Staatsarchiv
Stat., stat.	Statistik, statistisch
Stenogr. Ber.	Stenographische Berichte
StGB	Strafgesetzbuch
Tit.	Titel
u.a.	unter anderem
Urt.v.	Urteil vom
u.s.w.	und so weiter
u.U.	unter Umständen
UWG	Gesetz gegen den unlauteren Wettbewerb
v.a.	vor allem
VerbrKrG	Verbraucherkreditgesetz
Verf.	Verfasser
vgl.	vergleiche
VO	Verordnung
WiKG (1.)	1. Gesetz zur Bekämpfung der Wirtschaftskriminalität v. 29.07.1976
WiStG	Wirtschaftsstrafgesetz
WM	Wertpapier-Mitteilungen
WRV	Weimarer Reichsverfassung
WuW/E	Wirtschaft und Wettbewerb. Entscheidungssammlung zum Kartellrecht
z.B.	zum Beispiel
Zeitschr. frz. CivR.	Zeitschrift für französisches Civilrecht
ZHR	Zeitschrift für das gesamte Handels- und Wirtschaftsrecht
ZK	Zentralkomitee
ZStW	Zeitschrift für die gesamte Strafrechtswissenschaft
zugl.	zugleich
ZVR	Zeitschrift für Verkehrsrecht

A. Grundlagen und Hintergrundstrukturierung des gesetzlichen Wucherverbots

I. Vertragsfreiheit und Äquivalenz der Leistungen als privatrechtlicher Grundgedanke

Die Vertragsfreiheit stellt sich heute als einer der bedeutendsten Grundsätze des geltenden Privatrechts und damit des Bürgerlichen Gesetzbuches dar.
Sie ist eine unerläßliche Voraussetzung für die Begründung verschiedenster Schuldverhältnisse, welche es den Parteien erlaubt, sowohl den Abschluß als auch den Inhalt eines Vertrages frei zu bestimmen.[1] Verfassungsrechtlich in Artikel 2 I Grundgesetz gewährleistet, bildet sie die wichtigste Erscheinungsform der Privatautonomie.

Die Grundlagen dieses rechtlichen Tuns finden sich - philosophisch betrachtet - in einer Art ethisch-moralischem Grundwert, einem moralischen Idealbild der rechtlich handelnden Partei. Der darauf aufbauende Grundpfeiler der Vertragsfreiheit ist somit ein *'rechtlich nicht zu beanstandendes Tun'*, sowie die ebenfalls ethisch-moralisch nicht zu beanstandende Ausgestaltung der Schuldverhältnisse.

Legte man *Kants* kategorischen Imperativ und Sittengesetz der Vertragsfreiheit und ihrer rechtlichen Ausgestaltungen zugrunde, müßte man niemals auf den Gedanken kommen, die Vertragsfreiheit einzugrenzen oder in Teilbereichen zu relativieren: *„Handle nur nach derjenigen Maxime, durch die du zugleich wollen kannst, daß sie ein allgemeines Gesetz werde"*.[2]
Nur wenn aus Pflicht, aus Achtung vor der eigenen und anderen Freiheit gehandelt wird, herrscht Moralität[3], eine Moral, die durch *'natürliches'*, pflichtgemäßes Handeln entsteht und Freiheit läßt.[4]
Problematisch ist jedoch, daß die Grenzen dieser Freiheit und ihrer moralischen Grundwerte fließend sind; der subjektive Anspruch, moralisch zu handeln, ist individuell höchst unterschiedlich, soweit ein solcher überhaupt vorhanden ist.[5] Die eigene Freiheit endet objektiv jedoch dort, wo der Freiheitsraum des anderen eingeengt und beschädigt wird.[6]

---

[1] Vgl. Harenberg, S. 1; Schmude in Festschrift Ballerstedt, S. 481 (482, 483).
[2] Kant in Immanuel Kants Werke, Band IV, S. 279.
[3] Vgl. Friedlein, S. 235; vgl. auch Wieacker in Festschrift Juristentag, S. 1 (9).
[4] *„So ist es allerdings pflichtgemäß, daß der Krämer seinen unerfahrenen Käufer nicht überteure, und, wo viel Verkehr ist, tut dieses auch der (...) Kaufmann nicht, sondern hält einen festgesetzten allgemeinen Preis für jedermann, so daß ein Kind ebenso gut bei ihm kauft, als jeder anderer."*, Kant in Immanuel Kants Werke, Band IV, S. 253.
[5] So ist nach *Kant* das Moralproblem an dieser Stelle festzusetzen. Die menschliche Natur erschwere es, Moralität durch pflichtgemäßes Handeln zu erreichen. Vielmehr werde, wenn überhaupt, aus situationsbedingter Neigung vermeintlich moralisch gehandelt. Vgl. Kant in Immanuel Kants Werke, Band IV, S. 254.
[6] Vgl. Wieacker in Festschrift Juristentag, S. 1 (9).

Rechtlich gesehen kann also ein Vertrag, der unter ausschließlicher Berufung auf die Vertragsfreiheit entsteht, zwar in ihrem Sinne *„richtig"* [7] sein, jedoch müssen bestimmte Mindestinteressen beider Vertragsparteien gewahrt bleiben.
Dies muß vor allem dort geschehen, wo der Grund des Vertragsschlusses angesiedelt ist, nämlich bei den beiderseitigen Leistungen, die nach dem Idealtypus in einer Austauschbeziehung wertmäßig annähernd gleich sein sollten. Dem Grundprinzip der Vertragsfreiheit ist daher das Prinzip der materiellen Vertragsgerechtigkeit immanent.[8] Die Aufgabe der Wahrung und Förderung dieses Prinzips hat ein soziales Privatrecht durch Regelungen zu erfüllen, in Form der Beachtung und dem Streben nach Äquivalenz der Leistungen, ohne aber die Vertragsfreiheit in ihren Grundfesten zu erschüttern[9], oder, nach *Savigny*, die Sittlichkeit nicht nur zu ermöglichen, sondern selbst zu bewirken.[10]
Die Vertragsfreiheit als Grundpfeiler eines liberal geprägten Privatrechts (so vorliegend in der heutigen Form des Bürgerlichen Gesetzbuches als Ergebnis der liberalen Epoche des 19. Jahrhunderts[11]) muß somit auch ein geeignetes Korrektiv zur Vermeidung eigennütziger und gewinnsüchtiger Ausnutzung der Vertragsfreiheit zulassen.[12]
Ließe man dies nicht zu, achtete man nicht auf das Ziel der Äquivalenz der Leistungen, so würde man Gefahr laufen, die Vertragsfreiheit indirekt zugunsten einer Seite zu überdehnen, wodurch die andere Seite jegliche Freiheit verlöre. Jedem besonders Durchsetzungsfähigen wäre somit erlaubt, *„sich selbst ein Gesetz zu geben"*[13], nach

---

[7] Luig, Vertragsfreiheit und Äquivalenzprinzip, S. 171 (171); ebenso Harenberg, S. 2 und Peschke, Handwörterbuch der Staatswissensch., S. 1081 (1082).
[8] Harenberg, S. 1.
[9] Im heute geltenden Privatrecht besteht nahezu vollkommene Einigkeit darüber, daß einem Rechtsgeschäft ein Streben nach einem Äquivalent zwischen Leistung und Gegenleistung innewohnt. Vgl. Heinrichs in Palandt, Einf. v. § 145, Rdnr. 7, 13; Brox, Allgemeiner Teil, § 4, Rdnr. 73; Esser/Weyers, S. 37, 38; Reinhardt in Festschrift Lehmann, S. 221 (229, 235); Bydlinski, Privatautonomie und objektive Grundlagen, S. 104. Nach *Anton Menger* stellt die rechtliche Angleichung von Machtverhältnissen nicht weniger als die Hauptaufgabe einer erstrebenswerten sozialen Rechtswissenschaft dar, Menger, Soziale Aufgaben, S. 24. Unabhängig von jeglicher moralischer Argumentation läßt sich auch aus konsequenter juristischer Überlegung heraus im Sinne eines *`argumentum e contrario`* aus § 138 II BGB ein Äquivalenzgedanke folgern. Wird in § 138 II BGB ein Mißverhältnis zwischen den Leistungen explizit als nicht akzeptables Moment statuiert, kann der vom privatrechtlichen Grundgedanke her zu erstrebende Zustand nur ein solcher eines angemessenen Wertverhältnisses sein.
[10] Savigny, System, Band I, S. 331ff.
[11] Vgl. Luig, Vertragsfreiheit und Äquivalenzprinzip, S. 171 (171).
[12] Gerade das Schuldrecht des historisch interpretierten BGB des Jahres 1900 - mit seiner Betonung der privatautonomen Gestaltung als entscheidendem Grundsatzprinzip - ist liberal geprägt. Es beruht somit auf dem Optimismus, daß es einerseits jedem in weitgehend gleichem Maße möglich sei, seine privaten Interessen aufgrund freier willentlicher Entscheidung durchzusetzen, und daß andererseits ein gerechter Normenschutz zur Risikominimierung erreicht werde, ohne gleichzeitig individuelle Initiative allzusehr abzuschrecken. Vgl. Prot. des Bürgerlichen Gesetzbuchs, Band II, S. 569.
[13] Savigny, System, Band VIII, S. 113.

dem er handelt.[14] Dies würde dem erhofften und erstrebten Prinzip im Ergebnis zuwiderlaufen.[15]

Die rechtliche und tatsächliche Schwierigkeit liegt darin, einen Rechtsbereich zu bestimmen, der einerseits die erstrebte (Vertrags-)Freiheit gewährt[16], andererseits aber Auswüchsen und Gefahren im vertragsbildenden und -ausgestaltenden Bereich entgegentritt, ohne die Parteien im Sinne einer *´patriarchalischen Fürsorge´* einzuschränken.
Herrschend muß hier der Gedanke eines *´individualistischen Sozialmodells´* und eines selbständigen und verantwortungsbewußten Individuums[17] bleiben, das – wie auch der Vertragspartner – in der Lage ist, seine rechtlichen und materiellen Vorteile zu wahren und eine Äquivalenz der Leistungen zu schaffen.

Der nahezu unerreichbare Idealtypus zielt dahin, wie *Gustav Schmoller* es formulierte, daß *„bei allen Verkehrsgeschäften und Operationen sich zwei anständige reelle Geschäftsleute mit gleicher Bildung, gleicher Sachkenntnis, gleich großem Bedürfnis, den Vertrag abzuschließen sich gegenüberstehen“.*[18]
Aber überall dort, wo es sich als Fiktion erweist[19], daß eine Partei zur Wahrung ihrer Interessen geeignet und in der Lage ist, bzw. der wirtschaftlich Schwächere Herr seiner Entschlüsse ist[20], dort müssen sich Bestimmungen finden, welche die Vertrags-

---

[14] *Von Hippel* sieht die absolute Vertragsfreiheit allerdings gesellschaftspessimistischer als *Savigny.* Die Folge dieser seien weniger subjektiv gesetzmäßige, als vielmehr anarchistische Zustände, da *„der einzelne Rechtsgenosse zur Durchgestaltung seiner gesamten Lebensverhältnisse von sich aus gar nicht fähig ist“.* Von Hippel, S. 112, 113.
[15] Nicht nur aus ethisch-moralischen Gesichtspunkten sind der Privatautonomie Korrektive entgegenzusetzen. So gilt auch aus rechtlicher Erwägung zu beachten, daß die privatautonome Gestaltung von Rechtsverhältnissen nicht Rechtsetzung bedeutet. Der Begriff Privatautonomie kann nicht so weit interpretiert werden, daß sich der einzelne durch die Ausgestaltung seines Rechtsverhältnisses unter dem Deckmantel der Privatautonomie sein eigenes Gesetz schafft. Selbst wenn dies so dargestellt würde, müßte auch ein solches Gesetz dem Korrektiv der allgemeinen, höherrangigen Rechtsordnung entsprechen. Vgl. hierzu auch Savigny, System, Band VIII, S. 112, 113.
[16] *Flume* spricht zu Recht davon, daß, so nötig der Bereich der Privatautonomie in Teilen einzuschränken ist, nicht vergessen werden darf, daß die Privatautonomie das wohl wesentlichste Strukturelement unserer Rechtsordnung ist und bleiben muß. Flume, Rechtsgeschäft und Privatautonomie, S. 135 (145).
[17] Vgl. Peschke, Handwörterbuch der Staatswissensch., S. 1081 (1083); die *„Voßische Zeitung“* merkt hierzu an, im Sinne des menschlichen Rechtverkehrs sei eine solche Grundsatzannahme für ein geregeltes Wirtschaftsleben mit Ausnahme von Kindern und Geisteskranken unerläßlich und dringend geboten. *„Voßische Zeitung“* v. 12.03.1893, Artikel „Der Sachwucher.“ *(Bestand BArchV, Akte R 3001/6252).*
[18] Schmoller, Grundfragen des Rechts, S. 81; so auch Rebe, S. 176; Hartmann, S. 1.
[19] Vgl. auch Flume, Rechtsgeschäft und Privatautonomie, S. 135 (144).
[20] Vgl. Peschke, Handwörterbuch der Staatswissensch., S. 1081 (1102).

freiheit einschränken[21] und den Leistungsaustausch zum Schutze des Schwachen[22] aus der uneingeschränkten Privatsphäre der Parteien herausheben.[23] [24]
Dies dürfen jedoch nur solche Einschränkungen sein, die der Gefahr entgegentreten, daß das anzustrebende Äquivalent der Leistungen in exorbitantem Maße aufgehoben, es geradezu pervertiert wird. Denn bei aller Sorge um das Äquivalenzprinzip innerhalb der Vertragsfreiheit darf nicht vergessen werden, daß Verträge zumeist mit dem Ziel abgeschlossen werden, daß daraus irgendwelche Vorteile[25] im Hinblick auf das natürliche wirtschaftliche Zweckstreben resultieren.[26] Und dies geschieht im Wirtschaftsleben nun einmal auch auf Kosten des Vertragspartners.

Wo also versagt der Grundsatz der Privatautonomie und wo endet das Recht, das Verhältnis von Leistung und Gegenleistung frei auszuhandeln?
Wann ist dem Streben nach Äquivalenz zwischen den Leistungen genüge getan und wann beginnt eine soziale Verantwortung des Privatrechts im Sinne eines \`individualistischen Sozialmodells\`?[27]

Die Frage nach der Begrenzung der Freiheit des Vertragsschlusses beziehungsweise dessen Ausgestaltung ist nahezu so alt wie das Recht selbst. Mit der Entwicklung des Rechts, den Veränderungen, Verfeinerungen, Fort- und auch Rückschritten geht diese Problematik unverrückbar einher.[28]
Gerade die Wuchergesetzgebung zeigt sich in dieser Entwicklung als eines der klassischen Probleme einer solchen Diskussion.

---

[21] Vgl. Bauer-Mengelberg, Knebelungsverträge, S. 7, 8.
[22] Peschke, Handwörterbuch der Staatswissensch., S. 1081 (1081); Medicus, Schutzbedürfnisse, S. 761 (761).
[23] Harenberg, S. 2; *Mestmäcker* spricht davon, durch derlei Bestimmungen den Schwachen zu schützen und damit dem Privatrecht seine Stelle in der rechten Ordnung des politischen Gemeinwesens zuzuweisen. Mestmäcker, Wettbewerbsbeschränkungen, S. 235 (255); *Wieacker* spricht vom Privatrecht als Mittel zur Ordnung sozialer Interessen. Wieacker in Festschrift Juristentag, S. 1 (9, 10).
[24] Bezüglich der gerichtlichen Verantwortung äußert sich das *BAG* recht unzweifelhaft:
„Das geltende Schuldrecht beruht auf dem Gedanken, die Vertragsfreiheit sei in aller Regel dadurch gewährleistet, daß gleichstarke Vertragspartner jeweils in Wahrnehmung der eigenen Interessen im Wege des Aushandelns einen billigen Ausgleich schaffen. Daher rechtfertigt sich die Vertragsfreiheit. Sieht man von den gesetzlichen Mindestbedingungen zugunsten schwächerer Vertragspartner ab, wird die Entscheidung über den Vertragsinhalt den Beteiligten überlassen; die Vertragsgestaltung bedarf im allgemeinen nicht der gerichtlichen Überprüfung. Anders ist es dann, wenn kein Gleichgewicht der Vertragspartner einen angemessenen Vertragsinhalt gewährleistet, weil entweder die Vertragsparität gestört ist oder eine Vertragspartei aus anderen Gründen allein den Inhalt des Vertragsverhältnisses gestalten kann." BAG NJW 71, 1149 (1150), Urt. v. 21.12.1970.
[25] So explizit als subjektives Vertragsziel benannt durch OLG Stuttgart, Urt. v. 24.04.1979, NJW 1979, S. 2409 (2410), so auch Schwarz, S. 2; ebenso Hartmann, S. 2.
[26] So auch Isopescul-Grecul, Das Wucherstrafrecht, S. 7.
[27] Vgl. Luig, Vertragsfreiheit und Äquivalenzprinzip, S. 171 (171).
[28] Vgl. hierzu Rühle, S. 25; so auch Bender, Konsumentenkredit, S. 1129 (1132); Betz, S. 1.

Charakteristisch am Wucher ist, wie bereits im Zusammenhang mit der Vertragsfreiheit angedeutet, *„daß er sich äußerlich in den Formen des Rechts vollzieht“* [29], was bedeutet, daß das Wucheropfer im Gegensatz zu einer unfreiwilligen, strafrechtlich relevanten Schädigung wie dem Betrug in die ihm nachteilige Vermögensdisposition bewußt und zielgerichtet einwilligt.[30]
Dies geschieht unter stillschweigender oder ausdrücklicher Berufung auf den garantierten Grundsatz der Vertragsfreiheit[31] (und der damit verbundenen privatrechtlichen *'Richtigkeit'* des Vertrages), und zwar für beide Seiten, denn der Beweggrund zum Abschluß eines Rechtsgeschäftes ist der Eigennutz der Vertragsparteien.[32] Sowohl der potentielle Wucherer als auch das Opfer erhoffen sich von diesem Rechtsgeschäft einen Vorteil.[33]
Ein solcher mag objektiv nicht vorliegen, jedoch ist subjektiv für beide Seiten häufig ein mehr oder weniger akzeptables Äquivalent der Leistungen vorhanden, das die Gegenleistung für den Moment mindestens ebenso wertvoll erscheinen läßt wie die eigene Leistung.[34]
So stehen diese Rechtsgeschäfte zunächst unter dem Grundsatz der Vertragsfreiheit und der Äquivalenz.
Beide Seiten wollen durch den Empfang der Leistung der anderen Seite einen Ausgleich für die Hingabe des eigenen Vermögenswertes erhalten, keine eigenen unrentablen Einbußen des Vermögensbestandes erleiden; eine *'gegenseitige Entgeltung'* mit persönlichem Gewinn soll entstehen. Jedoch ist diese scheinbare Äquivalenz der Leistungen dann gestört, wenn objektiv ein Mißverhältnis zwischen Leistung und Gegenleistung vorliegt. Dies entsteht nicht zuletzt dadurch, daß eine Partei weniger durchsetzungsfähig ist, allgemeine wirtschaftliche Schwäche vorliegt oder das Rechtsgeschäft in allgemeiner Bedrängnis oder situationsbedingter persönlicher Angewiesenheit geschlossen wird.[35]
Diese einseitige Schwäche ermöglicht der anderen Partei die Erlangung des objektiven Vorteils aus dem Rechtsgeschäft.
Dabei kann die Ursache der Schwäche verschiedener Natur sein. Meist ist sich der Geschädigte über seinen Verlust sogar im klaren, befindet sich aber beispielsweise

---

[29] Meyer im Hagen, S. 1; ebenso Peschke, Handwörterbuch der Staatswissensch., S. 1081 (1082). *Peschke* nennt den Wucher, ob seiner Hinterlist, trotz oberflächlicher Rechtskonformität die Kehrseite der Vertragsfreiheit in Form der antisozialen, verpönten Ausbeutung, a.a.O., S. 1082.
[30] Vgl. auch Peschke, Handwörterbuch der Staatswissensch., S. 1081 (1081, 1082); Schwarz, S. 2.
[31] Vgl. Schmude in Festschrift Ballerstedt, S. 481 (482).
[32] Vgl. Roquette, Wucher im Zivilrecht, S. 5; Dehnel, S. 3; ebenso Isopescul-Grecul, Das Wucherstrafrecht, S. 5.
[33] Bemerkenswert in diesem Zusammenhang erscheint, daß der Wucher wohl der einzige Straftatbestand ist, bei dem sich das Opfer aus einer vermeintlichen Vorteilshoffnung in Kenntnis nahezu aller Umstände zum Täter begibt und um die straftatbegründende Handlung bittet; vgl. auch Schwarz, S. 2.
[34] Vgl. Isopescul-Grecul, Das Wucherstrafrecht, S. 5.
[35] Vgl. insbes. zum Mißverhältnis Bender, Konsumentenkredit, S. 1129 (1132, 1133).

in einer vorübergehenden Not- oder Zwangslage und ist dazu gezwungen, eine Schädigung in Kauf zu nehmen.
Ursachen unbewußter Natur sind nur allzu oft Formen der Unerfahrenheit oder des Leichtsinns, die es dem Wucherer ermöglichen, aus dem Rechtsgeschäft einen inakzeptablen Gewinn zu erzielen. Die Schwäche des Bewucherten, gleich welcher Ursache, wird dabei ausgenutzt, mehr oder weniger effektiv.[36]
Gemeinsam ist allen Wucherern allerdings ein sie treibender Egoismus, der *von Stein* martialisch von *„Hyänen des wirtschaftlichen Schlachtfeldes"* sprechen ließ.[37]

Die gesetzliche Regelung dieser rechtlichen und wohl auch moralischen Problematik spielt in diesem Zusammenhang eine bedeutsame Rolle.[38]
So ist aus heutiger Sicht die wohl wichtigste Einschränkung der privatrechtlichen Vertragsfreiheit in der gesetzlichen Regelung des Wuchers zu sehen, dazu bestimmt, ein solches Korrektiv gegenüber dem Prinzip der Vertragsfreiheit zu bilden.[39]
Unerheblich ist zunächst, ob das *`Normenkorrektiv`* als unbestimmter Rechtsbegriff im Sinne eines § 138 II BGB der Vertragsfreiheit Grenzen setzt, oder ob der Wucher

---

[36] Vgl. Dehnel, S. 6; Hartmann, S. 1.

[37] Zitiert bei Betz, S. 2; ebensolche Ausdrucksweise auch in der 26. öffentlichen Sitzung der bayerischen Kammer der Reichsräthe v. 10.02.1879, in der der Wucher als *„Krebsschaden"* des Staates gesehen wird, der diesen und die Gesellschaft untergrabe. Protokoll der 26. Sitzung der bayer. Kammer der Reichsräthe, Nr. 27, S. 868; ebenso die *„Schlesische Presse"* v. 25.07.1879, die von einem *„Krebsgeschwür"* spricht, Artikel „Zur Wucherfrage." *(Bestand BArchV, Akte R 3001/6251)*; auch durch *Freiherr v. Erssa-Wernburg*, Referent bei den Verhandlungen des Deutschen Landwirthschaftsraths 1889 wird vom Wucherer *„als ein Begleiter des armen Staatsbodens"* gesprochen, *„einer Parasitpflanze auf einem kranken und armen Körper"*. Archiv des Deutschen Landwirthschaftsraths, XIII. Jahrgang 1889, Heft Nr. 12, Verhandlungen der XVII. Plenarversammlung 1889, S. 609 *(Bestand BArchV, Akte R 3001/6247, 6248)*.

[38] Neben den bekannten Wuchernormierungen im Privat- und Strafrecht findet sich ebenso im öffentlichen Recht der Nachweis einer Aufstellung des Wuchertatbestandes. So legte Artikel 152 der *Weimarer Reichsverfassung* fest:

> *Im Wirtschaftsverkehr gilt Vertragsfreiheit nach Maßgabe der Gesetze.*
> *Wucher ist verboten. Rechtsgeschäfte, die gegen die guten Sitten verstoßen, sind nichtig.*

Die Regelung des Verfassungsgebers in Absatz 2 stellt hier eine *´Doppelschutznorm´* dar, eine über geltende straf- und zivilrechtliche Normen hinausgehende Bestimmung. Artikel 152 Absatz 2 Satz 1 WRV band den Richter nicht an den durch diese Normen festgelegten Begriff des Wuchers, sondern gestattete ihm - den gewandelten Anschauungen folgend - den Begriff des Wuchers weiter zu fassen und somit auch solche Rechtsgeschäfte für nichtig zu erklären, die nicht ausdrücklich erfaßt wurden. Vgl. Anschütz, Verfassung des Deutschen Reichs, S. 605; ebenso Giese, Verfassung des Deutschen Reiches, S. 313, 314; vgl. hierzu auch Peschke, Handwörterbuch der Staatswissensch., S. 1081 (1085, 1086); ebenso Franke, S. 111.

[39] Vgl. Roquette, Wucher im Zivilrecht, S. 5; ebenso Lindacher, Grundsätzliches zu § 138 BGB, S. 124 (125). Inwieweit die Rechtstheorie der Frage nach sinnvoller Einschränkung der Vertragsfreiheit durch ethisch-moralische Erwägungen tatsächlich Raum gibt, kann und soll hier nicht erläutert werden, da es sich hierbei um eines der am meistdiskutierten Probleme des Privatrechts handelt. Vgl. zum Diskussionsstand Lindacher, Grundsätzliches zu § 138 BGB, S. 124 (124 ff); Luig, Vertragsfreiheit und Äquivalenzprinzip, S. 171 (171 ff); Harenberg, S. 1-6; Köhler, Monopolpreiskontrolle, S. 237 (237 ff); Bydlinski, Privatautonomie und objektive Grundlagen, S. 103-109; Mayer-Maly in MüKo, § 134 Rdnr. 2, § 138 Rdnr. 1; Schmidt, Sittenwidrigkeit, S. 143-150; Simitis, Gute Sitten und ordre public, S. 3 f, 16 ff; Sack, Anstandsgefühl, S. 761 (765 ff); Flume, § 1, S. 5, 6, 7.

aus rechtshistorischer Sicht – ausschließlich als Kreditwucher interpretiert – einen Maximalzins setzt.[40]
Bedeutsam ist vielmehr die gesetzlich gegebene Möglichkeit, bei extremen Leistungsdifferenzen der Vertragsfreiheit Grenzen setzen zu können und die Vertragsgerechtigkeit mittels einer objektiven Norminstanz als soziales Allgemeininteresse durchzusetzen.

Aber gerade die Entwicklung hin zur heutigen Normierung in § 138 II BGB zeigt aus rechtshistorischer Sicht einen immer wiederkehrenden Kreislauf auf, der den Gesetzgeber zu ständigen Änderungen der Wuchergesetzgebung zur Sicherung der notwendigsten Vertragsgerechtigkeit veranlaßte: die Auswirkung der Gesetzgebung auf die tatsächlichen wirtschaftlichen Verhältnisse im Staat, auf die Wirtschaftspolitik und den wiederum darauf aufbauenden Einfluß auf die Gesetzgebung.[41]
Die Wuchergesetzgebung als Einschränkung der Vertragsfreiheit des Bürgers im Handelsverkehr zeigt den Zusammenhang zwischen Privatautonomie und kapitalistischer Ökonomie exemplarisch auf, ferner die Abhängigkeit, die zwischen Gesetzgebung, Wirtschaftspolitik und tatsächlicher Wirtschaftslage bestehen kann[42] und nicht zuletzt, daß theoretischer gesetzlicher Schutz nicht zwangsläufig zu dem erhofften und erstrebten schützenden Ziel führt, in Teilen sogar kontraproduktiv sein kann.

Speziell auf dem Gebiet des Wucherverbots, das die Gestaltungsfreiheit bei Vertragsschluß durch richtungsweisende Grenzen einschränken soll, erweisen sich derartige Einschränkungen als bedeutend für die Lebensverhältnisse der Privatrechtssubjekte. Insoweit stand auch die Privatautonomie, vor allem im sich wirtschaftlich beispiellos entwickelnden 19. Jahrhundert, in einem engen Abhängigkeitsverhältnis zu ökonomischen Prozessen in Deutschland und Europa.
Schon der rechtsförmige Begriff der Vertragsfreiheit läßt sich auf die Grundbeziehung zwischen ökonomischen Subjekten einer warenproduzierenden Gesellschaft beziehen, wobei die Grundbeziehung die gesamtgesellschaftlich, objektivierte, allgemein-

---

[40] So beispielsweise im *Allgemeinen Landrecht für die Preußischen Staaten*. Hiernach durften sich Kaufleute gemäß ALR I 11 § 805 maximal 6 % Zinsen versprechen lassen.
ALR I 11 § 805: *Kaufleuten ist erlaubt, sechs, und Juden (entsprechend der Deklaration vom 20. April 1813, Nachtrag Nr. 136) acht vom Hundert, an Zinsen sich verschreiben zu lassen.*
Nach ALR II 8 § 695 durften auch auf Vorschüsse die gleichen Prozentzahlen erhoben werden. Der Zivilverkehr war nach ALR I 11 § 804 auf 5 % Darlehenszinsen beschränkt.
ALR I 11 § 804: *Bei Darlehen können, der Regel nach, nur fünf vom Hundert an jährlichen Zinsen vorbedungen werden.*
Vgl. Schering, Band I, S. 256; ders., Band III, S. 323. Vgl. hierzu auch Tapp, S. 68.
[41] Peschke, Handwörterbuch der Staatswissensch., S. 1081 (1081); Hartmann, S. 2.
[42] Vgl. Steindl in Festschrift Coing, S. 349 (363); Betz, S. 6; Dehnel, S. 1; Hartmann, S. 3.

gültige Form des Verkehrs der warenbesitzenden Individuen im Rahmen eines Äquivalenztausches darstellt.[43]
Greift der Staat durch Rechtsetzung in diese Grundbeziehung ein, lenkt er folglich - ob gewollt oder ungewollt – ökonomische Prozesse.

Gerade im kapitalistischen System, welches im 19. Jahrhundert in seiner modernen Form entstand, ist die Rechtsetzung die wesentliche Einwirkungsmöglichkeit des Staates auf seine Wirtschaft.[44]
Nicht zuletzt das Privatrecht stellt einen solchen *`Lenkmechanismus`* des Staates dar, ohne diesen jedoch *`gewaltsam`* aufzuoktroyieren[45], denn gerade im Hinblick auf das Prinzip der Vertragsfreiheit und der Vertragstreue – pacta sunt servanda – ist weiterhin zu beachten, daß dies die Grundlage einer funktionierenden, freien Wirtschaftsordnung darstellt.[46]
Je nach Stärke und Maß, in der das Privatrecht das Handeln der wirtschaftenden Subjekte koordiniert und ordnet, kann die Entwicklung von Wirtschaftsbereichen und wirtschaftspolitischen Überzeugungen abhängen.[47]
Aber auch die gegensätzliche Situation schafft Raum für rechtliche Regelungsbedürftigkeit; eine Notwendigkeit, die aus unbefriedigenden wirtschaftlichen Situationen entsteht oder aus der Veränderung wirtschaftspolitischer `Dogmen`.
Regelungsbedürftigkeit besteht gerade in Bereichen des allgemeinen, täglichen Rechtsverkehrs, der sich mit der unterschiedlichen Stärke der Vertragsparteien auseinanderzusetzen hat und somit die ständige Gefahr einer Privilegierung des ökonomisch Stärkeren beinhaltet.[48]
Werden hier privatrechtliche Wertregelungen geschaffen die grundlegende Maßstäbe oder Kriterien des Erlaubten enthalten, sind diese Wertregelungen in der Lage, die Wirtschaft mittelbar oder unmittelbar viel nachhaltiger zu prägen als direkte Veränderungen in der Wirtschaftspolitik.[49]

Insbesondere der Zeitraum des 19. Jahrhunderts mit der Herausbildung und Durchsetzung der industriellen Revolution und des kapitalistischen Staatssystems zeigt

[43] Bark, S. 203; vgl. Raiser in Festschrift Juristentag, S. 101 (131).
[44] Bark, S. 159, 203, 204; vgl. auch Bürge, S. 165f.
[45] Gerade im Hinblick auf das sich wirtschaftlich und politisch stark verändernde 19. Jahrhundert steht neben dem Privatrecht das Sozialrecht, was die gesetzliche Einflußnahme und gesetzgeberischen Lenkmechanismus bezüglich wirtschaftlicher Prozesse angeht, an erster Stelle. Nicht zuletzt die von *Bismarck* initiierte Sozialgesetzgebung in der Zeit von 1883–1889 steuerte wirtschaftliche und wirtschaftspolitische Grundfaktoren im Deutschen Reich erheblich. Vgl. hierzu bspw. den Artikel „Aufstieg und Krise des Sozialstaats – Der soziale Staat", in : *„Der Spiegel"* vom 05. Juli 1999, S. 66–78.
[46] Vgl. Peschke, Handwörterbuch der Staatswissensch., S. 1081 (1103); ebenso Raiser in Festschrift Juristentag, S. 101 (116, 131); Dehnel, S. 1; vgl. auch Schlosser, S. 48.
[47] Steindl in Festschrift Coing, S. 349 (363); Steindorff in Festschrift Raiser, S. 621 (622); vgl. Rebe, S. 177.
[48] Kaiser, S. 5; vgl. auch Roquette, Wucher im Zivilrecht, S. 5, 6, 7; vgl. Rebe, S. 176.
[49] Von Hippel, § 9, S. 111, 112; Mayer-Maly in Festschrift Korinek, S. 151 (153); Hartmann, S. 3.

auf, daß der privatrechtliche Bereich und die Regelung der Privatautonomie (direkt oder indirekt) wirtschaftliche und wirtschaftspolitische Faktoren beeinflußt.[50] Ebenso offenbart dieser aber auch die Unmittelbarkeit der gesetzgeberischen Reaktionen auf sich verändernde wirtschaftliche und wirtschaftspolitische Profile und verdeutlicht sowohl positiv, als auch negativ wirkende Abhängigkeiten.

Vor allem die Wuchergesetzgebung dieses Jahrhunderts zeigt die Einschränkung der Vertragsfreiheit beispielhaft als Grundlage und Folge ökonomischer Verhältnisse in den deutschen Staaten, bzw. sodann im Deutschen Reich.

Zu beachten gilt hier jedoch, daß das heute allgemeingültige, auf jedweden Gegenstand von Rechtsgeschäften anwendbare, rechtstheoretische Wesen des Wuchers und die damit verbundenen gesetzlichen Bestimmungen[51] nicht ohne weiteres auf die rechtshistorische Entwicklung der Wuchergesetzgebung im 19. Jahrhundert projizierbar ist.

Vielmehr ist bei genauerer Beschäftigung mit dieser Thematik festzustellen, daß den in Betracht kommenden Gesetzen in diesem Jahrhundert nahezu ausnahmslos gemein ist, daß sie sich in ihrem Bemühen um die Bekämpfung des Wuchers lediglich auf den Kreditwucher und damit auf Darlehensverträge oder ähnliche Rechtsgeschäfte mit gleicher wirtschaftlicher Zielsetzung beschränkten.[52]

Vor allem der Darlehensvertrag bestimmt den Ausgangspunkt der Wucherproblematik im 19. Jahrhundert und mit ihm der Zins als entsprechendem Kreditvergabelohn.[53] Letzterer gilt aus heutiger Sicht als Selbstverständlichkeit eines Kredits und in den meisten Fällen als Grundvoraussetzung zur Vergabe eines solchen durch den Darlehensgeber. Der Grund ist offensichtlich. Kreditgewährung ist für den Kapitalgeber mit Risiken verbunden, weil er notwendig zuerst leisten muß.[54]
Seine Motivation zu diesem Geschäft ist zum einen das Vertrauen auf Solvenz und Leistungsbereitschaft des Darlehensnehmers bezüglich der Rückerstattung und zum anderen – in erster Linie – der Zins als Entgeltung für den zu empfangenden Nutzen der kreditierten Leistung.[55]

---

[50] Vgl. Hartmann, S. 3.
[51] Vgl. dazu unten A.II.1d).
[52] Vgl. Häussler, S. 8; vgl. auch Isopescul-Grecul, Das Wucherstrafrecht, S. 150; Betz, S. 6; so auch Dehnel, S. 38f; Geiershöfer, S. 4.
[53] Vgl. Isopescul-Grecul, Das Wucherstrafrecht, S. 3, 4; ebenso Caro, S. 84; vgl. auch Stobbe, Band III, § 236, S. 348ff; Honig, S. 8.
[54] Vgl. Hohenstein, S. 60, 61; Krahmer, S. 62ff, 66.
[55] Isopescul-Grecul, Das Wucherstrafrecht, S. 5.

Die heutige Selbstverständlichkeit der Zinsvereinbarung als Vertragsgrundlage ist in ihrer rechtsgeschichtlichen Entwicklung in erster Linie das Ergebnis der Frage nach der prinzipiellen Erlaubtheit einer solchen und nach der vertretbaren Höhe des Zinssatzes, bzw. des Beginns der Überschreitung der Vertragsgerechtigkeit in wucherische Dimensionen. Davon ausgehend ist die historische Entwicklung des Wuchers in Deutschland äußerst eng mit der Entwicklung des zinsbaren Darlehens verbunden.[56]

Vor allem in den frühen gemeinrechtlichen Regelungen blieb das Darlehen und sein Zins der Ursprung des Wuchers, so daß der Begriff des Wuchers überwiegend an diesem rechtlich fixiert wurde.[57] Eine der Kreditwuchervielfalt angemessene, einheitliche Regelung bestand hier nicht, vielmehr wurde das zinsbare Darlehen als *'Plattform'* des potentiellen Wuchers betrachtet mit der Konsequenz, daß die für Darlehenszinsen entwickelten Rechtssätze über den Wucher stets auf die bei anderen Kreditgeschäften als Entgelt vereinbarten Vermögensvorteile übertragen wurden.[58] Dem eigentlichen Zinswucher wurde somit jede andere Art des Kreditwuchers gleichgestellt[59], wenn auch nur kraft gewohnheitsrechtlicher Grundsätze.
Im Rahmen dieser Tatsache gilt es auch generell zu beachten, daß unter Zins die Vergütung verstanden wird, die ein Darlehensnehmer an den Darlehensgeber für die zeitweilige Nutzung einer Wertsumme zahlt, die zwar am häufigsten als Überlassung von Geldkapital, aber auch als Überlassung von Sachkapital gewährt werden kann.[60] Bedenkt man, daß bei jeder kreditierten Leistung auch ein Zins für die Verfügungsmöglichkeit vereinbar ist (in Geldform oder in Form anderer vertretbarer Sachen), so ist die Bedeutung des Zinses für wucherische Rechtsgeschäfte offenbar und die rechtliche Regelungsnotwendigkeit verständlich.

Die Bedeutung des Zinses als primärer Ausgangspunkt für (kredit-)wucherische Rechtsgeschäfte verliert sich auch – und gerade - nicht im 19. Jahrhundert.

Die im gemeinen Recht fortgesetzte, römisch-rechtliche Tradition der strengen Kasuistik bei der Bestimmung der Vertragsgerechtigkeit zeigt dies im Rahmen des rechtstheoretischen und praktischen Bedeutungsverlustes beim Nichtkreditwucher.[61] Das, was heute unter dem Begriff des Sachwuchers (als Erweiterung zum Kreditwucher zum Ende des 19. Jahrhunderts entwickelt) verstanden wird, findet im 19. Jahrhundert sowohl in Rechtstheorie als auch rechtlicher Praxis kaum statt.

---

[56] So auch von Gierke, Band III, § 198, S. 583; vgl. unten B.
[57] Vgl. Hübner, § 86, S. 539.
[58] Vgl. von Gierke, Band III, § 198, S. 589; vgl. ebenso von Gerber, § 199, S. 338; Geiershöfer, S. 4.
[59] Vgl. Hübner, § 86, S. 539; vgl. von Gerber, § 199, S. 338.
[60] Vgl. Peschke, Handwörterbuch der Staatswissensch., S. 1081 (1082); ebenso Lutz, Handwörterbuch der Sozialwissensch., S. 434 (434).

Im Mittelpunkt dieses Bereiches stehen hier laesio enormis[62] und lex Anastasiana[63], die neben den Zinswuchergesetzen noch im älteren gemeinen Recht bedeutende kasuistische Kontrollinstrumentarien der Vertragsgerechtigkeit darstellten.
Im auch rechtspolitisch liberalen 19. Jahrhundert indes nimmt die Bedeutung dieser Kontrollinstrumente der Vertragsgerechtigkeit im Rahmen gesetzlicher Regelungen als auch richterlicher Anwendung sukzessive ab.[64] Selbst dort, wo noch gesetzliche Verankerungen bestehen, verbleibt lediglich ein nur selten umgesetzter *„todter Buchstabe"*.[65]

---

[61] Vgl. auch unten A.II.2. und 2b).
[62] C. 4. 44. 2. und 8., die genaue Herkunft ist jedoch umstritten, da mittlerweile zweifelsfrei feststeht, daß die Texte durch justinianische Kompilatoren interpoliert wurden. Vgl. zum Streitstand. Mayer-Maly, Römisches Recht, S. 136; ebenso Franke, S. 32ff; Schulze, S. 3ff; Vangerow, S. 350; Genzmer, S. 25 (25ff); Braßloff in ZVR 27 (1912), S. 261 (261ff); Kreller, S. 274; C. 4. 44. 2. und 8. zitiert bei Schulze, S. 4; die laesio enormis, oder 'Verletzung über die Hälfte' stellte eine Anfechtungsmöglichkeit dar, wodurch der Verkäufer eines Grundstücks, der weniger als den halben Wert als Kaufpreis erzielt hatte, Rückgängigmachung des Handels oder Nachzahlung bis zum gerechten Preis erlangen konnte. Diese Rechtsmöglichkeit wurde im gemeinen Recht sukzessive auf Verträge jeder Art ausgedehnt, wobei Glossatoren und Postglossatoren den justinianischen Rechtsbegriff zunächst auf allgemeine Verletzungen des Käufers ausdehnten, in Anlehnung an Justinian vornehmlich auf Grundstücks- und Häusergeschäfte. Später wurde die laesio enormis auf andere Vertragstypen ausgedehnt, zunächst auf alle Verträge 'qui ad emptionem accedunt', also Kauf, Rentenkauf und Miete, sodann auf alle Kontrakte 'bonae fidei', 'qui tamen sunt venditioni similes'. Nachweise bei Schulze, S. 13ff, 29 Fn. 2, 42, 67, 115f. Vgl. hierzu zuletzt v.a. Becker, Christoph, Die Lehre von der laesio enormis in der Sicht der heutigen Wucherproblematik, Diss. Köln 1990; ebenso Schulze, Wolfgang Georg, Die laesio enormis in der deutschen Privatrechtsgeschichte, Diss. Münster 1973; ebenso Tapp, S. 75ff und Zimmermann, S. 135ff; Kaser, Römisches Privatrecht, § 41 II. 3. , S. 192.
[63] C. 4. 35. 22. und 23.; Instrumentarium gegen den spekulativen Ankauf von Forderungen. Dieses gestattete dem Aufkäufer einer Forderung nur den Betrag beim Schuldner beizutreiben, den er selbst dem Ursprungsgläubiger als Gegenleistung für die Forderungsabtretung bezahlt hatte. Zuletzt sehr umfassend Beaucamp, Eugène, Die lex Anastasiana von Thomasius zum BGB, Diss. Köln 1994; ebenso Rennpferd, Maren, Lex Anastasiana, Schuldnerschutz im Wandel der Zeiten, Diss. Göttingen 1991; informativ auch Herrmann in AcP 31 (1848), S. 63 (70ff); Burchardi in AcP 18 (1835), S. 197 (208ff); beachtenswert bei Burchardi ist die frühe Auseinandersetzung mit rechtlich unbestimmten Begriffen, die den Zustand des Übervorteilten charakterisieren (Zwang, Irrtum, Handlungsunfähigkeit, Untauglichkeit) und die im Rahmen der Wuchergesetzgebung zum Ende des 19. Jahrhunderts eine bedeutende Rolle spielen; vgl. ebenso Brackenhoeft in AcP 23 (1840), S. 189 (204ff); von Gerber, § 199, S. 339.
[64] Vgl. zum schleichenden Bedeutungsverlust dieser Institute unten A.II.2. und 2b).
[65] So *Goldschmidt* in seinem Gutachten zum 6. *Deutschen Juristentag*, innerhalb dessen Einigkeit darüber bestand, daß noch bestehende legislative Vertragskontrollinstrumentarien (Zinstaxen und weitere) als *„Fessel"* des Wirtschaftsverkehrs angesehen würden und somit in der alltäglichen Praxis kaum Beachtung fänden. Goldschmidt, Verhandlungen 6. DJT, Band I, S. 227 (235, 236). In bezug auf die Lehre vom Verbot der laesio enormis ist allerdings zu betonen, daß diese in der Behandlung durch die Pandektisten zu Beginn des 19. Jahrhunderts eine 'letzte Blüte' erlebte, Nachweise sehr umfassend bei Schulze, S. 114ff. Gleichwohl ist ein Urteil, in dem eine Klage aus laesio enormis Erfolg gehabt hätte, aus dem gesamten (!) 19. Jahrhundert nicht bekannt. Zuletzt RGZ 6, 152, Urt. v. 19.11.1881 (keine laesio enormis bei Versteigerungen) und RGZ 10, 126, Urt. v. 13.02.1883 (keine laesio enormis bei Spekulation des Käufers). Auch die lex Anastasiana wurde, wie die laesio enormis, innerhalb der Pandektenwissenschaft zu Beginn des Jahrhunderts stark diskutiert, innerhalb der Rechtsprechung und der Gesetzgebung jedoch trat ihre Erscheinung stark in den Hintergrund, s. Nachweise bei Beaucamp, Lex Anastasiana, S. 130ff. Zuletzt RGZ 1, 410, Urt. v. 27.04.1880 (keine Anwendung der lex Anastasiana i.R.d. Art. 1699 Code Civil/Rheinisches Recht); RGZ 4, 274, Urt. v. 10.03.1881 (Anwendung der lex Anastasiana i.R.d. § 425 I. 11. ALR/Preuß. Recht) und abschl. RGZ 14, 235, Urt. v. 13.11.1885 (Ausschluß der lex Anastasiana durch Art. 299 ADHGB).

Die Folgen dessen bestehen in einer unzureichenden und unvollständigen vertragsrechtlichen Gesetzessituation und nicht selten in verwirrender Ratlosigkeit der Gerichte bei Prozessen, soweit dort Entscheidungsträger walten, die aufgrund eines ideellen Rechtsempfindens Entscheidungen als notwendig erachten.

In rechtlich teils grotesken Versuchen bemühte sich die Rechtsprechung bei Gesetzeslücken, nachdem ab Mitte des 19. Jahrhunderts aufgrund des liberalen Freiheitsdrangs gesetzliche Vertragsbeschränkungen zunehmend aus den Gesetzen entfernt wurden[66], Rechtsstreitigkeiten – die mit Hilfe aufgegebener rechtlicher Vertragskontrollinstrumentarien zu lösen gewesen wären – mittels anderer gesetzlicher Vertragsbeschränkungen (soweit vorhanden) zu entscheiden.
In verschiedenen Entscheidungen der zweiten Hälfte des 19. Jahrhunderts wurde in mitunter juristisch bedenklicher Weise versucht, Mißverhältnisse von Leistung und Gegenleistung unter das einzige, nie gänzlich aus rechts- und gesellschaftspolitischer Diskussion und legislativer Festschreibung verschwundene vertragliche Kontrollinstrumentarium des Kreditwuchers zu fassen.

So wird bspw. in einer Entscheidung des Reichsgerichts vom 15. November 1890[67], dessen rechtlich korrekte Würdigung mittels der lex Anastasiana zu treffen gewesen wäre, über ein waghalsiges Konstrukt das Kreditwuchergesetz v. 24. Mai 1880[68] angewandt. Offensichtliches Ziel des Gerichts war, ein bestehendes Mißverhältnis zwi-

---

[66] Besonderer Erwähnung bedarf hier aufgrund seiner Tragweite und frühen Konsequenz das ADHGB. Insbes. das Institut der laesio enormis schien die Vertragsfreiheit in der zweiten Hälfte des Jahrhunderts unnötig einzuschnüren, weshalb das Handelsrecht als erstes mit seiner Beseitigung begann. Art. 286 ADHGB bestimmte ausdrücklich, daß Handelsgeschäfte wegen Verletzung über die Hälfte nicht angefochten werden konnten. Die Bestimmung erhielt noch dadurch eine besondere Bedeutung, daß nach Art. 277 ADHGB die Regelung des Art. 286 für jedes Rechtgeschäft, welches auf Kaufmannsseite ein Handelsgeschäft war, gelten sollte.Vgl. Prot. der Kommission zu Berathung eines allgemeinen deutschen Handelsgesetzbuches, III. Theil, Prot. der 157. Sitzung, S. 1313, 1314.
[67] Entscheidung abgedruckt bei Bolze 11 (1891), Nr. 255.
[68] *Reichsgesetz betreffend den Wucher vom 24. Mai 1880*, RGBl. S. 109-111. Inkraftgetreten am 14. Juni 1880. Dieses Wuchergesetz stellte im Ergebnis eine Erweiterung des strafbaren Wuchers dar, da es den § 302 StGB um die neuen §§ 302a, 302b, 302c und 302d erweiterte, zog aber dennoch auch die zivilrechtliche Frage in den Kreis seiner Bestimmungen (Art. 3). Das Gesetz stellt wohl das fundamentalste Wuchergesetz in der zweiten Hälfte des 19. Jahrhunderts dar, da es, obwohl lediglich der Kreditwucher sanktioniert wurde („*Der Wucher ist*", so der Reichstagsabgeordnete *Reichensperger*, „*auch heute noch analog dasselbe Verhältnis, welches im Mittelalter zu der extremen Maßregel des Zinsverbotes geführt hat*", Stenogr. Ber. RT., 4. Lp., II. Session 1879, 1. Band, S. 742), den eigentlichen Abschied vom Zinstaxenprinzip begründete.

Artikel 1

Hinter den § 302 des Strafgesetzbuchs für das Deutsche Reich werden die folgenden neuen §§ 302a, 302b, 302c, 302d eingestellt:

§ 302a

Wer unter Ausbeutung der Nothlage, des Leichtsinns oder der Unerfahrenheit eines Anderen für eine Darlehen oder im Falle der Stundung einer Geldforderung sich oder einem Dritten Vermögensvortheile versprechen oder gewähren läßt, welche den üblichen Zinsfuß dergestalt überschreiten, daß nach den Umständen des Falles die Vermögensvortheile in auffälligem Mißverhältnisse

schen den Leistungen mittels jener rechtlichen Bestimmung für nichtig, bzw. teilnichtig zu erklären.[69] Der Kläger hatte in dem dieser Entscheidung zugrundeliegenden Sachverhalt eine Erbteilsforderung i.H.v. 20.000 Mark für lediglich 8.500 Mark abgetreten.[70] Das Reichsgericht interpretierte in seiner Entscheidung die gezahlten 8.500 Mark als `Darlehen`, dessen Tilgung nach einer Zeitspanne von ca. 3 1/2 Jahren[71] durch den kompletten Einzug der Forderung über 20.000 Mark durch den Beklagten erfolgen sollte[72]. Dies ermöglichte es dem Reichsgericht, die bestehenden gesetzlichen Regelungen über den Kreditwucher zu nutzen und eine Entscheidung zu treffen, die in der Konsequenz wohl eher auf moralischem Rechtsempfinden denn auf juristisch korrekter Gesetzesauslegung basierte.[73] Diese Entscheidung des Reichsgerichts zeigt aber gleichwohl, welche Bedeutung die Zins-, bzw. Kreditwuchergesetze und die sich um sie rankenden rechts- und gesellschaftspolitischen Probleme und Diskussionen für die Regelung und Bewahrung der Vertragsgerechtigkeit im 19. Jahrhundert hatten.

Denn eines ist offensichtlich. Das, was spätestens zur Mitte des 19. Jahrhunderts unter den Begriffen Freihandel und ökonomischer Liberalismus in Deutschland und Europa entstand, fegte wie ein Sturm über den sozialen Gedanken der Leistungsäquivalenz und des iustum pretium hinweg.
Elie Halévy spricht gar von einem *„Absterben des Rechts im Liberalismus"* [74], was wegen der Abschaffung fast aller gesetzlicher Vertragskontrollen (neben dem Zinsbereich die lex commissoria, lex Anastasiana, Begrenzung der Vertragsstrafe auf das Doppelte des Interesses, laesio enormis[75]) jedenfalls dann nicht abwegig erscheint, wenn man beim Begriff des `Rechts` die soziale Komponente und `Gerechtigkeit` akzentuiert.

---

zu der Leistung stehen, wird wegen Wuchers mit Gefängnis (....) bestraft. Vgl. ausführlicher unten B.III.1a).
[69] Bolze 11 (1891), Nr. 255, S. 125 (126).
[70] Bolze 11 (1891), Nr. 255, S. 125 (125).
[71] Die Erbteilsauszahlung als abgetretene Forderung sollte zu einem fixen Termin erfolgen, Bolze 11 (1891), Nr. 255, S. 125 (125).
[72] Was einem Zinssatz von ca. 38,65 % p.a. bei angelegter 3 1/2-jähriger Laufzeit entspräche.
[73] Vgl. auch RGZ 36, 308 (308ff), Urt. v. 22.01.1896; Bolze 6 (1889), Nr. 470, Urt. v. 23.05.1888; ebenso Bolze 9 (1890), Nr. 275, Urt. v. 14.01.1890; zur rechtsgeschichtlichen Bedeutung der extensiven Zinswuchergesetzesauslegung vgl. auch Schmidt, Sittenwidrigkeit, S, 34ff; vgl. auch Verein für Socialpolitik, Band XXXV., S. 156ff.
[74] Die These von Halévy beruht auf dem Gedanken zweier in der Gesellschaft vorkommender, entgegengesetzter Prinzipien: auf dem Prinzip der natürlichen Harmonie der Interessen im Bereich der politischen Ökonomie und auf dem Prinzip der künstlichen Identifikation von Interessen durch den Gesetzgeber im Bereich des Rechts. Elie Halévy, The Growth of Philosophic Radicalism, französisch 1901-1904, erste englische Übersetzung 1928, Neudruck 1972, zitiert bei Mestmäcker, Hand des Rechts, S. 153-156.
[75] Vgl. zu den kasuistischen Vertragskontrollinstrumentarien unten A.II.2..

Zwischen den Zinswucherregelungen und den anderen kasuistischen Vertragskontrollinstrumentarien bestand jedoch ein erheblicher Unterschied bezüglich ihres rechtshistorischen Bedeutungsgrades und ihres tatsächlichen rechtlichen Wirkungsgrades.

Laesio enormis, lex Anastasiana etc. unterfielen schon zu Beginn des 19. Jahrhunderts praktischer Bedeutungslosigkeit[76] und erhielten mit Einsetzen des extensiv liberalen Marktes sowohl in gesetzlicher als auch rechtsanwendender Hinsicht gänzlich den 'Todesstoß'. Der Zinswucher verschwand dagegen als *„furchtbares Schwindelgeschäft"* [77] selbst in dieser Phase nie vollständig aus der Rechtspraxis[78], rechts-, gesellschafts- und wirtschaftspolitischer Diskussion[79] und legislativer Festschreibung[80].

---

[76] Die Betonung liegt hier auf praktischer Bedeutungslosigkeit, denn die Theorie des usus modernus pandectarum beschäftigte sich ausführlich entgegen vielfach vertretener Ansicht, fast könnte man meinen an der gesellschaftlichen, sozialen und rechtsanwendenden Realität des Jahrhunderts vorbei, mit Auslegung und Transferleistungen römischer Quellen. Vgl. stellvertretend zum grundlegendsten Diskussionspunkt, des Anwendungsbereiches, resp. der Geltungsberechtigung von laesio enormis und lex Anastasiana Puchta, Pandekten, § 285, S. 406; ders., Vorlesungen, S. 231, 233; Holzschuher, Theorie, § 226, S. 174; Thibaut, System, § 535, S. 79; ders., logische Auslegung, § 20, S. 95; Mühlenbruch, Forderungsrechte, § 53, S. 531f, 551; ders. Pandekten, § 408, S. 382; Schweppe, § 444; Keller, § 33, S. 632; Chambon, S. 111ff; Dernburg, § 102, S. 281f; Glück, § 1030, S. 88ff; Förster, § 127, S. 85ff; Bornemann, S. 35; Windscheid, § 396, S. 448; Vangerow, S. 352, 355; Sintenis, S. 639.

[77] Der Reichstagsabgeordnete v. Kleist-Retzow in der 30. Sitzung des RT am 31.03.1879 zur Antragsverteidigung, Stenogr. Ber. RT., 4. Lp., II. Session 1879, 1. Band, S. 747.

[78] So beispw. Entsch. Kgl. Obertribun. 63 (1870), Nr. 4, S. 60ff; Entsch. Kgl. Obertribun. 67 (1872), Nr. 41, S. 321ff; Zeitschr. frz. CivR 12 (1881), S. 41ff; Gruchots Beitr. 18, Nr. 43, S. 400ff; Entsch. Kgl. Obertribun. 76 (1876), Nr. 7, S. 99ff.

[79] So vor allem in der Tages- und Wochenpresse während dieser Epoche als Spiegelbild der nahezu ständigen Diskussion um diese Problematik. Vgl. die *„Volkszeitung"* v. 10.11.1873, Artikel „Revision der Wuchergesetze." *(Bestand BArchV, Akte R 3001/6251)*; ebenso die *„Volkszeitung"* v. 10. und 15.02.1879, Artikel „Nochmals die Wuchergesetzgebung I + II." *(Bestand BArchV, Akte R 3001/6251)*; *„Schlesische Zeitung"* v. 24.03.1879, Artikel „Die Bekämpfung des Wuchers." *(Bestand BArchV, Akte R 3001/6251)*; *„Börsen Courier"* v. 03.04.1879, Artikel „Die Wucherfrage im Reichstage." *(Bestand BArchV, Akte R 3001/6251)*; *„Germania Zeitung"* v. 07.04.1879, Artikel „Die Erfolge der Wucherdebatte im Reichstage." *(Bestand BArchV, Akte R 3001/6251)*; *„Schlesische Presse"* v. 25.07.1879, Artikel „Zur Wucherfrage." *(Bestand BArchV, Akte R 3001/6251)*; *„Provinzial-Correspondenz"* v. 30.07.1879, Artikel „Die Strafbarkeit des Wuchers." *(Bestand BArchV, Akte R 3001/6251)*; interessant auch die i.R.d. öffentlichen Wucherdiskussion aufgekommene Anklage ggüber den Juden im Dt. Reich als Vorschubleister des Zinswuchers und die damit verbundene öffentliche Verteidigungsschrift des *Deutsch-israelitischen Gemeindebundes*, Flugblatt 1879 „Hat das Judenthum dem Wucherunwesen Vorschub geleistet?", S. 16, 17 *(Bestand BArchV, Akte R 101/880)*.

[80] In diesem Zusammenhang ist vor allem an den m.W.v. 01.01.1987 durch G. v. 25.07.1986 (BGBl. I, S. 1169) aufgehobenen § 247 BGB, resp. dessen gesetzliche Vorläufer zu denken. So beruhte das *sächsische BGB v. 1864* auf einem Regierungsentwurf v. 21.01.1864, der in § 2 dem Darlehensschuldner ein halbjähriges Kündigungsrecht bei gleichzeitiger Zinsfreiheit zugestand (vgl. unten B.II.3.; abgedruckt auch bei Landau, § 247 BGB, S. 385 (395 Fn. 53)). Inhaltlich nahezu identisch, jedoch rechtshistorisch bedeutender als unmittelbares Vorbild des § 247 BGB, ist *das Gesetz für den Norddt. Bund betr. die vertragsmäßigen Zinsen v. 14.11.1867* (beruh. auf Antrag Lasker, vgl. unten B.II.3b)), das ebenso in § 1 die Zinshöhe der freien Vereinbarung überließ, in § 2 I aber festlegte:

Derjenige, welcher für eine Schuld dem Gläubiger einen höheren Zinssatz als jährlich sechs vom Hundert gewährt oder zusagt, ist zu einer halbjährigen Kündigung des Vertrages befugt.

§ 2 I wurde explizit als nicht abdingbar erklärt (ebenso blieb das Anatozismusverbot, usurae usurarum, bestehen). Das Gesetz hob somit auch in der Phase des ök. Liberalismus keineswegs alle Schranken der Verzinsung auf (Handelsrecht und Partikularrechte blieben allerdings in ihrer Wirkung unangeta-

Daher kann man den Kampf gegen den Zinswucher mit all seinen sich um ihn rankenden Diskussionen und politischen Gestaltungen als eine letzte 'Bastion der Vertragsgerechtigkeit' in dieser Phase ansehen, deren 'Verdienst' es war, in der posthochliberalen Ära eine rechtliche Trendwende herbeizuführen. Das Ergebnis war eine Gesetzgebung, die auch den Sachwucherbereich umfaßte, der ursprünglich mit Hilfe von laesio enormis etc. bekämpft wurde, seinem neuerlichen Ursprung nach aber auf den Kampf gegen den Zinswucher zurückging.

Vergegenwärtigt man sich den hier skizzenartig dargestellten Zeitraum des 19. Jahrhunderts in bezug auf die Zins-Wucher-Gesetzgebung, so läßt sich mit *Luig*[81] sagen, daß sich für den deutschen Rechtsraum eine Unterteilung in drei Gesetzgebungsperioden abzeichnet.

Innerhalb der ersten Periode bis ca. 1850 bestimmt die legislative Festschreibung eines Zinsmaximums, vor allem bei Darlehensverträgen, den Bereich der wucherischen Ausbeutung.

Die zweite Periode, geprägt durch den ökonomischen Liberalismus und den Lehren ihrer Verfechter wie bspw. *David Ricardo, John Stewart Mill, Jean Baptist Say* und *Adam Smith*, sprengt nahezu jegliche Form der Vertragsbeschränkung und gibt den Zinssatz frei. Begründet wird dies mit der grenzenlos freien Verfügbarkeit des Eigentums („*Das Lebensprinzip des Marktes aber, die Bedingung seines organischen Spieles, ist die Freiheit*" [82]) und daß, speziell in bezug auf den Zinswucher, die Konkurrenz der Darlehensgeber die Gefahr der Bewucherung vermeide, durch die bisherigen starren Wuchergesetze eher Kapitalien vom Markt ferngehalten würden und somit den Kreditnehmern geschadet würde.[83]

---

stet, § 5; keine Einführung des Gesetzes in Bayern und Elsaß-Lothringen), sondern konstatiert die Zulässigkeit freier Vereinbarung nur auf Höhe und Art der Kreditvergütung mit der Einschränkung durch § 2 in Form eines korrektivierenden Maximalzinsfußes in abgeschwächter Form. Neben den schuldnerschützenden, sozialen Gesichtspunkten spielten bei der Festschreibung des Kündigungsrechtes auch verschiedenste ökonomische und lobbyistische Aspekte eine Rolle (vgl. Mandry, § 37, S. 411; vgl. ebenso stellvertretend innerhalb der Verhandlungen des *6. DJT* die Stellungnahmen der Anwälte Schaffrath (Dresden) (Verhandlungen 6. DJT, Band I (1865), S. 421ff) und Block (Magdeburg) (Verhandlungen 6. DJT, Band I (1865), S. 106f) und des Hofrathes v. Kerstorff (Augsburg) vom wirtschaftswissenschaftl. Standpunkt (Verhandlungen 6. DJT, Band I (1865), S. 108ff)); vgl. insges. v.a. Landau, § 247 BGB, S. 385 (385ff) und Schober, Das Bundesgesetz vom 14.11.1867, Diss. Leipzig 1872; Mandry, § 37, S. 408ff; Dernburg, Preuß. Privatrecht, § 36, S. 86-89; Stobbe, Band III, § 236, S. 353ff.

[81] Klaus Luig, „Vertragsfreiheit und Äquivalenzprinzip im gemeinen Recht und im BGB" in Fschr. für Helmut Coing, S. 171-206; ähnlich auch *Häussler*, der mit Einbeziehung des kanonischen absoluten Zinsverbotes die Wuchergeschichte sogar als abschließend charakterisiert ansieht, Häussler, S. 8.

[82] *John Prince-Smith* 1860. Prince-Smith (1807-1874), in England geboren, ab 1830 Bürger Preußens, Mitglied des Abgeordnetenhauses, 1871-73 Reichstagsmitglied. Prince-Smith, S. 89-96 (89).

[83] Eine These, die der berühmte Handelsrechtler Levin Goldschmidt auf dem *6. DJT* 1865 vehement vertrat und maßgeblich zur Zinsfreigabe beitrug. Vor allem, so *Goldschmidt*, seien bei beschränkten Zinsvorgaben Kreditsicherungsmittel, insbes. Hypotheken, in besonderem Maße wichtig, die bei dem

Die dritte Periode beschreibt die Abkehr vom extensiven, freihändlerischen Liberalismus hin zu einem ethisch-moralisch gebundenen Liberalismus, der in bezug auf die Zins-Wucher-Gesetzgebung einen rechtlichen Fortschritt durch die begrifflich-unbestimmte gesetzliche Handhabung des Wuchers einleitet.

Ausgehend vom anfänglich noch in dieser Phase vorherrschenden Gedanken, daß *„Wucher ein übermäßiger Kapitalzins sei"* [84], beschränkt sich der Umschwung in der Rechtsetzung folglich zunächst auf Kredit und vor allem Darlehenszins; der Wucher sei, so *Peter Franz Reichensperger*, an sich auch *„heute noch analog dasselbe Verhältnis, welches im Mittelalter zu der extremen Maßregel des Zinsverbotes geführt hat"*.[85]

Aber nicht nur die Legislative orientiert sich in dieser Phase zunächst weiterhin am Zins als Wuchergrundmerkmal. Auch in der wissenschaftlichen Theorie überwiegen die Auffassungen, die das Wucherproblem ausschließlich in Zusammenhang mit Kreditgeschäften sehen.[86]

Auch wird – wie im übrigen 19. Jahrhundert (soweit der Wucher überhaupt sanktioniert wird) - die Frage nach strafrechtlicher Ahndung oder bloßer zivilrechtlicher Nichtigkeit des wucherischen Rechtsgeschäftes mit einem Mittelweg beantwortet, der kongruent strafrechtliche als auch zivilrechtliche Konsequenzen festlegt.

Meist stellen die zivilrechtlichen Regelungen der Wucherfrage dabei eine – wenn auch notwendige und für wichtig erachtete[87] - Ergänzung der strafrechtlichen Maßnahmen dar.[88]

Jedoch ist die dritte Phase - im Gegensatz zu den vorhergehenden – nicht als rechtliche und rechtspolitische Einheit zu betrachten.

„kleinen Mann auf dem Lande" nicht bestellbar wären und nur für *„ganz sichere Hypotheken"* Kapitalien überhaupt zur Verfügung stünden.Vgl. Goldschmidt, Verhandlungen 6. DJT, Band I, S. 227-271 (insbes. 240ff).

[84] Caro, S. 84; vgl. auch Peschke, Handwörterbuch der Staatswissensch., S. 1081 (1091).

[85] Zitat des in der Zinswucherproblematik äußerst involvierten Zentrumsabgeordneten Peter Franz Reichensperger i.R.d. Erläuterung seines Antrages zum späteren Wuchergesetz v. 24.Mai 1880, Stenogr. Ber. RT., 4. Lp., II. Session 1879, 1. Band, S. 742. Ebenso Antragsteller v. Kleist-Retzow, der anmerkte, der Wucher sei nur in *„der großen Masse der Darlehen"* zu sehen, Stenogr. Ber. RT., 4. Lp., II. Session 1879, 1. Band, S. 747.

[86] So scheint *Mandry* die allgemeingültige Bedeutung der Wuchergesetze v. 24.Mai 1880 und v. 19.Juni 1893 zu verkennen, indem er diese Gesetze bei der legislativen Festschreibung des Zinswucherproblems ausklammert und auch in bezug auf den Wucher allgemein und den Kreditwucher als nicht passend klassifiziert. Vgl. zur Wuchereinordnung der wissenschaftlichen Theorie als Kreditwucher v. Stein, Der Wucher und sein Recht, Wien 1880; Ratzinger, Die Volkswirtschaft in ihren sittlichen Grundlagen, Freiburg 1881; Platter, Der Wucher in der Bukowina, Jena 1878; Eheberg, Die Wucherfrage in Theorie und Praxis, 1880; *Blodig*, Der Wucher und seine Gesetzgebung, Wien 1892 ist dagegen der 'zeitgemäßeren' Ansicht, Wucher sei eine Übervorteilung des Mitkontrahenten bei Abschluß zweiseitiger Verträge, S. 34. *Caro* reflektiert diese verschiedenen Darstellungen im dritten Kapitel unter Einbeziehung seiner eigenen, dem erweiterten Wucherbegriff eher kritisch gegenüberstehenden Ansicht, S. 73-83.

[87] Vgl. die amtliche Begründung zum Wuchergesetz v. 24.Mai 1880, Stenogr. Ber. RT., 4. Lp., III. Session 1880, Aktenstück Nr. 58, S. 375.

[88] Vgl. unten B.I.1. und B.III..

Vielmehr zeichnete sich diese Periode dadurch aus, daß sie den rechtlich äußerst bedeutsamen Schritt vom ausschließlich geregelten Kredit-, resp. Zinswucher - mit seinen für den Rechts- und Wirtschaftsverkehr äußerst starren Zinstaxen[89] - zum allumfassenden, modernen Individualwucher beschritt. Dieser trennte nicht mehr explizit zwischen Kredit- und Sachwucher, stellte beide Erscheinungsformen des Wuchers nebeneinander und bedeutete die endgültige Abkehr[90] vom unflexiblen, allzuoft zweckwidrigen Prinzip der Zinstaxen, das jahrhundertelang die Wuchergesetze bestimmt hatte.

Folglich ist der dritten Gesetzgebungsperiode eine zweifache Bedeutung immanent, die besonderer Beachtung bedarf.
Zum einen die *`Rückkehr zur Vernunft`* durch legislative Sanktionierung des Kreditwuchers und zum anderen – nicht minder bedeutend – die über den Zinswucher hergeleitete gesetzliche Regelung des Sachwuchers hin zur auslegungsbedürftigen, allgemeingültigen Norm des Individualwuchers.[91]
Von entscheidender Bedeutung für die Entwicklung der Zins-Wucher-Gesetzgebung des gesamten 19. Jahrhunderts und seiner skizzierten drei Perioden ist aber, und nur in diesem Zusammenhang ist diese zu sehen, die untrennbare Verbindung zu Wirtschaft und wirtschaftspolitischen Leitlinien jener Zeit.

Der Wucher war und ist eine Erscheinung des Wirtschaftslebens. Seine Entstehung und Fortbildung, ebenso wie seine Bekämpfung, hängen aufs engste mit der wirtschaftlichen Entwicklung zusammen, so daß der Wucher in erster Linie für den Gesetzgeber *„von der nationalökonomischen Seite zu behandeln“* [92] ist und die rechtliche Komponente durch eine ständige Beobachtung des Wirtschaftslebens beeinflußt wird.[93]
Steindorff merkt in diesem Zusammenhang an, daß Privatrecht generell die Wirtschaft ordnen und gestalten muß, sich aber wiederum an besonderen wirtschaftlichen Maßstäben orientieren muß, um notwendige rechtspolitische Veränderungen einzuleiten.[94]

Vor diesem Hintergrund gewinnt die Zins-Wucher-Gesetzgebung – vor allem während der zweiten und dritten Phase und ihrer äußerst streng am freien Spiel der

[89] Eine frühe Ausnahme bildet hier v.a. das *Badische Strafgesetzbuch v. 1845*, § 533 I, das frühzeitig einen auslegungsbedürftigen, auf jedwede Rechtsgeschäftsform anwendbaren Begriff bei der Bestimmung des Wuchers benutzte. Vgl. unten B.I.1b).
[90] Die zusätzliche `Sicherungsnorm` des § 247 BGB sei hier ausgenommen.
[91] Vgl. Luig, Vertragsfreiheit und Äquivalenzprinzip, S. 171 (175, 182ff).
[92] Reichstagsabgeordneter v. Kleist-Retzow in der 30. Reichstagssitzung am 31.März 1879, Stenogr. Ber. RT., 4. Lp., II. Session 1879, 1. Band, S. 747.
[93] Vgl. Peschke, Handwörterbuch der Staatswissensch., S. 1081 (1105); ebenso Betz, S. 6; Mayer-Maly in Festschrift Korinek, S. 151 (153).

Kräfte orientierten Rechtspolitik, bzw. des Scheiterns dieses Verständnisses – eine besondere Bedeutung[95] und Auffälligkeit.
So versucht die vorliegende Arbeit eine historische, chronologische Aufbereitung und übersichtliche Darstellung der Zins-Wucher-Gesetzgebung in Deutschland im 19. Jahrhundert vorzulegen, wobei ein besonderes Augenmerk den angesprochenen wirtschaftlichen und wirtschaftspolitischen Aspekten gilt, die zweifelsohne für die entsprechende legislative Entwicklung verantwortlich zeichnen.
Zwar liegt umfangreiche Literatur zur Geschichte des Wuchers in Deutschland vor, versäumt wurde indes eine systematische Darstellung der Gesetzesentwicklung im 19. Jahrhundert unter Berücksichtigung der wirtschaftspolitischen und wirtschaftlichen Faktoren dieser Zeitspanne, beziehungsweise der Auswirkungen der Gesetzgebung auf die materielle Situation der Bevölkerung.
Gerade das 19. Jahrhundert mit seinen in vielen gesellschaftlichen Bereichen auftretenden epochalen Veränderungen erscheint prädestiniert, diese Zusammenhänge aufzuzeigen. Neben den bekannten Umstrukturierungen der politischen Staatsverhältnisse erfaßten die Veränderungen vornehmlich auch die Wirtschafts- und Rechtspolitik. Die Entwicklung führte von den restriktiven Vorgaben einer noch sehr regional ausgerichteten Ökonomiestruktur zum fast schrankenlosen liberalen Freihandel und endete schließlich in der Manifestierung des liberalen, dennoch aber ethisch gebundenen Grundprinzips im Bürgerlichen Gesetzbuch.

II. Wesen und Begriff des Wuchers

Das Wesen und der Begriff des Wuchers ist zunächst eine schwer zu fassende Materie. Dies ist einerseits ein Problem der langen rechtshistorischen Entwicklungsphase des gesetzlichen Wucherverbots, die im Laufe der Rechtsentwicklung extrem ungleichförmig und auch mitunter gesetzgeberisch inkonsequent[96] verlief.[97] In diesem

---

[94] Steindorff in Festschrift Raiser, S. 621 (622).
[95] Bezeichnend die mit Beginn der dritten Periode 1879 aufgrund der Wucherproblematik eingesetzte XII. Reichstagskommission, die der dringlichen Meinung bzgl. des ökonomischen Liberalismus war, *„daß eine Ausgleichung der schweren Übelstände auf naturgemäßem Wege nicht zu erwarten sei und der Gesundungsprozeß sich nicht selbst vollziehen werde, sondern daß im Wege der Gesetzgebung Abhülfe geschafft werden müsse"*. Stenogr. Ber. RT., 4. Lp., III. Session 1880, 3. Band, S. 382.
[96] In diesem Zshg. seien zwei Beispiele genannt. Zum einen die ausschließlich strafrechtliche Ahndung des Wuchers, die jedoch sodann die zivilrechtliche Wirksamkeit des wucherischen Vertrages nicht in Frage stellte. Frühestes Beispiel ist hier das Edikt Diocletians `*de pretis rerum venalium*` aus dem Jahre 301 n. Chr. mit seiner formelartigen Wucherauflistung und entsprechenden drakonischen Strafen, das aber bemerkenswerterweise ebensolche höchstpreiswidrigen Geschäfte in ihrer zivilrechtlichen Wirksamkeit unangetastet ließ. Des weiteren sei hier nur andeutungshalber auf die zweifelhafte Konsequenz des kanonischen und weltlichen Rechts des Mittelalters hingewiesen. Insbes. die ständige Umgehung des kanonischen absoluten Zinsverbotes (v.a. durch den Rentenkauf; *v. Gerber* sieht interessanterweise – ohne nähere Begründung – den Rentenkauf nicht als `Schleichweg` zur

Zusammenhang stellen die historisch wechselnden Rechtssysteme von originärem römischem Recht, kanonischem und gemeinem Recht einen zusätzlich beeinflussenden Faktor dar.
Andererseits problematisiert die per se bestehende Fülle von Begehungsmöglichkeiten des Wuchers bei Rechtsgeschäften den Überblick. Denn überall dort, wo Rechtsgeschäfte einen Äquivalenztausch beinhalten, ist rechtstheoretisch die wucherische Ausbeutung mindestens einer Partei vorstellbar.[98] Diese Fülle der anzunehmenden Wuchermöglichkeiten in Zusammenhang mit den rechtstheoretisch und rechtshistorisch sich verändernden Grundlagen erschwert das systematische Verständnis.

Geht man von der geltenden, vorrangig privatrechtlichen Wucherbestimmung aus, erscheint die Regelung des § 138 II BGB aus übergreifender historischer Sicht und den Erfahrungen mit starren, recht einseitig operierenden Zinstaxen und der damit verbundenen Konzentration auf den Kreditwucher als eine Art *`natürlicher Rechtsevolutionsendpunkt`*, als eine sich aus den Erfahrungen ergebende legislative Notwendigkeit.[99]
Qualitativ ist die Normierung eine unbestimmte, dennoch präzise und effektiv arbeitende Erfassung des Wucherproblems im Rechtsverkehr, wenngleich die Bedeutung des § 138 II BGB in der Rechtspraxis weit hinter der Bedeutung der Wuchernormen anderer Jahrhunderte zurückbleibt.[100] Gleichwohl lehrt die Erfahrung, daß die Be-

---

Umgehung des Zinsverbotes, v. Gerber, § 198, S. 335 Fn. 5) und vor allem das Akzeptieren dieser Umgehungen sowie festgeschriebene Rechtsprivilegien zugunsten eigener steuerlicher Vorteile der Landesherrn (Juden, Lombarden, Kawerschen, Adlige, Bischöfe etc.), zeugen in hohem Maße von ungleichförmiger legislativer Behandlung des Wuchers. Vgl. u.a. Stobbe, Band III, § 236, S. 348-352; von Gierke, Band III, § 198, S. 584-586; von Gerber, § 198, S. 335f; Hübner, § 86, S. 538-541; Kübler, § 39, S. 361; Dahn, S. 198; Weiske, S. 106; Mitteis, Kap. 52, S. 134; Neumann, Geschichte des Wuchers in Deutschland, S. 315ff; Heusler, Band I, § 35, S. 153; Schröder/von Künßberg, S. 894; Planitz, § 72 II., S. 156.

[97] Vgl. stellvertretend zur rechtshistorischen Entwicklung des Wucherverbots Isopescul-Grecul, Das Wucherstrafrecht, S. 1ff; Meyer im Hagen, S. 1ff; Rühle, S. 25ff; Neumann, Geschichte des Wuchers in Deutschland, S. 1ff; von Gierke, Band III, § 198, S. 583ff; Hübner, § 86, S. 538ff; von Gerber, § 197, S. 334ff; Stobbe, Band III, § 236, S. 345ff; Schreuer, § 70, S. 242ff, § 88, S. 305f, § 20, S. 78; Mitteis, Kap. 52, S. 134f; Kraut, § 138, S. 317-321; von Bar, Band 2, Nr. 265, S. 59ff; Kröll, § 258, S. 294f; Schlosser, S. 49; Dahn, S. 198f; Weiske, S. 106; Planitz, § 72 II., S. 161f; Heusler, Band I, § 35, S. 147ff; Schröder, § 42, S. 463f, § 68, S. 794; Schröder/von Künßberg, S. 894f; Eichhorn, S. 305f; Gengler, § 116, S. 410-413; Wieacker, § 11 III 2a), S. 200; Zimmermann, S. 135-156; Kroeschell, Band 2, S. 289, 290, 291; Caro, S. 1ff; Kaser, § 10 II. 2., S. 52; Schulze, S. 1ff; Tapp, S. 63-76; Mandry, § 51, S. 562ff; Geiershöfer, S. 1ff; Braun/Wirth, S. 1ff; Buchholz, Zinsgesetzgebung, S. 1761 (1761ff); von Stein, Der Wucher und sein Recht, S. 1ff; Blodig, S. 1ff; Becker, laesio enormis, S. 1ff; Beaucamp, Lex Anastasiana, S. 1ff.

[98] Vgl. hierzu Sack in Staudinger, § 138 Rdnr. 181-193; ebenso Brox in Erman, 1. Band, § 138 Rdnr. 29, 11.

[99] Ähnlich Lenzen, S. 3, 4; vgl. auch Häussler, S. 8; *Zimmermann* spricht von einem *„wohlbedachten Endpunkt in der wechselvollen Geschichte der Wucherbekämpfung"*, Zimmermann, S. 142.

[100] Fast könnte man zynisch im Hinblick auf § 138 II BGB von einer *`unzulässigen Einzelfallregelung`* sprechen, wenn man mit Bender (Konsumentenkredit, S. 1129 (1132)) die niederschmetternde

deutung des gesetzlichen Wucherverbots keinen endgültigen Schluß über die tatsächlichen Ausmaße wucherischer Ausbeutung zuläßt.[101]

Nicht zuletzt durch die bewußte Verwendung eines unbestimmten Rechtsbegriffes[102] hatte der Gesetzgeber eine *'Waffe'* geschaffen[103], welche einen großen Anwendungsspielraum im Einzelfall ermöglichte. Hierdurch wurde der Weg vom rechtsgeschäftlich-spezifizierten Wucher zum allgemein-wertigkeitsorientierten Wuchermerkmal beschritten, wobei die Norm aber erst durch eine gefestigte Auslegung der unbestimmten Rechtsbegriffe durch die Gerichte Rechtssicherheit zeitigte.[104] Die Festle-

---

höchstrichterliche Anwendungsstatistik des Vertragsnichtigkeitsgrundes Wucher betrachtet (zwischen 1959 und 1969 zwei (!) abgedruckte Entscheidungen), vgl. auch unten A.II.1a)bb)bbb).

[101] Vgl. hierzu unten A.II.1a)bb)bbb).

[102] *'Unbestimmter Rechtsbegriff'* als ein solcher, dessen Inhalt nicht durch einen festumrissenen Sachverhalt ausgefüllt wird, sondern bei der Rechtsanwendung auf einen gegebenen Tatbestand im Einzelfall einer Festlegung bedarf, insbesondere einer Realitäts- oder Wertausfüllung. Vgl. zur genaueren Begriffsfestlegung Ebinger, Der unbestimmte Rechtsbegriff im Recht der Technik, S. 19ff; Franssen, (Un)bestimmtes zum unbestimmten Rechtsbegriff, S. 429 (429ff).

[103] Die bewußte Verwendung eines unbestimmten Rechtsbegriffes bei der Schaffung des § 138 II BGB bot in erster Linie die Möglichkeit, unter der abstrakten Definition sämtliche Formen des Wuchers zu erfassen, um somit auf die reine Wertigkeit der gegenüberstehenden Leistungen abzuzielen. Folge des § 138 II BGB sollte eine *'variable Hülle'* sein, die auf alle Rechtsgeschäfte anwendbar war und in erster Linie das wucherische und nicht das rechtsgeschäftlich-spezifische Moment erfasste. Nicht zuletzt wurde hierdurch auch ein Kompromiß erzielt, der es ermöglichte, den erstrebten liberalen Grundsätzen des BGB Rechnung zu tragen, die auf der Vertragsfreiheit fußten, der Notwendigkeit und Wichtigkeit einer Wucherregelung aber nachgeben wollten, ohne eine strenge Zinsfestsetzung zu normieren. Die mit der Beratung der Reichstagsvorlage betraute *XII. Reichstagskommission* beschloß mit großer Mehrheit, dem BGB hinzuzufügen:

> *Nichtig ist insbesondere ein Rechtsgeschäft, durch das jemand unter Ausbeutung der Nothlage, des Leichtsinns oder der Unerfahrenheit eines Anderen sich oder einem Dritten für eine Leistung Vermögensvortheile versprechen oder gewähren läßt, welche den Werth der Leistung dergestalt übersteigen, daß den Umständen nach die Vermögensvortheile in auffälligem Mißverhältnisse zu der Leistung stehen.*

Vgl. Hübner, § 86, S. 541, 542; vgl. Luig, Vertragsfreiheit und Äquivalenzprinzip, S. 171 (199, 202); vgl. Bericht der XII. Kommission vom 12. Juli 1896, Mugdan, Band I, S. 970; vgl. ebenso 110. Sitzung des Reichstags am 20. Juni 1896, Mugdan, Band I, S. 1004ff; zur Wucherregelung im BGB s. unten A.II.1d).

[104] Vgl. zur frühen begriffsentwickelnden Rechtsprechung des modernen Wucherverbots RGZ 46, 112 (116, 117, 118), Urt. v. 26.05.1900; RGSt 11, 388 (389f), Urt. v. 05.01.1885; RGSt 20, 279 (286), Urt. v. 25.02.1890; JW 1905, 365 (366, 367), Urt. v. 18.04.1905; RGSt 39, 126 (129), Urt. v. 03.07.1906; RGSt 23, 121 (122), Urt. v. 17.05.1892; RGSt 60, 216 (218, 219), Urt. v. 04.05.1926; RG (III. Civilsenat), Urt. v. 20.12.1901, Gruchots Beitr. 46, 897 (898, 899); SeuffA 60, Nr. 116, Urt. v. 19.10.1904; SeuffA 80, Nr. 2 (S. 6, 7), Urt. v. 16.10.1925; RGSt 3, 176 (177, 178), Urt. v. 05.01.1881; JW 1909, 214 (215ff), Urt. v. 26.02.1909; JW 1913, 424 (424, 425), Urt. v. 28.01.1913; Warneyer 1919, Nr. 92, Urt. v. 06.11.1918; RGSt 3, 218 (219, 220), Urt. v. 10.01.1881; RGSt 4, 390 (392), Urt. v. 13.07.1881; RGZ 93, 27 (28, 29, 30), Urt. v. 06.05.1918; Warneyer 1918, Nr. 157, Urt. v. 19.04.1918; Warneyer 1914, Nr. 111, Urt. v. 03.01.1914; SeuffA 61, Nr. 240, Urt. v. 08.05.1906; RGSt 15, 333 (334, 335), Urt. v. 25. 02.1887; RGSt 18, 419 (420), Urt. v. 28.01.1889; RGSt 29, 78 (82), Urt. v. 29.09.1896; RGZ 86, 296 (300), Urt. v. 04.03.1915; SeuffA 53, Nr. 146, OLG Hamburg, Urt. v. 23.11.1897; SeuffA 64, Nr. 2, Urt. v. 11.07.1908; JW 1908, 570 (587, 588), Urt. v. 29.05.1908; JW 1908, 133 (143, 144), Urt. v. 07.01.1908; JW 1907, 164 (167, 168), Urt. v. 28.01.1907; Warneyer 1916, Nr. 128, Urt. v. 15.04.1916; SeuffA 65, Nr. 89, OLG Braunschweig, Urt. v. 05.11.1909; SeuffA 69, Nr. 232, Urt. v. 30.04.1914; RGSt 74, 345 (346ff), Urt. v. 29.10.1940; RGSt 27, 18 (18, 19), Urt. v. 11.02.1895; RGZ 60, 9 (10, 11), Urt. v. 07.01.1905; Warneyer 1916, Nr. 128, Urt. v. 15.04.1916; Warneyer 1916, Nr. 195, Urt. v. 20.05.1916; RGSt 5, 9 (15), Urt. v. 20.09.1881; JW 1911, 571 (576), Urt. v. 01.05.1911;

gung des Wuchers setzte mit Inkrafttreten des BGB am 1. Januar 1900 unter dem Absatz *'Unmoralische Geschäfte'* voraus[105]:

- ein anhand der Umstände des Einzelfalles zu ermittelndes auffälliges Mißverhältnis von Leistung und Gegenleistung,
- die Feststellung der Notlage, des Leichtsinns oder der Unerfahrenheit auf seiten des Bewucherten und
- den Nachweis einer Ausbeutung dieser Lage durch den Wucherer.

Von dieser im Einzelfall auslegungsbedürftigen, aber *„variablen"* [106] Regelung ausgehend, erfaßte die Norm sämtliche Formen des Wuchers durch eine abstrakte Definition, die auf die reine Wertigkeit der gegenüberstehenden Leistungen abzielte[107], ohne - wie beispielsweise noch im Wuchergesetz vom 24. Mai 1880[108] - den Wucher nur in Zusammenhang mit Kreditgeschäften zu sanktionieren.[109] Vor allem aufgrund dieser weitgreifenden und flexiblen Wuchererfassung läßt sich die Einführung des § 138 II BGB vom rechtlich-qualitativen Wirkungsgrad[110] als einen diesbezüglichen *'Rechtsevolutionsendpunkt'* bezeichnen.

RGSt 71, 325 (326), Urt. v. 15.09.1937; RGSt 12, 303 (303f), Urt. v. 18.06.1885; JW 1915, 569 (574), Urt. v. 06.03.1915; RGSt 25, 315 (319), Urt. v. 26.04.1894; RGSt 37, 205 (206, 207), Urt. v. 10.06.1904; SeuffA 61, Nr. 73, Bayr. ObLG, Urt. v. 03.11.1905; RGSt 58, 321 (329, 330), Urt. v. 21.10.1924; RGSt 76, 193 (194), Urt. v. 26.06.1942; RGZ 98, 323 (324), Urt. v. 16.04.1920.

[105] Siehe Winter, Bürgerliches Gesetzbuch, § 138 II.
Die eigentlichen Wucherparagraphen (§§ 138 II BGB, 302 a-e StGB) blieben lange Zeit unverändert, die Änderung des § 138 II BGB im Jahre 1976 ist im wirtschaftsstrafrechtlichen Zusammenhang zu sehen, beginnend mit dem *'Gesetz zur Verbesserung des Mietrechts und zur Begrenzung des Mietanstiegs' vom 04. November 1971*, in dem zunächst nur der bisher als Sachwucher erfaßte Wohnraumwucher in § 302 f StGB gesondert unter Strafe gestellt wurde. § 302 f StGB unterschied sich von § 302 e StGB nur darin, daß es auch den nicht gewerbs- oder gewohnheitsmäßigen Mietwucher bestrafte und *'Notlage'* durch *'Zwangslage'* ersetzte. Die Änderungsvorschläge des damaligen Regierungsentwurfes, vor allem die Neufassung der Ausbeutungsmerkmale, fanden in den Vorarbeiten zur Reform des Wirtschaftsstrafrechts Niederschlag. Nachdem sich die vom Bundesminister der Justiz eingesetzte Sachverständigenkommission zur Bekämpfung der Wirtschaftskriminalität am 12. und 15. Februar 1974 mit den Änderungen des Wucherrechts ausführlich befaßt hatte, wurde der Regierungsentwurf mit der Stellungnahme des Bundesrates am 01. April 1975 vorgelegt. Die Änderungen der §§ 138 II BGB, 302 a StGB waren Gegenstand der Verhandlungen des Sonderausschusses für die Strafrechtsreform vom 17./18. Februar und 17./18. Mai 1976. Mit dem *1. Gesetz zur Bekämpfung der Wirtschaftskriminalität vom 29. Juli 1976* erhielten die Wuchernormierungen ihre entsprechende Fassung. Vgl. hierzu BGBl. I 1971, S. 1745 (1747); Drucksache BT. VI/1549, S. 3; Tagungsberichte der Sachverständigenkommission, Band VI., S. 96-131, S. 144-151; Drucksache BT. VII/3441; Drucksache BT. VII/2591; BGBl. I 1976, S. 2029 (2034ff); vgl. auch Müller-Emmert/Maier, S. 1657 (1664); z. Gesamtüberblick im 20. Jh. vgl. v.a. Meyer im Hagen, S. 1ff.

[106] Bender, Konsumentenkredit, S. 1129 (1132); vgl. auch Lenzen, S. 4.

[107] Brox in Erman, Band 1, § 138 Rdnr. 11; bestätigend BGH NJW 82, 2767 (2767), Urt. v. 08.07.1982.

[108] Vgl. hierzu unten B.III.1a); s. RGBl. 1880, S. 109-111. Inkraftgetreten am 14. Juni 1880. Vgl. von Schwarze, Reichsgesetz betreffend den Wucher vom 24. Mai 1880, S. 1ff; Schmidt, Sittenwidrigkeit, S. 138f.

[109] Dadurch, daß das Wuchergesetz v. 24.Mai 1880 aber den Schritt weg vom Zinstaxenprinzip und hin zur Leistungsabwägung normierte, läßt es sich dennoch als legislativer Beginn des modernen Wucherrechts ansehen; vgl. auch Häussler, S. 8.

[110] Ähnlich *Mestmäcker*, der die durch Generalklauseln des Privatrechts garantierte Vertragsgerechtigkeit vor allem in § 138 BGB erfüllt sieht, Mestmäcker, Wettbewerbsbeschränkungen, S. 235 (255); vgl. Schwarz, S. 11; kritisch Bender, Konsumentenkredit, S. 1129 (1132ff).

Festzuhalten bleibt zunächst, daß durch die abstrakte Bestimmung des Wuchers in § 138 II BGB ein gesetzlich anspruchsvollerer Bewertungsschwerpunkt[111] beim wucherischen Rechtsgeschäft gesetzt wurde als in weiten Teilen des 19. Jahrhunderts, was sich aber gerade mit der Unterschiedlichkeit der rechtstheoretischen Wesensauslegung des Wuchers begründen läßt.
Für das geltende Wucherverbot ist danach von einem *`rechtstheoretisch unbestimmten Wucherwesen`* zu sprechen. Dieses sanktioniert nicht das streng spezifizierte Rechtsgeschäft mittels schematisch festgelegter Gegenleistungsgrenzen per se bei deren noch so geringfügiger Überschreitung, sondern ermöglicht unabhängig von der Art des Rechtsgeschäfts die Feststellung eines Leistungsmißverhältnisses unter Berücksichtigung individueller und sachlicher Umstände. Bei Vorliegen der tatbestandlichen Voraussetzungen tritt `ex tunc` Nichtigkeit des Rechtsgeschäfts ein.

Dieses bestehende rechtstheoretische Wesen der Norm ist gleichwohl nicht im ausschließlichen Zusammenhang zur Schaffung des BGB zu sehen. Vielmehr wurde dessen notwendige Variabilität neben den spezifischen Erfahrungen mit dem gesetzlichen Wucherverbot nicht zuletzt auch durch die volkswirtschaftlichen, gesellschaftlich-sozialen und allgemeinwirtschaftlichen Faktoren im letzten Drittel des 19. Jahrhunderts geprägt. Jene Faktoren sollen hier zunächst verdeutlicht werden, um so im Ergebnis die strukturellen Unterschiede des legislativen Wucherverbots der letzten beiden Jahrhunderte verständlich zu machen. Gleichzeitig ergibt sich so die Möglichkeit, die gesetzliche Entwicklung des Wucherverbots sowie die diesbezüglichen Umstände im gesamten 19. Jahrhundert vor dem Hintergrund der (späteren) Notwendigkeit des modernen rechtstheoretischen Wucherwesens offensichtlicher werden zu lassen.

1. Das Wesen und die wichtigsten Erscheinungsformen des Wuchers nach geltendem Recht

Der Wucher stellt sowohl aus geltender als auch aus historischer Sicht ein Delikt aus dem Bereich des Geschäftslebens dar.
Nur wenn zwei oder mehrere Partner in eine geschäftliche Austauschbeziehung zueinander treten, kann Wucher entstehen. Dieser abgesteckte Rahmen verdeutlicht die gesamte, mit dem Wucher verbundene Problematik, da dieser, wie bereits angedeutet, immer auf der Grenzlinie zwischen der allgemeinen Vertragsfreiheit im Ge-

---

[111] Ähnlich Zimmermann, S. 142.

schäftsverkehr und dem notwendigen Schutz des wirtschaftlich Schwächeren steht[112] und somit ein sensibles Moment für den alltäglichen Wirtschaftsverkehr darstellt.
Die Nähe der wucherischen Ausbeutung zu diesem Wirtschaftsverkehr bedingt auch dessen erhebliche Einflußnahme auf die rechtstheoretische Einordnung des Wuchers.

Unerläßlich für die Verdeutlichung der Enstehung des geltenden, rechtstheoretisch unbestimmten Wucherwesens ist dabei, wie angedeutet, eine Betrachtung des letzten Drittels des 19. Jahrhunderts, da jene Phase den volkswirtschaftlichen Ausgangspunkt für die globalisierte und vielschichtige Ökonomie des 20. Jahrhunderts bildet. Dieser Zeitabschnitt läßt aber auch die auf allgemeinwirtschaftlichem, sozialem und gesellschaftlichem Gebiet gemachten Erfahrungen in die Regelungen des heutigen Privatrechts einfließen und prägt somit das rechtstheoretisch unbestimmte Wesen des Wuchers.

a) Die volkswirtschaftliche Basis für das rechtstheoretische Wucherwesen nach geltendem Recht

Im Rahmen dieses engen Wirtschaftsbezuges hängt die rechtliche Umsetzung des gesetzlichen Wucherverbots in starkem Maße von der geltenden Wirtschaftsordnung, ihres Grundverständnisses und dem Erfolg des Wirtschaftssystems ab.[113]
Die darauf aufbauenden volkswirtschaftlichen Strukturen eines Gesamtmarktes prägen in der Konsequenz auch das Wesen des Wuchers, da sich der Wucher in seinem Aufkommen und seiner Ausprägung nach dem Markt richtet und Schwachstellen ausnutzt.

Nach *Bark*[114] blüht der Wucher in einem industriealisierten, kapitalistischen System wie dem des 19. Jahrhunderts grundsätzlich dort, wo die Zirkulationsfähigkeit der Wirtschaft beschädigt und somit das Verhältnis von Angebot und Nachfrage gestört ist.[115]

---

[112] Peschke, Handwörterbuch der Staatswissensch., S. 1081 (1081, 1102); Roquette, Wucher im Zivilrecht, S. 5; Bauer-Mengelberg, Knebelungsverträge, S. 7f; vgl. Lindacher, Grundsätzliches zu § 138 BGB, S. 124 (125f); vgl. ebenso Bydlinski, Privatautonomie und objektive Grundlagen, S. 151f; Medicus, Schutzbedürfnisse, S. 761 (761); Lenzen, S. 1f; Bender, Konsumentenkredit, S. 1129 (1129); Griesinger, S. 7.
[113] Vgl. Roquette, Wucher im Zivilrecht, S. 5, 6; vgl. Bark, S. 161; vgl. auch Schwarz, S. 1, 2; Betz, S. 6; Hartmann, S. 3.
[114] Thomas Bark, Vertragsfreiheit und Staat im Kapitalismus, Diss. Frankfurt am Main 1978.
[115] Bark, S. 161, 164; vgl. auch Flume, Rechtsgeschäft und Privatautonomie, S. 135 (144).

Die Ausbreitung des Wuchers wurde nach Bark in diesem Jahrhundert vorrangig durch Kapitalmangelsituationen und daraus resultierenden zyklischen Kreditkrisen bestimmt, wie der des Jahres 1857/58, auf die in erster Linie Bezug genommen wird. Derartige Krisen hemmen danach den Fluß des Kredits als primäres wirtschaftliches Zirkulationsinstrument (*„tägliches Brot der Wirtschaft“* [116]) und prägen daher auch das Wesen des Wuchers.[117] Das Kapital und der Kredit sind hier verschärfendes Moment und vor allem Ausgangspunkt der wucherbegründenden Krisen innerhalb einer industriealisierten, produzierenden und frühkapitalistischen Wirtschaft wie der des 19. Jahrhunderts.

Je weiter sich der industriealisierte Produktionsprozeß unter jenen kapitalistischen Bedingungen entwickelt, desto mehr Kapital ist erforderlich, um den Prozeß aufrecht zu erhalten und durchzuführen.[118] Die Schnelligkeit der Ausdehnung dieses Prozesses, wie er vor allem in der zweiten Hälfte des 19. Jahrhunderts in Deutschland und Europa stattfand, ermöglicht es dem Unternehmer indes nicht, Reservekapital zu bilden für Zeiten verzögerter Kapitalrückflüsse durch bspw. Preisverfall oder Überfüllung der Märkte.[119] Daher muß zwangsläufig das spekulative Element bei Transaktionen in den Vordergrund treten, das die Unternehmer dazu anhält, in zunehmendem Umfang Leihkapital in den Produktionsprozeß zu investieren, um den nicht ausreichenden finanziellen Rückfluß aus der Warenveräußerung aufzufangen, bzw. wie *Marx* es ausdrückt, *„die Umsetzung Ware – Geld zu vertagen“*.[120]

Von der Umsetzung Ware – Geld, also vom notwendigen Rückfluß des Kapitals und damit von der Reibungslosigkeit des gesamten Produktions- und Zirkulationsprozesses hing folglich die Prosperität der produzierenden Unternehmen und damit der industrialisierten Gesamtwirtschaft dieses Jahrhunderts ab.

Dieser mangelnde Rückfluß bildet danach die Basis für weiteren, erhöhten Bedarf an kommerziellem Kapital, so daß Verzögerungen, zwischenzeitlicher Verfall der Warenpreise oder gar Unverkäuflichkeit der Waren Faktoren sind, welche die Kreditspirale in die Höhe treiben und den Zusammenhang zwischen Kreditbedarf und der nach Bark sodann vorrangig ausbeutungsursächlichen Krise herstellen.[121]

Die Krisen der Industriegesellschaft des 19. Jahrhunderts wurden, so Bark, in den Momenten ausgelöst, in denen sich die Kreditspirale in immer schwindelerregendere Dimensionen drehte.[122]

Das Leihkapital hat in diesen Situationen nur noch den Zweck, die Produktionsprozesse aufrecht zu erhalten.

---

[116] Peschke, Handwörterbuch der Staatswissensch., S. 1081 (1084).
[117] Bark, S. 164, 161f, 165, 169, 170, 171, 205.
[118] a.a.O., S. 165, 169.
[119] a.a.O., S. 164, 170.
[120] a.a.O., S. 164, 171.
[121] a.a.O., S. 169, 164.
[122] a.a.O., S. 171.

Die Reproduktion, also das Umsetzen von Ware in Kapital, ist nicht ausreichend, die *„verzögerten Rückflüsse erzeugen periodisch einen Überfluß von industriellem Kapital, das sich nicht verwerten kann und brachliegt“* [123]; sei es als unverkäufliches Warenkapital oder sei es sonstiges fixes Kapital.[124] Danach aber muß weiteres Kapital für den Produktionsfluß aufgenommen werden, was den Zinsfuß in einem noch nicht sehr stabilen Wirtschaftssystem wie dem des 19. Jahrhunderts nach oben treibt.[125] Durch Spekulantenaktionismus wird diese Dynamik verstärkt, so daß der Kapitalmarkt über kurz oder lang, aufgrund eines Mangels an erschwinglichem Kapital, zusammenbricht und die Spitze der Krise darstellt.

„Die typische Bewegung des Leihkapitals, ausgedrückt im Zinsfuß, verläuft also gerade umgekehrt zu der des industrieellen Kapitals. Erst wenn der Reproduktionsprozeß wieder floriert, fallen beide Bewegungen wieder zusammen.“ [126]

Derartige Kapitalkrisen verlagern sich sodann auch auf allgemeingesellschaftliche Konsumtionskräfte und erweitern die Zirkulationsstörungen über den Kapitalbereich hinaus, so daß auch der Bereich des Wuchers zwangsläufig über den des reinen Kreditwuchers hinausgeht. Die Ausbreitung des im 19. Jahrhundert auftretenden Wuchers basierte somit - nach der Darstellung von Bark – primär auf kapital-, bzw. kreditbedingten ökonomischen Krisen.

Dieser unterscheidet in Anlehnung an Marx bei der (früh-)kapitalistischen nationalen Ökonomie zu Recht zwischen Kredit und Warenproduktion[127] als Merkmale und konjunkturbewegende Elemente dieser und sieht die Geldzirkulation als Komplement und Motor der Warenzirkulation.[128]

Die Bedeutung des Kredits innerhalb der zirkulierenden industriealisierten Wirtschaft des 19. Jahrhunderts, seine Wechselwirkung mit anderen ökonomischen Faktoren wurden von Bark umfangreich dargestellt. Vor allem wird die Wirkung des Kredits als Triebwerk der nationalen, industriealisierten Wirtschaft thematisiert und seine in dieser Phase bestehende gefährliche Unerläßlichkeit, die mit wachsender Produktion und verzögerter Reproduktion stark anstieg.[129]

Ebenso wird die Anfälligkeit des auf Leihkapital aufbauenden, produzierenden Wirtschaftssystems des ausgehenden 19. Jahrhunderts für ökonomische Krisen und damit einhergehender wucherischer Ausbeutung aufgezeigt.

---

[123] a.a.O., S. 170.
[124] a.a.O., S. 170.
[125] Vgl. a.a.O., S. 172.
[126] a.a.O., S. 171.
[127] Selbstverständlich ist heute auch der Dienstleistungssektor miteinzubeziehen, den Bark jedoch zu Recht aufgrund des historischen Bezuges zum 19. Jahrhundert außer acht läßt.
[128] a.a.O., S. 159, 161ff.
[129] a.a.O., S. 165 bezogen auf Ausführungen von Marx, Kapital, Band 3, S. 498.

Im typischen Krisenverlauf eines derartigen Wirtschaftssystems ist der ökonomische Zirkulationsprozeß empfindlich gestört, was sich hauptsächlich auf der von Bark erläuterten Ebene des Kreditwesens niederschlägt.[130]
Die Wirtschafts- und Kapitalkrise schafft somit auch einen Ausgangspunkt für Wucher im allgemeinen, sei sie durch Erhöhung der allgemeinen Kreditspirale oder anderweitiger Gründe wie bspw. internationaler Importbeschränkungen hervorgerufen. Dies alles hieße im generellen theoretischen Umkehrschluß – auch für das Wirtschaftsgefüge des 19. Jahrhunderts – daß sich der einzelne bei einem funktionierenden Wettbewerb überhöhten Forderungen durch Ausweichen auf Konkurrenzangebote entziehen könnte[131] und auch die wirtschaftlich schwächeren Teile einer Gesellschaft vom freien und gesunden Waren- und Kapitalfluß profitieren könnten.[132]

In der Kernthese ist diesem Prinzip beizupflichten.
Die Gleichung erscheint einfach. Je weniger von einem handelbaren Marktgut krisenbedingt vorhanden ist, umso mehr verschiebt sich das Verhältnis in Richtung Nachfrage[133], so daß der Veräußerer dazu befähigt wird, legitimerweise höhere Preise in einem verhältnismäßigem Rahmen zu fordern.[134]
Daß dies vorrangig zu Zeiten ökonomischer (Kapital-)Krisen der Fall sein wird und auch in wucherische Dimensionen mündet, ist unbestritten. Dies sind nur die Folgen eines streng kapitalistischen Systems, das auf persönlichen Gewinn angelegt ist.[135]
Der ursprünglich angemessene Marktpreis des freien Wettbewerbs ändert sich somit bei einer in dieser Weise unausgeglichenen Marktlage in einen der neuen Marktsituation entsprechenden, höheren Preis und Gewinn des Anbieters.[136] In diesem Kontext wird auch das Wesen des Wuchers nicht zuletzt vom knappsten, wichtigsten und begehrtesten ökonomischen Zirkulationsinstrument in und außerhalb einer Krise – dem Kapital – bestimmt und eröffnet insbesondere der Ausbreitung des Kreditwuchers viele Möglichkeiten.

---

[130] Vgl. a.a.O., S. 205.
[131] Von Olshausen, Zivil- und wirtschaftsrechtliche Instrumente, S. 259 (277).
[132] Vgl. Roquette, Wucher im Zivilrecht, S. 5.
[133] Wobei die Nachfragesteuerung einen natürlichen Marktprozeß darstellt, der auch dadurch bestimmt wird, ob es existenznotwendige Güter oder Luxusartikel betrifft. Letztere werden aber nur selten Ausbeutungsmöglichkeiten bieten, vgl. Köhler, Monopolpreiskontrolle, S. 237 (247); ebenso Dipper in BB 1957, S. 20 (22).
[134] Gleiss in BB 1953, S. 337 (339); Köhler, Monopolpreiskontrolle, S. 237 (249).
[135] Vgl. Dehnel, S. 3; Hartmann, S. 1; Betz, S. 2; Das *OLG Bremen* sieht interessanterweise die Privatrechtssubjekte im Hinblick auf den Grundsatz der sozialen Marktwirtschaft auch in der Pflicht gegenüber der Gemeinschaft. *„Richtig ist, daß zur Zeit in Übereinstimmung mit dem GG nicht der Grundsatz der freien, sondern der sozialen Marktwirtschaft vertreten wird, und daß die Klägerin als Mitglied der Gemeinschaft, die es ihr ermöglicht, ihr Handelsgewerbe unbehelligt in Sicherheit und mit Erfolg auszuüben, eben dieser Gemeinschaft und damit deren Mitgliedern entsprechende Rücksicht schuldet, und zwar auch bei der Preisgestaltung."* Urt. v. 14.03.1963, NJW 63, 1455 (1457).
[136] Vgl. Gleiss in BB 1953, S. 337 (339).

Dies erscheint auch konsequent, weil man das Kapital, gerade in der industrialisierten Wirtschaft des 19. Jahrhunderts, als Umsetzungsnotwendigkeit der die Volkswirtschaft bestimmenden Produktionen verstehen muß. Das Kapital bildet in einem so funktionierenden Wirtschaftssystem den Treibstoff für die allgemeine, vorrangig produktionsbezogene Wirtschaftszirkulation.[137] Zudem weist dieses gerade zum Kreditwucher eine besondere Nähe auf, da das zur Produktion verwandte Kapital in den allermeisten Bereichen kommerzielles Kapital, also Kredit bedeutet[138], zu dem der gesamte Produktionsprozeß in hoher Abhängigkeit steht.

„Die Feststellung der Gesetzmäßigkeit, daß der kommerzielle Kredit wächst mit dem Umfang des industriellen Kapitals, beruht auf der funktionellen Identität von industriellem Kapital und Leihkapital. Leihkapital repräsentiert stets Warenkapital, das entweder für die Konsumtion oder zum Ersatz bestimmter konstanter Kapitalteile bestimmt ist." [139]

Die primäre Bedeutung und Nähe des Kapitals und des Kredits zum Wucher in einer kapitalistischen Produktionsgesellschaft wie der des 19. Jahrhunderts ist unbestritten.

Ebenso unbestritten ist die Tatsache des engen Zusammenhangs zwischen Kapital, Kredit und ökonomischen Krisen innerhalb dieser streng kapitalistischen, produktionsorientierten Epoche.[140]

Jedoch kann dieses – zweifellos richtige – Prinzip nicht als alleinige Ursache für das Auftreten des Wuchers im 19. Jahrhundert gelten.

Keiner Diskussion bedarf, wie erwähnt, die primäre Bedeutung des Kredits für den zirkulierenden Wirtschaftsfluß innerhalb der industriealisierten, produzierenden Epoche des 19. Jahrhunderts; ebenso ist der Zusammenhang zwischen Kreditspirale und zyklischen ökonomischen (Kapital-)Krisen nicht in Frage zu stellen. Auch kann das zunehmend notwendige Leihkapital unzweifelhaft zu *„zyklischen Krisen"* [141] der Wirt-

---

[137] Vgl. Haller, Geldwertstabilität, S. 30f.

[138] Dabei ist neben dem 'externen' Kredit, also der Aufnahme von Kapital außerhalb des Produktionsbereiches gegen Zins, auch ein 'interner' Kredit zu beachten, der vor allem im Bereich des Aktienwesens zu finden ist. Rein juristisch stellt die Ausgabe von Wertpapieren Kredit in keinem eigentlichen Sinne, sondern vielmehr eine Geschäftsbeteiligung der Erwerber dar, ökonomisch jedoch ist von einer kreditierten Leistung zu sprechen, bei der die Erwerber über den administrativen Bezug ihrer Leistung im Produktionsprozeß keinen (wenig) Einfluß haben und für die reine Überlassung des Kapitals Dividenden verbuchen können. Zur Vervollständigung ist des weiteren noch auf den von Großbanken beschrittenen Mittelweg der sog. 'Offen-Markt-Operationen' hinzuweisen als ein 'billiger Kredit' durch Unternehmensbeteiligungen der Banken. In diesem Zshg. ist vor allem der Aktiengesellschaftsboom der Gründerzeit zu sehen. Vgl. Heintzeler, Volkskapitalismus, S. 20f; Bark, S. 168f; ebenso Haller, Geldwertstabilität, S. 24, 56, 136ff.

[139] Bark, S. 165.

[140] Vgl. stellvertr. Hans Rosenberg, Die Weltwirtschaftskrise 1857-1859, 2. Aufl. Göttingen 1974; Fred Oelßner, Die Wirtschaftskrisen, Band 1, Berlin (Ost) 1949; Jürgen Kuczynski, Die Geschichte der Lage der Arbeiter in Deutschland, Band II, 6. Aufl., Berlin (Ost) 1954.

[141] Bark, S. 169.

schaft führen und den vorrangigen Angriffspunkt für wucherische Ausbeutung als Kreditwucher bilden.

Problematisch erscheint nur das diesen Verhältnissen zugrundeliegende Prinzip eines gleichförmig auf bestimmte Umstände reagierenden Gesamtwirtschaftsgefüges; eines Marktes, der als einheitliches System agiert und reagiert und dementsprechend vorhersehbare Auswirkungen zeigt.
Solche Überlegungen lassen sich jedoch zumeist nicht verifizieren, da von einem gesamtheitlich rezessiven oder aber gesamtheitlich *„funktionierenden Wettbewerb in einem marktwirtschaftlichen System nur theoretisch ausgegangen werden kann“* [142].
Vielmehr ist auf vielerlei Faktoren innerhalb einer Wirtschaft zu achten, die Auswirkungen auf den Markt haben und somit auch dem Wucher Vorschub leisten können. Deshalb erscheint es einleuchtender, den Wucher und sein Auftreten nicht nach streng volkswirtschaftlichen Komponenten generalisiert zu `berechnen`; vielmehr sollten – gerade im 19. Jahrhundert – sowohl Besonderheiten des Kleinverkehrs, wie die Verknappung einzelner wichtiger Güter[143], als auch gesellschaftliche, politische und vor allem soziale Faktoren in die Überlegungen zum Auftreten des Wuchers miteinbezogen werden.
Gerade die sozialen Faktoren bilden in diesem Kontext einen nicht zu unterschätzenden Aspekt, vor allem für die Entwicklung zum `rechtstheoretisch unbestimmten Wucherwesen` nach geltendem Recht.
Was die Wucherproblematik und ihr Kapitalhintergrund angeht, so ist festzustellen, daß in den dargestellten Überlegungen neben den rein volkswirtschaftlichen und produktionsspezifischen Zusammenhängen der davon unabhängige Landkredit mit seiner ausbeuterischen Grundlage zu kurz kommt.[144] Es war im 19. Jahrhundert aber gerade das Ausbeutungsunwesen auf dem Land, welches das Problem und die Entstehung des Wuchers charakterisierte. Deshalb stellt dieses auch den Themenschwerpunkt der vorliegenden Arbeit dar und wird die vorrangige ökonomische Grundlage der darzustellenden Gesetzesentwicklung bilden.

Bezugnehmend auf den im 19. Jahrhundert begründeten volkswirtschaftlichen Hintergrund des heute geltenden `rechtstheoretisch unbestimmten Wucherwesens` muß aber auch die These eines ausschließlichen Zusammenhangs zwischen ökonomischer Krise und Wucherauftreten bezweifelt werden.

---

[142] So zu Recht Harenberg, S. 2; ebenso Dipper in BB 1957, S. 20 (20, 21); ebenso Haller, Geldwertstabilität, S. 50.
[143] Vgl. Flume, Rechtsgeschäft und Privatautonomie, S. 135 (144).
[144] Insoweit ist auch die Darstellung Barks hinsichtlich der volkswirtschaftlichen Begründung des Kreditwucherproblems im 19. Jahrhundert bei weitem nicht ausreichend. Vielmehr bildet in diesem Kontext das Problem des Landkredits bzw. der dortigen Kreditnot und seine Diskussion in Rechtstheorie, Politik und Gesellschaft die weitaus bedeutendere Komponente. Hierzu wird unten Stellung genommen.

Unterzieht man das Gesamtwirtschaftsgefüge einer differenzierten Betrachtung, so erweist sich, daß die Ausbreitung des Wuchers nicht zwangsläufig mit gesamtwirtschaftlichen, zyklischen (Kapital-)Krisen einhergeht.
Denn auch bei ökonomischen Krisen, die zweifellos zyklisch in dieser Epoche auftraten, muß unterschieden werden. Eine solche Krise muß nicht unbedingt die sich erhöhende Kreditspirale als Ursache haben, sie kann größere oder kleinere Auswirkungen haben, mehr oder weniger Opfer, rascher oder langsamer (je nach Kapitalkraft des Krisenbereiches) verlaufen, oder nur von der Art der betroffenen Gütergattung abhängig sein.[145]
Somit läßt sich auch folgern, daß bei einer prosperierenden Wirtschaftslage Bereiche, Nischen oder spezifizierte Kleinstkrisen entstehen können, in der bezüglich eines bestimmten Gutes[146] eine Verknappung eintritt[147] oder aufgrund bestimmter sozialer und gesellschaftlicher Faktoren Mängel entstehen, die aufgrund einer mangelnden Angebots- und Nachfragezirkulation und entsprechendem Preisniveauanstieg Möglichkeiten zur wucherischen Ausbeutung bieten.[148]
Sicherlich ist die Zirkulation innerhalb dieser Nischen ebenso gestört wie in den beschriebenen volkswirtschaftlichen Kapitalkrisensituationen. Indes handelt es sich hier aber um mikroökonomische Bereiche oder abgrenzbare Strukturprobleme und nicht um gesamtwirtschaftliche Zusammenhänge.
Freilich bedeutet dies alles nicht, daß das offensichtliche Prinzip des vor allem 1857/58[149] auftretenden Zusammenhangs von Kapitalkrise und Wucherauftreten in Frage zu stellen wäre. Vielmehr ist lediglich die Ausschließlichkeit eines Zusammenhangs, daß der Wucher allgemein (also sowohl Kredit- als auch Sachwucher) als Folge zyklischer Wirtschaftskrisen auftritt, zu widerlegen.
Ob somit Wirtschaftskrisen als Folge oder Grundlage wucherischer Ausbeutung gesehen werden, muß gerade in dem dargestellten Zusammenhang bedacht werden, daß vornehmlich die prosperierende Wirtschaft neue Märkte schafft. Derartige neue Märkte sind meist noch stark beeinflußbar und durch fehlende Konkurrenzverhältnisse noch relativ instabil. Durch die Möglichkeit der Preisabsprache oder einer Monopolbildung können somit Beschränkungen des partiellen Wettbewerbs eintreten[150], die im Ergebnis auch Ausweichmärkte für *`übersättigte`* Wucherbereiche darstellen können.[151]

---

[145] Vgl. Berolzheimer, Wirtschaftsphilosophie, Band 4, S. 258, 259.
[146] Vgl. Haller, Geldwertstabilität, S. 20.
[147] Flume, Rechtsgeschäft und Privatautonomie, S. 135 (144).
[148] Auch *Hartmann* weist darauf hin, daß neben wirtschaftlichen Notzeiten, also ökonomischen Krisen größeren Ausmaßes, auch kurzfristige Konjunkturschwankungen oder plötzlich auftretende Monopolstellungen den Wucher fördern, Hartmann, S. 1.
[149] Vgl. dazu auch unten B.II.3a).
[150] Dipper in BB 1957, S. 20 (21).
[151] Vgl. Häussler, S. 8.

Konsequent gedacht heißt dies, daß die unumgänglichen Wucherbereiche einer Marktwirtschaft (soweit solche überhaupt noch eingrenzbar und definierbar sind), lediglich in Teilen von einem Marktbereich zum anderen verschoben werden[152], wenngleich auch mit unterschiedlichen Auswirkungen bezüglich ihrer Verbreitung. Ausreichend können in diesem Zusammenhang auch strukturelle Veränderungen innerhalb der Einzelmärkte sein, die den Warenfluß, resp. das –angebot nicht auf gleichmäßigem Niveau garantieren. Handelt es sich hier um lebensnotwendige Güter (bspw. Agrargüter), werden exorbitante Preisaufschläge nicht immer auszuschließen sein.[153]

Für das Wesen des Wuchers bedeutet dies eine größer werdende `Vielfalt`, welche sich der sich weitenden Marktsituation anpasst.[154]

Insoweit bedarf es auch gesetzlicher Verbote, deren Flexibilität es erlaubt, das gesamte Spektrum des wucherischen Ausbeutung zu erfassen. In diesem Zusammenhang ist auch das heutige, rechtstheoretisch unbestimmte Wucherwesen zu sehen.

Insbesondere die nicht krisengeschwächte Wirtschaft dehnt und verändert sich im Rahmen eines freien Wettbewerbs, so daß auch die in ihr auftretenden Einzelmärkte in ständiger Veränderung begriffen sind.[155]

Je mehr Güterzirkulation sich daraus ergibt und handels-, bzw. gewinnversprechende Marktbereiche in einer Volkswirtschaft einbezogen sind, desto mehr Einzelmärkte entstehen, die auch Nährboden wucherischer Ausbeutung sein können.[156] Aufgrund ihrer Spezialisierung können verschiedene Einzelmärkte in weiten Teilen unabhängig vom Gesamtwirtschaftssystem sein und somit eigenen ökonomischen Gesetzen folgen. Dies kann zur Folge haben, daß dort unabhängig von der prosperierenden Restwirtschaft Zirkulationsstörungen auftreten, welche die Grundlage für wucherische Ausbeutung bieten.

---

[152] Vgl. Deniau, Der gemeinsame europäische Markt, S. 38.

[153] Vgl. zur Agrarimportlage des Dt. Reiches unten, Fn. 266, 272, 273.

[154] Aus heutiger Sicht seien zwei Beispiele genannt, innerhalb derer trotz konjunkturell zumindest beständiger Wirtschaftslage auf höherem Niveau, Nischen und neue Einzelmärkte Ausbeutungsanfälligkeit aufweisen. Zum einen der Fall der neuen Bundesländer, die nach 1990 und einer Phase der allgemeinen Anpassung in ein wirtschaftliches Wachstum übergingen. Gleichwohl ist hier ein Nischenbereich wucherischer Ausbeutung zu nennen, der von der `Unerfahrenheit` (i.S.d. subjektiven Tatbestandes des § 138 II BGB) der Bürger profitierte, solange das westliche Rechts- und Wirtschaftssystem noch nicht ausreichend bekannt war. Vgl. BGHZ 125, 135 (insbes. 140), Urt. v. 11.02.1994 = BGH NJW 94, 1475 (1476). Zum anderen der Marktbereich der Telemedien- und Informationsdienste allgemein, Internetbereich und auch das Geschäft mit `Singlediensten`, bzw. Partnerschaftsvermittlungen (Partnercomputer- und Partnervideodienste, Klubmitgliedschaften und Adressenhandel etc.), das im Laufe der letzten Jahre zu einem unübersichtlichen Marktbereich herangewachsen ist. Vgl. LG Krefeld, Urt. v. 12.01.1984 in MDR 84, 491 (492); AG Eltville, Urt. v. 20.04.1989 in FamRZ 89, 1299 (1299f); vgl. auch Gilles in MDR 83, S. 712 (712ff); im Bereich der Tele- und Telekommunikationsinformationsdienste sind für die nähere Zukunft wohl aufgrund der rasanten Ausweitung des Marktes und mitunter horrenden Preise Entscheidungen i.R.d. § 138 BGB (bzw. auch §§ 19, 20 GWB i.V.m. § 134 BGB) nicht auszuschließen.

[155] Leuer, S. 159.

[156] Vgl. Deniau, Der gemeinsame europäische Markt, S. 39; vgl. auch Leuer, S. 173.

Die Überlegung allein, gesteigerte Wucherausbreitung und damit auch definierbares Wucherwesen fast ausschließlich mit ökonomischen Krisen gleichzusetzen, ist somit nicht ausreichend.[157] Denn sobald ein reicheres und schnelleres Wirtschaftsleben die ansteigenden Gewinnmöglichkeiten zum Hebel des Systems werden läßt, zeigt sich, daß gerade die immer größer werdenden Marktvielfältigkeiten den Wucherer in fast alle Richtungen zur Ausbeutung treibt.[158]

In diesem Zusammenhang darf ein prädestinierter 'Ausbeutungsbereich' nicht unerwähnt bleiben, der die vermeintlich ausschließliche Interdependenz zwischen wucherischer Ausbeutung und ökonomischer Krise als nicht hinreichend entlarvt.
Zweifellos unterliegt das Vorkommen von Wucher – sei es im Rahmen gesamtwirtschaftlicher Krisen oder partieller Probleme innerhalb weitgehend unabhängiger Einzelmärkte – dem Prinzip des unausgeglichenen Verhältnisses von Angebot und Nachfrage.
Unter idealen Voraussetzungen innerhalb des Wettbewerbs bildet dieser im Hinblick auf den im Rahmen der rechtsgeschäftlichen Privatautonomie ausgeübten *„gesellschaftlichen Kooperationsprozeß“* [159] die Funktion eines '*natürlichen Ordnungselements*', da der Wettbewerb per se in die ökonomischen Funktionen von Anbieter und Nachfrager aufgeteilt ist.[160] Ist nämlich die erwünschte Marktkonstellation gegeben, in der dem einzelnen mehrere miteinander in Wettbewerb stehende Anbieter oder Nachfrager zur Auswahl gegenüberstehen, so bewirkt der Wettbewerb durch das Bestreben der Konkurrenten, unbedingt zum Geschäftsabschluß zu kommen, einen Ausgleich der Machtunterschiede.[161]
Der Wettbewerb stellt sich insofern als ein natürliches, ökonomisches '*Machtrelationsmittel*' dar, das die tatsächlichen wirtschaftlichen Machtunterschiede weitgehend relativiert.[162]
Gerät dieses ausgleichende, natürliche Moment dadurch in Unordnung, daß das Verhältnis zwischen Anbieter und Nachfrager ungleich wird, kann sich der Markt nicht

---

[157] Vielmehr sind aus heutiger Sicht, neben den rein volkswirtschaftlichen Aspekten auch einzelne Marktbereiche wie bspw. die Baubranche latent ausbeutungsgefährdet, was nicht zuletzt an mitunter oligopolen Anbieterstrukturen, Preisabsprachen und Unüberschaubarkeit der Vertragsinhalte liegt. Vgl. Nicklisch in BB 1973, S. 53 (54, 55) in Bezug zur wettbewerbsrechtlichen Schutzmaßnahme der BaupreisVO v. 06.03.1972 (*Verordnung PR Nr. 1/72 über die Preise für Bauleistungen bei öffentlichen oder mit öffentlichen Mitteln finanzierten Aufträgen* (BGBl. I, S. 293-303, Inkraftgetreten 01.04.1972) i.V.m. § 2 *Übergangsgesetz über Preisbildung und Preisüberwachung* (1948)), die nach Nicklisch auch außerhalb des Sinns der Preissicherung in Krisenzeiten (vgl. RGZ 88, 250 (250ff), Urt. v. 19.05.1916), auch *„unter Berücksichtigung der heutigen wirtschaftlichen Situation“* ihre Berechtigung findet, sogar innerhalb einer, so Holzapfl, *„günstigen Konjunkturlage“*. Holzapfl in BB 1973, S. 682 (683).
[158] Vgl. Peschke, Handwörterbuch der Staatswissensch., S. 1081 (1082).
[159] Mestmäcker in DB 1968, S. 787 (791).
[160] Rittner, Ausschließlichkeitsbindungen, S. 16.
[161] Vgl. Rittner, Ausschließlichkeitsbindungen, S. 78.
[162] Vgl. Biedenkopf, wirtschaftliche Macht, S. 113 (118); vgl. ebenso Böhm, Das Problem der privaten Macht, S. 25 (31f).

mehr selbst in aller Konsequenz regeln, die Zirkulation des Wettbewerbs blockiert.[163] Die Ursachen dafür können verschiedenster Natur sein. Jedenfalls bedeutet die quantitative Umschichtung des Verhältnisses in den Bereich der Nachfrager eine weitgehend zwangsläufige Anhebung des Preises bis hin zu wucherischen Dimensionen.

Letzteres gilt erst recht in den Fällen, in denen die Wettbewerbssituation so einseitig ist, daß entweder ein einzelner Anbieter oder in Einklang handelnde wenige Anbieter den Marktpreis bestimmen können, mithin der Markt innerhalb einzelner Bereiche monopolistischen (bzw. oligopolistischen) Strukturen unterworfen ist.[164]

Die Gründe für die Entstehung einer solchen Machtkonzentration sind vielfältig.[165] Gleichwohl sind sie nicht zuletzt auch auf der Basis einer dynamischen und auch fortschrittlichen Volkswirtschaft zu erblicken[166], aufgrund derer die Bildung von Marktmacht (bspw. durch den Fusions- oder Kartellzusammenschluß[167]) als eine Konsequenz in einer freien Marktwirtschaft liberalökonomischen Ursprungs akzeptiert werden muß.[168] Daher ist darin, sobald der Monopolist seine Marktmacht[169] bei der

---

[163] Vgl. Biedenkopf, wirtschaftliche Macht, S. 113 (119).

[164] Vgl. Bartling, Handwörterbuch der Wirtschaftswissensch., S. 280 (281); Gleiss in BB 1953, S. 337 (338).

[165] Neben den Kartellbildungen auch durch bspw. einfache Solidarität der konkurrierenden Unternehmen oder schlichtweg infolge Fehlens jeder Konkurrenz.

[166] Vgl. Leuer, S. 1, 5f; Bartling, Handwörterbuch der Wirtschaftswissensch., S. 280 (285); im Rahmen der Kartellbildung ist solche Machtkonzentration selbstverständlich auch als Reaktion auf ökonomische Krisen zu sehen, innerhalb derer Nachfragerückgang und somit Preisverfall droht, da die Konkurrenz zunächst mit Preissenkungswettläufen reagiert. Die Kartellbildung führt hier u.U. zu Preisniveausicherung (Beispiele v.a. die Zementkartelle des Dt. Reiches der Gründerzeit, vgl. Müller-Uri, S. 4ff). Indes können Kartellbildungen aber auch auf noch stärkerer, gemeinsamer Nutzung der sich bietenden Absatzchancen einer prosperierenden Wirtschaftslage beruhen. Derartige Wirtschaftshochs fördern auch die 'Hervorspülung' einzelner marktmächtiger Unternehmen, die Marktnischen besetzen und somit ebenfalls monopolistische Eigenschaften aufweisen. Vgl. auch zu den verschiedenen Karelltypen Eger, S. 10-13.

[167] Das grundsätzliche Urteil zur Kartellrechtfertigung in Deutschland erging durch das RG am 04.02.1897 (RGZ 38, 155-162) und machte die Kartelle als wirtschaftspolitisches Mittel in Deutschland hoffähig. Dem Urteil lag ein Zusammenschluß sächsischer Holzstoffindustrieller im März 1893 zu einem „Sächsischen Holzstoff-Fabrikanten-Verband" zugrunde. Der Vertrag wurde für die Dauer von 2 ½ Jahren abgeschlossen. Ein Recht zu vorzeitiger Kündigung war nicht vorgesehen. Als Zweck des Zusammenschlusses war in der Satzung angegeben:
1.Verhinderung eines verderblichen Wettbewerbs der Fabrikanten untereinander für die Zukunft, 2. Erzielung eines angemessenen Preises für ihr Fabrikat.
Um diesen Zweck zu erreichen, errichteten die Mitglieder des Verbandes eine gemeinsame Verkaufsstelle und verpflichteten sich, a) direkte Verkäufe an Abnehmer zu unterlassen, b) ihre Verkäufe nur durch eine gemeinsame Verkaufsstelle zuzulassen, c) im Falle von Verstößen gegen diese Verpflichtungen eine Vertragsstrafe zu bezahlen.
In den Jahren 1894/95 tätigte ein Mitglied wiederholt Direktverkäufe, verstieß also gegen den Vertrag. Der Verband klagte auf Zahlung der Vertragsstrafe. Das beklagte Mitglied wendete ein, der Vertrag sei wegen Gesetzesverstoßes rechtsunwirksam. Das RG prüfte die Frage, ob der Vertrag die Gewerbefreiheit unzulässig einschränke, also gegen die Gewerbeordnung verstoße und deshalb nichtig sei. Es kam zu dem Ergebnis, daß Kartellverträge grundsätzlich wirksam seien, und verurteilte dementsprechend das vertragsuntreue Mitglied zur Zahlung der Vertragsstrafe.

[168] Vgl. Biedenkopf, wirtschaftliche Macht, S. 113 (119); der Begriff der '*freien Marktwirtschaft*' ist hier nicht i.S.d. extensiven, liberalökonomischen Freihandels zu verstehen, sondern vielmehr als Gegenpart zu einer dirigistischen Planwirtschaft. Der hier gewählte Begriff umfaßt folglich auch das Prinzip

Preisbildung einsetzt, ein weiteres Argument zu erblicken, das die These des vermeintlichen Ausschließlichkeitszusammenhangs von ökonomischer Krise und wucherischer Ausbeutung widerlegt.[170] Der einfache Nenner lautet folglich: wucherische Ausbeutung tritt vor allem dort auf, wo viele Nachfrager wenigen Anbietern gegenüberstehen; die Gründe für eine derartige Machtkonzentration basieren jedoch nicht nur auf Wirtschaftskrisen, sondern können ebenso von einer prosperierenden Wirtschaftslage herrühren; dies läßt den logischen Schluß zu, daß das Auftreten von Wucher bei monopolistischen Anbieterstrukturen auch eine Folge positivkonjunktureller Wirtschaftsverhältnisse ist. Insoweit soll im weiteren auch eine Erläuterung zu dieser Schlußfolgerung folgen, die Bezug auf das geltende Recht nimmt, um eine Bestätigung zu erfahren.

Vor diesem Hintergrund beruhen nach geltendem Rechtsverständnis als wucherähnlich (i.S.d. Leistungsmißverhältnisses gem. § 138 II BGB) einzustufende, sittenwidrige Verträge auf dem Ausnutzen einer Monopol-, bzw. Oligopolstellung[171] zur Durchsetzung eines übermäßigen Entgelts oder unbilliger Geschäftsbedingungen.[172] Volkswirtschaftlich betrachtet bedeutet dies, daß sich weitgehend unabhängig von konjunkturellen Phasen (und somit auch unabhängig von ökonomischen Krisen) des Gesamtmarktes Monopole oder einheitlich agierende Oligopole[173] bilden. Diese sind in der Lage, durch einheitliche Preisdiktate innerhalb ihres nahezu wettbewerbslosen Marktbereiches den freien Preis als Marktregulator auszuschalten.

---

des ordoliberalen Wettbewerbs, der die Aufgabe des Staates darin sieht, ein natürliches Höchstmaß an Leistungswettbewerb zu schaffen, der allerdings nicht zum gezielten Schädigungs- und Vernichtungswettbewerb entarten darf. Daher muß der Staat ein Mindestmaß gesetzlicher Rahmenbedingungen für den Wettbewerb schaffen, um dem Wettbewerb keine Grundlage für Anarchie zu bieten und die soziale Komponente beizubehalten.

[169] *Böhm* definiert wirtschaftliche Macht äußerst eingängig wie folgt: *„In der Möglichkeit, als schlechterer Anbieter den Partner von der Annahme besserer Angebote abzuhalten oder ihn für deren Annahme zu bestrafen, beruht das Wesen der wirtschaftlichen Macht."* Böhm, Das Problem der privaten Macht, S. 25 (32).

[170] Vgl. auch Hartmann, S. 1.

[171] I.S.d. Wettbewerbsrechts, vornehmlich des § 19 II 2 GWB gelten auch Oligopole als `marktbeherrschend' (mind. zwei oder mehr Unternehmen), soweit zwischen ihnen für eine bestimmte Art von Waren oder gewerblichen Leistungen ein wesentlicher Wettbewerb nicht besteht und soweit sie in ihrer Gesamtheit marktbeherrschend sind. Ähnlich auch Quasimonopole; vgl. Gassner, § 15, S. 108-113; Müller-Uri, S. 215-223; vgl. auch BGH NJW 84, 2700 (2701), Beschl. v. 04.10.1983; Robert, Konzentrationspolitik, S. 306; Emmerich, § 18, S. 191ff; Rittner, § 10, S. 281ff; Bechtold in NJW 98, S. 2769 (2771); Commichau/Schwartz, Rdnr. 283, S. 82.

[172] Vgl. BGHZ 19, 85 (94), Urt. v. 18.11.1955; RGZ 62, 264 (266), Urt. v. 08.01.1906; BGHZ 65, 284 (289), Urt. v. 26.11.1975.

[173] Einheitlichkeit v.a. durch Preisabsprachen und vereinbarte Gleichförmigkeit des Auftretens auf dem Markt, Dipper in BB 1957, S. 20 (21); in diesem Zusammenhang ist v.a. § 19 II 2 GWB 1998 zu beachten; vgl. insges. zur Stellung der Oligopole im Kartellrecht Thomas Leuer, Zum Begriff des wesentlichen Wettbewerbs im Sinne des Oligopoltatbestands unter besonderer Berücksichtigung des Preisparameters, Diss. Münster 1984.

In der Konsequenz führt dies zur partiellen Erstarrung des zirkulierenden Marktbereiches[174] und folglich zu einer Marktstörung.[175] [176]
Die Besonderheit, die diese Anbieter in die Situation versetzt einen erheblichen Einfluß auf den Markt und die Zirkulation von Angebot und Nachfrage auszuüben, liegt weniger im Ausnutzen einer Wirtschaftskrise als vielmehr in einer eigenen marktbeherrschenden Stellung, welche befähigt, den partiellen marktwirtschaftlichen Wettbewerb außer Kraft zu setzen oder effektiv zu beschränken.[177] Ergebnis dessen sind oftmals Preise in wucherischen Dimensionen.

Bezüglich der rechtlichen Bewertung gilt es in solchen Fällen zu differenzieren.
Eine solche Differenzierung muß danach vorgenommen werden, ob sich die grundlegende Machtposition als Folge eines eher kurzfristigen und alltäglichen Kräfteunterschiedes darstellt, oder ob sich diese aus einer marktbeherrschenden Stellung ergibt, die dauerhaft befähigt, die Marktverhältnisse durch Beschränkung des Wettbewerbs zu beeinflussen. Der Unterschied zwischen diesen Grundkonstellationen ist im Regelungs- und Sanktionsbereich zu finden, da eine dauerhaft marktbeherrschende Stellung per se andere wettbewerbsrechtliche Konsequenzen erfordert und somit eines weitgehend eigenständigen Regelungsbereiches bedarf.
Insoweit ist der Begriff der Marktbeherrschung aufgrund der damit verbundenen Gefahren für einen funktionierenden Wettbewerb de lege lata ebenfalls ein wesentliches Element des Kartellrechts, insbesondere im Bereich der kartellrechtlichen Mißbrauchskontrolle der §§ 19, 20 GWB 1998 (§§ 22, 26 a.F.).[178]
Ein marktbeherrschendes Unternehmen i.S.d. § 19 II und III GWB ist dann gegeben, wenn es keinem wesentlichen Wettbewerb ausgesetzt ist oder eine überragende Marktstellung innehat.[179] Jedoch muß im Rahmen der kartellrechtlichen Regelungen des Gesetzes gegen Wettbewerbsbeschränkungen bedacht werden, daß es Aufgabe des Kartellrechts ist, jene Wettbewerbsbeschränkungen als solche zu verhindern. Der Wettbewerb soll gegen willkürliche Beschränkungen der an ihm teilnehmenden Unternehmen gesichert werden[180], so daß vor allem das GWB als Steuerungs- und

---

174 Gleiss in BB 1953, S. 337 (338, 339); vgl. auch Dipper in BB 1957, S. 20 (21).
175 Ackermann, S. 233f; Gleiss in BB 1953, S. 337 (338).
176 Zu beachten gilt hier allerdings, daß die monopolistische Befähigung zum Preisdiktat nicht ausschließlich mit der Wirtschaftskraft eines Unternehmens gleichgesetzt werden kann. Der sich stetig bewegende, dynamische Markt versetzt zuweilen auch wirtschaftlich schwächere Anbieter in monopolistische Stellungen.
177 Vgl. Köhler, Monopolpreiskontrolle, S. 237 (251f); vgl. ebenso Dipper in BB 1957, S. 20 (21); Hoppmann, Marktmacht und Wettbewerb, S. 24-28; zum Prinzip des freien Wettbewerbs vgl. Lutz in Gloy, § 39 Rdnr. 41-44; Wiedmann, S. 9ff; Schmidt, Kartellrecht, S. 2ff.
178 Vgl. Gassner, 5. Kap., S. 101ff; Emmerich, §§ 18, 19, 20, S. 176ff; Bechtold in NJW 98, S. 2769 (2771).
179 Hoppmann, Marktmacht und Wettbewerb, S. 24f; Rittner, § 13 Rdnr. 133, S. 371; Wiedemann in Wiedemann, § 3 Rdnr. 11, S. 48; vgl. auch BGHZ 71, 102 (117f), Beschl. v. 21.02.1978; BGHZ 82, 1 (9), Beschl. v. 29.09.1981.
180 Bechtold, Einführung Rdnr. 42; vgl. auch Wiedmann, S. 8ff; Mestmäcker, Wettbewerb, S. 47f.

Sicherungselement des geregelten Wettbewerbs und „*Institution der bestehenden Marktwirtschaft*" [181] zu verstehen ist.[182] Dabei ist der Verbraucherschutz entgegen einem verbreiteten Mißverständnis kein unmittelbarer Zweck des Kartellgesetzbereiches[183]; vielmehr wird der Verbraucher durch die Sanktionen des GWB mittelbar geschützt, soweit eine `spürbare` Wirkung bzw. eine Veränderung der Marktverhältnisse eintritt.[184]

Jedoch ist nicht jede Macht- oder Monopolstellung im Wettbewerb ohne weiteres identisch mit der kartellrechtlichen Voraussetzung einer `wettbewerbsverändernden Marktbeherrschung`[185], da sich eine Monopolstellung schon aufgrund eines dynamischem Marktes, lokaler und infrastruktureller Besonderheiten, lokaler Anbieterfluktuation, Konkursen und besonderer Zeitumstände ergeben kann und somit keine dauerhaft wettbewerbsverändernden Grundlagen aufweisen muß.[186]

Die vertragsrechtliche Würdigung der Ausnutzung einer solchen Macht-, bzw. Monopolstellung zur Durchsetzung eines übermäßigen Entgelts oder unbilliger Geschäftsbedingungen verbleibt zunächst im zivilrechtlichen Bereich des § 138 BGB. Es ist jedoch darauf aufmerksam zu machen, daß bei Monopolstellungen, die eine grundsätzlich wettbewerbsverändernde Qualität aufweisen und somit den kartellrechtlichen Bereich des GWB betreffen, eine Verlagerung der zivilrechtlichen Rechtsfolgen stattfindet. Eine Besonderheit ist in den Regelungen der 6. GWB-Novelle v. 02.09.1998[187] zu sehen, die durch ihre Änderungen die gleichzeitige Anwendung des § 138 BGB in diesem Bereich weitgehend einschränkt.

Läßt der Vertrag objektiv ein auffälliges Mißverhältnis zwischen Leistung und Gegenleistung erkennen, das auf der mißbräuchlichen Ausnutzung einer Monopolstellung beruht, so ist er auf dieser Grundlage zunächst als sittenwidrig i.S.d. § 138 I BGB zu erachten.[188]

Der Verstoß gegen die guten Sitten ist dabei in dem Umstand zu erblicken, daß sich der Vertragspartner dem besonderen Druck der Machtstellung beim Vertragsschluß

---

[181] BGHZ 13, 33 (37), Urt. v. 16.03.1954.

[182] Vgl. Müller-Uri, S. 32f; Ackermann, S. 4, 6f; vgl. bei Ackermann v.a. zum Prinzip des gesamten Wettbewerbsrechts und zum Verhältnis von GWB und UWG S. 7ff; Wiedemann in Wiedemann, § 1 Rdnr. 1, 2, 6; vgl. auch Rittner, Einleitung Rdnr. 10.

[183] Bechtold, Einführung Rdnr. 45.

[184] Bechtold, § 1 Rdnr. 37, 38.

[185] Vgl. auch Dipper in BB 1957, S. 20 (21).

[186] Vgl. hierzu ein Urteil des LG Nürnberg-Fürth v. 27.04.1973 (BB 73, 777 (778)), in dem die Beklagte bei einem kurzfristig zu befürchtenden Wasserrohrbruch auf ein `24 Stunden-Unternehmen` angewiesen war, das eine – wenn auch kurzfristige – Monopolstellung innehatte und die Notlage der Beklagten bei der Werklohnforderung i.S.d. § 138 II BGB ausnutzte.

[187] BGBl. I, S. 2546-2575, *Neufassung des Gesetzes gegen Wettbewerbsbeschränkungen, 6. Novelle v. 02.09.1998.*

[188] RGZ 115, 218 (219), Urt. v. 08.11.1926; vgl. auch BGH BB 71, 1177 (1177), Urt. v. 16.06.1971; BGH NJW 58, 1772 (1772), Urt. v. 30.05.1958; BGHZ 65, 284 (289), Urt. v. 26.11.1975; RGZ 143, 24 (28, 29), Urt. v. 15.12.1933; RGZ 48, 114 (127), Urt. v. 11.04.1901; RGZ 62, 264 (266), Urt. v. 08.01.1906; BGHZ 19, 85 (94), Urt. v. 18.11.1955.

fügen muß[189], etwa weil er auf den Geschäftsverkehr mit dem Monopolisten angewiesen ist.[190] Für die sittenwidrige Ausnutzung einer Macht- oder Monopolstellung genügt es, wenn in einem bestimmten Bezirk ein Gewerbetreibender (oder eine Gruppe von ihnen) wegen seines für den Verkehr nahezu unentbehrlichen Gewerbes und seiner wirtschaftlichen Stellung in der Lage ist, dem Verkehr einseitig den Vertragsinhalt vorzuschreiben.[191]
Die Folge der sittenwidrigen Ausnutzung dieser Machtstellung ist für den Vertragspartner meist ein Kontrakt, der diesem eine weit überhöhte Gegenleistung abverlangt[192], wobei die preislichen Gesamtumstände dahingehend geprüft werden müssen, ob ein solcher nicht unerheblich über Preisen vergleichbarer Fälle liegt.[193] Dies wird regelmäßig der Fall sein, wenn auch i.S.d. § 138 II BGB ein auffälliges Mißverhältnis zwischen Leistung und Gegenleistung vorliegt.[194]
Deshalb ist anhand der Umstände ebenso zu überprüfen, ob der rechtliche Schwerpunkt – im Hinblick auf die Grundlage der vertraglichen Nichtigkeitsfolge – bei der sittenwidrigen Ausnutzung der Machtstellung oder den objektiven und subjektiven Wuchermerkmalen i.S.d. § 138 II BGB zu legen ist.[195]
Jedenfalls ist hier festzustellen, daß neben der sittenwidrigen Ausnutzung der Monopolstellung häufig auch die objektiven Voraussetzungen des § 138 II BGB im Hinblick auf ein überdimensioniertes Leistungsmißverhältnis als auch dessen subjektive Merkmale erfüllt sind.[196]

Gleichwohl ist für den Gesamtzusammenhang feststellen, daß gerade auch die speziellen kartellrechtlichen Regelungen des (preisdiktatorischen) Monopolmißbrauchs für die Überlegung einer Krisenunabhängigkeit der wucherischen Ausbeutung von

---

[189] Hefermehl in Soergel, § 138 Rdnr. 108; vgl. auch BGH BB 71, 1177 (1177), Urt. v. 16.06.1971.
[190] BGH BB 71, 1177 (1177), Urt. v. 16.06.1971; nach *Mayer-Maly* ist dies der Fall, wenn ein Vertragspartner sein tatsächliches wirtschaftliches Übergewicht in einer mit den Verkehrsbedürfnissen unvereinbaren Weise zu eigenem Vorteil ausnutzt, Mayer-Maly in MüKo, § 138 Rdnr. 79.
[191] RGZ 115, 218 (220), Urt. v. 08.11.1926; diese Entscheidung bildet hier eine Grundlage für die fortgesetzte Rechtsprechung im Bereich des Monopolmißbrauch i.R.d. § 138 BGB.
[192] Vgl. BGHZ 19, 85 (94), Urt. v. 18.11.1955; BGH NJW 58, 1772 (1772), Urt. v. 30.05.1958; BGHZ 41, 271 (278), Urt. v. 02.04.1964; RGZ 62, 264 (266), Urt. v. 08.01.1906; BGH NJW 76, 710 (711), Urt. v. 30.10.1975.
[193] BGH NJW 76, 710 (711), Urt. v. 30.10.1975; BGH NJW 58, 1772 (1772), Urt. v. 30.05.1958; BGHZ 65, 284 (289), Urt. v. 26.11.1975; BGH BB 71, 1177 (1177, 1178), Urt. v. 16.06.1971.
[194] Vgl. BGHZ 65, 284 (289), Urt. v. 26.11.1975.
[195] Trotz der anzunehmenden kurzfristigen Monopolstellung des Unternehmens ist im Urteil des LG Nürnberg-Fürth v. 27.04.1973 (BB 73, 777 (778), s. Fn. 186) das Ausnutzen der Notlage als vorrangig eingestuft worden, so daß die vertragliche Nichtigkeitsfolge nach § 138 II BGB eintrat; vgl. zum Verhältnis von § 138 I und § 138 II bei Ausnutzung einer Monopolstellung Hefermehl in Soergel, § 138 Rdnr. 108-115, insbes. 109.
[196] Ein exemplarischer Fall der Doppelverwirklichung von § 138 I und § 138 II BGB ist in BGHZ 19, 85 (85ff, 94), Urt. v. 18.11.1955 abgedruckt, innerhalb dessen eine Gemeinde unter sittenwidriger, „*existenzgefährdender*" Ausnutzung ihrer Monopolstellung das Standgeld für Straßenhändler um das 12-fache erhöht; dagegen ist der um 13,41% überhöhte Gewinn eines monopolistischen, regionalen Elektrizitätsunternehmens zwar sittenwidrig im o.g. Sinne, aber keinesfalls wucherisch, BGH BB 71, 1177 (1177), Urt. v. 16.06.1971.

Bedeutung sind. Dies basiert zum einen auf der expliziten, legislativen Festschreibung des GWB als Wettbewerbsbeschränkungsgesetz für Fälle der Zuwiderhandlungen gegen das Prinzip des sich auf 'natürlichem' Wege ausgleichenden Wettbewerbs.[197] Beachtenswert wird in diesem Zusammenhang der wirtschaftspolitische Hintergrund des GWB bezüglich der ökonomietheoretischen Basis für die Bildung von Marktbeherrschung sein.
Zum anderen wird, unter Berücksichtigung des für das GWB relevanten, funktionell weit auszulegenden Unternehmensbegriffes[198], die Gefahr einer auch im kartellrechtlichen Sinn vorliegenden Wettbewerbsbeschränkung bei Ausnutzung einer (dauerhaften) Monopolstellung nicht grundsätzlich von der Hand zu weisen sein. Insoweit ist dem Mißbrauchssanktionsbereich des GWB – gerade auch im Hinblick auf die geänderte Rechtssituation des GWB 1998[199] - zunächst ebensolche Aufmerksamkeit wie der Monopolbehandlung durch die Regelung der 'guten Sitten' zu schenken.

Von besonderer Bedeutung ist in diesem Zusammenhang der Preismißbrauch im Rahmen des sog. 'Ausbeutungsmißbrauchs' gemäß § 19 IV Nr. 2 GWB.

§ 19 GWB 1998

(1) Die mißbräuchliche Ausnutzung einer marktbeherrschenden Stellung durch ein oder mehrere Unternehmen ist verboten.
(2) (....)
(3) (....)
(4) Ein Mißbrauch liegt insbesondere vor, wenn ein marktbeherrschendes Unternehmen als Anbieter oder Nachfrager einer bestimmten Art von Waren oder gewerblichen Leistungen

1. *(....)*
2. *Entgelte oder sonstige Geschäftsbedingungen fordert, die von denjenigen abweichen, die sich bei wirksamem Wettbewerb mit hoher Wahrscheinlichkeit ergeben würden;*
   hierbei sind insbesondere die Verhaltensweisen von Unternehmen auf vergleichbaren Märkten mit wirksamem Wettbewerb zu berücksichtigen;
3. *(....)*
4. *(....)*

§ 19 IV Nr. 2 GWB zielt auf das marktbeherrschende Unternehmen, dessen wettbewerbsrechtlicher Mißbrauch in einem Preismißbrauch gegenüber den Abnehmern

---

[197] Vgl. Bechtold, Einführung Rdnr. 42; Rittner, § 1 Rdnr. 42.
[198] *„Marktbeherrschend kann nur ein Unternehmen sein. Es gilt der allgemeine kartellrechtliche Unternehmensbegriff. Er ist erfüllt, soweit eine (natürliche oder juristische) Person oder eine Personenvereinigung durch Betätigung in der Erzeugung oder im Geschäftsverkehr aktiv am Wirtschaftsleben teilnimmt, und zwar außerhalb der Deckung persönlicher Bedürfnisse (privater Haushalt)."* Bechtold, § 19 Rdnr. 2; vgl. auch von Gamm, § 1 Rdnr. 8-16.
[199] Vgl. zur 6. Gesetzesnovelle GWB 1998 Emmerich, § 18, S. 176, 177; vgl. BGBl. I 1998, S. 2546-2575; vgl. zu den Änderungen Bechtold in NJW 98, S. 2769 (2769ff).

vorliegt.[200] Dabei muß das Entgelt höher sein, als es sich *'bei wirksamem Wettbewerb mit hoher Wahrscheinlichkeit ergeben würde'* (§ 19 IV Nr. 2 Hs. 1 GWB).[201] Die Bedeutung liegt hier, wie im Rahmen der sittenwidrigen Machtpositionsausnutzung, weniger im Bereich des noch tolerierbaren, unangemessenen Preises, als in Preisdimensionen in *„erheblich"* [202] übersteigertem Maße.[203]

Dabei muß das Unternehmen marktbeherrschend i.S.d. § 19 II und III GWB auf dem Markt auftreten. Dies ist dann der Fall, wenn das Unternehmen keinem wesentlichen Wettbewerb ausgesetzt ist oder eine überragende Machtstellung innehat[204], wobei anzumerken ist, daß sich die strikte Trennung in der Anwendung wohl kaum konsequent aufrecht erhalten lassen wird und flexibel zuhandhaben sein dürfte, da sich beide Faktoren nicht gegenseitig ausschließen, sondern eher bedingen.[205]

Ob ein Unternehmen nach diesen Kriterien tatsächlich marktbeherrschend ist, erfordert zudem die Analyse des entsprechenden Marktbereichs, also des relevanten Marktes für die Beherrschung in gegenständlicher, räumlicher oder zeitlicher Hinsicht.[206] Dabei entscheidet die Marktabgrenzung auch über den Beherrschungsgrad und den damit verbundenen Mißbrauch durch das Unternehmen. Je enger hier der

---

[200] Gassner, S. 115; Bechtold, § 19 Rdnr. 68; von Gamm, § 22 Rdnr. 35.

[201] Von ähnlicher Bedeutung wie § 19 GWB ist Art. 86 EGV. Hiernach *'ist die mißbräuchliche Ausnutzung einer beherrschenden Stellung auf dem gemeinsamen Markt oder auf einem wesentlichen Teils desselben durch ein oder mehrere Unternehmen verboten'*, soweit dies dazu führen kann, *'den Handel zwischen Mitgliedsstaaten zu beeinträchtigen'*. Diese Bestimmung enthält aber keine Definition der Beherrschung. Ebenso muß, wie im deutschen Recht des GWB, zunächst der Markt sachlich und räumlich abgegrenzt werden. Verboten ist der Mißbrauch im Sinne einer Generalklausel; er wird in Art. 86 II durch Beispiele konkretisiert. Dabei gilt Art. 86, wie § 19 GWB, als unmittelbar wirkende Verbotsnorm, deren zivilrechtliche Folgen sich aus nationalem Recht ergeben (§§ 134, 823 II BGB). Gegenüber § 19 GWB ist Art. 86 EGV unabhängig, die Anwendungen schließen sich nicht gegeneinander aus; Bechtold, Vor § 19 Rdnr. 3, 4; Rittner, § 10 Rdnr. 109ff, S. 304ff; von Gamm, Art. 86 (nach § 22 GWB) Rdnr. 1ff; Emmerich, S. 395ff; Möschel in Immenga/Mestmäcker, § 22 Rdnr. 215; vgl. auch BT-Drucks. 13/9720, S. 36.

[202] Bechtold, § 19 Rdnr. 69.

[203] Vgl. BGH WuW/E, 1445 (1454); KG WuW/E, 4640 (4644); BGHZ 67, 104 (118), Beschl. v. 03.07.1976; BGHZ 76, 142 (149), Beschl. v. 12.02.1980; vgl. auch BGHZ 65, 284 (289), Urt. v. 26.11.1975.

[204] Vgl. Hoppmann, Marktmacht und Wettbewerb, S. 24f; Rittner, § 13 Rdnr. 133; S. 371; Wiedemann in Wiedemann, § 3 Rdnr. 11, S. 48; vgl. auch BGHZ 71, 102 (117f), Beschl. v. 21.02.1978; BGHZ 82, 1 (9), Beschl. v. 29.09.1981.

[205] Ähnlich *Vogt*, S. 198, der die Marktbeherrschung eher am objektiven Verhaltensspielraum des Unternehmens festmachen will; ebenso Müller-Uri, S. 206.

[206] Vgl. zu diesem Bereich v.a. Gassner, § 15, S. 103ff; Müller-Uri, S. 207ff; Emmerich, § 18, S. 179ff; Rittner, § 13 Rdnr. 132, S. 370f; Bechtold, § 19 Rdnr. 5ff; in räumlicher Hinsicht hat ein Unternehmen eine marktbeherrschende Stellung, wenn ein Ausweichen auf Mitbewerber nicht möglich ist, oder wenn dem Kunden, gemessen am Anlaß, ein Ausweichen auf einen räumlich entfernten Mitbewerber nicht zugemutet werden kann, vgl. BGH NJW 96, 1820 (1821, 1822), Beschl. v. 19.12.1995; BGH NJW 80, 1389 (1390, 1391), Beschl. v. 23.10.1979; bei der Frage nach dem sachlich relevanten Markt geht es um das Problem, welche Güter und Leistungen zu einem Markt gehören; hier ist der Markt nach 'marktgleichwertigen' Gütern zu bestimmen, vgl. BGHZ 71, 102 (108f), Beschl. v. 21.02.1978; BGHZ 73, 65 (71ff), Beschl. v. 12.12.1978; die zeitlichen Marktgrenzen spielen nur in Ausnahmesituationen eine Rolle, die dadurch gekennzeichnet sind, daß ein Unternehmen aufgrund vorübergehender Umstände eine ebenso vorübergehende Machtposition erlangt, vgl. BGHZ 52, 65 (68), Beschl. v. 03.03.1969; BGHZ 101, 100 (103f), Beschl. v. 26.05.1987; ähnlich LG Nürnberg-Fürth BB 73, 777 (778), Urt. v. 27.04.1973.

Marktbereich abgrenzbar ist, desto genauer wird auch die Analyse der Beherrschung und des Mißbrauchs sein.[207]

Der Preismißbrauch (eines marktbeherrschenden Unternehmens) selbst i.S.d. § 19 IV Nr. 2 Hs. 1 GWB ist mit Hilfe eines hypothetischen Wettbewerbspreises festzustellen, bei dem nach § 19 IV Nr. 2 Hs. 2 GWB *'insbesondere die Verhaltensweisen von Unternehmen auf vergleichbaren Märkten mit wirksamem Wettbewerb'* berücksichtigt werden soll. Dabei kann dieses sog. 'Vergleichsmarktkonzept' in sachlicher, örtlicher und zeitlicher Hinsicht anzuwenden sein.[208]

In aller Regel weisen diese Vergleichsmärkte (soweit überhaupt feststellbar) jedoch mehr oder weniger große strukturelle Unterschiede auf, so daß häufig dann zur Ermittlung des wettbewerbsanalogen Preises verschiedenste Zu- und Abschläge ergehen müssen[209], was die Bestimmung der Preisüberschreitung äußerst schwierig macht.[210] Nur bei erheblichen Überschreitungen des Wettbewerbspreises – also Bereichen, die im übertragenen Sinn dem Leistungsmißverhältnis des § 138 II BGB zuzuordnen sind – lassen sich mit hinreichender Sicherheit Rückschlüsse auf etwaiges mißbräuchliches Verhalten ziehen, so daß dann das angesprochene Vergleichsmarktkonzept nicht herangezogen werden muß.[211]

Insoweit macht die Schwierigkeit der Preisüberschreitungsbestimmung deutlich, daß auch im Rahmen des kartellrechtlichen Ausbeutungsmißbrauchs nicht jede in diesem Sinne vorliegende Wettbewerbsbeschränkung mit genereller preislicher Unangemessenheit oder gar wucherischer Ausbeutung identisch ist.[212] Ebenso ist aus verwaltungsrechtlicher Sicht zu bedenken, daß ein Eingriff der Kartellbehörde auf Grundlage des § 19 GWB 1998 in die Preisbildung in einer freien[213] Wettbewerbswirtschaft überhaupt nur Raum als äußerster Notbehelf in Fällen haben kann, in denen die Marktmacht eines nicht nur vorübergehenden Monopols mißbräuchlich eingesetzt wird.[214]

Gleichwohl ist auch der kartellrechtlich relevante Monopolmißbrauch bei der Preisgestaltung in diesem Gesamtzusammenhang zu berücksichtigen, da die nicht selten auftretende rücksichtslose Gewinnorientierung in einer freien Marktwirtschaft auch dann nicht halt macht, wenn die Bedeutung und das Handeln des Monopolisten stark wettbewerbsverändernde Auswirkungen hat.

---

[207] Müller-Uri, S. 206, 207; vgl. auch Wiedemann in Wiedemann, § 23 Rdnr. 7-15, S. 813ff; Rittner, § 6 Rdnr. 47-49, S. 165f.

[208] Vgl. von Gamm, § 22 Rdnr. 45-48; Bechtold, § 19 Rdnr. 71-74; Emmerich, S. 207ff; Gassner, S. 115; Möschel in Immenga/Mestmäcker, § 22 Rdnr. 160-167; neben diesem Vergleichsmarktkonzept kann jedoch auch jede andere hinreichend zuverlässige Methode herangezogen werden.

[209] Gassner, S. 115.

[210] Vgl. Rittner, § 10 Rdnr. 108; S. 304.

[211] Rittner, § 10 Rdnr. 108, S. 304.

[212] Vgl. Dipper in BB 1957, S. 20 (21); Böhm, Das Problem der privaten Macht, S. 25 (28); vgl. auch WuW/E BGH 1435 (1442), Beschl. v. 03.07.1976=BGHZ 67, 104 (118); WuW/E BGH 1445 (1452ff), Beschl. v. 16.12.1976=BGHZ 68, 23 (34ff).

[213] Vgl. zur Begrifflichkeit oben Fn. 168.

Vor einem derartigen Hintergrund leitete das Bundeskartellamt im Jahre 1981 gegen die fünf führenden Anbieter des Blutgerinnungssoffes `Faktor VIII` ein Verfahren ein, die einen Marktanteil von rund 85% auf sich vereinigten.[215]
In diesem Verfahren mißbilligte das Bundeskartellamt, daß die in der Bundesrepublik Deutschland geforderten Preise etwa das Fünffache (!) der Preise auf dem Vergleichsmarkt USA betrugen.[216]
Derartige Mißbräuche des Monopolisten bei der Preisgestaltung rechtfertigen und unterstützen die Bedeutung des kartellrechtlichen Mißbrauchsverbots des GWB, wenngleich bei diesem von vorrangig prophylaktischer Wirkung ausgegangen werden muß.
Das Mißbrauchsverbot bezweckt, Verhaltensweisen von Unternehmen zu unterbinden, die ihnen nur aufgrund ihrer Marktmacht und wegen fehlendem wirksamen Wettbewerb möglich sind.[217] Insoweit ist auch die `ausbeuterische Ausgangslage` zwischen monopolistisch auftretendem Anbieter und Nachfrager die gleiche wie im Bereich der sittenwidrigen Vertragsfolgen.
Allerdings gewinnt gerade das Gesetz gegen Wettbewerbsbeschränkungen seine besondere Bedeutung aus den verwaltungsrechtlichen Sanktionsgrundlagen gegen derart marktmächtige Unternehmen. Sie stellen die effektivste Möglichkeit dar, den Wettbewerb zu stabilisieren. Mithin geht der kartellrechtliche Monopolsanktionsbereich – ohne dies näher erläutern zu müssen – über die bloße vertragsgebundene, zivilrechtliche Nichtigkeitsfolge des § 138 BGB hinaus[218]; weitergehende Erläuterungen dazu müssen jedoch aufgrund der mit dieser Arbeit verbundenen Schwerpunktsetzung an anderer Stelle erfolgen.

---

[214] Vgl. auch Rittner, § 10 Rdnr. 108, S. 304.
[215] Vgl. Tätigkeitsbericht BKartA 1981/1982, S. 25, 26.
[216] Tätigkeitsbericht BKartA 1981/1982, S. 26; das Verfahren wurde jedoch bald eingestellt, da die Unternehmen noch während des Verfahrens ihre Preise drastisch senkten; ähnlich auch ein Fall, bei dem das *BKartA* nicht lokale Vergleichskonzepte benutzte, sondern sich eines Vergleichs zwischen Herstellungskosten und Abgabepreis (10% reine Herstellungskosten) eines ebenfalls medizinischen Präparats bediente, vgl. Tätigkeitsbericht BKartA 1981/1982, S. 26; vgl. ebenso BGH NJW-RR 87, 554, Beschl. v. 21.10.1986; BGH NJW 76, 710, Urt. v. 30.10.1975; OLG Frankfurt/Main BB 71, 629, Urt. v. 21.07.1970; BGHZ 59, 42-51, Beschl. v. 31.05.1972; BGHZ 41, 271-282, Urt. v. 02.04.1964.
[217] Gassner, S. 102.
[218] In der Gesamtbetrachtung erweist sich der Sanktionskatalog des GWB 1998 als sehr ausführlich. So sind neben verwaltungsrechtlichen Sanktionen (Ablehnungsbescheid bzgl. § 1 GWB i.S.d. § 10 II GWB, sanktionierende Mißbrauchsverfügungen i.S.d. §§ 15 III, 16 GWB, Untersagungsverfügungen gem. § 32 GWB oder gar Mehrerlösabschöpfungen gem. § 34 GWB), ordnungsrechtliche (Bußgeldverfahren gem. § 81 IV GWB) oder strafrechtliche Sanktionen (rechtswidrige Submissionsabsprachen nach § 298 StGB) vorgesehen. Im Bereich der kartellrechtlichen Zivilrechtssanktionen ist i.S.d. § 33 S. 1 Hs. 1 GWB der Unterlassungsanspruch vorrangig, d.h. grundsätzlich ist jeder, der gegen eine Bestimmung des GWB oder eine kartellbehördliche Verfügung verstößt, zur Unterlassung verpflichtet, vgl. Topel in Wiedemann, § 50 Rdnr. 73-76; Rittner, § 14 Rdnr. 19. Ist der den Unterlassungsanspruch begründende, kartellrechtliche Verstoß als schuldhaft zu qualifizieren, hat der Betroffene zudem einen Anspruch auf Schadensersatz i.S.d. §§ 249ff BGB, 33 S. 1 Hs. 2 GWB, soweit die in Rede stehende Vorschrift den `Schutz eines anderen bezweckt`, Topel in Wiedemann, § 50 Rdnr. 71, 72; Rittner, § 14 Rdnr. 14, 15, 18.

Im Rahmen der vertraglichen Rechtsfolge führt ein Verstoß gegen das Mißbrauchsverbot aus § 19 GWB 1998 (§ 22 a.F.) gemäß § 134 BGB zur Nichtigkeit des wettbewerbsbeschränkenden Verhaltens, soweit dieses auf vertraglicher Grundlage erfolgt. Dabei enthält § 19 I (IV) GWB 1998 seit der 6. Gesetzesnovelle von 1998[219] (in Übereinstimmung mit Art. 86 EGV) ein explizites gesetzliches Verbot der mißbräuchlichen Ausnutzung einer marktbeherrschenden Stellung. Die so über § 134 BGB herzuleitende Nichtigkeitsfolge ersetzt insoweit das in § 22 V a.F. GWB enthaltene Recht der Kartellbehörde, Verträge für unwirksam zu erklären, das von der 6. GWB-Novelle nicht übernommen wurde.[220] Der Mißbrauchstatbestand hat in § 19 I (IV) GWB dadurch eine wesentliche Verschärfung erfahren, indem er in ein solch unmittelbar wirkendes Verbot umgestaltet wurde.[221]

Die Regelung des § 22 a.F. GWB dagegen schloß – die `Tradition des sittenwidrigen Monopolmißbrauchs` i.S.d. § 138 BGB vor Inkrafttreten des GWB fortsetzend[222] - die grundsätzliche Anwendbarkeit des § 138 BGB neben der kartellrechtlichen Mißbrauchsnorm (notgedrungen?) nicht aus.

Bedenkt man die Schwerfälligkeit einer ausschließlichen Nichtigkeitsrechtsfolge nach § 22 V a.F. GWB über den Verwaltungsweg, so erscheint dies im Rahmen eines fraglos notwendigen Drittschutzes beim kartellrechtlichen Monopolmißbrauch mehr als gerechtfertigt.[223] [224]

Die Regelung des § 19 GWB 1998 bezieht sich als Verbotsnorm bei der vertraglich-zivilrechtlichen Rechtsfolge primär auf § 134 BGB. Ob in diesem Bereich neben § 134 BGB ein Bedürfnis für die gleichzeitige, weitere Anwendung des § 138 BGB besteht, ob der zweifellos mit der 6. GWB-Novelle bezweckte erhöhte Nachfragerschutz eine zusätzliche Ausweitung erfahren soll und ob in rechtsdogmatischer Hinsicht die zusätzliche Anwendung des § 138 BGB neben § 134 BGB der grundsätzlichen Vor-

---

219 Vgl. Fn. 187.

220 Vgl. Wiedemann in Wiedemann, § 23 Rdnr. 69; vgl. Emmerich, S. 219f.

221 Vgl. Bechtold, Einführung Rdnr. 25; vgl. auch Emmerich, S. 219f; nach neuem Recht kann § 19 GWB auf der Grundlage seiner Ausgestaltung als Verbotstatbestand (ebenso wie Art. 86 EGV) Schutzgesetz sein. Die Betroffenen können also selbst nach §§ 19, 33 GWB gegen die Normadressaten vorgehen, ohne auf ein Eingreifen der Kartellbehörde warten zu müssen.

222 Vgl. RGZ 62, 264 (266), Urt. v. 08.01.1906; RGZ 48, 114 (127), Urt. v. 11.01.1901; RGZ 161, 76 (81f), Urt. v. 05.07.1939; RGZ 143, 24 (28), Urt. v. 15.12.1933; RGZ 115, 218 (220), Urt. v. 08.11.1926.

223 Vgl. zum Stand vor der 6. GWB-Novelle v.a. Mestmäcker, Wettbewerbsbeschränkungen, S. 235 (253ff); Köhler, Monopolpreiskontrolle, S. 237 (237ff); Sack in Staudinger 1996, § 138 Rdnr. 313; Hefermehl in Soergel, § 138 Rdnr. 115; insgesamt restriktiver Mayer-Maly in MüKo, § 138 Rdnr. 79; vgl. auch Möschel in Immenga/Mestmäcker, § 22 Rdnr. 200, 201; vgl. ebenso im Bereich der Rechtsprechung BGH BB 71, 1177 (1177), Urt. v. 21.07.1970; OLG Frankfurt/Main BB 71, 629 (630), Urt. v. 21.07.1970; ebenso im Rahmen des Verhältnisses des § 138 BGB zum GWB-Mißbrauchsbereich BGHZ 65, 284 (286ff), Urt. v. 26.11.1975; BGHZ 41, 271 (274ff), Urt. v. 02.04.1964.

224 Anzumerken gilt hier ebenso, daß § 22 a.F. GWB und § 26 II a.F. GWB (Diskriminierungsverbot) Berührungspunkte im Bereich der mißbräuchlichen Monopolausnutzung aufwiesen. Auch neben § 26 II a.F. GWB, das ein Schutzgesetz darstellte, blieb § 138 BGB anwendbar. Mithin wurde, sobald ein kleineres Unternehmen dem Monopolisten vertraglich `ausgeliefert` war, der Mißbrauch im Rahmen

rangigkeit des letzteren entgegen steht ('Normzweckvorbehalt'[225]), muß in Anbetracht der mit dieser Arbeit verbundenen Zielsetzung Gegenstand eigener Untersuchungen sein.

Sowohl der dargestellte sittenwidrige Monopolmißbrauchsbereich als auch der des Wettbewerbsbeschränkungsgesetzes weisen sowohl unterschiedliche Zielausrichtungen, als auch rechtliche Grundlagen auf. Beide basieren gleichwohl auf dem Umstand der durch eine Monopol-, resp. Oligopolstellung begünstigten oder hervorgerufenen und gegebenenfalls wucherischen Ausbeutung ihrer Vertragspartner.
Die Besonderheit ist hierbei, daß die Ausbeutung als solche oder die Schaffung der monopolistischen Grundkonstellation nicht auf der Grundlage ökonomischer Krisen beruhen muß.
Auch *Hartmann* weist darauf hin, daß der Wucher nicht nur in Phasen *„wirtschaftlicher Notzeiten"* auftritt, sondern daß der Ausbeuter auch kurzfristige Konjunkturschwankungen oder aber jene Monopolstellungen *„benützt, um Preise zu erzielen, denen seine Leistungen keineswegs ebenbürtig sind"*.[226]
Die Monopolbildung in einem vom freien Wettbewerb geprägten Gesamtmarkt als Ausbeutungsursache basiert folglich nicht ausschließlich, wie man im Rahmen eines vermeintlichen Zusammenhangs von ökonomischer Krise und ansteigender Ausbeutung folgern müßte, auf der Grundlage einer rezessiven Konjunkturlage. Freilich ist nicht von der Hand zu weisen, daß etwa die künstliche Bildung von Monopolen durch Kartellvereinigungen auch als Folge von Notzeiten und Notständen erfolgt, die dem gemeinsamen Ziel der vereinigten Stärke zur Überwindung derlei Phasen verhaftet sind und insoweit als, wie *Kierdorf* es 1905 ausdrückte, *„Kinder der Not"* [227] zu betrachten sind.[228]
Dennoch scheidet bei dieser Überlegung zum gleichen Zeitpunkt die krisenbedingte Ursache der Kartellbildung als ausschließliches Moment aus. Denn auch der freie Wettbewerb und das damit verbundene Gewinnstreben kann zu einer Kartellierung führen, deren Hintergrund in einem schlichten Streben nach Monopolgewinn und Marktbeherrschung innerhalb einer prosperierenden Wirtschaft liegt.[229] Insoweit ist die Kartellbildung als 'künstliche Monopolgrundlage' keiner Konjunkturlage explizit zuzumessen. Vielmehr ist ihre Erscheinung davon abhängig, ob sich das Handeln der Unternehmen – je nach Konjunkturlage – als Ausdruck von Wagemut oder Sicherheitsstreben darstellt.[230]

---

des Unternehmenskontaktes bestand, § 26 II a.F. GWB neben § 138 BGB angewandt. Vgl. stellvertr. BGH WuW/E 1413 (1414), Urt. v. 30.10.1975; vgl. auch von Gamm, § 26 Rdnr. 5.
[225] Vgl. stellvertr. Sack in Staudinger 1996, § 138 Rdnr. 96ff, 146f.
[226] Hartmann, S. 1.
[227] Kierdorf in den Verhandlungen des *Vereins für Socialpolitik*, zitiert bei Callmann, S. 91.
[228] Callmann, S. 90f.
[229] Vgl. Callmann, S. 91.
[230] Vgl. Egner, Wirtschaftsordnung, S. 73; vgl. auch Dobretsberger, S. 78.

Mithin läßt sich der aufgezeigte Ausbeutungsbereich mittels einer wie auch immer entstandenen Monopolstellung keinesfalls in seinem Auftreten ausschließlich dem Bereich der ökonomischen Krisen zuordnen. Vielmehr ist festzustellen, daß nicht lediglich Wirtschaftskrisen marktbeherrschende Monopole hervorrufen, sondern ebenso der dynamische Wettbewerb. Hier liegt häufig auch ein symbiotisches Verhältnis zwischen Monopolisten und Markt vor, da dieser durch die wirtschaftliche Leistungsfähigkeit dieser Monopolisten in anderen Bereichen profitiert.
Auch durch die durch Globalisierung bedingten größeren Märkte werden vielfach *„leistungsfähigere Unternehmenseinheiten“* [231] (natürlicher oder künstlicher Bildung) gefordert. Davon ging auch die Arbeitsgruppe Wettbewerbspolitik im Bundeswirtschaftsministerium 1966/67 aus: der Wettbewerb könne seine dynamischen Funktionen (Anpassungsflexibilität, rasche Durchsetzung des technischen und wirtschaftlichen Fortschritts und damit gesamtwirtschaftlichen Wachstums) nur bis zu einem gewisssen Grad an monopolistischen Elementen entfalten.[232] Marktunvollkommenheiten seien, so die Arbeitsgruppe, in der Realität nicht nur nicht vermeidlich, sondern sogar nötig.[233] Auch in bezug auf Oligopole sei in diesem Zusammenhang von Fortschritt und einer Erhöhung des Lebensstandards auszugehen.[234]
Das Bundeskartellamt äußerte sich in seinem Tätigkeitsbericht 1981/1982 ähnlich, indem es die zu diesem Zeitpunkt zurückgehende Bedeutung der kartellrechtlichen Mißbrauchsaufsicht auf die rezessive Wirtschaftsentwicklung zurückführte. Diese Konjunkturlage zeichne dafür verantwortlich, daß auch Unternehmen mit überragender Machtstellung kaum Möglichkeiten hätten, mißbräuchliche Maßnahmen durchzusetzen.[235]

Die Tatsache einer von wirtschaftlichen Konjunkturlagen unabhängigen Monopolbildung widerlegt neben dem beschriebenen Aspekt der volkswirtschaftlichen Einzelmarktausweitung die Überlegung eines vermeintlich ausschließlichen Zusammenhangs zwischen ökonomischer Krise und der Wucherausbreitung.[236]

---

[231] BT-Drucksache V/2841, S. 2.
[232] Die Ergebnisse dieser Diskussion der Arbeitsgruppe gingen ein in die *Stellungnahme der Bundesregierung zum Tätigkeitsbericht des Bundeskartellamtes* für 1967, BT-Drucksache V/2841, S. 2.
[233] a.a.O., S. 2.
[234] Vgl. auch in diesem Zshg. Kartte, Leitbild für die Wettbewerbspolitik, S. 38ff; ähnlich auch die *Monopolkommission* in ihrem Hauptgutachten I 1973/1975 (*„Mehr Wettbewerb ist möglich“*), S. 28, 89; vgl. auch Monopolkommission, Hauptgutachten V 1982/1983 (*„Ökonomische Kriterien für die Rechtsanwendung“*), S. 25ff.
[235] Tätigkeitsbericht 1981/1982 BKartA, S. 25; der Gedanke wurde jedoch nicht weitergeführt. Vielmehr ist hier wohl auch der prophylaktischen Wirkung der kartellrechtlichen Mißbrauchsaufsicht einige Bedeutung zuzumessen.
[236] Da die vorliegende Arbeit einen anderen Interessenschwerpunkt als den kartellrechtlichen Zusammenhang verfolgt, soll auf die genaueren Darstellungen in diesem Bereich verwiesen werden; so auch auf die Frage nach der Bedeutung der Monopole und Kartelle für die Entwicklung der Volkswirtschaft, für Krisenverhinderung, den Wettbewerb, die Preisentwicklung etc., vgl. hierzu v.a. Callmann, S. 241ff m.w.Nachw.; Monopolkommission, Hauptgutachten I 1973/1975 (*„Mehr Wettbewerb ist möglich“*); S. 28ff.

Gerade in Deutschland kam es auch zum Ende des 19. Jahrhunderts zu einer Kartellierung der Märkte, die mit Macht nach der Reichsgründung ab Mitte der siebziger Jahre einsetzte.[237] Die sich so entwickelnde Monopolierung der Märkte wurde nicht zuletzt durch die Rechtsprechung begünstigt, die im Hinblick auf die Grundsätze der Nationalökonomie[238] Kartelle nahezu unbeschränkt zuließ: *„...ist auch von deutschen und anderen Gerichten bereits mehrfach ausgesprochen worden, daß es nicht wider das Prinzip der Gewerbefreiheit, soweit diese das Interesse der Gesamtheit gegen den Eigennutz der Einzelnen wahren soll, verstoße, wenn sich Gewerbsgenossen zu dem in gutem Glauben verfolgten Zwecke miteinander verbinden, einen Gewerbszweig durch Schutz gegen die Entwertung seiner Erzeugnisse und die sonstigen aus Preisunterbietungen Einzelner hervorgehenden Nachteile lebensfähig zu erhalten."*[239]

Bereits im Jahre 1902 wurde aber aufgrund lebhafter Angriffe der Öffentlichkeit und des Reichstages (vornehmlich des Zentrums) eine Kartellenquête eingeleitet, die im Juni 1905 ihren Abschluß fand[240] und dazu beitrug, das bis dato allzu positive Bild der Kartellmarktmacht zu relativieren.

Rechtsvergleichend sei an dieser Stelle noch ergänzend darauf hingewiesen, daß die nordamerikanische Anti-Trust-Gesetzgebung, beginnend mit dem `Interstate Commerce Act` 1887 und dem `Sherman-Act` von 1890[241], eine der bedeutendsten

---

[237] Emmerich, S. 12f; die Zahl der Kartelle stieg von 8 im Jahr 1875 auf 385 im Jahr 1905 *(Amtl. Enquête des Reichsamts des Innern)*, an denen ca. 12.000 Betriebe beteiligt waren. Die bekanntesten Beispiele waren die großen Kohle-, Kali- und Stahlsyndikate.

[238] Bis 1914 standen, bis auf *Walter Eucken* (vgl. Herrmann in Pohl, Kartelle und Kartellgesetzgebung, S. 44ff), die große Mehrheit der Nationalökonomen den Kartellen positiv gegenüber. Nach *Friedrich Kleinwächter* ist die Regelung der Volkswirtschaft ein dringendes Bedürfnis, das weder freie Konkurrenz noch Sozialismus erfüllen können; daher böten sich die Kartelle an, ein einheitliches Handeln der Produzenten herbeizuführen, um Ordnung in das Chaos zu bringen und die Produktion dem Bedarf anzupassen (vgl. Herrmann in Pohl, Kartelle und Kartellgesetzgebung, S. 42ff). Nach *Ludwig Joseph `Lujo` Brentano*, linksliberaler Nationalökonom und Sozialpolitiker, `Kathedersozialist` und Mitbegründer des `Vereins für Socialpolitik` bestand gar die Vorstellung, die Kartelle würden auf den Warenmärkten das leisten, was die Gewerkschaften auf den Arbeitsmärkten schon zustande gebracht hätten, nämlich die Herstellung einer auch für den Schwächeren annehmbaren Ordnung der Marktverhältnisse (vgl. Herrmann in Pohl, Kartelle und Kartellgesetzgebung, S. 44ff).

[239] RGZ 38, 155 (158), Urt. v. 04.02.1897; vgl. auch RGZ 28, 238 (238ff), Urt. v. 25.06.1890; ebenso RGZ 56, 271 (271ff), Urt. v. 14.12.1902; interessant ist auch die frühe politische Haltung zur Kartellierung. Entgegen einer ersten Annahme stand die Sozialdemokratie dieser nicht unbedingt ablehnend gegenüber, wenn auch aus äußerst fantastischen, ideellen Motiven im Hinblick auf einen weiteren Schritt auf dem Weg zum Sozialismus. *August Bebel* merkte im Jahr 1900 in einer Reichstagsdebatte an, seine Partei erhoffe eine rasche Konzentration wirtschaftlicher Macht, *„indem wir von den Kartellen zu den Trusts und von den Trusts zur Verstaatlichung der gesamten Industrie und damit zum Sozialismus kommen"*. Stenogr. Ber. RT., 10. Lp., II. Session 1900-1903, 7. Band, S. 6125.

[240] Hempfing, Kartellverordnung, S. 7; die Einleitung der *Enquête-Kommission* erfolgte auf Initiative des *Zentrums*, das im Kampf gegen Marktmacht bis zum ersten Weltkrieg eine führende Rolle einnahm.

[241] Die Bundesgesetzgebung griff mit dem `Interstate Commerce Act` v. 04.02.1887 ein, als es dem 1882 gegründeten Öltrust Rockefellers gelang, die Eisenbahnen unter seine Kontrolle zu bekommen und durch überspannte Sätze sowie billige Frachtraten für die Standard Oil Cie. die Wettbewerber an den Rand des Ruins zu bringen. Man beschränkte sich aber darauf, die Eisenbahnen als Monopolbetreibung zu verbieten. Viel weiter ging dann der `Sherman-Act` v. 02.07.1890, der mit Kriminalstrafen

Durchbrechungen des an sich in den USA zum Dogma stilisierten freien Wettbewerbs darstellt. Zwar zielten die frühen nordamerikanischen Trustbeschränkungen nicht unmittelbar auf den Schutz des Verbrauchers vor sozialwucherischer Ausbeutung, gleichwohl ist durch den primär auf Stabilisierung der freien Konkurrenz gerichteten Zweck der mittelbare Zusammenhang des Verbraucherschutzes mit hoher Wahrscheinlichkeit als nicht unangenehmer Nebeneffekt betrachtet worden.[242]

Folglich ist festzuhalten, daß sich die These des Zusammenhangs zwischen ökonomischer Krise und Wucherausbreitung nicht in ihrer Ausschließlichkeit aufrecht erhalten läßt, was die nahezu wirtschaftszyklenunabhängige monopolistische Ausbeutung verdeutlicht. Noch bedeutender ist jedoch der dargelegte Gedanke einer prosperierenden Wirtschaftslage als Ausgangspunkt für '*Wuchervielfalt*' im Rahmen der Ausdehnung der Volkswirtschaft. Eine solche führt per se zu Bereichen der Ausbeutung, deren Grundlagen erst mit einer konjunkturell begünstigten Markterweiterung entstehen können.

Das Wesen des Wuchers ist in einem sich ausdehnenden Wirtschaftsmarkt nicht mehr nur mit streng definierbaren Wucherarten gleichzusetzen. Vielmehr entwickeln sich Wesen und Variationen des Wuchers proportional zum immer größer werdenden Gesamtmarkt, in dessen neu entstandenen Marktsegmenten und Nischen durch noch mangelndes Angebot und unausgewogenem ökonomischen Verhältnis wucherische Ausbeutung entstehen kann.[243]
Die gesetzgeberische Konsequenz muß hier umso mehr eine Wuchernormierung sein, die flexibel auszulegen ist[244], die in erster Linie die wucherische Ausbeutung als solche – unabhängig von starren Richtlinien – erfaßt und dem rechtsgeschäftlich-spezifischen Moment keinen Vorrang einräumt.[245] Das geltende Individualwucherverbot, insbesondere § 138 II BGB, stellt ein variables Gesetzeswerk zum Schutz vor wucherischer Ausbeutung dar, das aufgrund seiner flexiblen Formulierung eine Anpassung an unübersichtliche Zusammenhänge erlaubt.

Die Entwicklung zu einer umfassenderen und allgemeineren Wucherregelung ist auch als notwendige Reaktion des Gesetzgebers auf ein 19. Jahrhundert des bei-

---

jede Person bedrohte, die „*einen Vertrag, Übereinkommen oder ein Komplott in Trust- oder anderer Form abschließt zwecks Beschränkung der freien Ausübung des gewerblichen oder des Handelsverkehrs der einzelnen Bundesstaaten untereinander oder mit dem Auslande*". Vgl. Peschke, Handwörterbuch der Staatswissensch., S. 1081 (1106).

242 Vgl. Peschke, Handwörterbuch der Staatswissensch., S. 1081 (1106).

243 Wobei das unausgewogene ökonomische Verhältnis neben rein wirtschaftlichen Gründen auch auf gesellschaftlichen und sozialen Gründen basieren kann. Vgl. auch Deniau, Der gemeinsame europäische Markt, S. 40; Dipper in BB 1957, S. 20 (21).

244 Vgl. Rühle, S. 29.

245 Vgl. Kuhlenbeck, § 138, 2), S. 111.

spiellosen wirtschaftlichen Wachstums und Fortschritts zu verstehen[246], welches es allgemein erforderte, durch eine variable und flexible Rechtsetzung den immer neueren und größer werdenden Märkten[247] Rechnung zu tragen.

Schon im frühen 19. Jahrhundert entstanden solche Märkte als Folge der Verschmelzung der internationalen Volkswirtschaftsräume.[248]

Die für die industrialisierten Staaten zunehmend notwendigere Steigerung der Güter- und Kapitalversorgung war nur durch eine immer enger werdende Verflechtung der nationalen Märkte möglich.[249] Diese Entwicklung markiert noch heute das wesentliche Prinzip der Weltwirtschaft und sorgt für eine extrem sensible, global vernetzte Konjunkturabhängigkeit.[250]

Die Verflechtung der nationalen Märkte fand ihren Ursprung ab der Mitte des 19. Jahrhunderts durch ihre regional unterschiedlichen Ausstattungen mit Produktionsfaktoren, welche die Produktion zahlreicher Güter nur an bestimmten Orten zuließ.[251] Diese Standortunterschiede auszugleichen war zunächst die Aufgabe des internationalen Wirtschaftsverkehrs.

Je größer die Freiheit ist, die ein solcher Wirtschaftsverkehr genießt, desto besser gestaltet sich auch die Güterversorgung der einzelnen Staaten und Völker. Ein freies Angebot und freie Nachfrage regeln und fördern die Kreativität der Wirtschaftssubjekte und die Qualität des nationalen Marktes. Dies war auch die Quintessenz der Lehre der nationalökonomischen Klassiker *Adam Smith*[252] und *David Ricardo*[253].

---

[246] Vgl. zur Gesamtübersicht der Wuchergesetzgebung im 20. Jahrhundert Ralph Meyer im Hagen, Die deutsche Wuchergesetzgebung 1880 – 1976, Diss. Kiel 1991.

[247] Der technische Begriff des Marktes erlebte mit Beginn der einsetzenden wirtschaftlichen Globalisierung bzw. der industriellen Revolution und der damit einhergehenden konjunkturellen Hochphasen eine Wandlung und wurde erheblich umfassender. Ursprünglich betraf er nur einen bestimmten Ort, einen Platz oder ein Gebäude, wo der Warenaustausch sich an einem bestimmten Tag vollzog. Heute ist '*Markt*' gleichbedeutend mit einem Segment, einem Teilbereich einer wirtschaftenden Gesellschaft und der Anzahl von Käufern, die man für ein bestimmtes Produkt, das zu bestimmten Bedingungen veräußert wird, erreichen kann. Diese Bedingungen schließen alle möglichen Elemente eines Verkaufspreises, die Streuung der Käufer, die verfügbaren Verteilungswege und geographische, psychologische, monetäre, zollgesetzliche und administrative Hindernisse ein, die einer entsprechenden Güter-, respektive Kapitalverteilung entgegenstehen. Der moderne Marktbegriff läßt so die Einheit von Zeit, Ort, Art und Subjekten auseinanderfallen. Vgl. Deniau, Der gemeinsame europäische Markt, S. 14.

[248] Hausherr, S. 464f; vgl. auch Sartorius von Waltershausen, S. 411ff.

[249] Vgl. Schumann in *„Der Spiegel"* vom 21.06.1999, Ausgabe Nr. 25, „Revolution des Kapitals", S. 122 (127); Lütge, Deutsche Sozial- und Wirtschaftsgeschichte, S. 451.

[250] Vgl. Schumann in *„Der Spiegel"* vom 21.06.1999, Ausgabe Nr. 25, „Revolution des Kapitals", S. 122 (123); vgl. ebenso Julitz in FAZ vom 18. November 1999, „Der Export ist wieder Motor", S. 17.

[251] Vgl. Rodenberg, Industrealisierung, S. 14f; vgl. auch Conrad, Oekonomie, S. 2,3; vgl. ebenso Sombart, Der moderne Kapitalismus, Band II.2, S. 1037.

[252] *Adam Smith*, 05. Juni 1723 – 17. Juli 1790, stellte zeitlebens seinen nationalökonomischen Thesen moralphilosophische, soziale Grundlagen voran. Seine Moralphilosophie betonte die Bedeutung der mitmenschlichen Sympathie als Grundlage der sittlichen Beurteilung. Das Kriterium der sittlichen Selbstprüfung bestehe darin, daß der Mensch sein eigenes Fühlen und Handeln wie ein unparteiischer Zuschauer betrachte („Theory of moral sentiments", 1759; dt.: „Theorie der ethischen Gefühle", Nachdruck mit Einl., Anm. und Reg. hrsg. von Walther Eckstein, Bibliographie von Guenter Gawlick, Hamburg 1994). Sein Hauptwerk, „An inquiry into the nature and causes of the wealth of nations", 1776 (dt.: „Der Wohlstand der Nationen: eine Untersuchung seiner Natur und seiner Ursachen", mit

Unter der Geltung des auf dieser Grundlage operierenden Freihandelssystems wurden die internationalen Wirtschaftsbeziehungen seit Mitte des 19. Jahrhunderts stark belebt.[254]

Seit dem `Rückfall` des noch jungen deutschen Kaiserreiches in die Schutzzollpolitik 1879[255] und den sich daran anschließenden Zollkämpfen[256] war zwar der Protektionismus erneut zu praktischer Geltung gelangt[257], allerdings beschränkten sich die Eingriffe in die Freiheit des internationalen Handels bis zum ersten Weltkrieg auf Schutzzölle[258], welche die Intensivierung der Wirtschaftsverflechtung auf Dauer nicht unterbanden.[259]

Würdigung von Horst Claus Recktenwald, München 1974) beschreibt systematisch die liberalen Wirtschaftslehren des 18. Jahrhunderts und begründet damit die klassische Nationalökonomie. Smith betont Arbeit und Arbeitsteilung als Quelle des Wohlstandes. Mit zunehmender Arbeitsteilung werde zunächst eine Steuerung von Erzeugung und Verbrauch notwendig. Sie werde erreicht, wenn sich das wohl verstandene Selbstinteresse als grundlegende Kraft der wirtschaftlichen Entwicklung in einer freien, von keinem Eingriff gehemmten Gesellschaft entfalten könne. Der vom Staat zu garantierende freie Wettbewerb führe dann zu Harmonie des sozialen und wirtschaftlichen Lebens. Dieser Freihandel ist für Smith eine der wichtigsten Voraussetzungen der wirtschaftlichen Entwicklung, denn das Ausmaß der Arbeitsteilung hängt für ihn von der Größe der Märkte ab. Gerade für die wirtschaftliche Entwicklung in der zweiten Hälfte des 19. Jahrhunderts waren diese Lehren von großer Bedeutung, obwohl Smith - im Gegensatz zum späteren Freihandelsprinzip - bestimmte staatliche Einflußnahme nicht völlig ablehnte. Siehe auch Conrad, Oekonomie, S. 321-326; beachte auch bzgl. Smithscher Zins- und Kapitaltheorie Seyfert, Zins, S. 11ff; vgl. auch Lexis, Volkswirtschaftslehre, S. 47f.

253 *David Ricardo*, 19. April 1772 – 11. September 1823, gilt als der bedeutendste Theoretiker der klassischen Schule der englischen Volkswirtschaftslehre. Er schuf, auf Adam Smith aufbauend, ein geschlossenes theoretisches System, das mehr als fünfzig Jahre lang das wirtschaftswissenschaftliche Denken beherrschte. Die Bedeutung seiner Theorien für die Wirtschaftswissenschaft liegt in der Entwicklung eines statischen Modells das mit Hilfe weniger Variablen auf nahezu jeden Ökonomiesachverhalt anwendbar war. Nach Ricardo ist der Außenhandel eine der Triebfedern einer wohlstandsorientierten Gesellschaft und kann nur im Rahmen des Freihandels volle Wirkung entfalten, wobei Ricardo sogar jede Einmischung des Staates als inakzeptabel interpretierte und damit die Lehre nach Adam Smith erweiterte. Im Mittelpunkt der Lehre Ricardos steht das Problem, die Gesetze aufzufinden, die die Verteilung des Volkseinkommens nach Lohn, Bodenrente und Profit (Unternehmergewinn und Zins) bestimmen. Grundlage seiner Theorie ist die Wert- oder Preislehre. Wichtigste Werke 1809 „The High Price of Bullion a Proof of the Depreciation of Bank Notes" (dt.: „Der hohe Preis der Edelmetalle, ein Beweis für die Entwertung der Banknoten"), sowie vor allem 1817 „ On the Principles of Political Economy and Taxation" (dt.: „Grundsätze der politischen Ökonomie und der Besteuerung", Frankfurt 1972). Siehe auch Seyfert, Zins, S. 23ff; Conrad, Oekonomie, S. 333-339; vgl. ebenso zu Ricardos klassischer Wertlehre Gerster, Ausbeutung, S. 72-81.

254 Vgl. Stolper/Häuser/Borchardt, S. 34f; Lütge, Deutsche Sozial- und Wirtschaftsgeschichte, S. 458f.

255 Sieveking, S. 175; vgl. auch Stolper/Häuser/Borchardt, S. 41f.

256 Vgl. Sartorius von Waltershausen, S. 311ff; ebenso Sieveking, S. 180-183.

257 Vgl. Pohl, S. 24-26.

258 Nach einer englischen Untersuchung betrug die durchschnittliche Belastung englischer Güter durch Zölle in Deutschland 25%, in Italien 27%, in Frankreich 34%, in Österreich 35%, in den Vereinigten Staaten 73% und in Rußland 131(!)%, s. Sieveking, S. 178.

259 Lütge, Deutsche Sozial- und Wirtschaftsgeschichte, S. 459. Auch nach dem ersten Weltkrieg erlebte die Entwicklung des verflochtenen Welthandels eine nahezu stetig steigende Konjunktur, trotz bestehender Inflation und dramatischen Wertpapiereinbrüchen.
Handelsstatistik der Entwicklung des Welthandels in Milliarden Mark:

1913:166	1920:176	1921:176	1922:190	1923:208	1924:232
1925:259	1926:270	1927:280. Siehe Rodenberg, Industrialisierung, S. 27, 28.			

Die natürliche Folge einer solchen Ausdehnung des wirtschaftlichen Einflußbereiches ist die Einflußnahme anderer Wirtschaftsmärkte auf die eigene nationale Volkswirtschaft.[260]

Durch den Wirtschaftsgüteraustausch unter den führenden Industrienationen des 19. Jahrhunderts entstand auch für das Deutsche Reich die neue Situation einer *'Befruchtung'* der eigenen Märkte mit neuen Gütern, Kapital und Investitionen, aber auch neuem ökonomischen Wissen über Theorie und Praxis.

Die neuen handelbaren Güter, die Innovationen im Kapital- und Diensleistungssektor und die Übernahme ausländischer Profitstrategien erweiterten auch die Vielfalt der Märkte; der dadurch entfachte Wettbewerb verstärkte diese Tendenz.[261]

Innerhalb eines solchen prosperierenden Wirtschaftsgefüges bilden sich unweigerlich auch Bereiche des ausbeuterischen Geschäftswesens und prägen damit in der Konsequenz das rechtstheoretische Wesen des Wuchers.

Obwohl das Deutsche Reich ab der Reichsgründung bis zum ersten Weltkrieg von einer positiven[262] Wirtschaftskonjunktur profitierte[263], die Volkswirtschaft sich ausdehnte[264] und die Marktvielfalt gesteigert wurde, entstanden Nischen wucherischer Ausbeutung. Von wesentlicher Bedeutung für die hier darzustellende Thematik war in

---

[260] So zeigt die deutsche Handelsbilanz des ausgehenden 19. Jahrhunderts und beginnenden 20. Jahrhunderts die stetige Einflußzunahme des allgemeinen, internationalen Handels auf die Binnenwirtschaftslage exemplarisch auf:

	Ausfuhr	Einfuhr	(in Milliarden Mark)
1872	2,5	3,5	
1880	3,0	2,8	
1890	3,4	4,3	
1900	4,8	6,4	
1910	7,5	8,9	
1913	10,1	10,8. Stolper/Häuser/Borchardt, S. 34.	

[261] Vgl. Deniau, Der gemeinsame europäische Markt, S. 17; vgl. ebenso unter Ausklammerung der äußerst bedenklichen ideologischen Umrahmung Kiesewetter, S. 219, 221.

[262] Selbstverständlich ist dies nicht im Sinne eines steten, unterbrechungsfreien Wachstums zu verstehen, da die hochkonjunkturellen Phasen immer wieder durch äußerst starke Krisen erschüttert wurden, wie bspw. die Gründerkrise v. 1873-1879, die Rezession zwischen 1883 und 1886 und einer kurzen Rezession zu Beginn der 90er Jahre. Gleichwohl ist gesamtübergreifend für die Wirtschaftsentwicklung festzustellen, daß diese eine stetige Statistiksteigerung bis zum ersten Weltkrieg erfuhr, vgl. Fn. 264. *Stolper/Häuser/Borchardt* sprechen trotz der Krisenzyklen, vor allem für die Phase ab 1890, von einer *„ungestümen Expansion der deutschen Wirtschaft"*, a.a.O., S. 34. Verwiesen wird hier, vgl. Fn. 260, als exemplarischer Verweis, auf die deutsche Außenhandelsstatistik, die aufzeigt, daß sich die deutsche Ausfuhr in den 28 Jahren von 1872 bis 1900 verdoppelt und in den folgenden Jahren bis 1913 noch einmal mehr als verdoppelt hat. Dennoch, trotz der Negativkonjunkturen muß bedacht werden, daß das nominale Sozialprodukt bspw. 1879, zum Tiefpunkt der Gründerkrise, noch immer zwei Fünftel über dem von 1869 lag. *Spiethoff* spricht insofern nicht von Krisen, sondern von *Stockungsphasen*, zitiert bei Pohl, S. 23.

[263] Vgl. Stolper/Häuser/Borchardt, S. 34; vgl. auch Sartorius von Waltershausen, S. 411.

[264] *Pohl* bezeichnet diese Phase als eine *„Sprengung aller bisherigen Vorstellungen von wirtschaftlichem Wachstum"*. War vor 1850 das reale Nettosozialprodukt je Einwohner jährlich um lediglich 0,14% gestiegen, so nahm das Nettoinlandsprodukt, das sich im Wachstumsverlauf kaum vom Nettosozialprodukt zu Marktpreisen unterschied, zwischen 1850 und 1913 um mehr als das Fünffache bei einer jährlichen durchschnittlichen Wachstumsrate von 2,6% zwischen 1872 und 1913 sogar von 2,8% zu. Pohl, S. 22.

diesem Zusammhang die phasenweise auftretende Überschwemmung des Marktes mit Importwaren.[265]
So hatte sich das Deutsche Reich bis zum ersten Weltkrieg im Bereich von Nahrungsmitteln und Rohstoffen in steigendem Umfang auf deren Einfuhr konzentriert[266], die trotz zyklischer zwischenstaatlicher Krisen und immer wieder aufkommender Zollstreitigkeiten[267] in preislich stabilem Rahmen gehalten werden konnten.[268]
Dennoch entstanden auch in diesem Marktsegment Nischen wucherischer Ausbeutung, die auf plötzlich auftretenden monopolistischen Anbieterstrukturen basierten.
Die vor allem von Agrarimporten abhängige deutsche Wirtschaft konnte bei Einfuhrschwankungen die eigene Güterversorgung nicht durchgehend auf stabilem Niveau gewährleisten.[269] Dies lag vor allem an der mangelnden Ausgleichsfähigkeit der eigenen Landwirtschaft, deren Wachstum im Gegensatz zum Industriealisierungsprozeß stagnierte.[270]
Zwar sanken die Preise für Zucker, Hopfen, Tabak, Hanf und Flachs kontinuierlich durch eigene Überproduktionen[271], die Lage für Fleisch, Geflügel, Milch, Butter und vor allem Getreide[272] zeigte sich jedoch zu verschiedenen Zeiten angespannt; die Preise stiegen und fielen in unregelmäßigen Abständen.

---

[265] Im Bereich des Gesamtaußenhandels verzeichnete das Deutsche Reich allein zwischen 1890 und 1913 fast eine Verdreifachung der Einfuhr, vgl. auch Stolper/Häuser/Borchardt, S. 34.
[266] Vgl. Lütge, Deutsche Sozial- und Wirtschaftsgeschichte, S. 459. Eine Teilgliederung des deutschen Gesamthandels ergibt für das Jahr 1913:

	Einfuhr (in Milliarden Mark)	Ausfuhr (in Milliarden Mark)
Rohstoffe	5,62	1,71
Halbfertige Waren	1,24	1,15
Fertigwaren	1,79	6,64
Nahrungs-/Genußmittel	3,06	1,36

Lütge, Deutsche Sozial- und Wirtschaftsgeschichte, S. 459; vgl. auch Sartorius von Waltershausen, S. 423.
[267] Vgl. zu den internationalen Zollwirtschaftsbeziehungen des Deutschen Reiches bis zum ersten Weltkrieg Sartorius von Waltershausen, S. 424ff.
[268] Bezüglich des Rohstoffimportes lag dies auch zu einem Gutteil am Bedürfnis der Industriestaaten, sich der Einfuhrabhängigkeit mittels einer imperialistischen Selbstversorgerkolonialpolitik zu entledigen. Die so erworbene Teilunabhängigkeit, vor allem die der Engländer und Franzosen, ließen die Weltmarktpreise sinken. Vgl. Lütge, Deutsche Sozial- und Wirtschaftsgeschichte, S. 460.
[269] Vgl. Sartorius von Waltershausen, S. 413.
[270] Die Folge der Industriealisierung war eine zunehmende Urbanisierung. Die Stadtbevölkerung betrug 1871 etwa 36%. 1910 dagegen 60%. An Großstädten mit mehr als 100.000 Einwohnern gab es 1871 in Deutschland 8, 1900 bereits 33 und 1910 sogar 48. In diesem Rahmen kam es zu umfangreichen Ost-Westwanderungen, namentlich aus den preußischen Ostprovinzen in das Ruhrgebiet, Lütge, Deutsche Sozial- und Wirtschaftsgeschichte, S. 446.
[271] Sartorius von Waltershausen, S. 412.
[272] 1895 bspw. war Deutschland gezwungen, 2,2 Mill. Tonnen Weizen, 0,46 Mill. Tonnen Roggen, 0,43 Mill. Tonnen Hafer, 1,4 Mill. Tonnen Gerste und 0,8 Mill. Tonnen Mais aus dem Ausland einzuführen. Dies bedeutet einen schwankenden Anteil der Einfuhr am Bedarf zwischen 1890 und 1910 im Bereich von 27-45%. In diesem Zshg. bildete der *'Bund der Landwirte'* eine einflußreiche Organisation, die im Interesse der angeschlagenen Landwirtschaft vehement die Rechte der Agrarier vertrat, vgl. Sartorius von Waltershausen, S. 413ff; Pohl, S. 27.

Diese Situation zu Zeiten der kurzfristigen importbedingten Agrarwarenverknappung[273] wurde in zum Teil wucherischer Weise von kleineren, dennoch gut situierten Produzenten in der Nähe der industriellen Ballungszentren ausgenutzt[274], ohne daß diesem Treiben – dies wird sich noch zeigen – aufgrund fehlender gesetzlicher Bestimmungen Einhalt hätte geboten werden können.[275]
Die Situation für diese Kleinproduzenten und Kleinhändler war in Zeiten der kurzfristigen Warenverknappung denkbar günstig. Infolge der Verknappung der Ware versagte die natürliche Konkurrenzsteuerung des Marktes, so daß der selbstproduzierende Verkäufer oftmals die Stellung eines lokalen Monopolisten erlangte.[276] Nicht selten wurde diese Stellung dazu ausgenutzt, durch weitere Zurückhaltung der Ware den schon in die Höhe geschnellten Preis der Ware weiter zu steigern.

Hier gilt es jedoch zu bemerken, daß die beschriebene Facette der Bewucherung nur einen unbedeutenderen Teil der Auswirkungen der Agrarimporte verdeutlicht.
Zwar wird zum Ende des 19. Jahrhunderts immer wieder über selbstproduzierende Wucherer (meist in Form des Kornwuchers), so auch durch *„größere Gutsbesitzer und Pächter“* [277] im Großherzogtum Hessen oder in Regionen des Ruhrgebietes und seines Umlandes (Essen, Hörde, Elberfeld) mit bis zu 50%igen Preisaufschlägen berichtet[278], gleichwohl bildet die direkte Bewucherung der Kleinabnehmer agrarischer Produkte durch die Produzenten die Ausnahme. Weitaus häufiger stellt sich die Bewucherung durch auftretende Zwischenhändler dar, deren Opfer sich je nach Im-

[273] Kurz vor Ausbruch des ersten Weltkrieges konnte die agrarische Produktion in Deutschland nur noch 70-80% des Nahrungsbedarfs der deutschen Bevölkerung decken. Pohl, S. 27.
[274] Vgl. Sartorius von Waltershausen, S. 412.
[275] Erst mit der Kriegswuchergesetzgebung, namentlich mit dem *Gesetz, betreffend Höchstpreise vom 04. August 1914*, resp. der *Verordnung gegen Preistreiberei vom 08. Mai 1918*, trat man sowohl in expliziter Gesetzgebung sowie Strafverfolgung und Anklage dem Preiswucher bei Lebensmitteln entschiedener entgegen. Der erste Weltkrieg brachte gewaltige Erschütterungen und Veränderungen des Wirtschaftslebens mit sich. Deutschland war gezwungen, ohne Einfuhr von Rohstoffen und Lebensmitteln auszukommen. Das Warenangebot wurde ferner durch den Mangel an Arbeitskräften wegen des gesteigerten Bedarfs für das Heer verringert. Auf der anderen Seite stieg die Nachfrage infolge des starken Verbrauchs zu Kriegszwecken und von Vorratskäufen der Bevölkerung. Der Wettbewerb, die Regelung des Marktes durch Angebot und Nachfrage, versagte. Die Folge waren Preissteigerungen, welche durch Spekulanten und vor allem Wucherer noch weiter angetrieben wurden. Die durch den Krieg geschaffenen Umstände wurden somit zur Erzielung von Gewinnen ausgenutzt, die sonst nicht unbedingt hätten erzielt werden können und die es zur Notwendigkeit werden ließen, gerade gegen das Wucherwesen extrem hart vorzugehen. Vgl. zum Begriff bei Preistreiberei von Kleinproduzenten und Kleinhändlern Alsberg, S. 163-167; Bzgl. des *Gesetzes, betreffend Höchstpreise vom 04. August 1914* s. RGBl., S. 339, 340; bzgl. *Verordnung gegen Preistreiberei vom 08. Mai 1918* s. RGBl., S. 395-401. Vgl. auch Stenogr. Ber. RT., 13. Lp., II. Session 1914/18, Drucks. Nr. 26 (Denkschrift über wirtschaftliche Maßnahmen aus Anlaß des Krieges); Vgl. ebenso zum Sozialwucher der Kriegs- und Nachkriegszeit Rühle, S. 34-36; Peschke, Handwörterbuch der Staatswissensch., S. 1081 (1094, 1096); v. Lilienthal, Sozialwirtschaftliche und sozialethische Vorgänge, S. 202 (202ff); zum Begriff des Sozialwuchers Lobe, HdRW, Band 6, S. 964 (964).
[276] Alsberg, S. 75.
[277] Landtagsabgeordneter des Großherzogtums Hessen Fritz Schade aus Altenburg in seinem Bericht für den *Verein für Socialpolitik*, Band XXXV., S. 74.

portlage der Agrargüter im Bereich der Abnehmer oder der produzierenden Landwirte wiederfinden.

Die '*Gewerbliche Zeitschrift. Organ für die nationale Industrie und das Wohl ihrer Arbeiter*' klagt bereits im März 1879[279] darüber, daß „*zwischen dem, was der Getreideproducent bekommt und dem, was der Consument bezahlt, Differenzen bestehen*".[280] Die Zeitschrift berichtet über „*kolossale Differenzen*" im Preisbereich bei Einkauf des Getreides durch die Zwischenhändler und dem Verkaufspreis durch die Bäckereien, wobei die überteuerten Preise der Bäckereien durch den von Zwischenhändlern abgenötigten Einkaufspreis des Getreides zu erklären seien.[281] Die Verkaufspreise der Bäckereien seien schlicht eine Notwendigkeit, da sonst „*die Existenz des Bäckergewerbes*" gefährdet sei.[282] Dagegen sei hier das schuldige Moment der „*unnöthige und unbefugte Zwischenhandel*", der nicht selten wucherische Preisaufschläge von über 120% festlege.[283]

Die dargestellte Situation trat vor allem in Phasen ein, innerhalb derer eine kurzfristige Agrargüterverknappung auftrat und die es den Zwischenhändlern ermöglichte, die Agrargüter zu wucherischen Preisen an Endverbraucher oder weiterverarbeitende Gewerbe zu veräußern.

Jene Zwischenhändler nutzten aber auch häufig die Phasen agrarischen Überangebots zur Erlangung wucherischen Kapitals, worunter sodann die Kleinlandwirtschaft in besonderem Maße zu leiden hatte. Ausgangspunkt waren hier Importphasen, innerhalb derer der deutsche Markt mit Agrargütern nahezu überschwemmt wurde, hervorgerufen durch segensreiche Ernten in den Hauptagrarexportländern Rußland und den USA, niedrigen Zollschranken[284] und günstigen Frachtmöglichkeiten.

Vor allem letztere seien, so der bayerische Justizminister *von Fäustle* in der bayerischen Kammer der Abgeordneten, Gründe für diese Form der Bewucherung der Landwirtschaft, so daß diesen mittels höherer Zollschranken engegenzutreten sei, um Differenzen auszugleichen.[285] Von Fäustle bezog sich in diesem Zusammenhang auf einen Bericht des Abgeordneten *Schels*, der feststellte:

> *„Neben dieser allgemeinen Ursache ist unserer Landwirthschaft durch die Vervollkommnung des Transportwesens eine Concurrenz erwachsen, die man früher nicht ahnen konnte. Zur Zeit kostet ein Zentner Getreide von Calcutta nach einem europäischen Seehafen nicht mehr als eine Mark Fracht. Von*

---

278 *Gewerbliche Zeitschrift. Organ für die nationale Industrie und das Wohl ihrer Arbeiter*, No. 26, Düsseldorf, März 1879, S. 290f *(Bestand BArchV, Akte R 101/880)*.
279 Ausgabe No. 26, Düsseldorf, S. 290f *(Bestand BArchV, Akte R 101/880)*.
280 a.a.O., S. 290.
281 a.a.O., S. 290.
282 a.a.O., S. 290.
283 a.a.O., S. 290.
284 Vgl. auch Pohl, S. 24f.
285 Stenogr. Ber. Verh. der bayer. Kammer der Abgeordneten, 66. Sitzung v. 18. Januar 1879, III. Band, S. 95 *(Bestand BArchV, Akte R101/880) (fol. 193)*.

> *Podwolochcla, einer russischen Eisenbahnstation, nach Berlin berechnet sich der Waggon Getreide zu 200 Zentner auf 407 Mark oder etwa 2 Mark für den Zentner. Aus den La-Plata-Staaten Südamerikas wird gegenwärtig der Zentner Mais um 6 Mark 50 Pfennige nach Mannheim geliefert. Unsere Landwirthschaft ist dadurch einer Concurrenz mit Ländern ausgesetzt, welche mit einem äußerst wohlfeilen und fruchtbaren Boden arbeiten, außerdem ein günstiges Klima besitzen."* [286]

Ähnlich auch der Berichterstatter für den Verein für Socialpolitik, Kaplan *Dasbach*, Schriftführer des `Trierer Bauern-Vereins`: *„Der Absatz der landwirthschaftlichen Produkte ist sehr schwierig. Das Ausland kann in Folge der niedrigeren Produktionskosten und der geringeren Belastung des Grundbesitzes billiger liefern, als der deutsche Landwirth. Entsprechend hohe Zölle auf Getreide, Vieh u.s.w. müssen diese Konkurrenz auf das geringste Maß zurücksetzen."* [287]
Eine Abhängigkeit der Bewucherung der Landwirtschaft bei der Güterabnahme durch Zwischenhändler vom agrarischen Importüberschuß wurde auch vermehrt in den Berichten des Vereins für Socialpolitik bemerkt[288], was vor allem der Berichterstatter *Freiherr von Cetto*[289] und das Präsidium der *Pommerschen Oekonomischen Gesellschaft* feststellten, das zudem auf die für die Landwirte hinzutretende Schwierigkeit der *„meist schlechten Absatzwege"* verwies.[290] Der Abgeordnete *Schade* (Großherzogtum Hessen) führte hierzu aus: *„...der Anreiz zu vermehrter Produktion ist erschwert durch mangelnde Verkehrswege und das Fehlen nahe gelegener Verbrauchsorte."* [291]
Ähnlich auch der *Landrath Knebel* für das preußische Saargebiet, der auf *„die Kleinheit der Parzellen und deren zerstreute Lage"* hinwies.[292]

Die Folge dieser Situation war das Auftreten der Zwischenhändler, die die mangelnden Produktabsatzmöglichkeiten der kleineren Landwirte rigoros und in ausbeuterischer Weise ausnutzten, wobei sich die Variationen in dieser Hinsicht als recht vielfältig darstellten.
Grundsätzlich wurde – und dies erscheint als durchgängige Problematik – den Landwirten ihre aufgrund der dargestellten, die Landwirte zum billigen Verkauf zwingenden Umstände, schwer absetzbare Kleinproduktion weit *„unter dem Marktpreis und bei niederer Gewichtsberechnung"* [293] abgekauft. Der Abgeordnete Schade führt hierzu im Hinblick auf die schlechten Absatzmöglichkeiten aus: *„Noth, Armuth,*

---

[286] Stenogr. Ber. Verh. der bayer. Kammer der Abgeordneten, 66. Sitzung v. 18. Januar 1879, III. Band, S. 95 *(Bestand BArchV, Akte R101/880) (fol. 193).*
[287] Kaplan Dasbach, Verein für Socialpolitik, Band XXXV., S. 181 für das triersche Land.
[288] Vgl. Verein für Socialpolitik, Band XXXV., v.a. S. 46f, 71ff, 101, 137, 181, 198, 293f, 342f.
[289] Verein für Socialpolitik, Band XXXV., S. 101.
[290] Verein für Socialpolitik, Band XXXV., S. 342.
[291] Verein für Socialpolitik, Band XXXV., S. 71.
[292] a.a.O., S. 137.

wirthschaftliche Beschränktheit, hervorgegangen aus der Ungunst dieser Allgemeinverhältnisse, bereiten den Boden, auf welchem die Giftpflanze des Wuchers emporschießt." [294]

Für Bayern erläutert der Berichterstatter Freiherr von Cetto die Praxis der Zwischenhändler, gezielte Falschinformationen bei Hopfenbauern zu streuen:

> *„....aus diesem so raschen und bedeutenden Preisschwankungen unterworfenen Produkt sich zu nutzen machen, sondern auch, um dies zu erreichen, alle möglichen Manöver anwenden, wodurch der Producent in dem Erlös für seine Ernte beeinträchtigt, ja sogar geradezu geschädigt wird. Da die starken und häufigen Preisvariationen im Hopfenhandel, welche sich oft von Woche zu Woche ergeben, den Hopfen zu einem Spekulationsobjekt ersten Ranges machen, so ist der Hopfenhändler, gerade wie der Börsenspekulant, vor allem bemüht, den Verkaufs-Interessenten über die wahre Lage des Geschäfts im Ungewissen zu erhalten, wohl auch wissentlich falsche Nachrichten über die Marktlage zu verbreiten. Der Bauer wird auf alle mögliche Weise zur Abgabe seines Produkts zu bewegen gesucht und die Händler haben sich in der Weise zu einer geschlossenen Gilde organisiert, daß sie den Handel in gewissen Bezirken förmlich monopolisiert und die gegenseitige Konkurrenz nicht zu scheuen haben. Im Gegentheil sind Fälle vorgekommen, wo einzelne Dörfer geradezu von den Händlern in Acht und Bann gethan, absichtlich während der Verkaufszeit unbesucht gelassen und auf solche Weise zur Nachgiebigkeit gezwungen wurden. Daß die Nothlage kleiner Produzenten häufig dazu benützt wird, um denselben den Hopfen, theils durch vorzeitigen Verkauf auf dem Stock, theils durch Gewährung von Geldvorschüssen gegen seinerzeitigen Abzug am Erlös des Hopfens geradezu abzupressen, ist in allen Hopfengegenden ein gewöhnliches Vorkommniß."* [295]

Aus dem Regierungsbezirk Kassel wird in diesem Zusammenhang von Händlern berichtet, die sich die durch den 'abgepresst tiefpreisigen' Produktabsatz bestehende, wirtschaftlich äußerst schwache Situation der Landwirte in der Folge mittels anderer Varianten zu Nutze machten:

> *„...zieht zu Fuß oder zu Wagen von Dorf zu Dorf, von Haus zu Haus, um seine Waaren, welche alles umfassen, dessen der Landmann bedarf, mit geläufiger Zunge anzupreisen; er ist stets bereit zu kreditieren, wenn es an baarem Geld im Augenblick mangelt, oder Waaren in Tausch gegen irgend welche Artikel zu geben, seien die letzteren Getreide, Wolle, Flachs, Haare, Borsten, Felle oder kleine Thiere (Ziegen, Ziegenlämmer u.s.w.). Dabei nimmt er auch wohl die Gelegenheit wahr, zu erforschen, ob nicht etwa Neigung vorhanden ist, ein Fäßchen Branntwein einzulegen, ein Geschäft in Viehhandel, Güterkauf u.s.w. zu machen, kurz er ist bald der Berather in vielen Bauern- und Arbeiterhäu-*

---

[293] Freiherr von Cetto, a.a.O., S. 101.
[294] a.a.O., S. 72; vgl. auch den Karlsruher Ministerialrath Buchenberger als Berichterstatter für das Großherzogtum Baden, a.a.O., S. 46; ebenso die Pommersche Oekonomische Gesellschaft, a.a.O., S. 342.
[295] a.a.O., S. 102.

sem, namentlich dann, wenn er erst eine kleinere oder größere Forderung geltend machen kann." [296]

Die Variationen der Bewucherung stellten sich in dem dargestellten Zusammenhang als äußerst weitläufig dar. Häufig wurden die schon bestehenden Bewucherungen der Agrargüter und die damit für die Landwirte verbundene prekäre finanzielle Situation von den Zwischenhändlern zusätzlich dazu benutzt, `Auffangkredite` zu wucherischen Konditionen zu vergeben, welche die Landwirte vollends in den Ruin trieben.[297]

Die Ausuferung des wucherischen Zwischenhandels und die damit verbundene Existenzbedrohung der Landwirtschaft ist im Zusammenhang mit der Wuchergesetzesnovelle von 1893[298] von Bedeutung. Eingang in die Diskussion um Erweiterung des Wucherverbots über den Kreditbereich hinaus fand diese Problematik durch einen vor der *`Vereinigung der Steuer- und Wirthschafts-Reformer`* am 22. Februar 1888 in Berlin gehaltenen Vortrag des *Königlichen Oekonomie-Raths von Mendel.*[299] Dieser prangerte die *„schwere Krisis der Landwirthschaft"* [300] an, welche nicht zuletzt durch das *„schädliche Schmarotzerthum"* [301] der Zwischenhändler hervorgerufen werde. Aufgrund dieses Vortrages erging am 18. Mai des Jahres auch eine Resolution der `Vereinigung der Steuer- und Wirthschafts-Reformer` an den Bundesrath *„mit der Bitte um Kenntnißnahme und Prüfung"* [302], deren auf den Vortrag von Mendels bezogener Inhalt eine weitere Basis für die Ausweitung der Überlegungen zur Wucherverbotserweiterung über den Kreditbereich hinaus[303] bildete: *„Die Vereinigung (...) erkennt in dem in Zahl und Ansprüchen über das natürliche und nothwendige Maß hinaus entwickelten Zwischenhandel eine wesentliche Schädigung und Gefährdung der Landwirthschaft. Ihre gegenwärtige Nothlage läßt diesen Uebelstand doppelt schwer empfinden."* [304]

Vereinzelte gesetzesunabhängige Versuche, dieser existenzbedrohenden Situation der Landwirtschaft entgegenzuwirken, gab es in verschiedenen Regionen Deutschlands in Form von landwirtschaftlichen Konsumvereinen. Vor allem im Herzogtum

---

[296] a.a.O., S. 224.

[297] Vgl. den Bericht des Wanderlehrers Schneider für die Provinz Brandenburg, a.a.O., S. 293; ebenso den Bericht des landwirthschaftlichen Zentralvereins für die Rheinprovinz, a.a.O., S. 198 und v.a. den Bericht des Gutsbesitzer Dehlinger aus Stuttgart für das Königreich Württemberg, a.a.O., S. 58.

[298] Vgl. ausführlicher unten B.III.2b).

[299] Vortrag *„Der Zwischenhandel, seine Bedeutung, seine Gefahren für die Produktion, insbesondere für die Landwirthschaft"*, gehalten in der XIII. Generalversammlung der *`Vereinigung der Steuer- und Wirthschafts-Reformer`*, Verlag des Bureaus der Steuer- und Wirthschafts-Reformer, Berlin 1888 *(Bestand HptStaatsArchV Stuttgart (B-W)/Büschel E 130a Nr. 1072).*

[300] a.a.O., S. 5.

[301] a.a.O., S. 7.

[302] *Bestand HptStaatsArchV Stuttgart (B-W)/Büschel E 130a Nr. 1072.*

[303] Vgl. zu dieser Thematik ausführlicher unten B.III.2a).

[304] a.a.O.

Oldenburg und in der preußischen Rheinprovinz, vornehmlich im Regierungsbezirk Aachen[305], operierten seit Mitte der siebziger Jahre derartige Vereinigungen, die sowohl den Einkauf von Waren (bspw. Kunstdünger, Futterstoffe, Saatgetreide), als auch den Produktabsatz geschlossen tätigten und somit zu einer einheitlichen Preisregulation kamen und dadurch das wucherische Treiben der Zwischenhändler begrenzten.[306]

Auch jene Form der ländlichen Bewucherung zeigt die enge Abhängigkeit einer sich `weitenden Wuchervielfalt` von der enormen Ausweitung der deutschen Volkswirtschaft im 19. Jahrhundert exemplarisch auf, auch wenn dies mitunter nur mittelbar, aber dennoch mit ruinösem Charakter geschah.
Gerade die Landwirtschaft spielt für die Problematik der Bewucherung und der damit verbundenen Gesetzgebung im 19. Jahrhundert eine herausragende Rolle. Auf diese wird im weiteren noch ausführlich, auch in Phasen des Beginns des 19. Jahrhunderts, einzugehen sein. Der Bezug zu den sozial schwächeren Bevölkerungsschichten des Deutschen Reiches führt indes im Rahmen der `Wuchervervielfältigung` zu einer weiteren Basis für die unumgängliche Bekämpfung des Wuchers mittels eines variablen, unbestimmten Rechtsbegriffes.

b) Die gesellschaftlich-soziale Basis für das rechtstheoretische Wucherwesen nach geltendem Recht

In diesem Zusammenhang dürfen die im beginnenden Industriezeitalter kumulierenden Probleme und sozialen Differenzen für die Schaffung des de lege lata bestehenden Wucherverbots nicht unterschätzt werden, da diese eine unübersehbare Nebenerscheinung der Ausbeutung im sich ausweitenden, streng kapitalistischen Industrialisierungsprozeß darstellten. Gerade für die Schaffung des § 138 II BGB und seines rechtstheoretischen Hintergrundes sowie den damit verbundenen Hoffnungen, stellt dieser Aspekt eine unumgängliche Betrachtungsnotwendigkeit dar. Neben den im Rahmen wucherischer Ausbeutung in Erscheinung tretenden wirtschaftlichen `Nischen`, eröffnete ein anderer `Nischenbereich` der sich positiv entwickelnden deutschen Volkswirtschaft immer wieder Möglichkeiten, mittels wucherischer Rechtsgeschäfte Ausbeutung zu betreiben.[307]

---

[305] Eingetragene Genossenschaften bspw. in Eschweiler, Eupen, Malmedy, Stolberg, Kreuzen, Düren etc.; vgl. auch *Bestand HptStaatsArchV Düsseldorf (NRW)/Akte Reg. Aachen Nr. 7791.*
[306] Vgl. den Bericht des Generalsekretärs von Mendel aus Oldenburg, a.a.O., S. 255.
[307] ...und verstärkte in der Phase des Industrialisierungsprozesses auch zunehmend das Bedürfnis nach zusätzlichen staatlichen Steuerungseingriffen, um *„all seinen gesellschaftlichen und politischen Konsequenzen gewachsen zu sein"*, Wehler in Festschrift Rosenberg, S. 66 (82).

So stellte die dem europäischen und deutschen Frühkapitalismus immanente, extreme Kluft materieller und gesellschaftlicher Art zwischen Wohlstand und Armut und dem damit einhergehenden klassenstaatlichen Status ein massives gesellschaftliches und wirtschaftliches Problem dar[308], das in dem Stichwort der *`sozialen Frage`* seinen Niederschlag fand.[309]

Der Begriff der sozialen Frage steht als Synonym für die auf hohem Niveau etwa bis zum Jahrhundertwechsel auftretenden materiell ärmlichen Verhältnisse der Lohnarbeiterklasse.[310] Gleichsam stellt dieser Begriff aber auch die Gesamtheit der sozialpolitischen Probleme dar, die sich im rasch entwickelnden Industriezeitalter des 19. Jahrhunderts aus dem Vorhandensein der besitzlosen Klasse und den daraus folgenden gesellschaftlichen Spannungen ergaben.[311] Diese waren das zwangsläufige Ergebnis des `über Nacht` entstandenen sozialen Strukturwandels von der ständischen Agrargesellschaft zur modernen Leistungsgesellschaft[312], innerhalb derer das Eigentum als Gradmesser des gesellschaftlichen Status neben die Geburt trat.
Die Anfälligkeit der neu entstandenen besitzlosen (Lohnarbeiter-)Klasse eine Nische für wucherische Ausbeutung innerhalb der prosperierenden deutschen Wirtschaft zu bilden[313], ergab sich vorrangig aus der gesellschaftlichen Hierarchieposition dieser Klasse im weiterhin bestehenden Klassenstaat.[314]
Dabei stellten diese beiden Charakteristika einen Teufelskreis für die entstandene Bewucherung dar, die in einem engen Zusammenhang standen: war kein Besitz, kein Vermögen vorhanden, bedeutete das die Zuordnung in die unterste Kategorie der Gesellschaft des Klassenstaates. Diese `niedere` Klassenzugehörigkeit erlaubte innerhalb des gesellschaftlichen Lebens nur die notwendigsten Umsetzungen eigener Ansprüche und Bedürfnisse, da die gesellschaftliche Akzeptanz zur Durchsetzung höherer Ansprüche nicht vorhanden war und nicht toleriert wurde. Die mangelnde Perspektive führte zur Angewiesenheit auf geringste Zuwendungen und in der Konsequenz zu hoher Anfälligkeit für Bewucherung.

Gerade die schnell wachsende Lohnarbeiterbevölkerung[315] war dieser materiell-existenziellen und gesellschaftspolitischen Problematik ausgesetzt. Bestrebungen

---

[308] Vgl. Wehler in Festschrift Rosenberg, S. 66 (102).
[309] Vgl. zur gesellschafts- und wirtschaftspolitischen Problematik der *`sozialen Frage`* insbesondere Messner, S. 104ff, 131ff. Ebenso Fernis/Haverkamp, S. 236ff; ideologisch problematisch, aber bzgl. des Faktenangebotes informativ Wohlgemuth, S. 36ff.
[310] Neef, S. 70; vgl. Mann, S. 407, 408.
[311] Vgl. Messner, S. 19, 20; vgl. Salter/Thomas, S. 118; vgl. auch Löw, S. 160.
[312] Vgl. Pohl, S. 17f.
[313] Vgl. Messner, S. 106.
[314] Vgl. Mann, S. 410f.
[315] Die Zahl der eigentlichen Fabrikarbeiter liegt 1895 bei etwa 6.000.000, 1907 bei etwa 8.500.000. Zählt man zum `Proletariat` alle die, die auf der untersten, vierten Stufe des Deutschen Kaiserreiches kärglich entlohnt werden (Fabrikarbeiter, Landarbeiter, kleine Angestellte etc.), so gelten zur Jahrhun-

zur Änderung dieser Situation, resp. zur Reform gesellschaftspolitischer Voraussetzungen oder gar gesetzlicher Grundlagen, scheiterten am massiven Widerstand der weiterhin vorrangig dem Staat vorstehenden adligen Oberschicht.[316] Neben dieser `alten Führungsschicht` erlangten die sich neu entwickelnden `niederen` Klassen nur geringen oder keinen Einfluß auf die staatliche Führung.[317]
Mit den Siegen der SPD in den Reichstagswahlen[318] wurden zwar wichtige Schritte für eine sukzessiv politisch einflußreichere Arbeiterbewegung getan, der tatsächliche Einfluß zur Verbesserung der Arbeiterlage blieb jedoch weit hinter den Forderungen der sozialistischen Bewegung zurück.[319]
Auch die `natürliche` Umschichtung der Bevölkerungsstruktur durch starke Landflucht und Urbanisierung der Arbeiterschaft, vor allem aus dem agrarischen Osten in den industriellen Westen[320], änderte den Einfluß der arbeitenden Bevölkerung nicht in dem Maße, der entsprechend dem Anteil an der Gesamtbevölkerung als politisch-sozialer Einfluß zu erwarten gewesen wäre.
Gustav Schmoller teilte 1897 die 12 Millionen privaten Haushalte im Reich folgendermaßen ein:

> *„0,25 Mill. `aristokratische und vermögende` Familien (größere Grundbesitzer und Unternehmer, höhere Beamte, Ärzte, Künstler, Rentiers);*
> *2,75 Mill. Familien des `oberen Mittelstandes` (mittlere Grundbesitzer und Unternehmer, die meisten höheren Beamten, viele Glieder der liberalen Berufe);*
> *3,75 Mill. Familien des `unteren Mittelstandes` (die Kleinbauern, Handwerker, Kleinhändler, Subalternbeamten, Werkmeister, besser bezahlten Arbeiter);*

---

dertwende bereits mehr als zwei Drittel der Bevölkerung oder ca. 35.000.000 Menschen als `Proletarier`. Vgl. Mann, S. 406.
Übersicht über die Entwicklung der Arbeiterklasse in den Betrieben:

Betriebe	Anzahl der Beschäftigten	
	1895	1907
Kleinbetriebe	4.770.669	5.353.576
Mittelbetriebe	2.454.333	3.644.415
Großbetriebe	3.044.267	5.350.025

Quelle Stat. Jahrbuch Dt. Reich 1923, S. 53.

[316] Mann, S. 406.

[317] Pohl, S. 44.

[318] Zu den Ergebnissen der Reichstagswahlen 1871 – 1898 s. Neef, S. 229-231.

[319] Vgl. zur Entwicklung der politischen Arbeiterbewegung Dieter Fricke, Die deutsche Arbeiterbewegung 1869-1890, Leipzig 1964; ebenso Institut für Marxismus-Leninismus beim ZK der SED (Hrsg.), Geschichte der deutschen Arbeiterbewegung – Chronik Teil I, Berlin 1965 (allerdings bedarf es hier einer strengen Trennung zwischen propagandistischer Polemik und reinem Faktenangebot).

[320] 1907 lebten 48 % der im Deutschen Reich Geborenen nicht mehr in der Gemeinde ihrer Geburt. Neun Millionen Menschen waren über Staats- bzw. Provinzgrenzen gezogen. Statistisch nahm zwischen 1860 und 1914 jeder zweite Deutsche in irgendeiner Form an der Binnenwanderung teil. Während 1871 noch 63,9 % der Bevölkerung in ländlichen Gemeinden unter 20.000 Einwohnern und nur 4,8 % in Großstädten über 100.000 Einwohnern gelebt hatten, waren 1910 nur noch 40 % der Bevölkerung Bewohner von ländlichen Gemeinden, aber 21,3 % von Großstädten, Pohl, S. 19, 20

5,25 Mill. Familien die wir als die unteren Klassen bezeichnen, hauptsächlich Lohnarbeiter, aber auch viele untere Beamte, ärmere Handwerker und Kleinbauern".[321]

So lebten um 1870 noch zwei Drittel der deutschen Bevölkerung auf dem Land, 1910 war es nur noch etwas mehr als ein Viertel, was allerdings den starken politischen, antiproletarischen Einfluß der vor allem ostelbischen Großgrundbesitzer – neben dem der Großindustrieellen – nur wenig minderte.[322]
Umso mehr sind die durchaus bemerkenswerten Ausnahmen dieser klassenbedingt mangelnden Akzeptanz des vierten Standes in Teilen der Gesetzgebung zu beachten, wenn diese auch nicht unbedingt aus dem Beweggrund der Menschenliebe heraus entstanden. So ist hier vor allem an das sozialpolitische Gesetzeswerk *Bismarcks* aus den Jahren 1883 (Krankenversicherung)[323], 1884 (Unfallversicherung)[324] und 1889 (Invaliden- und Altersversicherung)[325] zu denken, das zwar im Hinblick auf die sozialistische Bewegung in erster Linie politisch-taktische Motive hatte[326], trotzdem aber auch als Ergebnis des politischen Drucks sozialer Bewegungen gegen die Folgen der Verwertung von Arbeitskraft auf Kosten von Leben und Gesundheit ihrer Besitzer zu sehen ist.[327] Ebenso ist das *`Arbeiterschutzgesetz`* von 1891[328] zu erwähnen, welches die Anforderungen an die Betriebssicherheit so differenziert ausbaute, daß seine Regelungen als Basisbestimmungen im Arbeitsschutzrecht noch heute gültig sind (§§ 120b-120e, 139b GewO).[329]

Sowohl Bismarcks sozialpolitisches Gesetzeswerk als auch Arbeiterschutzgesetz dürfen jedoch nicht über die auch im letzten Drittel des Jahrhunderts existierende Problematik der sozialen Frage und des allgemein vorherrschenden Elends der Arbeiterklasse hinwegtäuschen, wenngleich sich die Situation im Deutschen Reich nicht mehr so dramatisch wie noch zur Mitte des 19. Jahrhunderts darstellt.[330] Falsch wäre es allerdings, die trotz allem noch oft genug prekäre Lage des vierten Standes nur an materialistischen Wertungskriterien festzulegen. Vielmehr zeitigten klassenstaatliche Abhängigkeiten ebenso großes Elend wie rein finanzielle Aspekte, und

---

[321] Zitiert nach Conze, Sozialgeschichte, S. 602 (628).
[322] Fernis/Haverkamp, S. 236.
[323] *Gesetz, betreffend die Krankenversicherung der Arbeiter vom 15.Juni 1883*. RGBl. S. 73-104.
[324] *Unfallversicherungsgesetz vom 06.Juli 1884*. RGBl. S. 69-111.
[325] *Gesetz, betreffend die Invaliditäts- und Altersversicherung vom 22.Juni 1889*. RGBl. S. 97-144.
[326] Vgl. Messner, S. 143.
[327] Kittner/Pieper, S. 30 Rdnr. 5.
[328] *Gesetz, betreffend Abänderung der Gewerbeordnung vom 01.Juni 1891*. RGBl. S. 261-290.
[329] Kloepfer/Veit in NZA, S. 121 (122); auf der Grundlage dieses Gesetzes wurden im weiteren in der Zeit von 1893-1913 zwanzig arbeitsschutzrechtliche Detailregelungen vor allem auf dem Wege der Rechtsverordnung gem. § 120e GewO erlassen, vgl. Kaskel/Dersch, § 43, S. 259f; vgl. ebenso ausführlich zum *Gesetz, betreffend Abänderung der Gewerbeordnung vom 01.Juni 1891* Hromadka, S. 10-12. Zur weiteren Entwicklung der arbeitschutzrechtlichen Regelungen s. Kloepfer/Veit in NZA, S. 121 (121ff); ebenso Söllner, § 25 II., S. 214f.
[330] Mann, S. 406.

nicht zuletzt führte weniger der materielle als vielmehr der generelle klassenstaatliche Aspekt durch die einflußreicher werdende Arbeiterbewegung zur Verbesserung der Gesamtlage der arbeitenden Bevölkerung.[331] Als Stichworte seien in diesem Zusammenhang nur der vor diesem Hintergrund auf fruchtbaren Boden fallende Klassenkampf nach *Marx*[332], sowie der theoretisierte philosophische, dialektische und historische Materialismus[333] genannt.

Der klassenstaatliche Aspekt stellt auch den Ausgangspunkt für die erhöhte Wucheranfälligkeit des vierten Standes dar und eröffnete somit eine Nische in der allgemein prosperierenden deutschen Wirtschaftslage für wucherische Ausbeutung.

Eine Gesellschaftsunterteilung stützt diese These. Die wohlhabende bürgerliche Mittel- und – vor allem die industrielle – Oberschicht wurden zur ökonomisch und zwangsläufig auch politisch mächtigen Klasse in der Phase der Industriealisierung.[334] In dem Maße, wie sich der Übergang zum politischen Imperialismus vollzog und sich industrieelle Oberschicht und Junkertum in ihrer Macht anglichen[335], erweiterte vor allem die Industrieoberschicht ihre politische Macht und bestimmte immer mehr die Politik des Staates, die zunächst vom vorwiegend preußischen Junkertum in seinem

---

[331] Vgl. hierzu Neef, S. 5ff; Institut für Marxismus-Leninismus, Chronik, S. 7ff; Fricke, S. 12ff.

[332] Nach Marx und der kommunistischen Ideologie sind die Menschen durch ihre Klassensituation geprägt. Unvermeidbare Folge sei ein Kampf, der keine Angelegenheit bösartiger Beweggründe sei, sondern vielmehr durch die bloße Existenz der Klassen hervorgerufen werde. Bösartige Beweggründe sind nicht Ursache des Kampfes, sondern eher eine Folge der Klassenspaltung der Gesellschaft. Schon im „Kommunistischen Manifest" von Marx und Engels heißt es: *„Die Geschichte aller bisherigen Gesellschaft ist die Geschichte von Klassenkämpfen. Freier und Sklave, Patrizier und Plebejer, Baron und Leibeigener, Zunftbürger und Gesell, kurz, Unterdrücker und Unterdrückte standen im stetem Gegensatz zueinander, führten einen ununterbrochenen, bald versteckten, bald offenen Kampf, einen Kampf, der jedesmal mit einer revolutionären Umgestaltung der ganzen Gesellschaft endete oder mit dem gemeinsamen Untergang der kämpfenden Klasse..."*Marx/Engels, Kommunistisches Manifest, S. 25, 26. Vgl. des weiteren zum kommunistischen Klassenkampf Salter/Thomas, S. 118f; Bochenski/Niemeyer, S. 71ff; Messner, S. 262ff.

[333] Sowohl philosophischer, dialektischer als auch historischer Materialismus gehen von verschiedenartigen wechselseitigen Bedingtheiten in Klassensystemen einer Gesellschaft aus. So beruht die Theorie von Marx gerade beim historischen Materialismus auf der These, daß Klassen durch den Fortschritt der Produktion, der Produktionsweise und des Produktionsprozesses aufhören zu existieren. Die Produktion, Produktionsweise und die Wechselbeziehungen der Menschen im Produktionsprozeß bilden nach Marx die ökonomische Basis, auf der sich der gesamte geistige, politische, juristische etc. Überbau einer Gesellschaft erhebt. Entwickelt sich die Produktion, erwirkt deren Fortschreiten den eigentlichen Fortschritt in der Geschichte der Menschheit. So ist die Existenz der Klassensituation, vor allem der des 19. Jahrhunderts, lediglich eine Frage der Zeit, bei der sich die Ökonomie über die gesellschaftliche Klassenstruktur erhebt und eine neue, höhere Stufe der gesellschaftlichen Entwicklung erreicht wird. Vgl. Salter/Thomas, S. 91f, 55-57; Bochenski/Niemeyer, S. 29ff, 38ff. Vgl. auch zum Marxschen Verständnis des Materialismus Wetter, S. 21ff.

[334] Der wachsende Einfluß der industriellen Oberschicht zeigt sich überaus deutlich an der wirtschaftlichen Wachstumsgeschwindigkeit. Das Wachstum der Industrie und Schwerindustrie vollzog sich zum Ende des 19. Jahrhunderts in enorm raschem Tempo, gleichzeitig nahm der Einfluß der landwirtschaftlichen Produktion ab:

Wirtschaftszyklus	Wachstum insgesamt	Industrie	Landwirtschaft
1879-1886	100	100	100
1887-1893	123	135	109
1894-1902	165	195	130.

Neef, S. 110.

[335] Vgl. Pohl, S. 44ff.

Interesse ausgeübt wurde.[336] Die Gesellschaft des ausgehenden 19. Jahrhunderts war insoweit stark geprägt durch den `Dualismus` von fortdauernden ständischen Traditionen und Strukturen einerseits und der wachsenden Geltung des kapitalkräftigen Bürgertums andererseits, das als Träger des Wirtschaftslebens und des technischen Fortschritts immer mehr in den Vordergrund rückte.[337]

Jene Gesellschaftsschichten waren es auch, die von der wachsenden und prosperierenden Wirtschaft profitierten. Der arbeitende Bevölkerungsteil profitierte lediglich von der Aussicht auf einen äußerst schlecht bezahlten Arbeitsplatz in der Industrie, um nicht ganz dem materiellen Elend zu verfallen. Der Klassenstatus verhinderte zudem einen Ausbruch aus dieser Situation, bzw. aus dem Kreislauf von materieller Not und klassenbedingt niedrigem Stand.

Bismarck formulierte seine tiefgreifende Ablehnung gegenüber jedwedem weiteren Versuch, dem Arbeiterstand durch Gesetzesinitiativen zusätzliche Rechte zuzugestehen, in seinen Memoiren: *„Die Mitglieder der betreffenden Ausschüsse glaubten ihren Ruf als Menschenfreunde zu schädigen, wenn sie nicht in die (...) humanitären Phrasen einstimmten."*[338]

Nach der kommunistischen Ideologie ist die Klassenzugehörigkeit des einzelnen abhängig von seinem Besitzverhältnis zu den Produktionsmitteln, Produktionserzeugnissen und dem Kapital.[339] *Lenin* definiert: *„Als Klassen bezeichnet man große Menschengruppen, die sich voneinander unterscheiden nach ihrem Platz in einem geschichtlich bestimmten System der gesellschaftlichen Produktion, nach ihrem (größtenteils in Gesetzen fixierten und formulierten) Verhältnis zu den Produktionsmitteln (...), nach der Art der Erlangung und der Größe des Anteils am gesellschaftlichen Reichtum, über den sie verfügen."*[340]

Unabhängig von der heutigen Betrachtungsweise jener ideologischen Hintergründe beschreiben diese dennoch das unbestreitbare Kreislaufproblem der `unteren` Bevölkerungsschichten.[341] Mit Einordnung in die untere Klassenhierarchie bestanden keine (oder äußerst wenige) Möglichkeiten, der Klasse durch materiell bedingten Sozialaufstieg zu entrinnen, da nahezu jegliche Erwerbsmöglichkeit in der deutschen Gesellschaft klassenabhängig war, deren Folge nur ein Verbleib im untersten Klassenstatus sein konnte.[342] Das klassenstaatliche Gesellschaftssystem etablierte insoweit einen erheblichen Bevölkerungsanteil, von dem es profitierte, der aber aufgrund seiner soziologischen und materiellen Abhängigkeit eine breite Angriffsfläche für wucherische Ausbeutung bot.

---

[336] Vgl. Neef, S. 112.
[337] Pohl, S. 44.
[338] Bismarck, Gedanken und Erinnerungen, S. 537.
[339] Salter/Thomas, S. 118; vgl. Bochenski/Niemeyer, S. 77.
[340] Lenin, Ausgewählte Werke, Band II, S. 570.
[341] Vgl. Heintzeler, Volkskapitalismus, S. 9ff.

Dabei liegt die Bedeutung für den hier relevanten Bereich vor allem in zwei grundlegenden Ausbeutungsvarianten, die einen Bezug zur Entstehung des modernen Wucherverbots aufweisen.
Dies war zum einen die mit der Hervorbringung der für die Industrie benötigten Fabrikarbeitermasse unmittelbar verbundene Urbanisierung.[343] Ein großes Problem war dabei die Bereitstellung ausreichenden Wohnraums, so daß nicht selten unzumutbare Keller-, Hinterhof- und sonstige Kleinstwohnungen in Elendsvierteln unter wucherischen Konditionen vermietet wurden.[344]
Zum anderen war dies die ausbeuterische Entlohnung für die geleistete Arbeit, die – ausgehend vom menschenverachtenden Gedanken des *'ehernen Lohngesetzes'*[345] - zum Ende des 19. Jahrhunderts immer häufiger auch dem wucherischen Leistungsmißverhältnis zugeordnet wurde.
Vorliegend ist die Betrachtung ausschließlich auf die mit der sozialen Frage in Verbindung gebrachte Lohnarbeiterklasse zu richten und dem damit verbunden Ausbeutungswesen des Lohn- und Mietwuchers. Obgleich dieser Bereich nur mittelbar für die Entwicklung der Wuchergesetzgebung im 19. Jahrhundert verantwortlich zeichnet, rechtfertigen einige Bestrebungen mittels der Wuchergesetzgebung zu einer Lösung der Lohnfrage zu gelangen, die Erwähnung an dieser Stelle.

aa) Der 'Lohnwucher'

Nach der Gründerkrise ab 1873 folgte in den zwei Jahrzehnten nach 1880 eine Phase, in der das reale Inlandsprodukt trotz gleichzeitig steigender Bevölkerungszahlen jeweils um 30 bis 40 % stieg, pro Einwohner also durchschnittlich über 2 % im Jahr.[346] Die entscheidenden Komponenten des Wachstums des Sozialprodukts waren zum einen die Vermehrung der Faktoren Arbeit und Kapital und zum anderen eine erhöhte Produktivität des Faktors Arbeit. Die Erhöhung dieser Faktoren war auch deshalb möglich, weil der Erhöhung der Kapazitäten finanziell überschaubare Risiken für die Unternehmer in Form wenig kapitalintensiver Arbeitskräfte gegenüberstanden, da deren Arbeitslohn zumeist nicht über das bloße Existenzminimum hinausging. Die Lohnbedingungen wurden den in aller Regel nicht organisierten Ar-

---

[342] Vgl. Heintzeler, Volkskapitalismus, S. 9f.
[343] Vgl. unten A.II.1b)bb).
[344] Peschke, Handwörterbuch der Staatswissensch., S. 1081 (1093); Pohl, S. 20f; Kuczynski, Lage der Arbeiter, S. 29f, 155f; vgl. auch die Bände des *Vereins für Socialpolitik*, Band 97, „Neue Untersuchungen über die Wohnungsfrage in Deutschland und im Ausland", Leipzig 1901 und Bände 30, 31 „Die Wohnungsnoth der ärmeren Klassen in deutschen Großstädten und Vorschläge zu deren Abhülfe", Leipzig 1886.
[345] Vgl. Berner, Arbeitslohn, S. 14; Oppenheimer, S. 4ff; Braun, Geldrevolution, S. 14; Heintzeler, Volkskapitalismus, S. 9.

beitern im Rahmen ihrer Vertragsschlüsse mit den wirtschaftlich übermächtigen Arbeitgebern aufoktroyiert.[346]

Gesetzliche Grundlage dessen war der im Zuge der allgemein liberalen Grundeinstellung des 19. Jahrhunderts entstehende `freie Arbeitsvertrag`, nach dessen Zweck sich der einzelne Arbeitgeber und der einzelne Arbeitnehmer im Rahmen des freien Spiels der Kräfte theoretisch gleichberechtigt gegenüberstehen und die Höhe des Lohns und die sonstigen Arbeitsbedingungen im Interesse des Wirtschaftslebens optimal zu regeln imstande sein sollten.[347]
Die Basis des freien Arbeitsvertrages bildete der deutschrechtliche Arbeitsvertrag, der die einzelnen Verträge durch die Art ihrer Arbeit ausgezeichneten Arbeitnehmergruppen verschieden regelte.[348] Insoweit bestanden unterschiedlichste arbeitsvertragliche Regelungen für das Gesinde, Handwerksgesellen, Bergarbeiter, Handlungsgehilfen etc.[349], grundsätzlich fehlten aber weitergehende, als Überordnung zu verstehende arbeitsrechtliche Regelungen im Sinne eines einheitlichen Arbeitsrechts.[350] Erwähnenswert in diesem Zusammenhang ist, daß trotz dieser Regelungen auch die römischrechtlichen Arbeitsvertragsbestimmungen in den maßgeblichen Gesetzen zu finden waren.[351] Diese kamen als `mandatum` (unentgeltliche Arbeitsleistung), `locatio conductio operarum` (Versprechen der Arbeitsleistung, ähnlich dem heutigen Dienstvertrag, aber enger Bezug zur Sachmiete, `locatio conductio rei`) und der `locatio conductio operis` (ähnlich dem Werkvertrag als Erfolgsversprechen) vor.[352] Gleichwohl fehlte diesen Bestimmungen der weitergehende, personenrechtliche Regelungsumfang, so daß diese in der Praxis eine weit geringere Bedeutung hatten.

Bezugnehmend auf die Entwicklung des freien Arbeitsvertrages waren die Normierungen zur Regelung des Gesinde-Arbeitsverhältnisses, die von einem Grundsatz des beiderseitigen, zur Fürsorge und Treue bestimmten Gemeinschaftsverhältnisses geprägt waren, grundlegend.[353] Trotz dieses Fürsorge- und Treueverhältnisses waren die Bestimmungen nach der beispielhaften Gesindeordnung für sämtliche Pro-

---

[346] Pohl, S. 22.
[347] Hueck/Nipperdey, Band I, § 3, S. 8.
[348] Molitor/Hueck/Riezler, S. 12; vgl. auch zur Entwicklung des Dienstvertrages von Gierke, Wurzeln des Dienstvertrages, S. 37 (47ff).
[349] Vgl. Molitor/von Gierke, S. 328ff.
[350] Vgl. Ogris, Geschichte des Arbeitsrechts, S. 286 (287ff).
[351] Jobs, S. 24.
[352] Vgl. als Übersicht Molitor, Geschichte des Arbeitsvertrages, S. 371 (371ff).
[353] Vgl. von Gierke, Wurzeln des Dienstvertrages, S. 37 (44f); vgl. auch Ogris, Geschichte des Arbeitsrechts, S. 286 (288); beachtlich und bezeichnend ist in diesem Zusammenhang die Einordnung des Gesindevertrages in das Familienrecht des ALR (II 5) mit seinen umfassenden Fürsorgepflichten im Bereich der Ernährung und Gesundheit.

vinzen der Preußischen Monarchie vom 08. November 1810[354] gleichzeitig dem Grundsatz des `herrschaftlichen Vorrechtes` verhaftet.[355] Im Sinne des Schutzes des Gesindes und der vermeintlichen Selbstaufgabe relativierte § 32 der Gesindeordnung jedoch diese Rechte und bestimmte, daß Lohn, Kostgeld und Beköstigung des Gesindes von der freien Übereinkunft abhängen sollten, was ein wesentliches Merkmal des sich in der Folgezeit des 19. Jahrhunderts entwickelnden, allgemein freien Arbeitsvertrages darstellte.[356]

Einer ähnlichen Entwicklung hin zum (un-)freien Arbeitsvertrag unterlagen auch die Bestimmungen über die Handwerker und Arbeiterschaft. Zunächst noch dem in ALR II 8 §§ 278 – 400, resp. explizit § 350 festgelegten Grundsatz des Verweises (bei Lohn, Kostgeld oder der Beköstigung der Gesellen) auf die regulierende Zunftdirektion unterworfen[357], erlangte der Gedanke des freien, gänzlich aushandelbaren Arbeitsvertrages mit Aufhebung des Zunftzwanges auch hier Geltung.[358] Als relevant in diesem Sinne erwies sich das Gesetz über die polizeilichen Verhältnisse der Gewerbe in bezug auf das Edikt vom 02. November 1810, wegen Einführung einer allgemeinen Gewerbesteuer, vom 07. September 1811[359], nach dem in § 8 jeder Meister mit jedem Gesellen und Lehrling einen frei zu vereinbarenden Arbeitsvertrag schließen konnte. Jener § 8 bildete in der gesetzlichen Entwicklung die Grundlage des § 134 der Allgemeinen Gewerbeordnung vom 17. Januar 1845.[360] Nach dessen Regelung unterlag die Art der zu leistenden Arbeit, Beginn und Ende des Arbeitsverhältnisses, Kündigungsfrist, Lohn des Arbeiters, sonstige Leistungen des Arbeitgebers, Zahlungsmodalitäten, Beschaffung der für die Arbeit erforderlichen Werkzeuge und Stoffe, das Verhalten des Arbeiters während der Arbeit sowie die Folgen von Zuwiderhandlungen gegen den Arbeitsvertrag der freien Vereinbarung bei Vertragsschluß.[361] [362]

Die Folgen des `Freiheitsgedankens` beim Arbeitsvertrag und der damit erwünschten positiv wirkenden Flexibilität der Arbeitgeber und Arbeitnehmer bei der Existenzge-

---

354 S. Preußische Gesetzessammlung, S. 101ff.

355 Bspw. bestimmte § 77 das körperliche Züchtigungsrecht durch die Herrschaft und statuierte den gleichzeitigen Verzicht auf gerichtliche Genugtuung durch das Gesinde.

356 Beachtlich ist, daß die Bestimmungen der Gesindeordnung v. 08. November 1810 erst durch die Dienstvertragsvorschriften des BGB (vgl. Art. 95 EGBGB) und die Bismarckschen Versicherungsgesetze weitgehend relativiert wurden.

357 Unter ausdrücklicher Verbotsbestimmung der Übergehung dieses Grundsatzes gemäß ALR II 8 § 351; vgl. auch Ogris, Geschichte des Arbeitsrechts, S. 286 (294).

358 Vgl. Molitor, Geschichte des Arbeitsvertrages, S. 371 (383).

359 S. Preußische Gesetzessammlung, S. 263ff.

360 S. Preußische Gesetzessammlung, S. 41ff.

361 Vgl. auch Landmann/Rohmer, Band 2/2, S. 9.

362 § 134 entsprach auch in seinem Wortlaut § 105 der Gewerbeordnung für den Norddeutschen Bund v. 21. Juni 1869 (BGBl., S. 245ff), die mit dem 16. April 1871 (RGBl., S. 63) zum Reichsgesetz erklärt wurde.

staltung sind bekanntermaßen diametral entgegengesetzt; vor allem bedingte sich dies durch einseitige Wirtschaftsmacht und fehlender Koalitionsstärke auf seiten der Arbeitnehmer[363], die es den Arbeitgebern erlaubte, gerade den Lohn auf ein Mindestmaß zu beschränken. Bei der grundsätzlichen Frage nach der 'notwendigen und angemessenen' Entlohnung der Arbeiter gab es höchst theoretische Versuche zur Bestimmung der Lohnhöhe.

Aufgrund der komplizierten und größtenteils volkswirtschaftlich zu beurteilenden Materie dieser Lohntheorien (vor allem bei *Marx* und *Ricardo*) , deren befriedigende Analyse den Rahmen dieser Arbeit sprengen würde, soll hier weitgehend Bezug auf die einschlägige Literatur genommen werden und es bei einer überblickartigen Skizzierung dieser Theorien verbleiben.[364]

Grundsätzlich umfaßten die wichtigsten wissenschaftlichen Lohntheorien die Bewältigung folgender Problemstellungen: a) welche Faktoren bestimmen die Lohnhöhe?, b) wodurch sind die Lohnrelationen der verschiedenen Arbeitsarten untereinander bestimmt?, c) was sind die Folgen von Lohnveränderungen?, d) welchen Anteil vom Gesamtprodukt erhalten die Lohnbezieher?.[365]

So finden sich bereits bei den ökonomischen Frühklassikern entsprechende Ausführungen, ohne daß sich diese zu einer einheitlichen Lohntheorie verdichteten. Vor allem bei *Adam Smith*[366] finden sich entsprechende Ansätze zu den wichtigsten, später entwickelten Lohntheorien, so daß bei entsprechender Betrachtung Lohnfondstheorie, Existenzminimumtheorie des Lohnes, Produktivitätstheorie und Machttheorie(-n) vorgezeichnet sind.[367]

Am bedeutendsten – weil in der Praxis am relevantesten – ist in diesem Zusammenhang die Umsetzung einer der Smithschen Gedanken zur Lohnbestimmung durch *Ricardo*[368], der diese zur – *Berner* nennt sie *„grausamen"* [369] – Existenzminimumtheorie des Lohnes ausbaut.[370]

---

[363] Vgl. hierzu in diesem Gliederungsabschnitt unten.

[364] Vgl. insoweit Lujo Brentano, Über das Verhältniß von Arbeitslohn und Arbeitszeit zur Arbeitsleistung, 2. Auflage Leipzig 1893; Heinrich Dietzel, Das Produzenteninteresse der Arbeiter und die Handelsfreiheit. Ein Beitrag zur Theorie vom Arbeitsmarkt und vom Arbeitslohn, Jena 1903; Adolf Braun, Geldrevolution und Arbeitslohn. Ein Beitrag zur Lehre von den gleitenden Löhnen, Berlin 1920; Franz Oppenheimer, Arbeitslohn, Jena 1926; Alexander Berner, Die Theorie vom Arbeitslohn. Untersuchungen über die jüngste Lohntheoretik und die Möglichkeit eines allgemeinen Lohngesetzes, Berlin 1911; Bernhard Külp, „Lohntheorie", Artikel in Handwörterbuch der Wirtschaftswissenschaften, S. 73-99, Band 5, Stuttgart u.a. 1980; Wilhelm Krelle, „Lohn (I) Theorie", Artikel in Handwörterbuch der Sozialwissenschaften, S. 1-16, Band 7, Stuttgart u.a. 1961.

[365] Krelle, HdSw, S. 1 (1).

[366] Vgl. oben Fn. 252.

[367] Vgl. Külp, HdWw, S. 73 (75); Oppenheimer, S. 5ff; Braun, Geldrevolution, S. 14f.

[368] Vgl. oben Fn. 253.

[369] Berner, Arbeitslohn, S. 14.

[370] Vornehmlich auf dem Prinzip, das *Adam Smith* folgendermaßen beschrieb: *„Ein Mensch muß stets von seiner Arbeit leben und sein Lohn muß wenigstens hinreichen, um ihm den Unterhalt zu schaffen.*

Nach Ricardo ist der natürliche Preis jeden Gutes im Verhältnis zu anderen Gütern durch die darauf verwandte Arbeitsmenge bestimmt, d.h. im Normalfall der vollständigen Konkurrenz im wesentlichen durch die Produktionskosten, so daß sich um diesen Wert der Marktpreis dreht, der von Angebot und Nachfrage abhängt.[371] Diesen Gedankengang überträgt Ricardo auf die Arbeit, nach dem der natürliche Preis der Arbeit ein äußerst niedriger Lohn[372] ist, der die Arbeiter jedoch in die Lage versetzen soll, ihr Geschlecht ohne Vermehrung oder Verminderung stetig fortzupflanzen.[373] Auf *Lassalle* geht dabei die vereinfachte Theorie des *`ehernen Lohngesetzes`* zurück:

> *„Das eherne ökonomische Gesetz, welches unter den heutigen Verhältnissen, unter der Herrschaft von Angebot und Nachfrage nach Arbeit, den Arbeitslohn bestimmt, ist dieses: daß der durchschnittliche Arbeitslohn immer auf den notwendigen Lebensunterhalt reduziert bleibt, der in einem Volke gewohnheitsgemäß zur Fristung der Existenz und zur Fortpflanzung erforderlich ist. Dies ist der Punkt, um welchen der wirkliche Tageslohn in Pendelsschwingungen jederzeit herum graviert, ohne sich jemals lange weder über denselben erheben, noch unter denselben hinunterfallen zu können. Er kann sich nicht dauernd über diesen Durchschnitt erheben – denn sonst entstände durch die leichtere, bessere Lage der Arbeiter eine Vermehrung der Arbeiterehen und der Arbeiterfortpflanzung, eine Vermehrung der Arbeiterbevölkerung und somit des Angebots von Händen, welche den Arbeitslohn wieder auf und unter seinen früheren Stand herabdrücken würde. Der Arbeitslohn kann auch nicht dauernd tief unter diesen notwendigen Lebensunterhalt fallen, denn dann entstehen – Auswanderungen, Ehelosigkeit, Enthaltung von der Kindererzeugung und endlich eine durch Elend erzeugte Verminderung der Arbeiterzahl, welche somit das Angebot von Arbeiterhänden noch verringert und den Arbeitslohn daher wieder auf den früheren Stand zurückbringt."* [374]

Folglich darf sich nach dem Gedanken des ehernen Lohngesetzes der Lohn keinesfalls über das Existenzminimum erheben.[375] Für diese Lehre ist der Lohn ein Preis für eine Ware, d.h. die Arbeit wird schlicht als Ware betrachtet.[376] Wie der Warenpreis richtet sich auch der Lohn nach den Kosten. Die Kosten der Arbeit sind diejenigen Kosten, die für die Aufrechterhaltung des Lebens des Arbeiters und seiner Fortpflan-

In den meisten Fällen muß er sogar etwas höher sein, sonst wäre der Arbeiter nicht imstande, eine Familie zu gründen und das Geschlecht solcher Arbeiter würde mit der ersten Generation aussterben.", zitiert bei Braun, Geldrevolution, Einband Vorderseite

[371] Vgl. Krelle, HdSw, S. 1 (2).

[372] Vgl. Theimer, S. 166.

[373] Vgl. Külp, HdWw, S. 73 (75), ebenso Theimer, S. 166.

[374] Ferdinand Lassalle in seinem berühmten *`Offenem Antwortschreiben an das Zentralkomitee zur Berufung eines Allgemeinen Deutschen Arbeiterkongresses zu Leipzig`* am 01. März 1863, abgedruckt in `Programme der deutschen Sozialdemokratie`, herausgegeben v. Bundessekretariat der *Jungsozialisten, Bonn*, als Sonderdruck für den Vorstand der Sozialdemokratischen Partei Deutschlands, Hannover 1963, S. 27-64 (41).

[375] Berner, Arbeitslohn, S. 14; Heintzeler, Volkskapitalismus, S. 9; Theimer, S. 166.

[376] Krelle, HdSw, S. 1 (2).

zung zu machen sind.[377] Steige der Lohnpreis nach dieser Theorie über das Existenzminimum, dann ginge es den Arbeitern gut, sie würden früher heiraten und eine größere Familie haben. Das Angebot an Arbeitern würde auf diese Weise zwar steigen, der Lohn aber würde zwangsläufig sinken.[378] Sinkt der Lohn sodann als Folge unter das Existenzminimum, dann werden die Arbeiter arbeitsunfähig, die Zahl der Kinder wird kleiner werden, so daß das Angebot an Arbeitern sinkt und der Lohn wieder auf das Existenzminimum steigt.[379]
Ohne den vermeintlichen Sinn und Widersinn dieses ehernen Lohngesetzes diskutieren zu wollen, läßt sich doch frühzeitig feststellen, daß ein Existenzminimum als ein stark schwankendes Kriterium keinen sinnvollen Bestimmungsgrund für die Lohnhöhe abzugeben in der Lage ist; vom moralischen Standpunkt sei hier ganz zu schweigen.
Auch kann die auf der Bevölkerungsentwicklung zugrundegelegte Lohnhöhe wohl kaum aufgrund ihrer allgemeinen Ungenauigkeit und zu langfristigen Einbeziehung der Umstände als zufriedenstellendes Bewertungskriterium der Lohnhöhe dienen.

Neben der Existenzminimumtheorie ist des weiteren die Lohnfondstheorie zu nennen, nach der die Höhe des Lohnes von dem Kapitalbetrag abhängt, der den Unternehmern für die Entlohnung der Arbeiter zur Verfügung steht (Lohnfonds). Der Lohn ergibt sich hier durch Division des Lohnfonds durch die Zahl der vorhandenen Arbeiter.[380] Von *Malthus* fortentwickelt wurde diese Theorie hauptsächlich von *James Mill*, *John Stuart Mill*, *Senior*, *Rau* und *Mc Culloch* vertreten.[381] Die bestehende Ähnlichkeit zum ehernen Lohngesetz ergibt sich hier aus der Theorieentwicklung von John Stuart Mill, nach der die Unternehmer in Rezessionsphasen Teile des Lohnfonds vorübergehend ungenutzt lassen, so daß die auszuzahlende Höhe des Lohnfonds im Verhältnis zur Arbeiterzahl einen gerade das Existenzminimum deckenden Lohn ergibt.[382]

Die unter dem Überbegriff der Machttheorien zu verstehenden Ansätze zielen auf den Lohn als Ergebnis sozialer Machtverhältnisse, in Teilen sogar im Rahmen institutioneller Änderungen. Dabei differieren die Theorieansätze zwar recht stark, jedoch bestimmt sich der Lohn nach diesen Ansätzen zumeist durch den ständigen wirtschaftlichen Druck – der bspw. durch die Konkurrenz der Arbeiter oder die Einfüh-

[377] Vgl. Berner, Arbeitslohn, S. 14; Theimer, S. 166; Oppenheimer, S. 5; Braun, Geldrevolution, S. 14.
[378] Berner, Arbeitslohn, S. 14; Krelle, HdSw, S. 1 (2).
[379] Vgl. Braun, Geldrevolution, S. 14f; Krelle, HdSw, S. 1 (2); Berner, Arbeitslohn, S. 14.
[380] Vgl. Berner, Arbeitslohn, S. 27ff; vgl. ebenso Krelle, HdSw, S. 1 (3f).
[381] Vgl. Krelle, HdSw, S. 1 (3).
[382] Vgl. Krelle, HdSw, S. 1 (3); zur Kritik an den klassischen Lohntheorien vgl. Külp, HdWw, S. 73 (78f).

rung neuartiger Maschinen entsteht – so daß, wie nach *Jean Léonard Simonde de Sismondi,* dieser letztlich ebenfalls im Bereich des Existenzminimums verbleibt.[383] Dagegen legt *Lujo Brentano* das Hauptgewicht auf die Selbsthilfe der Arbeiter durch Bildung und Druckausübung durch Gewerkschaften zur Lohnbestimmung.[384] Am extremsten stellt sich in diesem Zusammenhang die ausschließlich auf sozialen und nicht auf ökonomischen Faktoren beruhende Lohnbestimmung durch *Michail J. Tugan-Baranowsky* dar, der den Unternehmer als gezwungen ansieht, die Lohnerhöhungen durch verringerten Gewinn selbst zu tragen, wobei die Obergrenze durch die volkswirtschaftliche Produktivität, die Untergrenze durch das Existenzminimum gebildet wird.[385]

Marx gründet seine Lohntheorie[386] auf den Unterschied zwischen dem Wert der Arbeit und dem der Arbeitskraft; Grundlage ist danach weniger die Lohnhöhe als solche, sondern vielmehr die Festlegung der Wertdifferenz. Dabei besteht der Grundgedanke auf dem Prinzip, daß aufgrund der bestehenden Eigentumsverhältnisse die Arbeitskraft nicht voll entlohnt, also ausgebeutet wird.[387] Entgegen den Prinzipien der klassischen Lohntheorien erfüllt die Lohntheorie bei Marx darüber hinaus die Rolle zur Erklärung der langfristigen Entwicklung des kapitalistischen Systems.[388] Er schreibt der langfristigen Lohnentwicklung und der Verelendung der Arbeiter (neben anderen Faktoren) zu, daß es zu einer revolutionsbereiten Arbeiterklasse kommt, deren Schlußfolgerung nach dem geschichtlichen Entwicklungsgesetz die Ablösung des Kapitalismus durch den Sozialismus ist[389] (und es so in der Konsequenz auch zur Aufhebung der bestehenden ökonomischen Lohngesetzlichkeit kommt[390]). Bei der Lohnfrage selbst versucht Marx den Nachweis, daß der Arbeiter im kapitalistischen System nicht den vollen, ihm zustehenden Ertrag der Arbeit erhalte, sondern vielmehr ausgebeutet werde.[391] Grundsätzlich wird dabei, ähnlich dem Prinzip des ehernen Lohngesetzes, die Notwendigkeit betont, daß der Lohn zur ständigen Reproduktion, d.h. zur Erhaltung der Arbeitskraft und zur Sicherung der Volkszahl genügen müsse.[392] Letztlich gesehen, so Marx, erwirtschafte der Arbeiter aber mehr. Dieser `*Mehrwert*` entstehe dadurch, daß der Kapitalist die Ware Arbeitskraft zu ihrem richtigen Wert (dem der Reproduktionskosten, also dem Existenzminimum) kauft, diese aber über die für die Erzeugung notwendige Arbeitszeit hinaus durch

---

[383] Krelle, HdSw, S. 1 (4).
[384] a.a.O., S. 4.
[385] a.a.O., S. 4; weitere namhafte Vertreter der Machttheorien sind Wilhelm Lexis, Adolph Wagner, Rudolf Stolzmann, Richard Schüller, Karl Diehl und Rudolf Stammler.
[386] Nachdem er ursprünglich die Theorie des Existenzminimums vertreten hatte.
[387] Külp, HdWw, S. 73 (79).
[388] Vgl. Theimer, S. 167.
[389] Salter/Thomas, S. 111.
[390] Krelle, HdSw, S. 1 (5).
[391] Külp, HdWw, S. 73 (80).
[392] Braun, Geldrevolution, S. 13.

`Mehrarbeit` für sich und seinen Profit beansprucht.[393] Diesen gewonnenen Profit eignet sich der Kapitalist an, ohne daß der produktive Arbeiter partizipieren kann[394]: *„Nachdem durch Raub und Bauernlegung, durch Handelsprellerei und Kolonialherrschaft Kapitalisten und Besitzlose entstanden sind, müssen sich die letzteren, die Arbeiter, von den ersteren beschäftigen lassen; der Arbeiter schafft im halben Tage, was er braucht und als Lohn enthält, muß aber den ganzen Tag arbeiten, erzeugt also das Doppelte an Wert, und dieses Plus, diesen Mehrwert, das Arbeitsresultat der zweiten sechs Stunden des Tages, steckt der Kapitalist ein, dadurch entsteht erst die große systematische Kapitalanhäufung.“* [395]
Vereinfacht ausgedrückt ist die Folge des auf dieser Ebene immer stärker anwachsenden `Mehrwertkapitals` auch die Lohnsteigerung, die nach Marx jedoch zu einem Überschuß an Arbeitskräften (`*industrielle Reservearmee*`) führt[396] und somit zu einer sukzessiven Verschlechterung der Arbeitersituation (Verelendung) führt[397], so daß letztlich auch die klassenbedingte Bereitschaft zur Überwindung dieser (Lohn-)Spirale mit oben genannten Mitteln erfolgen muß.[398]

Trotz all dieser theoretisierten Lohnbestimmungen hielt man sich in der Praxis weitgehend an das einfache Prinzip des ehernen Lohngesetzes, das auch den Lohntheorien in großen Teilen als Grundlage vorstand. Die unternehmerische Begründung basierte entweder auf einem auf Arbeiterseite bestehenden Mangel an größerer Leistungsbereitschaft oder aber auf vermeintlichen Schutzaspekten gegenüber der Arbeiterschaft.
Gleichwohl gewann die Lohnproblematik vor allem zum Ende des 19. Jahrhunderts immer mehr an Bedeutung in der wirtschafts-, gesellschafts- und letztlich auch rechtspolitischen Diskussion.[399] Zurückzuführen war dies vor allem auf Bestrebungen verschiedenster Sozialreformer und Sozialrevolutionäre, deren Ziel die Verbesserung

---

[393] Vgl. Krelle, HdSw, S. 1 (5); vgl. ebenso Salter/Thomas, S. 30f.
[394] Vgl. Salter/Thomas, S. 30.
[395] Zitiert bei Berner, Arbeitslohn, S. 15.
[396] Marx, Das Kapital, Band I, S. 646.
[397] Vgl. Krelle, HdSw, S. 1 (5f); Külp, HdWw, S. 73 (80f).
[398] Vgl. Marx, Das Kapital, Band I, S. 790; die Wirkung dieser Theorie, die zweifelsohne vom wissenschaftlichen Standpunkt ihrer erhofften Konsequenzen eher als ideologisierte Fiktion denn wahrer Sachanalyse zu bezeichnen ist, beschreibt *Heintzeler* so: *„Kein Wunder, daß der Arbeiter ein offenes Ohr für das Prinzip des Klassenkampfes hatte, sich gewerkschaftlich und politisch organisierte und gegen eine Gesellschafts- und Wirtschaftsordnung kämpfte, die ihm vielfach nichts anderes zu bieten hatte als ein subjektloses Dasein an der Grenze des Existenzminimums.“*, Heintzeler, Volkskapitalismus, S. 9; vgl. zur Kritik in diesem Zusammenhang auch Theimer, S. 167.
[399] Vgl. zur Kritik am freien Arbeitsvertrag, resp. der sozialen Problematik dieses Grundsatzes, vornehmlich durch Franz von Baader und Karl Biedermann, in der ersten Hälfte des 19. Jahrhunderts Kaiser, S. 80ff; vgl. auch zu den eingehenden Verhandlungen der *Frankfurter Nationalversammlung* über die *„in Noth gekommenen“* Arbeiter, bzw. über das damit verbundene sozialpolitische Problem, Stenogr. Ber. über die Verhandlungen der deutschen constituierenden Nationalversammlung zu Frankfurt am Main, 7. Band, Nr. 167, S. 5100ff.

der unerträglichen sozialen Verhältnisse war, wenn auch aus unterschiedlichen Beweggründen.
Eine der radikalsten Ansichten kam dabei dem bereits angesprochenen *Karl Marx* zu, der in dem gemeinsam mit *Friedrich Engels* verfaßten 'Komministischen Manifest' auf die unerträgliche Not des Proletariats hinwies. Davon ausgehend, daß die Geschichte eine solche von Klassenkämpfen sei, ist nach Marx und Engels die einzig erfolgsversprechende Methode für die unterdrückten Klassen, dem ständigen Kampf gegen Ausbeutung und Unterdrückung zu entgehen, der Klassenkampf mit dem Ziel der Abschaffung des Kapitalismus.[400]
Auch *Ferdinand Lassalle* strebte eine Verbesserung der sozialen Lage der Arbeiter durch politische Einflußnahme an, ohne aber die revolutionären Ansichten Marx und Engels zu teilen. Lassalle kam es vielmehr auf die Möglichkeit der politischen Einflußnahme der Arbeiterschaft in Form des allgemeinen und direkten Wahlrechts an, das er vehement vertrat:

> *„Der Arbeiterstand muß sich als selbständige politische Partei konstituieren und das allgemeine, gleiche und direkte Wahlrecht zu dem prinzipiellen Losungswort und Banner dieser Partei machen. Die Vertretung des Arbeiterstandes in den gesetzgebenden Körpern Deutschlands – dies ist es allein, was in politischer Hinsicht seine legitimen Interessen befriedigen kann. Eine friedliche und gesetzliche Agitation hierfür mit allen gesetzlichen Mitteln zu eröffnen, das ist und muß in politischer Hinsicht das Programm der Arbeiterpartei sein."* [401]

Auch die Kirche bezog Stellung zu den sozialpolitischen Problemen und kritisierte in Person des Mainzer Bischofs *Ketteler* auch die tatsächliche Unfreiheit des vermeintlich freien Arbeitsvertrages.[402] *Papst Leo XIII.* stellte gar in diesem Zusammenhang in seiner 'Enzyklika Rerum Novarum' von 1891 das Postulat des gerechten Lohns auf, nach dem dieser so groß sein müsse, daß ein sparsamer und rechtschaffender Arbeiter gut davon leben könne.[403]

Von besonderer Bedeutung ist die Aktivität einiger Nationalökonomen, deren gemeinsame Sorge dem sozialrevolutionärem Gedankengut mit der Befürchtung um den Bestand des Gesellschaftssystems galt.

---

400 Vgl. Laufs, Rechtsentwicklungen in Deutschland, S. 202; Herkner, Arbeiterfrage, S. 256.
401 Zitiert in Programme der deutschen Sozialdemokratie, S. 32, im Rahmen von Lassalles offenem Antwortschreiben an das Zentralkomitee zur Berufung *eines Allgemeinen Deutschen Arbeiterkongresses* zu Leipzig am 01. März 1863; auf diesem Grundgedanken gründete Lassalle in diesem Jahr den *deutschen Arbeiterverein*, der sich 1875 in Gotha mit der von Bebel und Liebknecht 1869 in Eisenach gegründeten *Sozialdemokratischen Arbeiterpartei Deutschlands* verband.
402 Vgl. Kaiser, S. 174; vgl. auch Winkel, Umschwung, S. 3 (8).
403 Kaiser, S. 176.

Neben *Gustav Schmoller* sah auch der sozial-liberale *Lujo Brentano* die Bedeutung eines Ausgleiches zwischen den Machtdifferenzen der Unternehmer und den Arbeitern als außerordentlich wichtig an, deren Form in der Selbsthilfe der Arbeiter durch Konsum- und Werkvereine, durch Gewerkschaften und Tarifverträge bestehen sollte.[404] Grundvoraussetzung dazu sei auch die Schaffung der dazu notwendigen rechtlichen Voraussetzungen als konsequente legislative Stärkung des schwächeren Marktpartners.[405]

Auch *Adolf Wagner* wies in seiner `Rede über die soziale Frage`[406] darauf hin, *„daß in der Nationalökonomie wieder sittliche Grundsätze zur Geltung kommen müßten, daß der Staat den sozialen Notständen gegenüber viel mehr Aufgaben habe als die liberale Schule anerkenne"*.[407] Dabei rekurrierte Wagner weniger auf caritativ-soziale Einzelleistungen, als vielmehr auf konsequent durchgeführte *„einschneidende Reformen des Rechts, des Eigentumsrechts, des Erbrechts, des Steuerrechts durch die Gesetzgebung, sowie überhaupt auf die Ausbildung des zwangsgemeinwirtschaftlichen Systems neben und z.Th. statt des privatwirtschaftlichen, caritativen und freigemeinwirtschaftlichen"*.[408]

Schmoller, Brentano, Wagner verstanden sich gemeinsam mit weiteren Sozialreformern wie *Friedrich Naumann*, *Gustav von Schönberg* u.a. als eine Gemeinschaft, deren Anliegen darin bestand, *„daß die Gesellschaft mit Hilfe sozialer Reformen auf friedlichem Wege umgebildet werden müsse, wenn sie der Revolution entgehen wolle"*.[409]

Im Rahmen dieser Gemeinsamkeit wurde am 13. Oktober 1873 der `*Verein für Socialpolitik*`[410] gegründet mit einer, wie *Winkel* es nennt, *„doppelten Frontstellung gegen sozialreaktionäres Manchestertum und gegen sozialrevolutionären Sozialismus"* [411], der auch in Zusammenhang mit der Wuchergesetzgebung und deren Umschwung vom reichsgesetzlich ausschließlich geregelten Kreditwucher zum Zusatz des sanktionierten Sachwuchers von größter Bedeutung war.[412] Prinzipielles Anliegen des Vereins war neben der Einflußnahme auf die Gesetzgebung ebenso die Anregung zur Selbsthilfe zum Ausgleich zwischen den sozialen Klassen.[413]

Schmoller betonte in der Eröffnungsrede auf der Eisenacher Versammlung 1872, daß den Arbeitern mit der Gewerbe- und Vertragsfreiheit eben nicht alles gegeben

---

404 Winkel, Umschwung, S. 3 (11).
405 Winkel, Umschwung, S. 3 (16).
406 Gehalten am 12. Oktober 1871 in der Garnisonkirche in Berlin.
407 Zitiert bei Damaschke, Nationalökonomie, S. 388.
408 Wagner, Lehrbuch der politischen Ökonomie, Band 1/1, S. 150, Anm. 1.
409 Zitiert bei Winkel, Umschwung, S. 3 (12).
410 Vgl. zur Entwicklung des Vereins für Socialpolitik Franz Boese, Geschichte des Vereins für Socialpolitik 1872-1932, Berlin 1939.
411 Winkel, Umschwung, S. 3 (12).
412 Vgl. unten A.II.1c)aa) und B.III.1b).
413 Vgl. Lindenlaub, S. 4; ebenso Boese, S. 1.

sei, was sie brauchten.[414] Wenn sie, so Schmoller, auch besser genährt und gekleidet seien als in früherer Zeit, so machten ihre Lebensbedingungen doch einen sittlichen und wirtschaftlichen Fortschritt nicht wahrscheinlich.[415]
Schmoller spielte in diesem Zusammenhang auf die im Vergleich zur Anfangsphase der Industrialisierung mehr oder weniger kontinuierlich gestiegenen Realeinkommen der Arbeiterschaft[416] und wohl auch auf die bis zu diesem Zeitpunkt durchaus – wenn auch nach heutigen Maßstäben rudimentär – vorhandene Arbeiterschutzgesetzgebung an.[417] Gleichwohl bezog sich Schmoller auch auf die dem Prinzip der \`unternehmerisch freien\` Entlohnung nach der Grenze des Existenzminimums verhafteten realen Verhältnisse, die exemplarisch durch die Herrenhausrede des *Freiherrn von Stumm* wider die Kathedersozialisten im Jahr 1897 verteidigt wurden: *„Kein Blatt Papier (...) dürfe sich zwischen den Unternehmer und \`seine\` Arbeiter drängen, keine werkfremde Macht dürfe vorschreiben, welche Arbeitsbedingungen der Arbeitgeber mit \`seinen\` Arbeitern zu schließen habe."*[418]

Jedoch ist die Lohnfrage zum Ende des 19. Jahrhunderts nicht zuletzt durch die Bestrebungen des Vereins für Socialpolitik ein Diskussionsstoff, der vor allem auf seiten der Sozialdemokraten unter dem Aspekt des Leistungsmißverhältnisses beim freien Arbeitsvertrag als wucherisch betrachtet wird. Dabei knüpfte man auch an die unbestimmte Formulierung des § 138 II BGB die Hoffnung, die Lohnausbeutung der Arbeiter in deren Interesse rechtlich steuern und somit sukzessive beseitigen zu können.[419]

In der Tat ist die ökonomische Lage der arbeitenden Bevölkerung zur Jahrhundertwende äußerst problematisch.[420] Vor allem in der Fabrikproduktion wird zumeist nach

---

[414] Winkel, Umschwung, S. 3 (12f); ein Abdruck der Eröffnungsrede Schmollers findet sich bei Boese, S. 6ff.
[415] Vgl. Winkel, Umschwung, S. 3 (13).
[416] Vgl. hierzu Kuczynski, Lage der Arbeiter, S. 96, 312f.
[417] Neben den bekanntermaßen entwickelten Sozialversicherungsgesetzen Bismarcks ist für den preußischen Rechtsraum auch vom Bestehen früherer, nicht unbedeutender Arbeiterschutzbestimmungen auszugehen. Hervorzuheben ist hier das \`*Regulativ über die Beschäftigung jugendlicher Arbeiter in Fabriken*\` v. 09.März 1839 (Preußische Gesetzessammlung, S. 156ff), die \`*Verordnung, betreffend die Errichtung von Gewerberäthen und verschiedene Abänderungen der Allgemeinen Gewerbeordnung*\` v. 09.Februar 1849 (Preußische Gesetzessammlung, S. 93ff) und die \`*Reichsgewerbeordnung*\` in der Form der Novelle v. 17.Juli 1878 (resp. die §§ 135ff dieser, RGBl., S. 199ff).
[418] Zitiert nach Winkel, Umschwung, S. 3 (17); angemerkt sei noch ein Bericht Lujo Brentanos, in dem dieser höchst verwundert eine Situation erläutert, an deren Repräsentativität erhebliche Zweifel bestehen: *„Commerzienrath Frommel erzählte (...), daß er in seiner Augsburger Fabrik die besseren seiner Weber veranlassen wollte, statt, wie bisher, zwei, fortan drei Webstühle zu bedienen. Die Arbeiter widerstrebten. Als sie nun darauf aufmerksam gemacht wurden, daß die neue Einrichtung einen größeren Wochenverdienst bedeute, antwortete ein Weber: er und sein Weib verdienten 28 Mark die Woche, für mehr wolle er sich nicht anstrengen; mehr Geld die Woche bedeute „an Rausch mehr".",* Brentano, Arbeitszeit, S. 32.
[419] Peschke, Handwörterbuch der Staatswissensch., S. 1081 (1094).
[420] Vgl. Mann, S. 406.

dem `bewährten` ehernen Grundsatz entlohnt, den *Turgot* schlicht berechnete: *„der Arbeiter verdient nur sein Leben"*.
Die Statistiken verdeutlichen dies. So ist zunächst festzustellen, daß im Zeitraum von der Reichsgründung bis zur Jahrhundertwende ein stetes Wachstum der Löhne sowohl im Bereich der Industrie als solcher, als auch im speziell verdeutlichten Bereich der Metallindustrie zu belegen ist.

Brutto-Reallöhne in Industrie und Landwirtschaft (1900=100)

1870 *= 77 /* ***1871*** *= 76 /* ***1872*** *= 80 /* ***1873*** *= 79 /* ***1874*** *= 78 /* ***1875*** *= 86 /*
1876 *= 82 /* ***1877*** *= 79 /* ***1878*** *= 83 /* ***1879*** *= 83 /* ***1880*** *= 79 /* ***1881*** *= 78 /*
1882 *= 81 /* ***1883*** *= 81 /* ***1884*** *= 86 /* ***1885*** *= 89 /* ***1886*** *= 91 /* ***1887*** *= 92 /*
1888 *= 93 /* ***1889*** *= 93 /* ***1890*** *= 92 /* ***1891*** *= 91 /* ***1892*** *= 92 /* ***1893*** *= 93 /*
1894 *= 94 /* ***1895*** *= 95 /* ***1896*** *= 98 /* ***1897*** *= 97 /* ***1898*** *= 96 /* ***1899*** *= 99*[421]

Löhne in der Metallindustrie (Auszüge)

Jahr	*Essen (Krupp)*	*Stettin (Vulkan)*	*Bochum (Hütte)*
	(Tageslöhne)	*(Tages-/Jahreslöhne)*	*(Jahreslöhne)*
1870	*3,08*	*2,32*	*904*
1871	*3,03*	*2,36*	*841*
1872	*3,39*	*2,67*	*986*
1873	*3,74*	*3,00*	*1152*
1874	*3,86*	*3,12*	*1190*
1875	*3,89*	*2,94*	*1114*
1876	*3,64*	*2,56*	*988*
1877	*3,36*	*2,69*	*889*
1878	*3,21*	*2,61*	*909*
1879	*3,02*	*2,53*	*903*
1880	*3,19*	*2,53*	*875*
1881	*3,50*	*2,53*	*926*
1882	*3,57*	*771*	*957*
1883	*3,55*	*745*	*953*
1884	*3,55*	*777*	*963*
1885	*3,64*	*746*	*964*
1886	*3,71*	*783*	*943*
1887	*3,71*	-	*980*
1888	*3,71*	-	*995*

1889	*3,83*	-	*1018*
1890	*3,83*	-	*1018*
1891	*4,05*	-	*1074*
1892	*4,06*	-	*1115*
1893	*4,09*	-	*1057*
1894	*4,06*	-	*1081*
1895	*4,10*	-	*1090*[422]

Gleichwohl ist bekanntermaßen das Einkommen im Rahmen inflationärer Einflüße nur so viel wert, wie es an Kaufkraft besitzt. Insoweit ergibt eine Vergleichsstatistik des Verhältnisses des Lohnes zu den Lebenshaltungskosten der Arbeiter ein völlig anderes Bild, das die bisher erwähnte Begrifflichkeit des Existenzminimums deutlicher macht:

Tatsächliche wöchentliche Löhne und Lebenshaltungskosten (Schnitt) 1887-1909 (in Mark und Pfennig)

Wirtschaftszyklus	*Lebenshaltungskosten*	*Nettolöhne*
1887-1894	*23,80*	*20,40*
1894-1902	*24,40*	*22,00*
1903-1909	*27,30*	*24,90*[423]

Eine bedeutende Grundlage dieser Situation war neben den beschriebenen Hintergründen die noch immer mangelhafte kollektive Schlagkraft der Arbeiter, da die vor allem von Brentano geforderten Gewerkschaften noch immer weitgehend fehlten oder in ihrer Wirkung beschnitten waren[424], so daß sich die Unternehmerschaft auf derartige statistisch gestiegene Bruttolöhne berufen konnte.

Vor allem die Sozialdemokraten sahen in der Diskussion um die unbestimmte Formulierung der Wuchernorm des § 138 II BGB die Möglichkeit, dem objektiv vorliegenden Leistungsmißverhältnis beim freien Arbeitsvertrag eine legislative Grenze setzen zu können und die bestehende ausbeuterische Entlohnung als wucherisch zu

[421] Quelle Kuczynski, Lage der Arbeiter, S. 96.
[422] Quelle Kuczynski, Lage der Arbeiter, S. 312, 313 (Auszug).
[423] Quelle Kuczynski, Lage der Arbeiter, S. 108 (Auszug); Kuczynski selbst gibt keine Definition zum Begriff der Lebenshaltungskosten. Insoweit muß auf eine Studie von *Ernst Engel* verwiesen werden, nach der Lebenshaltungskosten für die Arbeiter hieß: Nahrung, Kleidung, Wohnung, Heizung und Beleuchtung, Geräte und Werkzeuge, Erziehung und Unterricht, öffentliche Sicherheit, Gesundheitspflege und persönliche Dienstleistungen, dargestellt bei Braun, Geldrevolution, S. 23.
[424] Zwar ging man in der zweiten Hälfte des 19. Jahrhunderts sukzessive dazu über Koalitionsfreiheit zu gewähren, aber die Wirkung der Koalitionsvereinbarungen blieb im Ergebnis rechtlich unverbindlich, was vor allem an der bis 1919 bestehenden Grundlage des Koalitionsrechts, der Gewerbeordnung für den Norddeutschen Bund von 1869, lag, die in §§ 152, 153 die Rücktrittsmöglichkeit von

qualifizieren[425], ohne jedoch das Hauptaugenmerk direkt auf die Frage der Entlohnung zu richten. Vielmehr wurde stets die generelle Bewucherungsanfälligkeit der arbeitenden Schichten hervorgehoben.
Insoweit kam es auch im Reichstag im Rahmen der 110. Sitzung vom 20. Juni 1896 bei der Frage nach der Erweiterung der Sittenklausel um die Wuchervorschrift zu einer in dieser Hinsicht exemplarischen Gegenüberstellung der konträren Positionen.[426]
So erweist sich die Aussage des freisinnigen Abgeordneten *Lenzmann* als typische Untermauerung des Prinzips der unbeschränkten Vertragsfreiheit: *„Sie müssen den Schwachen, dessen Schwachheit oft nur in Denkträgheit besteht, nicht überall mit dem Richter schützen wollen; der einzelne muß im wirtschaftlichen Leben sich selbst schützen und sich vor Leichtsinn hüten, und wenn ein solcher Leichtsinniger sich einmal verbrennt, so ist das für ihn ganz heilsam, er muß eben seine Erfahrungen machen und sich Sachkenntniß erwerben, und hat er dieselbe nicht, so muß er eben von solchen Geschäften fernbleiben."* [427]
Während die liberalen Argumentationen primär in Zusammenhang mit der Befürchtung eines nicht in das Prinzip der Vertragsfreiheit passenden, ausufernden Schuldnerschutzes getroffen werden, wird die Diskussion um die Wucherbestimmung vom sozialdemokratischen Abgeordneten *Stadthagen* zum Anlaß genommen, die generelle Ausbeutungsanfälligkeit der Arbeiterschaft, inklusive der Lohnproblematik anzuprangern: *„Ich kann mir keinen anderen Grund für Ihren Widerstand denken, als daß in Ihr Fleisch und Blut die Ueberzeugung noch nicht eingedrungen ist, daß auch Andere als Beamte, Offiziere und Reiche bewuchert werden können, daß am meisten bewuchert werden kann derjenige, der weiter nichts hat als seine Arbeitskraft, durch Ausbeutung dieser seiner Arbeitskraft.*[428]
(...) hier dreht es sich um ein kleines Stückchen Sozialpolitik; und da wird natürlich ganz klar auf Seiten des Freisinns und, wie es scheint, auch auf Seiten der Herren der konservativen Partei Halt gemacht bei der zivilrechtlichen Bekämpfung des Wuchers, sobald die arbeitende Klasse Vortheil dabei haben könnte." [429]

Insoweit steht auch die Problematik der im ausgehenden 19. Jahrhundert in weiten Teilen vorherrschenden wucherischen Arbeiterentlohnung in einem engen Zusammenhang zur Hinwendung zum § 138 II BGB. Hier ist im Hinblick auf die Bestrebungen der Sozialreformer und der Sozialdemokratie festzustellen, daß die Umsetzung der angestrebten Reformen mittels der Bestimmung allgemeiner wucherischer Ver-

---

entsprechenden Vereinbarungen vorsah. Vgl. hierzu eingehend Klönne/Reese, S. 21ff; vgl. ebenso Furtwängler, S. 11ff.
[425] Peschke, Handwörterbuch der Staatswissensch., S. 1081 (1094).
[426] Vgl. Stenogr. Ber. RT., 9. Lp., IV. Session 1896, 4. Band, S. 2762ff.
[427] Stenogr. Ber. RT., 9. Lp., IV. Session 1896, 4. Band, S. 2767.
[428] Stenogr. Ber. RT., 9. Lp., IV. Session 1896, 4. Band, S. 2770; vgl. auch Mugdan, Band I, S. 1004ff.

tragsgrenzen zwar nur mittelbar, dennoch aber schneller und wohl auch effektiver durchzusetzen waren als darauf hinzuarbeiten, in der Frage der Entlohnung einen legislativen und wissenschaftlichen Wertewandel einzuleiten.
Fritz von Hippel umreißt dies ähnlich wenn er sagt, daß das Privatrecht (und seine Vertragsgrenzen des BGB) die Verelendungsprinzipien und das eherne Lohngesetz *„eindrucksvoll widerlegte"*.[430]

bb) Die Wohnungsfrage

In der dargestellten gesellschaftlich-sozialen Problematik sei noch auf die in engem Zusammenhang zum Lohnwucher auftretende Wohnungsfrage hingewiesen.
Auf den mit der Industrialisierung entstehenden Bevölkerungsstrukturwandel, der Urbanisierung, also den arbeitsplatzbedingten Binnenwanderungen aus dem agrarischen Osten in den industriellen Westen, wurde bereits hingewiesen.[431] Ein damit verbundenes Problem war die aufkommende Wohnungsnot, da der Bau von Arbeiterwohnungen in den neu entstandenen Industriestädten das Kapital in aller Regel nicht interessierte.[432] Daher mußten die arbeitssuchenden oder arbeitenden Neugroßstädter bereit sein, einen beträchtlichen Teil ihres Lohnes für Mieten und Nebenkosten (Kanalisation, Licht, Heizung) aufzubringen, um überhaupt eine Wohnung zu bekommen und zu unterhalten.[433] *Friedrich Engels* merkte hierzu an: *„Die Zeit, worin ein altes Kulturland einen solchen, obendrein durch so günstige Umstände beschleunigten Übergang von der Manufaktur und dem Kleinbetrieb zur großen Industrie macht, ist auch vorwiegend die Zeit der `Wohnungsnot`. Einerseits werden Massen ländlicher Arbeiter plötzlich in die großen Städte gezogen, die sich zu industriellen Mittelpunkten entwickeln; andrerseits entspricht die Bauanlage dieser älteren Städte nicht mehr den Bedingungen der neuen Großindustrie (...)."* [434]
Die teuer bezahlten Wohnungen befanden sich regelmäßig in einem katastrophalen Zustand[435] und laut Statistik des Gewerbeaufsichtsamtes Berlin wohnten – bezogen auf die Berliner Verhältnisse – in 28,6 % der vermieteten Kleinstwohnungen (meist

---

[429] Stenogr. Ber. RT., 9. Lp., IV. Session 1896, 4. Band, S. 2769.
[430] Von Hippel, Sinnwandel unseres Privatrechts, S. 12.
[431] Vgl. oben Fn. 270.
[432] Mann, S. 408.
[433] Vgl. dazu verschiedene Statistiken bei Kuczynski, Lage der Arbeiter, S. 155f, 330.
[434] Engels, Zur Wohnungsfrage, S. XI.
[435] Vgl. Kuczynski, Lage der Arbeiter, S. 156f; vgl. ebenso den sehr beeindruckenden Bericht des Karlsruher Rechtsanwalts Friedrich Weill zur Arbeiterwohnungsfrage in Straßburg in Verein für Socialpolitik, Band 30, S. 147-160; ebenso die Berichte aus Bochum, Chemnitz, Osnabrück, Crefeld, Dortmund, Essen, Berlin, Elberfeld und Breslau in Verein für Socialpolitik, Band 31, S. 73ff.

ein Zimmer) sechs oder mehr Menschen.[436] Diese dramatische Wohnungsnot wurde nicht selten von Spekulanten dazu genutzt, Mietverträge zu einem exorbitant hohen, wucherischen Mietzins abzuschließen. In den amtlichen Mitteilungen aus den Jahresberichten der mit Beaufsichtigung der Fabriken betrauten Berliner Beamten für das Jahr 1888 heißt es dazu in recht diplomatischer Formulierung: „*Nicht nur ist die Beschaffenheit der Wohnungen oft eine mangelhafte, sondern es ist auch der Arbeiter häufiger genöthigt, für die Wohnung einen höheren Preis zu entrichten, als mit seinem Einkommen in entsprechendem Verhältnisse stehen würde.*“ [437]
Die Häufigkeit der auf wucherischem Mietzins basierenden Vermietungen wird durch diese amtliche Feststellung jedoch kaum wiedergegeben.
Es ist vor allem der Verein für Socialpolitik, der die im engen Verhältnis zur wucherischen Entlohnung stehende Wohnungsproblematik in das Bewußtsein der Sozialreformer und der Sozialdemokratie bringt. Die Herausgabe dreier Bände mit Berichten und Gutachten im Zeitraum von nur 15 Jahren zur Jahrhundertwende verdeutlicht dies.[438]

So berichtet beispielsweise der Frankfurter Rechtsanwalt und Magistratsmitglied *Dr. Flesch* im Rahmen seines Berichtes über die Wohnungsverhältnisse in Frankfurt am Main[439]: „*Die Wohnungsmiethen der kleineren Wohnungen haben hier vielfach eine Höhe erreicht, die als ganz unerschwinglich bezeichnet werden muß, und geradezu das Vorhandensein eines raffinirten, grausamen Wohnungswuchers bezeugt.*“ [440]
Berichte über die Verhältnisse in Dortmund, Breslau, Leipzig und Berlin bestätigen diese Darstellung Fleschs.[441] Manche Vermieter, so der Berichterstatter für Berlin *Berthold*, trieben ein regelrechtes Spekulantentum mit den Wohnungssuchenden und versuchten, „*aus dem Vermiethen ein Geschäft zu machen*“.[442] Keine Seltenheit waren insoweit Mietforderungen für Kleinstwohnungen im Bereich von 800 Mark, die in ihrer Höhe einem Arbeiterdurchschnittseinkommen entsprachen.[443] Ähnlich auch die Darstellungen des Leipziger Berichterstatters *Hasse*[444], sowie die des Breslauer Rechtsanwalts *Honigmann*.[445]

---

[436] Kuczynski, Lage der Arbeiter, S. 158, bezogen auf die `Jahresberichte der Gewerbe-Aufsichtsbeamten', Berlin 1914, S. 151.
[437] Amtliche Mittheilungen aus den Jahresberichten der mit Beaufsichtigung der Fabriken betrauten Beamten, XIII. Jahrgang 1888, Berlin 1889, S. 255.
[438] Vgl. zu den Bänden oben Fn. 344.
[439] Verein für Socialpolitik, Band 30, S. 59ff.
[440] Verein für Socialpolitik, Band 30, S. 69.
[441] Vgl. Verein für Socialpolitik, Band 31, S. 157ff, 249ff, 288ff, 199ff.
[442] Verein für Socialpolitik, Band 31, S. 222.
[443] Verein für Socialpolitik, Band 31, S. 221; vgl. zu den Löhnen exemplarisch A.II.1b)aa).
[444] a.a.O., S. 304f mit einigen Beispielen zur Untervermietung.
[445] a.a.O., s. 277f.

Die Lösung dieser aufs engste mit der wucherischen Entlohnung der Arbeiter verbundenen Ausbeutungsproblematik wurde wie bei der Lohnfrage unter anderem durch einen generellen gesetzlichen Schutz gegen unverhältnismäßigen Leistungsaustausch erhofft. Diese Hoffnungen, vor allem auf seiten der Sozialdemokratie, focussierten sich daher auch im Rahmen der Wohnungsfrage auf die unbestimmt-generelle Formulierung des § 138 II BGB, wenngleich man dabei primär auf die Entlohnung als grundsätzliche Ursache rekurrierte. Gleichwohl stellt auch dieses Ausbeutungsproblem einen Teil des Gesamtzusammenhangs dar, auf das sich die Sozialdemokratie bei den Diskussionen um die Aufnahme des zivilrechtlichen Wucherparagraphen in das BGB bezog. Die Gemeinsamkeiten von Wohnungs- und Entlohnungsfrage sowie die Notwendigkeit einer allgemeinen gesetzlichen Regelung zur Schaffung ausgeglichener Verhältnisse in diesen Vertragsbereichen wurde auch durch den Frankfurter Berichterstatter Flesch reflektiert:

> *„Das römische Recht hat denn auch diese Thatsache früher (...) anerkannt, als es beide Verträge, den Wohnungsmiethvertrag und den Arbeitsmiethvertrag, fast genau den gleichen Regeln unterwarf. (...) Der Arbeiter, der seine Arbeitskraft vermiethet, und der Arbeiter, der eine Wohnung miethet, sind beide sehr häufig nicht in der Lage, ihre Interessen genügend wahrzunehmen. (...) Wie verhält sich nun das Recht zu diesen Wirkungen der Voraussetzung von der faktischen Gleichheit beider Kontrahenten im Miethvertrag? (...) Das moderne Recht hat (...), wenn auch nur indirekt und zögernd, anerkannt, daß wenigstens beim Arbeitsmiethvertrag der einzelne Arbeitsuchende thatsächlich außer Stand sei, sich gegen allzu ungünstige Arbeitsbedingungen zu wehren (...) Die Bestimmungen über das Verbot der Lohnbeschlagnahme, (...) und die gesamte Fabrikgesetzgebung (Arbeiterschutzgesetze) sind Ausflüsse dieser noch lange nicht genügend zum Durchbruch gelangten Erkenntniß. Für den Wohnungsmiethvertrag ist aber die gleiche Auffassung merkwürdiger Weise noch nicht durchgedrungen, ja kaum noch angeregt."* [446]

Somit werden auch die Hoffnungen der Sozialdemokratie deutlich, die in die abstrakte Norm des § 138 II BGB gesetzt wurden. Eine derart formulierte gesetzliche Vertragsbeschränkung bedeutete gleichsam einen wichtigen Schritt zur notwendigen Lösung der vielfältigen Probleme der sozialen Frage: *„Es kommt uns darauf an, daß die Grundsätze, die in langem Kampfe im Allgemeinen von der besitzlosen Klasse der besitzenden gegenüber durchgerungen sind, auch beachtet werden müssen (...). Es ist das ein Prinzip das durchgedrungen ist im Kampfe seitens der aufstrebenden und besitzlosen Klassen, die ringen um Anerkennung einer leichteren Möglichkeit, ihre Verhältnisse zu verbessern, um Anerkennung, daß sie das gleiche Recht wie andere haben."* [447]

---

[446] Verein für Socialpolitik, Band 30, S. 82, 83.

[447] Abg. Stadthagen, Mugdan, Band I, S. 1004, 1006; angemerkt sei in diesem Zusammenhang noch die besondere Bedeutung der Wohnungsfrage im Rahmen der Preis-, resp. allgemeinen Ausbeu-

c) Die allgemeinwirtschaftliche Basis für das rechtstheoretische Wucherwesen nach geltendem Recht

Im Verlauf der letzten zwanzig Jahre des 19. Jahrhunderts zeigte die sich verstärkende allgemeinwirtschaftliche Ausbeutungsproblematik zunehmend die Notwendigkeit einer flexiblen gesetzlichen Regelung zur erfolgsversprechenden legislativen Bekämpfung der Bewucherung auf. Diese Ausbeutungsproblematik steht dabei auch in Zusammenhang zu den im Rahmen der volkswirtschaftlichen Ausweitung gemachten Ausführungen und bildet bezüglich der Entstehung des modernen Individualwucherverbots die herausragende Grundlage dieser Entwicklung. Indes sollen sich die Ausführungen an dieser Stelle – um einen allzu detaillierten Vorgriff auf die spezielle Entwicklungsdarstellung der 3. Gesetzgebungsperiode zu vermeiden – auf einen Überblick hinsichtlich der Fakten und Hintergründe beschränken.

aa) Allgemeinwirtschaftlich bestehende Ausbeutungsverhältnisse

Vor diesem Hintergrund erreichte die hier anzusprechende Ausbeutungsproblematik neben dem städtischen Ausbeutungsbereich verschiedenster monetärer Spekulativgeschäfte wie den Pfandleihgeschäften[448], dem Rückkaufshandel[449] und den Bör-

---

tungsschutzbestimmungen des ersten Weltkrieges. Neben der im Warenbereich relevanten Kriegswuchergesetzgebung, vornehmlich des *'Gesetzes, betreffend Höchstpreise'* v. 04. August 1914 und der *'Verordnung gegen Preistreiberei'* v. 08. Mai 1918 (vgl. oben Fn. 275), bestanden auch verschiedene Mieterschutzverordnungen gegen Kündigungen und Mietzinserhöhungen (wiederum aufgrund aufkommender Wohnungsnot, da vor allem im Winter 1916/17 infolge der Kriegsindustrie eine Urbanisierungswelle auftrat). Mittelbar sind diesem Bereich – bzgl. der Nebenkostenerhöhungen im Bereich der Beheizung – auch Bestimmungen zuzuordnen, die die Aufsicht durch Einigungsämter vorsah, so bspw. das *'Kohlensteuergesetz'* v. 08. April 1917. Vgl. zu dieser Thematik die Darstellungen von Carl Stern, Die neue Mieterschutzverordnung nebst verwandten Verordnungen, 4. Auflage, Berlin 1920, insbes. S. 6-13; vgl. ebenso Otto Krieg, „Wohnungsmangelrecht" in Handwörterbuch der Rechtswissenschaft, Band 6, S. 947-964, Berlin, Leipzig 1929.

[448] Vgl. Stobbe, Band III, S. 358; vgl. auch die folgende Fn..

[449] Die *„Gewerbliche Zeitschrift"* berichtet in ihrer Märzausgabe des Jahres 1879 dazu äußerst eindrucksvoll: *„Nachdem das Reichsgesetz vom 14. November 1867 den Wucher und die Gewerbe-Ordnung von 1869 das Pfandleih-Gewerbe frei gegeben, entwickelte sich einerseits dies Gewerbe in üppiger Weise, während andererseits als neuer Schössling jener Freiheiten der Gewerbszweig der Rückkaufshändler entstand und die schönsten Blüthen trieb. Das Wort Rückkaufshändler ist wie der Stand selbst, ein Produkt der letzten zwölf Jahre. (...) In Berlin gab es Anfangs 1878 ungefähr 800 Rückkaufshändler. (...) Die Zahl der Pfandleiher hat sich daneben noch mehr gesteigert. Die Stadt Düsseldorf zählt (...) 29 Privat-Pfandleih-Geschäfte, (...) Crefeld 24. (...) Aus Duisburg, Oberhausen, (...) ertönen die bittersten Klagen über das schändliche Treiben der Pfandleiher und Rückkaufshändler. Zinsen von 80-100% sind nichts Ungewöhnliches; der Arbeiter der Gross-Industrie, dessen Einkommen durch Reduktion der Löhne (...) auf ein Minimum gesunken, der kleine Handwerker, (...), sie müssen ihre letzten Habseligkeiten verpfänden, um ihr Leben zu fristen. An wen sollen sie sich wenden als an den Pfandleiher oder Rückkaufshändler, der ihnen ganz offen im Wege Rechtens schamlose Zinsen abfordert."* *„Gewerbliche Zeitschrift. Organ für die nationale Industrie und das Wohl ihrer*

senspekulationsgeschäften[450], vor allem im Bereich des Sachwuchers und des allgemeinen Geldverkehrs auf dem Land, Ausmaße in heute kaum mehr vorstellbarer Weise, bei dem ganze Landstriche zu verarmen drohten. Die Varianten der Bewucherung waren hier höchst verschieden. Es war wiederum vor allem der Verein für Socialpolitik der sich dieser Problematik in seinen Schriften annahm und als *'Protagonist der Anklage'* die Grundlage für die politische und rechtspolitische Diskussion schuf.[451] Offenbar wird die Bedeutung dieser Schrift durch den amtlichen Verweis auf diese im administrativen Verkehr, wie das Schreiben des preußischen Ministeriums für Landwirtschaft, Domänen und Forsten an den Königlichen Regierungspräsidenten in Aachen *von Hoffmann* vom 01. Februar 1890 auf eine entsprechende Anfrage hin verdeutlicht: *„ (...) sowie in der im Jahre 1887 unter dem Titel „Der Wucher auf dem Lande" erschienenen Publikation des Vereins für Socialpolitik wird ein umfangreiches Material dafür beigebracht, (...) daß die in sehr verschiedenen Formen sich kleidende Auswucherung der kleineren Besitzer immer noch weit exorbitant ist."* [452]

Die erbetenen Berichte in der Publikation des Vereins für Socialpolitik bezogen sich auf die vorgegebenen Hauptproblemstellungen, die vornehmlich umfaßten: 1) in welchen Formen und in welchem Umfang tritt der Geld- und Kreditwucher hauptsächlich auf?, 2) in welcher Form und in welchem Umfang findet der Viehwucher statt?, 3) besteht eine das Bedürfnis übersteigende Sucht, Land zu erwerben und werden hierbei Preise bezahlt, welche zu dem Wert des Landes in keinem Verhältnis stehen (sog. Landhunger), 4) besteht ein Warenwucher in größerem Umfang und in welcher Form?, 5) ist schließlich eine Vereinigung all dieser Wucherformen in der Art festzustellen, daß der Wucherer sich der ganzen Geschäftsführung des Bauern bemächtigt?.[453]

Arbeiter", No. 26, Artikel „Pfandleiher und Rückkaufshändler.", Ausgabe Düsseldorf März 1879, S. 286 *(Bestand BArchV, Akte R 101/880)*.

[450] Vgl. Braun, Geldrevolution, S. 11; konkret wurde die *„Verleitung Anderer zu Börsenspekulationsgeschäften, die nicht zu deren Gewerbebetrieben gehören"*, nach §§ 69 und 94 des *'Börsengesetzes'* v. 08. Mai 1908 bestraft, wenn sie gewohnheitsmäßig in gewinnsüchtiger Absicht unter Ausbeutung des Leichtsinns oder der Unerfahrenheit erfolgte. Eine bloße Raterteilung fiel nur dann darunter, wenn darin versteckt zur Spekulation verleitet werden sollte. Eine wachsende Verhaltens-, Geschäfts- und Handelsunsicherheit auf Seiten der Bankiers, die durch die entsprechenden *„herabwürdigenden"* gesetzlichen Regelungen gegen die börsenspekulative Bewucherung aufgekommen sei, stellte die *„Frankfurter Zeitung"* indes kritisch in ihrer Ausgabe v. 10. September 1903 schon fest, die auch in ihrer Konsequenz den Handelsverkehr einschränke; vgl. die *„Frankfurter Zeitung"* v. 10. September 1903, Artikel „Wuchergesetz und Konto-Auszug.", Ausgabe Nr. 251 *(Bestand BArchV, Akte R 3001/6252)*; vgl. auch Lobe, HdRw, Band 6, S. 964 (965).

[451] Schriften des Vereins für Socialpolitik, Band XXXV., „Der Wucher auf dem Lande. Berichte und Gutachten", Leipzig 1887.

[452] Schreiben s. Text, *Bestand HptStaatsArchV Düsseldorf (NRW)/Akte Reg. Aachen Nr. 7894 (fol. 85)*, das Schreiben ist als Abschrift auch vorhanden im *Bestand GStA PK (Berlin, Preußen)/Akte I. HA. Rep. 84a Nr. 5721 (fol. 207)*; ebenso ausdrücklich in der *amtlichen Begründung für den Gesetzentwurf, betreffend Ergänzung der Bestimmungen über den Wucher* v. 1892, S. 6, *Bestand BArchV, Akte R 3001/6247, 6248 (Mikrofilm-Nr. 21944)*.

[453] Verein für Socialpolitik, Band XXXV., S. Vff.

Die Bedeutung dieser Schrift und die Bedeutung einer äußerst dringenden gesetzlichen Abhilfe gegen *„Auswucherungen der gröbsten Art"* und der damit verbundenen wirtschaftlichen Ausblutung des Bauernstandes wurde unterstützend unterstrichen vom gleichsam bedeutsamen *`Vereins gegen Wucher im Saargebiete`*.[454]
Die Berichte umfaßten Situationsdarstellungen über die Zustände im Reich, die in der Folge von verschiedensten Stellen, Vereinigungen und anderweitigen Beobachtern bestätigt wurden.

Berichtet wurde in dieser Veröffentlichung des Vereins für Socialpolitik zum einen über die Problematik im Bereich des Viehhandels, so bspw. über die Praktiken bei der `Viehpacht` (ein als Pacht deklarierter Abzahlungskauf mit uneingeschränktem Rücknahmerecht des Verpächter-Verkäufers bei Nichtzahlung) und der `Viehverstellung` (der Viehtausch unter gestundetem Aufgeld).[455] Eine Problematik, der sich in der Folge auch zunehmend die Presse annahm, um auf dieser Grundlage eine Erweiterung der Wuchergesetzgebung zu fordern, denn es sei festzuhalten, so *`Die Post`* vom 17. Dezember 1891, daß alle Arten der wucherlichen Übervorteilung in den rechtlichen Begriff des strafbaren Wuchers einbezogen werden müßten. `Die Post` weiter: *„Es läßt sich auch nicht leugnen, daß alle Wucherformen, auch die Häufigen beim Viehhandel, gleich verwerflich sind, daß ihnen dasselbe Moment der geschäftlichen Übervortheilung gegenüber dem wirtschaftlich oder moralisch schwächeren Theil zu Grunde liegt, und daß also diese Wucherformen in gleicher Weise, wie der gegenwärtig ausschließlich strafbare Darlehenswucher strafgesetzliche Ahndung unter Ungültigkeitserklärung des wucherlichen Geschäfts verdienten."*[456]
Im gleichen Atemzug wurde auch der bereits im Rahmen der volkswirtschaftlichen Ausweitung dargestellte, hauptsächlich von Zwischenhändlern durchgeführte Warenwucher (Abnahme von produzierten Gütern zu äußerst niedrigen Preisen, bzw.

---

[454] So in der erläuternden Eingabe an den Deutschen Reichstag, gezeichnet vom Vorstand des Vereins aus dem Jahre 1889, *Bestand BArchV, Akte R 101/881.*
[455] Vgl. vornehmlich die Berichte des Karlsruher Ministerialraths Buchenberger für das Großherzogtum Baden, S. 33ff, den Berichterstatter für das *„diesrheinische"* Bayern, den Gutsbesitzer Freiherr von Cetto, S. 91ff, den Kaplan Dasbach als Schriftführer des Trierer Bauern-Vereins für das triersche Land, S. 155ff (so auch noch bekräftigend im Jahre 1895 in seiner Funktion als Präsident des Trierer Bauern-Vereins im Rahmen einer Petition der zuvor stattgefundenen General-Versammlung des Vereins an den Deutschen Reichstag, den Bundesrat, den preußischen Justizminister und den preußischen Landwirtschaftsminister, vgl. Schrift v. 05. Januar 1895 (*Bestand BArchV, Akte R 3001/6249*)) und den Landrath von Nathusius für die Provinz Posen, S. 311f.
[456] *„Die Post"* v. 17.12.1891, Artikel „Die Erweiterung der Wuchergesetzgebung." *(Bestand BArchV, Akte R 3001/6251)*; ähnlich auch der *„Westfälische Merkur"* v. 30.03.1888, Artikel „Gegen den Wucher auf dem Lande." *(Bestand BArchV, Akte R 3001/6251)*, die *„Münchener Neuesten Nachrichten"* v. 28.10.1892, Artikel „Die Erweiterung des Wuchergesetzes." *(Bestand BArchV, Akte R 3001/6251)* und das *„Berliner Tageblatt"* v. 31.05.1893, Artikel „Zur Kritik des Sachwucher-Paragraphen." *(Bestand BArchV, Akte R 3001/6252).*

`Aufschwatzen` von mitgeführten, häufig wertlosen Gütern zu weit überhöhten Preisen) angeprangert und dem Viehwucher in seiner Verwerflichkeit gleichgestellt.[457]

Erhebliche Bedeutung kam im Rahmen der Erhebung des Vereins für Socialpolitik auch dem Bereich des Grundstückwuchers zu. Dieser war weniger an einer bestimmten Ausbeutungsart, als vielmehr am Grundstück selbst als Spekulationsobjekt oder Mittel zur Bewucherung (vornehmlich in Form verschleierter wucherischer Kredite) festzumachen. In diesem Zusammenhang ist der spekulative Forderungsaufkauf (mit entsprechendem hochverzinslichem Stundungsentgelt) aus Grundstücksverkäufen zu nennen, die Übernahme von Grundstücken durch entsprechende Händler zu niedrigsten Preisen als Kreditsicherungsbefriedigung für zuvor erteilte Darlehen mit versteckten unverhältnismäßigen Konditionen, oder der Weiterverkauf der begehrten Grundstücke in wucherischen Preisdimensionen.[458] In einem Schreiben des Vorstands des *Deutschen Landwirthschaftsraths* an die preußische Staatsregierung mit der Bitte um Befassung mit dieser Thematik vom 18. Mai 1889 formulierte dieser die Problematik folgendermaßen:

> *„In seiner letzten XVII. Plenarversammlung hat sich der Deutsche Landwirthschaftsrath mit der Frage beschäftigt, wie insbesondere dem Grundstückswucher (Güterschlächtereien) auf dem Wege der Gesetzgebung entgegengewirkt werden könne. Fast von allen unter der ländlichen Bevölkerung betriebenen Arten von Wucher kann man sagen, daß sie in letzter Linie den Erwerb des Grundbesitzes und die Vertreibung des Besitzers von Haus und Hof zum Zweck haben oder doch in der Regel zu diesem Ergebniß führen. Der Wiederverkauf der Grundstücke, meist unter gleichzeitiger Parzellierung derselben, bietet dann dem Wucherer von Neuem eine Grundlage zur Anknüpfung wucherischer Geschäfte. Dieser Grundstückswucher ist für die ländliche Bevölkerung ebenso verderblich, wie er auch in sozialpolitischer und kultureller Hinsicht die schwerwiegendsten Bedenken hervorrufen muß."* [459]

Die hervorgehobene Bedeutung der `Güterschlächterei` (oder auch `Güterwucherei`, `Hofmetzgerei`) und der damit verbundene sog. `Landhunger` wird durch die entsprechende Konzentration in den Berichten des Vereins für Socialpolitik verdeutlicht. Allgemein sei auf dem Land die Neigung vorhanden, so der Berichterstatter *Dehlinger* für das Königreich Württemberg, Ersparnisse in Grund und Boden anzulegen;

---

[457] Vgl. in den Schriften des Vereins für Socialpolitik vornehmlich den Bericht Buchenbergers (Baden), S. 40ff, Bericht von Cetto (*„diesrheinisches"* Bayern), S. 101ff und wiederum Dasbach (Trier), S. 178ff.

[458] Vgl. die Berichte des Gutsbesitzers Dehlinger (Königreich Württemberg), S. 55ff, Freiherr von Cetto (*„diesrheinisches"* Bayern), S. 95ff, Landrath Knebel (preußisches Saargebiet), S. 129f, Oekonomierath Robbe-Riedertopfstedt (Provinz Sachsen), S. 260f und den Landrath von Nathusius (Provinz Posen), S. 313ff.

[459] Schreiben s. Text, *Bestand StaatsArchV Detmold (NRW)/Akte L 80 II A, Gruppe 1, Titel 1, Nr. 4, Bd. I*; die hier angesprochene XVII. Plenarversammlung ist in ihren Verhandlungen abgedruckt im *`Archiv des Deutschen Landwirthschaftsraths`*, XIII. Jahrgang 1889, Heft Nr. 12, s. auch *Bestand BArchV, Akte R 3001/6247, 6248 (Mikrofilm-Nr. 21944).*

jeder landwirtschaftliche Betreiber und Arbeiter wolle sein Stück Land haben, mit dem er die notwendigsten Lebensbedürfnisse selbst erreichen könne.[460] *„Der kleine Bauer (...) kauft Liegenschaften (...) und kann die Sucht nach Erwerb von möglichst viel Land kaum unterdrücken"*, so daß dieser Landhunger die Bauern oft in den Ruin triebe, da dabei auch nicht selten der Blick für wirtschaftlich rentable Geschäfte verlorenginge.[461]

Unter Ausnutzung dieser Umstände erwarben Spekulanten die Grundstücke oftmals direkt von den ruinierten Landwirten oder im Rahmen der Zwangsvollstreckung zu günstigen Konditionen.[462] Die Grundstücke wurden sodann parzelliert und wieder hochpreisig verkauft, gegen Barzahlung oder wiederum gegen Kredit mit versteckten wucherischen Zinsen, getarnt durch schon aus der Zinsgesetzgeschichte bekannten Begriffen wie \`Umsatzkosten\`, \`Provision\` oder anderweitigen Kaufbeteiligungen.[463] Der saarländische *Landrath Knebel* berichtet insoweit von einem Fall aus dem Kreis Saarlouis, in dem ein und derselbe \`Güterschlächter\` vier Güter mit einem Gesamtflächenraum von 249 ha für 378.000 Mark angekauft und fast unmittelbar danach die kleineren, gesplitteten Parzellen in ihrer Gesamtheit für 549.000 Mark wieder veräußerte.[464] Die besondere Dramatik dieser Form der Ausbeutung lag in dem Umstand, daß sich die wucherischen Spekulanten in der Mitte eines Teufelskreises für die Bauern bewegten, der diese unweigerlich in den Ruin treiben mußte. Dabei wurden die Bauern durch sukzessiv vergebene Kredite in den Ruin getrieben, die Grundstücke durch die Spekulanten erworben, parzelliert, wucherisch verkauft unter Ausbedingung weiterer wucherischer Kredite, was wiederum zu wirtschaftlicher Zerstörung führte. Führte der Kauf überteuerter Kleinstparzellen aus Güterschlächtereien durch die Kleinbauern ausnahmsweise nicht zur Notwendigkeit der Kreditaufnahme oder provisionsbelasteter Kaufpreisstundung, so entstand nicht selten das Problem, daß – wie der \`*Westfälische Merkur*\` 1888 für die Provinz Westfalen feststellte – die Parzellen so klein waren, daß eine dauerhafte Ernährung ihrer Besitzer durch sie nicht gewährleistet war.[465] Die Folgen dessen waren mitunter katastrophal verarmte Landstriche.

---

[460] Verein für Socialpolitik, Band XXXV., S. 55.
[461] a.a.O., S. 56; sogar bei der Verpachtung von Gemeinde-, Pfarr- und Schulländereien wurden höchste Pachtpreise selbst von solchen Landwirten bezahlt, die den bereits vorhandenen Besitz nicht ausgelastet nutzten, a.a.O. Berichterstatter Robbe-Riedertopfstedt, S. 260f; vgl. auch Freiherr von Cetto, S. 96.
[462] Vgl. den Abgeordneten Fritz Schade (Großherzogtum Hessen), a.a.O., S. 79.
[463] Vgl. a.a.O., S. 57, 127f.
[464] a.a.O., S. 129; insgesamt wird diese Problematik, auch in bezug auf den Zwischenerwerb der Spekulanten durch Zwangsversteigerungen, äußerst plakativ vom Landwirtschaftlichen Zentralverein für die Rheinprovinz erläutert, vgl. hierzu S. 196f.
[465] *„Westfälischer Merkur"* v. 30.03.1888, Artikel „Gegen den Wucher auf dem Lande." *(Bestand BArchV, Akte R 3001/6251).*

Als erschwerend erwies sich für die Problematik jedweder Bewucherung der Landwirte, daß die Eingehung und Niederlegung der Verträge nicht selten in Wirtshäusern unter starkem Einfluß von Alkohol abgeschlossen wurden.[466] Auch die Versteigerung von Grundstücken ruinierter Bauern wurden bewußt von den Spekulanten in dieser Umgebung abgehalten, bei denen der Spekulant selbst als Versteigerer des entweder schon von ihm übernommenen Grundstücks auftrat, oder mit dem von ihm in aller Regel durch Kredite etc. wirtschaftlich abhängigen Nocheigentümer des Grundstücks zuvor eine Provisionsforderung von bis zu 30 % (!) des Erlöses 'vereinbarte'.[467] Der Berichterstatter für das preußische Saargebiet, der Beckinger *Landrath Knebel*, berichtet insoweit von einer ihm zugetragenen und durchaus typischen Versteigerung auf dem Land:

> *„Die Versteigerung selbst, welche im Wirtshaus stattfindet, gestaltet sich zur wüsten Orgie. Bier, Schnaps und Zigarren, natürlich der denkbar schlechtesten Qualität, werden jedem Anwesenden frei verabreicht. Eine immer größere Zahl von solchen findet sich ein, die sich gütlich thun wollen. Auch Weiber fehlen nicht; sie sind die ersten, deren geröthete Gesichter und verglaste Augen die Wirkungen des Getränks verrathen. Immer mehr werden die Leidenschaften angefacht. Der Ansteigerer, welchem der erste Zuschlag ertheilt ist, erhält einen Blumenstrauß. Bei dem Biethen wird diesem ein Brödchen, jenem eine Zigarre zugeworfen mit der Aufforderung, ein Gebot zu thun. Sogar eine Flasche Wein oder ein Päckchen Zigarren werden versprochen, wenn der Gegenstand es lohnt. Die Helfershelfer des Handelsmannes sind bestellt; ein Wink von ihm genügt, um sie zum Bieten zu veranlassen; selbst der Ausrufer hilft aus, wenn eine Stockung eintritt, in dem er ein höheres Gebot ruft, das er gehört zu haben vorgiebt. Die erhitzten Gemüther, denen die Vorzüge des Grundstückes in das hellste Licht gestellt werden, lassen sich zu immer weiteren Geboten hinreißen, und es ergeben sich schließlich Preise, welche ganz außer Verhältniß zu dem Ertragswerthe der Grundstücke stehen.“*[468]

Wie bereits erwähnt, erweisen sich diese dargestellten allgemeinwirtschaftlichen Ausbeutungsvarianten auf dem Land als die wesentliche Basis für die einsetzende Entwicklung zum noch heute relevanten, rechtstheoretisch unbestimmten Wesen des Wuchers. Falsch wäre es allerdings, den hier angesprochenen Bereich unter rein ökonomischen Aspekten zu betrachten und zu beurteilen. Vielmehr zeigt sich das Aufkommen der ländlichen Bewucherung in erster Linie als Folge der unbewußt dafür

---

[466] Vgl. auch Geiershöfer, S. 34; Henle, S. 72.

[467] Vgl. Bericht Landrath Knebel (preußisches Saargebiet), S. 127f.

[468] a.a.O., S. 128; eine Problematik, die im übrigen trotz der aus heutiger Sicht nicht abzusprechenden humoristischen Züge von großer Bedeutung bei der Befassung mit der Wuchergesetzgebung nach 1880 war, was die Darstellungen des zwölften Berichts der *Kommission für Petitionen* des Reichstages, 7. Lp., II. Session 1887/1888, Nr. 172 verdeutlicht; vgl. zur gesetzlichen Regelung dieser Hintergrundproblematik im RStGB i.R.d. Wuchergesetznovelle v. 1893 unten B.III.2b).

geschaffenen legislativen Voraussetzungen des Jahres 1880[469], namentlich durch das 'Reichsgesetz, betreffend den Wucher' vom 24. Mai 1880.[470]

bb) Der legislative Hintergrund

Dieses Gesetz war in seinem Entstehungsgrund die Reaktion des Gesetzgebers auf die Entwicklung der vergangenen ca. zwanzig Jahre einer quasitotalen Zinsfreigabe[471]; einer Epoche, in der im Jahre 1867 im Norddeutschen Bund durch das 'Gesetz, betreffend die vertragsmäßigen Zinsen' vom 14. November 1867[472] die gesetzliche Beschränkung des Zinssatzes zugunsten der Vertragsfreiheit aufgegeben wurde. Mit dieser Maßnahme hatte man den *„gedankenlosen Glauben, daß staatliche Bevormundung gegen den Mangel wirthschaftlicher Energie (...) genügenden Schutz gewähre"* [473] verworfen und mit der Abschaffung der *„echt romanischen Schranke des polizeilich-gesetzlichen Zinsmaximums"* [474] dem wirtschaftspolitisch postulierten freien Spiel der Kräfte seinen Lauf gelassen. Allerdings gingen die mit der Aufhebung der Zinsschranken verbundenen Hoffnungen nicht in Erfüllung, im Gegenteil, es kam in großen Teilen des Reichs zu erheblichen wirtschaftlichen Mißständen.[475]

In seiner Gesetzestechnik beschritt das Wuchergesetz von 1880 neue Wege. Die Wuchertatbestände der §§ 302a-d wurden in das Reichsstrafgesetzbuch eingeführt.[476] Nach diesen gab es kein absolutes Zinsmaximum mehr, vielmehr wurde die Zusicherung oder Gewährung von Vermögensvorteilen, welche den üblichen Zinsfuß derart überschreiten, daß sie den Umständen nach in einem auffäligem Mißverhält-

---

[469] Vgl. zu diesem gesamten Bereich die Ausführungen im Rahmen der 2. und 3. Gesetzgebungsperiode des 19. Jahrhunderts unten B.II. und III..

[470] RGBl. S. 109-111; am 13. Mai 1880 erhielt der Gesetzentwurf die Zustimmung des Bundesrates, wurde am selben Tag durch den Kaiser vollzogen, im Reichsgesetzblatt Nr. 10 veröffentlicht und trat gemäß Art. 2 der Reichsverfassung am 14. Juni 1880 in Kraft.

[471] *„Quasitotal"* im Hinblick auf den verbliebenen Schuldnerschutz des § 2 *Gesetz, betreffend die vertragsmäßigen Zinsen*, nach dem bei über 6% verzinslichen Darlehen der Schuldner nach Ablauf von 6 Monaten zur Kündigung befugt sein sollte.

[472] BGBl. Norddt. Bund S. 159; spätere Erhebung zum Reichsgesetz (BGBl. Norddt. Bund 1870 S. 647ff (Ausnahme Bayern)); eine Übersicht über die Aufhebungsgesetze der einzelnen deutschen Staaten findet sich auch in den Motiven des Regierungsentwurfes des Wuchergesetzes v. 1880, Stenogr. Ber. RT., 4. Lp., III. Session 1880, Aktenstück Nr. 58.

[473] Goldschmidt, Verhandlungen 6. DJT, Band I, S. 227 (234).

[474] Neumann, Geschichte des Wuchers in Deutschland, S. 477.

[475] Vgl. Mayer im Hagen, S. 14ff; Zimmermann, S. 146ff; Isopescul-Grecul, Das Wucherstrafrecht, S. 194ff; Griesinger, S. 16f; Dehnel, S. 40ff; vgl. hierzu unten B.II.4..

[476] Mit dem 'Gesetz, betreffend die vertragsmäßigen Zinsen' v. 14. November 1867 wurden alle privatrechtlichen und strafrechtlichen Bestimmungen, welche die Überschreitung eines gesetzlichen Zinsmaximums als Wucher behandelten gemäß § 1 II aufgehoben. Konsequenterweise wurde auch in das Reichsstrafgesetzbuch von 1871 (RGBl. S. 127ff) keine den Wucher betreffende Strafvorschrift eingearbeitet.

nis zu der Leistung stehen, für strafbar und nichtig[477] erklärt. Dies war auch eine Reaktion des Gesetzgebers auf die, wie der berühmte Handelsrechtler *Levin Goldschmidt* es nannte, *„notorisch umgangenen"* Zinstaxen früherer Regelungen und den damit gemachten negativen Erfahrungen.[478]

Damit war für den gesamten deutschen Rechtsbereich erstmalig eine Wucherregelung getroffen worden, die flexibel auf die Ausbeutungslage des Opfers abstellte und insoweit den Beginn der modernen Wuchergesetzgebung markierte. Die Erkenntnis hatte sich durchgesetzt, *„daß der Wucher nicht als Überschreitung einer polizeilichen Zinsschranke, sondern als eine im Einzelfall Rechtsgüter verletzende Handlung unter Strafe zu stellen sei, und das die Strafe mithin niemanden treffen dürfe, der eigenem Gewinn, ohne andere auszubeuten, nachgeht"*.[479]

Gleichwohl unterlag die Effektivität des Wuchergesetzes den diesem selbst auferlegten Grenzen. Diese Grenzen beruhten auf der zunächst weiterbestehenden Sichtweise, den Wucher wie im gesamten 19. Jahrhundert (auf der Grundlage der römischrechtlichen Kasuistik) mit dem Kreditgeschäft und damit dem überhöhten Zins zu assoziieren. Im Sinne der ökonomisch grundlegenden Trennung von \`Geld\` und anderweitigen \`gewöhnlichen Waren\` stünden sich insoweit bei Kaufgeschäften zwei gleich mächtige Kontrahenten gegenüber, während sich nur beim Darlehen der Darlehensnehmer per se in einer schwächeren Position befinde.[480]

Aufgrund dessen bestand Art. 1, § 302a StGB des Wuchergesetzes aus folgender Formulierung:

---

[477] Art. 3 des Wuchergesetzes legte in Satz 1 fest: *„Verträge, welche gegen die Vorschriften der §§ 302a, 302b des Strafgesetzbuchs verstoßen, sind ungiltig."*.

[478] Goldschmidt, Verhandlungen 6. DJT, Band I, S. 227 (236); *Goldschmidt* bringt mit seiner Ausdrucksweise über die häufig umgangenen Zinsmaximumsgesetze das Wesen in der alltäglichen Praxis auf den Punkt. In diesem Zusammenhang sei nur ein Beispiel genannt, das aufgrund seiner einfachen, dennoch effektiven Umsetzung weitverbreitet war. So berichtet das *Königlich Württembergische Inneministerium* in einem internen Schreiben unter Bezugnahme auf Berichte des *Königl. Appellationsgerichtshofes* über die weit verbreitete *„Unart"* des Warenverkaufs zur Verschleierung überhöhter Zinsen. Als Beispiel diente ein Fall der Witwe Mayer-Hausmeister aus Stuttgart aus dem Jahr 1830, die eine Forderung aus einer Kreditvergabe i.H.v. 300 Gulden hatte. Gleichzeitig kam es bei der diese Forderung begründende Geldübergabe zum Verkauf einer wertlosen Kette, deren Kaufpreis in die Kreditforderung mit einberechnet wurde. Letztendlich stellte sich heraus, daß die Kette weit überteuert war und ein Surrogat für Mehrzinsen über 5% darstellte i.H.v. insgesamt einer so berechneten Zinsschuld von ca. 30%(!) (=ungefährer Wert, da die Angaben einen definitiv korrekten Wert nicht zuließen). Bericht *Bestand HptStaatsArchV Stuttgart (B-W)/Büschel E 146 Nr. 6437.*

[479] Isopescul-Grecul, Das Wucherstrafrecht, S. 131; hierüber bestand weitgehende Einigkeit im Reichstag, daß nämlich – bezüglich einer ev. Strafbarkeit – diese nicht an die Überschreitung von Höchstgrenzen zu binden sei. Zinstaxen seien kein gültiger Maßstab. So müsse eine Darlehensvereinbarung von 5% Zinsen gesetzeskonform sein, 5,5 % Zinsen indes einer Strafahndung unterfallen; so auch der im übrigen am Zinstaxenprinzip festhaltende Peter Franz Reichensperger, Stenogr. Ber. RT., 4. Lp., III. Session 1880, 2. Band, S. 834f (Sitzung v. 20.04.1880).

[480] Vgl. die Abgeordneten Reichensperger und v. Kleist-Retzow in Stenogr. Ber. RT., 4. Lp., II. Session 1879, 1. Band, S. 741 (Reichensperger), 747, 750 (v. Kleist-Retzow), 30. Reichstagssitzung v. 31. März 1879; vgl. auch Meyer im Hagen, S. 19f.

Artikel 1

Hinter den § 302 des Strafgesetzbuchs für das Deutsche Reich werden die folgenden neuen §§ 302a, 302b, 302c, 302d eingestellt:

§ 302a

Wer unter Ausbeutung der Nothlage, des Leichtsinns oder der Unerfahrenheit eines Anderen für ein Darlehen oder im Falle der Stundung einer Geldforderung sich oder einem Dritten Vermögensvortheile versprechen oder gewähren läßt, welche den üblichen Zinsfuß dergestalt überschreiten, daß nach den Umständen des Falles die Vermögensvortheile in auffälligem Mißverhältnisse zu der Leistung stehen, wird wegen Wuchers mit Gefängniß bis zu sechs Monaten und zugleich mit Geldstrafe bis zu dreitausend Mark bestraft. Auch kann auf Verlust der bürgerlichen Ehrenrechte erkannt werden.

Damit enthielt dieses Gesetz zwar eine flexible, unbestimmte Formulierung, dies aber nur im Hinblick auf die Bestimmung des Leistungsmißverhältnisses bei einem Darlehen oder im Falle der Stundung einer Geldforderung. Problematisch war insofern der zu eng gezogene Rechtsgeschäftsbezug der Norm, also die Beschränkung der Wucherächtung auf die Kreditgewährung[481], so daß der Wucher auch weiterhin als rechtsgeschäftlich spezifiziert anzusehen war.[482]

Dennoch verwirklichte sich mit diesem Gesetz gleichsam ein Schnittpunkt zwischen modernem Wucherverbot und den zuvor bestehenden Bestimmungen zum Schutz vor wucherischer Ausbeutung. Wie eingangs erwähnt, kommt der Zins-Wucher-Gesetzgebung als Teil der römischrechtlichen Kasuistik zum Schutz des \`iustum pretium\` eine herausragende Bedeutung aufgrund ihrer durchgehenden Präsenz im 19. Jahrhundert zu.[483] Will man den historischen Bezug des heutigen Individualwucherverbots aufzeigen, kann dies nur über die Zins-Wucher-Gesetzgebung führen, da anderweitige kasuistische Schutzinstrumentarien wie \`laesio enormis\` und \`lex Anastasiana\` im Rahmen ihrer über Jahrhunderte entstandenen strengen Spezialisierung und ihres außergewöhnlichen Bedeutungsverlustes im 19. Jahrhundert nicht als Vorläufer dieses heutigen Rechtsinstitutes angesehen werden können.[484] Insoweit ist dem Wuchergesetz von 1880 die besondere Bedeutung immanent, daß es trotz seiner Ausrichtung auf Kreditgeschäfte mittels seines \`teilunbestimmten\` Rechtsbegriffes den legislativen Wendepunkt vom reinen Zinswucher zum allgemeingültigen Individualwucher markierte. Dieses Gesetz ist insoweit Nachfolger der zuvor gängigen Gesetzestechnik des absoluten Zinsfußes zur Bestimmung des Wuchers und gleich-

---

[481] Vgl. auch Isopescul-Grecul, Das Wucherstrafrecht, S. 200f; Dehnel, S. 42f.

[482] Vgl. zu dem Problem des zu engen Wucherbegriffes Caro, S. 77ff; erschwerend kam hinzu, daß durch die gewählten Begriffe \`*für* ein Darlehen\` und \`*im Falle* der Stundung einer Geldforderung\` selbst im Rahmen dieser Rechtsgeschäftsbereiche auch die Anwendung durch die Rechtsprechung restriktiv war, was beispielhaft RGSt 4, 104 (104ff), Urt. v. 13.04.1881; RGSt 4, 202 (202ff), Urt. v. 25.05.1881 und RGSt 5, 366 (366ff), Urt. v. 19.01.1881, verdeutlichen.

[483] Vgl. oben A.I..

[484] Vgl. auch unten A.II.2..

zeitig Vorgänger des rechtstechnisch und rechtstheoretisch unbestimmten Wucherverbots, das auch den Sachwucher umfaßt. Daher muß man das Wuchergesetz von 1880 als Grundlage der heute wichtigsten Wucherverbotsnormen, §§ 138 II BGB, 291 StGB, und damit als Trennschnitt der nahezu zweitausend Jahre währenden Entwicklung dieses Rechtsinstitutes begreifen.

Dennoch bleibt festzuhalten, daß der bei der Ausarbeitung des Wuchergesetzes von 1880 gemachte Fehler einer zu einseitigen Festlegung auf Kreditgeschäfte unmittelbar in die beschriebenen allgemeinwirtschaftlichen Ausbeutungen auf dem Land mündete. Es bestand somit für die Ausbeutungen auch der rechtliche Hintergrund, daß sich das gesetzlich fixierte Wucherverbot nur gegen den Kreditwucher richtete, aber die sonstigen wucherischen Rechtsgeschäfte mit seiner Hilfe nicht bekämpft werden konnten und ferner selbst – was sich in der Praxis zeigte – der Begriff des Kreditwuchers nicht genügend erfaßt war. Die Wucherer konnten das Feld der an engste Voraussetzungen zu knüpfenden Darlehensgeschäfte und Geldforderungsstundungen verlassen und gefahrlos bspw. Kaufverträge aller Art zu wucherischen Bedingungen schließen. Diese waren im Rahmen der typisierten und fixierten Kreditgeschäfte des Wuchergesetzes lediglich dazu gezwungen, ihre Geldgeschäfte in andere juristische Formen zu kleiden. Zur Umgehung der Vorschrift mußten die Wucherer ihr Tun nur vom speziellen Kreditwucher in den Bereich des Sachwuchers verlegen[485], weshalb es diesen ebenso nicht schwerfiel, selbst kreditwucherische Geschäfte unter Benutzung anderer Geschäftsformen außerhalb des legislativen Verbots zu betreiben.[486] Der Beckinger Landrath Knebel berichtet: *„Fast niemals besteht der Wucher in der Ausbedingung übermäßiger Zinsen (...). In den meisten Fällen wird die angeknüpfte Geschäftsverbindung nicht zu einer alsbaldigen Lösung durch Zahlung geführt, sondern benutzt, um in bereitwilliger Weise immer neue, häufig wirthschaftlich überflüssige und aufgedrängte, in sich verkürzenden Zwischenräumen abgeschlossene Geschäfte zu machen.“*[487]

---

[485] Vgl. Lilienthal, Wucher auf dem Lande, S. 157 (203, 204); vgl. ebenso Stenogr. Ber. RT., 8. Lp., II. Session 1892/1893, 1. Anlagenband, S. 423, 424; die *„Münchner Neuesten Nachrichten“* schreiben 1892 dazu: *„Das Wuchergesetz, dessen Erlaß seinerzeit vielfach bekämpft wurde, hat ohne Zweifel gute Wirkungen gehabt; es hat zwar den Wucher ebensowenig unterdrückt wie die vor 1880 geltende Wuchergesetzgebung, aber es hat ihn doch zurückgedrängt und die Wucherer eingeschüchtert; wenn es nicht alle Erwartungen und Hoffnungen befriedigt hat, so liegt dies einmal daran, daß es nicht stets die richtige Interpretation gefunden hat, andererseits, daß seine Anwendung eine relativ sehr beschränkte ist; (...) Das Wuchergesetz hat den Wucher nur mit Rücksicht auf das Darlehensgeschäft, also den Geldverkehr in's Auge gefaßt, dagegen die wucherische Ausbeutung, welche bei dem Naturalverkehr vor sich geht, nicht berücksichtigt, und so ist es zu erklären, daß seit seinem Erlaß der Geldwucher dem Vieh-, Waaren und Landwucher in erheblichem Umfange Platz gemacht hat.“* *„Münchner Neueste Nachrichten“* v. 28.10.1892, Artikel „Die Erweiterung des Wuchergesetzes.“ *(Bestand BArchV, Akte R 3001/6251).*

[486] Isopescul-Grecul, Das Wucherstrafrecht, S. 200.

[487] Verein für Socialpolitik, Band XXXV., S. 126.

Konsequenz dessen mußte zwangsläufig eine Auffächerung der Ausbeutungsvarianten sein, gekleidet in sämtliche Rechtsgeschäftsformen, die ein derartiges Leistungsmißverhältnis ermöglichten. Denn gerade die handelnden Spekulanten auf dem Land, deren wucherische Geschäfte in den meisten Fällen `gewerblicher` Natur waren, standen auch unter dem Druck, ihre – wenn auch moralisch verwerfliche – Existenzsicherung weiterhin zu verfolgen. Gerade jene Auffächerung der Wuchergeschäfte bedeutete das dringendste Argument zur Schaffung einer flexiblen Gesetzestechnik, mit deren Hilfe auf die ebenso flexible ausbeuterische Energie der Wucherer reagiert werden konnte.

Mithin läßt sich an dieser Stelle festhalten, daß die Schaffung einer variablen Gesetzestechnik zur Bekämpfung des Wuchers das Ergebnis dessen war, was im Verlauf der letzten Jahre des ausgehenden 19. Jahrhunderts an volkswirtschaftlicher, gesellschaftlich-sozialer und allgemeinwirtschaftlicher Veränderung die Basis darstellte, auf die es zu reagieren galt. Die komplizierte Ausweitung dieser Problematik mußte den ohnehin schon durch viele soziale Brennpunkte belasteten Staat dazu veranlassen, den legislativen Verbotsrahmen des Wuchers über den Kreditbereich hinaus zu erweitern, nicht zuletzt auch im staatserhaltenden Interesse der Unterdrückung sozialrevolutionärer Gefahren.
Mit dem Wuchergesetz von 1880 war insoweit ein Anfang gemacht, als daß es – zwar auf den Kreditbereich beschränkt – den Anfang der unbestimmten Formulierung im Rahmen der Wuchergesetzgebung markierte, indem es die Bestimmung, ob im Einzelfall Wucher tatsächlich vorliegt, der Judikative überließ.
Im weiteren Gesetzgebungsverlauf erfuhr das Wuchergesetz von 1880 durch das `Gesetz, betreffend Ergänzung der Bestimmungen über den Wucher` vom 19. Juni 1893[488] eine Novellierung, welche auf einen Entwurf des Reichskanzlers *von Caprivi* vom 23. Dezember 1892 zurückging[489], der im wesentlichen in das Gesetz übernommen wurde.[490] Nach Art. 1, § 302a StGB dieses Wuchergesetzes galt als Wuchergeschäft ein solches, bei welchem sich unter Ausbeutung der Notlage, des Leichtsinns oder der Unerfahrenheit eines anderen jemand in bezug auf ein Darlehen, auf die Stundung einer Geldforderung oder `ein anderes zweiseitiges Rechtsgeschäft, das demselben wirtschaftlichen Zweck dienen soll`, für sich oder einen Dritten

---

[488] RGBl. S. 197-199.
[489] Vgl. insoweit Stenogr. Ber. RT., 8. Lp., II. Session 1892/93, 1. Anlagenband, Drucks. Nr. 70; die Debatten hierzu v. 23.01. und 24.01.1893 in Stenogr. Ber. RT., 8. Lp., II. Session 1892/93, 1. Band, 28. und 29. Sitzung, S. 642ff, 655ff, Debatten v. 14.04. und 17.04.1893 in Stenogr. Ber. RT., 8. Lp., II. Session 1892/93, 3. Band, 75. und 76. Sitzung, S. 1841ff, 1860ff und den Bericht der X. Kommission, Drucks. Nr. 141 in Stenogr. Ber. RT., 8. Lp., II. Session 1892/93, 2. Anlagenband.
[490] In der 87. Sitzung des RT v. 02.05.1893 wurde der Entwurf in der in dritter Lesung beschlossenen Fassung (Stenogr. Ber. RT., 8. Lp., II. Session 1892/93, Drucks. Nr. 212) nach bewirkter Gesamtabstimmung angenommen (Stenogr. Ber. RT., 8. Lp., II. Session 1892/93, S. 2102). Nach der Zustimmungserklärung seitens des Bundesrates erhielt der Entwurf am 19. Juni 1893 die kaiserliche Unterschrift. Das Gesetz trat am 08. Juli 1893 in Kraft (Art. 2 der Reichsverfassung).

Vermögensvorteile versprechen läßt, welche den üblichen Zinsfuß dergestalt überschreiten, daß sie in auffälligem Mißverhältnis zu der Leistung stehen. Mit dieser Ergänzung des Art. 1, § 302a StGB bezweckte man die Unmöglichkeit einer Umgehung des Wucherverbots durch Gestaltungsformen außerhalb des Kreditbereiches.[491] Zum anderen wurde gemäß des neu eingeführten Art. 1, § 302e StGB auch der Sachwucher unter Strafe gestellt und eine Verbindung zu Art. 1, § 302a StGB gezogen.[492] Diese Ausweitung des Wuchers rief jedoch Bedenken hervor, da eine solche Regelung geneigt sei, *„den reellen Geschäftsverkehr zu gefährden"*.[493] Aus diesem Grund setzte sich hinsichtlich des neuen Art. 1, § 302e StGB die Ansicht durch, daß nur gewerbs- oder gewohnheitsmäßiges Handeln unter Strafe gestellt werden sollte.[494]

Neben einer zusätzlichen Erweiterung in Art. 4 des Gesetzes, der bei gewerblichen Kreditgeschäften eine strengere Buchhaltungspflicht vorschrieb, machte man sich über die zivilrechtlichen Folgen in Art. 3 nur in zweiter Linie Gedanken.[495] Lediglich die Ausweitung der Nichtigkeit des Geschäfts auf alle gegen § 302e StGB verstoßenden Rechtsgeschäfte wurde normiert. In Anbetracht der fortgeschrittenen parallelen Ausarbeitung der Entwürfe zum BGB überließ man die zivilrechtliche Komponente der Kommission für den Entwurf des BGB. Die Wucherstrafgesetzgebung, die im Hinblick auf die Gesetze von 1880 und 1893 primärer Anknüpfungspunkt zur Bekämpfung des Wuchers war, fand mit dem Wuchergesetz von 1893 ihren vorläufigen Abschluß. Sie wurde, außer der Einführung des Mietwuchers (§ 302f StGB a.F.) im Jahre 1971, bis zur kompletten Neufassung durch das 1. WiKG von 1976 nicht geändert.[496]

Die Wucherdefinition der Gesetze von 1880 und 1893 ließ man auch in § 138 II BGB einfließen, normierte aber eine gänzlich rechtsgeschäftsunabhängige und allgemeingültige Regelung.[497] Dabei bestand prinzipielle Einigkeit, daß die zivilrechtliche Ge-

---

[491] Vgl. den Bericht zum Gesetzentwurf Stenogr. Ber. RT., 8. Lp., II. Session 1892/93, Drucks. Nr. 70, 1. Anlagenband, S. 425; vgl. ebenso von Gerber, § 199, S. 339, 340.

[492] Vgl. den Bezug zum Badischen StGB v. 06. März 1845, unten S. 98f, das innerhalb seines strafrechtlichen Sanktionsbereiches auch die zivilrechtliche Kondiktionsfolge regelte, daß also der Wucherer in eine Geldstrafe verfalle, *„nebstdem, daß er dem Anderen den ganzen Betrag des von ihm bezogenen Gewinnes zurückzuerstatten hat"*, § 534 (vgl. auch das Schaffhausener StGB v. 03.04.1859 (§ 230).

[493] Bericht zum Gesetzentwurf, Stenogr. Ber. RT., 8. Lp., II. Session 1892/93, 1. Anlagenband, Drucks. Nr. 70, S. 425; vgl. ebenso Isopescul-Grecul, Das Wuchertstrafrecht, S. 208f; vgl. auch zur Generaldiskussion Stenogr. Ber. RT., 8. Lp., II. Session 1892/93, 2. Anlagenband, Drucks. Nr. 141 (Kommissionsbericht).

[494] Vgl. insbes. den Kommissionsbericht Stenogr. Ber. RT., 8. Lp., II. Session 1892/93, 2. Anlagenband, Drucks. Nr. 141, S. 762f; vgl. auch Hübner, § 86, S. 542; von Gerber, § 199, S. 340; von Gierke, Band III, § 198, S. 589f.

[495] Stobbe, Band III, § 237, S. 358, 359.

[496] Vgl. oben Fn. 105.

[497] Schon 1881, also kurz nach Inkrafttreten des Wuchergesetzes von 1880, wurde in verschiedenen Entwürfen zum Kaufrecht die Frage aufgeworfen, ob auch die zu erschaffende zivilrechtliche Gesamtkodifikation über den Kreditwucher hinausgehen sollte, so daß auch die Frage nach der `laesio enormis` aufkam. In den Motiven des ersten Entwurfes im Jahre 1888 wurde jedoch festgestellt, daß es

samtkodifikation auf der Vertragsfreiheit und im Hinblick auf die grundlegende Zinswuchererfahrung auf der Zinsfreiheit aufbauen sollte.[498] Fraglich erschien nur, nachdem das Novellierungsgesetz 1893 in Kraft trat, ob der Wuchertatbestand explizit in das BGB aufgenommen werden sollte. Skeptiker kritisierten die `Aushöhlung` des Prinzips der Vertragsfreiheit.[499] In Anbetracht dieser Befürchtung und der bestehenden Reichsgesetze gegen den Wucher (1880, 1893) hält man die Aufnahme des Wuchertatbestandes in das BGB zunächst für überflüssig und verweist auf Art. 3 (zivilrechtliche Nichtigkeitsfolge des Verstoßes gegen die strafrechtlichen Wuchernormen[500]) des Wuchergesetzes von 1893.[501] Erst durch die XII. Kommission des Reichstages wird der § 138 II[502] eingeführt, da *„eine so wichtige, ins Civilrecht tief eingreifende Vorschrift im BGB nicht unerwähnt“* [503] bleiben dürfe. Der § 138 II bestimmte mit Inkrafttreten des BGB am 01. Januar 1900 unter dem Absatz `Unmoralische Geschäfte`[504]:

> *Nichtig ist insbesondere ein Rechtsgeschäft, durch das jemand unter Ausbeutung der Nothlage, des Leichtsinns oder der Unerfahrenheit eines Anderen sich oder einem Dritten für eine Leistung Vermögensvortheile versprechen oder gewähren läßt, welche den Werth der Leistung dergestalt übersteigen, daß den Umständen nach die Vermögensvortheile in auffälligem Mißverhältnisse zu der Leistung stehen.*[505]

Mit dieser Norm verwirklichte sich eine direkte Fortführung der Wuchergesetzgebung seit 1880. Der § 138 II lehnte sich in der Fassung des BGB vom 01. Januar 1900 bezüglich seiner subjektiven Merkmale eng an den § 302a StGB des Wuchergesetzes

---

„für dieses in den heutigen Verkehrsanschauungen nicht mehr begründete, kontroverse (...) und verschiedenartige Rechtsmittel (...) am Bedürfnisse“ fehle, vor allem aus der Schwierigkeit heraus, konkrete Maßstäbe zu finden, ohne zu alten Fixgrenzen zurückzukehren. Ergebnis war die endgültige Verwerfung der laesio enormis aus den Vorarbeiten zum BGB. Vgl. Mugdan, Band II, S. 178.

[498] Vgl. Hübner, § 86, S. 541, 542; im ersten Entwurf wurde die Zinsfreiheit explizit in § 358 fixiert.

[499] Vgl. Luig, Vertragsfreiheit und Äquivalenzprinzip, S. 171 (199).

[500] Mit Inkrafttreten des BGB wurde Art. 3 der Wuchergesetze konsequenterweise aufgehoben (Art. 47 EGBGB), da § 138 II BGB die Wirkung des Art. 3 bzgl. der Nichtigkeit für die dem objektiven und subjektiven Teil unterfallenden Rechtsgeschäfte umfaßte. Die auch in Art. 3 des Wuchergesetzes von 1893 normierten Kondiktionsfolgen fielen aufgrund des systematischen Aufbaus des BGB (§§ 812ff) ersatzlos weg.

[501] Isopescul-Grecul, Das Wucherstrafrecht, S. 212f.

[502] Die erstmalige Lösung der Kommission ging dahin, den Wuchertatbestand an den § 134 anzugliedern.

[503] Bericht der XII. Kommission vom 12. Juli 1896, Mugdan, Band I, S. 970; vgl. dazu die kontrovers geführte Debatte im RT. v. 20. Juni 1896 bei Mugdan, Band I, S. 1003ff (ablehnend ggüber der Wuchernorm die Abgeordneten Haussmann (S. 1010f), von Buchka (S. 1014f, 1021f), Lenzmann (S. 1015f), zustimmend die Abgeordneten Gröber (S. 1011ff), Gebhard (S. 1017), von Dziembowski (S. 1017f), Stadthagen (S. 1019f) und Enneccerus (S. 1022f)).

[504] S. Winter, Bürgerliches Gesetzbuch, § 138 II BGB.

[505] Die Norm des § 138 II BGB wurde 1976 durch das `*1. Gesetz zur Bekämpfung der Wirtschaftskriminalität*` (BGBl. I, S. 2034, Art. 3) ausgeweitet und die `Notlage` durch die weitere `Zwangslage` ersetzt, statt des bloßen `Leichtsinns` soll jeder Mangel an `Urteilsvermögen` sowie eine `erhebliche Willensschwäche` ins Gewicht fallen.

von 1880 an, indem er ebenso subjektiv die Ausbeutung der Notlage, des Leichtsinns oder der Unerfahrenheit als Tatbestandsmerkmale voraussetzte. Auch in bezug auf die einzelnen Tatbestandsvoraussetzungen hielt man sich im § 138 II zum größten Teil an Definitionsvorgaben des Wuchergesetzes von 1880. Die 'Ausbeutung' wurde in beiden Fällen weit ausgelegt, als jede dieser Art, welche die gewinnsüchtige Absicht des 'Täters' erkennen läßt.[506] Gleichwohl ergaben sich Unterschiede bei den einzelnen Merkmalen in bezug auf Reichweite und Auslegung. Ging das Wuchergesetz von 1880 noch von Merkmalen aus, die mit dem Darlehen verbunden waren, faßte der § 138 II die Voraussetzungen weiter. So wurde die 'Notlage' im Wuchergesetz von 1880 konsequent in wirtschaftlicher Hinsicht interpretiert, während das BGB diese auch auf nichtwirtschaftliche Notlagen, wie bspw. solche krankheitsbedingter Natur bezog und der freien Würdigung des konkreten Falles überließ.[507] Bezüglich des Sachwuchers und des Wuchers allgemein wurde die Novellierung von 1893 in konsequenter Weise fortgesetzt, ohne jedoch für den 'Nichtkreditwucher' eine gewerbs- oder gewohnheitsmäßige Begehung wie noch 1893 zu verlangen.[508]

§ 138 II erfaßte also in seiner Formulierung sämtliche Formen des Wuchers unter einer abstrakten Definition, die auf eine reine Wertigkeit der gegenüberstehenden Leistungen abzielte und ohne, wie noch im Wuchergesetz von 1880, dies in ausschließlichem Zusammenhang zu Kreditgeschäften zu sehen. Folge des § 138 II war nun eine 'variable Hülle', die auf alle Rechtsgeschäfte anwendbar war und ausschließlich das wucherische und nicht das rechtsgeschäftlich-spezifische Moment erfaßte. Die Norm besaß somit ein zweifach unbestimmtes Wesen im Hinblick auf die zum einen nicht bestimmte Art des Geschäfts und zum anderen auf die Feststellung der Äquivalenzstörung.[509] § 138 II war in seiner Gesetzestechnik folglich das Ergebnis dessen, was vor allem die legislativen und die wirtschaftlichen Hintergründe der letzten Jahre des 19. Jahrhunderts lehrten. Vornehmlich durch die wirtschaftlichen Verhältnisse wurde aufgezeigt, daß die gesetzliche Bekämpfung des Wuchers – sei es in strafrechtlicher oder zivilrechtlicher Hinsicht – eine neue Form anstreben mußte. Eine solche, die den unverkennbaren Vorteil besaß, von jeglichem starren Rahmen abzusehen und im Hinblick auf ihre Technik die gleiche Anpassungsflexibilität besaß wie diejenigen, die versuchten sie zu umgehen. Man hatte erkannt, daß die Vorgänge des wirtschaftlichen Lebens so vielfältig sind, daß sie nicht in starre Regeln gezwängt werden können[510], oder wie *Häussler* es ausdrückt, daß der wirtschaftliche Aufschwung gegen Ende des letzten Jahrhunderts die Erkenntnis brachte, *„daß der*

---

[506] Von Schwarze, Reichsgesetz betreffend den Wucher vom 24.Mai 1880, S. 43; Kuhlenbeck, § 138, 2), S. 111.
[507] Hölder, § 138, 2., S. 307; Kuhlenbeck, § 138, 2), a), S. 112.
[508] Vgl. Kuhlenbeck, § 138, 2), S. 111.
[509] Vgl. Bender, Konsumentenkredit, S. 1129 (1132); Medicus, Schutzbedürfnisse, S. 761 (767).
[510] Vgl. Betz, S. 6; Schwarz, S. 11; Lenzen, S. 4.

Wucher nicht einseitig auf Darlehensgeschäfte beschränkt ist, sondern bei allen Rechtsgeschäften seine Hand im Spiel haben kann".[511]
Mit der Einführung des § 138 II BGB war endgültig der moderne Tatbestand des Individualwuchers[512] geboren, dessen vorrangiges Ziel der Schutz des Individuums ist und diesem Ziel durch eine anpassungsfähige und damit effektive Norm Rechnung trägt. Dennoch ist neben der Möglichkeit, die formale Gleichheit im privatrechtlichen Bereich zu schützen, auch das dem liberalen Gedanken verhaftete Prinzip der weitgehend uneingeschränkten Vertragsfreiheit gewahrt. Primär dies läßt das noch heute geltende, vor diesem Hintergrund als rechtstheoretisch unbestimmt zu klassifizierende gesetzliche Wucherwesen als besondere Leistung des Gesetzgebers bezeichnen.

An dieser Stelle gilt es noch einige Anmerkungen zu machen, um das historisch gezeichnete Bild des rechtstheoretischen Wesens des Wuchers und dessen Hintergründe umfassend zu beleuchten.

aaa) Gesetzliche Vorbilder

Zunächst ist ergänzend festzuhalten, daß die Entwicklung der legislativen Bestimmungen gegen den Wucher von 1880 und 1893, insbesondere letzteres 'Gesetz, betreffend Ergänzung der Bestimmungen über den Wucher' vom 19. Juni 1893 keineswegs eine rein auf nationale Erfahrungen gerichtete Gesetzes(technik)entwicklung war. Man bediente sich bei der Befassung mit dieser Problematik verschiedenster internationaler Gesetzesformulierungen, wobei ein Augenmerk inbesondere auf die schweizerische Kantonalgesetzgebung fiel, deren Ausgestaltung ebenso zu dem durch v. Caprivi im Dezember 1892 vorgelegten Gesetzentwurf beitrug.[513] Besondere Beachtung ob der entsprechenden Formulierung kam hier den Strafgesetzbüchern Schaffhausen, Tessin, Zürich und Aargau zu.[514]

---

[511] Häussler, S. 8.
[512] Vgl. eingehend zum Begriff des Individualwuchers Peschke, Handwörterbuch der Staatswissensch., S. 1081 (1091ff).
[513] Vgl. die amtliche Begründung des Gesetzentwurfes, betreffend Ergänzung der Bestimmungen über den Wucher, S. 5ff *(Bestand BArchV, Akte R 3001/6247, 6248 (Mikrofilm-Nr. 21944))*; vgl. ebenso die dazu sehr ähnliche Drucksache Nr. 70, Vorlage des Gesetzentwurfes, betreffend Ergänzung der Bestimmungen über den Wucher an den Reichstag zur verfassungsmäßigen Beschlußnahme v. 23.12.1892, Stenogr. Ber. RT., 8. Lp., II. Session 1892/93.
[514] Die Gesetze sind abgedruckt in der amtlichen Begründung des Gesetzentwurfes, Anlage B, „Auszüge aus der Schweizerischen Kantonalgesetzgebung", S. 13ff *(Bestand BArchV, Akte R 3001/6247, 6248 (Mikrofilm-Nr. 21944))*; vgl. auch Caro mit weiteren Verweisen auf das *Appenzeller Strafgesetzbuch v. 28.04.1878 (§135), Thurgauer Gesetz v. 08.03.1887, Walliser Gesetz v. 30.11.1887*, S. 57.

Schaffhausen
Strafgesetzbuch vom 03. April 1859

§ 230. Wucher. Wer bei Darlehen und andern belasteten Verträgen sich übermäßige Vortheile bedingt, wird wegen Wuchers bestraft;
1. wenn er die Noth oder den Leichtsinn des Andern zu dessen Uebervortheilung benüzte und sich die bedungenen wucherischen Vortheile in der Vertragsurkunde verschleiert zusichern ließ;
2. wenn er, um den Andern zu täuschen, den Vertrag so einkleidete, daß derselbe daraus das wahre Verhältniß seiner Leistung zur Gegenleistung nicht erkannte und nach dem Grade seiner Einsichten nicht leicht erkennen konnte;
3. wenn er einem Minderjährigen, Entmündigten oder Verbeiständeten bei belasteten Verträgen, die er mit ihm ohne Mitwirkung des Vormundes oder Beistandes eingegangen hat, einen wirklichen Vermögensnachtheil zufügte.

Der Wucherer verfällt, nebstdem, daß er dem Andern den ganzen Betrag des von ihm bezogenen Gewinnes zurückzubezahlen hat, in eine Geldbuße, welche bis zum zehnfachen Betrage des bezogenen oder des beabsichtigten Gewinnes ansteigen kann und beim Rückfall überdies zugleich in Gefängnißstrafe bis auf ein Jahr.[515]

Tessin
Strafgesetzbuch vom 25. Januar 1873

Art. 387. § 1. Wer, unter Mißbrauch der Nothlage, der Leidenschaften oder der Unerfahrenheit eines Minderjährigen, eines Entmündigten oder eines ihm in dieser Eigenschaft bekannten, wenn auch noch nicht entmündigten, Verschwenders oder Geisteskranken, denselben irgend eine Urkunde, welche zu dessen Lasten gereicht – Verfügung über ein Recht, Uebernahme einer Verbindlichkeit, Schulderlaß - , ausstellen, oder an Stelle eines Gelddarlehens bewegliche, von ihm in Geld abgeschätzte Gegenstände, welche der andere wieder zu verkaufen genöthigt ist, übernehmen, oder ein Empfangsbekenntniß über eine in Wirklichkeit nicht empfangene Summe abgeben, oder Abzüge, Provisionen und Abminderungen, welche einen unerlaubten Gewinn darstellen, als rechtmäßig und entsprechend anerkennen läßt, wird mit Gefängniß von der ersten bis zur zweiten Stufe und mit Geldbuße von der zweiten bis zur dritten Stufe bestraft.[516]

Zürich
Strafgesetzbuch vom 08. Januar 1871, ergänzt durch Gesetz, betreffend den Wucher, vom 27. Mai 1883

---

[515] a.a.O., S.13.
[516] a.a.O., S. 13, 14; Übersetzung des Originals: „*Chi, abusando die bisogni, delle passioni o della inesperienza di un minore, di un interdetto o di persona prodiga o demente, da lui eonosciuta come tale, sebbene non ancora interdetta giuridicamente, gli fa sottoscrivere un documento qualunque la suo preguodizio, disposizione di diritti, obbligazione, liberazione, ovvero gil fa accettare, in luogo di denaro a prestito, eose mobili, da lui valutate a denaro, che sia costretto a rivendere, ovvero gil fa confessare una comme che realmente non fa ricevuto, o gli fa accettare, come legittimi e corrispetivi sconti, provvigioni e dudizioni che rappresentano un luero illecito, e punito dal primo al secondo grado di detenzione, e con multa dal secondo al terzo.*" (§ 1).

§ 181a. Des Wuchers macht sich schuldig, wer im geschäftlichen Verkehr, insbesondere bei Gewährung oder Verlängerung von Kredit, unter Ausbeutung der Nothlage, des Leichtsinns, der Verstandesschwäche oder der Unerfahrenheit eines Andern, sich oder Dritten Vermögensvortheile versprechen oder gewähren läßt, welche nach den Umständen des Falles zu der Leistung in auffälligem Mißverhältniß stehen.
Derselben strafbaren Handlung macht sich schuldig, wer mit Kenntniß des Sachverhalts Ansprüche auf wucherhafte Vermögensvortheile erwirbt und dieselben weiter veräußert oder geltend macht.[517]

Aargau
Strafgesetz gegen den Wucher, vom 26. September 1887

§ 1. Des Wuchers macht sich schuldig, wer im geschäftlichen Verkehr, insbesondere bei Gewährung oder Verlängerung von Kredit, die Nothlage, den Leichtsinn, die Unerfahrenheit oder Verstandesschwäche eines Andern dazu mißbraucht, um sich oder Dritten ungebührliche Vortheile zu sichern, welche nach den Umständen des Falles zu seiner Leistung in offenbarem Mißverhältniß stehen.
§ 2. (...)
§ 3. Als besondere Erschwerungsgründe fallen in Betracht:
a) Gewohnheits- oder gewerbsmäßige Verübung des Wuchers;
b) Verübung des Wuchers durch Personen, welchen vermöge ihrer Stellung besonderes Vertrauen geschenkt wird;
c) wenn Scheinangebote gemacht, oder Scheinverträge abgeschlossen, oder Urkunden errichtet, oder andere Handlungen vorgenommen werden, welche die wirkliche Natur des Geschäftes verschleiern;
d) wenn die wucherischen Verträge in Form des Wechsels abgeschlossen werden;
e) wenn der Wucherer die Nothlage des Geschädigten selbst herbeigeführt hat.[518]

Gleichwohl bediente man sich bei der Gesetzesschaffung durchaus auch des Rückgriffs auf nationale Gesetze der deutschen Staaten. Jedoch beschränkte sich dieser Rückgriff natürlicherweise aufgrund der überwiegend am Zinsfuß orientierten Wuchergesetzgebung bis zum Jahr 1880 auf die Formulierung des Badischen Strafgesetzbuches vom 06. März 1845, das hinsichtlich seiner begriffstechnischen Wucherfixierung eine Ausnahme zur sonstigen Gesetzgebung darstellte.

Badisches Strafgesetzbuch
vom 06. März 1845

XXXVI. Titel.

---

[517] a.a.O., S. 14, 15.
[518] a.a.O., S. 16; vor allem dieses Gesetz zog auch in der deutschen Presse die Aufmerksamkeit auf sich im Hinblick auf eine Erweiterung des Wuchergesetzes von 1880 und der entsprechenden gesetzestechnischen Varianten, vgl. *„Die Post"* v. 17.12.1891, Artikel „Die Erweiterung der Wuchergesetzgebung." *(Bestand BArchV, Akte R 3001/6251).*

Von dem Wucher.

§ 533. (Fälle der Strafbarkeit) Wer bei Darlehen und anderen belasteten Verträgen sich übermäßige Vortheile bedingt, wird in folgenden Fällen wegen Wuchers bestraft:

1. wenn er die ihm bekannte Noth oder den ihm bekannten Leichtsinn des Andern zu dessen Uebervortheilung benützte, und sich die bedungenen wucherischen Vortheile in der Vertragsurkunde verschleiert zusichern ließ;

2. wenn er, um den Andern zu täuschen, den Vertrag so einkleidete, daß derselbe daraus das wahre Verhältniß seiner Leistung zur Gegenleistung nicht erkannte, und, nach dem Grade seiner Einsichten, nicht leicht erkennen konnte;

3. wenn er einem Minderjährigen, Entmündigten, Mundtodten, oder Verbeiständeten bei Verträgen der im Eingang bezeichneten Art, die er mit ihm ohne Mitwirkung des Vormundes, Pflegers oder Beistandes eingegangen hat, einen wirklichen Vermögensnachtheil zufügte.

§ 534 (Strafe) Der Wucherer verfällt, nebstdem, daß er dem Andern den ganzen Betrag des von ihm bezogenen Gewinnes zurückzuerstatten hat, in eine Geldstrafe, welche bis zum zehnfachen Betrage des bezogenen oder des beabsichtigten Gewinnes ansteigen kann, und beim Rückfall überdies zugleich in Kreisgefängnißstrafe.[519]

Diese Wuchernorm des Badischen Strafgesetzbuches von 1845 fand vor allem im Rahmen der Erweiterung des Wuchergesetzes von 1880 Beachtung[520], was auch die hierauf aufbauenden Überlegungen der Reichstagskommission für Petitionen im Jahre 1888 in der Zwischenphase der Wuchergesetze verdeutlichen.[521]
Hintergrund dessen war die für diese frühe Gesetzgebungsphase des 19. Jahrhunderts untypische allgemeine Definition des Wuchertatbestands. Daher ist das Badische Strafgesetzbuch von 1845, bzw. sein § 533, als früher Vorläufer des im Wuchergesetz von 1893 und in § 138 II BGB umgesetzten rechtstheoretisch unbestimmten Wucherwesens zu sehen. Ähnliches muß für den Art. 287 des Strafgesetzbuches von Sachsen-Weimar-Eisenach vom 20. März 1850 gelten, der wie das Badische Strafgesetzbuch einen für alle Verträge gültigen Wucherbegriff normierte. Dieser verstand unter Wucher jedoch sowohl die Ausnutzung des Notstandes oder des Leichtsinns eines Anderen, als auch die Überschreitung der gesetzlich festgelegten Zinstaxe.[522] Gleichwohl – und dies rückt das Gesetz qualitativ in den Bereich des Badischen Strafgesetzbuches – umfaßte Art. 287 StGB Sachsen-Weimar-Eisenach

---

[519] Ebenso abgedruckt in der amtlichen Begründung des Gesetzentwufes, betreffend Ergänzung der Bestimmungen über den Wucher, Anlage A, S. 12 *(Bestand BArchV, Akte R 3001/6247, 6248 (Mikrofilm-Nr. 21944))*; vgl. auch Caro, S. 51f.

[520] In der amtlichen Begründung des Gesetzentwurfes zum Wuchergesetz v. 1893 bezog man sich in der Anlage A explizit auf den Vorbildcharakter dieses Gesetzes, das wesentlichen Einfluß auf die formale Ausgestaltung des sodann am 19. Juni 1893 in Kraft getretenen Reichsgesetzes hatte, s. amtliche Begründung, Anlage A *(Bestand BArchV, Akte R 3001/6247, 6248 (Mikrofilm-Nr. 21944))*.

[521] Vgl. insbes. den zwölften Bericht dieser Kommission (ausgehend von der Petition des bereits erwähnten *'Vereins gegen Wucher im Saargebiet'*, vgl. dazu unten B.III.2.) durch den Berichterstatter Hegel, Stenogr. Ber. RT., 7. Lp., II. Session 1887/88, Drucks. Nr. 172, S. 5f.

[522] Vgl. Blodig, S. 25; vgl. auch Caro, S. 52.

die Möglichkeit des Vorkommens von Wucher bei Darlehen und auch `bei anderen Verträgen`.[523] Auch die Strafgesetzbücher von Hessen-Darmstadt vom 17. September 1841 (Art. 400, 401) und Nassau vom 14. April 1849 (Art. 394, 395) bezeichneten – nur bei Darlehensgeschäften – sowohl die Überschreitung des gesetzlichen Zinsmaximums, als auch `den Mißbrauch des Leichtsinns, der Leidenschaft oder anderer wirtschaftlicher Eigenschaften Unmündiger oder ihnen rechtlich gleichgestellter Personen` als Wucher. *Caro* bezeichnet die drei letztgenannten Wucherregelungen als *„Zwittergesetze (...), welche strafbaren Wucher sowohl bei Überschreitung des gesetzlichen Maximums, wie auch bei Ausbedingung übermässiger Vorteile im allgemeinen annehmen"*.[524]
Gleichwohl stellten diese Regelungen im Rahmen der sonstigen Bestimmungen der (Zins-)Wuchergesetze des 19. Jahrhunderts eine besonderere Sichtweise des Gesetzgebers dar, welche den Wucher als variabel und rechtsgeschäftsunabhängig verstand. Deshalb sind diese Gesetze, obgleich zeitlich in die erste Gesetzgebungsperiode des 19. Jahrhunderts einzuordnen, auch als Teilbestandteil der Entwicklung zum modernen Wucherverbot zu sehen.

bbb) Kritik und Skepsis gegenüber der gesetzestechnischen Neuorientierung des Gesetzgebers bei der Wucherbekämpfung

Die gesetzestechnische Prägung der modernen Wuchergesetzgebung in Form des fixierten allgemeingültigen, unbestimmten Wucherwesens stellte spätestens mit Inkrafttreten der Wuchergesetznovelle von 1893 eine Abkehr vom bisherigen, rechtsgeschäftlich einseitig orientierten Wucherwesen dar. Dieser Umschwung veranlaßte jedoch nicht wenige Skeptiker – trotz der allgemein mit der gesetzlichen Neuorientierung des Gesetzgebers verbundenen Hoffnungen – sich kritisch mit diesem Umschwung auseinanderzusetzen. Vor allem in der Wirtschaft weckte diese Neuorientierung des Gesetzgebers Existenzängste, so daß die Furcht über eine den Handelsverkehr begrenzende Einschränkung der Vertragsfreiheit die Wirtschaftslobbyisten auf den Plan rief.

Schon die rechtspolitischen Diskussionen über die Erfassung und gesetzestechnische Ausgestaltung des Wuchergesetzes von 1893 und die Frage nach der Festlegung der Wuchernorm im Rahmen des neu zu schaffenden BGB innerhalb des

---

[523] Vgl. Caro, S. 52.
[524] Caro, S. 52; als dieser Tradition folgend sieht *Caro* die Entwicklung des österreichischen Wuchergesetzes v. 14.12.1866, des österreichischen Partikulargesetzes v. 1877 und des Solothurner Gesetzes v. 1879 an, vgl. S. 53; das österreichische Wuchergesetz v. 1866 wurde gleichwohl bereits 1868 im Zuge des Liberalismus wieder außer Kraft gesetzt.

Reichstages wurden außerordentlich scharf geführt[525] und zeigten auf, daß der beabsichtigte legislative Entwicklungsschritt dieses Rechtsinstituts nicht uneingeschränkt auf Zustimmung traf.

Die Befürworter der rechtsgeschäftlich-allumfassenden Wuchernorm verwiesen schon bei der Diskussion um die Wuchergesetznovelle von 1893 darauf, daß aufgrund der gemachten Erfahrungen auch der Bereich des Nichtkreditwuchers abgedeckt werden müsse, um der Fürsorgepflicht des Staates nachzukommen. Deshalb müsse den Gerichten die gesetzliche Handhabe geboten werden, wucherisches Handeln gleich welcher Art zu ahnden. Es dürfe dem Richter nicht der Zwang auferlegt werden, dem Wucherer für seine Geschäfte auch noch staatliche Hilfe zu leisten.[526] Insoweit müsse man dem allgemeinen Wucherbegriff Geltung verschaffen. Entsprechend der sittlichen Anschauung und des Rechtsbewußtseins des Volkes sei die planmäßige Ausbeutung der Notlage oder sonstiger wirtschaftlicher Schwäche eines anderen weit über die Grenzen des Kreditwuchers hinaus nicht nur moralisch verwerflich, sondern auch ein Verstoß gegen die Rechtsordnung.[527]

Gerade diese Sichtweise veranlaßte die Skeptiker einer unbestimmten Wucherregelung dazu, in der beabsichtigten legislativen Änderung der Wucherbekämpfung eine zu weite Ausdehnung der Wucherahndung und eine bedeutende Beeinträchtigung des redlichen Geschäftsverkehrs zu sehen, was nicht zuletzt an der unklaren und zu unbestimmten Formulierung läge.[528] Mit der zusätzlichen Aufnahme des Sachwuchers müsse dieser folgenschwere Einbruch in die Vertragsfreiheit die Konsequenz der Lähmung des Verkehrs und des wirtschaftlichen Lebens im allgemeinen sein. Hinsichtlich des neuen § 302e StGB und seiner Sachwucherregelung blieb es deswegen auch bei der Kompromißlösung der Strafbarkeitseinschränkung auf gewerbs- oder gewohnheitsmäßiges Handeln. Gleiches galt für die Frage nach der Aufnahme des in seiner Gesamtheit abstrakt formulierten späteren § 138 II. Noch in der dem Reichstag 1896 zur Beschlußfassung vorgelegten Fassung (sog. \`Reichstagsvorlage\`) umfaßte der Entwurf des BGB keine Aufnahme des Wuchertatbestands.[529] Die argumentative Grundlage der Skeptiker war wiederum die Befürchtung, eine derart weitreichend operierende, unbestimmte Wuchernorm könne gerade das unter dem Grundsatz der Vertragsfreiheit entstehende zivilrechtliche Gesetzeswerk in seinem herausragenden Merkmal gefährden und damit den erstrebten Wirkungen im Verkehr

---

[525] Vgl. zu den Diskussionen des gesetzgebenden Bereiches und seiner Institutionen i.R.d. 3. Gesetzgebungsperiode unten B.III..

[526] Vgl. Stenogr. Ber. RT., 8. Lp., II. Session 1892/93, Drucks. Nr. 70 (Motive des Regierungsentwurfes); vgl. ebenso Stenogr. Ber. RT., 8. Lp., II. Session 1892/93, Drucks. Nr. 141 (Bericht der X. Kommission).

[527] Isopescul-Grecul, Das Wucherstrafrecht, S. 208f.

[528] Vgl. hierzu v.a. den Bericht der X. Kommission, Stenogr. Ber. RT., 8. Lp., II. Session 1892/93, 2. Anlagenband, Drucks. Nr. 141, S. 762f; vgl. insbes. die Diskussion im RT i.R.d. Debatte v. 23.01.1893 (28. Sitzung), Stenogr. Ber. RT., 8. Lp., II. Session 1892/93, 1. Band, S. 642ff.

[529] Vgl. Stenogr. Ber. RT., 9. Lp., IV. Session 1895/97, Drucks. Nr. 87; vgl. auch Jacobs/Schubert, Beratungen des Bürgerlichen Gesetzbuchs, §§ 1-240, Teil 1, S. 734.

zuwiderlaufen.[530] Neben der Deutschen Volkspartei und den Deutsch-Konservativen zeigten sich ganz im Sinne der `Tradition der freiheitlichen Liberalismusideale` vor allem die Freisinnigen als Verfechter einer grenzenlos gewährten Vertragsfreiheit[531], die vor allem nicht durch eine so weitreichende und den Schwachen, *„dessen Schwachheit oft nur in Denkträgheit besteht“* [532], schützende Norm gefährdet werden dürfe. Mit dem Antasten der Vertragsfreiheit ergäben sich zwangsläufig auch negative Folgen für das althergebrachte Gebot der Vertragstreue. Zudem dürfe das Gesetz auf keinen Fall dazu dienen – was der freisinnige Abgeordnete *Lenzmann* umschrieb[533] - mittels einer derart auslegungsbedürftigen Norm den Richter zu befähigen, bei jedem Mißverhältnis zwischen Leistung und Gegenleistung auf das subjektive Merkmal des Leichtsinns oder der Unerfahrenheit zu schließen. Somit hänge man über alle Verkehrsgeschäfte ein `Damoklesschwert` der Nichtigkeit und gewähre in der Konsequenz einen übertriebenen Schuldnerschutz für alle Leichtsinnigen.

Überhaupt war die Ansicht der übermäßigen Einschränkung der Vertragsfreiheit und damit der Gefährdung des täglichen Geschäftsverkehrs ein tragendes Element der Kritik an der rechtstechnisch unbestimmt gestalteten, allgemeingültigen Wuchernorm. Auf diese Befürchtungen bezogen sich ebenso die geäußerten Bedenken in der Öffentlichkeit und vor allem auf seiten der Wirtschaft.

Mit der legislativen Ausweitung des Kreditwuchers auf den Sachwucher durch die Wuchergesetznovelle von 1893 sah vor allem der Geschäftszweig der Kaufleute seine wirtschaftliche Existenz stark gefährdet, da die Einschränkung des § 302e StGB der gewerbs- oder gewohnheitsmäßigen Begehung auf diese per se zutraf. Die Folge dessen war, wie der `9. Bericht der Kommission für das Justizwesen über Petitionen` des preußischen Abgeordnetenhauses feststellte, eine allein für den preußischen Raum unübersehbare Vielzahl von eingehenden Petitionen, die auf die Verhinderung

---

[530] Das Prinzip der Vertragsfreiheit – obgleich nicht explizit statuiert – fand u.a. seinen Ausdruck in der Regelung des § 241 I der Reichstagsvorlage (s. Stenogr. Ber. RT., 9. Lp., IV. Session 1895/97, Drucks. Nr. 87): *Die Höhe der Zinsen unterliegt der freien Vereinbarung, soweit nicht reichsgesetzliche Vorschriften über den Wucher entgegenstehen.*
[531] Vgl. die Debatte im RT i.R.d. 110. Sitzung, Stenogr. Ber. RT., 9. Lp., IV. Session 1895/97, S. 2755ff und die Grundlage in Form des Berichts der XII. Reichstagskommission Stenogr. Ber. RT., 9. Lp., IV. Session 1895/97, Drucks. Nr. 440, nach der sowohl kreditwucherische als auch sachwucherische Verträge, unabhängig von der Voraussetzung der gewerbs- oder gewohnheitsmäßigen Begehung des Täters, zivilrechtlich stets ungültig sein sollten. Vgl. zu den Vertretern der Skeptiker im RT für die Deutsche Konservative Partei den Abgeordneten Dr. von Buchka, für die Deutsche Volkspartei den Abgeordneten Haußmann und für die Deutsche Freisinnige Volkspartei den Abgeordneten Lenzmann. Gegenpart war die `Allianz` aus Zentrum (vgl. insbes. den Abgeordneten Gröber), Nationalliberalen, Sozialdemokratie und polnischer Fraktion, deren Mehrheit mit 212 Stimmen bei 397 Abgeordneten zur Annahme des späteren § 138 II verhalf, s. Stenogr. Ber. RT., 9. Lp., IV. Session 1895/97, S. 2772; vgl. auch Luig, Vertragsfreiheit und Äquivalenzprinzip, S. 171 (200f).
[532] So der freisinnige Abgeordnete Lenzmann, Stenogr. Ber. RT., 9. Lp., IV. Session 1895/97, S. 2767.
[533] Stenogr. Ber. RT., 9. Lp., IV. Session 1895/97, S. 2767f.

der Ausweitung des strafbaren (und im Hinblick auf Art. 3 des zivilrechtlichen) Wucherbereiches gerichtet waren.[534]

Auch der Reichstag war Adressat von Petitionen und anderweitigen Eingaben von verschiedensten Vereinigungen, Verbänden und privaten Kaufleuten, die unisono die Befürchtung äußerten, eine strafrechtliche (und zivilrechtliche) Ahndung des Sachwuchers könne jedes naturgemäß auf Gewinn angelegte Rechtsgeschäft dem Makel des Wuchers aussetzen.[535] Die Folge sei eine starke Rechtsunsicherheit im Verkehr, die, wie die `*Handelskammer Breslau*` in ihrer Eingabe vom 08. März 1893 anmerkte, das ganze System des freien Handels in Frage stelle.[536] Die `*Berliner Kaufmannschaft*` (Eingabe vom 20. April 1893[537]) ging in ihrer Eingabe sogar so weit, die Einführung des auf der Regierungsvorlage v. Caprivi beruhenden Gesetzentwurfs als Versuch zu bezeichnen, der dem Ziel diene, den freien Handelsverkehr einer Überwachung und Beschränkung zu unterziehen. Dieser könne nur die Absicht verfolgen, *„gewisse, unter dem Schutze des geltenden Rechtes auf Grund der Vertragsfreiheit geübte Formen (...) im geschäftlichen Verkehr zu unterdrücken“*.[538]

Am deutlichsten wurden die allgemeinen Befürchtungen der Handelsgewerbetreibenden in der vom `*Deutschen Handelstag*` eingereichten Petition vom 16. April 1893 dargestellt:

> *Berlin, den 16. April 1893*
>
> *Petition*
>
> *des Ausschusses des Deutschen Handelstages betreffend den Gesetzentwurf über die Ergänzung der Bestimmungen über den Wucher.*
>
> *Im Auftrage des Ausschusses des Deutschen Handelstages beehren wir uns, an den Hohen Reichstag die ehrerbietigste Bitte zu richten, den in dem „Gesetzentwurf betreffend die Ergänzung der Bestimmungen über den Wucher“ enthaltenen § 302e und Art. 4 die verfassungsmäßige Zustimmung nicht geben zu wollen.*
>
> *Der angezogene § 302e beabsichtigt die zu Recht bestehenden Bestimmungen über den Geldwucher auf den Sachwucher in der Art auszudehnen, daß er die Wuchertstrafen jedem androht, welcher „mit Bezug auf ein Rechtsgeschäft anderer als der im § 302a bezeichneten Art gewerbs- oder gewohnheitsmäßig“ sich wucherische Vortheile gewähren läßt. Auf Grund dieser Bestimmungen aber würde jedes im täglichen Verkehr vorkommende Geschäft*

---

534 Neunter Bericht der Kommission für das Justizwesen über Petitionen, dargelegt durch den Berichterstatter Abgeordneter Schumacher, Preuß. Haus der Abgeordneten, 17. Lp., V. Session 1892/93, Drucks. Nr. 260.

535 Vgl. die Eingabe an den RT durch die *Handelskammer Breslau* vom 08. März 1893, *Bestand GStA PK (Berlin, Preußen)/Akte I. HA. Rep. 84a Nr. 5722 (fol. 194).*

536 a.a.O. (fol. 194, 195).

537 Eingabe der `*Kaufmannschaft von Berlin an den Hohen Deutschen Reichstag*` v. 20. April 1893, *Bestand GStA PK (Berlin, Preußen)/Akte I. HA. Rep. 84a Nr. 5722 (fol. 192, 193)*; die Eingabe ist ebenso vorhanden im *Bestand HptStaatsArchV München (Bay.)/Akte MInn Nr. 66444.*

538 a.a.O. (fol. 192).

> *der Gefahr unterliegen, darauf hin geprüft zu werden, ob der Vortheil, welcher schließlich dem Gläubiger bleibt, in einem nach den Umständen des einzelnen Falles auffallenden Mißverhältnisse steht zu dem Nutzen, welcher dem Schuldner daraus erwächst. Der ganze ehrenhafte Handelsstand Deutschlands müßte also, wenn jener Paragraph Gesetzeskraft erhielte, gewärtig sein, jeder Zeit und auf Grund der nichtigsten Vorwände den Vorwurf des Wuchers sich entgegenschleudern zu lassen ! Die Gefahr, welche bei einer solchen Gesetzgebung der reelle Geschäftsverkehr laufen würde, liegt auf der Hand; sie würde um so größer sein, als bei dem Mangel einer festen Definition des „auffallenden Mißverhältnisses der Vermögensvortheile zu der Leistung" in jedem einzelnen Falle das Ermessen des Richters allein Ausschlag gebend sein würde.*
> *(...)*
>
> *Das Präsidium des Deutschen Handelstages*[539]

Die in der Petition geäußerten Bedenken hinsichtlich der ständig schwebenden Gefahr der rechtlichen Unwirksamkeit der Geschäfte und die damit verbundene Abhängigkeit vom Ermessen des Richters bei der Beurteilung des Sachverhalts, resp. der Auslegung der unbestimmten Wuchernorm, war auch der primäre Kritikpunkt der sich zur Wuchergesetznovelle mehrheitlich skeptisch äußernden Presse. Die Äußerungen und Anmerkungen der Presse, die sich bei der Beurteilung der legislativen Neuorientierung des Gesetzgebers zuweilen namhafter Juristen wie dem Landgerichtsrat *Dr. Kronecker*[540] bedienten, spielten bei der Abwägung der Reichsregierung zum Gesetzentwurf v. Caprivi eine durchaus nicht untergeordnete Rolle, was die ausdrückliche Erwähnung der Tagespresse als Diskussionsbasis in der amtlichen Begründung zum Gesetzentwurf beweist.[541] Schon bei der Diskussion über die Orientierung des späteren Wuchergesetzes vom 24. Mai 1880 äußerte sich das *`Süddeutsche Bank- & Handels- Blatt.`* kritisch zur judikativ auslegungsbedürftigen Regelung, wenngleich – zwangsläufig – lediglich auf den Kreditwucher beziehend:

> *„(...) Allein ohne eine gesetzliche Feststellung jener Zinshöhe, deren Ueberschreitung strafbarer Wucher sein soll, muß die Beurtheilung der Darlehensgeschäfte in Rücksicht auf ihre Strafbarkeit der persönlichen Anschauung des Richters überlassen werden, und das ist entschieden von Uebel.*
> *Mag es noch so richtig sein, daß der Begriff und die Auffassung des Wuchers, obgleich vorschnell aus der staatlichen Gesetzgebung verbannt, nicht auch im*

---

[539] Petition des *Ausschusses des Deutschen Handelstages* betreffend den Gesetzentwurf über die Ergänzung der Bestimmungen über den Wucher an den Deutschen Reichstag, *Bestand GStA PK (Berlin, Preußen)/Akte I. HA. Rep. 84a Nr. 5722 (fol. 191).*

[540] Vgl. zum Strafrechtler Dr. Kronecker noch unten B.II.4. bei der Frage nach der Beurteilung des Scheiterns der legislativen Zinsfreigabe innerhalb der 2. Gesetzgebungsperiode.

[541] Amtliche Begründung des Gesetzentwurfes, betreffend Ergänzung der Bestimmungen über den Wucher, S. 6 *(Bestand BArchV, Akte R 3001/6247, 6248 (Mikrofilm-Nr. 21944)*; vgl. ebenso die Vorlage des Gesetzentwurfes, betreffend Ergänzung der Bestimmungen über den Wucher an den Reichstag zur verfassungsmäßigen Beschlußnahme v. 23.12.1892, Stenogr. Ber. RT., 8. Lp., II. Session 1892/93, Drucks. Nr. 70.

Volke verschwunden ist, und das jeder Richter allezeit in der Lage sei, die im einzelnen Falle bestehenden Verhältnisse richtig dahin zu würdigen, ob das Zinsnehmen ein wucherisches und strafbares gewesen sei, oder nicht, so wird diese Strafbarkeit doch immer nur der subjectiven Auffassung des wechselnden Richters überlassen, dadurch aber auch die Rechtsunsicherheit in alles Darlehens-Geschäft überhaupt, und insbesondere gerade in jene Fälle hineingetragen sein, wo sich Gläubiger und Schuldner in Folge der vorhandenen Nothlage und Unsicherheit zu höheren, als den gewöhnlichen Zinsen vereinigt haben. Der Geldgeber wird niemals gewiß sein, daß sein Darlehensgeschäft unangefochten, und von dem Richter in gleichem Lichte betrachtet werden wird, wie er es selbst betrachtet hat (...).“ [542]

Bezüglich der Ausweitung der Wuchernorm als allgemeine, rechtsgeschäftlich-unspezifizierte Norm durch die Wuchergesetznovelle von 1893 äußert sich der Strafrechtler *Dr. Kronecker* im *'Berliner Tageblatt'* vom 31. Mai 1893 in scharfer und resignativer Form:

„(...) Vergebens hat die freisinnige Partei des Reichstages diesen Paragraphen bekämpft, und darin eine schwere Gefährdung des legitimen Handels, eine tiefe Erschütterung aller Grundlagen eines geordneten Verkehrs erblickt. Vergebens haben sich Stimmen aus allen Berufsständen des Lebens, aus Theorie und Praxis, Fachleute und Laien, Juristen, Kaufleute, Nationalökonomen gegen die Bestimmung ausgesprochen. (...) Die Vorschriften über den Sachwucher sind die bedenklichsten des Gesetzes. Die Begründung weist vorzugsweise auf die ländlichen Verhältnisse hin. In der That haben die verdienstvollen Forschungen des Vereins für Sozialpolitik ergeben, daß auf dem Lande in großem Umfange Sachwucher getrieben wird. Vorzugsweise gehört hierher der Viehhandel, aber auch der Handel mit Grundstücken, namentlich zum Zweck der so sehr schädlichen Güterschlächterei, - in etwas geringerem Maßstabe auch der Handel mit leblosen beweglichen Sachen. (...) Hierin liegt zweifellos ein schwerer Uebelstand; es werden dadurch Käufer und ordentliche Gewerbstreibende gleichmäßig geschädigt. Rechtfertigt aber diese Schädigung eine Bestimmung, die unter Umständen geeignet ist, den ganzen Geschäftsverkehr zu gefährden?“ [543]

Problematisch sei zudem, so Kronecker weiter, daß sich jeder säumige Schuldner, auch bei Geschäften außerhalb des eigentlich wucherischen Bereichs wie bspw. dem Mietvertrag[544], zur Tilgungsumgehung seiner Schuld den Vertrag im nachhinein auf Nichtigkeit hin vor Gericht überprüfen lassen könne.[545] Mithin ist für Kronecker prinzi-

---

[542] *„Süddeutsches Bank- & Handels- Blatt.“* Organ für Volkswirthschaft, Bank-, Genossenschafts- und Versicherungswesen. Nr. 21 der Wochenschrift v. 25. Mai 1879, Artikel „Zinsfreiheit und Wucherstrafen.“, S. 293 (294) *(Bestand BArchV, Akte R 3001/6251).*

[543] *„Berliner Tageblatt“* v. 31.05.1893, Artikel „Zur Kritik des Sachwucher-Paragraphen.“ *(Bestand BArchV, Akte R 3001/6252).*

[544] Vgl. zur Einbeziehung der Wohnungs- und Mietfrage in den Wucherbereich oben A.II.1b).

[545] *Kronecker* bezieht sogar die Lohnfrage in seine Überlegungen mit ein, indem er konsequent, wenngleich auch kritisch ganz im Sinne der konservativen, sozialreformfeindlichen Ansichten die

piell das Problem der Störung des Geschäftsverkehrs vorrangig, obgleich er zudem juristisch-prozessuale Schwierigkeiten prophezeit, die zwangsläufig im häufigen Versuch bestehen müßten, *„Civilprozesse dadurch zu verschleppen, daß der Einwand des Wuchers erhoben"* werde.[546]

In die juristische Problematik der zu weitreichenden Ermessensentscheidungen der Judikative stimmt die *`Königsberger Hartungsche Zeitung`* vom 26. Februar 1893 ein:

> *„(...) Ein redlicher Geschäftsmann wird sich nicht gern der Möglichkeit einer Anklage aussetzen, und diese Möglichkeit ist nach dem neuen Gesetz bei einer großen Anzahl von Geschäften, die man der gewöhnlichen Auffassung nach nicht als wucherische bezeichnet, gegeben und ebenso ist niemals die Möglichkeit einer Verurtheilung ausgeschlossen. Der Grund für eine solche Möglichkeit liegt darin, daß in dem Gesetz selbst der Begriff der zu bestrafenden Handlung nicht scharf bestimmt ist, so daß der Staatsanwalt fast vollständig freie Hand in Bezug auf Erhebung der Anklage erhält und der Richter für die Erkennung der Strafbarkeit der Sache kaum an bestimmt definierte Normen gebunden ist, sondern ganz nach eigenem Ermessen das unter Anklage gestellte Geschäft für erlaubt oder für strafbar erklären kann.*
> *In diesem Überlassen der Entscheidung, ob ein Geschäft ein wucherisches ist oder nicht, an das freie Ermessen des Richters sehen wir aber eine Schwäche des Gesetzes, welche für unser Staatsleben vielleicht noch schlimmere Folgen haben kann, als es die wirtschaftlichen Nachteile sind, welche wir von demselben befürchten. Ein jedes Gesetz, welches den Begriff der strafbaren Handlung nicht ganz scharf definiert, wird nicht nur eine Rechtsunsicherheit schaffen, die unter allen Umständen für den Staat nachteilig ist, sondern die dadurch geschaffene Möglichkeit verschiedener Urteile in scheinbar gleichen Fällen muß in dem Volke den Glauben an die Zuverlässigkeit und an die Unparteilichkeit der Richter erschüttern."* [547]

Die aus diesen Umständen folgende Rechtsunsicherheit, so die `Königsberger Hartungsche Zeitung` weiter, müsse zur unausweichlichen fürchterlichen Konsequenz des Glaubensverlustes des gesamten Staatswesens führen, was die Sicherheit des Staates ernstlich in Gefahr bringe.[548]

---

eherne Entlohnung der Arbeiter als Mißverhältnis i.S.e. wucherischen Äquivalenzstörung deutet und auf die damit verbundenen rechtlichen und sozialrevolutionären `Gefahren` verweist.

[546] Die *„Voßische Zeitung"* v. 12.03.1893 reiht sich in diese Bedenken ein. Sie sieht in der auch den Sachwucher umfassenden, unbestimmten Norm die Gefahr, ein jeder unwillige Schuldner könne fortan den Versuch starten, auf seine Leichtsinnigkeit oder andere subjektive Merkmale des Wuchertatbestandes zu verweisen: *„Goethe legt einer seiner Personen den Ausspruch in den Mund: „Der Schelm sitzt überall im Vortheil." Solange die Wuchergesetze bestanden, suchte man den Gauner in den Reihen der Wucherer; nach dem Inkrafttreten dieses Gesetzes wird man wohlthun, ihn in den Reihen der vermeintlich Bewucherten zu suchen."* Artikel „Der Sachwucher." *(Bestand BArchV, Akte R 3001/6252).*

[547] *„Königsberger Hartungsche Zeitung"* v. 26.02.1893, Artikel „Die Ausdehnung des Wuchergesetzes." *(Bestand BArchV, Akte R 3001/6252).*

[548] Ähnlich auch *„Die Post"* v. 17.12.1891 in bezug auf das ähnlich formulierte Aargauische Wuchergesetz v. 26.09.1887 (s. oben A.II.1c)bb)aaa)), das aufgrund seiner Formulierung zwangsläufig zur allgemeinen Rechtsunsicherheit führen müsse und somit *„schwerlich durchführbar"* sein könne, Artikel „Die Erweiterung der Wuchergesetzgebung." *(Bestand BArchV, Akte R 3001/6251).*

Die `*Voßische Zeitung*` vom 12. März 1893 versucht dagegen in weniger schicksalhaften, dafür aber ironischen Worten die vermeintliche Schwäche der unbestimmten Wucherregelung zu zeichnen: *„Die Vorsichtsmaßregel, die der Gesetzgeber treffen will, ist die, daß er einen Sachwucher nur dann als vorliegend betrachtet, wenn Leistung und Gegenleistung in „auffälligem" Mißverhältnis zu einander stehen. Das klingt sehr beruhigend. Wenn jemand einen Regenschirm zu zehn Mark verkauft, den ein anderer schon für neun Mark feilhält, so wird hoffentlich darin niemand ein auffälliges Mißverhältnis erblicken (...)."* [549]

Auffallend bei der Betrachtung der Pressekritik an der legislativen Neuorientierung des Gesetzgebers ist die argumentative Einheitlichkeit bei den Bedenken, die im wesentlichen mit der der Wirtschaftsskeptiker konform ging. Die insoweit recht weitgefächerte Skepsis gegenüber dem Schritt zur modernen Wuchergesetzgebung über die Novelle von 1893 und die Einführung des § 138 II in das neu geschaffene Bürgerliche Gesetzbuch zeigte auch unbestreitbar ihre Wirkung, nicht zuletzt im Rahmen der scharfen Diskussionen der Legislative. Gleichwohl waren die beschriebenen wirtschaftlichen Hintergründe, die Ausuferung der Ausbeutungen, die grundlegenden Gesetzeserfahrungen früherer Epochen und die teilweise dramatischen und prekären ökonomischen Verhältnisse ganzer Bevölkerungsschichten Druck genug, den entsprechenden legislativen Umbruch bei der Wucherbekämpfung durchzuführen. Die bestehende Furcht der Skeptiker gründet sich in dieser Phase übergreifend auf das tiefe Mißtrauen gegenüber einem über den legislativen Bereich hinaus wirkenden gesetzlichen Umschwung, den das `*Berliner Tageblatt*` so umschrieb: *„Es ist also mehr denn ein Sprung in's Dunkle, den wir zu thun im Begriffe stehen. Wir sind allerdings nicht optimistisch genug, uns von dieser aus tiefster Sachkenntnis entspringenden Warnung in letzter Stunde noch irgend einen sofortigen Erfolg zu versprechen. Wenn aber die Stunde gekommen sein wird, in der sich diese Befürchtungen bewahrheiten, dann möge man sich erinnern, daß es seiner Zeit nicht an dem ehrlichen Warner gefehlt hat."* [550]

Gleichwohl läßt sich aus heutiger, erfahrungsübergreifender Sicht behaupten, daß der Schritt des Gesetzgebers trotz der nachvollziehbaren Skepsis gegenüber dem für das Prinzip der Vertragsfreiheit bedeutsamen Schritt des abstrakten Schutzes vor inakzeptabler Übervorteilung im Rechtsverkehr, der einzig richtige und notwendige war. Wollte man den schwierigen Weg der reichseinheitlichen Gesamtkodifikationen im Sinne einer Anpassung an die modernen wirtschaftlichen und gesellschaftlichen

---

549 *„Voßische Zeitung"* v. 12.03.1893, Artikel „Der Sachwucher." *(Bestand BArchV, Akte R 3001/6252).*
550 a.a.O., *Bestand BArchV*; die *„Voßische Zeitung"* (a.a.O., *Bestand BArchV*) merkt ähnlich an: *„Jeder mag nach seinen Verhältnissen ermessen, welche Waaren zu erwerben ihm dienlich ist, und welchen Preis er dafür aufwenden kann, ohne andere dringliche Bedürfnisse zu vernachlässigen. (...) Es ist dies die allgemeine Regel, die wir als die Grundlage des allgemeinen Rechts- und Wirthschaftslebens*

Faktoren gehen, so konnte dieser Weg auf dem Gebiet der sinnvollen Einschränkung der Vertragsfreiheit keinesfalls legislativen Stillstand oder gar Rückschritt bedeuten.[551]

Abschließend sei noch auf eine in diesem Zusammenhang bestehende Besonderheit der legislativen Wucherbekämpfung hingewiesen. Die Skeptiker der modernen Wucherbekämpfung meldeten häufig resignierend Zweifel an deren strafrechtlicher Durchschlagskraft an. Gerade der Bereich des Wuchers sei als normierte Sanktionsgrundlage nicht in der Lage, den tatsächlichen flexiblen Verhältnissen im alltäglichen Verkehr Herr zu werden.[552]
In der Tat wird man den realen Hintergrund dieser Skepsis unter Betrachtung der strafrechtlichen Kriminalstatistiken nicht leugnen können. Insoweit wird man auch nicht feststellen können, daß bspw. nach Schaffung der legislativen Strafrechtsgrundlagen 1893 die beschriebene Ausbeutungsausweitung in diesen Statistiken als Repressionserfolge ihren Niederschlag gefunden hätte. Gleichgültig ist hier zudem, welche Phase und gesetzliche Orientierung der Wucherregelungen als Anschauung dient. Sei es die Phase der fixierten Zinsmaxima des frühen 19. Jahrhunderts und deren dementsprechenden Umgehung zur straflosen Ausbeutung im Wege nicht sanktionierter Rechtsgeschäfte außerhalb des Kreditbereiches[553], sei es die Phase der unbestimmt formulierten Kreditwuchersanktion durch das Reichsgesetz vom 24. Mai 1880 mit der entsprechend vernichtenden Kriminalstatistik (Anklagen/Verurteilungen reichsweit: 1882: 176/98, 1886: 104/42, 1890: 64/22[554]), sei es die Phase nach der Wuchergesetznovelle von 1893 mit der Regelung der rechtsgeschäftlich-unspezifizierten Wuchersanktion (1896-1902 reichsweit 581 Anklagen we-

---

bezeichnet haben. Bei uns geht man nun damit um, eine Ausnahme zu schaffen, wie sie in so umfassender Weise nur selten versucht worden ist.".

[551] Die Kritik an der Gestaltung der Wuchernorm nimmt auch im 20. Jahrhundert nicht ab, wenn diese auch nur vereinzelt auftritt. Als Ansatzpunkt erweist sich hier die `zu unbestimmte` Formulierung, deren Angleichung an die realen Verhältnisse eine ausdrücklichere Bestimmung i.S. eines klareren Unrechtsbewußtseins erfordere, vgl. bspw. von Hippel, S. 110ff; Schwarz, S. 11ff; Bender, Konsumentenkredit, S. 1129 (1131ff). Besonderer Erwähnung bedarf die Schrift von *Mangold* aus dem Jahr 1938, der bedrückend die Schattenseiten einer im Einzelfall auszulegenden Norm verdeutlicht: *„Die neue Zielsetzung und die hieraus erwachsenden Forderungen bedingten, natürlich nicht nur eine Erneuerung des öffentlichen Rechts, sondern haben auch die unserem Bürgerlichen Gesetzbuch zu Grunde liegenden Anschauungen und Wertungen zum Wanken gebracht und dringen in immer stärker werdendem Maße in das Rechtsgebäude ein. Mannigfache Wege, nationalsozialistischem Gedankengut Eingang in das geltende Bürgerliche Recht zu verschaffen, stehen dem Richter des neuen Staates schon heute offen. Man denke nur an die §§ 157, 242, 138 BGB."*, Mangold, Das Rückforderungsrecht des Wucherers, S. 11.

[552] Vgl. insoweit zu dieser im Rahmen der Generaldiskussion um die Wuchergesetznovelle v. 1893 immer wieder eingebrachten Befürchtung Stenogr. Ber. RT., 8. Lp., II. Session 1892/93, Drucks. Nr. 141; ähnlich auch *„Die Post"* v. 17.12.1891 im Hinblick auf jedweden gesetzlichen Bekämpfungsversuch, Artikel „Die Erweiterung der Wuchergesetzgebung." *(Bestand BArchV, Akte R 3001/6251).*

[553] Vgl. hierzu unten B.I.3b).

[554] Statistik nach Peschke, Handwörterbuch der Staatswissensch., S. 1081 (1093).

gen Wuchers, Verurteilungen davon 246[555]), oder sei es die jüngste Vergangenheit (Bekanntwerden von Wucherdelikten nach den polizeilichen Kriminalstatistiken für die Jahre 1971-1977 ca. 0,01%, nach den Strafverfolgungsstatistiken 1970-1977 sind für diese Jahre bundesweit von 5.487.661 mit Verurteilung endende registrierte Straftaten auszugehen, wovon gerade 124 Verurteilungen den §(§) 302a (ff) StGB zuzurechnen sind[556]) – die Statistik scheint die generelle Unmöglichkeit der Wucherbekämpfung zu bestätigen. Insofern ist auch die berühmt gewordene resignative Feststellung *Tröndles* im Rahmen des 'Sonderausschusses des Deutschen Bundestages für die Strafrechtsreform' des 1. WiKG 1976 zu verstehen: *„Wucherer brauchen ihre Verurteilung fast ebensowenig zu fürchten, wie bei der Promenade vom Blitz erschlagen zu werden."* [557]

Gleichwohl gilt es zu beachten, daß gerade für das Wucherdelikt des strafrechtlichen Bereichs von typischen Eigenarten für dieses auszugehen ist; Eigenarten, welche die Statistiken im Ergebnis relativieren. Schon die *'Hessische Morgen Zeitung'* schreibt 1888: *„Der Wucher scheut, wie dies auch bei andern Verletzungen der Sittengesetze der Fall ist, die Oeffentlichkeit, er wirkt im Verborgenen. Der Wucher aber kleidet seine Geschäfte in möglichst unschuldige Gewänder und seine Opfer helfen ihm dabei, denn sie schämen sich, nicht blos weil sie ihre finanzielle Lage geheim halten wollen, sondern auch, weil sie an einem ehrlosen Handel theilgenommen, mit anrüchigen Geschäftsleuten sich eingelassen haben."* [558]

Gerade diesen psychologischen Aspekt des 'Täter-Opfer-Verhältnisses' beschreibt *Hohendorf* anschaulich als primären und beachtenswerten Hintergrund der geringen kriminalstatistischen Bedeutung des Wucherdelikts.[559] So ist der Bewucherte oftmals nicht bereit, den Strafverfolgungsbehörden Kenntnis davon zu verschaffen, daß er Opfer einer Straftat geworden ist, die sein Unvermögen, ausgewogene Geschäfte abzuschließen, nach außen offen darlegen.[560] Auch ist häufig festzustellen, so Hohendorf, *„daß ein Teil der Bewucherten, die aufgrund einer Zwangslage einen wucherischen Vertrag geschlossen haben, vermeiden wollen, jemanden, von dem sie in ihrer Notlage „Hilfe" bekommen haben, anzuzeigen und dadurch für zukünftige*

---

[555] Zahlen nach Schmidt, Wucher und Ausbeutung, S. 232; vergleichsweise wurden in dieser Zeitspanne wegen einfachen Diebstahls 638.946 Personen angeklagt, 501.969 (ca. 79%) verurteilt, wegen einfachen Betruges 205.061 Personen angeklagt und davon 145.824 (ca. 71%) verurteilt, Zahlen nach Hohendorf, S. 27.

[556] Zahlen nach Hohendorf, S. 28; nach dem Statistischen Bundesamt (Fachserie 10, Rechtspflege: Reihe 3: Strafverfolgung) wurden wegen Kreditwuchers als verbreitetsten Wucherbereich in den Jahren 1975: 3, 1976:3, 1977:3, 1978:0, 1979:2 und 1980: 1 Person verurteilt. Ein ähnlicher Trend gilt für die Jahre 1995-1999 (vgl. auch die Statistischen Jahrbücher des Statistischen Bundesamtes (Hrsg.), Wiesbaden.

[557] Prot. des Sonderausschusses des Dt. BT. für die Strafrechtsreform, VII, S. 2561.

[558] *„Hessische Morgen Zeitung"* v. 06.03.1888, Artikel „Die Entstehung der Wuchergesetzgebung im ehemaligen Kurfürstenthum Hessen." *(Bestand BArchV, Akte R 3001/6251).*

[559] Hohendorf, S. 29-33 mit weiteren Literaturverweisen, deren vorrangige Befassung auf diese Problematik gerichtet ist; vgl. auch Otto in NJW 82, S. 2745 (2745).

[560] Hohendorf, S. 29f.

Zwangslagen ihren Retter verlieren".[561] Weitere psychologische Hintergründe der statistisch geringen Bedeutung des Wucherdelikts sind nach Hohendorf die Unerfahrenheit der Opfer in rechtlichen Angelegenheiten, die damit verbundene Scheu, *„etwas mit Polizei, Staatsanwaltschaft und Gerichten zu tun haben zu wollen"* und schließlich die Furcht vor eigener Bestrafung bei vorangegangenen Falschauskünften zur Erlangung der sodann überlassenen wucherischen Leistungen (bspw. Solvenzauskünfte zur Krediterlangung).[562]

Diese Einschätzung erweist sich als treffend, zeigt sie doch auch die wucherspezifischen Umstände auf, die bei der Beurteilung der Effektivität einer Wuchernorm bedacht werden müssen. Schon weil diese psychologischen Hintergründe ein spezielles Merkmal des Wuchers darstellen, das nicht ohne weiteres auf andere Vermögensdelikte übertragbar ist, erscheint die auf absolute Zahlen konzentrierte Vergleichsbetrachtung der Kriminalstatistiken fragwürdig.[563] Ergänzend ist aus heutiger Sicht festzustellen, daß im Rahmen der Strafstatistiken eine 'Erfolgsdunkelziffer' nicht zum Ausdruck kommt, obwohl sie im Hinblick auf die Effektivität der legislativen Wucherbekämpfung den wohl noch bedeutenderen Effekt zeitigt. So ist die präventive Seite der Wuchernormen, vor allem die der modernen zivilrechtlichen Regelung, ein weitaus schlagkräftigeres Mittel, der Leistungsäquivalenz im Geschäftsverkehr zum Erfolg zu verhelfen, als die Repressionsfolgen der strafrechtlichen Seite. Gerade die Möglichkeit der Ermessensbeurteilung des Richters durch die rechtstheoretisch-unbestimmte Wuchernorm verhindert eine Flexibilität des Wucherers, das Rechtsgeschäft im vorhinein so auszugestalten, daß sich dieser der zivilrechtlichen Wirksamkeit des wucherischen Geschäfts sicher sein kann. Der Wucherer muß sich darüber im klaren sein, daß sich sein Geschäftspartner bei Übervorteilung im Rechtsverkehr durch die Möglichkeit der 'legitimen Leistungsverweigerung' auch auf dem Rechtsweg zur Wehr setzen kann.[564] Die mangelnde Bestandssicherheit des wucherischen Rechtsgeschäfts (gleich welcher Art) mindert dessen 'Wert' für den Wucherer von vornherein beträchtlich.[565] Und da genau dieser Wert, die eigene Bereicherungsab-

---

[561] Hohendorf, S. 30; ähnlich Otto in NJW 82, S. 2745 (2745).

[562] Hohendorf, S. 30f.

[563] Vgl. auch zur Eigenart des Wucherdelikts in bezug auf die besondere Täter-Opfer-Konstellation oben Fn. 33.

[564] Ähnlich sieht es auch *Amm*, der die strafrechtliche Wucherregelung als fragwürdig bezeichnet, resp. dieser gar den Bestandssinn abspricht, da durch den zivilrechtlichen § 138 II ausreichende und effektive Vorsorge getroffen sei. Der Wucherer brauche nach Amm gar nicht bestraft zu werden. Es reiche die Möglichkeit (derer sich der Wucherer bewußt ist) der sodann rechtmäßigen Erfüllungsverweigerung durch das Opfer. Kritisch ist allerdings zu Amm anzumerken, daß durch die zweifelsohne richtig interpretierte Wirkung des § 138 II die zusätzlich bestehende Präventionsgrundlage des (jetzigen) § 291 StGB (§ 302a StGB a.F.) und dessen Sinn keinesfalls als fragwürdig zu bezeichnen ist, da dieser seine Wirkung ebenso im Sinne der Prävention erfüllt und als Teil der wucherrechtlichen Gesamtprävention zu verstehen ist, vgl. Amm, S. 125, 126.

[565] Anstelle der im BGB gewählten Nichtigkeitsfolge sind auch andere Möglichkeiten zivilrechtlicher Reaktion denkbar. Art. 21 des schweizerischen Obligationenrechtes gewährt etwa dem 'Verletzten' die Möglichkeit, sich binnen Jahresfrist von dem ihn benachteiligenden Vertrag zu lösen und das Geleistete zurückzuverlangen. Verbindungen zur einzig verbliebenen Schutznorm in der Zinsfreiheits-

sicht, der Zweck eines jeden Vermögensdeliktes ist, so ist auch gleichzeitig die Motivation zu dessen Begehung gering, der Präventionserfolg ist gegeben. Dieser Präventionserfolg basiert dabei weit mehr auf dem beschriebenen Umstand der fragwürdigen zivilrechtlichen Durchsetzbarkeit der überhöhten Forderung, als auf der Furcht vor – für einen im Sinne der strafrechtlichen Deliktsbegehung mit krimineller Energie ausgestatteten Täter - `überschaubaren` strafrechtlichen Sanktionsfolgen.
An dieser Stelle schließt sich auch wieder der Kreis zur Kritik und Skepsis gegenüber der modernen unbestimmten Wuchergesetzgebung. Die Kriminalstatistiken bestätigen – oberflächlich betrachtet – die Kritik gegenüber der modernen Wuchergesetzgebung, obgleich die Kritik gerade durch den Präventionseffekt der zivilrechtlichen Seite relativiert wird. Konkret beweisbar ist der Vorteil dieser These nicht, lassen sich doch die Absichten und Beweggründe von Wucherern bei der Abwägung der Frage nach einer eventuellen Tatausführung kaum statistisch erfassen. Dennoch läßt sich zur Untermauerung dieser These feststellen, daß in Phasen der konkret fixierten Wuchermerkmale (wie durch Zinsmaxima[566]), oder der zwar unbestimmt im Hinblick auf das Leistungsmißverhältnis formulierten, rechtsgeschäftlich aber spezifizierten Regelungen (wie dem Wuchergesetz vom 24. Mai 1880) zwar auch niedrige Kriminalstatistiken vorlagen, die Wucherer sich aber des von den Regelungen nicht umfaßten Bereiches bedienten, um dort ungehindert ihrem Treiben nachgehen zu können. Genau dies war mit Beginn der modernen Gesetzgebung nicht mehr möglich, da der Richter flexibel auf die Umstände des Geschäfts reagieren konnte, straflose oder zivilrechtsfolgenlose Nischen nicht bestanden. Insoweit ist bei der Betrachtung der Phasen nach Beginn der modernen Ära auch keine Verlagerung der wucherischen Aktivitäten zu erkennen[567] - ganz im Gegensatz zur beispielhaften Phase zwischen 1880 und 1893. Oberflächlich betrachtet muß man folglich bei der Beurteilung der Effektivität der modernen Wuchergesetzgebung unter Zugrundelegung der Kriminalstatistiken deren Erfolg in Frage stellen. Betrachtet man aber die Überlegungen zu den psychologischen Hintergründen, die speziellen Eigenarten des Wuchers, die präventive Wirkung der zivilrechtlichen Regelung und die nach 1893 und 1900 nicht mehr nachweisbare Verlagerung der Wuchergeschäfte, so läßt sich ein Fortschritt und Erfolg der modernen unbestimmten Wuchergesetzgebung nicht abstreiten.

---

phase der zweiten Periode des 19. Jahrhunderts und deren Nachfolger, des § 247 BGB, sind unverkennbar.

[566] Vgl. vor allem zum Problem der Umgehungsgeschäfte noch unten B.I.3b).

[567] Dies gilt jedenfalls, wenn man die Phase des Kriegswuchers des ersten Weltkrieges außer Betracht läßt, was sich jedoch aufgrund der eigenständigen Hintergründe dieser Zeitspanne von selbst ergibt.

d) Die wichtigsten Erscheinungsformen des Wuchers nach geltendem Recht

Das auf der beschriebenen Grundlage entstandene moderne Wucherwesen definiert sich nach seinem legislativen Verständnis nicht nur durch seine Niederlegung in verschiedenen Gesetzen und seiner Rechtstechnik, sondern auch durch seine materielle Schutzrichtung.

Der rechtspolitische Zweck der im dargestellten Rahmen entstandenen modernen Wuchergesetzgebung ist der Schutz der Einzelpersönlichkeit; das moderne rechtstheoretisch-unbestimmte Wucherwesen war das notwendige Ergebnis einer legislativen Entwicklung hin zur allgemeingültigen, das einzelne Subjekt schützenden Norm, dem Individualwucher. Dieses Wesen des Individualwuchers besteht darin, daß es dem Wucherer gelingt, eine im Gesetz festgelegte 'individuelle' Schwächesituation (Zwangslage, Unerfahrenheit, Mangel an Urteilsvermögen, erhebliche Willensschwäche) des Bewucherten – trotz durchaus funktionierenden Wettbewerbs und ausgeglichener Marktlage – zur Durchsetzung überhöhter Preise auszunutzen (gleichgültig ob im Bereich des Kredit- oder des Sachwuchers).[568]

Dem gegenüber steht der Sozialwucher, eine spezifische Erscheinung des Wuchers nach modernem Recht, der regelungsnotwendige Sondertatbestände des Wuchers zum Inhalt hat und primär eine Erscheinung des 20. Jahrhunderts ist.[569] Der rechtspolitische Zweck des Sozialwuchers ist der Schutz vor Preiserhöhung unter Ausnutzung wirtschaftlicher Nöte der Allgemeinheit. Insoweit ist unter Sozialwucher das wucherische Vorgehen zu verstehen, das nicht auf die Übervorteilung eines einzelnen Vertragspartners, sondern von vornherein auf die Gesamtheit der Bürger ausgerichtet ist.[570] Der Sozialwucher zielt dabei keineswegs auf die Einzellage des übervorteilten Schuldners, sondern vielmehr auf die volkswirtschaftliche Gesamtsituation.[571] Folglich ist der Sozialwucher auch vorrangig eine Erscheinung von Kriegs- und Krisenzeiten, dessen primärer Gegenstand die Spekulation mit der Not der Gemeinschaft ist, die etwa durch die Zurückhaltung von Waren seitens der Verkäufer noch erheblich vergrößert wird.[572]

---

[568] Schauer, Grenzen der Preisgestaltungsfreiheit, S. 40f; vgl. auch Lenzen, S. 1; Griesinger, S. 8f; Hohendorf, S. 20f; Häussler, S. 7; vgl. ebenso zur Rechtsprechung RGSt 60, 81 (83), Urt. v. 05.02.1926; RGSt 60, 216 (225), Urt. v. 04.05.1926; RGSt 58, 321 (325), Urt. v. 21.10.1924; BGHSt 11, 182 (183, 185f), Urt. v. 03.12.1957.

[569] Vgl. Lenzen, S. 1; Hohendorf, S. 24; Zimmermann, S. 39f.

[570] Schon früh wird die Unterscheidung zwischen Individualwucher und Sozialwucher von *Alsberg* kritisiert. Nach Alsberg ist schon vom Standpunkt sozialökonomischer Betrachtungsweise dem Individualwucher der Schutz *„ganzer Volksklassen"* immanent (vgl. Alsberg, S. 17 Fn. 2). *Roquette* hält dem zu Recht entgegen, die Regelungen der Individualwuchertatbestände seien schon aufgrund ihres Wortlauts auf die Einzelpersönlichkeit des Opfers angelegt. Auch seien, wie Roquette ebenso zu Recht anmerkt, die Rechtsfolgen des Sozialwuchers notwendigerweise andere als diejenigen beim – vor allem zivilrechtlichen – Individualwucher, vgl. Roquette, Wucher im Zivilrecht, S. 6.

[571] Hohendorf, S. 24f; Franke, S. 125; Griesinger, S. 8.

[572] Franke, S. 125; Schauer, Grenzen der Preisgestaltungsfreiheit, S. 41.

Vor allem bildeten die Auswüchse im wirtschaftlichen Verkehr während des ersten Weltkrieges die Grundlagen für den Gesetzgeber, wiederum neue Bahnen in der Wuchergesetzgebung zu beschreiten und das Institut des Sozialwuchers zu konstruieren. Zum Schutz der Allgemeinheit gegen übermäßige Preissteigerungen des unentbehrlichen täglichen Bedarfs wurde eine umfangreiche Sozialwuchergesetzgebung geschaffen. Ihrem Zweck entsprechend traf sie einschneidende Maßnahmen wie bspw. Bestimmungen gegen preistreibende Machenschaften, gegen Höchstpreisüberschreitungen, gegen Schleich- und Kettenhandel, Warenzurückhaltung, gegen den Preis-, Leistungs- und Provisionswucher.[573] Die Individualwucherregelungen traten in dieser Zeit in den Hintergrund[574], da sie ungeeignet waren, der Vielzahl der spezifischen Probleme Herr zu werden und die Allgemeinheit gegen diese dramatischen Begleiterscheinungen des Krieges zu schützen.[575]

Aus der zweckpolitischen Gegenüberstellung der Bereiche des Sozial- und Individualwuchers ergibt sich insoweit – auch unter Betrachtung der dargestellten Individualwucherentwicklung im letzten Drittel des 19. Jahrhunderts – die ausschließliche Assoziation des Sozialwuchers mit Zeiten schwerer wirtschaftlicher und auch politischer Krisen und Allgemeinnot. Die in diesem Sinne bestehenden dramatischen Verhältnisse zur Zeit des ersten Weltkrieges erforderten eine entsprechende gesetzliche Regelung zur Eindämmung der existenziellen Probleme, so daß sich die in dieser Phase entwickelnde Sozialwuchergesetzgebung als grundsätzliche Erscheinung des 20. Jahrhunderts bezeichnen läßt. Diese weist mit der eigentlichen legislativen Entwicklung der Wucherproblematik im 19. Jahrhundert hin zur modernen Individualwuchergesetzgebung keinen näheren Zusammenhang auf und bedarf insoweit einer eigenständigen, auf das 20. Jahrhundert bezogenen Untersuchung.[576] Gleichwohl sei aber ergänzend erwähnt, daß die sozialwucherorientierte \`Gelegenheitsgesetzgebung\` und der dahinter stehende Gedanke der \`legislativen Notfallabhilfe\` gegen

---

[573] Die einzelnen während des Krieges und noch nach dem Krieg geschaffenen Sozialwucherbestimmungen sind die aufgrund gesetzlicher Ermächtigung ergangenen Verordnungen über Höchstpreisüberschreitung, Gesetz v. 04.08.1914 in den Fassungen v. 17.12.1914 und 23.03.1916 und PreistreibereiVO v. 08.05.1918 (Preiswucher), die sog. KettenhandelVO v. 24.06.1916, die Vorschrift des § 49a des Mieterschutzgesetzes v. 01.06.1923 in der Fassung v. 17.02.1928 über Raumwucher und die Vorschriften des Reichsmietengesetzes v. 24.03.1922 i.d.F. der Bekanntmachung v. 20.02.1928 über die gesetzliche Miete, vgl. Griesinger, S. 17; Peschke, Handwörterbuch der Staatswissensch., S. 1081 (1094ff); vgl. auch oben Fn. 275.

[574] Aus dieser Zeitspanne sind die mannigfachen, eigens zu dem Zweck der Verkehrsüberwachung und –regelung eingerichteten Wuchergerichte informationshalber hervorzuheben. Über die Zahl der Strafverfahren die vor Wuchergerichten anhängig waren, ist 1920 ein Bericht für den RT herausgegeben worden (RT- Drucks. Nr. 2700). Im ganzen Reich waren 1920 bei den Wuchergerichten 27.524 Strafverfahren anhängig, darunter in Preußen 18.875. Es wurden zu Geldstrafen 11.920 Personen verurteilt, zu Freiheitsstrafen 7.700. Anzumerken gilt es, daß in den angegebenen Archiven, deren Bestand auf die Themenstellung hin untersucht wurde, eine nahezu unübersehbare Fülle von Gerichtsberichten dieser Wuchergerichte in den dortigen Akten archiviert ist.

[575] Vgl. Griesinger, S. 17; Hohendorf, S. 25; Peschke, Handwörterbuch der Staatswissensch., S. 1081 (1094).

[576] Vgl. hierzu v.a. die Arbeit von Mayer im Hagen, der die gesamte Wuchergesetzgebung, auch die des Sozialwucherbereiches des 20. Jahrhunderts beleuchtet.

plötzliche und erhebliche Mißstände bereits im römischen Recht in Form verschiedener Sanktionsregelungen gegen spekulative Preistreiberei ihren Niederschlag fand.[577] So war bspw. die 'lex Julia de annona', erlassen durch Cäsar oder Augustus (über die genaue Herkunft herrscht Uneinigkeit), eine umfassende gesetzliche Regelung gegen Ausbeutung der Allgemeinheit durch Getreidespekulanten. Ähnliche Regelungen bestanden auch gegen das Zwischenhändlertum bei Lebensmitteln des täglichen Bedarfs.[578] Die mittelalterliche Gesetzgebung und mit ihr die Kirche sieht sich ebenso in der Pflicht, eine Preisregelung zur Verhinderung und zur Bekämpfung allgemeiner Notstände zu statuieren. Grundlage sind hierbei die dem freien Handel und dem Handel zur persönlichen Gewinnmaximierung an sich nicht günstig gegenüberstehenden christlichen Doktrin und der Lehre vom iustum pretium. Ergebnis dieser christlichen Wertegrundlagen ist eine herrschende Auffassung in der Kirche, die für sich das Recht in Anspruch nimmt, Maximalpreise zu bestimmen und die den Staat drängt, möglichst alle Waren und Leistungen unter Taxen zu stellen.[579] Insoweit besteht auch der Schutz gegen Sozialwucher im Mittelalter in einem äußerst umfangreichen System von Taxen für Waren und Arbeitsleistungen, das im Zunftwesen seinen Höhepunkt erreicht.

aa) Die grundlegenden Individualwucherbestimmungen des Straf- und des Zivilrechts, §§ 138 II BGB, 291 StGB

Das geltende Recht erfaßt in seinen Bestimmungen sowohl Individual- als auch Sozialwucher. Dabei bleiben die Individualwucherregelungen aufgrund ihrer phasenunabhängigen Präsenz und ihrer Nähe zum täglichen Geschäftsverkehr die Grundlagen der Wucherbekämpfung de lege lata.

§ 138 II BGB[580]

Nichtig ist insbesondere ein Rechtsgeschäft, durch das jemand unter Ausbeutung der Zwangslage, der Unerfahrenheit, des Mangels an Urteilsvermögen oder der erheblichen Willensschwäche eines anderen sich oder einem Dritten für eine Leistung Vermögensvorteile versprechen oder gewähren läßt, die in einem auffälligen Mißverhältnis zu der Leistung stehen.

§ 291 StGB

(gemäß der Neufassung des Strafgesetzbuches mit Geltung vom 01.Januar 1999, entsprechend § 302a StGB a.F.)[581]

---

[577] Vgl. Peschke, Handwörterbuch der Staatswissensch., S. 1081 (1094f).
[578] Vgl. Peschke, Handwörterbuch der Staatswissensch., S. 1095.
[579] Vgl. Peschke a.a.O., S. 1095.
[580] § 138 II neu gefaßt durch G. v. 29.07.1976 (BGBl. I S. 2034); vgl. zur Angleichung des § 138 II BGB an § 302a StGB Rühle, S. 49ff.

§ 291. Wucher. (1) Wer die Zwangslage, die Unerfahrenheit, den Mangel an Urteilsvermögen oder die erhebliche Willensschwäche eines anderen dadurch ausbeutet, daß er sich oder einem Dritten
1. für die Vermietung von Räumen zum Wohnen oder damit verbundene Nebenleistungen,
2. für die Gewährung eines Kredits,
3. für eine sonstige Leistung oder
4. für die Vermittlung einer der vorbezeichneten Leistungen
Vermögensvorteile versprechen oder gewähren läßt, die in einem auffälligen Mißverhältnis zu der Leistung oder deren Vermittlung stehen, wird mit Freiheitsstrafe bis zu drei Jahren oder mit Geldstrafe bestraft. Wirken mehrere Personen als Leistende, Vermittler oder in anderer Weise mit und ergibt sich dadurch ein auffälliges Mißverhältnis zwischen sämtlichen Vermögensvorteilen und sämtlichen Gegenleistungen, so gilt Satz 1 für jeden, der die Zwangslage oder sonstige Schwäche des anderen für sich oder einen Dritten zur Erzielung eines übermäßigen Vermögensvorteils ausnutzt.
(2) In besonders schweren Fällen ist die Strafe Freiheitsstrafe von sechs Monaten bis zu zehn Jahren. Ein besonders schwerer Fall liegt in der Regel vor, wenn der Täter
1. durch die Tat den anderen in wirtschaftliche Not bringt,
2. die Tat gewerbsmäßig begeht,
3. sich durch Wechsel wucherische Vermögensvorteile versprechen läßt.

aaa) Die Rechtsgeschäftsunabhängigkeit als Merkmal der modernen Wuchergesetzgebung

Der Individualwucherregelungsbereich des Zivil- und des Strafrechts ist in seiner heutigen Form die zweckorientierte Fixierung des modernen Wucherwesens. Primärer Grundgedanke ist dabei entsprechend der modernen Auffassung des Wucherbekämpfungsrechtes, daß der Wucher überall dort auftreten kann, wo Leistungen gleich welcher Art erbracht werden.[582] Im Hinblick auf die Strafbestimmung kann mit *Tröndle* von einem nahezu *„uferlosen sachlichen Anwendungsbereich“* [583] gesprochen werden, der vom einfachen Bargeschäft des täglichen Lebens bis hin zum Ehevermittlungsvertrag reicht. Als ein das *„gesamte Rechtsleben umgreifender Tatbestand“* [584] ist § 302a StGB a.F. (= § 291 StGB Fassung 13. August 1997, 01. Januar

[581] § 302a StGB wurde durch Art. 1 Nr. 6 des 1. WiKG v. 29.07.1976 (BGBl. I S. 2034ff) eingefügt (Zusammenfassung der in §§ 302a-f StGB a.F. geregelten zahlreichen Einzelheiten in einen Tatbestand) und durch Art. 1 Nr. 2 `Gesetz zur Bekämpfung der Korruption` v. 13.08.1997 (BGBl. I S. 2038ff) unter dem § 291 des StGB eingeordnet. Die so enstandene Verlagerung des Wucherparagraphen wurde durch die `Neufassung des Strafgesetzbuches` v. 13.11.1998 (Inkrafttreten am 01.01.1999, BGBl. I S. 3321ff) übernommen.
[582] Vgl. Fischer in D/F, § 291 Rdnr. 2-4; vgl. auch Mayer-Maly in MüKo, § 138 Rdnr. 117; ebenso Sack in Staudinger, § 138 Rdnr. 175; BGH NJW 82, 2767 (2767), Urt. v. 08.07.1982.
[583] Tröndle, Prot. des Sonderausschusses des Dt. BT. für die Strafrechtsreform, VII, S. 2560.
[584] Tröndle a.a.O.

1999) und damit auch der wesensgleiche § 138 II BGB geeignet, weitgehend lückenlosen Schutz vor überhöhten Preisen in allen Bereichen des Verkehrslebens zu gewähren.
Aus rechtshistorisch vergleichender Sicht ist dieser rechtsgeschäftlich unspezifizierte Anwendungsbereich der Individualwucherregelungen eines der beiden wesentlichen Merkmale, die im Hinblick auf die gesetzliche Festlegung des Wuchers im 19. Jahrhundert und ihrer Unterschiede zur modernen Gesetzesauffassung von besonderer Relevanz und Interesse sind. So beinhaltet die gesetzliche Umsetzung des Wucherverbots im 19. Jahrhundert mit dem an einem Zinsmaximum orientierten Kreditgeschäft das Merkmal, daß der Wucher zum einen außerhalb der Kreditgeschäfte nicht sanktionierbar war und zum anderen, daß die Bestimmung der Äquivalenzstörung anhand eines streng definierten Grenzbereiches zwischen akzeptablem und wucherischem (Zins-)Geschäft erfolgte.[585]
Die modernen Individualwuchernormen[586] sind so angelegt, daß ihr Anwendungsbereich ein zwei- oder mehrseitiges Rechtsgeschäft voraussetzt, in dem einer Leistung gleich welcher Art (*„sonstige Leistung"* gemäß § 291 I 1 Nr. 3 StGB, *„Nichtig ist insbesondere ein Rechtsgeschäft, (...) für eine Leistung"* gemäß § 138 II BGB), eine Gegenleistung gegenübersteht.[587]
Dabei normiert das strafrechtliche Wucherverbot als mögliche Erscheinungsformen des Wuchers explizit den Miet-, Kredit-, Leistungs- und Vermittlungswucher (§ 291 I 1 Nr. 1-4 StGB). Trotz dieser Auflistung ist der so gestaltete Sanktionsbereich gleichwohl nicht als abschließend anzusehen, da der Vorschrift nach einhelliger Auffassung der einheitliche, allgemeingültige Leistungswucher zugrundeliegt.[588] Daher sind auch die unter § 291 I 1 Nr. 1, 2 und 4 StGB ausdrücklich erwähnten Wucherformen lediglich als unselbständige Unterarten des Oberbegriffs \`Leistungswucher\` zu verstehen.[589]

---

[585] Vgl. hierzu eingehend unten B.I..
[586] Infolge der Angleichung der Formulierungen durch das 1. WiKG 1976 deckt sich der Wortlaut des § 138 II BGB mit der entsprechenden Regelung des § 291 StGB weitgehend. Geringfügige Auslegungsunterschiede treten aber im Hinblick auf die Struktur der Gesetze auf, vgl. insoweit v.a. die \`Additionsklausel\` und das \`Sandhaufentheorem\` (\`Überfüllung\` eines Tatbestandsmerkmals gleicht das Fehlen eines anderen Tatbestandsmerkmals aus), das im Strafrecht unzweifelhaft durch das Schuldprinzip ausgeschlossen ist, vgl. Sack in Staudinger, § 138 Rdnr. 174, 178, 217; Mayer-Maly in MüKo, § 138 Rdnr. 118; Stree in Schönke/Schröder, § 302a Rdnr. 30; Fischer in D/F, § 291 Rdnr. 21.
[587] Lackner, § 302a Rdnr. 2; Stree in Schönke/Schröder, § 302a Rdnr. 3, 7; Schäfer in LK, § 302a Rdnr. 5, 6; Fischer in D/F, § 291 Rdnr. 4; Heinrichs in Palandt, § 138 Rdnr. 66; Sack in Staudinger, § 138 Rdnr. 175; Mayer-Maly in MüKo, § 138 Rdnr. 117; BGH Fam RZ 90, 1343 (1344), Urt. v. 04.07.1990; BGH NJW 82, 2767 (2767), Urt. v. 08.07.1982; das entgeltliche Gegenleistungserfordernis das dem Rechtsinstitut Wucher schon aufgrund Natur der Sache immanent ist, schließt unentgeltliche Geschäfte, z.B. Bürgschaftsverpflichtungen (kein Leistungsaustausch zwischen Bürgen und Gläubiger) indes von vornherein aus, vgl. Sack in Staudinger, § 138 Rdnr. 176; Heinrichs in Palandt, § 138 Rdnr. 66; BGH NJW 89, 830 (831), Urt. v. 19.01.1989.
[588] Schäfer in LK, § 302a Rdnr. 6; Stree in Schönke/Schröder, § 302a Rdnr. 7; Hohendorf, S. 69f; Fischer in D/F, § 291 Rdnr. 4.
[589] Vgl. Schäfer in LK, § 302a Rdnr. 6.

Somit unterliegt auch § 291 StGB (wie § 138 II BGB) dem Prinzip des modernen Wucherbekämpfungsrechtes, das durch eine generalklauselartige Gesetzesbestimmung die rechtsgeschäftlich-spezifizierte Behandlung des Wucherverbots umgeht und zu einer flexiblen Anwendung im Einzelfall gelangt und dabei den *„gesamten denkbaren Bereich rechtsgeschäftlicher Tätigkeit“* [590] abdeckt.

bbb) Die Festlegung des `auffälligen Mißverhältnisses` als Überwindung der klassischen Zinsmaxima beim Kreditgeschäft

Letztendlich entscheidendes Kriterium zur Bestimmung des Wuchers ist de lege lata neben den subjektiven Tatbestandsmerkmalen das Leistungsmißverhältnis, mithin die potentiell wucherischen *„Inkongruenzen beim Leistungsaustausch“*.[591] Die dargestellte Entwicklung zum modernen gesetzlichen Wucherverbot zeichnet sich neben der Unabhängigkeit vom Rechtsgeschäftsbezug durch ihre Überwindung des kreditgeschäftlichen Zinsmaximums als Bemessungsgrundlage des wucherischen Geschäfts aus. Das geltende moderne Individualwucherrecht ersetzt dieses Prinzip des starren Zinsmaximums durch die flexible, für den Einzelfall zu bestimmende Formulierung des `auffälligen Mißverhältnisses`. Im Hinblick auf die ausschließliche Wucherverbotsorientierung des Gesetzgebers im 19. Jahrhundert auf den Bereich der Kreditgeschäfte sind aus vergleichender rechtshistorischer Sicht die Bemessungsgrenzen des Wuchers beim Kreditgeschäft nach geltendem Recht von besonderem Interesse.

Grundsätzlich sind zur Feststellung eines Mißverhältnisses zwischen Leistung und Gegenleistung die Vermögensvorteile, die dem Wucherer aus dem Geschäft zufließen sollen oder zugeflossen sind, mit seiner Leistung zu vergleichen; nicht zu berücksichtigen sind also die Vorteile, die der Bewucherte mit der Leistung erlangt oder sich verspricht. Während sich die Zins-Wucher-Gesetzgebung im 19. Jahrhundert zur Bestimmung eines solchen `Mißverhältnisses` festgelegter Zinshöchstgrenzen (reiner Nominalzins) im Rahmen von ca. 4 bis 6% für den privaten Kreditverkehr bediente[592], muß de lege lata anhand einer Gesamtwürdigung aller Umstände des Einzelfalles festgestellt werden, ob ein Mißverhältnis zwischen Leistung und Gegenleistung beim Kreditgeschäft auffällig i.S.d. §§ 291 StGB, 138 II BGB ist.[593] Besonderer Berück-

---

[590] Tröndle, Prot. des Sonderausschusses des Dt. BT. für die Strafrechtsreform, VII, S. 2560.
[591] Tröndle a.a.O.
[592] Vgl. zur Zinsmaximaperiode unten B.I..
[593] Sack in Staudinger, § 138 Rdnr. 177; Mayer-Maly in MüKo, § 138 Rdnr. 120; Otto in NJW 82, 2745 (2746); Fischer in D/F, § 291 Rdnr. 16; Stree in Schönke/Schröder, § 302a Rdnr. 15.

sichtigung bedarf es dabei der jeweilig vorherrschenden Kapitalmarktsituation[594] sowie des Risikos, das mit der Kreditvergabe für den Gläubiger verbunden ist.[595] Vornehmlich diese Beurteilung nach Einzelfallaspekten verhindert einen beim Kreditgeschäft ausgehandelten Zinssatz von vornherein explizit als `wucherisch überhöht` zu bezeichnen – die Schwankungen in der Beurteilung über einen solch außergewöhnlich hohen Zinssatz können aufgrund dieser Umstände bedeutend sein.[596] Relevant sind dabei Fragen des Risikos der Zahlungsunfähigkeit des Schuldners, des Wertes der bestellten Sicherheiten (Art und Wert der Sicherheiten, Pfandbestellung, Sicherungsübereignung, Hypothek, Bürgschaft, Lohnabtretung etc.), des Risikos von Preis- und Wertschwankungen während der Vertragslaufzeit sowie der Laufzeit und der Höhe des Kredits im allgemeinen.[597] Derartige besondere Risiken für den Gläubiger bei der Kreditvergabe werden bei der Beurteilung des auffälligen Mißverhältnisses, je höher diese Risiken sind, einen umso höheren realen Zinssatz des Kreditgeschäfts rechtfertigen können.

Die Basis der Vermutung eines auffälligen Mißverhältnisses liegt dabei in dem realen, dem Kreditgeschäft zuzuordnenden Zinssatz. Das Mißverhältnis ist danach auffällig, wenn für den Kundigen ein unverhältnismäßiger Wertunterschied zwischen den Leistungen unnmittelbar ins Auge springt.[598] Wann jedoch der Wertunterschied unverhältnismäßig ist, ist eine Frage, die sich nach dem allgemeinen Marktwert für die Leistung richtet[599], folglich dem Wert, der sich in einer freien Marktwirtschaft aus Angebot und Nachfrage ergibt.[600] Dabei muß der primäre Bemessungsmaßstab für die heutige Auslegung des `auffälligen Mißverhältnisses` beim Kreditgeschäft die Anlehnung an den allgemeinen Kreditverkehr der Kreditinstitute sein. Dies folgt zum einen aus den schwer greifbaren Vergleichsmaßstäben des Privatkreditverkehrs und zum anderen aus der für den heutigen Kreditverkehr wesentlich größeren Bedeutung des Institutkredits. Als Vergleichsmaßstab dient hier der sog. `effektive Jahreszins`, der den Jahrespreis für den Kredit unter Zugrundelegung seiner Laufzeit, des Auszahlungsbetrages, der Tilgungsleistungen, des Zinssatzes und der Kosten widerspie-

[594] Vgl. BGH DB 76, 766 (766), Urt. v. 03.03.1976.
[595] Vgl. BGH BB 75, 1129 (1130), Urt. v. 04.07.1975; RGZ 86, 296 (300), Urt. v. 23.02.1915; OLG Köln NJW 68, 1933 (1934), Urt. v. 08.03.1968; OLG Köln NJW 68, 1934 (1935), Urt. v. 28.06.1968; LG München I MDR 76, 399 (400), Urt. v. 20.11.1975; Sack in Staudinger, § 138 Rdnr. 177; Schäfer in LK, § 302a Rdnr. 38; Lackner, § 302a Rdnr. 5.
[596] Vgl. BGHZ 69, 295 (300f), Urt. v. 29.09.1977; BGH NJW 82, 2767 (2767), Urt. v. 08.07.1982; BGH BB 90, 1509 (1510), Urt. v. 19.06.1990.
[597] Sack in Staudinger, § 138 Rdnr. 177; BGH NJW 82, 2767 (2767), Urt. v. 08.07.1982; RG JW 35, 126 (126), Urt. v. 26.10.1934; OLG Karlsruhe NJW 88, 1154 (1156), Beschl. v. 09.02.1988; Schäfer in LK, § 302a Rdnr. 31; Heinrichs in Palandt, § 138 Rdnr. 66.
[598] Vgl. BayObLG NJW 85, 873 (873), Beschl. v. 31.08.1984.
[599] Schäfer in LK, § 302a Rdnr. 34.
[600] BayObLG NJW 85, 873 (873), Beschl. v. 31.08.1984; Schäfer in LK, § 302a Rdnr. 34; Lackner, § 302a Rdnr. 3; Otto in NJW 82, 2745 (2746); Sack in Staudinger, § 138 Rdnr. 179; BGHZ 125, 135 (137), Urt. v. 16.02.1994.

gelt.[601] Diesem 'effektiven Jahreszins' wird der sog. 'Schwerpunktzins', ein aufgrund von Auskünften zahlreicher Kreditinstitute ermittelter und in den Monatsberichten der Deutschen Bundesbank laufend veröffentlichter Jahresdurchschnittspreis für Ratenkredite gegenübergestellt.[602]

Letzterer ist der mittlerweile anerkannte Vergleichsmaßstab[603], da hierdurch der Problematik des naturgemäß schwerlich feststellbaren, marktüblichen Durchschnittszinses am genauesten begegnet werden kann.[604] Dem liegen Erhebungen zugrunde, zu der über 430 Kreditinstitute herangezogen werden. Bis September 1981 beschränkte sich diese Erhebung auf Kredite von DM 2.000,- bis DM 5.000,- mit einer Laufzeit von 12 bis 24 Monaten, ehe der repräsentative Rahmen der Kredite sodann auf DM 10.000,- erhöht und die Laufzeit auf 48 Monate erweitert wurde.[605] Im Ergebnis stellt der Schwerpunktzins den Durchschnittszins ohne Berücksichtigung von jeweils 5% der Kreditinstitute mit den höchsten und geringsten Zinsen fest.[606]
Ist im Rahmen der Individualwucherregelungen festzustellen, ob Leistung und Gegenleistung in einem auffälligem Mißverhältnis stehen, ist die Leistung des Kreditnehmers für den Kredit (Effektivzinssatz) an dem Schwerpunktzins zu messen.

Bei der Leistung des Kreditnehmers ist zu bedenken, daß dieser nicht nur den Nominalzins als Gegenleistung für die Möglichkeit der Kapitalnutzung schuldet, sondern außerdem einmal zu entrichtende Kosten wie Antrags- oder Bearbeitungsgebühren und Vermittlungskosten, die im Endeffekt ebenso eine Vergütung für die Kapitalüberlassung darstellen.[607] Solche Kosten lassen sich gleichermaßen rechnerisch als Bruchteil des Gesamtpreises erfassen. Auf ein Jahr bezogen ergeben sie zusammen mit dem Nominalzins die tatsächliche Belastung des Kreditnehmers, die prozentual ausgedrückte Gegenleistung. Diese ist der 'effektive Jahreszins', also die gemäß § 4 II 1 VerbrKrG in einem Vomhundertsatz des Nettokreditbetrages oder des

---

[601] Vgl. OLG Karlsruhe NJW 88, 1154 (1154f), Beschl. v. 09.02.1988; AG Kamen NJW 91, 1065 (1065f), Urt. v. 29.11.1990; BGH NJW 88, 1659 (1660), Urt. v. 24.03.1988; Otto in NJW 82, 2745 (2747ff); Hohendorf, S. 115ff; BGH NJW 87, 2220 (2221), Urt. v. 05.03.1987; BGH WM 88, 647 (648f), Urt. v. 24.03.1988; BGH NJW 88, 818 (818), Urt. v. 05.11.1987; OLG Frankfurt a.M. (Kassel) NJW-RR 88, 305 (305f), Urt. v. 12.01.1988; Schmelz, S. 77ff; Emmerich/Kessler, S. 13ff; Schwark, S. 31ff; Kessler, Probleme des Konsumentenratenkredits, S. 12ff; Steinmetz, S. 25ff.
[602] Vgl. BGHZ 80, 153 (158f), Urt. v. 12.03.1981; OLG Stuttgart NJW 79, 2409 (2410), Urt. v. 24.04.1979; Otto in NJW 82, 2745 (2746f); Steinmetz, S. 30ff; Kessler, Probleme des Konsumentenratenkredits, S. 13f; Schwark, S. 51ff; Emmerich/Kessler, S. 22ff; vgl. zur Veröffentlichung durch die Bundesbank auch www.bundesbank.de.
[603] BGHZ 80, 153 (162), Urt. v. 12.03.1981; BGH NJW 83, 1420 (1420f), Urt. v. 02.12.1982; BGH NJW 82, 2433 (2434), Urt. v. 08.07.1982; OLG München WM 85, 1262 (1262f), Urt. v. 28.06.1985; OLG Hamburg NJW 82, 942 (943), Urt. v. 30.10.1981; LG Freiburg MDR 80, 844 (845), Urt. v. 12.06.1980.
[604] Vgl. Emmerich/Kessler, S. 23f.
[605] Vgl. Schwark, S. 51; Kessler, Probleme des Konsumentenratenkredites, S. 14.
[606] Otto in NJW 82, 2745 (2746); Emmerich/Kessler, S. 24f.
[607] Otto in NJW 82, 2745 (2747); Graf von Westphalen/Emmerich/von Rottenburg, § 4 Rdnr. 118, 119; Schmelz, S. 78ff Rdnr. 201, 203-211; Schwark, S. 34ff; Steinmetz, S. 26f.

Barzahlungspreises anzugebende Gesamtbelastung pro Jahr.[608] Das VerbrKrG fordert explizit in § 4 I Nr. 1e) die Angabe des errechneten effektiven Jahreszinses für den Kreditvertrag als zivilrechtliche Verpflichtung.[609] Dabei wird gemäß § 4 II 2 VerbrKrG zur Berechnung des effektiven Jahreszinses auf § 4 PAngVO[610] verwiesen.[611]

Die Einbeziehung anderweitiger Faktoren neben dem einfachen Nominalzins zur Berechnung des effektiven Jahreszinses bei einem Ratenkredit erfordert eine generell vereinheitlichte Berechnungsmethode (die Ermittlung der effektiven Jahreszinsbelastung bei bedeutend langfristigen Krediten ist aufgrund der Unwesentlichkeit dieser Kredite i.R.d. Vorkommens von Kreditwucher von äußerst geringer Bedeutung). Bis zum Erlaß der PAngVO von 1985 war die sog. `Uniform-Methode` üblich und wurde auch von der Rechtsprechung anerkannt.[612]

Die Formel[613] für diese Methode lautet:

$$\frac{\text{Zinssatz p.m. X Laufzeit X 24}}{\text{Laufzeit + 1}}$$

Die sonstigen Gebühren, wie etwa Bearbeitungs- und Vermittlungsgebühren, sind in einem festen Prozentsatz in bezug auf das Nettodarlehen umzurechnen und wie folgt bei der Feststellung des effektiven Jahreszins zu berücksichtigen:

$$\frac{\text{Gebühren in \% X 24}}{\text{Laufzeit + 1}}$$

Die beiden erhaltenen Werte werden addiert und ergeben den effektiven Jahreszins. Der Nachteil dieser Methode ist, daß in Krediten mit kurzen Laufzeiten (unter 36 Monaten) tendenziell ein zu niedriger und in Krediten mit langen Laufzeiten (mehr als 60

---

608 Vgl. Graf von Westphalen/Emmerich/von Rottenburg, § 4 Rdnr. 118ff; Wimmer/Stöckl-Pukall, S. 24ff; Otto in NJW 82, 2745 (2747f); Hohendorf, S. 115; Schmelz, S. 78 Rdnr. 201ff.

609 Graf von Westphalen/Emmerich/von Rottenburg, § 4 Rdnr. 120; Vortmann, § 4 Rdnr. 20, 21.

610 Der Verweis in § 4 II VerbrKrG bezieht sich auf die PAngVO v. 1985. Diese wurde durch die `Erste Verordnung zur Änderung der PAngVO v. 03.04.1992` an die Vorgaben der Änderungsrichtlinie v. 22.02.1990 (EWG 90/88 (ABL. Nr. L 61/14 v. 10.03.1990)) `Richtlinie zur Änderung der Richtlinie 87/102/EWG zur Angleichung der Rechts- und Verwaltungsvorschriften der Mitgliedsstaaten über den Verbraucherkredit` angepaßt.

611 Vgl. zum Zweck von VerbrKrG und PAngVO v.a. Wimmer/Stöckl-Pukall, S. 1ff; Vortmann, § 4 Rdnr. 20; Bülow, S. 4ff.

612 Vgl. BGH NJW 79, 540 (541), Urt. v. 16.11.1978; BGH NJW 87, 2220 (2221), Urt. v. 05.03.1987; BGH NJW 87, 3256 (3258), Urt. v. 24.09.1987; BGH NJW 82, 2433 (2434), Urt. v. 08.07.1982; Schwark, S. 31f; Graf von Westphalen/Emmerich/von Rottenburg, § 4 Rdnr. 122ff; Vortmann, § 4 Rdnr. 24; Schmelz, S. 86 Rdnr. 219; Bülow, S. 20ff; Steinmetz, S. 25f.

613 Vgl. Bülow, S. 21; Schmelz, S. 86 Rdnr. 219.

Monaten) tendenziell ein zu hoher Effektivzins angegeben wird.[614] Diese Abweichungen bei der Berechnung des effektiven Jahreszins, die bei längerfristigen Krediten 3% und mehr betragen können, machen die Uniform-Methode im Ergebnis zu ungenau.[615] Deshalb liegt der PAngVO in ihrem § 4 die neueren finanzmathematischen Berechnungsweisen in Form der \`360-Tage-Methode\` und der \`Annuitäten-Methode\` zugrunde.

Die \`360-Tage-Methode\` ist dabei die wohl genaueste, aber gleichzeitig auch die komplizierteste finanzmathematische Berechnungsmethode zur Ermittlung des effektiven Jahreszinses. Diese Methode ist zwar äußerst exakt, aber nur iterativ durchführbar, da eine exakte Berechnung der Hilfe entsprechender computergestützter Berechnungsprogramme bedarf und ohne Verwendung dieser Mittel nicht durchführbar ist.[616] Daher soll, da mittels der schwer verständlichen Formel kein Beispiel zur Berechnung des effektiven Jahreszinses verdeutlicht werden kann, von einer Darstellung dieser Formel abgesehen werden.[617]

Aufgrund dessen hat sich auch in der Rechtspraxis die sog. \`Annuitätenmethode\` durchgesetzt, vor allem im Bereich von Kreditverträgen mit einer Laufzeit von mehr als 48 Monaten, bei denen die Uniform-Methode zu falschen Ergebnissen führt.[618]

Dabei verwendet die Rechtsprechung zur finanzmathematischen Berechnung die Tabellen von *Sievi/Gillardon/Sievi*.[619] Unter Zuhilfenahme dieser Tabellen erfolgt die Berechnung des effektiven Jahreszinses wie folgt: Zunächst sind Nettokapitalbetrag und Kreditkosten zu bestimmen. Danach ist der zum Vergleich zugrundezulegende Bruttogesamtkreditbetrag zu ermitteln, der dann durch die Vertragslaufzeit (Anzahl der Monatsraten) geteilt wird. Die sich daraus ergebende Durchschnittsrate ist mit 1000 zu multiplizieren und durch den Nettokapitalbetrag zu teilen. Das Ergebnis ist die Durchschnittsrate pro DM 1.000,- des Nettokapitalbetrages. Mit dieser Zahl wird sodann unter der angegebenen Laufzeit im Tabellenwerk der jährliche Effektivzins abgelesen.[620]

---

614 Vgl. Schwark, S. 31ff; Kessler, Probleme des Konsumentenratenkredits, S. 12ff; ähnlich Graf von Westphalen/Emmerich/von Rottenburg, § 4 Rdnr. 122.

615 Vgl. Graf von Westphalen/Emmerich/von Rottenburg, § 4 Rdnr. 122; Vortmann, § 4 Rdnr. 24; Heinrichs in Palandt, § 246 Rdnr. 6, 7; Steinmetz, S. 29; Emmerich/Kessler, S. 20f.

616 Vgl. Graf von Westphalen/Emmerich/von Rottenburg, § 4 Rdnr. 123; Schmelz, S. 86 Rdnr. 220; Steinmetz, S. 28f; Schwark, S. 31f.

617 Vgl. zur Formel der \`360-Tage-Methode\` Otto in NJW 82, 2745 (2748); Wimmer/Stöckl-Pukall, S. 48ff; Graf von Westphalen/Emmerich/von Rottenburg, § 4 Rdnr. 123, 124.

618 Vgl. Heinrichs in Palandt, § 246 Rdnr. 7; BGH NJW 87, 2220 (2221), Urt. v. 05.03.1987; BGH NJW 88, 1659 (1660), Urt. v. 24.03.1988; OLG Frankfurt a.M. (Darmstadt) NJW-RR 87, 998 (998), Urt. v. 26.06.1987; BGH NJW 88, 1661 (1662), Urt. v. 24.03.1988; BGH NJW 88, 818 (818), Urt. v. 05.11.1987; OLG Frankfurt a.M. (Kassel) NJW-RR 88, 305 (305f), Urt. v. 12.01.1988.

619 Sievi/Gillardon/Sievi, Effektivzinssätze für Ratenkredite; vgl. auch Schmelz, S. 86 Rdnr. 220; Heinrichs in Palandt, § 246 Rdnr. 7.

620 Vgl. zur \`Annuitätenmethode\` und ihrer Berechnung Meiwes, S. 176f; Schmelz, S. 86ff Rdnr. 220ff; Heinrichs in Palandt, § 246 Rdnr. 7 (mit Beispielsberechnung); Bülow, S. 29; ders., Konsumentenkredit, S. 22f; BGH WM 88, 647 (649), Urt. v. 24.03.1988.

Zur Ermittlung ob die Kreditnehmerleistung – ausgedrückt im so errechneten effektiven Jahreszins – im Sinne eines auffälligen Leistungsmißverhältnisses als 'wucherisch' (unter Außerachtlassung der sonstigen Tatbestandsmerkmale) gemäß der Individualwucherregelungen einzustufen ist, bedarf es des Vergleiches zwischen Schwerpunktzins und effektivem Jahreszins. Dabei sind insbesondere die dargestellten zahlreichen weiteren Umstände wie bspw. Wesen und Zweck des Kredits, Gläubigerrisiko, Sicherungsmittel, allgemeine Kosten bei der Kreditvergabe etc. zu berücksichtigen.[621] Dabei kann lediglich eine 'augenscheinliche' Abweichung vom Schwerpunkt-, resp. vom Marktzins, also die Vertragsgestaltung unter offenbarer Mißachtung marktwirtschaftlicher Verhältnisse, das auffällige Mißverhältnis i.S.d. §§ 138 II BGB, 291 StGB begründen. Wie groß die prozentuale Überschreitung des Schwerpunktzinses durch den Effektivzins sein muß, läßt sich nicht generell festlegen. Hier eine starre Grenze zu setzen hieße wohl auch, die Einbeziehung der weitreichenden Umstände des Kredits, die mit den Individualwuchernormen verbundene Flexibilität als Überwindung der klassischen Zinsmaxima sowie den allgemeinen Sinn und Zweck der allgemeingültigen Formulierung des 'auffälligen Mißverhältnisses' ad absurdum zu führen. Gleichwohl liegt nach herrschender Meinung die kritische Grenze – selbstverständlich auch weiterhin unter besonderer Berücksichtigung der Umstände und Hintergründe des Kredits – in der vom OLG Stuttgart entwickelten[622] Faustformel, daß ein regelmäßiges Indiz für ein auffälliges Mißverhältnis in einem gegenüber dem Schwerpunktzins um 100% höheren effektiven Jahreszins oder einer absoluten Differenz von mindestens 12 Prozentpunkten zwischen den Vergleichswerten zu sehen ist.[623] Vor allem hat sich dabei die '100%-Regel' als wesentlicher Indikator erwiesen, gleichwohl ohne dem Anspruch verpflichtet zu sein, als unumgängliche Notwendigkeit automatisch ein auffälliges Mißverhältnis bei derartigen relativen Zinsunterschieden zu begründen. Flexible Momente stellen hier wiederum die Einzelfallaspekte dar, die den Rahmen der '100%-Regel' des relativen Zinsunterschiedes spannenvariabel im Bereich von +/- 10% (d.h. von 90% bis 110% relativer Zinsunterschied) halten.[624] Wesentlicher Maßstab für die entsprechende flexible An-

---

[621] Vgl. Lackner, § 302a Rdnr. 5; Sack in Staudinger, § 138 Rdnr. 179; Heinrichs in Palandt, § 138 Rdnr. 27, 28; Mayer-Maly in MüKo, § 138 Rdnr. 120; Stree in Schönke/Schröder, § 302a Rdnr. 15.

[622] OLG Stuttgart NJW 79, 2409 (2410), Urt. v. 24.04.1979.

[623] Vgl. Sack in Staudinger, § 138 Rdnr. 182; Lackner, § 302a Rdnr. 5; Heinrichs in Palandt, § 138 Rdnr. 27, 32, 67; Otto in NJW 82, 2745 (2748); Stree in Schönke/Schröder, § 302a Rdnr. 16; BGHZ 104, 102 (105), Urt. v. 24.03.1988; BGHZ 110, 336 (338), Urt. v. 13.03.1990; BGH NJW 88, 818 (818), Urt. v. 05.11.1987; BGH NJW 95, 1019 (1020f), Urt. v. 11.01.1995; BGH NJW 95, 1146 (1148), Urt. v. 30.01.1995; BGH NJW 87, 183 (183), Urt. v. 02.10.1986; OLG Frankfurt a. M. (Kassel) NJW-RR 88, 305 (306), Urt. v. 12.01.1988; OLG Hamm NJW-RR 88, 1004 (1005), Urt. v. 15.04.1988; OLG Koblenz NJW-RR 89, 43 (44), Urt. v. 21.04.1988; OLG Köln NJW-RR 88, 174 (175), Urt. v. 23.10.1987; OLG Bremen NJW 86, 1499 (1499), Urt. v. 13.03.1986; OLG Celle WM 85, 995 (995), Urt. v. 07.11.1984; OLG Hamm NJW-RR 86, 46 (46), Urt. v. 11.09.1985; OLG Karlsruhe (Freiburg) NJW-RR 86, 217 (218), Urt. v. 24.10.1985; OLG Köln NJW-RR 87, 1136 (1137), Beschl. v. 22.05.1987.

[624] Vgl. AG Kamen NJW 91, 1065 (1065f), Urt. v. 29.11.1990; BGH NJW 82, 2433 (2435), Urt. v. 08.07.1982; BGH NJW 82, 2436 (2437), Urt. v. 08.07.1982; BGH NJW 87, 183 (183f), Urt. v.

wendung der `100%-Regel` ist zudem die notwendige Beachtung von Hochzins- und Niedrigzinsphasen.[625]
Insoweit kann im Ergebnis unter Beachtung dieser Umstände bereits der effektive Jahreszins von 18,6% wucherisch sein[626], während in Hochzinsphasen, gepaart mit besonderem Gläubigerrisiko bei der Kreditvergabe, Zinssätze von bis zu 27% ein auffälliges Mißverhältnis i.S.d. Individualwucherregelungen nicht unbedingt begründen müssen.[627]

In der Gesamtbetrachtung gehen die Individualwucherregelungen des Zivil- und Strafrechts in ihrer Auslegung des Merkmals `auffälliges Mißverhältnis` konform. Gleichwohl zeigt sich in der zivilgerichtlichen Praxis seit längerem die Tendenz, die Anforderungen an die wucherspezifischen Schwächemerkmale zurückzuschrauben, indem ab eines bestimmten Zinssatzes eher auf das Vorliegen einer Ausbeutungssituation i.S.d. § 138 II BGB – meist der `Unerfahrenheit` oder der `Zwangslage` des Kreditnehmers – geschlossen wird.[628] Was insoweit die Auslegung und Interpretation der übrigen Tatbestandsmerkmale der Individualwucherregelungen de lege lata angeht, so soll an dieser Stelle auf die einschlägige Literatur Bezug genommen werden.

Abschließend gilt es zu erwähnen, daß sich das geltende Recht beim hochverzinsten Kreditgeschäft des zusätzlichen Anwendungsrückgriffs auf die Generalklausel des § 138 I BGB bedient. Ursprünglich hatte das Reichsgericht den § 138 II BGB als abschließende Regelung für alle Fälle eines auffälligen Mißverhältnisses zwischen Leistung und Gegenleistung angesehen.[629] Heute ist demgegenüber allgemein anerkannt, daß Kreditgeschäfte mit stark überhöhter Verzinsung als `wucherähnlich` auch der Generalklausel zugeordnet werden können.[630] Danach ist ein `wucherähnliches` Kreditgeschäft sittenwidrig, wenn zwischen Leistung und Gegenleistung ein auffälliges Mißverhältnis besteht und der Kreditgeber die wirtschaftlich schwächere Lage des anderen Vertragsteils entweder bewußt zu seinem Vorteil ausnutzt oder sich

---

02.10.1986; BGH NJW 88, 696 (696), Urt. v. 24.09.1987; BGHZ 104, 102 (105), Urt. v. 24.03.1988; BGH NJW 91, 834 (835), Urt. v. 11.12.1990; vgl. auch Steinmetz, S. 41f; Sack in Staudinger, § 138 Rdnr. 182; Schmelz, S. 103ff Rdnr. 257ff.

[625] Vgl. BGH NJW 88, 1661 (1662), Urt. v. 24.03.1988; BGH NJW 88, 696 (696), Urt. v. 24.09.1987; BGH NJW 87, 183 (183), Urt. v. 02.10.1986; OLG Karlsruhe NJW-RR 87, 299 (300), Urt. v. 17.12.1986; OLG Frankfurt a. M. (Darmstadt) NJW-RR 87, 998 (998), Urt. v. 26.06.1987; OLG Karlsruhe (Freiburg) NJW-RR 86, 217 (218), Urt. v. 24.10.1985; OLG Köln NJW-RR 87, 1528 (1528f), Urt. v. 24.06.1987; Vgl. auch Schmelz, S. 105ff Rdnr. 262ff; Bülow, S. 20ff; ders., Konsumentenkredit, S. 15f.

[626] BGH NJW-RR 90, 1199 (1199f), Urt. v. 19.06.1990.

[627] Vgl. Heinrichs in Palandt, § 138 Rdnr. 67, 27-29.

[628] Vgl. dazu schon Otto in NJW 82, 2745 (2749f); vgl. auch Sack in Staudinger, § 138 Rdnr. 206.

[629] RGZ 64, 181 (181f), Urt. v. 13.10.1906.

[630] Vgl. RGZ 83, 109 (112), Urt. v. 24.09.1913; RGZ 93, 27 (29), Urt. v. 06.05.1918; RGZ 103, 35 (37), Urt. v. 14.10.1921.

zumindest leichtfertig der Einsicht verschließt, daß sich der Kreditnehmer aufgrund seiner wirtschaftlichen Lage auf die ihn beschwerenden Darlehensbestimmungen einläßt.[631] Obgleich die Anforderungen an das auffällige Mißverhältnis beim § 138 I und § 138 II identisch sind, bedient man sich nach heutiger Rechtslage eines weit gefaßten zivilrechtlichen Erfassungsbereiches beim stark überhöhten Zinsgeschäft. Offensichtliches Ergebnis dieser Hinwendung zur Sittenwidrigkeit ist eine bedeutende Lockerung der streng gefaßten subjektiven Voraussetzungen des § 138 II, so daß die vertragliche Nichtigkeitsrechtsfolge in diesen Fällen weitgehend am objektiven Maßstab des Mißverhältnisses fixiert werden kann.[632]
Folglich ist aus Sicht der heutigen Rechtssituation zu konstatieren, daß der `klassische` Wucherbereich des überhöhten Zinsgeschäftes nicht mehr ausschließlich der spezifischen Wucherregelung zuzuordnen ist, sondern aufgrund des generalklauselartigen Vorrangs des § 138 I wenigstens ebenso eine Problematik der Sittenwidrigkeit darstellt.

bb) Darlehensschuldnerschutz gem. § 609a BGB

Im Hinblick auf die rechtshistorische Zinswucher-Thematik der vorliegenden Arbeit gilt es – wenngleich auf den ersten Blick kein näherer Zusammenhang herstellbar ist - § 609a BGB einer kurzen Hintergrunderläuterung zu unterziehen.
§ 609a BGB wurde durch Art. 5 Nr. 2 des Gesetzes zur Änderung wirtschafts-, verbraucher-, arbeits- und sozialrechtlicher Vorschriften vom 25.07.1986 mit Wirkung zum 01.01.1987 neu geschaffen.[633] Die Vorschrift regelt in Absatz 1 Nr. 1-3, Absatz 2 für den Darlehensschuldner vier an unterschiedliche Voraussetzungen geknüpfte Kündigungsmöglichkeiten mit im einzelnen unterschiedlichen Kündigungsfristen. § 609a III schreibt die Kündigungsregelung des § 609a I und II zwingend fest.[634]
§ 609a I Nr. 1 und II zielen dabei auf die identische Wirkung, daß unter dem Druck des Kündigungsrechts des Darlehensnehmers marktgerechte Zinsvereinbarungen getroffen werden.[635] Somit statuiert § 609a I Nr. 1 ein zwingendes Kündigungsrecht für den Fall nach Ablauf einer nicht für die Gesamtlaufzeit des Darlehens geltenden Festzinsvereinbarung, Absatz 2 legt ein jederzeitiges Kündigungsrecht bei Fehlen

---

[631] Grundlegend dazu BGHZ 80, 153 (160), Urt. v. 12.03.1981.
[632] Vgl. Heinrichs in Palandt, 3 138 Rdnr. 25ff; Sack in Staudinger, § 138 Rdnr. 122f; Brox in Erman, § 138 Rdnr. 14, 35, 72ff; kritisch dazu Mayer-Maly in MüKo, § 138 Rdnr. 100-102 m.w.Nachw..
[633] BGBl. I S. 1169.
[634] Vgl. Westermann in MüKo, § 609a Rdnr. 1; vgl. ebenso Werner in Erman, § 609a Rdnr. 1, 2.
[635] Hopt/Mülbert, Darlehenskündigung, S. 3 (4); Werner in Erman, § 609a Rdnr. 3.

jeglicher Festzinsvereinbarung fest. § 609a I Nr. 3 begrenzt dabei den Ausschluß des ordentlichen Kündigungsrechts auf höchstens zehn Jahre.[636]
Der Norm ist der Grundgedanke immanent, die Gewährung längerfristiger festverzinslicher Kredite, die entsprechend zu refinanzieren sind, zu fördern, und das einheitliche Kündigungsrecht des Schuldners mit Ausnahme echter Verbraucherkredite auf Verträge mit variablem Zinssatz zu beschränken.[637] Die Festschreibung des Kündigungsrechts soll nach dem Sinn und Zweck der Norm eine *„Waffengleichheit"* [638] bei der Vertragsgestaltung schaffen, die dem Wesen der Vertragsgerechtigkeit entspricht.

Gänzlich verzichtet wurde in § 609a BGB auf das mit einem festen Zinssatz verbundene Kündigungsrecht wie es noch in der Regelung des § 247 BGB verankert war.[639] In dieser Vorgängernorm des § 609a BGB liegt auch der hier relevante, mit dieser Arbeit verbundene rechthistorische Bezug. Nach dieser konnte der Schuldner ein Darlehen oder eine andere verzinsliche Schuld, die mit mehr als 6% zu verzinsen ist, nach Ablauf von 6 Monaten mit einer Kündigungsfrist von ebenfalls 6 Monaten kündigen.[640] Dieses Kündigungsrecht des Schuldners war im Hinblick auf den garantierten Schuldnerschutz im Kreditverkehr unabdingbar.[641] Wesentliches Merkmal der Kritik an § 247 BGB war die Orientierung der Norm an einem 'gestatteten' Zinssatz bis 6% (die 'Verzinsung' des § 247 BGB bezog sich ausschließlich auf den Nominalzins[642]). Ein vertraglich vereinbarter Zinssatz über 6% unterfiel der steten Gefahr der rechtlichen Bedeutungslosigkeit angesichts des praktisch voraussetzungslosen Kündigungsrechts. Im wesentlichen entsprach die Höhe der Grenzverzinsung zudem – wie vor allem von gewerblichen Kreditgebern kritisiert wurde – nicht mehr den Gegebenheiten des Geldmarktes, so daß primär bei Kreditinstituten die Refinanzierung des Geldkreislaufes in Hochzinsphasen durch die 'Sperre' des § 247 BGB problematisch wurde.[643]
§ 247 BGB war bis zu seiner Aufhebung am 01.01.1987 ein Relikt des Kreditschuldner- und Verbraucherschutzes durch gesetzliche Zinsmaxima des frühen 19. Jahrhunderts, obgleich der gesetzliche Vorläufer des § 247 BGB der Zinsfreiheitsepoche des radikalen Liberalismus entsprang. Grundlage der Norm ist § 2 des 'Gesetzes für

---

[636] Vgl. Putzo in Palandt, § 609a Rdnr. 6ff; Werner in Erman, § 609a Rdnr. 3ff; Hopt/Mülbert, Darlehenskündigung, S. 3 (5ff).
[637] Westermann in MüKo, § 609a Rdnr. 4.
[638] Hopt/Mülbert, Darlehenskündigung, S. 3 (4).
[639] § 247 BGB aufgehoben mit Wirkung v. 01.01.1987 durch G. v. 25.07.1986 (BGBl. I S. 1169). Auf Verträge, die vor dem 01.01.1987 geschlossen worden sind, bleibt § 247 BGB in der zuletzt geltenden Fassung anwendbar, vgl. Art. 12 II Gesetz v. 25.07.1986.
[640] Vgl. Warneyer, § 247 BGB, S. 441, 442; Rosenthal/Bohnenberg, § 247, S. 262 Rdnr. 719; zum Hintergrund der gesetzlichen Änderung und zur Kritik am § 247 BGB vgl. v.a. Westermann in MüKo, § 609a Rdnr. 1-7.
[641] Warneyer, § 247 BGB, S. 442; Landau, § 247 BGB, S. 385 (385).
[642] Vgl. Rosenthal/Bohnenberg, § 247, S. 262 Rdnr. 719.

den Norddeutschen Bund betreffend die vertragsmäßigen Zinsen vom 14.11.1867`, der sich entsprechend der späteren BGB-Norm am 6%-Maßstab der Kündigung orientierte.[644] In der Phase der nahezu völligen Zinsfreigabe zugunsten des sich selbst regulierenden Marktes bildete diese Bestimmung das einzig verbliebene Schutzmoment des Schuldners, wobei die Art und Weise dieses Schutzes noch dem Gedanken der Zinshöchstgrenzen des gemeinen Rechts verhaftet war. Bezüglich der rechtshistorischen Hintergründe soll auf die speziellen Ausführungen der vorliegenden Arbeit verwiesen werden.[645]
Gleichwohl ist die geltende Norm des § 609a BGB der Ansatzpunkt de lege lata auf die Ungewöhnlichkeit des aufgehobenen § 247 BGB im vorliegenden Gesamtzusammenhang aufmerksam zu machen. Ungewöhnlich deshalb, weil die an einer Zinshöchstgrenze orientierte Bestimmung des § 247 BGB mit Einführung der abstrakten Individualwuchernorm des § 138 II BGB den legislativen Gegensatz zum modernen Wucherwesen markierte und insoweit eine Regelungsart statuierte, die aufgrund der gemachten Erfahrungen längst überholt schien. Aufgrund dessen muß man auch bescheinigen, daß § 247 BGB im Hinblick auf seine Rechtstechnik als auch seine Bindung an eine Zinsgrenze von lediglich historischen 6% spätestens mit den Hochzinsphasen der 70er Jahre ein Anachronismus war.

cc) §§ 3 – 5 WiStG

Gemäß dem Schutzzweck der §§ 3-5 WiStG[646] umfaßt dieser Bereich des WiStG den Schutz vor Sozialwucher und ist gleichzeitig die bedeutendste Normierung gegen diese Form der Allgemeinheitsausbeutung nach geltendem Recht.[647] Wesentlicher Schutzbereich ist derjenige gegen Mietpreisüberhöhung nach § 5 WiStG.[648] Bei

---

[643] Vgl. Westermann in MüKo, § 609a Rdnr. 1, 2.
[644] Vgl. unten B.II.3b); vgl. auch Landau, § 247 BGB, S. 385 (385ff, 398f).
[645] Vgl. v.a. unten B.II.1..
[646] Gesetz zur weiteren Vereinfachung des Wirtschaftstrafrechts (Wirtschaftsstrafgesetz 1954), in der Fassung der Bekanntmachung v. 03.06.1975 (BGBl. I S. 1313) (Neubek. des WiStG 1954 v. 09.07.1954 (BGBl. I S. 175) in der ab 01.01.1975 geltenden Fassung).
[647] Die Sozialwucherbestimmungen des WiStG sind bewußt nicht in das StGB integriert. Zum einen wird die Sanktionsfolge gegen Preiserhöhungen der §§ 3-5 WiStG dem Ordnungswidrigkeitenrecht zugeordnet. Zum anderen steht das wirtschaftsphasenabhängige, zyklische Begehungsprinzip des Sozialwuchers im Sinne seiner Tradition dem `alltäglichen` Vorkommen der Strafrechtsdelikte entgegen; so auch die Quintessenz hinsichtlich dieser Frage bei den Beratungen zu dem Entwurf eines allgemeinen deutschen Strafgesetzbuches von 1925; vgl. Häussler, S. 7f.
[648] Vgl. auch § 8 Wohnungsvermittlungsgesetz sowie § 26 Wohnungsbindungsgesetz; zur Mietpreisüberhöhung und der Wirkung der gesetzlichen Sanktionsnormen vgl. auch Rühle, S. 18f; Dreiss/Eitel-Dreiss, S. 191f.

dieser Ordnungswidrigkeitsbestimmung liegt die Schwelle des auffälligen Mißverhältnisses unterhalb der der (Miet-)Wucherregelung des § 291 StGB.[649]
§ 4 WiStG erfaßt die Preisüberhöhung in einem Beruf oder Gewerbe. Der Schutzzweck des § 4 geht dahin, Störungen einer der sozialen Marktwirtschaft angemessenen Preisbildung zu verhindern, die dadurch entstehen können, daß bestimmte Umstände zu Preisüberhöhungen ausgenutzt werden.[650]
§ 3 WiStG ist eine generalklauselartige 'Blankettvorschrift' zur Bußgeldsanktion von Verstößen gegen Preisregelungen im allgemeinen.
Grundlegendes Prinzip dieser Vorschriften ist im Gegensatz zur Strafnorm des § 291 StGB der Schutz vor Ausbeutung der Allgemeinheit, bei der nicht die persönliche Unzulänglichkeit des Vertragspartners, sondern ein die ganze Bevölkerung betreffender Mangel ausgenutzt wird, um wirtschaftlich unangemessene Entgelte zu erzielen.[651]
Auf den einzelnen Bewucherten kommt es im Sinne des Sozialwuchergedankens in keiner Weise an; vielmehr sanktionieren die Normen des WiStG einzig den Verstoß gegen die allgemeinen Preisrichtlinien und das damit verbundene, nach außen sichtbar werdende Streben nach einem unangemessenen Entgelt für bestimmte Leistungen.

dd) Gewerbeerlaubnisversagung gem. § 34c GewO

Abschließend sei noch auf einen Verweis auf die strafrechtliche Individualwuchernorm im Rahmen der Gewerbeaufsicht Bezug genommen.
Gemäß § 34c I 1 Nr. 1a GewO bedarf die Vermittlungstätigkeit von Darlehensverträgen und der Nachweis der Gelegenheit zum Abschluß solcher Verträge der behördlichen Erlaubnis.[652] Diese Erlaubnis ist gemäß § 34c II GewO zu versagen, wenn u.a. Tatsachen die Annahme rechtfertigen, daß der Antragsteller oder eine der mit der Leitung des Betriebes oder einer Zweigniederlassung beauftragten Personen die für den Gewerbebetrieb erforderliche Zuverlässigkeit nicht besitzt. Eine solche Zuverlässigkeit besitzt ein solcher Kreditmakler in der Regel gemäß § 34c II Nr. 1 GewO nicht, der wegen Wuchers rechtskräftig verurteilt worden ist.[653]
Mithin ist geltender Maßstab für § 34c GewO die strafrechtliche Beurteilung des Kreditmaklerverhaltens nach der Individualwucherbestimmung des § 291 StGB. Hintergrund der Norm ist das Bekämpfen bestehender Mißstände und Verbraucherbe-

---
[649] Müller-Gugenberger/Bieneck, § 61 Rdnr. 86.
[650] Müller-Gugenberger/Bieneck, § 61 Rdnr. 96.
[651] Vgl. BGHSt 11, 182 (183f), Urt. v. 03.12.1957.
[652] Tettinger in Tettinger/Wank, § 34c Rdnr. 24; Höfling/Breustedt in Friauf, § 34c Rdnr. 20.

nachteiligungen in den unter § 34c GewO aufgeführten Gewerbebereichen.[654] Daher besteht hier nicht nur ein gesetzlicher Verweis auf das Individualwucherrecht, sondern ebenso ein Zusammenhang nach Sinn und Zweck der Normen. Gleiches gilt für die `Unzuverlässigkeitsvermutung` der zentralen Gewerbeuntersagungsnorm gemäß § 35 GewO.[655]

[653] Zu beachten gilt, daß anders als bei § 34b IV Nr. 1 GewO keine Verurteilung zu einer Freiheitsstrafe nötig ist; es genügt vielmehr jede Verurteilung, vgl. Tettinger in Tettinger/Wank, § 34c Rdnr. 57; Höfling/Breustedt in Friauf, § 34c Rdnr. 90.
[654] Höfling/Breustedt in Friauf, § 34c Rdnr. 1.
[655] Vgl. Tettinger in Tettinger/Wank, § 35 Rdnr. 36, 37.

2. Das rechtstheoretische Wesen und der Begriff des Wuchers im 19. Jahrhundert

Unter Betrachtung der Hintergründe des geltenden rechtstheoretischen Wucherwesens überläßt das gesetzliche (Individual-)Wucherverbot die Bestimmung der rechtsgeschäftlichen Ausbeutung de lege lata ganz bewußt der Interpretation des Einzelfalles. Gesetzliche Ausgangssituation ist dabei die objektive Feststellung eines Leistungsmißverhältnisses unter Beachtung verschiedener subjektiver Tatbestandsmerkmale wie der Ausbeutung der Zwangslage, der Unerfahrenheit, des Mangels an Urteilsvermögen oder der erheblichen Willensschwäche auf seiten des `Bewucherten`. Gleichgültig ist dabei die Art sowie der Hintergrund des Rechtsgeschäfts; das Gesetz setzt lediglich einen `Leistungsaustausch` als solchen, aber keinen festgelegten Zweck voraus.
Ziel der Bestimmungen bleibt der pointierte Schutz der Vertragsgerechtigkeit dort, wo es aufgrund der mangelnden `Waffengleichheit` der Vertragspartner notwendig ist, gleichwohl aber stets unter der Beachtung der Maxime des liberalen Grundgedankens des Bürgerlichen Gesetzbuches, der die Vertragsfreiheit als wesentliches Merkmal vorsieht.[656] Dieses Prinzip der Vertragsfreiheit muß in seinem Wesen unantastbar bleiben; ist es doch – wie das Prinzip der Vertragstreue – die unbedingte Grundlage einer funktionierenden freien Wirtschaftsordnung. Insofern muß vor allem das Privatrecht eine Wucherbestimmung vorsehen, die diesem Gedanken Rechnung trägt. Die Norm muß dabei eine Auslegung durch die Rechtsprechung ermöglichen, welche die schwierige Grenzziehung zwischen wucherischer Ausbeutung und rechtmäßig gewinnorientierter Übervorteilung im Wirtschaftsverkehr erlaubt.[657]
Dabei sind die im freien Verkehr vorkommenden Übervorteilungs- und Ausbeutungsvariationen per se so zahlreich, daß der Gesetzgeber nicht im entferntesten in der Lage wäre, inakzeptable Übervorteilungen anhand rechtsgeschäftlich spezifizierter Bestimmungen detailliert zu regeln. Aufgrund dessen geht das moderne gesetzliche Individualwucherverbot von der Auffälligkeit eines Mißverhältnisses zwischen den ausgetauschten Leistungen als primärem Bestimmungsfaktor aus.[658] Dieses Mißverhältnis muß nach dem Verständnis des Gesetzes jedweder Art von rechtsgeschäftlicher Austauschbeziehung zuzuordnen sein, sei sie auch noch so ungewöhnlich und selten in ihrem Auftreten.[659] Die Hinwendung des Gesetzgebers zu dieser rechtstheoretisch unbestimmten Ausgestaltung des Wucherverbots war das Ergebnis

---

[656] Vgl. Luig, Vertragsfreiheit und Äquivalenzprinzip, S. 171 (171f); vgl. auch Wieacker in Festschrift Juristentag, S. 1 (9); Mestmäcker, Wettbewerbsbeschränkungen, S. 235 (255); vgl. zum Begriff der Vertragsfreiheit v.a. Tapp, S. 12ff.
[657] Vgl. Honig, S. 5; Harenberg, S. 1; vgl. auch von Hippel, S. 110f.
[658] Vgl. Mayer-Maly in MüKo, § 138 Rdnr. 115, 117f; ähnlich auch Bender, Konsumentenkredit, S. 1129 (1132).
[659] Soweit allerdings – und dies gilt es als Einschränkung anzumerken – die Leistungen in Wertmaßstäben faßbar und definierbar sind. Mangelnde Vergleichswerte erschweren hier die Wertfindung erheblich.

der vor allem ab Mitte des 19. Jahrhunderts auftretenden ökonomischen und gesellschaftlichen Veränderungen.

Demgegenüber steht noch im beginnenden 19. Jahrhundert ein stark am Wesen des Geschäfts orientierter Rechtsmechanismus zum Schutze der Vertragsgerechtigkeit. Das ältere gemeine Recht sah hier formal zur Einhaltung konkreter Vertragsgerechtigkeit ein äußerst spezifiziertes Vertragskontrollinstrumentarium vor, das bei verschiedenen Austauschverhältnissen `Obergrenzen` des Erlaubten statuierte. Wesentliches Merkmal war dabei die Orientierung an Art und Wesen der Austauschbeziehungen, welche die Benennung und Fixierung der noch zulässigen `Maximalleistungen` ermöglichte.
Insoweit fehlt noch zu Beginn des 19. Jahrhunderts ein gesetzestechnisch einheitliches Regelungsprinzip zur Ahndung des `Wuchers` bei allgemein auftretenden Leistungsmißverhältnissen. Vielmehr wird lediglich eine streng kasuistisch geregelte Maßgabe vorgegeben, die auf dem mittelalterlich-scholastischen Ideal des gerechten Preises fußt.

Dieses `iustum pretium` ist rechtshistorisch das klassische Grundproblem der ausgleichenden Gerechtigkeit, der `iustitia commutativa`.[660] Das römische Recht verstand unter dem Begriff des gerechten Preises lediglich einen solchen, der sich aus dem Geschäft ergab. Der von den Parteien ausgehandelte Preis galt als der richtige und im Hinblick auf den freien Handel auch als der gerechte Preis.[661] Lediglich die bereits im Rahmen des Sozialwuchers erwähnte `lex Julia de annona`[662] bedrohte die Preisabsprache und Durchsetzung dieser Preise bei Kartellen mit Strafe.[663]
Auf dem Gedanken des `iustum pretium` aufbauend entwickelte die Kanonistik eine allgemeine Vertragslehre, die sodann zum Ende des 16. Jahrhunderts von der weltlichen Rechtslehre übernommen wurde. Im wesentlichen bestand diese Vertragslehre aus drei Elementen: a) Durchsetzung der Klagbarkeit und Verbindlichkeit aller, auch schon aufgrund eines formlosen Konsenses geschlossenen Verträge, b) die allgemeine Anerkennung der Vertragstreue und so auch c) die Ethisierung des Vertragsinhalts durch die Einführung des materiellen Äquivalenzprinzips zwischen Leistung und Gegenleistung beim Vertrag.[664]
Anleihen fanden sich in der Weiterentwicklung des originären römischen `iustum pretium`, so in der vom objektiven Preiswertmaßstab geprägten justinianischen Lehre vom gerechten Preis, auf die das Institut der `laesio enormis` zurückgeht.[665] Nach

---

[660] Höppner, Steuerrecht, S. 125 (125).
[661] Schlosser, S. 48; Brinkmann, Idee des gerechten Preises, S. 356 (356).
[662] D.47.11.6. pr..
[663] Vgl. oben A.II.1d); ebenso stand der Mißbrauch auf dem Getreidemarkt an sich unter besonderer Beachtung des römischen Staates.
[664] Schlosser, S. 47; vgl. auch Hübner, § 86, S. 539.
[665] C.4.44.2. und 8., vgl. indes zur Herkunftsfrage und weiteren Verweisen zur laesio enormis oben Fn. 62.

dieser Lehre mußten Leistung und Gegenleistung zueinander im Verhältnis der materiellen, objektiven Gerechtigkeit stehen (Äquivalenzprinzip). Das Gebot der Vertragsgerechtigkeit war verletzt, wenn die empfangene Kaufsumme nicht die Hälfte (dimidium) des wahren Wertes (iustum pretium) des verkauften Gegenstandes erreicht hatte. War dies der Fall, so durfte der Verkäufer auf Vertragsauflösung klagen.[666] Der Gedanke der justinianischen Preisgerechtigkeit fand indes zunächst bei seiner Entwicklung nur in begrenztem Umfang Anerkennung. Nur wenn der Extremfall vorlag, daß der Preis unter der Hälfte des tatsächlichen Wertes der Sache blieb, griff die laesio enormis.[667]

Gleichzeitig besann man sich bei der Entwicklung der Vertragslehre aber auch auf christliche und antike philosophische Grundsätze. Zum einen lassen sich aus dem Alten und Neuen Testament Aussagen zur Preisgerechtigkeit herleiten. So findet man bei Moses 3, 25, 14 die Forderung: *„Wenn du nun etwas deinem Nächsten verkaufst oder ihm etwas abkaufst, dann soll keiner seinen Bruder übervorteilen"*. Aus dem Neuen Testament ist insbesondere die Mahnung des Apostel Paulus im 1. Brief an die Thessalonicher (4, 6) zu erwähnen: *„...und daß niemand zu weit greife und übervorteile seinen Bruder im Handel!"*.

Zum anderen übte die Wiederentdeckung der griechischen Philosophie starken Einfluß auf das Verständnis der Zeit von Vertragsgerechtigkeit aus.[668] Im Rahmen seiner Ausführungen über die ausgleichende Gerechtigkeit beschäftigte sich insbesondere Aristoteles mit der Preisgerechtigkeit.[669] Nach Aristoteles ist Gleichheit beim Rechtsgeschäft und damit Tauschgerechtigkeit erreicht, wenn der eine soviel empfängt, wie er dem anderen gibt. Bei der Feststellung des Wertes der Leistungen rekurriert Aristoteles auf das subjektive Empfinden der Geschäftspartner. Das Vergleichsmaß der Leistungen findet sich nach Aristoteles im Bedürfnis der Geschäftspartner nach der Leistung wieder, so daß dieser \`subjektive Wertmaßstab\` alle Güter, seien sie noch so verschieden, vergleichbar mache.[670]

Die Kanonistik folgert aus diesen sowohl subjektiv als auch objektiv orientierten Grundsätzen im Hinblick auf ihre Vertragslehre ein generelles rechtliches, aber vor allem auch ein ethisches Ideal der Vertragsgerechtigkeit. Ergebnis dessen ist auch ein ethisch gebundenes gemeines Recht, das dem Gedanken der \`aequalitas\` verhaftet ist und dessen Prinzipien auch die entsprechenden Rechtsgrundlagen des beginnenden 19. Jahrhunderts bestimmt. Zur gesetzlichen Kontrolle konkreter Vertragsgerechtigkeit stellte das gemeine Recht ein äußerst kasuistisches und spezialisiertes Instrumentarium zur Verfügung:

---

[666] Vgl. Schulze, S. 3; Engisch, Gerechtigkeit, S. 164; vgl. auch Zimmermann, S. 135ff; Tapp, S. 75ff; Kaser, Römisches Privatrecht, § 41 II. 3., S. 192.
[667] Vgl. Herrmann, iustum pretium, S. 9 (18).
[668] Vgl. Hartmann, S. 8.
[669] Aristoteles, Nikomachische Ethik, 5. Buch, 8. Kapitel.
[670] Brinkmann, Idee des gerechten Preises, S. 356 (361).

- die gegen den spekulativen Ankauf von Forderungen gerichtete `lex Anastasiana`, die es dem Aufkäufer einer Forderung nur gestattete, den Betrag beim Schuldner beizutreiben, den er selbst dem Ursprungsgläubiger als Gegenleistung für die Forderungsabtretung bezahlt hatte[671];
- die `laesio enormis` oder `Verletzung über die Hälfte`, die eine Anfechtungsmöglichkeit darstellte, wodurch der Verkäufer eines Grundstücks, der weniger als den halben Wert als Kaufpreis erzielt hatte, Rückgängigmachung des Handels oder Nachzahlung bis zum gerechten Preis erlangen konnte. Diese Rechtsmöglichkeit wurde im gemeinen Recht sukzessive auf Verträge jeder Art ausgedehnt[672];
- die Begrenzung der Vertragsstrafe auf das Doppelte des Interesses[673];
- das Verbot der `lex commissoria` beim Pfand, das die Vereinbarung einer Verfallsklausel bei einem solchen untersagte.[674]

Für Zinsgeschäfte galten primär die sog. Zinsgesetze, die für den Kreditverkehr jede Überschreitung des Zinsmaximums (bis 6% Nominalzinsgrenze für den privaten Kreditverkehr, bis zu 8% für den Kreditverkehr unter Kaufleuten) als wucherisch festlegten. Diese vorrangigen Zinsgesetze wurden umfaßt von weiteren kasuistischen Bestimmungen, die im wesentlichen als `Sekundärzinsgesetze` bezeichnet werden können, da sie ihrem Inhalt nach den jeweiligen Veränderungen der primären `Zinsmaximumsgesetze` weitgehend angepaßt, bzw. gänzlich aufgehoben wurden.[675] Das gemeine Recht sah hier vor:

- das Verbot des Verkaufs einer Sache unter gleichzeitiger Wiederkaufsvereinbarung zu erhöhtem Preis zur Umgehung des Zinsmaximums[676];
- die Beendigung des Laufs der Zinsen, wenn die rückständigen Zinsen den Betrag des geschuldeten Kapitals erreicht haben (keine Zinsen `ultra alterum tantum`)[677];
- das Verbot des Zinseszinses (`Anatozismus`).[678]

---

[671] C.4.35.22. und 23.; vgl. zur einschlägigen Literatur in Zusammenhang mit der `lex Anastasiana` oben Fn. 63.
[672] C.4.44.2. und 8.; zur unklaren Herkunft der `laesio enormis` und einschlägiger Literatur vgl. oben Fn. 62.
[673] Vgl. Hedemann, S. 16, 79f.
[674] C.8.34.3.; auch als `kassatorische Klausel` zu bezeichnen, die eine Vereinbarung darstellt, wonach der Schuldner aller seiner Rechte aus einem Vertrag verlustig gehen soll, wenn er schuldhaft seine Verbindlichkeit nicht oder nicht rechtzeitig erfüllt; vgl. von Gerber, § 199, S. 339.
[675] So wurde sehr beispielhaft im Königreich Hannover mit Aufhebung der primären Zinsgesetze gleichzeitig auch die Regelung des Verbotes der Zinsen `ultra alterum tantum` aufgehoben, mit der Begründung der Rücksichtnahme auf die, den schuldlosen Gläubiger gebührenden Sicherung gegen unbilligen Verlust; Aufhebungserklärung durch Georg IV. von Hannover im *Bestand HptStaatsArchV Hannover (Nieders)/Akte Hann. Des. 26a Nr. 76 (fol. 2)*.
[676] Vgl. Schreuer, S. 322f; Krüll, S. 295; von Gerber, § 198, S. 335f.
[677] D.12.6.26.1.; vgl. von Gerber, § 198, S. 336; Weiss, S. 305; von Gierke, Band III, § 198, S. 586; Kraut, S. 319.
[678] D.22.1.29.; vgl. Dahn, S. 199; Gengler, S. 412; von Gierke, Band III, § 198, S. 586; Weiss, S. 305.

Trotz der strengen Spezialisierung dieser Kontrollinstrumentarien und der damit auch verbundenen begriffstechnischen Einschränkung auf die Art und Umstände des Rechtsgeschäfts, findet der Begriff des `Wuchers` als solcher durchaus Anwendung im gemeinrechtlichen Rechtskreis.
Die begriffstechnische Bedeutung des Wortes `Wucher` ist im Rahmen ihrer Herleitung dem Zinsgeschäft zuzuordnen. Das Wort Wucher findet seine sprachlichen Wurzeln im mittelhochdeutschen Wort `wuocher`, bzw. dem althochdeutschen Wort `wuochhar` und bedeutet schlicht `Ertrag`, `Frucht` oder auch `Gewinn`.[679] Diesem `fructus` ist `census`, der Zins, von seiner Bedeutung und seiner ursprünglichen Verwendung gleichzusetzen. Anfänglich war diese Bedeutung von `census` und `fructus` in ihrem Wesen wertneutral, erst später bezeichnete dann der `Ertrag`, der `Wucher` die übermäßigen Zinsen.[680] Die Wesensänderung des Wortes `Wucher` (dem Ertrag und Zins), bzw. `census`, entspringt aus dem rigorosen Zinsverbot des kanonischen Rechts, dessen Bestimmungen selbst den einfachsten Zinsertrag als gegen göttliches Recht verstoßend (Lukas 6, 35[681]) ansahen. Der `Wucher`, der Ertrag bzw. Zins, wurde in der Folge mit unrechtmäßigem Ertrag gleichgesetzt. Zunächst, unter rechtlicher Vorherrschaft des generellen kanonischen Zinsverbotes, mit einfachen Mehrmengen einer Forderung, die über die ursprünglich gewährte Menge hinausgingen: *„Nu wete wat wuker sy. Wuker is dat eyn man meer upboret wan he uth lened, est he dat also tovoren bedegetinget (...). We aver meer upboret wan he rede borget, dat is wuker."* [682] Später, mit Festlegung der Zinsmaximaregelungen, wurde die begriffliche Assoziation des Wortes Wucher auf Zinserträge über den rechtmäßigen Zinssatz hinaus verlagert.[683]

Die enge sprachliche und inhaltliche Verbundenheit des der Mißachtung des Äquivalenzprinzips heute zugrundeliegenden Oberbegriffes Wucher mit dem Zinsgeschäft spiegelt aus rechtshistorischer Sicht auch die weitere Entwicklung der gemeinrechtlichen Vertragskontrollinstrumentarien im beginnenden 19. Jahrhundert wider. Dies nicht zuletzt deswegen, weil den Zinsgesetzen als Teil der gemeinrechtlichen Vertragskontrollinstrumentarien in dieser Epoche eine besondere Rolle zukommt. Jene besondere Rolle wird dadurch charakterisiert, daß die Zinsgesetze, wie alle anderen gemeinrechtlichen Instrumentarien, zwar dem allgemeinen wirtschaftlichen, gesellschaftlichen und rechtlichen Ideal des Liberalismus angepaßt wurden, gleichwohl aber der mit den Zinsgesetzen verbundene gesetzliche Schutz der Vertragsgerech-

---

679 Neumann, Geschichte des Wuchers in Deutschland, S. 53; Hohendorf, S. 1; Mitteis, Kap. 52, S. 134.
680 Stobbe, Band III, § 236, S. 348; Schreuer, § 70, S. 245; Mitteis, Kap. 52, S. 134.
681 Luk. 6, 35: *„Vielmehr liebt eure Feinde; tut Gutes und leiht, wo ihr nichts dafür zu bekommen hofft. So wird euer Lohn groß sein, und ihr werdet Kinder des Allerhöchsten sein; denn er ist gütig gegen die Undankbaren und Bösen."*; vgl. auch Hübner, § 86, S. 538; Mitteis, Kap. 52, S. 134; vgl. ebenso unten B.II.1a).
682 Abgedruckt bei Kraut, § 138, S. 318.
683 Lenzen, S. 2; vgl. auch von Gerber, § 199, S. 338.

tigkeit beim Zinsgschäft nie mit letzter Konsequenz diesem Ideal \`geopfert\` wurde, bzw. stets in den Diskussionen über den Sinn und Widersinn der absoluten Vertragsfreiheit präsent war. Im Gegensatz dazu unterfielen die sonstigen Vertragskontrollinstrumentarien der \`sukzessiven Aufweichung der Vertragsgerechtigkeit\`. Vor allem laesio enormis und lex Anastasiana hatten sich in ihrer Rechtsentwicklung ganz im Sinne der gemeinrechtlichen Kasuistik stark verselbständigt und bildeten gleichsam nahezu \`wucherunabhängige\` Rechtsinstitute.[684]

Die naturrechtliche Lehre beginnt schon früh die Tradition des gemeinrechtlich streng fixierten iustum pretium in Frage zu stellen, obgleich das Ideal des gerechten Preises und die \`aequalitas\` (Gleichgewicht der Leistungen) dem Prinzip des naturrechtlichen Ideals weiterhin entspricht: *„In contractibus natura aequalitatem imperat."* [685] Gleichwohl merkt *Glück* an: *„Es ist nicht zu leugnen, daß dem Verkehr die Idee einer durchgängigen Gleichheit als letzter Zweck zugrunde liegt. Aber ihr steht die Idee der Freiheit zur Seite, auf deren Kosten keine Gleichheit befördert werden darf. Überhaupt läuft die Berufung auf eine laesio enormis ganz gegen den kategorischen Imperativ der Verträge (...)."* [686] Die großen Denker der Naturrechtsepoche, *Grotius, Pufendorf, Glück* bis *Wolff*, befinden sich gleichsam – *Thomasius* sei hier als Vorkämpfer der Preisfreiheit weitgehend ausgenommen[687] - in einem Zwiespalt zwischen Ablehnung der positivrechtlichen Vertragskontrolle, resp. der damit einhergehenden Freiheitsbeschränkungen und naturrechtlicher Sozialethik. Gleichwohl ist durch die einheitliche Tendenz in der Naturrechtstheorie, kritische Überlegungen zum Sinn der legislativ vorgegebenen Vertragsgerechtigkeit anzustellen, schon eine Trendwende im Hinblick auf die Lehre vom gerechten Preis zu attestieren. Bezüglich dieser rechtstheoretischen und philosophischen Ansätze sei auf notwendig ausführlichere Darstellungen und konkrete Analysen an anderer Stelle hingewiesen.[688]

Obgleich die großen naturrechtlichen Kodifikationen wie Code civil, ABGB und ALR in ihren Bestimmungen zunächst auch weiterhin dem Vertragskontrollmechanismus im wesentlichen entsprechen[689], erfährt die Entwicklung der Instrumentarien zum Beginn des 19. Jahrhunderts sodann auf dem Gebiet der tatsächlichen rechtlichen Umsetzung der Vertragskontrolle ein konsequenteres \`Schicksal\`. Die noch uneinheitliche Tendenz der naturrechtlichen Theorie zur Aufgabe der vorgegebenen Preisgerechtigkeit verwirklicht sich vor allem in der gesamtliberalen Orientierung und

---

[684] Vgl. Zimmermann, S. 144.
[685] Grotius, De iure belli ac pacis, Liber II, Caput XII, § VIII, zitiert nach Meyer im Hagen, S. 7.
[686] Glück, Erörterung der Pandekten, Vol. 17, S. 121.
[687] Vgl. Luig, Christian Thomasius, S. 167 (167ff); vgl. ebenso zur Kritik Thomasius' an der lex Anastasiana Beaucamp, Lex Anastasiana, S. 6ff; auf Thomasius' Kritik an der lex Anastasiana wird auch explizit im \`*Bericht der preußischen Kommission für Justiz-Sachen über den Entwurf eines Gesetzes wegen Aufhebung der lex Anastasiana in den Landestheilen des gemeinen Rechts (Nr. 10. der Drucksachen)*\`, *Herrenhaus, Sitzungsperiode 1862/63, Drucks. Nr. 21*, unterstützender Bezug genommen *(Bestand HptStaatsArchV Hannover (Nieders)/Akte Hann. Des. 26a Nr. 469) (fol. 149ff).*
[688] Vgl. Schulze, S. 35ff; Mayer-Maly, gerechter Preis, S. 139 (140, 146); Landau, Hegels Begründung, S. 117 (117ff); Luig, Christian Thomasius, S. 167 (167ff); ders., Vertragsfreiheit und Äquivalenzprinzip, S. 171 (173ff) m.w.Verw..
[689] Vgl. Hedemann, S. 14f.

Praxis des 19. Jahrhunderts. Im Laufe der ersten Hälfte des 19. Jahrhunderts werden primär die Bestimmungen der laesio enormis und der lex Anastasiana sukzessive eingeschränkt oder gänzlich abgeschafft.[690] Selbst dort, wo diese Kontrollinstrumentarien durch Gesetz nicht ausdrücklich abgeschafft werden, entwickeln sich die Bestimmungen zum rein theoretischen Institut, das *Goldschmidt* in seinem Gutachten zum 6. Deutschen Juristentag als *„todter Buchstabe"* bezeichnet.[691] Beispielhaft berichtet das Amt Osterholz in bezug auf die beabsichtigte Aufhebung der lex Anastasiana für das Königreich Hannover am 24. April 1852 an die Königliche Justizkanzlei in Stade: *„... berichten wir, daß wir ein auf Erfahrung gestütztes Urtheil darüber nicht abgeben können, ob es sich als angemessen empfehle, die Lex Anastasiana im Wege der Gesetzgebung aufzuheben. Denn die Fälle, in denen jene Rechtsvorschrift zur Anwendung gekommen, sind so außerordentlich selten, daß aus ihnen eine Erfahrung darüber sich nicht hat ergeben können, ob die Aufhebung oder Beibehaltung der Lex Anastasiana für zweckmäßig zu halten sey. Abgesehen davon, daß wir Erfahrungen nicht gesammelt haben, sind wir der Ansicht, daß die Aufhebung der Lex Anastasiana keinen erheblichen Bedenken unterliegen kann."* [692]
Ähnliche Berichte, die den äußerst theoretischen Charakter der lex Anastasiana aufgrund von *„kaum näher nachzuweisenden Fällen"* [693] bestätigen, kommen von verschiedenen Stellen des hier exemplarisch herangezogenen Königreiches Hannover[694], so bspw. von der 'Justiz Canzlei Osnabrück' vom 25. Mai 1852[695], der 'Justiz Canzlei Göttingen' vom 14. Mai 1852[696], der 'Justiz Canzlei Aurich' vom 29. Mai 1852[697] und vom 'Magistrat der Stadt Osnabrück' vom 01. Mai 1852.[698]
Sowohl laesio enormis als auch lex Anastasiana werden im 19. Jahrhundert zwar auch weiterhin in der Pandektenwissenschaft diskutiert[699], die liberal geprägte Praxis verzichtet jedoch nahezu gänzlich auf diese *„Fessel"* [700] des Wirtschaftverkehrs, was durch die Tatsache eindrucksvoll bewiesen wird, daß im gesamten 19. Jahrhundert

---

[690] Vgl. zur laesio enormis v.a. Schulze, S. 83ff, 141; zur lex Anastasiana vgl. Beaucamp, Lex Anastasiana, S. 113ff; Hedemann, S. 16; frühe Abschaffung der 'lex Anastasiana' im Großherzogtum Sachsen-Weimar v. 06.05.1826, in Kurhessen v. 20.12.1840, Nassau v. 25.11.1841, Fürstentum Waldeck v. 02.06.1845.
[691] Goldschmidt, Verhandlungen 6. DJT, Band I, S. 227 (235, 236); vgl. auch Luig, Vertragsfreiheit und Äquivalenzprinzip, S. 171 (175); vgl. ebenso Zimmermann, S. 139f mit rechtsvergleichendem Überblick; Tapp, S. 75f; Bender, Konsumentenkredit, S. 1129 (1132); vgl. auch oben Fn. 62, 63 m.w.Verw..
[692] *Bestand HptStaatsArchV Hannover (Nieders)/Akte Hann. Des. 26a Nr. 469 (fol. 24).*
[693] Zitat Bestand s. Fn. 695.
[694] Das Hauptstaatsarchiv Hannover (Außenstelle Pattensen) ist das einzige Archiv unter den in den 'Archivalien' (s. Archivalienverz.) angegebenen, das Archivmaterial zur 'lex Anastasiana' in seinen Beständen aufweist.
[695] 'Bericht an das Königl. Justiz-Ministerium zu Hannover' (*Bestand HptStaatsArchV Hannover (Nieders)/Akte Hann. Des. 26a Nr. 469) (fol. 28).*
[696] 'Bericht an das Königl. Justiz-Ministerium zu Hannover' *(Bestand a.a.O.) (fol. 25).*
[697] 'Bericht an das Königl. Justiz-Ministerium zu Hannover' *(Bestand a.a.O.) (fol. 38).*
[698] 'Bericht an das Königl. Justiz-Ministerium zu Hannover' *(Bestand a.a.O.) (fol. 35).*
[699] Vgl. oben Fn. 76.
[700] Goldschmidt, Verhandlungen 6. DJT, Band I, S. 227 (235f).

kein Klageerfolg aus laesio enormis bekannt ist.[701] In einem internen Schreiben des Königlichen Justizministeriums in Hannover heißt es zur lex Anastasiana: *„Jedenfalls paßt dieses unklagbare Gesetz uralter Vorzeit nicht mehr auf unsere jetzigen Zustände und Verhältnisse."* [702] Ähnliche Stimmen zur lex Anastasiana finden sich auch aus Bayern (*„... daß die Bestimmung des Gesetzes nicht mehr als nothwendig erscheint. Wenigstens das Letztere ist aber gegenwärtig hinsichtlich des in Frage stehenden Gesetzes in Bayern gewiß der Fall."* [703]), aus Preußen (*„Allein mochten jene Voraussetzungen damals eine solche Bestimmung als gerechtfertigt erscheinen lassen, so paßt sie doch, bei gänzlich geändertem Verkehre mit Forderungen, jetzt durchaus nicht mehr."* [704]) und aus dem Herzogtum Braunschweig (*„... so wie die unleugbare Thatsache, daß das Gesetz selbst, (...) an Dunkelheiten und Zweideutigkeiten leidet, haben bewirkt, daß bezüglich der Einrede des anastasianischen Gesetzes eine so große Masse von Rechts-Controversen entstanden ist, daß gerade dadurch der Chikane, (...), Thür und Thor geöffnet worden ist."* [705]).

Die gemeinrechtlichen Vertragskontrollinstrumentarien, der legislative Schutz der Vertragsgerechtigkeit und der `aequalitas`, werden im 19. Jahrhundert zugunsten des in allen Lebensbereichen vorherrschenden liberalen Gedankengutes sukzessive aufgegeben. Vor allem der Gedanke des freihändlerischen, radikalen ökonomischen Liberalismus mit seinen Idealen des durch nichts einzuschränkenden, sich in seinem vollen Ausmaß selbst regulierenden volkswirtschaftlichen Handelsverkehrs[706], bestimmt in der Konsequenz die Rechtspolitik und ihre Ausrichtung hinsichtlich der Vertragsfreiheit. Wie bereits angesprochen unterliegt demgegenüber das Instrumentarium der Zinsgesetze einer Sonderrolle.

Sosehr die allgemeine Freiheit des Handels und auch der Gesellschaft neue volkswirtschaftliche Möglichkeiten und Wege eröffnet, Erfolge ebnet und die Ökonomie den Schritt in die Moderne vollzieht, sosehr wird sich im 19. Jahrhundert zeigen, daß die anfänglich für überflüssig gehaltenen gesetzlichen Kontrollmechanismen und ihre

---

[701] Zimmermann, S. 141; zu den letzten Urteilen des 19. Jahrhunderts mit laesio enormis und lex Anastasiana vgl. oben Fn. 65; vgl. auch Beaucamp, Lex Anastasiana, S. 125ff.

[702] Internes Schreiben des Königlichen Justiz-Ministeriums zu Hannover (Dat. unbek.) `zur Ausführung der Gründe für eine Aufhebung der lex Anastasiana auch im Königreich Hannover` *(Bestand HptStaatsArchV Hannover (Nieders)/Akte Hann. Des. 26a Nr. 469) (fol. 3ff).*

[703] `Protokoll des ersten Ausschusses der Kammer der Reichsräthe über den Gesetzentwurf: Die Aufhebung der lex Anastasiana und anderer bezüglich der Abtretung einer Schuldforderung (Cession) vorgeschriebenen Beschränkungen betreffend` v. 22.12.1853, S. 22 *(Bestand HptStaatsArchV Hannover (Nieders)/Akte Hann. Des. 26a Nr. 469) (fol. 126).*

[704] `Bericht der Kommission für Justiz-Sachen über den Entwurf eines Gesetzes wegen Aufhebung der lex Anastasiana in den Landestheilen des gemeinen Rechts (Nr. 10. der Drucksachen)`, Herrenhaus, Sitzungsperiode 1862/63, Drucks Nr. 21, S. 3 *(Bestand HptStaatsArchV Hannover (Nieders)/Akte Hann. Des. 26a Nr. 469) (fol. 150).*

[705] `Commissions-Bericht über den Entwurf eines Gesetzes, die Aufhebung der Einreden der Vorausklagung des Hypothekschuldners und des anastasianischen Gesetzes betreffend.`, Anlage 2 zu Drucks. Nr. 76, Verhandlungen der Landes-Abgeordneten-Versammlung des Herzogthums Braunschweig v. 18.11.1849, S. 6 *(Bestand HptStaatsArchV Hannover (Nieders)/Akte Hann. Des. 26a Nr. 469) (fol. 69ff).*

[706] Vgl. zum Freihandel unten B.II.1..

Schutzbereiche – vor allem beim Zinsgeschäft – gerade durch diese Wandlung beeinflußt werden und mehr denn je in dieser Epoche der Diskussion um Einschränkung der Freiheit bedürfen. Lex Anastasiana und vor allem laesio enormis waren dabei aufgrund ihres engen kasuistischen Schutzbereiches bis zum Ende des Jahrhunderts rechtlich nicht umfassend und bedeutend genug, die mittelbar und unmittelbar auftretenden negativen Folgen des ausufernden Wirtschaftsverkehrs hinreichend aufzuzeigen. Dafür zerstreuten sich die negativen Folgen im neuen Volkswirtschaftsraum viel zu sehr. Was man bei der expansiven Neuorientierung der Volkswirtschaft aber von Anfang an übersah, war die gleichsam neue herausragende und in ihrer Wirkung konzentrierte Bedeutung des Kapitals. Konzentriert insofern, als daß der Kapitalverkehr im Gegensatz zum übrigen Güter- und Warenverkehr ausgesprochen einheitliche, die gesamte Volkswirtschaft betreffende Auswirkungen zu zeigen in der Lage war. So beruht der Kapitalpreis nicht wie bspw. der Getreidepreis auf regionalen, sondern vielmehr auf gesamtvolkswirtschaftlichen Umständen. Gerade im Kapital- und Kreditgeschäftsbereich war es gerade im 19. Jahrhundert sehr schwierig, bei Mißfallen eines vorliegenden Angebotes einen anderen, billigeren Anbieter zu rekrutieren wie es im theoretischen Sinne des Freihandels zum Dogma stilisiert wurde. John Prince-Smith äußerte sich in einer Rede in Köln zur Freiheit des Handels im Jahre 1860: *„Der Veräußernde empfängt das Meiste, was irgend Jemand ihm freiwillig geben will. Der Erwerbende dagegen giebt das Wenigste, wofür ihm irgend Jemand die fragliche Ware überlassen will. (...) Es ist aber Sache eines Jeden, unter allen ihm zugänglichen Möglichkeiten diejenige zu wählen, für welche der marktgängige Ersatz am billigsten ausfällt."* [707]

Diese theoretisierte Idealvorstellung der Anhänger des Freihandels erwies sich für den Kapitalverkehr im 19. Jahrhundert als Trugschluß. Die Folgen waren im großen Maße auftretende Mißstände, die sich weitgehend unmittelbar zeigten und auch die übrige Volkswirtschaft in ihren Bann zogen. Die Kapital- und Zinsproblematik war im gesamten Jahrhundert offenbar, da auch der Bedarf an Kapital zunehmend höher wurde, was der Ausbeutung durch entsprechende Kreditspekulanten Vorschub leistete. Dieser Kapitalbedarf wurde zum einen durch das Einsetzen des Industriealisierungsprozesses hervorgerufen, da die schnell anwachsende Zahl von immer größeren Industriebetrieben entsprechendes Kapital in den Produktionskreislauf fließen lassen mußte, um mit der allgemeinen Wachstumstendenz Schritt zu halten.[708] Zum anderen – was in bezug auf die Zinsgesetzgebung der entscheidende Hintergrund für deren Entwicklung war – war ebenso ein erhöhter Kapitalbedarf auf dem Land festzustellen. Nicht zuletzt die Abkehr vom ständischen Feudalsystem in den ländlichen Gebieten und die damit verbundene größere Eigenverantwortlichkeit und Flexibilität der Bauern förderte diese Nachfrage. Aber gerade der hohe Kapitalbedarf auf dem Land erhöhte auch die dortige Ausbeutungsanfälligkeit im Kreditwesen, weshalb

---

[707] Prince-Smith, S. 89 (90).
[708] Vgl. die Ausführungen oben A.II.1a).

die in der Folge auftretenden katastrophalen Zustände auch die Frage nach Beschränkung der Vertragsfreiheit auf dem Gebiet des Kreditverkehrs nie verstummen ließ und sich als Konstante durch das 19. Jahrhundert zog. Jene Kapitalsituation der Landwirtschaft verdeutlicht auch das Dilemma im 19. Jahrhundert, das einerseits zwischen der durch die Wirtschaftspolitik beeinflußten Rechtspolitk und ihrem Streben nach Aufgabe jeglicher Vertragskontrolle und andererseits den tatsächlich dadurch auftretenden wirtschaftlichen Auswirkungen bestand. Auf dieser steten ökonomischen Problempräsenz aufbauend, widersteht die Zinsgesetzgebung als einziges Vertragskontrollinstrumentarium einer völligen Aufgabe im Namen des totalen ökonomischen Liberalismus, selbst in der Phase der absoluten Vorherrschaft dieser Wirtschaftsideologie zwischen 1867 und 1880. Verdeutlicht wird dies durch den zum Teil äußerst schwierigen Aufgabeprozeß der Zinsgesetze, ferner durch die – wenngleich einzige – verbliebene Kapitalschuldnersicherung in § 2 des `Gesetzes für den Norddeutschen Bund betreffend die vertragsmäßigen Zinsen` vom 14.11.1867 und schließlich der letztlich nur 13 Jahre währenden Dauer dieser Periode, die ihr Ende aufgrund jener Zinsproblematik im Reichswuchergesetz vom 24. Mai 1880 findet.[709] Gleichsam wurde aber auch die Frage nach der Gesetzestechnik zur Bekämpfung der ökonomischen Probleme aufgeworfen. Spätestens zur Mitte des 19. Jahrhunderts wurde dabei offenbar, daß der Schutz der Vertragsgerechtigkeit beim Zinsgeschäft vor dem Hintergrund der neuen volkswirtschaftlichen Umstände nicht mehr ausschließlich mit dem seit dem originären römischen Recht bestehenden Mittel des starren Zinsmaximums zu lösen war.

a) Überblick über die Zins-Wucher-Gesetzgebung bis zum 19. Jahrhundert

Zu Beginn des 19. Jahrhunderts ist die bestehende Gesetzgebung auf dem Gebiet der Zinsgeschäfte das Ergebnis einer Entwicklung, die sich vor allem aus den entsprechenden Grundsätzen des römischen und des kanonischen Rechts ergibt.

aa) Römisches Recht

In der frühen Zeit des römischen Rechts kennt dieses keine Schutzbestimmungen gegen den Wucher im allgemeinen, auch nicht beim Zinsgeschäft; man steht auf dem Standpunkt vollkommener Freiheit des wirtschaftlichen Verkehrs.[710]

---

[709] Vgl. dazu unten B.II..
[710] Betz, S. 2; Hartmann, S. 4; Dehnel, S. 10f.

Dabei handelte es sich um einen in seinen Ausmaßen sehr geringfügig ausgeprägten und schwerfälligen Verkehr, der die Parteien per se durch seine natürliche Eingeschränktheit vor Übervorteilungen schützte. Hinzu kamen äußerst strenge gesetzliche Formvorschriften, so daß dieses individualistische Grundprinzip der wirtschaftlichen Freiheit zunächst ungehindert bestehen konnte.[711] Die für die ältere Zeit in Betracht kommende Form des Darlehens ist das `nexum`, dessen konsequent harte Rechtsbindungen dem Gläubiger im Falle der Zahlungsunfähigkeit des Schuldners das Recht gaben, diesen ins Ausland zu verkaufen (`trans Tiberim`) oder gar zu töten.[712] Der bei dieser Form des Darlehens vereinbarte Zins, `fenus`, entsprang aus der Entwicklung der ältesten Form der Leih- oder Kreditgeschäfte, dem sog. `Fruchtdarlehen`. Dieses Fruchtdarlehen stand zunächst unter dem Prinzip der Zinslosigkeit. Derjenige, dessen landwirtschaftlicher Ertrag für seinen Bedarf bis zur nächsten Ernte nicht genügte, konnte sich von einem besser Begüterten eine gewisse Menge Ackerfrucht mit der Verpflichtung leihen, die gleiche Menge nach der nächsten Ernte zurückzugeben.[713] Die dabei entstehenden unterschiedlichen Ernteerfolge bildeten aber alsbald die Sitte heraus, mehr zurückzufordern als hingegeben wurde. Dieses Prinzip des `fenus` führte in der Folge mit aktiverem Wirtschaftverkehr auf der Grundlage des schrankenlosen wirtschaftlichen Individualismus zu steigendem Ausbeutungsmißbrauch, zumal sich das `nexum` und der `fenus` mit Einführung der Münze (`aes grave`) und damit des Geldverkehrs wesentlich auf das für den gesamten Verkehr relevante Gelddarlehen verlagert hatte.[714] Der erste gesetzliche Bekämpfungsversuch gegen die Vereinbarung weit überhöhter Zinsen beim Darlehen wird sodann aufgrund dieser Umstände im `Zwölftafelgesetz` (450/451 v. Chr.) niedergelegt. Hier findet sich erstmalig die Bestimmung eines Zinsfußes beim Darlehen (`fenus unciarium`) und gleichzeitig die erste juristische Definition des Wuchers, nach der dieser bei Überschreitung des vorgegebenen Darlehenszinssatzes anzunehmen war.[715] Über die Auslegung des Gesetzes und damit über die Höhe des Zinssatzes herrscht in der Forschung Uneinigkeit. Das `fenus unciarium` sah unzweifelhaft einen Satz vor, der 1/12 der `geliehenen` Summe betragen sollte. Unklarheit besteht hier insoweit, ob der Berechnung die Monatsbasis zugrundeliegt (dann entsprechend 100% p.a.), was vor allem *Landau*[716] im Hinblick auf das archaische altrömische Recht vertritt, oder ob nach der Jahresbasisberechnung ein Zinssatz von dann 8,33%, wie *Weiss*, *Hartmann* und *Griesinger*[717] vertreten, festzulegen ist. *Savigny*, *Mommsen*[718] und *Peschke*[719] gehen zwar von letzterem aus, legen ihrer Berechnung

[711] Vgl. Isopescul-Grecul, Das Wucherstrafrecht, S. 27ff; Hartmann, S. 4.
[712] Vgl. zu `nexum` und `mutuum` Dittrich, S. 7.
[713] Hartmann, S. 4; Dehnel, S. 11.
[714] Vgl. Dehnel, S. 11.
[715] Vgl. Weiss, § 84, S. 304; Hartmann, S. 5; Dehnel, S. 12f; Isopescul-Grecul, Das Wucherstrafrecht, S. 29; Kaser, S. 124; Braun/Wirth, S. 100ff; Bauer, Raiffeisengenossenschaften, S. 18f.
[716] Landau, § 247 BGB, S. 385 (385).
[717] Weiss, § 84, S. 304; Hartmann, S. 5; Griesinger, S. 12.
[718] Belegt bei Dehnel, S. 13.
[719] Peschke, Handwörterbuch der Staatswissensch., S. 1081 (1086).

aber eine Jahreszinsbasis von lediglich 304 Tagen für das Romulische Jahr zugrunde, was zu einem Jahreszins von ca. 10% p.a. führt.[720] Diese Unstimmigkeit bezüglich der Jahres- oder Monatsberechnung kann hier offen bleiben; anzumerken gilt jedoch, daß im Hinblick auf die bewußte Einschränkung des Verkehrs zur Beilegung der – infolge bestehender Knechtschaft – entstehenden sozialen Spannungen durch das Zwölftafelgesetz von einem für den Schuldner wirtschaftlich tragbaren Maximalsatz auszugehen ist, was in der Konsequenz die Jahresbasis als sinnvoller und effektiver erscheinen läßt.[721]

Die Schutzmaßnahmen der 12 Tafeln sind dabei straf- und zivilrechtlicher Art. Letztere gewähren eine Zivilklage auf Rückerstattung des zuvielgezahlten Zinses, sowie eine ebenfalls auf dem Zivilprozeßwege zu erhebende 'actio poenalis' auf das 'quadruplum', auf den vierfachen Wert der zu Unrecht erhobenen Zinsen.[722] Im Jahre 357 v. Chr. tritt neben die Privatstrafe des quadruplum noch die öffentliche Strafe der 'aedilizischen Mult' ('multa', Geldbuße) bei Zinsüberschreitung durch die 'lex duilia menenia'.[723] Der Erfolg jener Wucherbekämpfung scheint jedoch weitgehend erfolglos geblieben zu sein, was zur Folge hat, daß 347 v. Chr. der gesetzliche Zinsfuß zunächst auf die Hälfte (ca. 4,1/6%, 'semunciarium') herabgesetzt, ehe durch die 'lex genucia' 342 v. Chr. völlige Zinslosigkeit vorgeschrieben wird.[724] Die lex genucia bildet gleichsam den Abschluß des auf der Rechtsformenstrenge aufbauenden altrömischen ius civile. Grund hierfür ist die zunehmende Ausweitung des wirtschaftlichen Verkehrs und die damit einhergehenden Unterwanderungen des altrömischen Zinsverbotes, resp. des auschließlich mit diesem in rechtlichen Zusammenhang gebrachten nexum. Die Umgehung dieser handelsfeindlichen Beschränkungen erfolgt in der Praxis mittels des formlosen 'mutuum', des Freundesdarlehens des ius gentium. Obgleich dieses mutuum ursprünglich zinslos war, verbot es doch die Vereinbarung einer Zinsschuld nicht.[725] Sowohl aus diesem Grund als auch wegen der durch seine Formlosigkeit bedingten leichteren Verkehrsfähigkeit verdrängte das mutuum in kurzer Zeit das nexum und führte insoweit auch zur Gegenstandslosigkeit der bisherigen Zinsbestimmungen.[726] Da aber infolge der Verdrängung des nexum durch das mutuum praktisch keine Zinsbeschränkung mehr bestand, ging die Tendenz der Gesetzgebung stetig auf eine Wiedereinführung derselben, um dem weiterhin in großen Ausmaßen auftretenden Zinswucher Einhalt zu gebieten. Gegen Ende der Republik kommt es zu einem neuen Maximalzinssatz, der 'centesimae usurae', die den Maximalzins auf 12% festlegt.[727]

---

[720] Ähnlich auch Rühle, S. 25; vgl. auch Bauer, Raiffeisengenossenschaften, S. 19.
[721] Vgl. auch Weiss, § 84, S. 304, der sich ebenfalls unter Begründung auf die allgemeine Tendenz der Gesetzgebung im Bereich des Mittelmeeres auf die Jahresberechnungsbasis beruft.
[722] Rühle, S. 25; Zimmermann, S. 123; Hartmann, S. 5.
[723] Dehnel, S. 14; Isopescul-Grecul, Das Wucherstrafrecht, S. 29, 60; Hartmann, S. 5f.
[724] Vgl. Isopescul-Grecul, Das Wucherstrafrecht, S. 44ff; Weiss, § 84, S. 304; Dehnel, S. 15; Bauer, Raiffeisengenossenschaften, S. 19; Braun/Wirth, S. 105f.
[725] Vgl. Hartmann, S. 6; Dehnel, S. 15.
[726] Peschke, Handwörterbuch der Staatswissensch., S. 1081 (1086).
[727] Vgl. Landau, § 247 BGB, S. 385 (385f); Griesinger, S. 13.

Den Abschluß dieser Entwicklung bilden sodann die Regelungen des corpus iuris Justinians, der infolge des kirchlichen Einflusses den 12%-Höchstsatz der centesimae usurae um die Hälfte auf 6% für die Allgemeinheit (`celteri omnes homines`) reduziert (`dimidiae centesimae`).[728] Dennoch läßt die justinianische Gesetzgebung im Hinblick auf die Risiken des Darlehens Ausnahmen zu. So bleibt es für besonders risikoreiche Seedarlehen bei einem Zinssatz (`fenus nauticum`) gemäß der centesimae usurae von 12%.[729] Gleiches gilt für Naturaldarlehen. Für Kaufleute (`qui aliquam licitam negotionem gerunt`) sieht das corpus iuris 8%, für Fabrikanten (`qui ergasteriis praesunt`) ebenfalls 8% und für hochstehende Persönlichkeiten (`illustres personae sive eas praecedentes`) lediglich 4% Maximalzins vor.[730] Eine strafrechtliche Ahndung ist dabei nicht vorgesehen. Gleichzeitig wird unter Justinian das Verbot des Anatozismus erneuert und festgelegt, daß die Summe der gezahlten Zinsen nicht den Wert der doppelten Kapitalsumme übersteigen darf.

bb) Kanonisches Recht

Das kanonische Recht folgert aus der Nächstenliebe als dem Kern der Lehre Christi den unbedingten Verzicht auf jegliche Form des Zinsennehmens und pönalisiert die geringste Mißachtung dessen mit Wucher.[731] Begründet wird dieses Ideal mit zahlreichen Stellen des Alten Testaments[732], sowie mit dem Grundsatz des Lukasevangeliums `mutuum date nihil inde sperantes`.[733] Das Zinsverbot der christlichen Lehre erfaßt dabei nicht nur das Darlehen, sondern wird auf alle Kreditgeschäfte ausgedehnt, da – ganz im Sinne des `iustum pretium` - unter der Prämisse des verbotenen Darlehenszinses auch anderweitiger Gewinn aus zweiseitigen Rechtsgeschäften unrechtmäßig sein muß.

Die Kirche setzt diese Grundsätze schon im 4. Jahrhundert durch, zunächst allerdings auf Kleriker beschränkt[734], die aber durch Papst Leo I. bereits 447 n. Chr. auf Laien ausgedehnt werden.[735] Durch den steten Machtzuwachs der Kirche trägt Justinian dem in der beschriebenen Gesetzgebung Rechnung, ehe sodann durch die Kapitularien Karls des Großen das kirchliche Zinsverbot Eingang in das weltliche Recht

---

[728] Cod.4.32.26.2.; vgl. auch Landau, § 247 BGB, S. 385 (386); Isopescul-Grecul, Das Wucherstrafrecht, S. 59ff; Hartmann, S. 7f; Griesinger, S. 13.
[729] Vgl. Landau, § 247 BGB, S. 385 (386).
[730] Weiss, § 84, S. 304f; Hübner, § 86, S. 538; Lenzen, S. 2; Peschke, Handwörterbuch der Staatswissensch., S. 1081 (1087); Dehnel, S. 17f.
[731] Tit. X. de usuris V, 19; vgl. zur Begriffsentstehung des `Wuchers` oben A.II.2.; vgl. auch von Gerber, § 138, S. 335; Lenzen, S. 2; Mitteis, Kap. 52, S. 134; Dahn, S. 198; Hübner, § 86, S. 538.
[732] Jeremias 16, 20; Hesekiel 18, 5; Moses III, 25, 35; V, 24, 21.
[733] Lukas 6, 35, vgl. zum Text oben Fn. 681.
[734] Konzil von Nicaea, 325 n. Chr.; vgl. auch Blömer, Agrarkredit Westfalen, S. 4.
[735] Vgl. Landau, § 247 BGB, S. 385 (386 Fn. 4).

findet und jegliche Art entgeltlicher Kreditgewährung als Wucher bezeichnet wird.[736] Als Höhepunkt erklärt Clemens V. auf dem Konzil zu Vienne im Jahre 1311 jedes weltliche Gesetz für nichtig, das dem absoluten Zinsverbot widerspricht.[737]
Auch die Reformatoren, ausgenommen *Calvin*, der sich für die Zulässigkeit von Zinsen ausspricht[738], verharren auf dem kanonischen Zinsverbot. *Luther* schleudert gar Kampfschriften gegen jegliche Form des Zinsnehmens. Im Jahr 1519 schreibt er über den `Sermon vom Wucher`: *„Wiewohl der Zins ein zugelassener Handel ist, muß jeder zugeben, daß der Zins, er sei Wucher oder nicht, das Werk tut, das der Wucher tut: nämlich alle Länder, Städte, Herren und Volk beschweren, aussaugen und ins Verderben bringen. (...) Denn wo ich Zinsen ziehe aus einem klar benannten Geschäft, so kaufe ich nicht das Geschäft, sondern die Arbeit und Mühe des Schuldners in diesem Geschäft, womit er mir meine Zinsen bringt. (...) Mich wundert, daß bei diesem unermeßlichen Wucher die Welt noch steht.“* [739]

cc) Die `Überwindung` des kanonischen Zinsverbotes durch den Handelsverkehr und der Übergang zur Neuzeit bis zum Ende des 18. Jahrhunderts

Die Schrift Luthers über den `Sermon vom Wucher` zeichnet sich weniger durch streng mittelalterliche `biblisch verklärte` Kirchentheorie, als vielmehr durch eine durchaus moderne Ökonomieanalyse aus, der gleichwohl der soziale Aspekt nicht fremd ist: *„Es ist kein Wunder, daß die Zinsjunker so geschwind vor andern Leuten reich werden. Denn dieweil die Andern mit ihrem Geld im Handel bleiben, und hunderterlei Gefahr begegnen, hat Geld auf Zinsen einen Grund, der ohne Unterlaß wächst und trägt, ohne Sorge, an der Hauptsumme zu verlieren. Wer wollte nicht lieber hundert Gulden auf Zins ausleihen als damit handeln?“* [740] Luther rekurriert hier auf einen Zustand des sukzessiven Zurückweichens des kanonischen Zinsverbotes in der weltlichen Wirtschaftspraxis, der durch den zunehmend wachsenden Handels- und Geldverkehr im Spätmittelalter ausgelöst wird. Gründe sind neben der `Realitätsfremdheit` der strengen Kirchenlehre auch Gesetzeslücken des kanonischen Rechts, die sich der Handel zu Nutze macht. So entsteht im 14. Jahrhundert der sog. `Rentenkauf`, ein Rechtsgeschäft, bei dem gegen Hingabe von Kapital der Schuldner grundsätzlich ohne Kündigungsmöglichkeit zur Zahlung einer Rente verpflichtet wur-

---

[736] Schwarz, S. 7; Isopescul-Grecul, Das Wucherstrafrecht, S. 86ff; Peschke, Handwörterbuch der Staatswissensch., S. 1081 (1087).
[737] Griesinger, S. 14f.
[738] Vgl. Isopescul-Grecul, Das Wucherstrafrecht, S. 141f; Hartmann, S. 10; Peschke, Handwörterbuch der Staatswissensch., S. 1081 (1088); Planitz, S. 156.
[739] Zitiert bei Thiel, Luther, Recht und Wirtschaft, S. 338f; *Thiel* schreibt völlig zu Recht voller Bewunderung über diese Schrift: *„Von allem, was der Reformator schrieb, ist dies das Bewundernswerteste und Zeitgemäßeste.“*; eine weitere wesentliche Schrift Luthers zum Zinsverbot ist die „Vermahnung an die Pfarrherrn, wider den Wucher zu predigen“ aus dem Jahr 1540.
[740] Zitiert bei Thiel, Luther, Recht und Wirtschaft, S. 338.

de[741], dessen Vorgänger der Kauf mit Wiederkauf war.[742] Das Rechtsgebilde des Rentenkaufs wird vom kanonischen Recht nicht verboten, im wesentlichen sogar in kirchlichen Kreisen mit ca. 10%igem Gewinn selbst praktiziert. Vor allem der Rentenkauf ermöglicht unter kanonistischer `Duldung` im 16. Jahrhundert ein weitgefächertes Kreditwesen, der sodann durch die Reichspolizeiordnungen 1530, 1548 und 1577 (XVII. Titul. Von wucherlichen Contracten. § 1-11)[743] unter gleichzeitiger Beibehaltung des Zinsverbotes mit 5%iger Verzinsung legitimiert wird.
Eine weitere Gesetzeslücke war der Umstand, daß die Juden generell von der kirchenbezogenen Gesetzesbindung nicht erfaßt wurden und somit weitgehend unbeschränkt (mit der RPO von 1530 mißlang der Versuch, das Zinsennehmen der Juden zu verbieten) Geld auf Zinsen ausliehen.[744] Die Höhe der von jüdischen Geldverleihern zu vereinnahmenden Zinsen blieb entweder dem Belieben der Vertragspartner überlassen oder wurden durch Gesetze bestimmt, welche regelmäßig einen sehr hohen Prozentsatz gestatteten.[745] Mit der Reichspolizeiordnung von 1577, XX. § 6 und 7, wurden diese Zinsen sodann auf 5% festgelegt.[746]
Sowohl die Juden als auch die norditalienischen Städte, die als erste (zum Teil schon im 13. Jahrhundert) das rigorose Zinsverbot unter Aufstellung von Zinsmaxima außer Kraft setzen, treiben den sich zusehends ausweitenden Kredit- und allgemeinen Handelsverkehr voran. Insoweit bestehen bald neben den sich fast überall durchsetzenden gesetzlichen Privilegien für Juden und Lombarden beim Zinsgeschäft zahlreiche partikularrechtliche Ausnahmen für sämtliche Formen und Betreiber des Kreditverkehrs, so daß die kanonische Lehre vom Zinsverbot im wesentlichen nur noch in der Theorie fortbesteht. Die allgemeine Wandlung in der Rechtsüberzeugung schafft so Stück für Stück Territorialgesetze, die das generelle Zinsverbot durch Zinsmaxima, die in Anlehnung an das römische Recht zwischen 5 und 8% schwanken[747], ersetzen (`Züricher Zinsgesetze` 1520-1525, `Nürnberger Reformationsgesetz` 1564, `sächsische Konstitutionen` 1572).[748] Reichsgesetzlich wird der neue Zustand des legitimierten Zinsnehmens beim Darlehen durch den `jüngsten Reichs-

---

[741] Landau, § 247 BGB, S. 385 (386); ausführlich Neumann, Geschichte des Wuchers in Deutschland, S. 212ff; vgl. ebenso Blömer, Agrarkredit Westfalen, S. 4.
[742] Vgl. von Gierke, Band III, § 198, S. 584; Peschke, Handwörterbuch der Staatswissensch., S. 1081 (1087); eine weitere Möglichkeit, Geldkredit auf Zins zu erhalten, war der sog. `contractus trinus`, nach dem der Geldgeber ein Darlehen in Form eines Gesellschaftsvertrages gewährte, der ihm einen festen oder maximal begrenzten Gewinnanteil zusicherte; ähnlich auch die sog. `societas sacri officii`; ebenso der Wechsel bei dem fingiert wurde, daß der vom Schuldner auf einen anderen Ort gezogene Wechsel dort präsentiert, aber nicht bezahlt werde, worauf daraufhin ein Rückwechsel mit Aufschlag für Kosten und Interesse gezogen wurde; vgl. ebenso zu den Umgehungsgeschäften Hübner, § 86, S. 539; von Gierke, Band III, § 198, S. 584 Fn. 87; Dahn, S. 198f.
[743] Der Text ist abgedruckt bei Kroeschell, Band 2, S. 289-291.
[744] Vgl. Stobbe, Band III, § 236, S. 348f; Planitz, § 72, S. 156; Neumann, Geschichte des Wuchers in Deutschland, S. 316.
[745] Dies nicht zuletzt aus steuerlichem Eigennutz der Landesherrn; vgl. Heusler, Band I, § 35, S. 153; Hübner, § 86, S. 540.
[746] Den Reichsständen blieb es allerdings vorbehalten, anderweitige Bestimmungen zu treffen; vgl. Stobbe, Band III, § 236, S. 349; Schröder/von Künßberg, S. 894.
[747] Vgl. insoweit Krüll, S. 294.
[748] Vgl. Peschke, Handwörterbuch der Staatswissensch., S. 1081 (1088).

abschied` von 1654 in Anlehnung an die Reichspolizeiordnungen des 16. Jahrhunderts mit erlaubtem 5%igen Zins (§ 174) anerkannt.[749] Die Kirche selbst erkennt durch Papst Benedikt XIV. 1741 die Rechtmäßigkeit des verzinslichen Darlehens an.[750]

Das gemeine Recht verbleibt aufgrund dieser Entwicklung beim Bezug, daß Wucher die Überschreitung des territorial- und personenbedingt schwankenden 5 bis 8%igen Zinsmaximums darstellt. Mitte des 18. Jahrhunderts werden indes die Grundsätze der europaweit bestehenden Maximalzinsregelungen (Frankreich muß hier allerdings ausgenommen werden, da es erst durch Gesetz vom 12.10.1789 einen Maximalzinsfuß von 5% einführt und damit das generelle Zinsverbot überwindet[751]) erneut in Frage gestellt. Ausgangspunkt sind hier die Vorreiter der aufgeklärten Nationalökonomie[752], deren Theorieansätze sodann die Phase des nahezu totalen ökonomischen Liberalismus zur Mitte des 19. Jahrhunderts prägen werden.[753] Vor allem aus dem frühindustrialisierten England kommt die Kritik an den Zinsbeschränkungen und ihrer `überholten` ideellen Grundlage. So sind es *John Locke*, *David Hume* und *Adam Smith*[754], die versuchen, den Zins und seine Gesetzgebung ausschließlich nach ökonomischen Kriterien zu bestimmen. *Jeremias Bentham* geht in seiner 1787 erschienenen Schrift `Defence of Usury` gar so weit, jeglichen Eingriff des Staates in das freie Spiel der Kräfte als Torheit und Mißgriff anzusehen. Die Gesetze gegen den (Zins-)Wucher verminderten das Kapitalangebot und trügen nur zur Verteuerung des Kredits durch Einkalkulation einer Risikoprämie bei.[755] Auch aus Frankreich regt sich der nationalökonomische Widerstand gegen die (dort noch nicht) bestehenden Zinsfußregelungen. So ist es vor allem *Turgot*, der sich in seinem 1789 veröffentlichten Bericht an die Regierung[756] für eine gänzliche Aufhebung der Zinsgesetze ausspricht, da es keinen Handelsplatz der Welt gäbe, wo der Handel nicht auf geliehenem Geld beruhe und die Zinsen sich dementsprechend automatisch nach Angebot und Nachfrage zu regeln imstande wären.[757]

---

[749] Vgl. Gengler, § 116, S. 410f; Dahn, S. 199; Mitteis, Kap. 52, S. 135; Stobbe, Band III, § 236, S. 350f.
[750] Griesinger, S. 15.
[751] In England bestand dagegen seit Heinrich VIII. ein einheitlicher Maximalzinsfuß von 10%. Im Laufe des 17. Jahrhunderts wird dieser Zinssatz zuerst auf 8, später auf 6% gesenkt. Durch das Wuchergesetz der Königin Anna von 1713 wird der Höchstzins auf 5% festgelegt, der bis Mitte des 19. Jahrhunderts gesetzlich festgelegt bleibt.
[752] Vgl. Lütge, Deutsche Sozial- und Wirtschaftsgeschichte, S. 421; vgl. ebenso Luig, Vertragsfreiheit und Äquivalenzprinzip, S. 171 (182f); Mestmäcker, Hand des Rechts, S. 156; Raiser in Festschrift Juristentag, S. 101 (116).
[753] Vgl. dazu eingehend unten B.II..
[754] Vgl. auch oben Fn. 252.
[755] Peschke, Handwörterbuch der Staatswissensch., S. 1081 (1089).
[756] `Mémoire sur le prêt à interêt et sur le commerce de fers`.
[757] Peschke, Handwörterbuch der Staatswissensch., S. 1081 (1089); vgl. auch Raiser in Festschrift Juristentag, S. 101 (130); Schmude in Festschrift Ballerstedt, S. 481 (484).

Die Auswirkung dieser nationalökonomischen Analysen und Forderungen auf die tatsächliche Gesetzgebung sind zum Ende des 18. und – was sich noch zeigen wird – zum Beginn des 19. Jahrhunderts gering. In Frankreich wird mit Gesetz vom 03. September 1807 eine nur drei Jahre währende Phase der Zinsfreiheit wieder aufgehoben[758], deren Grundlage ein – aufgrund der postrevolutionären, mitunter anarchistischen Bedingungen – als Beispiel wenig dienlicher Handelsverkehr ist.[759]
Anders zunächst in Österreich, wo die aufgeklärten nationalökonomischen Theorien unter dem liberal gesinnten *Josef II.* auf fruchtbaren Boden fallen. Das 'Josefinische Patent' vom 29. Januar 1787 hebt – nahezu, denn im Hinblick auf Galizien muß entgegen der allgemeinen Darstellung von einer Ausnahme gesprochen werden – alle bisherigen Wuchergesetze auf, *„um dem durch gesetzmäßige Bestimmung der Zinsen gehemmten Privatkredit Erleichterung zu verschaffen und durch Befreiung vom Fiskalzwange den Zusammenfluß der Darleiher zu vermehren."* [760] Gleichwohl fehlt dem österreichischen Gesetzgeber der Mut, der liberalen Idee in aller Konsequenz zu folgen. So verblieb trotz legitimierter Zinsvereinbarungsfreiheit die Beschränkung, daß die Klagbarkeit versagt wurde, wenn die Zinsen bei hypothekarischen Schulden 4%, bei sonstigen 5% und bei kaufmännischen Wechseln 6% überschritten.[761] Noch offensichtlicher wird der experimentelle Charakter des Patents, wenn man bedenkt, daß das Gesetz gerade im ländlichen und ausbeutungsbekannten Galizien aufgrund der *„dortigen ungemäßigten Gewinnsucht"* nicht (!) eingeführt wurde.[762] Mit dem 'Wucherpatent' *Franz II.* vom 02. Dezember 1803 kehrt sodann auch Österreich aufgrund der allgemein überhand nehmenden Zinsbewucherung in dieser Phase[763] wieder zu den früheren Zinstaxen von 5 und 6% zurück. In den übrigen Staaten Deutschlands und Europas – auch in Preußen, trotz dort aufkommender, im wesentlichen vom Bürgertum getragener Bestrebungen zur Aufhebung der Zinsbeschränkungen[764] - verbleibt es zum Wechsel vom 18. auf das 19. Jahrhundert (zunächst) bei den straf- und/oder zivilrechtlichen Bestimmungen der gesetzlichen Zinsmaxima zwischen 5 und 8%. Eine Ausnahme hierzu bildet das recht zinsfreundliche Badische Landrecht, auf das unten im Rahmen der ersten Periode des 19. Jahrhunderts noch einzugehen sein wird.[765]

---

[758] Die Zinsbeschränkungen wurden durch Art. 1907 Code Napoléon aufgehoben; vgl. auch Dehnel, S. 29; Hübner, § 86, S. 541.
[759] Das Gesetz v. 03.09.1807 legt den vertragsmäßigen Zinsfuß für gewöhnliche Darlehen auf 5%, für Handelsgeschäfte auf 6% fest. Die Zinsbeschränkungen blieben in Frankreich bis 1918 in Kraft; vgl. auch Landau, § 247 BGB, S. 385 (387); Isopescul-Grecul, Das Wucherstrafrecht, S. 161.
[760] Zitiert bei Peschke, Handwörterbuch der Staatswissensch., S. 1081 (1089); vgl. auch zum 'Josefinischen Patent' Hedemann, S. 13; Griesinger, S. 15f; Betz, S. 4; Hübner, § 86, S. 541.
[761] So erläutert im 'Bericht des Ausschusses über die Regierungsvorlage, betreffend Abhilfe wider unredliche Vorgänge bei Creditgeschäften in Galizien und Krakau', Nr. 649 der Beilagen zu den Stenogr. Protok. des österr. Abgeordnetenhauses, VIII. Session, S. 7 *(Bestand BArchV, Akte R 3001/6250)*.
[762] Bericht des Ausschusses über die Regierungsvorlage, a.a.O., S. 7.
[763] a.a.O., S. 7; vgl. auch Griesinger, S. 15.
[764] Vgl. Dehnel, S. 35.
[765] Vgl. unten B.I.1b).

b) Die begriffliche und inhaltliche Assoziation des Wuchers mit dem ausbeuterischen Zinsgeschäft im 19. Jahrhundert

Im 19. Jahrhundert wird aufgrund der umschriebenen Hintergründe bis zur Entwicklung zum Ende des Jahrhunderts der Begriff und der Fassungsbereich des Wuchers ausschließlich mit dem überhöhten ausbeuterischen Kreditgeschäft verbunden. Wenn im 19. Jahrhundert überhaupt die Frage nach notwendiger Einschränkung der Vertragsfreiheit aufkommt, dann stellt sie sich als Frage nach einer Begrenzung der vertraglichen Zinsen dar. Grund ist, wie angesprochen, primär der sämtliche Lebensbereiche durchziehende Gedanke des Liberalismus, dessen Ideal die Frage nach Einschränkung der Vertragsfreiheit als Anachronismus und überholtes gesetzliches Relikt unmündigerer Zeiten erscheinen läßt.
Damit einher geht der exorbitante Bedeutungsverlust der gemeinrechtlichen Vertragskontrollinstrumentarien sowohl in Theorie, aber vor allem in der Praxis. Der einzige Bereich des wirtschaftlichen und gesellschaftlichen Lebens, der die Problematik und Fragwürdigkeit des totalen Individualismus im 19. Jahrhundert offenbart, ist das Zinsgeschäft. Hervorgerufen wird dies durch die ständige Problempräsenz der mit diesem verbundenen Ausbeutungsmißständen, vor allem, bzw. fast ausschließlich auf dem landwirtschaftlichen Sektor. Hinzu kommt dabei die durch die erhöhten Wirtschaftskapazitäten steigende ökonomische Bedeutung des Kapitals und damit des Kredits. Um das Bild der Bedeutung des Zinses für die Entwicklung der Wuchergesetzgebung im 19. Jahrhundert hin zur heutigen Bestimmung des BGB in deutlicheren Farben zu zeichnen, muß man attestieren, daß der Zinsbereich aufgrund seiner zu jeder Phase jenes Jahrhunderts bestehenden ökonomischen Auswirkungen der einzig \`überlebende\` und einzig \`aktive\` Vertragskontrollmechanismus war. *Luig* spricht zudem davon, *„daß die Erörterung des Zinswuchers geradezu zwangsläufig zum Problem des Sachwuchers führt."* [766] Zweifelsohne beschreibt diese These punktgenau die herausragende Bedeutung des Zinses und der ihn betreffenden Gesetzgebung im 19. Jahrhundert. Will man die 1880 beginnende Entwicklung zur heutigen allgemeingültigen Individualwuchernorm aufzeigen, so führt dies nur über die \`verbliebene\` Zinsgesetzgebung, die insoweit als direkter Vorläufer der zivil- und strafrechtlichen Wucherbestimmungen de lege lata anzusehen ist. Genau wie bei den heutigen einheitlich ausgerichteten Wucherbestimmungen der §§ 138 II BGB, 291 StGB ist dabei eine exakte Trennung zwischen zivil- und strafrechtlichen Normen in jener Entwicklung nicht durchzuführen, da der Wucher seit jeher eine Schnittstelle zwischen Privatrecht und Strafrecht war und legislative Überschneidungen, gegenseitige Abhängigkeiten und Rechtsverweise die Konsequenz sind.[767] Die gegenseitige Bedingtheit der straf- und zivilrechtlichen Zinswuchernormen ermöglicht gleich-

[766] Luig, Vertragsfreiheit und Äquivalenzprinzip, S. 171 (175).
[767] Vgl. von Bar, Band 2, Nr. 265, S. 59; Geiershöfer, S. 24; von Liszt, § 2, S. 4f; Stobbe, Band III, § 236, S. 352.

wohl eine einheitliche Darstellung, wobei im 19. Jahrhundert das primäre Augenmerk des Gesetzgebers aufgrund der allgemein vorherrschenden liberalen Gesinnung und des Bedürfnisses nach Regelung des Handelsverkehrs auf der privatrechtlichen Ebene lag.

Die Protagonistenrolle der Zinsproblematik und ihrer Gesetzgebung zeigt sich zudem auch durch die allgemein vorherrschende ausschließliche Assoziation dieser mit dem Begriff des Wuchers im 19. Jahrhundert. Beispielhaft verdeutlicht ein 'Bericht der preußischen Kommission für Justiz-Sachen' im Jahre 1863[768] den Ausschluß von lex Anastasiana und laesio enormis aus dem Begriffsbereich des Wuchers: *„Aus diesem Inhalte ergiebt sich, daß es sich nicht um sogenannte Wuchergesetze handelt. Denn die Wuchergesetze haben es mit dem Verbote zu hoher Zinsen, unter welchem Namen sie auch gegeben werden, mit dem Verbote des Häufens von Zins auf Zins und Kapitalisierung der Zinsen, wodurch der Schuldner successiv bei stets wachsenden Ansprüchen des Gläubigers ausgesogen und ruiniert wird, zu thun."* [769] Auch die *'Kölnische Zeitung'* vom 30. November 1878 definiert recht unzweifelhaft auf die für sie rhetorische Frage, was Wucher sei: *„Wucher ist die Erhebung eines höheren Zinses, d.h. einer höheren Geldcapitalmiethe, als das Gesetz zu erheben erlaubt."* [770] Eine wesentliche Rolle für dieses Begriffsverständnis spielt hier zudem die historische Herleitung der Gesetzgebung aus dem kanonischen Recht.

Angemerkt sei hier zusätzlich noch, daß sich diese Begriffsassoziation auch sehr deutlich in den sich mit der ökonomischen und gesetzlichen Problematik befassenden Ministeriumsakten und ihrer Titulierung im 19. Jahrhundert widerspiegelt. So sind die in den untersuchten Archiven abgelegten und hier zu Rate gezogenen originalen Ministeriumsakten ohne Ausnahme in ihrer verwaltungsinternen Bezeichnung als 'Wucherakte' inhaltlich ausschließlich dem Zinsproblem zuzuordnen.

Die Zins- und damit die Wuchergesetzgebung und ihre Entwicklung im 19. Jahrhundert zeichnet sich in der Gesamtbetrachtung durch ihre enge Abhängigkeit von den sich wandelnden, ideell motivierten wirtschaftspolitischen Grundsätzen und den tatsächlichen wirtschaftlichen Verhältnissen aus. Vor allem ist bei letzteren – dies sei noch einmal ausdrücklich betont – die Kreditsituation auf dem Land der Faktor, der die in die eingangs erwähnten drei Entwicklungsperioden zu unterteilende Gesetzgebung nahezu ausschließlich beeinflußt, prägt und letztendlich für diese verantwortlich zeichnet.

---

[768] 'Bericht der Kommission für Justiz-Sachen über den Entwurf eines Gesetzes wegen Aufhebung der lex Anastasiana in den Landestheilen des gemeinen Rechts (Nr. 10. der Drucksachen)', Herrenhaus, Sitzungs-Periode von 1862/63, Drucks. Nr. 21, *(Bestand HptStaatsArchV Hannover (Niedersachsen)/Akte Hann. Des. 26a Nr. 469) (fol. 149ff).*

[769] a.a.O., S. 2 *(fol. 149).*

[770] *„Kölnische Zeitung"* v. 30.11.1878, Artikel „Wucher und Wuchergesetze." *(Bestand GStA PK (Berlin, Preußen)/Akte I. HA. Rep. 84a Nr. 5725) (fol. 3)*; ähnlich auch noch die *„Voßische Zeitung"* v. 12.03.1893, Artikel „Der Sachwucher." *(Bestand BArchV, Akte R 3001/6252)* sowie die historische Begründung des *'Deutsch-israelitischen Gemeindebundes'* im Juni 1879 (Leipzig), Flugblatt „Hat das Judenthum dem Wucherunwesen Vorschub geleistet?", S. 16f *(Bestand BArchV, Akte R 101/880) (fol. 213).*

B. Die Entwicklung der Zins-Wucher-Gesetzgebung im 19. Jahrhundert, ihre wesentlichen Hintergründe und ihre tatsächlichen wirtschaftlichen Folgen

Befaßt man sich mit der Zins-Wucher-Gesetzgebung im 19. Jahrhundert, so wird man schnell feststellen, daß deren weitgehende einheitliche rechtspolitische Gestaltung - entgegen vieler anderer regelungsbedürftiger Bereiche - unter der Uneinigkeit und Zerstrittenheit der deutschen Staaten bis zur Reichsgründung nur wenig gelitten hat. Der Grund liegt darin, daß das unverhältnismäßig überhöhte Kreditgeschäft und damit der Wucher im 19. Jahrhundert kein einzelstaatliches Problem war; ebenso war es kein auf Deutschland oder Europa[771] beschränktes Problem, sondern vielmehr ein weltweites, zumindest dort, wo der sich wandelnde Geld- und Handelsverkehr die entsprechenden strukturellen Grundlagen barg.
Die Bewucherung war ebensowenig ein regional bedingtes Phänomen; dagegen war es ein solches, das weit darüber hinausging und dessen Hintergrund die zunehmende Umstrukturierung der Ökonomie von der regionalen Tauschwirtschaft zur modernen global vernetzten Volkswirtschaft bildete. Die Gesetzgeber sahen sich dabei in die Lage versetzt, die eigenen nationalen Märkte nicht mehr ausschließlich legislativ steuern zu können. Vielmehr sah man sich gezwungen, einen Umdenkungsprozeß einzuleiten, der das gesetzgeberische Agieren in ein mehr oder minder akzeptiertes Reagieren auf ökonomische Faktoren vorsah. Die Abhängigkeit bestand dabei in der notwendigen Reaktion auf wirtschaftspolitische Neuerungen und wirtschaftliche Gesetzmäßigkeiten, die aufgrund der vielen sie beeinflußenden Faktoren und der noch geringen kapitalistischen Erfahrungen wenig vorhersehbar waren, so auch und vor allem im Kapitalverkehr. Aufgrund dessen ist die Entwicklung der Zins-Wucher-Gesetzgebung im 19. Jahrhundert auch derartig strukturierbar in drei, bzw. letztendlich vier Perioden zu unterteilen. Bedingt durch massiv auftretende Bewucherung und dadurch entstehenden, weitreichenden ökonomischen Gefahren für die gesamte Volkswirtschaft, sah man sich in jenem Jahrhundert gezwungen, dreimal (1867 als Höhepunkt der Entwicklung, 1880 und 1893) einen gesetzgeberisch wesentlichen Umbruch einzuleiten, der die ausufernde Bewucherung eindämmen sollte und die Gesetzgebung zur Bekämpfung des Zinswuchers der vorangegangenen Periode als weitgehend gescheitert entlarvte. Gleichzeitig ergab sich aufgrund der - mitunter notwendig experimentell - gemachten gesetzgeberischen Erfahrungen eine Entwicklung, welche die Wuchergesetzgebung vom inhaltlich und rechtstechnisch annähernd zweitausend Jahre alten gemeinen Recht auf den Stand des modernen Wucherbekämpfungsrechts hob. Vom ausschließlich geregelten, an engen Grenzen festgemachten Zinswucher gelangte man also zum allgemeingültigen, unbestimmten Individualwucherverbot. Insoweit führte die `industrielle Revolution` hier im weitesten Sinne auch zu einer `legislativen Revolution`. Vornehmlich die Entwicklung der Zins-

[771] Neben Deutschland litt in Europa vor allem Frankreich unter der massiven Kreditwucherproblematik, vgl. hierzu Braun/Wirth, S. 185ff.

Wucher-Gesetzgebung zeigt im 19. Jahrhundert den engen Zusammenhang zwischen Gesetzgebung und den sich praktisch unmittelbar ergebenden Konsequenzen für den Wirtschaftsmarkt auf. Umgekehrt spiegelt sich hier das enge Verhältnis von Ökonomie, ihrer Ideologien und der Rechtspolitik als kausaler Zusammenhang wider.

Bereits mehrfach erwähnt wurde die hervorgehobene Bedeutung der Landwirtschaft und die diese belastende wucherische Ausbeutung. Spricht man explizit von wucherischer Ausbeutung in jener Phase, so muß dies unweigerlich zum Agrarsektor und den mit diesem verbundenen Menschen führen.
Die Landwirtschaft stellte im 19. Jahrhundert, trotz sich massiv entwickelnder Industriealisierung, weiterhin einen bedeutenden Lebensnerv der nationalen Gesamtwirtschaft dar. Der hier ansetzende Wucher mußte den Gesetzgeber schon im staatlichen Interesse dazu veranlassen, legislative Maßnahmen zu ergreifen um den mitunter katastrophalen Landverhältnissen zu begegnen. Dies war aufgrund der vorherrschenden Umstände auch dringend notwendig, war der Kleinbauer doch der bevorzugte \`Angriffspunkt\` der Wucherer. Die geringe Bildung, die Unerfahrenheit im geschäftlichen Umgang und nicht zuletzt die Überforderung mit der neuen, gewinnorientierten Wirtschaftsphilosophie ließen die Bauern massenhaft in ihr wirtschaftliches Verderben rennen. *Von Stein* merkt 1880 rückblickend dazu an, daß diese \`nichtbesitzende Klasse\`, *„von ihrer Arbeit lebend, ihre Einnahme wenig regelmäßig berechnet, sich daher leicht dem augenblicklichen Wunsch und Bedürfniß hingibt, den Werth dessen was sie bekommt, schwer zu beurtheilen vermag, das baare Geld, weil sie es selten besitzt, in seiner Bedeutung selten richtig zu schätzen versteht und die Folgen eines Geldversprechens nicht zu berechnen weiß"*.[772] Die \`besitzende Klasse\` dagegen *„hat das volle Verständniß vom Wesen und Werth des Geldes und der Zahlungen; sie weiß genau ihr Schuldversprechen zu beurtheilen; sie kennt die Folgen derselben; sie wird daher der Regel nach ernst überlegen was sie thut und was sie riskiert, wenn sie etwas verspricht"*.[773]
Diese Situation der monetären, kreditären, betriebswirtschaftlichen und allgemeinökonomischen Unbedarftheit machten sich die Wucherer gezielt zunutze, weshalb man den landwirtschaftlichen Bereich als primären und sekundären Ausgangspunkt für die Zins-Wucher-Gesetzgebung des 19. Jahrhunderts ansehen kann und muß.

Der Wucher stellt sich im 19. Jahrhundert in den Augen der Menschen als etwas dar, das an Niedertracht in seiner Handlung kaum zu übertreffen ist. Der Volksmund spricht bei den Wucherern von \`Totenvögeln\`, \`Bauernschindern\` und \`kaltem Brand\`.[774] Von Stein umreißt das Wesen der wucherischen Schuld im Hinblick auf

[772] Von Stein, Der Wucher und sein Recht, S. 167.
[773] Von Stein, Der Wucher und sein Recht, S. 180f.
[774] Zitiert nach Bauer, Raiffeisengenossenschaften, S. 68.

seine verborgene Begehung, die den ehrlichen, hart arbeitenden einfachen Menschen um die Früchte seiner Arbeit und somit seine Existenz bringt und daß der Wucherer dabei weit mehr Leute mit in das Verderben reißt als nur die eigentlich unmittelbar Betroffenen.[775] Vor allem sind es auch die Familien der Opfer, die unter der Ausbeutung zu leiden haben, die ihre sowieso schon karge Existenz sodann unter noch größerem Leid weiterfristen müssen.[776] Aufgrund dieser existenzbedrohenden Umstände und der großen Angst der Menschen, Opfer einer wirtschaftlich vernichtenden Ausbeutung zu werden, stellt sich die Bewucherung als ein stets präsentes `Gespenst` in diesem Jahrhundert dar, das den potentiellen Opfern tagtägliche Überlebensangst vermittelt. Umso weniger verwunderlich sind die mitunter vorkommenden martialischen Berichte über das Treiben der Wucherer, deren `Wahrheitsgehalt` – dies kann man wohl nicht gänzlich ausschließen – auch einem Gutteil der allgemein vorherrschenden Ängste entspringt. Vor allem sind es die Juden, die im Volksmund im wesentlichen dem Schimpfwort des Wucherers gleichgesetzt werden.[777] *Bauer* merkt zu Recht an, daß natürlich auch der Wucherer christlichen Glaubens eine bedeutende Rolle spielte.[778] Gleichwohl verdeutlicht dieser Umstand auch die Annahme, daß die frühen Originalberichte und Situationsbeschreibungen kritisch zu betrachten sind.

Die den Juden zukommenden historischen Privilegien im Kreditverkehr[779] und das damit einhergehende Neidgefühl erzeugte in der einfachen Bevölkerung ein allgemeines Bild, das eine von Angst, Mißgunst und Unwissenheit getragene Assoziation hervorrief. Hinzu trat der Umstand, daß das Handelsgewerbe zu einem großen Teil durch die jüdische Bevölkerung ausgeübt wurde; im Regierungsbezirk Arnsberg waren bspw. im Jahre 1824 76% der jüdischen Erwerbstätigen im Handel tätig.[780] Auch spielten bei der Mundpropaganda und der allgemeinen Berichterstattung im Bereich der `unteren` Bevölkerungsschichten zweifellos auch soziale Aspekte eine große Rolle. Die zunehmende Angst um die eigene, wenig hoffnungsversprechende Existenz in der sich neu entwickelnden kapitalistischen Wirtschaft fachte ohnehin schon bestehende Feindseligkeiten gegenüber Obrigkeit, Kapital und Kapitalgeber weiter an.[781] Obgleich die zweifellos vor allem auf dem Land bestehenden dramatischen Ausbeutungsverhältnisse – dies sei ausdrücklich betont – nicht verharmlost werden sollen, so soll doch abschließend darauf aufmerksam gemacht werden, daß eine kritische Distanz zu den Originalberichten der Bewucherung im allgemeinen und zum `Judenwucher` im besonderen vonnöten ist, da die Objektivität der Berichte insoweit zumindest unsicher erscheint.

---

[775] Von Stein, Der Wucher und sein Recht, S. 23.
[776] a.a.O., S. 160.
[777] Vgl. zu dieser Thematik sehr ausführlich Blömer, Agrarkredit Westfalen, S. 4ff.
[778] Bauer, Raiffeisengenossenschaften, S. 45f.
[779] Vgl. dazu oben A.II.2a)cc); vgl. auch Blömer, Agrarkredit Westfalen, S. 14.
[780] Blömer, Agrarkredit Westfalen, S. 13.
[781] Vgl. Bezold, Gesetzgebung des Deutschen Reiches, S. 16; vgl. ebenso von Stein, Der Wucher und sein Recht, S. 167.

I. Die erste Gesetzesperiode als Schnittphase zwischen konservativem Gemeinrechtsprinzip und liberalen Strukturveränderungen

Die erste Hälfte des 19. Jahrhunderts wird durch den Umstand charakterisiert, daß die Zins-Wucher-Gesetzgebung weiterhin nahezu ausschließlich dem gemeinrechtlichen Prinzip des festgelegten Zinsmaximums verhaftet ist, die gesellschaftlichen und ökonomischen Strömungen indes mit neuen liberalen Idealen verknüpft werden. Vor allem die Wirtschaft wird zunehmend auch in Deutschland durch die Vertreter des Liberalismus, *Smith*, *Say*, *Ricardo*, *McCulloch*, *Mill* und andere beeinflußt, die im Egoismus des einzelnen die treibende Kraft des Wirtschaftslebens sehen und die Garantie des Privateigentums, der Gewerbefreiheit und des Freihandels fordern.[782] Indem danach jeder seine eigenen Interessen verfolge, diene er am besten dem Allgemeinwohl. Obgleich diese Prinzipien des ökonomischen Liberalismus erst in der zweiten Periode die Oberhand über die Gesetzgebung gewinnen, ist doch schon in der ersten Hälfte des 19. Jahrhunderts eine Aufbruchstimmung in der Wirtschaft festzustellen. Individualismus, Gewinnstreben, Fleiß und Sparsamkeit setzen sich als Tugenden durch, Fortschrittsglaube, Erfolgsdenken und Nützlichkeitserwägungen bestimmen die wirtschaftspolitische Ordnung, wenngleich noch nicht in vollem Umfang. Auch die Landwirtschaft wird (unfreiwillig) Teil dieses ökonomischen Ideals, hervorgerufen durch die Umformung der sozialrechtlichen Verfassung, vom Prinzip des absoluten Staates zu einem Konzept des freien Eigentums und neuer Bewegungsfreiheit des Individuums.[783]

Man sollte meinen, daß in dieser Phase dem Wucher durch die gesetzliche Festlegung der Zinsgrenzen von vornherein sämtliche Wege zur Ausbeutung verschlossen geblieben seien, und daß gerade die klar umrissenen Zinsmaxima Kreditverträge mit darüber hinausgehenden Zinsausbedingungen unmöglich machten.
Die Darstellung wird jedoch aufzeigen, daß gerade jene unsägliche Kombination von beginnender ökonomischer Aufbruchstimmung und starren legislativen Vorgaben die massenhaft auftretende Ausbeutung auf dem Land gerade erst ermöglichte. *Karl Braun* und *Max Wirth* umreißen die Problematik in ihrer 1856 erschienenen Schrift \`Die Zins-Wucher-Gesetze\` äußerst treffend und anschaulich: *„Die nothwendige Folge eines solchen Gesetzes* (gemeint sind hier die allgemein bestehenden gesetzlichen Vorgaben, nach denen Darlehen mit bis zu 5% Verzinsung für den allgemeinen Kreditverkehr rechtmäßig sind, Anm. des Verf.) *ist daher, daß das Kapital entweder gar nicht ausgeliehen wird, wenn nicht doppeltes Unterpfand darauf gegeben wird, daß das übrige Kapital also, wenn der Eigenthümer es nicht für ein selbstständiges Unternehmen verwenden will, entweder im Kasten liegen bleibt, (...), oder daß das Gesetz übertreten wird. Der erste Fall kann nicht anders als von nachtheiligen Folgen*

---

[782] Vgl. dazu ausführlicher unten B.II..
[783] Vgl. überblickartig Finis, Beweggründe, S. 34.

für ein Land sein; denn wir haben genugsam nachgewiesen, daß das Kapital das Lebenselement der Arbeit, des Nahrungsprozesses der Menschen ist. Wenn die Kapitalansammlung dadurch gehindert wird, daß die Kapitalisten keine Prämie für den möglichen Verlust des ausgeliehenen Kapitals beziehen dürfen, so muß ein Land in seiner Entwicklung sehr gehemmt werden. Im zweiten Fall aber, im Fall der Uebertretung des Gesetzes, wird der Zins noch höher als er ohne die Existenz dieses Gesetzes gewesen sein würde."[784]

Friedrich Wilhelm Raiffeisen wird die so entstehende Situation in einem Vortrag später so beschreiben: *„Wie aber aus einem ausgesogenen, wenig ertragsfähigen Boden hin und wieder Schmarotzerpflanzen und giftige Pilze emporsprossen, so befinden sich auch in jener Gegend unter der armen, ausgesogenen Bevölkerung gleichsam menschliche Giftpflanzen, Wucherer, welche sich ein Geschäft daraus machen, die Not ihrer Mitmenschen in der herzlosesten Weise zu ihrer Bereicherung zu benutzen. Wie das gierige Raubtier auf das gehetzte und abgemattete Wild, so stürzen sich die gewissenlosen und habgierigen Blutsauger auf die Hilfsbedürftigen und ihnen gegenüber wehrlosen Landleute, deren Unerfahrenheit und Not ausbeutend, um sich durch die bekannten wucherischen Händel allmählich in den Besitz ihres ganzen Vermögens zu setzen. Eine Familie nach der anderen wird zugrunde gerichtet."*[785]

---

[784] Braun/Wirth, S. 86f.

[785] Zitiert nach: Deutscher Genossenschafts- und Raiffeisenverband e.V. (Hrsg.), S. 6.

1. Die gesetzliche Situation

Im beginnenden 19. Jahrhundert können sich die Gesetzgeber trotz allgemein vordringender liberaler Tendenzen noch nicht zu einem Verzicht auf die fixierten Zinsmaxima beim Kreditgeschäft durchringen. Auch die großen naturrechtlichen Kodifikationen halten sich zunächst an den üblichen gemeinrechtlichen Wucherbereich, demzufolge Wucher vorliegt, wenn bei einem Kreditgeschäft die gesetzlich festgelegte Zinshöchstgrenze überschritten wird.[786] Typisches Strukturmerkmal dieser Gesetzgebungsperiode ist das personenbezogene Regel-Ausnahme-Prinzip im Rahmen der festgelegten Maximalzinshöhe. Regelmaßstab ist dabei der allgemeine Kreditverkehr; Privilegien bzw. Ausnahmen gelten für den Handelsverkehr und im Sinne der fortgesetzten kanonischen `Tradition` auch häufig für Juden. Insoweit befindet sich die Zinsgesetzgebung zu Beginn des 19. Jahrhunderts weitgehend auf dem Stand der justinianischen Gesetzgebung, nach deren Grundsätzen die Regelung des Anatozismus (Zinseszinsverbot) dem statuierten Zinsfuß folgt.[787]
Im wesentlichen war das Verbot der Zinseszinsen – dies sei ergänzend angemerkt – sogar langlebiger als die Regelungen der primären Zinsgesetze, selbst in der Phase der allgemeinen Aufgabe der Zinsbeschränkungen unter der Herrschaft des ökonomischen Liberalismus. Deutlich zeigt sich dies durch die ausdrückliche Bestätigung des Anatozismus durch die preußische Zinsverordnung vom 12. Mai 1866[788] und die konsequente und ausdrückliche Beibehaltung des Verbotes in den `Dresdner Entwürfen zum Obligationenrecht` 1862-1866. So bestimmt der am 12. März 1864 vorgelegte 1. Entwurf[789] ausdrücklich, obgleich die Zinshöhe der allgemeinen Vertragsfreiheit überlassen wird, die Regelung des Anatozismus als verbliebenen Schuldnerschutz:

> *Art. 254*
> *Rechtsgeschäfte, bei welchen Zinsverboten zuwidergehandelt worden ist (Art. 40), sind, soweit dies der Fall ist, nichtig.*
>
> *Art. 40*
> *Durch Vertrag können Zinsen zu jeder Höhe bedungen werden, wenn nicht die Landesgesetze eine Beschränkung enthalten; dagegen dürfen Zinsen von rückständigen Zinsen nicht bedungen werden; doch ist es erlaubt, einen Zinsrückstand von wenigstens zwei Jahren durch Vertrag zu einem verzinslichen Capitale zu erheben.*

---

786 Dehnel, S. 34; Schmidt, Sittenwidrigkeit, S. 135f.
787 So auch Goldschmidt, Verhandlungen 6. DJT, Band I, S. 227 (269); ebenso Bezold, Gesetzgebung des Deutschen Reiches, S. 22.
788 Vgl. Bezold, Gesetzgebung des Deutschen Reiches, S. 22.
789 `Verhandlungen der Bundestagskommission zu Dresden für ein Bundesgesetz über die Rechtsgeschäfte und Schuldverhältnisse (Obligationenrecht) mit Vollmachten der Kommissionsmitglieder` *(Bestand BArchV, Akte DB 1 Nr. 151, 6)).*

Der 2. Entwurf vom 01. Juli 1865 schließt sich der Formulierung an.[790]
Vereinzelt findet sich neben dem Anatozismus in den Bestimmungen der ersten Gesetzesperiode auch die Regelung, daß rückständige Zinsen nur bis zu einem dem Kapital gleichkommenden Betrag gefordert werden können (alterum tantum).[791] Im bayerischen Landrecht bspw. wurde das Verbot der Zinsen \`alterum tantum\` jedoch von Anfang an nicht aufgenommen.[792]

Grundlage des Festhaltens an den gemeinrechtlichen Grundlagen ist die noch bestehende, historisch-dirigistische Tradition des Gesetzgebers zur Regulierung des Allgemeinwohls.[793] Man steht hier weiterhin auf dem Standpunkt, das staatliche Reglement in jedweder Form als Grundlage eines geordneten Staates zu verstehen[794] und durch starken gesetzlichen Schutz ausreichende Prävention vor Mißständen zu schaffen.[795] Dabei spielt nicht zuletzt auch ein moralischer Gesichtspunkt eine Rolle, da man die Wuchergesetze als ethische Notwendigkeit und allgemeine Sittengesetze erachtet[796], um den in Not Geratenen vor gänzlichem wirtschaftlichen Konkurs zu bewahren.[797] Dies bestätigt auch *Savigny*, obgleich dieser, was sich *Goldschmidt* 1865 argumentativ in seinem Gutachten zur Aufgabe der Zinsgesetze zu Nutze macht, die starre Fixierung eines Maximums als dem Sittlichkeitsgrundsatz nicht angemessen erachtet.[798] Zudem – und das ist der wohl bedeutendste Hintergrund – nötigt der sich gerade entwickelnde regionenübergreifende Handels- und Kapitalverkehr, trotz liberaler Tendenzen, den Gesetzgeber noch nicht zu gesetzlicher Anpassung an die ökonomischen und kreditären Verhältnisse.[799]
Im Rahmen dieser Motivation des Gesetzgebers bestimmt als Teil der wichtigsten Gesetze das preußische ALR, Theil I, Tit. XI. in:

---

[790] Vgl. a.a.O. *(Bestand BArchV, Akte DB 1 Nr. 151, 6)).*
[791] Vgl. \`Vortrag des Abgeordneten Stenglein im I. Ausschusse der Kammer der Abgeordneten, den Antrag des Abgeordneten Streit und Genossen:\`Die Aufhebung der civilrechtlichen Beschränkungen des Zinsfußes betr.\`\` v. 09.03.1867, Beilage LII. zu den Stenogr. Ber. der Verh. der Kammer der Abg., S. 339 *(Bestand HptStaatsArchV München (Bay)/Akte MJu Nr. 12647).*
[792] Bezold, Gesetzgebung des Deutschen Reiches, S. 22f.
[793] Vgl. Buchholz, Zinsgesetzgebung, S. 1761 (1761); vgl. ebenso \`Vortrag des Abgeordneten Stenglein im I. Ausschusse der Kammer der Abgeordneten, den Antrag des Abgeordneten Streit und Genossen:\`Die Aufhebung der civilrechtlichen Beschränkungen des Zinsfußes betr.\`\` v. 09.03.1867, Beilage LII. zu den Stenogr. Ber. der Verh. der Kammer der Abg., S. 339 *(Bestand HptStaatsArchV München (Bay)/Akte MJu Nr. 12647).*
[794] a.a.O., *Bestand HptStaatsArchV München*, S. 340.
[795] a.a.O., *Bestand HptStaatsArchV München*, S. 341.
[796] Vgl. Goldschmidt, Verhandlungen 6. DJT, Band I, S. 227 (239).
[797] a.a.O., *Bestand HptStaatsArchV München*, S. 340.
[798] *„Man kann nicht sagen, daß 6 pCt. unrechtlicher wären als 5, 10 pCt. unrechtlicher als 6 pCt. Das ist willkürlich. (...) Jeder solle wohlthätig und billig sein. Wohlthätigkeit und Billigkeit haben keine bestimmte Grenze."* Savigny, zitiert nach Goldschmidt, Verhandlungen 6. DJT, Band I, S. 227 (239f).
[799] a.a.O., *Bestand HptStaatsArchV München*, S. 341.

§ 804
Bei Darlehen können der Regel nach, nur fünf vom Hundert an jährlichen Zinsen verbedungen werden.

§ 805
Kaufleuten ist erlaubt, Sechs, und Juden Acht vom Hundert an Zinsen sich verschreiben zu lassen.

§ 806
Juden, welche die Rechte christlicher Kaufleute haben, müssen darnach auch in Ansehung des erlaubten Zinssatzes beurtheilt werden.

§ 807
Nähere Bestimmungen wegen des unter Kaufleuten stattfindenden Zinssatzes, sind im Kaufmannsrechte enthalten. (Th. II. Tit. VIII. Abschn. VII.)

§ 808
Bei Darlehen, welche gegen gerichtliche Eintragung auf Grundstücke gemacht werden, sind auch Kaufleute und Juden an den Zinsfuß der Fünf vom Hundert gebunden.

§ 815
Der Gläubiger ist in der Regel nicht befugt, die Zinsen eines Darlehens im Voraus abzuziehen.[800]

Das 6%ige Zinsausbedingungsrecht der Kaufleute galt gemäß ALR II 8 § 695 auch bei Vorschüssen. Ein Vorbote für die spätere Aufhebung aller Zinsbeschränkungen im Handelsverkehr bestand bereits nach ALR II 8 § 692: *„Wenn jedoch einem Kaufmann, der mit Waren im Großen handelt, Gelder gegen bloße Handschrift oder Wechsel, und ohne besondere Sicherheit, auf eine sechs Monate nicht übersteigende Zeit vorgeliehen worden, so soll die Bestimmung des Zinssatzes lediglich der Vereinigung der Interessenten überlassen sein."* Absicht des Gesetzgebers war hier, den Interessen der `Großhändler` insofern zu dienen, als daß diesen aufgrund des Umfangs der durchgeführten Geschäfte besondere Flexibilität gestattet werden sollte. Die seltene Abwicklungsmöglichkeit derartiger Geschäfte aus eigener barer Kasse der `Großhändler` erfordere häufigen spontanen Rückgriff auf mitunter teurere Kredite, so daß die Gesetzeslage auch Vereinbarungen höherer Zinssätze erlauben müsse.[801]
Eine besondere Regelung bestand in Preußen auch für das Gewerbe der Pfandleiher nach dem `Pfand- und Leihreglement für die sämmtlichen Preußischen Staaten` vom 13. März 1787, §§ 90-93. Dieses Reglement bestimmte für privilegierte Pfandleiher

---

[800] Vgl. auch Berndt, Wucher-Gesetze, S. 36ff; Dehnel, S. 34f; Schmidt, Sittenwidrigkeit, S. 136; Caro, S. 150f; Isopescul-Grecul, Das Wucherstrafrecht, S. 152f; Zimmermann, S. 145; Rühle, S. 26; von Gierke, Band III, § 198, S. 586 Fn. 99; die Regelung des 8%igen Zinsfußes bei jüdischen Geschäften wurde indes mit Deklaration v. 20.04.1813 mit `Rücksicht auf den christlichen Zinsfuß` aufgehoben, vgl. dazu auch Stobbe, Band III, § 236, S. 352 Fn. 34.
[801] Vgl. Tapp, S. 69.

das Recht, bei Darlehen über 10 Talern 6%, bei Darlehen von 10 Talern und weniger für eine Zeit von höchstens 6 Monaten 1 Pfennig vom Taler für die Woche (also etwa 14%), bei derselben Art von Darlehen für die Zeit von 6 bis 12 Monaten 0, 5 Pfennig vom Taler pro Woche (also etwa 7%) und für eine Zeit von länger als einem Jahr wieder 6% Zins zu nehmen.[802]
Einer kurzzeitigen Suspension unterlagen die gesamten Zinsbestimmungen in einer Phase der Kreditkrise zu Beginn des 19. Jahrhunderts, in welcher der preußische Staat durch die Überstrapazierung seines Etats zugunsten der Kriegswirtschaft trotz verschiedener Anlageanreize in finanzielle Not geriet. Der Staatskredit zeigte sich in dieser Phase aufs äußerste geschwächt.[803] Preußens Schuld stieg zwischen 1807 und 1812 von 17.346.187 auf 131.765.336 Taler.[804] Neben der weniger ertragreichen Verpfändung von Staatsdomänen sah man sich genötigt, bei der Emission neuer staatlicher Anleihen seinen Gläubigern einen besonders hohen Zinssatz zu gewähren. Aufgrund dessen wurden die gesetzlichen Zinsbeschränkungen durch Verordnung vom 15. Februar 1809 bis zum 31. Dezember 1810 aufgehoben.[805] Danach durfte jedermann beliebige Zinsen mit voller rechtlicher Wirkung, selbst mit hypothekarischer Sicherheit, ausbedingen. Nur im Konkursfalle sollte die Schuld bei 6% verbleiben.[806] Durch die erfolgreiche Konsolidierung des Staatshaushaltes erübrigte sich sodann die Suspensionsverlängerung über den 31. Dezember 1810 hinaus („*Wenige Gesetze haben, (...), so eine wohlthätige Wirkung für den Preußischen Staat gehabt. Das vergrabene baare Geld kommt nach und nach wieder zum Vorschein (...).*“ [807]) und man kehrte wieder zur rechtlichen Geltung der gesetzlichen Zinsbestimmungen des ALR zurück.

Das österreichische ABGB von 1811 bestimmte:

> *§ 993*
> *Wenn sich der Darleiher bei was immer für einem Darlehen in Rücksicht auf die Gattung, Güte oder Menge ausdrücklich oder stillschweigend mehr bedingt, als er gegeben hat, so kann der Vertrag nur in so fern bestehen, als dabei die erlaubten Vertragszinsen nicht überschritten werden.*
>
> *§ 994*
> *Durch Vertrag können bei einem gegebenen Unterpfande fünf, ohne Unterpfand sechs vom Hundert auf ein Jahr von Jedermann bedungen werden. Dieses Maß der erlaubten Vertragszinsen ist auch dann zu verstehen, wenn zwar Zinsen bedungen, aber ihr Betrag nicht bestimmt worden.*

---

[802] Vgl. Caro, S. 150f; von Gierke, Band III, § 198, S. 586 Fn. 99; Dehnel, S. 35; Isopescul-Grecul, Das Wucherstrafrecht, S. 152.
[803] Vgl. Voye, Zinsarten, S. 21ff; Kahn, Zinsfuß, S. 14, 38.
[804] Zahlen nach Voye, Zinsarten, S. 22.
[805] Vgl. Dernburg, Preußisches Privatrecht, S. 87; Bezold, Gesetzgebung des Deutschen Reiches, S. 22; Berndt, Wucher-Gesetze, S. 39f.
[806] Vgl. Goldschmidt, Verhandlungen 6. DJT, Band I, S. 227 (254).
[807] Beobachter Mathis, zitiert nach Goldschmidt, Verhandlungen 6. DJT, Band I, S. 227 (254f).

§ 995
bestimmt die gesetzlichen Zinsen auf 4 Prozent und bei Handelsleuten und Fabrikanten 6 Prozent.

§ 996
Wenn außer der Bestimmung des Ortes und der Zeit der Zahlung des Capitals und der Zinsen dem Darleiher unter was immer für einer Gestalt und Benennung noch andere Nebenschuldigkeiten, oder, wenn für sich oder für Andere Nebenvortheile bedungen werden, so sind sie, in sofern dabei im Ganzen das Maß der erlaubten Vertragszinsen überschritten wird, ungiltig.

§ 1000
Wie ein in Absicht auf das Capital oder das erlaubte Zinsenmaß verübter Wucher zu behandeln sei, bestimmt das besonders bestehende Wuchergesetz.

Eine Anlehnung erfolgte hier an die Bestimmungen des bereits erwähnten Wucherpatents vom 02. Dezember 1803[808], das die gescheiterte Zinsfreiheitsphase des `Josefinischen Patents` aus dem Jahre 1787 beendete. Dieses Wucherpatent von 1803 ergänzte die straf- und zivilrechtlichen Bestimmungen zum Wucher sehr differenziert und nahm primären Bezug auf die Norm des § 233 des 11. Hauptstückes des Strafgesetzes vom 03. September 1803.[809] Der Zinswucher beinhaltete danach nicht nur die Bedingung höherer als der gestatteten Zinsen, sondern auch den Anatozismus und die Vorabziehung längerer als halbjähriger Interessen vom Kapital.[810] Weitere umfangreiche Bestimmungen schließen sich dem an.[811] Das ergänzende Wucherpatent wurde aufgrund seiner *„exceptionellen Stellung"* als `Ausnahmegesetz` vom Gesetzgeber bezeichnet, *„mit Rücksicht auf die Schwierigkeit der Untersuchung"*.[812]

In Bayern gilt entsprechend dem Codex Maximilianeus Bavaricus civilis gemäß cod. Max. Th. II. cap. III. § 21

Ziff. 5
Bestehen die gewöhnlichen Zinsen regulariter auf jährlichen fünf vom hundert, es sei denn, daß sub nomine lucri cessantis vel damni emergentis ein mehreres bewiesen werden kann.

Ziff. 7
Ist Niemand erlaubt, höhere als obige Zinsen zu bedingen, und wenn dergleichen entweder öffentlich oder verdeckter Weise geschieht, so mag

---

[808] Vgl. oben A.II.2a)cc).
[809] Vgl. Chorinsky, S. 22ff; Randa, Lehre von den Zinsen, S. 27ff; Schmidt, Sittenwidrigkeit, S. 136; Bezold, Gesetzgebung des Deutschen Reiches, S. 18f.
[810] Chorinsky, S. 23.
[811] Vgl. sehr ausführlich Chorinsky, S. 22ff.
[812] Chorinsky, S. 22.

Ziff. 8

von der Obrigkeit auf sothanen Ueberschuß ohne obgedachter Prob des lucri cessantis vel damni emergentis nicht nur nicht gesprochen, sondern was daran bereits indebite bezahlt ist, wiederum zurück gefordert, oder an der übrigen Schuld abgezogen werden.

Außerhalb der maßgeblichen Kodifikationsbereiche bestehen zum Beginn des 19. Jahrhunderts zum einen die Regelungen des gemeinen Rechts; gemäß RPO von 1530 Art. 26 § 8, von 1548 Art. 17 § 8, von 1577 Tit. 17 § 1, 9, Tit. 20 § 6, JRA von 1654, § 174 darf die Höhe von vertragsmäßig stipulierten Zinsen 5% des Kapitals nicht überschreiten. Die Folgen einer Überschreitung der gesetzlichen Zinsbeschränkungen sind Nichtigkeit des gesamten Geschäfts und Rückforderungsanspruch hinsichtlich des Kapitals.[813]

Zum anderen besteht in sonstigen Partikularrechten die unterschiedliche Anpassung an die üblichen Zinsmaxima zwischen 5 und 6%[814], wobei mitunter auch auf die französische Gesetzgebung zurückgegriffen wird. Der Code civil von 1804 gibt zwar in Art. 1907 unter der Voraussetzung der Schriftlichkeit die vertragsmäßigen Zinsen frei, verweist jedoch auf die Vorrangigkeit gegenteiliger Gesetze (`*Die Zinsen sind entweder gesetzlich oder vertragsmäßig. Die gesetzlichen Zinsen werden durch das Gesetz bestimmt. Die vertragsmäßigen Zinsen können in allen Fällen, wo das Gesetz solches nicht verbietet, die gesetzlichen übersteigen.*`)[815], so daß verschiedentlich die `Struktur` des Code civil um einengende Zinsgrenzen ergänzt wird.[816]

Die strafrechtlichen Bestimmungen passen sich weitgehend dem primären Wuchermerkmal des überschrittenen Zinsmaximums an[817], wobei es festzustellen gilt, daß viele Strafgesetzbücher der deutschen Staaten erst zum Ende der ersten Gesetzesperiode entstanden oder nahezu gänzlich umgestaltet wurden. Der Vollständigkeit halber soll hier dennoch ein kurzer Überblick erfolgen.

---

[813] l. 9 pr. l. 29 Dig. de usuris (22.1.) const. 18. 26. § 1c. 27. cod de usuris (4. 32.), l. 26. pr. § 1 Dig. de cond. in deb. (12. 6.) l. 21. Dig. ut in poss. Leg. (36. 4.) cap. 6 x. de pign. (3. 21.).

[814] So bspw. Lüneburger Ref. II., Tit. 7, § 3, II., Tit. 11; Landr. v. Hadeln; Trierer Ldr. v. 1713, XIV, § 1; Lauenburger Stdtr., III., 2; Hamb. Stdtr. I., 20, § 2, II., 1, § 4; Schlesw.-Holst. bis 1815; Braunschw. VO v. 1617; Hohenloher Ldr. III., 12, § 6; vgl. v.a. Stobbe, Band III, § 236, S. 351f Fn. 32-34; vgl. auch von Gierke, Band III, § 198, S. 585; Krüll, S. 294f.

[815] Vgl. Isopescul-Grecul, Das Wucherstrafrecht, S. 160f; Dehnel, S. 29f; Bezold, Gesetzgebung des Deutschen Reiches, S. 18.

[816] So bspw. die Regelung des Großherzogtums Würzburg, vgl. `Vortrag des Abgeordneten Stenglein im I. Ausschusse der Kammer der Abgeordneten, den Antrag des Abgeordneten Streit und Genossen: `Die Aufhebung der civilrechtlichen Beschränkungen des Zinsfußes betr.` v. 09.03.1867, Beilage LII. zu den Stenogr. Ber. der Verh. der Kammer der Abg., S. 344 *(Bestand HptStaatsArchV München (Bay)/Akte MJu Nr. 12647)*; zum `Badischen Landrecht` vgl. unten B.I.1b); die Regelung des Art. 1907 Code civil bleibt in Frankreich indes nur bis zum G. v. 03.04.1807 in Kraft. Dies bestimmt im wesentlichen, daß die gesetzlichen Zinsen in Zivilsachen nicht über 5% und in sonstigen Sachen nicht über 6% betragen dürfen. Bei der Überschreitung dieser Bestimmung trat Rückersatz oder Abrechnung der zuviel gezahlten Zinsen auf das Kapital ein, so auch die direkte Anwendung in Hessen-Darmstadt; vgl. Dehnel, S. 29f; Landau, § 247 BGB, S. 385 (386f); Randa, Lehre von den Zinsen, S. 27; Braun/Wirth, S. 175; Berndt, Wucher-Gesetze, S. 28f.

[817] Jaques, Wuchergesetzgebung, S. 34; Isopescul-Grecul, Das Wucherstrafrecht, S. 158.

Neben der Anpassung an die zivilrechtlichen Zinsmaxima unterliegt die Strafgesetzgebung der Besonderheit, daß nicht selten zusätzliche subjektive und objektive, das verwerfliche Wesen der Wucherhandlung beschreibende Tatbestandsmerkmale hinzutreten müssen, um die Strafbarkeit zu begründen. Die hier für die sukzessive Hinwendung zum modernen Individualwucherverbot bedeutende Regelung des Badischen Strafgesetzbuches vom 06. März 1845 wurde bereits erwähnt[818]; überhaupt stellen die Wucherbestimmungen des Großherzogtums Baden eine Besonderheit in dieser Periode dar, worauf unten weiterer Bezug genommen wird. Ähnliches gilt auch für das Strafgesetzbuch für die thüringischen Staaten vom 25. März 1850 (Art. 286-290).[819] Im wesentlichen jedoch \`ergänzen\` die Strafnormen die Zivilrechtsbestimmungen und erblicken in der Überschreitung des gesetzlichen Zinshöchstmaßes den strafbaren Wuchertatbestand, wobei sie regelmäßig Wucherverschleierung und Gewerbsmäßigkeit als straferhöhende Qualifikationsmomente festsetzen, oder sie stellen neben der Zinstaxüberschreitung Wucherverschleierung und Gewerbsmäßigkeit als wesentliche Tatbestandsmerkmale auf.[820]

Einfachen Wucher bestrafen insoweit Österreich[821], Braunschweig (§§ 232, 233)[822], Hessen-Darmstadt (Art. 400)[823], Nassau (§ 394)[824], Sachsen (Art. 340ff)[825] und Sachsen-Altenburg (Art. 293)[826].

Bayern (Art. 261)[827], Oldenburg (Art. 266)[828], Württemberg (Art. 355)[829] und Hannover (Art. 313)[830] strafen den einfachen Wucher nicht, sondern bedrohen ihn lediglich mit polizeilicher Ahndung, während nur der \`verkleidete oder betrügerische\` Wucher mit Strafe bedroht ist.[831]

Die Gewerbsmäßigkeit ist ein zusätzlich straferhöhendes Qualifikationsmoment bei einfachem und verkleidetem Wucher in Sachsen-Altenburg (§ 299), Hannover (Art. 316), Sachsen (Art. 344), Preußen (§§ 263-265)[832], Hessen- Darmstadt (Art. 400) und Nassau (Art. 394). Eine Eigentümlichkeit kommt dabei den beiden letztgenannten Strafgesetzbüchern zu. Beide setzen nämlich das Wesen des strafbaren Wu-

---

[818] Vgl. oben A.II.1c)bb)aaa).
[819] Vgl. Isopescul-Grecul, Das Wucherstrafrecht, S. 157f; Jaques, Wuchergesetzgebung, S. 34f; die Wuchernormen sind abgedruckt bei Jaques, Wuchergesetzgebung, S. 121f.
[820] Vgl. Goldschmidt, Verhandlungen 6. DJT, Band I, S. 227 (253ff); Jaques, Wuchergesetzgebung, S. 114ff; Braun/Wirth, S. 178ff; Berndt, Wucher-Gesetze, S. 34f.
[821] Patent v. 02.12.1803.
[822] StGB v. 10.07.1840, abgedruckt bei Jaques, Wuchergesetzgebung, S. 117f.
[823] StGB v. 17.09.1841, abgedruckt a.a.O., S. 118f.
[824] StGB v. 14.04.1849, abgedruckt a.a.O., S. 120f.
[825] StGB v. 13.08.1855, abgedruckt a.a.O., S. 123ff.
[826] KriminalGB v. 03.05.1841, abgedruckt a.a.O., S. 115f.
[827] StGB v. 06.05.1813, abgedruckt a.a.O., S. 114f.
[828] StGB v. 10.09.1814.
[829] StGB v. 01.03.1839, abgedruckt a.a.O., S. 117.
[830] KriminalGB v. 08.08.1840, abgedruckt a.a.O., S. 118.
[831] Vgl. Braun/Wirth, S. 186; Goldschmidt, Verhandlungen 6. DJT, Band I, S. 227 (254).
[832] StGB v. 14.04.1851, abgedruckt a.a.O., S. 123.

chers nicht in den Abschluß des wucherischen Vertrages, sondern darin, daß der unerlaubte Vorteil bereits bezogen wurde.[833]
Entscheidendes Merkmal aller Bestimmungen bleibt jedoch – das Badische Strafgesetzbuch sei hier ausgenommen – der grundsätzliche Wucherbezug zur Zinstaxe, so daß dieses einheitliche Merkmal die wesentliche Grundcharakterisierung der ersten Wuchergesetzgebungsperiode darstellt.

a) Allgemeine Unsicherheit über die Höhe des stipulierten Zinsfußes in Württemberg

Am 26. Februar 1836 wurde für das Königreich Württemberg das `Gesetz, betreffend den Bezug des sechsten Zinsguldens` erlassen[834]:

> *Art. 1.*
> *Die Anbedingung eines, dem Jahr nach sechs vom Hundert betragenden Capitalzinses ist bei Geld-Darleihen jeder Art rechtlich erlaubt und gültig.*
>
> *Art. 2.*
> *In Bezug auf die vor der Verkündigung des gegenwärtigen Gesetzes eingetretenen und noch nicht durch rechtskräftige Entscheidung oder Vergleich erledigten Fälle findet eine Bestrafung der Zusage und Annahme des sechsten Zinsguldens und das Recht des Schuldners auf Zurückforderung dieses Zinsguldens oder auf Abzug desselben am Capital, so weit solcher bereits entrichtet ist, nicht mehr Statt. Dagegen bleibt die Rechtsverbindlichkeit des Zinsversprechens, wenn und so weit solches noch nicht erfüllt ist, der Beurtheilung nach den zur Zeit desselben bestandenen Gesetzen unterworfen.*

Mit diesem Gesetz erklärte man einen allgemeinen Zinsfuß, mithin auch außerhalb des Handelsverkehrs unter Kaufleuten, von 6% für statthaft. Diese Regelung besaß insofern eine Besonderheit, als die rechtmäßige Ausbedingung eines 6. Prozentpunktes bei Kapitalgeschäften in den meisten deutschen Staaten lediglich den Kaufleuten vorbehalten war. Motivation des Gesetzes war zum einen, wie aus dem vorbereitenden Bericht zu den Gesetzentwürfen des Abgeordneten *Feuerlein* hervorgeht[835], die sich zunehmend durchsetzende Anschauung, *„dem durch die Concurrenz von selbst sich bildenden Marktpreise des Geldes“* [836] zu folgen. Der Schuldner sei durch den höheren Zinsfuß leichter in der Lage, notwendiges Kapital zu be-

---

[833] Braun/Wirth, S. 187.
[834] Vgl. Goldschmidt, Verhandlungen 6. DJT, Band I, S. 227 (257); Bezold, Gesetzgebung des Deutschen Reiches, S. 21; Stobbe, Band III, § 236, S. 351 Fn. 32.
[835] `Bericht der zur Vorberathung von Gesetzes-Entwürfen im Verwaltungssache von der Kammer der Abgeordneten niedergesetzten Commission über den Gesetzes-Entwurf in Betreff des sechsten Zinsguldens, erstattet durch den Abgeordneten Feuerlein` *(Bestand HptStaatsArchV Stuttgart (B-W)/Büschel E 146 Nr. 6434).*
[836] a.a.O., S. 2 *(Bestand HptStaatsArchV Stuttgart (B-W)/Büschel E 146 Nr. 6434).*

schaffen. *„Gebraucht er es als Capital, so steckt er es nutzbringend in irgend eine Unternehmung und kann, wenn nicht Unglücksfälle einbrechen, sowohl das Capital wiedergeben, als die Zinsen bezahlen, ohne sich irgend einer andern Quelle seiner Einkünfte zu berauben, oder sie anzugreifen."* [837] Dies sei, so Feuerlein weiter, vor allem im Sinne der fleißigen, vorsichtigen und berechnenden Staatsbürger und somit auch im Interesse des Staates.[838] Die veröffentlichten Motive des Gesetzes bestätigen diese ökonomische Betrachtungsbasis.[839]

Gleichwohl ist diese dem zunehmenden liberalen Zeitgeist entsprechende nationalökonomische Motivation des Gesetzgebers – was sich in der 2. Periode des Jahrhunderts überall weitgehend durchsetzen wird – nicht die primäre rechtspolitische Grundlage des Gesetzes. Die Grundlage ist vielmehr als Erscheinung der ersten Gesetzgebungsperiode zu sehen, die noch dem strengen gemeinrechtlichen Prinzip des zwischen 5 und 6% schwankenden Zinsmaximums verhaftet ist. Hintergrund dessen ist in Württemberg eine im beginnenden 19. Jahrhundert offensichtlich bestehende allgemeine Unsicherheit über die gesetzlich legitimierte Höhe des Zinsfußes, bzw. eine selbst durch staatliche Stellen mißachtete gesetzliche Zinsgrundlage von 5% bei Darlehensverträgen.
Bis zum Jahr 1798 galt für Württemberg auf der gemeinrechtlichen Grundlage des Jüngsten Reichsabschiedes von 1654, bzw. sodann nach dem 'Herzoglichen General-Referat' vom 12. März 1660[840] die Rechtmäßigkeit eines für den Kreditverkehr bestehenden 6. Zinsguldens.
Die in Deutschland bestehenden Regelungen eines solchen 6. Zinsprozentpunktes wurde partikularrechtlich verschieden gehandhabt, was bedeutet, daß die Klagbarkeit in manchen Landesgesetzen wie bspw. der Bremischen und Altenburgischen Landesordnung, der Mecklenburgischen Polizeiordnung, des Corp. Const. Oldenburg oder der Schaumburgischen Polizeiordnung vorgesehen war, in manchen Gesetzen wiederum dem Gläubiger abgesprochen wurde.[841]
Das württembergische 'Generalrescript' vom 22. September 1798 verbot sodann die Ausbedingung des 6. Zinsguldens *„mit Ausnahme der Wechsel- und Kaufmannsschulden"* [842] und gestattete dem Schuldner, die Leistung aus dem 6. Zinsgulden vom Gläubiger oder dessen Erben zurückzufordern oder vom ausstehenden Kapital

[837] a.a.O., S. 2 *(Bestand HptStaatsArchV Stuttgart (B-W)/Büschel E 146 Nr. 6434).*
[838] a.a.O., S. 2, 3 *(Bestand HptStaatsArchV Stuttgart (B-W)/Büschel E 146 Nr. 6434).*
[839] Motive zum letztmaligen 'Entwurf eines Gesetzes, betreffend den Bezug des sechsten Zinsguldens', S. 2, 4, 5 *(Bestand HptStaatsArchV Stuttgart (B-W)/Büschel E 302 Nr. 874).*
[840] Gemäß der Gesetzesanalyse durch den 'Bericht des Civil-Senats des Königlichen Ober-Tribunals an das Königl. Justiz-Ministerium' v. 19.02.1833 *(Bestand HptStaatsArchV Stuttgart (B-W)/Büschel E 302 Nr. 873).*
[841] Vgl. auch zum 6. Zinsgulden, bzw. 6. Zinstaler Krüll, S. 294f; Stobbe, Band III, § 236, S. 352; von Gierke, Band III, § 198, S. 585f; Berndt, Wucher-Gesetze, S. 26f.
[842] So die Gesetzesanalyse im 'Vortrag der Civilkammer des Königl. Ober-Tribunals wegen Einführung des Bundesgesetzes vom 14. Nov. 1867' (gerichtet an das Königl. Justiz-Ministerium) *(Bestand HptStaatsArchV Stuttgart (B-W)/Büschel E 302 Nr. 874).*

abzurechnen.[843] Die Verordnung vom 24. Januar 1807[844] untermauerte das Verbot, wie auch § 15 der 'Königlichen Verordnung vom 12. September 1814'[845] für die 'neu erworbenen Landesteile'. Die Folgen der Gesetzgebung, bzw. die Anforderungen der wirtschaftlichen Realität führten zu, wie es die Motive zum Gesetz vom 26. Februar 1836 ausdrücken, entstehenden *„Meinungs-Verschiedenheiten"* in der praktischen Handhabung des Kapitalverkehrs.[846] Württemberg zeichnete sich in der ersten Gesetzgebungsperiode im Gegensatz zu den anderen deutschen Staaten dadurch aus, daß der maßgebliche gesetzliche Zinsfuß durch das Generalrescript von 1798 bei 5%, die tagtägliche Praxis aber bei 6% lag. Dies muß man zumindest annehmen, betrachtet man die staatlichen Berichte, Veröffentlichungen und Eingaben zum Gesetz von 1836.

Dieser Umstand lag zum einen an der nahezu 150 Jahre lang gepflegten Praxis des rechtlich statuierten 6. Zinsguldens bis zur Aufgabe durch das Generalrescript von 1798. Zum anderen rief jenes Rescript in der Bevölkerung Unverständnis hervor, da es zum einen dem Schuldner das bereits erwähnte Rückforderungsrecht auf den entrichteten 6. Zinsgulden gewährte, ihm aber für den Fall der Ausübung dieses Rechts nach zuvor akzeptierter Ausbedingung und Zahlung paradoxerweise Strafe androhte![847] Ähnlich auch die Uneinigkeit in Bezug auf die Auslegung der nachfolgenden Verordnung vom 24. Januar 1807. Die Motive zum Gesetz von 1836 äußern sich hier über die bestehenden Auslegungsprobleme wie folgt:

> *„Die Verordnung vom 24. Jan. 1807 (...) schärfte das Verbot aufs Neue ein, gab aber die Veranlassung zu einem weiteren Mißstand, indem die Civilgerichte einer- und die Criminalgerichts- und Polizeistellen anderer Seits über ihre Auslegung in zwei verschiedene Meinungen sich theilten, deren eine von den Civilgerichten angenommene in der Verordnung eine uneingeschränkte Erneuerung des früheren Verbots erblickt, während die andere annimmt, daß durch dieselbe das Verbot des sechsten Zinsguldens auf die durch öffentliche Unterpfänder versicherten Darlehen eingeschränkt worden sey."* [848]

Die insgesamt bestehende Verwirrung über die rechtmäßige Gesetzeslage wurde zusätzlich verschärft, da Württemberg im Gegensatz zu Preußen in der Zeit der Kapitalkrise zum Ende des ersten Jahrzehnts des Jahrhunderts die Wuchergesetze nicht zum Zwecke der Konsolidierung der angegriffenen Staatsfinanzen vorübergehend suspendierte.[849] Selbst die Staatskasse konnte mit aller angebotenen Sicherheit ihren Kapitalbedarf nur zu 6%igen oder gar noch höheren Zinssätzen befriedi-

---

[843] Vgl. 'Bericht des Abgeordneten Feuerlein', a.a.O., S. 1 *(Bestand HptStaatsArchV Stuttgart (B-W)/Büschel E 146 Nr. 6434)*; vgl. auch Stobbe, Band III, § 236, S. 352 Fn. 37.

[844] Württemberg. Reg.-Bl., S. 29.

[845] Gemäß der Gesetzesanalyse der Civilkammer des Königl. Ober-Tribunals, a.a.O.

[846] Motive, a.a.O., S. 1 *(Bestand HptStaatsArchV Stuttgart (B-W)/Büschel E 302 Nr. 874)*.

[847] So auch die selbstkritische Analyse in den Motiven zum G. v. 26.02.1836, a.a.O., S. 3 *(Bestand HptStaatsArchV Stuttgart (B-W)/Büschel E 302 Nr. 874)*.

[848] Motive, a.a.O., S. 3 *(Bestand HptStaatsArchV Stuttgart (B-W)/Büschel E 302 Nr. 874)*.

[849] Vgl. zur preuß. Suspendierung der Wuchergesetze oben B.I.1..

gen, so daß selbst der Gesetzgeber im Ergebnis die eigenen Gesetze mißachtete.[850] Die Bevölkerung unterlag hinsichtlich der Höhe des rechtmäßigen Maximalzinses einer Rechtsungewißheit, weshalb auch Privatanleihen nur zu einem 6%igen Zinssatz zu erhalten waren.[851] Diese Verwirrung im tagtäglichen Verkehr wird ebenso – wenn auch nicht in sehr kritischer Form – durch den Bericht des Civil-Senats des Königlichen Obertribunals an das Königliche Justizministerium vom 19. Februar 1833 bestätigt.[852] Aufgrund dessen muß man für Württemberg im Rahmen der ersten Gesetzgebungsperiode die Besonderheit attestieren, daß hier das übliche festgelegte Zinsmaximum als strenges Wertungskriterium erst mit dem Gesetz vom 26. Februar 1836 Konformität mit dem realen Handels- und Kapitalverkehr erreichte. Die weitere unaufhaltsame Entwicklung zur allgemeinen Aufhebung aller Zinsbeschränkungen und zum freien Handelsverkehr läßt jenes Gesetz aber gerade in Württemberg nicht von langer Geltung sein.[853]
Einer ähnlichen Unsicherheit unterlag offensichtlich in Ansätzen auch der Handelsverkehr im Fürstentum Lippe. Dies bestätigt eine Anfrage des Bankiers *B.H. Austermann* an die lippische Regierung vom 26. August 1839, in der dieser um schriftliche Bestätigung des 6%igen stipulierten Zinsfußes für Kreditgeschäfte unter Kaufleuten bittet. Hintergrund sei die nicht selten vorkommende Unsicherheit vor Gericht (!) über die Rechtmäßigkeit des kaufmännischen Privilegs, so daß bei vielen Urteilen *„in Ermangelung der Gesetzlichen Grundlagen"* dem kaufmännischen Darlehen lediglich ein 5%iger Zinsfuß zugrunde gelegt werde.[854]

b) Art. 1907 des Badischen Landrechts als bedeutende Ausnahme der ersten Gesetzgebungsperiode

Das Badische Landrecht von 1809 und seine Wucherbestimmung in Art. 1907 stellte die große Ausnahme der ersten Gesetzgebungsperiode dar, da es im Vergleich zu den Regelungen anderer deutscher Staaten einen ausgesprochen zinsfreundlichen Standpunkt vertrat.[855] Der Verfasser des badischen Gesetzes, *Johann Nikolaus Friedrich Brauer*, sah die umgesetzte Regelung als *„annähernden Mittelweg zwi-*

---

850 So der Bericht Feuerleins, a.a.O., S. 2 *(Bestand HptStaatsArchV Stuttgart (B-W)/Büschel E 146 Nr. 6434).*
851 Motive, a.a.O., S. 2 *(Bestand HptStaatsArchV Stuttgart (B-W)/Büschel E 302 Nr. 874).*
852 `Bericht des Civil-Senats des Königlichen Ober-Tribunals an das Königl. Justiz-Ministerium` v. 19.02.1833 *(Bestand HptStaatsArchV Stuttgart (B-W)/Büschel E 302 Nr. 873).*
853 Vgl. dazu unten B.I.4..
854 `Anfrage des Banquiers B.H. Austermann, Detmold 26.8.1839, auf Bestätigung des 6%igen Zinsfußes bei Kaufleuten von der Regierung` *(Bestand StaatsArchV Detmold (NRW)/Akte L 77 A/D. 1. 3687/112, 16) (fol. 1, 2).*
855 Vgl. Dehnel, S. 36f; Braun/Wirth, S. 178; Landau, § 247 BGB; S. 385 (387f); Goldschmidt, Verhandlungen 6. DJT, Band I, S. 227 (256); Isopescul-Grecul, Das Wucherstrafrecht, S. 156.

schen einem freien und einem gebietendem Zinsfuß".[856] Die Eckgrundlagen bildete dabei der Code civil in der \`zinsfreien\` Form von 1804 und der \`zinsgrenzbildenden\` Form von 1807.[857]

Die Bestimmung stellte zwar einen Zinsfuß von 6% auf, darüber hinaus durften jedoch Zinsen unter der Voraussetzung der Schriftlichkeit ausbedungen werden. Diese \`relative Zinsfreiheit\` wurde zusätzlich dadurch eingeschränkt, daß die 6% übersteigende Kapitalquote eine *„rechtliche Minderstellung einnahm"*.[858] Für dieses Übermaß durfte insoweit keinerlei Pfandrecht, Unterpfandrecht oder sonstiges Vorzugsrecht bestellt werden. Geschah dies dennoch, war die Absprache ungültig.[859] Ferner konnte die überschüssige Kapitalquote nicht aus einer Konkursmasse heraus gefordert werden.[860]

Von besonderer Bedeutung war zudem die Regelung des Art. 1907e im Hinblick auf das bereits mehrfach erwähnte und dargestellte Kündigungsrecht des Schuldners nach dem späteren § 2 des \`Gesetzes für den Norddeutschen Bund, betreffend die vertragsmäßigen Zinsen\` vom 14. November 1867, bzw. des § 247 und § 609a BGB.[861] Art. 1907e des Badischen Landrechts bestimmte: *„Eine Schuld zu höher bedungenen Zinsen ist für den Anleiher alle Monat, für den Darleiher aber nur alle halbe Jahr aufkündlich und ableglich. Das Gegenteil kann nicht bedungen werden."*

Sowohl Schuldner als auch Gläubiger wurde hier ein Kündigungsrecht zugesprochen; die größere Schutzbedürftigkeit wurde hier allerdings aus verständlichen Gründen hinsichtlich Sinn und Zweck der Norm dem Schuldner mittels der allmonatlichen Kündigungsbefähigung zuerkannt.[862] Neben der Besonderheit der relativen Zinsfreiheit hob sich das Badische Landrecht von den übrigen deutschen Wucherbestimmungen vor allem durch jene Kündigungsregelung ab, da mit dieser nicht der übliche Gesetzesweg des starren Verbotes beschritten wurde. Vielmehr entstand ein flexiblerer Ausgleich bei auftretendem Mißbrauch, der den sich umstrukturierenden ökonomischen Gegebenheiten mehr Rechnung trug als der übliche stipulierte Zinsfuß.

---

[856] Zitiert nach Landau, § 247 BGB, S. 385 (387).
[857] Vgl. oben A.II.2a)cc).
[858] Isopescul-Grecul, Das Wucherstrafrecht, S. 156.
[859] Vgl. Goldschmidt, Verhandlungen 6. DJT, Band I, S. 227 (256); Isopescul-Grecul, Das Wucherstrafrecht, S. 156; Braun/Wirth, S. 178.
[860] Braun/Wirth, S. 178.
[861] Vgl. oben A.II.1d)bb).
[862] Vgl. v.a. Landau, § 247 BGB, S. 385 (387f); Goldschmidt, Verhandlungen 6. DJT, Band I, S. 227 (256f).

2. Die Umbildung der sozialrechtlichen Verfassung auf dem Land und der damit einhergehende erhöhte Kapitalbedarf

„Der Gewinn, welchen die Landwirthschaft bringt, hängt in hohem Grade von dem Vorhandensein des erforderlichen Betriebskapitals ab."

Diese ökonomische These des Berichtverfassers *Devaranne* aus dem Jahre 1860[863] spiegelt in kurzer, gleichwohl sehr prägnanter Weise die sich mit Beginn des 19. Jahrhunderts neu entwickelnde wirtschaftliche Situation der Landwirtschaft wider. Eine Situation die, wie eingangs erwähnt, neben der starren gesetzlichen Zinsstipulation als wesentliches Element für die dramatischen Ausbeutungsverhältnisse auf dem Land verantwortlich zeichnet.

Mit Beginn des 19. Jahrhunderts und dem Eindringen des liberalen Ideals in die Ökonomie, wurde auch die Landwirtschaft vom neuen individualistisch geprägten Handelsverkehr und neuen Konkurrenzverhältnissen erfaßt. Erfolgsdenken, Produktivität, Nützlichkeitserwägung und Gewinnstreben hießen nun die wirtschaftlichen Zielsetzungen, zu deren Umsetzung die Beschaffung von Kapital unerläßlich war, um den betriebswirtschaftlichen Erfolg nicht bereits im Anfangsstadium zu gefährden. Der Grund für diese ökonomische Umstrukturierung lag jedoch nicht allein in den Einflüssen der theoretischen wirtschaftspolitischen Dogmen, sondern beruhte in erster Linie auf den tatsächlichen gesetzlichen Veränderungen. So fand mit Beginn des Jahrhunderts – unter dem Einfluß der neuen ökonomietheoretischen Sichtweise – ein Übergang vom handwerklichen Zunftsystem zum System der Gewerbefreiheit und vor allem zur Neugestaltung der Agrarverfassung statt.[864] Die Erb- und Gutsuntertänigkeit wurde in weiten Teilen Deutschlands abgeschafft. Bauernbefreiung und Gewerbefreiheit schufen die Voraussetzungen für eine neue Wirtschafts- und Sozialordnung, womit der Übergang von der Naturaltausch- zur Geldwirtschaft einherging.[865] Vor allem waren es die Stein-Hardenbergschen Reformen, die den Bauern im Rahmen der sog. Bauernbefreiung neben der persönlichen Freiheit und der Gewährung eines freien Eigentumsrechtes auch die Befreiung von der Erbuntertänigkeit und des Frondienstes, sowie die Ablösungsmöglichkeiten der auf bäuerlichem Besitztum ruhenden Reallasten zusicherten.[866]

Neben dem allgemeinen betriebswirtschaftlichen Finanzerfordernis brauchte der Landwirt nun auch Geld für Ablösungs- (soweit kein staatlicher Ausgleich bestimmt

---

[863] 'Beitrag zur Frage: Wie weit läßt sich die Aufhebung der Wuchergesetze rechtfertigen? Mit besonderer Rücksicht auf Preußen.', Bericht von Devaranne, Breslau 1860 *(Bestand GStA PK (Berlin, Preußen)/Akte I. HA. Rep. 84a Nr. 5719) (fol. 74ff).*

[864] Vgl. Finis, Beweggründe, S. 34; Sartorius von Waltershausen, S. 6ff; Pohl, Bankengeschichte, S. 29; Schack, Deutschland, S. 10ff; Koch, Genossenschaftsgedanke, S. 75ff; Bauer, Raiffeisengenossenschaften, S. 99f; Hausherr, S. 377ff; Nipperdey, Geschichte, S. 145ff; Lütge, Deutsche Sozial- und Wirtschaftsgeschichte, S. 381ff.

[865] Pohl, Bankengeschichte, S. 29; Finis, Beweggründe, S. 34.

[866] Vgl. Schack, Deutschland, S. 10f; Sartorius von Waltershausen, S. 12ff; Hausherr, S. 377ff.

wurde) und Steuerzahlungen an den Staat. Da er den wirtschaftlichen Schutz durch seinen Lehnherrn verloren hatte, mußte er nun selbst Initiative zur Kapitalbeschaffung ergreifen, was in Anbetracht des allgemeinen Kapitalmangels zum Beginn des 19. Jahrhunderts – die napoleonischen Kriege hatten große Kapitalien, vor allem in Deutschland, insbesondere aber in Preußen, verschlungen[867] - ohnehin von einiger Problematik war. Diese Situation war für die Bauernschaft eine völlig neue Erfahrung, die viele überforderte.[868]

Im Rahmen der alten naturalwirtschaftlich geprägten Agrarverfassung war der Bauer in die Marktgenossenschaft einbezogen, er war dem Flurzwang unterworfen, es gab die Allmende, das Gemeindeland, an dem jeder gewisse Rechte hatte. Die alten Marktgenossenschaften beschränkten sich dabei - ebenso wie die Innungen und Zünfte der Handwerker - keineswegs auf wirtschaftliche Angelegenheiten. Sie waren umfassende Lebensgemeinschaften und beeinflußten ihre Mitglieder auch in sittlicher Beziehung.[869] Auch die mehr oder weniger starke Abhängigkeit des Bauern von Guts- oder Grundherrn beinhaltete neben der Treuepflicht des Bauern auch die Fürsorgepflicht des Herrn; gleichsam bestand insoweit neben dem sachlich-ökonomischen auch ein personales Verhältnis.[870] Der Bauer war zwar unfrei, hatte aber auch in Notfällen ein Recht auf Hilfe und Unterstützung.

Der Einfluß der Ideale des Liberalismus ließ die alte Agrarverfassung jedoch zunehmend als überholt erscheinen, die Ökonomisierung im Geiste des *Adam Smith* erfaßte auch die Landwirtschaft und ließ die `landwirtschaftliche Betriebslehre` entstehen: *„Die Landwirtschaft ist ein Gewerbe, welches zum Zweck hat, durch Produktion vegetabilischer und tierischer Substanzen Gewinn zu erzeugen oder Geld zu erwerben. Je höher dieser Gewinn nachhaltig ist, desto vollständiger wird dieser Zweck erfüllt.“* [871] Im Zuge dessen kam es zu Beginn des 19. Jahrhunderts auch zu weitreichenden Agrarreformen, die aufgrund der im Westen vorherrschenden grundherrlichen, bzw. der im Osten bestehenden gutsherrlichen Verfassung nicht als einheitlicher Vorgang begriffen werden können[872], gleichwohl – wenn auch auf verschiedenen gesetzlichen Wegen – der Tendenz sukzessive folgten. Die `Bauernbefreiung` der Reformen führte zu einer Regulierung, resp. zu einer Ablösung der alten agrarischen Verfassung. Von einer Regulierung sprach der Gesetzgeber im allgemeinen im Hinblick auf die Aufhebung der Gutsherrschaft, von der Ablösung im Hinblick auf die Aufhebung der Grundherrschaft und der damit verbundenen Lasten und Ver-

---

[867] Vgl. Kahn, Zinsfuß, S. 35ff.
[868] Finis, Beweggründe, S. 34; Bauer, Raiffeisengenossenschaften, S. 100.
[869] Sartorius von Waltershausen, S. 7ff; Nipperdey, Geschichte, S. 151f.
[870] Lütge, Deutsche Sozial- und Wirtschaftgeschichte, S. 381f.
[871] Adam Smith, zitiert nach Nipperdey, Geschichte, S. 148.
[872] Vgl. Hausherr, S. 377; Lütge, Deutsche Sozial- und Wirtschaftsgeschichte, S. 384ff.

pflichtungen.[873] Notwendigerweise mußten zur Verwirklichung dieses liberalen Ideals alle überholten Bindungen der alten Agrarstruktur eine Aufhebung erfahren. Dies betraf zunächst die leib- und zehntherrlichen Beziehungen, ebenso die sog. Separation, d.h. die Aufhebung der alten Flurverfassung, verbunden mit einer Neuaufteilung des Nutzlandes unter dem Gesichtspunkt einer rationaleren und individuelleren Wirtschaftsführung.[874] Der gesamte komplizierte Maßnahmenkomplex umfaßte dabei unter anderem die `Zusammenlegung` (Verkoppelung, Kommassierung) der im Gemenge gelegenen Flurstücke, die `Gemeinheitsteilung`, also die Aufteilung der Allmenden, Marken etc., die Ablösung der Servituten, d.h. der Hute-, Trift- und Wegerechte und vor allem die Überführung der neu gegliederten Parzellen in das Privateigentum der Bauern.[875] Die notwendigen Entschädigungsleistungen erfolgten im Bereich der Grundherrschaft in der Regel per Geldabfindung (meist staatlich, Ausnahmen ergaben sich nach der Finanzsituation des Landwirtes), während im Osten, vor allem im finanziell geschwächten Preußen[876], im Bereich der Gutsherrschaft notgedrungen primär die Landabtretung als Ausgleich präferiert wurde.[877]
Gerade jenes Preußen stellte sich mit seinen Stein-Hardenbergschen Reformen 1807/11 als Protagonist dieser Entwicklung dar. Das vom Steinsche Edikt vom 09. Oktober 1807 legte fest, daß es in ganz Preußen ab 1810 nur freie Menschen geben dürfe, die Erbuntertänigkeit wurde aufgehoben. Die Eigentumsfrage wurde sodann im Rahmen des Hardenbergschen Regulierungsedikts vom 14. September 1811 erörtert und gelöst, innerhalb dessen die oben angesprochenen Entschädigungsfragen und der genaue Übergang der Landparzellen in das Bauerneigentum gesetzlich fixiert wurden, mithin das alte Besitzrecht in Volleigentum und Veräußerungsfreiheit (und damit auch Beleihungsfähigkeit) verwandelt wurde.[878] Sukzessive wurden in entsprechender Anlehnung die ländlichen Untertänigkeitsverhältnisse und die damit einhergehenden Eigentumsverhältnisse innerhalb der ersten zwei Jahrzehnte des Jahrhunderts in weiten Teilen Deutschlands reformiert, so bspw. in Bayern 1808, Nassau 1812, Württemberg 1817, Hessen-Darmstadt und Baden 1820 und Kurhessen 1821.[879]

Positiv ausgedrückt war das Ergebnis des durchgeführten Reformvorgangs, daß der Bauer nun endlich frei von Pflichten gegenüber seinem Lehnherrn war und Selbständigkeit sein privates und wirtschaftliches Leben bestimmte. Negativ betrachtet hieß dies aber auch, daß er `über Nacht` ohne Vorkenntnisse in den vom Effizienzdenken

---

873 Lütge, Deutsche Sozial- und Wirtschaftsgeschichte, S. 383; vgl. Blömer, Agrarkredit Westfalen, S. 8f.
874 Lütge, Deutsche Sozial- und Wirtschaftsgeschichte, S. 383.
875 Vgl. Lütge, Deutsche Sozial- und Wirtschaftsgeschichte, S. 383.
876 Vgl. Kahn, Zinsfuß, S. 38f.
877 Sartorius von Waltershausen, S. 123; Hausherr, S. 377f; Kahn, Zinsfuß, S. 37.
878 Vgl. Hausherr, S. 382ff; Sartorius von Waltershausen, S. 12ff.
879 Sartorius von Waltershausen, S. 13; Hausherr, S. 378; zu den stückweisen Lösungen v.a. im französisch beeinflußten Westen s. ebenda.

geprägten kapitalistischen Strudel geriet.[880] Der Bauer war nun allein für den betriebswirtschaftlichen Ablauf seines Hofes verantwortlich; die neue, intensivere Bewirtschaftung erforderte vermehrten Kapitaleinsatz, um den Betrieb aufrecht zu erhalten, von einer Gewinnerzielung sei ganz zu schweigen.[881] Je nach den Umständen mußte zusätzliches Kapital für bereits angesprochene Ablösungszahlungen und staatliche Steuern aufgebracht werden. Der Gutsherr oder der Grundherr hatte bisher das Recht und auch die Pflicht, die Belastungen der Höfe zu beaufsichtigen und sie auch, wenn nötig, zu begrenzen. Als diese Schranke fiel, setzte nicht selten eine von unproduktiven Geschäften hervorgerufene finanzielle Belastung ein, die zusätzlich ausgleichendes Kapital erforderte.[882] Der Einbeziehung in die kapitalistische Ordnung war der bisher wenig selbständige Bauer in aller Regel nicht gewachsen; oft besaß er nicht das richtige Maß, Freiheit und Kapital gewinnbringend einzusetzen, zumal früher selbstverständliche zahlreiche und wichtige Gegenleistungen (Präbenden) wie Geldentlohnungen, Naturalgaben, Beköstigungen etc. [883] jetzt wegfielen und durch Kapitaleinsatz aufgefangen werden mußten.[884]
Auch die Tatsache der `ausnahmelosen` Bauernbefreiung brachte es mit sich, daß mit der allumfassenden Zwangslösung gleichzeitig ebensoviele Konkurrenten auf den Agrarmarkt gedrängt wurden. Die Konkurrenzsituation erforderte es, den Betrieb dem Markt anzupassen und sich den Verhältnissen zu stellen, weshalb zusätzlicher Kapitaleinsatz und Expansion vonnöten war. Die Anpassung an die neue `betriebswirtschaftliche Landwirtschaftslehre`, von Leuten wie *Thaer*, *Schwerz*, *Burger*, *Koppe*, *Wulffen* und *Block* auf den Schild der nationalökonomischen Ratio gehoben, lieferte dabei die Vorgaben[885]; der Erwerb neuer technischer Errungenschaften, neuer chemischer Produktionsstoffe oder zyklische Veränderungen der Feldbestellung[886] waren die Schlagworte der neuen landwirtschaftlichen Ökonomie.[887] Und auch diese Veränderungen erforderten wiederum Kapital, das praktisch nicht vorhanden war.
Zusätzliche finanzielle Belastungen entstanden durch große Mißernten wie die der Jahre 1816/17 und 1845/47, zyklischen Preiszusammenbrüchen bis 1825, Überproduktionen und neuer ausländischer Konkurrenz[888], deren Folge weitere Steigerung des Kapitalbedürfnisses war. Der Betriebserhalt und auch der Güteraustausch erfolgten zunehmend auf dem Kreditwege. Man mußte im Gegensatz zu früheren Zeiten der Naturaltauschwirtschaft in Geld denken, mit Geld umgehen und rechnen können.[889] Neben dem Fachmann war nun auch der Kaufmann gefragt, der, um über-

---

[880] Vgl. Kahn, Zinsfuß, S. 37.
[881] Vgl. Finis, Beweggründe, S. 34.
[882] Vgl. Lütge, Deutsche Sozial- und Wirtschaftsgeschichte, S. 390.
[883] Lütge, Deutsche Sozial- und Wirtschaftsgeschichte, S. 388.
[884] Vgl. Finis, Beweggründe, S. 34.
[885] Vgl. Nipperdey, Geschichte, S. 148; Sartorius von Waltershausen, S. 116ff.
[886] Nipperdey, Geschichte, S. 148, 152; Lütge, Deutsche Sozial- und Wirtschaftsgeschichte, S. 372.
[887] Vgl. Sartorius von Waltershausen, S. 122f.
[888] Nipperdey, Geschichte, S. 147; Lütge, Deutsche Sozial- und Wirtschaftsgeschichte, S. 402f.
[889] Vgl. Blömer, Agrarkredit Westfalen, S. 18.

haupt Überschüsse für den Verkauf produzieren zu können, erst einmal Kapital investieren mußte.
Diese gesamten Umstände schufen die Situation einer neuen, aber umso engeren Verflechtung der Landwirtschaft mit dem Kreditsektor, obgleich hier – dies wird sich zeigen – nicht von einem symbiotischen Verhältnis zu sprechen ist. *Nipperdey* spricht zu Recht von einer *„Einsaugung des Agrarsektors in das kapitalistische Geld- und Rechtssytem"* [890], wobei man die These wohl um die Erläuterung ergänzen muß, daß es sich hier um ein wenig zielgerichtetes Einsaugen handelte, dessen Bestandsinteresse auch nur einseitig bei den zunehmend kapitalbedürftigeren Bauern lag um die eigene Existenz sichern zu können.

3. Die Folgen

a) Kreditnot auf dem Land

Eine der grundlegendsten Thesen der Volkswirtschaftslehre bestimmt, daß sich in einem freien Markt das Angebot nach der Nachfrage richtet. So auch beim Kapital und beim Kredit. Ausdrücklich wird diese Kernthese bspw. schon in den Motiven zum Gesetzentwurf über die Aufhebung der Zinsgesetze des Königreiches Sachsen vom 21. Januar 1864 festgestellt und als ein im Wesen weitgehend unumstrittener Grundsatz beschrieben.[891] In bezug auf das Zinsgeschäft äußert sich der *'Volkswirthschaftliche Verein zu Frankfurt/M.'* in seinem Flugblatt No. 8 aus dem Jahr 1862[892] in ähnlicher Weise: *„Der Zins besteht immer aus zwei Elementen, das eine ist die reine Kapitalmiethe; sie richtet sich nach dem Verhältniß von Nachfrage und Angebot".*[893] Im weiteren ergänzt der Verein: *„...das andere ist die Assecuranz-Prämie, ihre Höhe hängt lediglich von der Sicherheit ab, die die Person des Schuldners, seine Bürgen und Unterpfänder dem Gläubiger gewähren. Jenes erste Element ist für alle Menschen gleich, das zweite in jedem individuellen Falle verschieden."* [894]
Die ökonomische Problematik der Landwirtschaft in der ersten Gesetzgebungsperiode findet sich in dieser Analyse in vollem Umfange wieder. Obgleich ein erheblicher Kapitalbedarf auf dem Land bestand und die Nachfrage folglich auch das Angebot hätte bestimmen müssen, war das Gegenteil der Fall. Die gesetzlichen Bestimmun-

---

[890] Nipperdey, Geschichte, S. 151.
[891] 'Motive zum Decret an die Stände, den Entwurf zu einem Gesetze wegen Aufhebung der Zinsbeschränkungen betreffend' vom 21.01.1864, S. 321f *(Bestand HptStaatsArchV Stuttgart (B-W)/Büschel E 302 Nr. 874).*
[892] 'Des Volkswirthschaftlichen Vereins zu Frankfurt/M., Flugblatt No. 8, „Die gesetzlichen Zinsbeschränkungen.", zugestellt an das Rechnei- und Rentenamt der Freien Stadt Frankfurt am Main v. 04.03.1862 *(Bestand Inst.f.Stgesch.Ffm./Akte Rep. 799 Nr. 972).*
[893] a.a.O. *(Bestand Inst.f.Stgesch.Ffm./Akte Rep. 799 Nr. 972).*
[894] a.a.O. *(Bestand Inst.f.Stgesch.Ffm./Akte Rep. 799 Nr. 972).*

gen der ersten Periode ließen in ihren stipulierten Zinsgrenzen für den allgemeinen Verkehr in der Regel eine 5%ige Verzinsung für Kreditgeschäfte zu und erfüllten das Bedürfnis des Gläubigers lediglich im Hinblick auf die reine Kapitalmiete. Die vom Frankfurter Volkswirtschaftlichen Verein umschriebene individuelle `Assekuranzprämie` wurde jedoch von den gesetzlichen Zinsmaxima nicht abgedeckt, weshalb individuelle Risikofaktoren bei der Vertragsgestaltung nicht hinreichend berücksichtigt werden konnten. Die Folge war ein schon zu Beginn des 19. Jahrhunderts auftretender Kreditmangel, der bereits im Jahre 1810 für Schlesien so umschrieben wurde: *„Der Mangel des baren Geldes ist groß, Kredit schwer und nur mit unerschwinglichen Opfern zu finden.“* [895]

Die Problematik ist dabei aufgrund der recht einheitlichen gesetzlichen Bestimmungen in Deutschland überall die gleiche. Das niedrig festgelegte Zinsmaximum hielt die Kapitalgeber von der Kreditvergabe an die Landbevölkerung ab. Der bäuerliche Kredit bedeutete ein zweifellos erhöhtes Risiko, da die weitere wirtschaftliche Existenz des einzelnen Landwirtes meist ungewiß war und die angebotenen Sicherheiten ihren Namen oftmals kaum verdienten. Der Stuttgarter Beamte *Friedrich Jan Vollnagel* berichtet insoweit exemplarisch über einen im ganzen Königreich Württemberg auftretenden *„Mangel an Credit, weil niemand einen solchen geben wird. (...) Die armen Classen haben keine Sicherheit“*, so daß sich kein Kreditgeber dazu zwingen ließe, *„Darlehen zu verschaffen zu niedrigem Zins und mit wenig Sicherheit“*.[896] Ähnlich auch das Votum des `Chefs des preußischen Ministeriums für die landwirthschaftlichen Angelegenheiten` aus dem Jahre 1856, wonach der auf dem Land auftretende Kapitalmangel ebenso der geringen Risikovergütung bei mangelnden bäuerlichen Sicherheitsleistungen angelastet wird[897], sowie der Bericht des Landrates des Kreises Geldern vom 23. Februar 1857 mit der gleichen Analyse.[898] Die grundlegende Folge der Zins-Wucher-Gesetzgebung der ersten Periode war also eine auf dem Land in starkem Maße auftretende Kreditnot, da die gesetzlichen Bestimmungen dem Bauern als Darlehenssucher und dem Darlehensgeber untersagten, den Mangel einer genügenden Sicherstellung des Kapitals durch Zahlung eines höheren Zinsatzes auszugleichen und somit Real- als auch Personalkredit schwächten.[899] Die in hohem Maße bestehende Unsicherheit, die mit einem bäuerlichen Darlehen in der ersten Hälfte des 19. Jahrhunderts verbunden war, hätte sich

[895] Aus `Annalen der Landwirtschaft`, XII, zitiert nach Abel, Agrarkrisen, S. 208.
[896] `Bericht des Beamten Friedrich Jan Vollnagel zu Stuttgart an das Königl. Ministerium des Innern` v. 19.11.1799 *(Bestand HptStaatsArchV Stuttgart (B-W)/Büschel E 146 Nr. 6437).*
[897] `Votum des Chefs des Ministeriums für die landwirthschaftlichen Angelegenheiten (ad. No. 4578 I. Ang.). Seiner Excellenz dem Königlichen Geheimen Staats- und Justizminister Herrn Simons vorzulegen`, v. 17.06.1856 *(Bestand GStA PK (Berlin, Preußen)/Akte I. HA. Rep. 84a Nr. 5717) (fol. 91, 92).*
[898] `Bericht des Landrathes des Kreises Geldern` *(Bestand HptStaatsArchV Düsseldorf (NRW)/Akte Reg. Düsseldorf Nr. 2040) (fol. 9f).*
[899] So auch die preußischen `Motive zu dem Entwurf eines Gesetzes, betreffend die Aufhebung der Beschränkungen des vertragsmäßigen Zinssatzes. Beglaubigt durch den Justiz-Minister Simons` (1860), S. 7 *(Bestand GStA PK (Berlin, Preußen)/Akte I. HA. Rep. 84a Nr. 5719) (fol. 8)*; vgl. auch Braun/Wirth, S. 207; Berndt, Wucher-Gesetze, S. 54f.

für den Darlehensgeber in einer Risikoprämie und damit auch in einem höheren Zinsmaß als die übliche 5%ige Verzinsung ausgleichen müssen. Eine solche Risikoprämie stellt nach marktwirtschaftlichen Grundsätzen, zu Beginn des 19. Jahrhunderts ebenso wie heute[900], ein notwendiges und rechtmäßiges Äquivalent für die Gefahr eines potentiellen Verlustes des Kapitals dar. Die Zinsgesetze der ersten Periode ließen einen solchen Ausgleich allerdings nicht zu. Die Konsequenz dessen war, daß sich der gesetzestreue Kapitalgeber unter diesen Umständen der Darlehensgeschäfte entweder ganz enthielt, sein Geld unbenutzt liegen ließ, anderweitige Anleihen bevorzugte oder das Kapital im Ausland zu höherer Verzinsung anlegte.[901] Der in hohem Grade kapitalbedürftige Bauer konnte dagegen am wenigsten darauf hoffen, Kredite zum gesetzlich festgelegten Zinsfuß zu erhalten. Vielmehr erhielt er entweder überhaupt keinen Kredit, oder – was sich noch zeigen wird – zu ausbeuterischen, den Zinsfuß um ein Vielfaches übersteigenden Konditionen.[902] Die Gründe für die ländliche Kreditnot waren im einzelnen gleichwohl vielschichtiger, lassen sich aber im wesentlichen zunächst auf den gemeinsamen Nenner bringen, daß eine Anlage des Kapitalgebers auf dem Land bei einer nur geringen, gesetzlich vorgegebenen Verzinsung wenig lohnte. Die mangelnden Sicherheiten der Bauern verstärkten diese Tendenz. Jedoch sind bei der Beurteilung jener mangelnden Kapitalvergabemotivation weitere Unterscheidungen im Hinblick auf die speziellen Hintergründe der Kapitalgeber zu treffen.

aa) Der Bankenkredit

Bankkredite an Kleinbauern wurden in dieser Phase praktisch nicht gewährt. Der Bauer hatte in der ersten Hälfte des 19. Jahrhunderts aus vielerlei Gründen fast keine Möglichkeit, außerhalb des Privatkreditsektors ein Darlehen zu erlangen. Hierfür zeichnete zum einen das noch unter Normativrestriktionen für Bankgründungen leidende und daher nur bescheiden ausgebildete Bankenwesen staatlicher und privater Natur in Deutschland verantwortlich. Die Errichtung einer Privatbank bedurfte in vielen deutschen Staaten der entsprechenden amtlichen oder ministerialen Genehmigung, die in erster Linie vom strukturellen Bedürfnis abhängig gemacht wurde. Vor diesem Hintergrund wurde bspw. für das Fürstentum Lippe im Jahre 1855 das `staat-

---

[900] Vgl. dazu oben A.II.1d)aa)bbb).

[901] Berndt, Wucher-Gesetze, S. 55; Braun/Wirth, S. 207; vgl. auch Goldschmidt, Verhandlungen 6. DJT, Band I, S. 227 (240); vgl. ebenso den `Vortrag des Abgeordneten Stenglein im I. Ausschusse der Kammer der Abgeordneten, den Antrag des Abgeordneten Streit und Genossen: `Die Aufhebung der civilrechtlichen Beschränkungen des Zinsfußes betr.'' v. 09.03.1867, Beilage LII. zu den Stenogr. Ber. der Verh. der Kammer der Abg., S. 341 *(Bestand HptStaatsArchV München (Bay)/Akte MJu Nr. 12647)*.

[902] So auch der Abgeordnete Dr. Schwarze in den Verhandlungen des Reichstages des Norddeutschen Bundes, 17. Sitzung am 10.10.1867, Stenogr. Ber. (Auszug), S. 331f *(Bestand BArchV, Akte R 101/880)*; Berndt, Wucher-Gesetze, S. 54f; Goldschmidt, Verhandlungen 6. DJT, Band I, S. 227 (240).

liche' Bedürfnis nach Einrichtung von 23 Kreditanstalten *„zum Glück für die Entwicklung des Verkehrs"* festgestellt und die Möglichkeit zur genaueren Planung und Privatantragstellung[903] eingeräumt.[904] Damit verbunden waren allerdings in aller Regel die außerhalb solcher Staatsinitiativen bestehenden Beschränkungen und Verbote der Bankgründung, wie der Gesetzesentwurf zu einem Hypothekenbankgesetz für das Königreich Hannover vom 02. Januar 1836 verdeutlicht:

> *„Die Errichtung von Anstalten, welche den Zweck haben, den Grundeigenthümern Capitalien zur Ablösung von Grundlasten von Dritten zu verschaffen und die Zahlung der Zinsen und den Abtrag des Capitals durch jährliche oder ähnliche Beiträge, unter fortdauernder Einwirkung der Anstalt (...) zu ermitteln, ist verboten, wenn nicht die Grundsätze ihrer Einrichtung (Statuten) von Unserem Ministerium genehmigt worden sind."* [905]

Die Institutsgründungen während der ersten fünf Jahrzehnte des 19. Jahrhunderts umfaßten vornehmlich den Bereich der (für die staatliche Kreditaufnahme besonders relevanten) ganzstaatlichen oder überwiegend staatlichen Hypothekenbanken (auf Sparkassen soll unten weiterer Bezug genommen werden). Zu nennen sind hier der württembergische Kreditverein von 1825, die sächsische Landrentenbank und die Hessen-Kasselsche Landeskreditkasse[906] aus dem Jahre 1832, die badische Ablösungskasse von 1833 und die bayerische Hypotheken- und Wechselbank von 1835.[907]

Mitunter wurden dem Kleinbauern von einzelnen Instituten jener 'überschaubaren' Bankendichte Hypothekendarlehen gewährt; gleichwohl mußte die zu erbringende Sicherheit einen weitgehend unbelasteten Grundwert aufweisen, der jedoch bei der zunehmenden Privatverschuldung der Bauern in wenigen Fällen vorhanden war, so daß das Kapitalbedürfnis von den bestehenden Instituten selten befriedigt wurde.[908]

Überhaupt war für die Kleinbauern beim Bankenkredit, wie im übrigen auch beim Privatkredit, der Mangel an Sicherheitsleistung das grundlegendste Hemmnis für die Darlehensgewährung. Sowohl Personal- als auch Realkredite wurden von den Banken fast ausnahmslos verwehrt.[909] Bevorzugt vergebene Hypothekendarlehen waren solche des mittelständisch-städtischen Bereiches oder an den Staat selbst, die Landhypothek wurde dagegen in aller Regel von vornherein als minderwertig be-

---

903 So der daraufhin eingehende Antrag des Göttinger Finanzkaufmanns Julius von Faneberg v. 08.03.1855, vorhanden im *Bestand StaatsArchV Detmold (NRW)/Akte L 75 IV. Abtlg. 19 Nr. 1 (fol. 1).*

904 'Verfügung der Fürstlich-Lippischen Regierung vom 13. September 1855' *(Bestand StaatsArchV Detmold (NRW)/Akte L 75 IV. Abtlg. 19 Nr. 1) (fol. 3).*

905 *Bestand HptStaatsArchV Hannover (Nieders)/Akte Hann. Des. 26a Nr. 3879*; vgl. auch von Saenger, ländliches Creditwesen, S. 64f.

906 Vgl. dazu den 'Bericht des Abgeordneten Pfeiffer, namens des Rechtspflege-Ausschusses, über die dermalige Lage der landständischen Geschäfts-Verhältnisse (Kassel, 29. Febr. 1832)' *(Bestand StaatsArchV Marburg (Hess)/Akte Best. 73 Nr. 974) (fol. 12).*

907 Kahn, Zinsfuß, S. 58f; Nipperdey, Geschichte, S. 151.

908 Vgl. Nipperdey, Geschichte, S. 151; vgl. zum bäuerlichen Bankenkredit v.a. für Westfalen Blömer, Agrarkredit Westfalen, S. 45ff.

909 Finis, Beweggründe, S. 34; Pohl, Bankengeschichte, S. 39.

trachtet.[910] Personalkredite scheiterten im wesentlichen an der mangelnden Kreditwürdigkeit der Kapitalsucher und ihrer Bürgen.[911] Hinzu trat der Umstand, daß es sich bei vielen Banken um Klientelbanken handelte, die auf einen fest umrissenen Zielgruppen- oder Initiatorenbereich mit entsprechenden Sicherheiten ausgelegt waren, wie bspw. die preußischen 'Landschaften', auf die noch einzugehen sein wird. Der Bereich der speziell ländlichen, allgemein zugänglichen Kreditanstalten war dagegen nur mangelhaft ausgeprägt.[912]

Unabhängig von ökonomischen Aspekten spielte bei der mangelnden Bankenkreditvergabe zudem noch Mißtrauen, Furcht und Scham des Kleinbauern eine nicht zu unterschätzende Rolle. Die im Hinblick auf das spätere Wuchergesetz von 1880 eingesetzte XII. Reichstagskommission stellt dazu in ihrem Bericht[913] fest, daß sich viele kleinere Landwirte von Beginn an nicht an Geldinstitute wenden, *„weil sie sich schämen, hier ihre Geldverlegenheit zu bekennen und lieber im Geheimen Hülfe suchen, oder auch, weil sie die vielfachen Schreibereien und Nachweise, mit denen die Darlehensbewilligung bei Geldinstituten meistentheils verbunden ist, vermeiden wollen"*.[914]

Im wesentlichen muß an dieser Stelle festgestellt werden, daß das kleinbäuerliche Kreditbedürfnis durch den Bankenkredit nicht ansatzweise befriedigt wurde. Ergänzend sollen einige weitere Ausführungen zu Besonderheiten einiger Geldinstitute folgen.

aaa) Hypothekenbanken und 'preußische Landschaften'

Neben den angesprochenen Hypothekenbanken sind für diesen Bereich während der ersten Hälfte des 19. Jahrhunderts noch die sog. 'preußischen Landschaften' von weiterem Interesse. Die ersten ausschließlich privat getragenen Hypothekenbanken in Deutschland wurden erst nach langen Konzessionskämpfen ab 1862 gegründet, so am 08. Dezember in Frankfurt a. M. und am 13. Dezember in Meiningen.[915] Es folgen 1863 die 'Erste Preußische Hypotheken-Actien-Gesellschaft', 1864 die 'Preußische Hypotheken-Actien-Gesellschaft', 1866 die 'Pommersche Hypotheken-Actien-Bank' und 1867 die 'Württembergische Hypothekenbank'.[916]

Die 'preußischen Landschaften' gehen dagegen bereits auf das 18. Jahrhundert zurück und waren die ersten, auf hypothekarischer Sicherungsbasis operierenden länd-

---

[910] Vgl. von Saenger, ländliches Creditwesen, S. 66; Berndt, Wucher-Gesetze, S. 73f.
[911] Finis, Beweggründe, S. 34.
[912] Goldschmidt, Verhandlungen 6. DJT, Band I, S. 227 (266).
[913] Stenogr. Ber. RT., 4. Lp., III. Session 1880, 3. Band, Drucks. Nr. 58, S. 379ff.
[914] a.a.O., S. 382.
[915] Pohl, Bankengeschichte, S. 42ff.
[916] Pohl, Bankengeschichte, S. 44.

lichen Kreditbanken.[917] Ein bemerkenswerter rechtlicher Unterschied zu den speziellen Hypothekenbanken bestand darin, daß der ausgegebene Pfandbrief der `Landschaften` streng akzessorisch zum beliehenen Objekt war.[918] Obgleich man annehmen könnte, daß die ländliche und kreditsicherungsspezifische Ausrichtung der `Landschaften` den preußischen Kleinbauern hätte zugute kommen müssen, wurden diese vom strengen Klientelwesen der `Landschaften` gerade nicht erfaßt. Diese waren vielmehr, vor allem in Ostpreußen, ein genossenschaftlicher Zusammenschluß von Gutsbesitzern eines bestimmten Bezirks zur Befriedigung des bedeutenderen landwirtschaftlichen Kreditbedarfs.[919] Im wesentlichen waren die `Landschaften` nach ihrer inneren Struktur demokratisch geordnet, dienten dabei aber lediglich dem Nutzen der vereinigten Gutsbesitzer.[920] Die Statuten sahen im genossenschaftlichen Interesse den Ausschluß der einseitigen Kreditkündigung durch die `Landschaft` vor und gewährten außerordentlich lange Tilgungsfristen zu weitgehend zinsgünstigen Konditionen[921], was jedoch nicht selten dazu führte, daß eine vor dem finanziellen Zusammenbruch stehende `Landschaft` durch genossenschaftliche `Notbeiträge` gestützt werden mußte oder die weitere Kreditgewährung zunächst ausgesetzt wurde.[922] Jene ausgesprochen einseitig ausgerichtete Klientelstruktur der Landschaften veranlaßte die Bundesbank in ihrem Jahresbericht des Jahres 1963 von *„Volksbanken der Rittergutsbesitzer"* zu sprechen.[923] Zwar wurden nach 1848 in den meisten preußischen Landschaften auch die kleinbäuerlichen Besitzungen zur Beleihung den Statuten nach offiziell zugelassen[924], die tatsächlich erfolgte Kreditvergabe blieb jedoch im marginalen Rahmen, was an den auf die Gutsbesitzer ausgerichteten Beleihungsgrundsätze mit entsprechend hohen Bearbeitungskosten und dem weiterhin bestehenden Erfordernis einer Mindestgröße des Grundsteuerreinertrages lag.[925]

bbb) Notenbanken

Die ersten Notenbankgründungen gehen auf den Beginn des 18. Jahrhunderts und auf das in Köln 1705 initiierte Institut der `Banco di Giro d'affractione` zurück.[926] Wesentlicher Hintergrund der Notenbanken, die eine Gründungswelle zwischen 1840

---

[917] Vgl. Aereboe, Agrarpolitik, S. 521f; von Saenger, ländliches Creditwesen, S. 14ff; Bülow-Cummerow, S. 26ff; Kahn, Zinsfuß, S. 53; Pohl, Bankengeschichte, S. 40f; Blömer, Agrarkredit Westfalen, S. 44ff.
[918] Pohl, Bankengeschichte, S. 41.
[919] Vgl. Kahn, Zinsfuß, S. 53; Aereboe, Agrarpolitik, S. 521.
[920] Bülow-Cummerow, S. 28.
[921] Von Saenger, ländliches Creditwesen, S. 14, 18f; Bülow-Cummerow, S. 27f.
[922] Vgl. von Saenger, ländliches Creditwesen, S. 16f.
[923] Zitiert nach Pohl, Bankengeschichte, S. 41.
[924] Vgl. von Saenger, ländliches Creditwesen, S. 60f.
[925] Aereboe, Agrarpolitik, S. 522.
[926] Pohl, Bankengeschichte, S. 46.

und 1850 erfuhren[927], war die oftmals dringend erforderliche monetäre Staat gung. Häufig betrieben diese Notenbanken auch andere Bankgeschäfte, weshalb ein Vergleich zum heutigen Notenbanksystem ins Leere läuft. Gängigste Transaktion war der Tausch von Gold gegen Depotscheine, die im Geschäftsverkehr als Zahlungsmittel dienten.[928] Die ländliche Kreditvergabe war indes kein Aspekt des Notenbankengeschäftsbereiches.

ccc) Aktienbanken

Von ebenso geringer Bedeutung für den ländlichen Kleinkredit waren die Aktienbanken, die bis zum Jahre 1840 rar gesät und in erster Linie Notenbanken waren. Als bedeutendste dieser Art galten die 1824 gegründete `Ritterschaftliche Privatbank` in Stettin und die `Leipziger Bank` von 1838.[929] Die bereits angesprochenen strengen juristischen Auflagen sowie die Abneigung vieler deutscher Regierungen, vor allem die der preußischen und ihres Staatsministers *Rother*, gegenüber der auf privatrechtlicher Basis organisierten Banknotenausgabe erschwerte in der ersten Hälfte des Jahrhunderts die Entstehung von weiteren Aktienbanken in ganz Deutschland. Ein gedanklicher Umschwung setzte jedoch nach der Wirtschaftsdepressionsphase zwischen 1845 und 1851 aufgrund des hohen Kapitalbedürfnisses ein, im wesentlichen auf Betreiben des ehemaligen preußischen Finanzministers *David Hansemann* und der Kölner Bankiers *Oppenheim* und *von Mevissen*.[930] Es kam bis zur erneuten Depression der Jahre 1856/57 zu zahlreichen Institutsgründungen wie dem `A. Schaaffhausen'schen Bankverein`, der `Direction der Disconto-Gesellschaft`, der `Berliner Handels-Gesellschaft`, der `Bank für Handel und Industrie` in Darmstadt, des `Schlesischen Bankvereins` in Breslau und der `Preussischen Handelsgesellschaft` in Königsberg.[931] Vorbildcharakter für die Statuten hatte dabei der französische `Crédit Mobilier` mit seiner Ausrichtung auf industrielle, staatliche und mittelständische Kredite; ländlicher Kleinbauernkredit wurde dagegen aufgrund der damit verbundenen Risiken und wenig lukrativer Gewinnerwartungen selten vergeben.

927 Pohl, Bankengeschichte, S. 17.
928 Vgl. Lütge, Deutsche Sozial- und Wirtschaftsgeschichte, S. 439f.
929 Pohl, Bankengeschichte, S. 18.
930 a.a.O., S. 19ff.
931 a.a.O., S. 20.

ddd) Sparkassen

Obgleich die Entstehung des Sparkassenwesens im beginnenden 19. Jahrhundert primär den Sozialreformen zuzuordnen ist, ist die Bedeutung für den kleineren Landkredit gleichwohl eher gering. Frühe sparkassenähnliche Institute sind die `Leihbank zu Hanau` (1738), die `Württembergische Waisenkasse` in Roth (1746), die `Braunschweigisch-Herzogliche Leihhauskasse` (1765), die `Castell'sche Kreditkasse` (1774) und die `Fürstliche Leihkasse zu Detmold` (1786).[932] Diesen ersten Instituten liegt dabei jedoch noch das sparkassenuntypische Prinzip zugrunde, der minderbegüterten Bevölkerung die Überwindung einer materiellen Notlage aus eigener Kraft durch vornehmliche Gewährung billiger Darlehen zu ermöglichen. Mit Durchsetzung des kommunalen Sparkassenwesens[933] (früheste kommunal getragene Institute in Hamburg 1778, Oldenburg 1786 und Kiel 1796) durch die Gemeinde- und Agrarreformen entstehen sodann in allen Staaten Deutschlands[934] Sparkassen, die nunmehr dem eigentlichen Sparkassengedanken der Notprävention durch sukzessive freiwillige Einlagen verhaftet waren.[935] Durch die Bildung eines kleinen Geldvermögens sollten nach dem `Hilfscharakter` des Sparkassengedankens die Daseinsvorsorge für Krankheit, Arbeitslosigkeit und Alter sowie die Eingliederung in die Gesellschaft und sozialer Aufstieg ermöglicht werden.[936] Die Kreditvergabe an Bedürftige spielte dabei eine geringere Rolle, vor allem bei Landkrediten[937], vielmehr standen – soweit überhaupt Kredite vergeben wurden – Staats- und Gemeindekredite im Vordergrund.
Gleichwohl wurde der ländliche Kleinkredit nicht von vornherein ausgeschlossen. Aber auch die Sparkassen sahen sich im eigenen Bestandsinteresse trotz ihres zunächst vorherrschenden Grundgedankens bei der Kreditgewährung dazu veranlaßt, wegen des häufigen Mangels sicherer Bürgen beim Personalkredit den Realkredit vorzuziehen, und zwar nur unter Heranziehung sehr sicherer Hypotheken.[938] Die damit verbundene Problematik für den Kleinbauern wurde bereits behandelt.
Mitunter hatte die geringe Kreditvergabe der Sparkassen aber auch einen weiteren, äußerst simplen Grund. Bargeld war in der ersten Hälfte des 19. Jahrhunderts Mangelware und die Sparkassen waren wie alle anderen Institute auch auf die sehr reglementierte Geldausgabe des Staates angewiesen. Der ersatzweisen Ausgabe von Darlehenskassenscheinen standen zumeist gleichsam strenge gesetzliche Auflagen entgegen. Das Statistische Reichsamt verweist in einer späteren Analyse auf diese

---

932 a.a.O., S. 29f.
933 Vgl. Wysocki, Sparkassen, S. 35f.
934 Bis 1830 entstehen in Preußen 80 Sparkassen, in Bayern 32, in Sachsen 7, in Württemberg 6, in Baden 4, in Thüringen 8, in Hessen 5 und in anderen Ländern 12, vgl. Pohl, Bankengeschichte, S. 31; Wysocki, Sparkassen, S. 35.
935 Vgl. Aereboe, Agrarpolitik, S. 523; Wysocki, Sparkassen, S. 29f; Lippik, Sparkassenwesen, S. 60.
936 Wysocki, Sparkassen, S. 31; Lippik, Sparkassenwesen, S. 60f.
937 Vgl. Wysocki, Sparkassen, S. 60.
938 Lippik, Sparkassenwesen, S. 63.

Problematik, vornehmlich bei den ländlichen Sparkassen.[939] Die vorhandenen Spareinlagen in den Kassen waren dabei oftmals zu gering, weiteres bares Geld zudem für die Kassen auf dem Land schwer zu erhalten. Kredite scheiterten aus diesen Gründen nicht selten am Mangel regulärer Zahlungsmittel[940], so daß die Befriedigung des kleinbäuerlichen Kapitalbedürfnisses auch im Bereich des unterstützenden Sparkassenwesens nur in sehr geringem Maße erfolgte.

eee) Genossenschaftliche Selbsthilfe

Obgleich der Bereich der genossenschaftlichen Selbsthilfe erst in der zweiten Hälfte des 19. Jahrhunderts die Bedeutung erlangt, die es ihr ermöglicht, die schlimmsten mittelbaren und unmittelbaren Folgen des unbefriedigten ländlichen Kleinkapitalbedarfs zu lindern, so soll doch an dieser Stelle aufgrund des engen Bezuges zur charakteristischen Kreditnot der ersten Periode eine Erläuterung erfolgen.

Auf Initiative ihres Mitbegründers *Friedrich Wilhelm Raiffeisen* – neben Raiffeisen ist im Rahmen der Entstehung des Genossenschaftswesens vor allem *Hermann Schulze-Delitzsch* für den städtischen Bereich der Kleingewerbetreibenden und Handwerker zu nennen[941] - bewirkt das ländliche Genossenschaftswesen im Verlauf der zweiten Hälfte des 19. Jahrhunderts die zweckmäßigste und ausgiebigste institutionelle Kredithilfe auf dem Land: *„Die in vielen Gegenden auffallend zunehmende Verarmung der ländlichen Bevölkerung erheischt kräftige Abhülfe. Erfahrungsmäßig ist dazu zweierlei nöthig: Geld und die Kenntnisse, solches möglichst nutzbar anzuwenden. Die nöthigen Kenntnisse werden erlangt durch zweckentsprechenden Unterricht; das erforderliche Geld kann nur durch Vereine beschafft werden. Die hier vorgeschlagenen Vereine gründen sich auf die unbedingteste Selbsthülfe. Letztere bewirkt die Entfaltung, sowie die möglichst ausgedehnteste Anwendung und Nutzbarmachung der Kräfte der Bevölkerung."* [942]
Die Mißernte der Jahre 1847/48 veranlaßt Raiffeisen[943] zunächst, 1847 mit dem 'Weyerbuscher Brodverein' und 1849 mit dem 'Flammersfelder Hülfsverein zur Unterstützung unbemittelter Landwirte' auf dem Prinzip von Treu und Glauben basie-

---

[939] 'Der deutsche Geldumlauf vom Wiener Münzvertrag bis zum Ausbruch des Weltkrieges', Analyse des Stat. Reichsamtes *(Bestand BArchV, Akte R 3102/2546)*.
[940] Analyse des Stat. Reichsamtes, a.a.O. *(Bestand BArchV, Akte R 3102/2546)*; vgl. auch Lippik, Sparkassenwesen, S. 62.
[941] Vgl. Sombart, Volkswirtschaft, S. 186f; vgl. ebenso Pohl, Bankengeschichte, S. 35ff; Koch, Genossenschaftsgedanke, S. 79ff.
[942] Zitat Raiffeisen nach Deutscher Genossenschafts- und Raiffeisenverband e.V. (Hrsg.), S. 20; s. ebenso bei Franz, Quellen, S. 459.
[943] Friedrich Wilhelm Raiffeisen, 1818-1888; vgl. v.a. Bauer, Raiffeisengenossenschaften, S. 101ff; Koch, Genossenschaftsgedanke, insbes. S. 185ff; Schack, Deutschland, S. 12ff; Aereboe, Agrarpolitik, S. 523ff; Pohl, Bankengeschichte, S. 38ff; Arnold/Lamparter, S. 1ff.

rende Warenhilfsvereinigungen zu begründen.[944] Diese stellten in ihrem Wesen noch keine Genossenschaft dem eigentlichen Sinne nach dar, da vor allem das Prinzip der Selbsthilfe noch wenig ausgeprägt war. Die Vereine bestanden vielmehr weitgehend aus wohlhabenden `Gönnern`, mit deren Hilfs- und Verantwortungsbereitschaft die Vereine standen und fielen.[945] Die Bedürftigen selbst wurden keine Mitglieder der Vereine, sie übernahmen lediglich die Rolle der unbeteiligten Hilfsempfänger. Der 1852 von Raiffeisen noch nach diesem Grundgedanken gegründete `Heddersdorfer Wohlthätigkeitsverein` scheiterte jedoch alsbald am mangelnden Hilfswillen der dortigen Finanziers[946], was Raiffeisen zum Umdenken veranlaßte, dergestalt, *„daß derartige Vereine nur dann lebensfähig sind und bestehen können, wenn sie auf die unbedingte Selbsthilfe, d.h. nur aus solchen Personen, gebildet sind, welche der Hilfe persönlich bedürfen"*.[947]

Aufgrund dessen löste er 1864 den Wohltätigkeitsverein auf und gründete den genossenschaftlich strukturierten und auf die primäre Hilfsnotwendigkeit der Darlehen ausgerichteten `Heddersdorfer Darlehenskassen-Verein`.[948] Jeder, der ein Darlehen erhalten wollte, mußte nun selbst Mitglied des Vereins werden: *„Die direkte Hilfe ohne Gegenleistungen der Bevölkerung hat sich indessen überall als höchst nachteilig erwiesen; das persönliche Interesse ist der Kitt, welcher die Vereine der in Rede stehenden Art zusammenhalten muß."* [949] Gleichzeitig wurde die Solidarhaftung aller Mitglieder eingeführt, so daß nunmehr der Gedanke der Selbsthilfe im wesentlichen verwirklicht war.[950]

Die weitere Ausbreitung der auf dem genossenschaftlichen Prinzip aufbauenden ländlichen Darlehenskassen konnte die auftretenden katastrophalen Zustände[951] in der zweiten Hälfte des Jahrhunderts abmildern, ohne aber das gesamte Ausbeutungsunwesen auf dem Land wesentlich zurückzudrängen. Zunächst einmal wurde als offensichtlicher Fortschritt das vorhandene Landkapital dort gehalten und floß nicht in die Städte ab, so daß die Kleinbauern wieder von diesem Kapital profitieren konnten. Besonders war es aber die unbeschränkte Solidarhaftung aller Genossen, die so mittelbar auch zur persönlichen Vorsicht mahnte, da die finanziellen Verhältnisse jedes einzelnen innerhalb der Genossenschaft bekannt waren.[952] Kreditanträge mußten zudem mit Angaben über den Zweck verbunden werden, so daß nutzlose und übereilte Kapitalverwendung verringert werden konnte. Zudem wurden die Kreditgenossenschaften zu einem der wichtigsten `Erzieher` für den Bauernstand nicht nur bezüglich ihres Finanzgebarens, sondern auch hinsichtlich der Vermittlung wich-

---

[944] Koch, Genossenschaftsgedanke, S. 186ff; Schack, Deutschland, S. 13f.
[945] Koch, Genossenschaftsgedanke, S. 188.
[946] Vgl. Bauer, Raiffeisengenossenschaften, S. 105; Pohl, Bankengeschichte, S. 39f.
[947] Zitiert nach Koch, Genossenschaftsgedanke, S. 189.
[948] Vgl. Schack, Deutschland, S. 15; Bauer, Raiffeisengenossenschaften, S. 105; Pohl, Bankengeschichte, S. 40.
[949] Zitiert nach Schack, Deutschland, S. 15.
[950] Koch, Genossenschaftsgedanke, S. 190.
[951] Vgl. dazu unten B.I.3b).
[952] Aereboe, Agrarpolitik, S. 523.

tiger kaufmännischer Kenntnisse.[953] Die übergreifenden Genossenschaftsziele verdeutlichten sich vor allem in den Statuten der Vereine, wie bspw. in § 2 der Statuten des 'Westfälischen Bauernvereins' von 1871:

> *§ 2. Der Verein will die bäuerlichen Grundbesitzer zu einer Genossenschaft verbinden und in dieser*
> *a) seine Mitglieder in sittlicher, intellektueller, sozialer und materieller Hinsicht heben,*
> *b) sie zu einem kräftigen, freien und unabhängigen Bauernstamm vereinigen, welcher sich bestrebt:*
> *c) den bäuerlichen Grundbesitz zu erhalten, die Selbständigkeit seiner Mitglieder zu schützen und ihren berechtigten Ansprüchen Geltung zu verschaffen.*[954]

Was die eigentlichen Kredite anging, so lagen die Zinsen im Schnitt bei 'normalverkehrsüblichen' 5% bei Laufzeiten von 5 bis mitunter 20 Jahren. Gesichert waren die Kredite meist per Bürgschaft, wobei der Bürge häufig selbst Grundbesitz nachweisen mußte. Aber auch der direkte Realkredit wurde unter der Auflage der genossenschaftlich 'erworbenen Kreditfähigkeit' vergeben.[955]
Trotz alledem litt der genossenschaftliche Kredit unter einem ihm innewohnenden Nachteil, der wesentlich dazu beitrug, die ländlichen Verhältnisse nicht gänzlich zu stabilisieren. So positiv der Gedanke der ausschließlichen Selbsthilfe war, so sehr beschränkte er das Vermögen der genossenschaftlichen Kassen auf deren 'Einlage'. Hinzu kamen durch die einseitig ausgerichtete Klientel Stoßzeiten für dringliche Kreditanträge, namentlich vor der Ernte, was die Kassen mitunter vollkommen leerte und weitere Kreditvergabe unmöglich machte.[956]
Dennoch führten die ländlichen Darlehenskassen Raiffeisen'scher Prägung – zumindest in der zweiten Hälfte des 19. Jahrhunderts – zu einer spürbaren Verbesserung der Kapitalsituation auf dem Land.[957] Dies wenigstens dort, wo die Gründung einer solchen Kasse dies zuließ. Im Verhältnis zum bestehenden Kreditbedarf war die Verbesserung gleichwohl eher geringen Ausmaßes; aufgrund dessen muß man ebenso attestieren, daß der Schutz vor wucherischer Ausbeutung auf dem Land auch weiterhin primär von der gesetzlichen Situation abhing, was seitens der Legislative aber aus heutiger Sicht viel zu spät erkannt wurde.

---

953 Vgl. Schack, Deutschland, S. 14; Bauer, Raiffeisengenossenschaften, S. 109.
954 Abgedruckt bei Franz, Quellen, S. 458f.
955 Bauer, Raiffeisengenossenschaften, S. 112.
956 Vgl. Aereboe, Agrarpolitik, S. 524f.
957 Vgl. Sombart, Volkswirtschaft, S. 340f.

bb) Der Privatkredit

So wie der kleine ländliche Grundbesitzer keine Befriedigung seines Kapitalbedürfnisses durch Bankenkredite erwarten konnte[958], so wenig konnte er dies vom privaten und gesetzestreuen Kapitalgeber erwarten. *Raiffeisen* merkte zur Gesamtsituation an, es sei für den kleinen Bauern bei den Banken *„sehr schwer, den nötigen Kredit zu erhalten"*, geradezu unmöglich sei es aber im privaten Verkehr[959], was bezüglich der in dieser Phase bestehenden Verhältnisse noch fast untertrieben erscheint.
Im wesentlichen war der Bauer jedoch auf den privaten Kredit angewiesen. Der ländliche Kleinkredit war auf dem Bankensektor so gut wie nicht zu erlangen, spezielle bäuerliche Kreditinstitute waren, wie dargelegt, praktisch nicht vorhanden. Vereinzelt wurden sog. staatliche `Hülfskassen` primär zur Ablösung der bestehenden Reallasten gegründet[960], die gleichwohl nur einen äußerst kleinen Beitrag zur Kreditversorgung der kleinen Landwirte leisteten. Das private Geldhandelsgewerbe, im zeitgenössischen Sinne verstanden als *„Handlungen, welche hauptsächlich mit Gelde, umlaufenden Papieren und Wechseln Geschäfte treiben"* [961], war vor diesem Hintergrund umso wichtiger. Indes hatte der Bauer von privaten Darlehensgebern, deren legitimes Ziel persönlicher Anlagegewinn war, keinerlei Kapitalien zu erwarten; die Folge dessen war eine nahezu überall auf dem Land bestehende *„allgemeine Creditlosigkeit"*.[962] Die Gründe lagen auch hier wiederum im Mangel ausreichender Kreditsicherungsmittel und der nicht vorhandenen Kreditvergabebereitschaft der Anleger aufgrund viel zu geringer Ertragserwartungen[963]; weder der Personal- noch der Realkredit war für den Bauern auf dem Wege des für ihn wichtigen Privatkapitalverkehrs zu erhalten.
Die große Kreditnot der Landwirtschaft war es, welche die in dieser Periode bestehende verfehlte Gesetzestechnik des stipulierten Zinsfußes offen und unmittelbar zu Tage treten ließ, denn die Beschränkung des rechtmäßigen Zinsfußes auf ein äußerst geringes Maß war unzweifelhaft der Ausgangspunkt allen diesbezüglichen Übels. Es waren die Spielregeln der neuen und freieren Wirtschaft, die es zur Regel machten, daß der reale Verkehrszinsfuß die Höhe annahm, die nach den Gesetzen die maximal rechtmäßige war.[964] Umfaßt wurden bei dem sich sodann nach dem Gesetz richtenden allgemein üblichen Darlehenszins auch solche Kreditverhältnisse, bei denen der Gläubiger aufgrund äußerst sicherer Kreditsicherungsmittel keinerlei Risiken eingehen mußte. Wenn für ein unter solchen Umständen vergebenes Kapital ein legaler Zinsfuß von (meist) 5% angenommen wurde, *„so konnte man doch den Ka-*

---

[958] Vgl. Braun/Wirth, S. 89.
[959] `Raiffeisen über Entstehung und Aufgaben der Darlehenskassenvereine aus dem Jahr 1866`, abgedruckt bei Franz, Quellen, S. 459 (462f).
[960] Vgl. Blömer, Agrarkredit Westfalen, S. 11f.
[961] Zitiert nach Blömer, Agrarkredit Westfalen, S. 12.
[962] Braun/Wirth, S. 208.
[963] Buchholz, Zinsgesetzgebung, S. 1761 (1762); Berndt, Wucher-Gesetze, S. 55.
[964] Berndt, Wucher-Gesetze, S. 54.

pitalisten nicht zumuthen, daß sie Kapital, für welches keine solche (...) Sicherheit geboten werden kann, auch nur um den legalen Zinsfuß von 5% ausleihen; denn sie hatten dann ja keine Prämie für den Verlust solchen Kapitals".[965] Diese bereits angesprochene fehlende Möglichkeit der Gefahrvergütung durch eine Assekuranz- oder Risikoprämie zugunsten des Gläubigers war das unumwundene Manko der Zinsgesetze der ersten Periode. Der Ausgleich für den potentiell kompletten oder teilweisen Verlust des dargeliehenen Kapitals wurde von den Zinsgesetzen schlichtweg nicht erfaßt.[966] Die Konsequenz dessen war, daß sich gesetzestreue Anleger anderweitige, weit sicherere Wege zur gewinnbringenden Geldanlage als das risikobehaftete Bauerndarlehen eröffneten.[967] *Albert Berndt* schreibt 1857 dazu:

> *„Der redliche, das Gesetz achtende Capitalist wird also unter diesen Umständen der Darlehensgeschäfte sich lieber ganz enthalten, sein Geld entweder unbenutzt liegen lassen oder aber, der größeren Unbequemlichkeit ungeachtet, es im Auslande anlegen oder zu unproductiver und schon deshalb dem allgemeinen Besten nicht heilsamer Börsenspeculation verwenden, weil ihm die letzteren beiden Wege mehr Aussicht auf Gewinn bieten."* [968]

Die zwangsläufige Konsequenz war, daß – darauf wird noch einzugehen sein – der nicht von der an Recht und Gesetz orientierten Kapitalanlage abgedeckte Teil der kapitalsuchenden Landbevölkerung in die Hände derjenigen fiel, die sich diesen Mißstand zu Nutze machten und bereit waren, die Gesetze zu übertreten.[969] Die zunächst unmittelbar aus den Zinstaxen resultierende Folge war jedoch der nahezu gänzliche Ausschluß der Landwirtschaft vom Kapital- und Kreditverkehr.[970]

Die Kreditsicherungsmittel, die der Bauer zur Erlangung des notwendigen Darlehens anbieten konnte, boten dem Gläubiger in der Tat nur unzureichende Sicherheit. Das Irrationale an den Wuchergesetzen war, daß sie nicht nur den legitimen Risikoausgleichsanspruch des Gläubigers verhinderten, sondern auch die Bereitschaft des Schuldners zur freiwilligen Abgabe einer Sicherheitsprämie übergingen und diese Möglichkeit von vornherein ausschlossen.[971] Von besonderer Notwendigkeit wäre dies umso mehr in denjenigen Fällen gewesen, in denen eine hypothekarische Sicherheitsleistung nicht (mehr) zu erbringen war. In den Motiven zum preußischen Gesetzentwurf betreffend die Aufhebung der Beschränkungen des vertragsmäßigen Zinssatzes des Jahres 1860[972] unter dem Justizminister *Simons* heißt es:

---

[965] Braun/Wirth, S. 86.
[966] Berndt, Wucher-Gesetze, S. 54; Braun/Wirth, S. 92.
[967] Vgl. Braun/Wirth, S. 207.
[968] Berndt, Wucher-Gesetze, S. 55.
[969] Vgl. Braun/Wirth, S. 209.
[970] Vgl. Goldschmidt, Verhandlungen 6. DJT, Band I, S. 227 (242).
[971] Vgl. Braun/Wirth, S. 90; vgl. ebenso Goldschmidt, Verhandlungen 6. DJT, Band I, S. 227 (236).
[972] 'Entwurf. Gesetz betreffend die Aufhebung der Beschränkungen des vertragsmäßigen Zinssatzes. Beglaubigt durch den Justiz-Minister Simons' (1860) *(Bestand GStA PK (Berlin, Preußen)/Akte I. HA. Rep. 84a Nr. 5719) (fol. 6ff).*

„Die Wuchergesetze, - indem sie dem Darlehenssucher verbieten, den Mangel einer genügenden Sicherstellung des Kapitals durch Zahlung eines höheren Zinssatzes auszugleichen, schwächen den Personal-Credit, dessen (...) die Landwirthschaft, die Gewerbe aller Art zu ihrem Gedeihen bedürfen, in bedenklichem Grade. – Der kleine Handwerker, (...), der Landwirth, welcher ein mit Hypotheken bereits stark belastetes Gut besitzt, können (...) keinen höheren Zins anbieten (...). Dem Darleiher wird also diejenige Versicherungsprämie, welche er für die beim Mangel einer Hülfssicherheit ihn treffende Gefahr des Kapital-Verlustes außer den gewöhnlichen Zinsen (der Vergütung für den Gebrauch des Kapitals) mit Recht beansprucht, vom Gesetze versagt..." [973]

Im Hinblick auf den hier primär angedeuteten Personalkredit war der Bauer das Opfer seiner eigenen ökonomisch mißlichen Situation und der seines Standes. Die zunehmend dramatische Verarmung der Landbevölkerung schmälerte auch die persönliche Kreditwürdigkeit des einzelnen Landwirtes erheblich. Die unter dem Verfassernamen '*Graf Pinto*' (vermutlich handelt es sich hierbei um ein Pseudonym[974]) 1851 in Berlin erschienene Schrift 'Ueber den Wucher'[975] sah den Bauern in einem Kreislauf, aus dem es keinerlei Entrinnen gab. Derjenige, *„welcher einem Anderen* (aufgrund des Kontextes ist hier vom einfachen Landkredit auszugehen, Anm. des Verf.) *persönlichen Credit giebt"*, müsse in seinem ureigensten Interesse darauf achten, *„daß sein Schuldner bestehe und vorwärts komme, weil darauf seine Sicherheit beruht"*.[976] Der Bauernstand aber sei nicht in der Lage, diese Sicherheit vorzuweisen, im Gegenteil dazu könne er dies mit jedem Tag der ins Land zöge weniger.[977]
Der notwendig nur standesgleiche Bürge bedeutete für den Bauern aus der Sicht des Kapitalgebers auch keine Sicherheit, sondern eher eine Kumulation der Gefahr, Armut und Kreditunwürdigkeit[978], zumal, wie *Lilienthal* darlegt, nicht selten erschwerend hinzutrat, daß *„der Bauer erfahrungsgemäß keineswegs ein pünktlicher Zinszahler"* war.[979] Ebensowenig wurde die private Anlagebereitschaft durch hypothekarische Sicherheiten angefacht. *Goldschmidt* merkt insoweit an, daß gerade *„der Landwirth zu dem gesetzlichen Zinsfuße nur für ganz sichere Hypotheken Kapitalien"* [980] erhalte, wobei 'ausreichende Sicherheit' und 'bäuerliche Hypothek' bei potentiellen Darlehensgebern zumeist als Paradoxon empfunden wurde. Das Hypothekendarlehen

---

[973] a.a.O. *(Bestand GStA PK (Berlin, Preußen)/Akte I. HA. Rep. 84a Nr. 5719) (fol. 8)*; vgl. auch Braun/Wirth, S. 92f.
[974] Auch Bark nimmt in seiner Arbeit auf diese Schrift weitergehenden Bezug und geht zu Recht mit einiger Wahrscheinlichkeit von einem anonymen Traktat aus. Bark rekurriert bei seiner Vermutung auf die zu der Ausgabezeit der Schrift beliebten historischen Anspielungen der anonymen Verfasser bei der Namensgebung. In Frage kommt als Vorbild *Isaac Pinto* (1715-1787), ein holländischer Großkaufmann und Börsenspekulant, Verfasser des 1771 in Amsterdam erschienenen „Traité de la Circulation et du Crédit".
[975] 'Ueber den Wucher, Schrift des Grafen Pinto', Berlin 1851 *(Bestand GStA PK (Berlin, Preußen)/Akte I. HA. Rep. 84a Nr. 5717) (fol. 70)*.
[976] a.a.O. *(Bestand GStA PK (Berlin, Preußen)/Akte I. HA. Rep. 84a Nr. 5717) (fol.70)*.
[977] a.a.O. *(fol. 70)*.
[978] Vgl. Lilienthal, Wucher auf dem Lande, S. 157 (193ff).
[979] Lilienthal, Wucher auf dem Lande, S. 157 (194); vgl. auch Kahn, Zinsfuß, S. 15.

war zwar eine an sich recht beständige Größe im Kapitalverkehr des 19. Jahrhunderts, doch galt dies für die kleineren bäuerlichen Betriebe nur mit Einschränkungen. *Devaranne* beschäftigt sich in seinem 1860 erschienenen Traktat[981] unter anderem mit der Frage, wodurch sich sichere und unsichere Hypotheken für den Kapitalverkehr unterscheiden lassen:

> *„Theoretisch sind sichere Hypotheken diejenigen, welche eine vollständige Realsicherheit dadurch bieten, daß die Zinsen derselben, im Betrage der höchsten landesüblichen Zinsen, aus den Erträgen des Gutes, nach Abzug der Wirthschaftskosten, Abgaben u.s.w., gezahlt zu werden vermögen. Unsichere Hypotheken sind diejenigen, deren Zinszahlungen nicht von jenen Erträgen des Gutes allein, sondern auch von dem Ertrage der Arbeit des Besitzers entrichtet werden."* [982]

Diese Definition der Unterscheidung beim Sicherheitsfaktor der Hypotheken spiegelt im wesentlichen auch die Einstellung des Kapitalanlageverkehrs wider. Nur größere Güter waren in der Lage, sich finanziell selbst zu tragen und entsprechend zinsbefreienden Ertrag zu erwirtschaften. Der kleine Landwirt war tagtäglich auf die gänzliche Ausnutzung seines geringen Grundbestandes und seiner Arbeit angewiesen, wobei das karge Ziel in der notwendigen Existenzsicherung der Familie lag, so daß in der Analyse der Anleger ein Hypothekendarlehen auf ein solches Gut per se unsicherer Natur sein mußte. Hinzu trat hier die stete Gefahr eines außerordentlichen Wertverlustes des Bodens durch das Einsetzen ökonomischer und agrarspezifischer Krisen, Kriege und Revolutionen[983] (*„jede vorübergehende Productionskrisis, jede Fluctuation im Preise des Grundeigenthums wird tausende von Opfern fordern"* [984]). Die immer bedeutender werdende ausländische Konkurrenz auf dem Agrarsektor und der Einfluß ihrer Importwaren drückte zusätzlich den Wert des ländlichen Grundeigentums.[985]

Auch die nicht selten bereits bestehende hypothekarische Überschuldung der kleinbäuerlichen Grundeigentümer[986] verhinderte die Vergabe weiterer Hypothekendarlehen durch den seriösen und am gesetzlichen Zinsfuß orientierten Privatkreditverkehr. Ein Vergleich von Bodenwert und Schuldenlast verdeutlicht die Dimensionen. Unter Einbeziehung von größeren, kleineren und kleinsten Gütern in 6 exemplarischen preußischen Kreisen (Königsberg, Marienwerder, Bromberg, Köslin, Frankfurt/Oder, Oppeln) ergibt sich für das Jahr 1837 ein Wert dieses Grundeigentums in Höhe von 6.895.772 Talern. Die darauf liegende Schuldenlast liegt dagegen bei 5.498.284 Ta-

---

980 Goldschmidt, Verhandlungen 6. DJT, Band I, S. 227 (241).

981 'Beitrag zur Frage: Wie weit läßt sich die Aufhebung der Wuchergesetze rechtfertigen? Mit besonderer Rücksicht auf Preußen', Schrift von Devaranne, Breslau 1860 *(Bestand GStA PK (Berlin, Preußen)/Akte I. HA. Rep. 84a Nr. 5719) (fol. 74ff).*

982 a.a.O., S. 17 *(Bestand GStA PK (Berlin, Preußen)/Akte I. HA. Rep. 84a Nr. 5719) (fol. 75).*

983 Vgl. Kahn, Zinsfuß, S. 35f; vgl. ebenso Braun/Wirth, S. 90.

984 Braun/Wirth, S. 208; ähnlich auch Goldschmidt, Verhandlungen 6. DJT, Band I, S. 227 (233).

985 Vgl. Abel, Agrarkrisen, S. 208f; Kahn, Zinsfuß, S. 36.

986 Vgl. Weißmann, Wucher-Frage, S. 15; Abel, Agrarkrisen, S. 255ff; Bülow-Cummerow, S. 16ff.

lern ![987] Hintergrund der Belastungen für die kleinbäuerlichen Betriebe waren zum Teil noch bestehende Ablösungsverbindlichkeiten der Agrarreformen sowie die damit in Verbindung stehenden notwendigen Aufnahmen des Grundbetriebskapitals.[988] Häufig resultierten diese Schulden aber auch von Kreditaufnahmen, welche die weitere Konsequenz der bestehenden Kreditnot bildete, was bedeutete, daß der Bauer unweigerlich zur Befriedigung seines Kapitalbedürfnisses auf unseriöse Kapitalanbieter zurückgreifen mußte und somit den Wucherern anheim fiel. Auf diese Umstände wird indes noch einzugehen sein.

Im Rahmen des sich zunehmend ausweitenden freien Handels- und Kapitalverkehrs erscheint es mithin nicht verwunderlich, daß die privaten Kapitalgeber anderweitige Anlagen vorzogen; sei dies aus Sicherheitserwägungen oder aus dem legitimen Wunsch heraus, mit der Anlage einen möglichst großen Gewinn zu erzielen.
Solide Alternativanlagen waren vor allem die sicheren Staatsobligationen, Aktienkäufe, oder die Darlehensvergabe durch Ausgabescheinerwerb an Eisenbahnen, Banken und Industriegesellschaften.[989] Neben dem ständigen wirtschaftlichen Fortschritt jener Anlageobjekte, genossen diese auch die für den Anleger vorteilhafteste Unterstützung durch die Staatsregierungen, so bspw. durch die staatlich legitimierte Emission von Aktien und Banknoten und offizieller, bürgschaftsähnlicher Staatsgarantien hinsichtlich ihres Fortwirkens auf dem Markt.[990] Aber auch das einfache städtische Hypothekendarlehen fand aufgrund der häufig wenig belasteten Objekte als sichere Anlage durchaus Verbreitung.
Hohe Gewinne waren dagegen primär in Spekulativgeschäften mit Aktien zu erreichen, deren Risiko zudem aufgrund der vor allem für Kapitalunternehmen wie Banken gewährten staatlichen Unterstützung äußerst gering war:

> *„Kürzlich waren die Wiener Bankaktien auf eine unvernünftige Weise gesunken. Der Volkswirth und Politiker konnte mit mathematischer Gewißheit voraussehen, daß sie in 4-6 Wochen wieder bedeutend steigen würden. Es waren in Zeit von höchstens zwei Monaten 10% zu verdienen, was auf das ganze Jahr gerechnet 60% ausmacht. Wer genug Kapital oder Credit hatte, konnte damals mit Ankauf von Bankaktien ein glänzendes Geschäft machen."* [991]

Auch die Investitionen in ausländische Anlagen wie bspw. in holländische Staatsfonds versprach attraktive Renditen bei hohen Sicherheitsstandards[992], oder man bediente sich der gesetzlich höher stipulierten Zinssätze anderer Staaten.[993] *Karl*

---

[987] Zahlen nach Abel, Agrarkrisen, S. 256.
[988] Vgl. Bülow-Cummerow, S. 16.
[989] Kahn, Zinsfuß, S. 14, 40; vgl. auch Goldschmidt, Verhandlungen 6. DJT, Band I, S. 227 (242).
[990] Vgl. Berndt, Wucher-Gesetze, S. 66f.
[991] Braun/Wirth, S. 92.
[992] Vgl. Kahn, Zinsfuß, S. 39.
[993] Berndt, Wucher-Gesetze, S. 66; Goldschmidt, Verhandlungen 6. DJT, Band I, S. 227 (237f).

Braun und *Max Wirth* sprechen in diesem Zusammenhang von der nahezu unglaublichen Summe von 250 Millionen Talern, die als Anlagen bis zum Jahr 1850 allein nach *„Amerika"* gewandert sein sollen.[994] Man bedenke, daß dies die doppelte Summe der in der Krisenphase der Jahre 1809/10 so hohen preußischen Staatsschuld[995] von ca. 130 Millionen Talern bedeutet! Investiert wurde in die auch dort sehr lukrativen und sicheren Eisenbahnaktien zu 6%iger und höherer Verzinsung[996] oder streute in anderweitigen Anlagen, die auf dem in den Staaten der USA noch sehr hoch angesetzten gesetzlich festgelegten Zinsfuß basierten (Georgia und Michigan 7%, Alabama, Missisippi, Ohio bis 8%, Kalifornien, Iowa, Illinois bis 10% und in Wisconsin und Texas bis 12%[997]).

Die Betrachtung dieser Hintergründe läßt die ausgesprochen nachteiligen Wirkungen der Zinsgesetze dieser Periode für den ländlichen Kleinkredit durch Privatanleger offenbar werden. Die auftretende Kreditnot, unmittelbar hervorgerufen durch mangelnden Banken- als auch mangelnden Privatkredit, mußte die unausweichliche Konsequenz aus gesetzlicher Situation und steigendem Kapitalbedürfnis im Rahmen des freieren Wirtschaftsverkehrs bedeuten. Gleichwohl wurde die existenziell gefährlichste Situation für den Bauernstand erst mit der aus der Kreditlosigkeit resultierenden Folge erreicht.

b) \`Segensreicher\` Wucherkredit

Die vornehmlich auf der gesetzlichen Situation beruhende Kreditnot des Bauernstandes in der ersten Periode des 19. Jahrhunderts führte in ihrer weiteren Konsequenz zu weitgehender Verarmung der Landbevölkerung.
Grund hierfür war weniger die Kreditlosigkeit als solche, denn der Bauer war auch ohne das zusätzliche, zur neuartigen Marktkonkurrenz befähigende Kapital in der – wenn auch äußerst bescheidenen – Lage, die eigene karge Selbstversorgung weitgehend aufrechtzuerhalten. Gleichwohl führte der entstandene ökonomische Druck der allgemeinen Freiheit und der damit verbundene finanzielle Aspekt auch zum Bedürfnis, die Regeln der neuen Märkte zu nutzen, Profite zu erwirtschaften und am apostrophierten Wohlstandsfluß zu partizipieren.[998] In ihrer mittelbaren Folge verhinderten die bestehenden Gesetze und ihr stipulierter Zinsfuß die Kapitalaufnahme von

---

994 Braun/Wirth, S. 87.
995 Vgl. dazu oben B.I.1..
996 Braun/Wirth, S. 91.
997 Goldschmidt, Verhandlungen 6. DJT, Band I, S. 227 (248f).
998 Vgl. Berndt, Wucher-Gesetze, S. 73.

seriösen und gesetzestreuen Kapitalanbietern[999]; der sich nunmehr öffnende liberale und grenzübergreifende Kapitalmarkt und die noch am restriktiven mittelalterlichen Handelsverkehr orientierten Zinsvorgaben bildeten dabei ein anachronistisches Verhältnis: *„Es kommt hierbei in Betracht, daß Kapitalisten, welche ihr Kapital nutzbarer, als zum gesetzlich erlaubten Zinssatze anlegen wollen, sich bei großen Anlehnsgeschäften und Unternehmungen betheiligen, die, jener Beschränkung nicht unterworfen* (Bezug genommen wird hier auf den für den Handelsverkehr zinsbefreienden Artikel 292 ADHGB[1000], Anm. des Verf.), *höhere Zinsen oder Dividende versprechen; und daß die Kapitalien somit mehr als wünschenswerth dem gewöhnlichen bürgerlichen Verkehr entzogen werden, oft zum Nachtheile Derer, welche für ein gutes Unternehmen Ergänzung des Grundkapitals oder des Betriebskapitals suchen, und höhere, als die gesetzlich gebilligten Zinsen zu zahlen bereit sind. So viel lehrt die Erfahrung, daß das fragliche alte Gesetz den beabsichtigten Zweck nicht erfüllt, (...), den freien Geldverkehr hemmt, und folglich das Gleichgewicht zwischen Nachfrage und Angebot stört."* [1001]

Der Bauer war insoweit darauf angewiesen, wollte er sein zunehmend steigendes Kapitalbedürfnis befriedigen, notwendige Kredite von solchen Darlehensgebern zu beziehen, die bereit waren, das finanzielle Risiko eines solchen Kredits in Kauf zu nehmen.[1002] Dieser Umstand trieb die Bauernschaft in dieser Periode massenhaft in die Arme der hierzu bereitwilligen Wucherer, die sich die Kapital- und Existenznöte auf dem Land zunutze machten.[1003] Die Inkaufnahme der Risiken solcher Kreditvergaben ließen sich die Wucherer durch übermäßige und ausbeuterische Risikoprämien vergüten, was bedeutete, daß die Krediterlangung für den Bauern nur im Wege eines Kreditvertrages unter Mißachtung der Gesetze möglich war.[1004] Die Übertretung des Gesetzes als solche ließen sich jene Kapitalgeber zudem vergüten, was den Darlehenszins für den Bauern innerhalb dieses rechtsfreien Raumes in schwindelerregende Höhen schießen ließ. *Karl Braun* und *Max Wirth* schreiben 1856 in ihrer bedeutenden Schrift `Die Zins-Wucher-Gesetze` dazu:

> *„Im zweiten Fall aber, im Fall der Uebertretung des Gesetzes, wird der Zins noch höher, als er ohne die Existenz dieses Gesetzes gewesen sein würde.*

---

[999] So auch die `Motive zu dem Entwurf eines Gesetzes, betreffend die Aufhebung der Beschränkungen des vertragsmäßigen Zinssatzes. Beglaubigt durch den Justiz-Minister Simons` (1860), S. 6 *(Bestand GStA PK (Berlin, Preußen)/Akte I. HA. Rep. 84a Nr. 5719) (fol. 7).*

[1000] Vgl. unten B.II.3..

[1001] `Beilage Nr. 166 zum 24. Protokoll der zweiten Kammer der Stände des Großherzogthums Darmstadt vom 16. Mai 1867. Motive zu dem Gesetzentwurfe die Höhe des Zinssatzes bei Darlehen und die Strafbarkeit des Wuchers betr.`, S. 1, 2 *(Bestand StaatsArchV Darmstadt (Hess)/Akte G 21A Konv. 1680/1-3).*

[1002] Vgl. `Motive zu dem Entwurf eines Gesetzes, betreffend die Aufhebung der Beschränkungen des vertragsmäßigen Zinssatzes. Beglaubigt durch den Justiz-Minister Simons` (1860), S. 7 *(Bestand GStA PK (Berlin, Preußen)/Akte I. HA. Rep. 84a Nr. 5719) (fol. 8).*

[1003] Vgl. `Ueber den Wucher, Schrift des Grafen Pinto`, Berlin 1851, S. 19f *(Bestand GStA PK (Berlin, Preußen)/Akte I. HA. Rep. 84a Nr. 5717) (fol. 70)*; preuß. Motive (1860), S. 7 *(Bestand GStA PK (Berlin, Preußen)/Akte I. HA. Rep. 84a Nr. 5719) (fol. 8)*; von Stein, Der Wucher und sein Recht, S. 23f.

[1004] Vgl. Braun/Wirth, S. 86ff.

Denn zu dem nach dem Verhältniß von Angebot und Nachfrage üblichen Gewinn, zu der Prämie für die größere oder geringere Gefahr, welcher das Kapital ausgesetzt ist, kommt noch eine Prämie für die Gefahr, welcher der Geldverleiher sich aussetzt, indem er das Wuchergesetz übertritt. Es kommt dazu noch die Belohnung für eine Menge von Mittelspersonen, welche bei einem Wuchergeschäfte in der Regel unentbehrlich sind, um den darleihenden Kapitalisten den Blicken des Publikums zu entziehen, eine Belohnung, welche oft den Gewinn des Kapitalisten selbst übersteigt. (...) Es kommt noch dazu, daß nur wenige Menschen geneigt sind, ein gegebenes Gesetz zu übertreten und der Strafe desselben sich auszusetzen. Das Geschäft des Ausleihens von Kapitalien, (...), geräth daher in die Hände von gewissenlosen, unedlen Menschen, welche allerdings die Noth ihrer Mitmenschen mißbrauchen und oft einen übertriebenen Zins einziehen. Solche Menschen sind in der That Wucherer; allein Niemand hat sie geschaffen, als das Gesetz selbst, welches alle ehrsamen Leute von dem Geschäft des Geldverleihens verscheuchte.“ [1005]

Teilte man diesen Text, so könnte man die erste Hälfte in ihrer sachlichen Problemherleitung und entsprechender ökonomischer Bestandteilsanalyse der ausbeuterischen Zinsen vornehmlich dem Nationalökonomen Max Wirth zurechnen. Zweifelsohne – und dies wurde bereits mehrfach betont – beförderten die Wuchergesetze den Wucher in exemplarischer Kontraproduktivität[1006], indem sie, wie *Goldschmidt* es ausdrückt, *„objektiv den Zinsfuß steigern, subjektiv den Kreis der Darlehensgeber beschränken“* [1007], und zwar auf diejenigen Kapitalgeber, denen sowohl die Gesetze als auch die Not der Menschen gleichgültig war.[1008] Müßte man die dabei dem Kleinbauern abverlangten wucherischen Zinssätze in ihren Bestandteilen einer rationalen ökonomisch-juristischen Begründung unterziehen, so läßt die logische Konsequenz aus den Umständen der Kreditnot und ihrer Entstehung sehr wohl solche Beurteilungen zu. Neben dem festgesetzten Zinsgrundsatz von (meist) 5% kommt nach dieser Art von Analyse die zinserhöhende Assekuranzprämie[1009], eine Prämie für freiwillige strafrechtlich relevante Handlungen, eine Prämie für solche Personen, die das rechtswidrige Geschäft unterstützen und befördern, eine Risikoprämie für die Gefahr der zivilrechtlichen Ungültigkeit des Geschäfts[1010], eine Prämie für die potentielle Verhinderung der weiteren 'Berufsausübung' und anderweitige Prämien, die sich ein findiger Kopf als akademische Begründung ausdenken kann. Ähnlich auch die Feststellungen in den Motiven zum preußischen Gesetzentwurf betreffend die Aufhebung

---

1005 Braun/Wirth, S. 87f; ähnlich auch Goldschmidt, Verhandlungen 6. DJT, Band I, S. 227 (240).

1006 So auch die geäußerte Ansicht in 'Motive zu dem Entwurfe eines Gesetzes, betreffend die Aufhebung der Beschränkungen des vertragsmäßigen Zinsatzes. Beglaubigt durch den Justiz-Minister Simons' (1860), S. 6 *(Bestand GStA PK (Berlin, Preußen)/Akte I. HA. Rep. 84a Nr. 5719) (fol. 7).*

1007 Goldschmidt, Verhandlungen 6. DJT, Band I, S. 227 (240).

1008 Vgl. auch 'Ueber den Wucher, Schrift des Grafen Pinto', Berlin 1851, S. 5f *(Bestand GStA PK (Berlin, Preußen)/Akte I. HA. Rep. 84a Nr. 5717) (fol. 70).*

1009 Vgl. dazu von Stein, Der Wucher und sein Recht, S. 18f; 'Vortrag des Abgeordneten Stenglein im I. Ausschusse der Kammer der Abgeordneten, den Antrag des Abgeordneten Streit und Genossen: 'Die Aufhebung der civilrechtlichen Beschränkungen des Zinsfußes betr.'' v. 09.03.1867, Beilage LII. zu den Stenogr. Ber. der Verh. der Kammer der Abg., S. 340 *(Bestand HptStaatsArchV München (Bay)/Akte MJu Nr. 12647).*

1010 Goldschmidt, Verhandlungen 6. DJT, Band I, S. 227 (243).

der Beschränkungen des vertragsmäßigen Zinssatzes des Jahres 1860[1011], nach denen in jedem durch Wucherer beliebig abgenommenen Zinssatz eine Vergütung *„nicht bloß für die Gefahr des Kapital-Verlustes, sondern auch für die ihnen drohende Entehrung“* [1012] zu finden sei. Bezüglich dieser These sei jedoch die (wohl rhetorische) Frage gestattet, ob neben allgemein moralischer Bedenken hinsichtlich eines solchen Erklärungsversuchs auch aufgrund rationaler Überlegung in der Ausbeutung auf der einen Seite und der Gefahr der erst `drohenden` Entehrung des Wucherers andererseits nicht ein Widerspruch besteht.

Bestätigt wurden derartige Analysen auch durch eigene Aussagen der Wucherer hinsichtlich ihrer grundlegenden Motivation. In einem Gnadengesuch an das Königlich Württembergische Innenministerium vom 06. Juli 1844 bittet der wegen Zinswuchers zu einer Strafe von 59 Gulden verurteilte *Johann Christoph Kümerle* um Erlaß derselben, da diesen die persönlich finanziell schlechte Lage dazu getrieben habe, einen Vermögensausgleich durch höhere Zinseinnahmen zu erreichen.[1013] Hinsichtlich der Beweggründe heißt es in dem Gesuch: *„Die Strafe fällt mir bei geringem Vermögen um so härter, als ich bei Eingehung des Darleihens nur geringe Sicherheit empfing; (...), der schon mit solchen Anweisen (aufs Gehalt, also andere Gläubiger) behaftet war, mir gar keine Sicherung gewähren konnte; zudem auch der Schuldner freiwillig mir den höheren Zins versprach.“* [1014]

Zweifellos wurden einige Wucherer von (noch legitimen) risikosichernden Motiven bei der ausbeuterischen Darlehensvergabe bestimmt und Zinssätze von 10% lassen einen solchen Rückschluß leichter zu, als solche in Höhe von 50% und mehr. Gleichsam bildeten aber Konditionen des ersteren Falles die Minderheit; wer einmal das Gesetz in dieser Hinsicht übertrat, der nutzte dies auch so weit wie möglich aus und riskierte selten eine Verurteilung wegen einer lediglich 4-5%igen Erhöhung des Darlehenszinses. Ebenso muß bezüglich der Gesetzesübertreter, deren vermeintliche Motivation lediglich die Risikosicherung war, die Frage erlaubt sein, warum sich diese Kapitalgeber überhaupt erst dieser Gefahr aussetzten und nicht von vornherein in die bereits beschriebenen, weit sichereren Anlagemöglichkeiten zu gleichsam höheren als den üblichen Renditen investierten. Nächstenliebe und karitative Beweggründe zur Linderung der ländlichen Kreditnot spielten hier gewiß keine Rolle. Insofern erscheint es auch durchaus einleuchtend, dem Großteil der Wucherer schlichtweg die bloße Habgier zur Herausschlagung aller möglichen finanziellen Vorteile zu unterstellen, was auch wohl durch die häufig horrend ausbedungenen Zinssätze zu 50% und mehr bestätigt wird. Dies führt sodann zu dem zweiten Teil der obigen Analyse von Karl Braun und Max Wirth, daß nämlich jene *„gewissenlosen, unedlen Men-*

[1011] Vgl. zur Titelbezeichnung der Motive Fn. 1006 *(Bestand GStA PK (Berlin, Preußen)/Akte I. HA. Rep. 84a Nr. 5719) (fol. 6ff).*

[1012] Motive, a.a.O., S. 7 *(Bestand GStA PK (Berlin, Preußen)/Akte I. HA. Rep. 84a Nr. 5719) (fol. 8).*

[1013] `Gnadengesuch des Johann Christoph Kümerle an das Ministerium des Innern v. 6. Juli 1844` *(Bestand HptStaatsArchV Stuttgart (B-W)/Büschel E 146 Nr. 6437).*

[1014] Bestand a.a.O.

schen" in ihrem wucherischen Treiben die Not ihrer Mitmenschen bewußt und bis aufs Letzte mißbrauchten. Das `Aussaugen` aller erreichbaren geldwerten Vorteile war dabei das primäre Ziel der Wucherer bei ihrer Darlehensvergabe, was auch der `Verfasser des Traktats des Grafen Pinto`[1015] umschreibend erschließt: *„Leider erreicht durch den Wucher jetzt bei uns eine große Zahl von Leuten jenes Ziel, und verbreitet Noth und Demoralisation durch die ganze Bevölkerung. Der Dieb nimmt was er findet; - der Wucherer begnügt sich damit nicht. Er sucht den Unglücklichen, dem er nichts mehr nehmen kann, zu seinem Sclaven zu machen."* [1016] In mittelbarem Bezug auf das vermeintliche Sicherheitsstreben des Wucherers, resp. der damit verbundenen Assekuranzprämie, heißt es zudem: *„Es liegt eine große Gefahr im Borgen auf Pfand. Denn während der, welcher einem Anderen persönlichen Credit giebt, nicht allein wünschen, sondern sogar dahin streben muß, daß sein Schuldner bestehe und vorwärts komme, - weil darauf seine Sicherheit beruht, entrückt das Borgen (...) der Aufmerksamkeit und dem Interesse des Gläubigers. Doch nicht allein darin liegt die Gefahr, das Leihen (...) reizt auch die Habgier (...) nach dem Besitze des Pfandes selbst, und führt ihn darauf hin, zu versuchen, es behalten zu können."* [1017]

Vor diesem Hintergrund muß wohl durch jene Habgier und die sich durch die gesetzliche und landkreditspezifische Lage ergebenden Umstände die vorrangige Motivation der Wucherer in der eigenen maximal möglichen Bereicherung zu sehen sein, wenn auch nicht ausschließlich, so doch überwiegend.[1018] Wie sonst sollte man nach der rationalen Zinsbestandteilsanalyse einen von Goldschmidt beschriebenen, in Frankreich ausbedungenen Darlehenszinssatz von 1800% p.a. (!)[1019] erklären? Zöge man den auch in Frankreich seit dem Code Napoléon von 1807 gesetzlich geltenden 5%igen Grundzinssatz ab, müßte man die restlichen 1795% Darlehenszins zu einem Gutteil auf die so häufig zitierte – wenngleich aufgrund der Gesetzesübertretung einmütig als inakzeptabel erklärte – Risikoprämie aufteilen. Überließe man dieser so wichtigen Prämie nur (fiktive) 1/5 der restlichen 1795% bei der Analyse, so hieße dies, daß sich der Wucherer das bestehende Kapitalrisiko durch einen zusätzlichen 359%igen Darlehenszins vergüten ließ. Wie wollte man diesen Umstand erklären, wenn nicht durch bloße Habgier und Gewinnstreben um jeden Preis unter rücksichtsloser Ausnutzung der ländlichen Armut. *Weißmann* bezeichnet insofern diese, nach seiner Ansicht übertrieben gehandhabte akademische Sezierung der Wucherkonditionen, als *„Vulgärökonomik"*, *„die Lehre vom natürlichen Zins und der Risikoprämie (...)"* sei *„nur eine doktrinäre Umkleidung jenes gefahrdrohenden, unnatürlichen und im Darlehensvertrage stabilisierten Wirthschaftszustandes"*.[1020]

[1015] Vgl. zum vermeintlich anonymen Verfasser oben Fn. 974.

[1016] `Ueber den Wucher, Schrift des Grafen Pinto`, Berlin 1851, S. 5 *(Bestand GStA PK (Berlin, Preußen)/Akte I. HA. Rep. 84a Nr. 5717) (fol. 70).*

[1017] a.a.O., S. 17 *(Bestand GStA PK (Berlin, Preußen)/Akte I. HA. Rep. 84a Nr. 5717) (fol. 70).*

[1018] Vgl. Merckel, Zins-Wucher, S. 5; vgl. auch Weißmann, Wucher-Frage, S. 25f.

[1019] Goldschmidt, Verhandlungen 6. DJT, Band I, S. 227 (236).

[1020] Weißmann, Wucher-Frage, S. 26.

Im Endeffekt läßt sich wohl hinsichtlich dieser gesamten Umstände festhalten, daß der kleine Landmann unbedingt auf den unseriösen, unter Umgehung der bestehenden Gesetzeslage gewährten Kredit angewiesen war.[1021] Vor dem Hintergrund der bestehenden Kreditnot in dieser Phase des 19. Jahrhunderts läßt sich mit einigem Zynismus von einem 'segensreichen' Wucherkredit sprechen, 'der allein aufgrund seiner Präsenz der Kreditlosigkeit entgegentrat'. Eine These, die im übrigen in der Phase zur Mitte des Jahrhunderts und dem sich zunehmend verstärkenden Dogma des radikalen ökonomischen Liberalismus nicht gar so abwegig erschien. Die Opfer der Ausbeutung und ihre Verhältnisse wurden danach zur unvermeidlichen Nebenerscheinung des 'natürlichen Ökonomieprinzips', was der abgedruckte Vortrag des Abgeordneten Stenglein im ersten Ausschuß der bayerischen Kammer der Abgeordneten vom 09. März 1867[1022] verdeutlicht:

> *„Der Wucher liegt aber sogar gewissermassen in der Natur der Sache. Die Mildthätigkeit, welche darin liegt, in Noth befindlichen, also unbemittelten und geringe Aussicht auf ordentliche Rückzahlung bietenden Schuldnem Darlehen zu geringen Zinsen oder zinsfrei zu geben, ist keine Tugend unserer Zeit. (...) Die gerade in solchen Fällen nothwendiger Weise sehr hohe Assekuranzprämie, die Unannehmlichkeit des Geschäfts und die allgemeine – die Concurrenz beschränkende Mißgunst zieht naturgemäß einen weit höheren Zins nach sich, als für gewöhnliche, gesicherte Geschäftsdarlehen gegeben wird. Daß diejenige Classe von Leuten, welche sich mit solchen Geschäften abgibt, diese Höhe noch möglichst steigert, ist zu bedauern, aber nicht leicht zu ändern."* [1023]

Gleichwohl verbleibt der Hintergrund der Bewucherung in dieser Phase primär bei der angesprochenen Habgier der Wucherer, welche die sich diesen bietende Möglichkeit der fehlenden Konkurrenzverhältnisse ausnutzten[1024] und den *„unglücklich in Noth Gerathenen mittelst hoher Zinsen den letzten Heller"* [1025] abpreßten.

Der Grund, warum der Bauer seine Ausbeutung zuließ, liegt auf der Hand. Wer sollte einen Kredit überhaupt gewähren, wenn nicht solche Kapitalgeber, die bereit waren, die Gesetze zu umgehen. Daß bei diesen Krediten äußerst hohe Zinskonditionen ausbedungen wurden, war selbstverständlicher Teil des Geschäfts und der kleine Bauer war gerne bereit, für die schnelle 'Kapitalhilfe' zeitlich entferntere Finanzbelastungen in Kauf zu nehmen um der zunehmenden wirtschaftlichen Ohnmacht Einhalt

---

[1021] Berndt, Wucher-Gesetze, S. 67; Bauer, Raiffeisengenossenschaften, S. 141.

[1022] 'Vortrag des Abgeordneten Stenglein im I. Ausschusse der Kammer der Abgeordneten, den Antrag des Abgeordneten Streit und Genossen: 'Die Aufhebung der civilrechtlichen Beschränkungen des Zinsfußes betr.'' v. 09.03.1867, Beilage LII. zu den Stenogr. Ber. der Verh. der Kammer der Abg. *(Bestand HptStaatsArchV München (Bay)/Akte MJu Nr. 12647).*

[1023] Vortrag Stenglein, a.a.O., S. 340f *(Bestand HptStaatsArchV München (Bay)/Akte MJu Nr. 12647).*

[1024] So auch die 'Motive zu dem Entwurfe eines Gesetzes, betreffend die Aufhebung der Beschränkungen des vertragsmäßigen Zinssatzes. Beglaubigt durch den Justiz-Minister Simons' (1860), S. 11 *(Bestand GStA PK (Berlin, Preußen)/Akte I. HA. Rep. 84a Nr. 5719) (fol. 10).*

[1025] Vortrag Stenglein, a.a.O., S. 340.

gebieten zu können.[1026] Dabei spielte nicht selten auch die Gier nach dem direkt vor dem Bauern liegenden baren Geld eine Rolle; der bloße physische Zugriff reichte – lediglich eine Unterschrift hier und ein Anerkenntnis dort und schon schienen die Schrecken existenzieller Probleme viel geringer.[1027] Die persönlichen Folgen wurden hier selten richtig eingeschätzt, vielmehr regierte in solchen Situationen *„unwirthschaftlicher Leichtsinn oder Unmäßigkeit"*.[1028] Auch Unerfahrenheit mit derlei Geschäften und den sich anschließenden spezifischen Folgen sowie die Unkenntnis über die bestehende Gesetzeslage beließen die Kleinbauern häufig in der Fehleinschätzung über die Unrechtmäßigkeit und Unüblichkeit der Verträge.[1029] Man war dankbar über den \`rettenden Helfer in der Not\`, der trotz seiner eigenen finanziellen Situation bereit war, seine Unterstützung nicht zu versagen.[1030] Befand sich der Bauer erst einmal in der Wucherfalle, so gab es selten ein Entrinnen. Das meist bis zur Unkenntlichkeit verschleierte Kreditgeschäft entpuppte sich zum Zahlungstermin als zusätzliches, zu den bereits bestehenden Finanzsorgen hinzutretendes, existenzielles Problem. Die Proportionen und Konditionen waren mitunter so undurchsichtig, daß der Hilfesuchende, während er 10%igen Zins zu versprechen glaubte, im Endeffekt 30%, 40% oder noch mehr zu leisten hatte.[1031] Großzügige Hilfe wurde sodann wiederum vom identischen Darlehensgeber angeboten, oder es trat ein *„guter Freund des Gläubigers"* [1032] auf den Plan, der seinerseits in \`Empörung\` über den zuvor aufgetretenen Wucherer \`selbstlose\` Unterstützung zusagte, um wenigstens die Erstzinsschuld abdecken zu können.

Die ersten Kreditgeschäfte dienten vielfach dazu, die Geschäftsverbindung zu dem Bauern herzustellen und diesen im Anschluß in weitere Abhängigkeit zu versetzen. War der Bauer erstmal von seinen \`Gönnern\` abhängig, fiel es diesen leicht, ihn zu weiteren Darlehen oder anderweitigen Geschäften zu nötigen.[1033] Beschwerte sich dieser oder verwies er auf die gesetzlichen Folgen für den Ausbeuter, drohte ihm der Wucherer die Zwangsvollstreckung an oder belehrte ihn über seine vermeintliche Mitschuld am rechtswidrigen und unter Strafe stehenden Handeln. Die Furcht vor der Zwangsvollstreckung oder auch die Angst, vor Gericht auftreten zu müssen[1034] und selbst zu einer Strafe verurteilt zu werden, sowie letztlich auch die Scham darüber, sich mit dem Wucherer eingelassen zu haben, verhinderte die Flucht aus diesem Teufelskreis: *„... denn sie schämen sich, nicht blos weil sie ihre finanzielle Lage ge-*

[1026] Vgl. Weißmann, Wucher-Frage, S. 20.
[1027] Vgl. von Stein, Der Wucher und sein Recht, S. 167.
[1028] Von Stein, Der Wucher und sein Recht, S. 174.
[1029] Merckel, Zins-Wucher, S. 6; von Stein, Der Wucher und sein Recht, S. 179f.
[1030] Vgl. Hohendorf, S. 29f; zu den generellen psychologischen Hintergründen beim Wucherdelikt vgl. auch oben A.II.1c)bb)bbb).
[1031] Braun /Wirth, S.213.
[1032] Von Stein, Der Wucher und sein Recht, S. 177.
[1033] Bauer, Raiffeisengenossenschaften, S. 50.
[1034] Vgl. Amm, S. 129.

heim halten wollen, sondern auch, weil sie an einem ehrlosen Handel theilgenommen, mit anrüchigen Geschäftsleuten sich eingelassen haben." [1035]

Die Gesetzeslage hinderte die Wucherer nicht, ihre Kreditgeschäfte in großem Ausmaße auf dem Land zu betreiben. Im 'Bericht der XII. Reichstagskommission betreffend die eingebrachten Gesetzentwürfe' zum späteren Reichswuchergesetz von 1880[1036] heißt es im Hinblick auf diese Periode, *„daß zur Zeit der gesetzlichen Zinstaxe wucherische Ausbeutungen in großer Zahl vorgekommen sind"*.[1037] Weder zivil- noch strafrechtliche Bestimmungen hätten die in sie gesetzten Hoffnungen bezüglich der Bekämpfung der Ausbeutungen erfüllt und seien nicht *„im Stande gewesen, ihnen wirksam entgegenzutreten"*.[1038] Man muß für diese Phase sogar von einem steten Wachstum des Wucherunwesens sprechen[1039], das nicht auf bestimmte deutsche Staaten oder regionale Umstände begrenzt war. Vielmehr läßt sich nach den Berichten jener Zeit die Feststellung treffen, daß es sich bei der kreditwucherischen Ausbeutung um ein Phänomen handelte, das sowohl im Süden und Westen, als auch im Norden und Osten Deutschlands dramatische ländliche Mißstände hervorbrachte. Für das westliche preußische Staatsgebiet berichtet die 'Denkschrift zu dem Entwurf einer Verordnung, die Verhältnisse der Juden betreffend' aus dem Jahre 1847[1040] über exorbitante *„Bedrückungen des Landmannes"* durch den jüdischen Wucher[1041] in der Rheinprovinz.[1042] Leichtes Spiel habe die *„nachtheilige Einwirkung der Juden"* auch dort, wo dem ärmeren Landbauern *„die erforderliche Vorsicht"* im Geschäftsverkehr fehle, namentlich bei den Bewohnern der Mosel- und Eifelgebiete, sowie in *„den vier Paderbornschen Kreisen"*.[1043] Gleichwohl hätten – dies wird einschränkend angemerkt – *„die wohlhabenderen Dörfer sich gegen den nachtheiligen Einfluß der Juden zu sichern gewußt"*.[1044] Aber auch der sonstige Staatsbereich Preußens leide unter dem *„häufigen Vorkommens wucherlicher Geschäfte"*.[1045] Im 'Votum des Chefs des Ministeriums für die landwirthschaftlichen Angelegenheiten' an den preußischen Justizminister Simons bezüglich der in Betracht stehenden Sus-

---

[1035] So die *„Hessische Morgen Zeitung"* v. 06.03.1888, Artikel „Die Entstehung der Wuchergesetzgebung im ehemaligen Kurfürstenthum Hessen." *(Bestand BArchV, Akte R 3001/6251)*; vgl. auch Hohendorf, S. 29f.

[1036] Der Bericht ist abgedruckt in den Stenogr. Ber. RT., 4. Lp., III. Session 1880, 3. Band, Aktenstück Nr. 58, Anlage B., S. 379ff.

[1037] Stenogr. Ber. RT., a.a.O., S. 383.

[1038] Stenogr. Ber. RT., a.a.O., S. 383.

[1039] Vgl. Weißmann, Wucher-Frage, S. 82.

[1040] 'Denkschrift zu dem Entwurf einer Verordnung, die Verhältnisse der Juden betreffend. Gegeben durch den preußischen Minister der geistlichen Angelegenheiten und den preußischen Minister des Innern' (1847) *(Bestand BArchV, Akte DB 1 Nr. 181)*.

[1041] Vgl. im Hinblick auf den von Juden ausgeübten Wucher innerhalb der Originalberichte und deren Hintergründe oben B..

[1042] Vgl. Denkschrift a.a.O., S. 13 *(Bestand BArchV, Akte DB 1 Nr. 181)*.

[1043] Denkschrift a.a.O., S. 13, 14 *(Bestand BArchV, Akte DB 1 Nr. 181)*.

[1044] Denkschrift a.a.O., S. 14 *(Bestand BArchV, Akte DB 1 Nr. 181)*.

[1045] 'Motive zu dem Entwurfe eines Gesetzes, betreffend die Aufhebung der Beschränkungen des vertragsmäßigen Zinssatzes. Beglaubigt durch den Justiz-Minister Simons' (1860), S. 6 *(Bestand GStA PK (Berlin, Preußen)/Akte I. HA. Rep. 84a Nr. 5719) (fol. 7)*.

pendierung der Zinsgesetze vom 17. Juni 1856[1046] wird von einem prinzipiellen Problem Preußens gesprochen. Die Kalamität sei auch weiterhin nach mehr als fünfzig Jahren des Jahrhunderts, daß die Bauern, um überhaupt Kredit erlangen zu können, weit überhöhte wucherische Zinsen zahlen müßten, um nicht ganz der wirtschaftlichen Katastrophe anheim zu fallen.[1047]
Ähnliche Stimmen kommen auch aus den mitteldeutschen Staaten. Sowohl im Großherzogtum Hessen, wo sogar der *„offene Wucher im Geldumlauf"* überhand nehme[1048], als auch aus Nassau und dem Kurfürstentum Hessen finden sich derartige Verweise. So klagt für den letzteren Fall das Kurhessische Finanz- sowie das Innenministerium in einem gemeinsamen Schreiben vom 12. Juli 1848 gegenüber dem Justizministerium betreffend notwendiger Verfügungen auf diesem Gebiet über eine immer größer werdende Anzahl von Wucherfällen im Staate.[1049] Bezug genommen wird innerhalb des Schreibens auf einen bereits am 15. Juni des Jahres versandten Bericht an den Kurhessischen Landtag und einer entsprechend eingerichteten Kommission, innerhalb dessen die dramatische und immer größer werdende Anzahl von verarmten Landgemeinden festgestellt wird.[1050]
Der deutsche Süden ist von der Ausbeutung nicht minder betroffen. Aus Bayern wird die Problematik ebenso bestätigt[1051] wie auch aus dem Königreich Württemberg mit dort landesweit auftretenden Verarmungen. Erhalten sind diesbezüglich im Hauptstaatsarchiv Stuttgart an das Königliche Innenministerium gerichtete Vermerke über häufigen regionalen Zinswucher bspw. durch das Oberamt Tettnang für den Donaukreis, der `Königlichen Regierung für den Schwarz-Wald-Kreis` für Tübingen und Umgebung und `Protokollauszüge des Königlichen Geheimen Raths` für Vaihingen und Wangen.[1052]
Was Österreich betrifft, so bemüht sich *Carl Chorinsky* in seiner 1877 erschienenen Schrift `Der Wucher in Oesterreich` die Ausbreitung des Wuchertreibens für diese Periode anhand gerichtlich-statistischer Erhebungen darzustellen. Chorinsky liefert hier österreichweite Daten für die Jahre 1819 bis 1849[1053], die in ihrer Gesamtsumme

---

[1046] `Votum des Chefs des Ministeriums für die landwirthschaftlichen Angelegenheiten (ad. No. 4578. I. Ang.). Seiner Excellenz dem Königlichen Geheimen Staats- und Justizminister Herrn Simons vorzulegen` v. 17.06.1856 (Berlin) *(Bestand GStA PK (Berlin, Preußen)/Akte I. HA. Rep. 84a Nr. 5717) (fol. 91f).*
[1047] a.a.O. *(Bestand GStA PK (Berlin, Preußen)/Akte I. HA. Rep. 84a Nr. 5717) (fol. 92).*
[1048] `Schreiben des Vorstands des Lokalgewerbevereins zu Worms an den Präsidenten des Gewerbevereins Eckhardt In Darmstadt vom 30. Dezember 1865 betreffs die Aufhebung der Wuchergesetze` *(Bestand StaatsArchV Darmstadt (Hess)/Akte G 21A Konv. 1680/1-3).*
[1049] `Schreiben Finanz-Ministerium und Ministerium des Innern an das Kurhessische Justiz-Ministerium, Kassel, 12. Juli 1848` *(Bestand StaatsArchV Marburg (Hess)/Akte Best. 250 Nr. 459).*
[1050] Auszug des Berichts v. 15.06.1848 im *Bestand StaatsArchV Marburg (Hess)/Akte Best. 250 Nr. 459.*
[1051] Vgl. `Vortrag des Abgeordneten Stenglein im I. Ausschusse der Kammer der Abgeordneten, den Antrag des Abgeordneten Streit und Genossen: `Die Aufhebung der civilrechtlichen Bechränkungen des Zinsfußes betr.`` v. 09.03.1867, Beilage LII. zu den Stenogr. Ber. der Verh. der Kammer der Abg., S. 340f *(Bestand HptStaatsArchV München (Bay)/Akte MJu Nr. 12647).*
[1052] *Bestand HptStaatsArchV Stuttgart (B-W)/Büschel E 146 Nr. 6437.*
[1053] Chorinsky, S. 32f.

für diese Zeitspanne 17.509 Aburteilungen ergeben. Gleichwohl merkt Chorinsky diesbezüglich an: *„Diese aus den statistischen Tabellen getreu ausgezogene Uebersicht ist der einzige Anhaltspunkt zur Beurtheilung der Anzahl der Wucherfälle in Oesterreich für die Zeitperiode 1819 bis 1849. Wir nehmen keinen Augenblick Anstand, diese Zusammenstellung als durchaus mangelhaft und lückenhaft hinzustellen".*[1054] Die gewiß sorgsam durchgeführte Recherche Chorinskys soll an dieser Stelle in keinster Weise angezweifelt oder gar kritisiert werden. Jedoch muß Chorinsky bezüglich der 'Lückenhaftigkeit' insoweit Recht gegeben werden, als daß die Statistik nur die gerichtlich registrierten Wucherfälle erfaßt. Die tatsächlich bestehende und nicht judikativ belangte Bewucherung wird nicht erfaßt. Zumal man ja, wie bereits oben erörtert wurde, um die schon zur Zeit des 'Josefinischen Patents' vom 29. Januar 1787[1055] bestehende Ausbeutungsproblematik vor allem in Galizien[1056], der Hochburg österreichischer Landbewucherung, weiß.[1057] Vor diesem Hintergrund und der allgemein zu dieser Zeit in Mitteleuropa auftretenden Tendenz wird man die österreichischen Verhältnisse wie die sonstigen Bewucherungsprobleme der übrigen deutschen Staaten charakterisieren müssen.

Aufgrund der Bedeutung dieser sittlich-gesellschaftlichen, ökonomischen und juristischen Schwierigkeit des 19. Jahrhunderts finden sich auch heute immer wieder Verweise oder Berichte zu den mit diesen Verhältnissen verbundenen Einzelschicksalen. *Walter Arnold* und *Fritz Lamparter* berichten von einem Fall, der sich zur Zeit des Flammersfelder Bürgermeisters Friedrich Wilhelm Raiffeisen abgespielt haben soll, bei dem ein Kleinbauer ein Darlehen in Form unmittelbar übergebenen Leihviehs (als Kapitalsurrogat) bei seinem Gläubiger aufnahm:

> *„Unter den Hammer kam am 25. März 1849 der Bauernhof in Reiferscheid Nr. 7, zur Gesamtgemeinde Flammersfeld im Westerwald gehörend. Die öffentliche Versteigerung war damit beendet. Der Hof von Karl und Johanna Orfgen mit fünf Kindern ging mit allen Grundstücken, dem Vieh, den Fahrnissen, der Pflanzung sowie mit allem Zubehör, welches niet- und nagelfest im Haus angebracht war, für 62 Taler in den Besitz des Händlers August Putfarken über. Er wäre 1000 Taler wert gewesen.*
> *Frau und Kinder weinten und fielen Putfarken zu Füßen: „Laß uns hier wohnen bleiben, verjag uns nicht!" Putfarken winkte zum Tisch hinüber, der vor dem Anwesen stand und wo der Polizeidiener dem Gerichtsbeamten half, Akten und Hammer einzupacken. „Helfen Sie mir doch, das Volk belästigt mich", rief Putfarken.*
> *Der Bauer war noch wie gelähmt. Er hatte das alles ja seit einiger Zeit kommen sehen, und der Versteigerungstermin war fristgerecht festgesetzt wor-*

[1054] Chorinsky, S. 33.
[1055] Vgl. Hedemann, S. 13; Griesinger, S. 15f; Hübner, § 86, S. 541; Betz, S. 4.
[1056] Vgl. auch den späteren 'Bericht des Ausschusses über die Regierungsvorlage, betreffend Abhilfe wider unredliche Vorgänge bei Creditgeschäften in Galizien und Krakau', Nr. 649 der Beilagen zu den Stenogr. Prot. des österr. Abgeordnetenhauses, VIII. Session *(Bestand BArchV, Akte R 3001/6259).*
[1057] Vgl. dazu bereits oben A.II.2a)cc); vgl. ebenso unten B.III.1a).

den. Seit er vor vier Jahren Leihvieh vom Händler in den Stall genommen hatte, kam er immer mehr in Schulden und war zuletzt Putfarken total ausgeliefert. Durch die Mißernten und die schlimme Hungersnot in den letzten Jahren wurden alle Reserven aufgezehrt. Der Wucherer hatte just den für ihn günstigsten Termin zur Versteigerung gewählt. (...) Bei Orfgen fing das Unglück damit an, daß der gerissene Viehhändler ihn zu einem scheinbar günstigen Handel überredete. Er stellte ihm leihweise eine Kuh in den Stall und ließ sich als Pfand ein Rind vom Bestand des Bauern überschreiben. Der Händler setzte Zinsen und Tilgung für die nichtbezahlte Kuh so hoch an, daß Orfgen sie nie erwirtschaften konnte. Ja, es kam sogar so weit, daß Orfgen zuletzt die Milch von der eigenen Kuh an Putfarken zahlen mußte. Putfarken wurde allmählich zum unerbittlichen Gläubiger.“ [1058]

Auch in den Archiven finden sich vereinzelte Originalberichte, Verweise oder stichwortartige Registraturen der Gerichte oder anderer aufzeichnender administrativer Stellen.[1059] So werden in einem internen Vermerk des Hofgerichts Gießen die Verfahren wegen Zinswuchers vom 24. Januar 1814 gegen den Hofagenten *Susel Nathan Bing* aus Hanau und vom 28. Oktober 1811 gegen den Handelsjuden *Seligmann Salomon Garde* aus Friedberg erwähnt.[1060] Weitergehende und ausreichende Informationen, die eine Berichterstattung über die genaueren Umstände der Bewucherung rechtfertigen könnten, werden hier nicht geliefert. Ein ebenso kurzer Vermerk findet sich in einem Bericht des württembergischen Justizministers an den Minister des Inneren, nach dem die wegen Zinswuchers verhängte Strafe ob ihrer exorbitanten Höhe von 825 Gulden gegen den Wucherer *Nathan Vegginger* aus Stuttgart einer besonderen Erwähnung bedürfe. Selbiger wurde wegen mehrfacher wucherischer Darlehensvergaben an die Landbevölkerung von durchschnittlich 25% Zins verurteilt.[1061] Die ebenso in Stuttgart im Jahre 1830 erfolgte Verurteilung der Witwe *Mayer-Hausmeister* verdient unten gesonderte Beachtung.

Einer weiteren Erwähnung bedürfen diverse Gnadengesuche verurteilter Zinswucherer an das Herzoglich-Nassauische Staatsministerium.[1062] Mit Schreiben vom 14. Juli 1848 bittet der verurteilte Zinswucherer *Josef Adamy* aus Hadamar um Erlaß seiner Strafe in unbekannter Höhe.[1063] Dieser hatte ein Darlehen zu dem gesetzlich vorgeschriebenen Zinssatz von 5% vergeben, jedoch mit dem Darlehensschuldner eine zusätzliche Provisionsforderung ausbedungen. In einem anderen Fall zog der verurteilte Wucherer gleich bei Aushändigung des Kapitals, wiederum unter dem Begriff der 'Provision', eine zusätzliche 5%ige Summe des Gesamtkapitals ab. Ebenso bittet

---

[1058] Arnold/Lamparter, S. 17f.

[1059] Die in den Archiven nicht gar so großzügig vorzufindenden wucherbetreffenden Originalberichte lassen keinen Rückschluß auf die Ausbreitung, Verurteilungen oder anderweitige Registratur der Wucherfälle zu. Vielmehr gilt es zu bedenken, daß die Archive unter zum Teil sehr wesentlichen Kriegsverlusten, vornehmlich solchen des 19. Jahrhunderts, leiden. Von besonderer Problematik ist dies im Hauptstaatsarchiv des Landes Niedersachsen in Hannover.

[1060] *Bestand StaatsArchV Darmstadt (Hess)/Akte G 23 E/5., 1552, 558.*

[1061] *Bestand HptStaatsArchV Stuttgart (B-W)/Büschel E 146 Nr. 6437.*

[1062] Vorhanden im *Bestand HptStaatsArchV Wiesbaden (Hess)/Akte Abt. 210 Nr. 12638 (fol. 2ff).*

[1063] a.a.O. *(fol. 2).*

der verurteilte Usinger Bürger *Joseph Liebmann* um Strafmilderung mit Gesuch vom 06. Januar 1841, nachdem dieser zuvor wegen Zinswuchers aufgrund eines direkt ausbedungenen 17,4%igen Zinssatzes verurteilt worden war.[1064] Der verurteilte Zinswucherer *Efraim Strauß* aus Schierstein dagegen bezog einen noch weit höheren Zins: dieser hatte sich im Jahre 1843 des Wuchers schuldig gemacht, *„indem er sich für ein dem Friedrich Gottschall auf ein Vierteljahr gegebenes Darlehen von 182 Gulden den Betrag von 200 Gulden verschreiben* (entsprechend ca. 40% Jahreszins, Anm. des Verf.) *und nach der Verfallzeit desselben sich weiter mit vier Gulden für den Monat verzinsen ließ."*[1065]

Beispielhaft verdeutlichen jene Fälle die Varianten der Wucherbegehung in dieser Periode. Zur Umgehung der bestehenden Wuchergesetze, resp. zur Absicherung gegen gerichtliche Bestrafung, bedienten sich die Wucherer sehr häufig zahlreicher vertraglicher Verschleierungsformen. Ziel war bei der Gestaltung des Vertrages meist, der über das gesetzliche bestimmte Maß hinausgehenden Zinsforderung eine \`außerdarlehensrechtliche\` Form zu geben, oder – dies seltener – das gesamte Geschäft diesem Vertragsgegenstand zu entheben, um so genereller Beachtung des zu dieser Zeit per se anrüchigen Darlehens zu entgehen.
Die skizzierten Begehungsvariationen zeigen aber ebenso auf, daß sich die Wucherer, im Glauben vermeintlicher Sicherheit durch ausgeübten Druck, solche Mühe nicht immer machten. Vielmehr wurde im Wissen um die Abhängigkeit des Opfers von vornherein ein weit überhöhter Zins vereinbart, der seitens der Darlehensnehmer zu leisten war, wollten diese auch weiterhin das notwendige Kapital beziehen.[1066] Trotz der zweifellos in dieser Form auftretenden Ausbeutung muß jedoch aufgrund der spezifischen Berichte und Analysen davon ausgegangen werden, daß es sich hierbei um eine Minderheit innerhalb des vollführten Wuchers handelte. Die variantenreichen Umgehungsgeschäfte eröffneten dem Täter dagegen neben der Möglichkeit der Verschleierung auch eine solche der rechtlichen Legitimation des Geschäfts. Eine der zweiten Periode entsprechende, äußerst liberale und kapitalgeberfreundliche Ansicht bezüglich einer fast bestehenden Notwendigkeit von Umgehungsgeschäften wird in Sachsen vertreten. In den Motiven zum \`Gesetzentwurf, die Aufhebung der Zinsbeschränkungen betreffend\` vom 21. Januar 1864[1067] heißt es:

> *„Abgesehen davon, daß der Begriff „übermäßige Zinsen" eben stets ein relativer bleibt, und sich nicht im Allgemeinen feststellen läßt, so hat auch die Erfahrung aller Zeiten bewiesen, daß Darlehenssucher, deren Verhältnisse*

[1064] a.a.O. *(fol. 14)*.
[1065] a.a.O. *(fol. 29)*; wegen einfachen Zinswuchers mit direkt zu hoch ausbedungenen Zinsen vgl. auch fol. 10 und 12.
[1066] Vgl. Merckel, Zins-Wucher, S. 5.
[1067] \`Decret an die sächsischen Stände, den Entwurf zu einem Gesetze wegen Aufhebung der Zinsbeschränkungen betreffend. Drucksache No. 36, beinhaltend Entwurf und Motive\`, S. 319ff *(Bestand HptStaatsArchV Stuttgart (B-W)/Büschel E 302 Nr. 874)*.

überhaupt, oder mit Rücksicht auf ein specielles, mit fremdem Gelde zu unternehmendes Geschäft, den Capitalinhabern keine hinlängliche Sicherheit bieten, und die also naturgemäß neben dem Aequivalente für die Benutzung des gesuchten Capitals noch eine Prämie zu Ausgleichung der dem Darleiher in dem möglichen Verluste des Capitals drohenden Gefahr zahlen müssen – durch alle Verbote, eine gewisse Zinshöhe zu überschreiten, dennoch nicht wohlfeilern Credit erlangen. Vielmehr werden die Capitalinhaber durch letztere nur von Darlehensgeschäften der fraglichen Art abgeschreckt oder zur Eingehung von Scheingeschäften verleitet...“ [1068]

Übersehen wird hier die dem Scheingeschäft zumeist zugrundeliegende Motivation des Gesetzesübertreters. Es war weniger der sichernde Ausgleich für das Kapitalrisiko, der mittels derartiger Geschäfte verschleiert wurde. Vielmehr war es die Möglichkeit für den Wucherer, das eigentliche Darlehen auf rechtlich sicheren Boden zu stellen und die dem Geschäft anhaftende ausbeutende Bedingung der Rechtswidrigkeit zu entziehen.
Die beliebteste Ausgestaltung solcher Scheingeschäfte war das neben dem Darlehen vollzogene Kaufgeschäft, bei dem der eigentliche Kaufpreis um die Summe der das gesetzliche Maß übersteigenden Zinsen erweitert wurde. Auf die Häufigkeit dieser Umgehungsgeschäfte und der damit einhergehenden Schwachstelle der Wuchergesetze bezieht sich auch der Verfasser des Traktats des Grafen Pinto: *„In Folge der irrigen Auffassung überwacht die Wuchergesetzgebung die Kaufgeschäfte weniger als die Darlehnsgeschäfte, und deshalb schließen die Wucherer längst ihre Darlehnsgeschäfte nur noch als Kaufgeschäfte ab. Sie wissen aber hierbei dafür zu sorgen, daß sie nicht überführt werden können, die Form des Kaufgeschäfts blos zur Verdeckung des beabsichtigten und verbotenen Wuchers gewählt zu haben.“* [1069]
Ein derartiger, vor einem Nassauischen Gericht am 05. Juli 1842 verhandelter Fall findet sich in Auszügen in den Akten des Herzoglich-Nassauischen Staatsministeriums.[1070] Der hiernach wegen Zinswuchers verurteilte *Moses Wolf* aus Langenschwalbach besaß gegen den Obergladbacher Bürger *Anton Klee* eine Forderung von 93 Gulden und 22 Kreuzern aus Schuldbekenntnis und Zahlungsversprechen inklusive der obligatorischen 5%igen Verzinsung. Das zur Verurteilung führende Scheingeschäft war ein in diesem Zusammenhang durchgeführter Viehverkauf, bei dem der Schuldner dem Gläubiger des Darlehens drei Rinder zum Preis von 99 Gulden verkaufen, diese aber sodann sofort wieder zum Preis von 115 Gulden und 30 Kreuzern zurückkaufen mußte. Auf diesem Wege des schon zur Zeit des kanonischen Zinsverbotes bekannten 'Kaufs mit Wiederkauf' floß dem Zinswucherer ein zusätzlicher, aufs Jahr bezogener Zinsbetrag von 16 Gulden 30 Kreuzer zu, was bezüglich der Darlehenssumme, bei schon im Schuldbekenntnis eingerechneter 5%iger Verzinsung, einen zusätzlichen Zins von ca. 18,4% bedeutet. Der für das Darlehen

---

[1068] a.a.O., S. 322 *(Bestand HptStaatsArchV Stuttgart (B-W)/Büschel E 302 Nr. 874).*
[1069] 'Ueber den Wucher, Schrift des Grafen Pinto', Berlin 1851, S. 6 *(Bestand GStA PK (Berlin, Preußen)/Akte I. HA. Rep. 84a Nr. 5717) (fol. 70).*

zugrundegelegte Gesamtpreis belief sich somit in diesem Fall auf einen ca. 23,4%igen Jahreszins.
Über einen ähnlichen Fall berichtet das Königlich Württembergische Innenministerium in einem internen Schreiben unter Bezugnahme auf Berichte des Königlichen Appellationsgerichtshofes.[1071] Nach diesem besaß die Stuttgarter Witwe *Mayer-Hausmeister* im Jahre 1830 eine Darlehensforderung in Höhe von 300 Gulden. Bei der diese begründenden Kapitalübergabe kam es zu einem zusätzlich durchgeführten Kaufvertragsabschluß, bei dem – dem Bericht zufolge – eine wertlose Kette zum Preis von 110 Gulden an den Schuldner veräußert wurde. Nähere Angaben zum Wert der Kette werden innerhalb des Schriftstückes nicht gemacht. In Anbetracht des als gering eingeschätzten Wertes der Kette liegt man wohl nicht gänzlich falsch, wenn man hier einen zusätzlichen, durch Umgehungsgeschäft erreichten Zinssatz von ca. 30% annimmt.
Ein anderes Beispiel für derlei Umgehungen durch Kauf war folgender: A benötigt Kapital i.H.v. 300 Talern und wendet sich an D. Dieser vergibt dem A kein Darlehen, sondern verkauft diesem auf Kredit eine beliebige Ware zu dem weit überhöhten Preis von bspw. 500 Talern. A verkauft die Ware noch am gleichen Tag an den E, einen 'Freund' des D, für die Summe von 300 Talern. Um den benötigten Betrag von 300 Talern zu erlangen, ist A folglich eine Schuld von 500 Talern eingegangen.[1072]
Derartige Umgehungen der Zinsgesetze durch angeschlossene Kaufverträge waren in dieser Periode äußerst häufig vorzufinden; selbst im kaufmännischen Bereich waren solche Transaktionen an der Tagesordnung, was der 'Volkswirthschaftliche Verein zu Frankfurt/M.' 1862 zu bestätigen weiß: *„Die im Handel und der Industrie umlaufenden Kapitalien sind zwar auch den Zinsgesetzen unterworfen, allein sie finden doch tausenderlei Mittel und Wege sich ihrer Herrschaft zu entziehen. Ein Kaufmann, der Kredit braucht um Einkäufe zu machen, darf nicht Geld zu 8 oder 10% leihen, um Zug für Zug zahlen zu können; das verbieten ihm die Gesetze; dafür bezahlt er die Waare 15-20% höher, weil er einer längeren Zahlungsfrist bedarf.“* [1073]
Der Einfallsreichtum zur Umgehung der Zins-Wucher-Gesetze war insgesamt sehr groß und die Durchführung zudem nicht sonderlich kompliziert. Dem Wucherer standen in nahezu jeder Situation vielfach erprobte Ausweichgestaltungen zur Verfügung, die auch den Kurhessischen Vicekanzler *Löbell* 1859 zur resignativen Feststellung bewog: *„Ueberhaupt ist es wohl ein vergebliches Bemühen, die Schleichwege zu verschließen, auf welchen der Wucherer sich der strafenden Gerechtigkeit zu entzie-*

[1070] *Bestand HptStaatsArchV Wiesbaden (Hess)/Akte Abt. 210 Nr. 12638 (fol. 16).*
[1071] *Bestand HptStaatsArchV Stuttgart (B-W)/Büschel E 146 Nr. 6437.*
[1072] Vgl. Braun/Wirth, S. 194; vgl. weitere Beispiele bei Merckel, Zins-Wucher, S. 9ff; ebenso Bauer, Raiffeisengenossenschaften, S. 46f.
[1073] 'Des Volkswirthschaftlichen Vereins zu Frankfurt/M., Flugblatt No. 8, „Die gesetzlichen Zinsbeschränkungen.", zugestellt an das Rechnei- und Renten-Amt der Freien Stadt Frankfurt am Main' v. 04.03.1862 *(Bestand Inst.f.Stgesch.Ffm/Akte Rep. 799 Nr. 972).*

hen sucht.“ [1074] Neben den dem Darlehensvertrag angeschlossenen Kaufgeschäften waren auch die althergebrachten `Zusatzleistungen` von großer Häufigkeit. Begriffe wie `Zählgebühr`, `Vorabzug`, `Rabatt`, `Courtage` und vor allem die `Provision` waren beliebte und äußerst leicht umzusetzende Forderungsbegründungen für den ausbeuterischen Kapitalaufschlag.[1075] Ein typisches Beispiel war die rechtmäßige und frei aushandelbare Maklerprovision: A möchte bei D ein Darlehen aufnehmen. Letzterer geriert sich offiziell als Makler und vereinbart eine 15%ige Provision dafür, daß er einen Dritten als (offiziellen) Darlehensgeber ausfindig macht, der zu rechtmäßigen 5% verzinst. Sodann erhält A die Darlehenssumme von D unter dem Namen des `hilfreichen` Dritten zu einer insgesamt 20%igen Verzinsung.[1076]

Ein Möglichkeit zur Gesetzesumgehung durch Zession war dagegen folgende: Der Kapitalsuchende bedurfte einer Summe von 700 Talern. Von einem Dritten, einem Gehilfen des Wucherers, ließ er sich einen fingierten Schuldschein über 900 Taler ausstellen, den er sodann an den Wucherer für 700 Taler bar verkaufte. Zur Verfallszeit löste dann der Kapitalsuchende den Schuldschein beim Wucherer für 900 Taler ein oder übergab dem Dritten das Geld zum gleichen Zweck. Die Vergütung für das `Darlehen` von 700 Talern betrug für den Wucherer folglich 200 Taler.[1077]

Ähnlich auch die Konstellation, daß der Bewucherte dem Dritten einen fingierten Schuldschein ausstellte. Der Dritte trat sodann die angebliche Forderung an den Wucherer unter einer bedeutenden Reduzierung ab, die Summe erhielt jedoch der Bewucherte.[1078] Ähnliches traf für Wechselgeschäfte zu.[1079]

Sehr unkompliziert und deshalb ebenso häufig waren von vornherein gemachte falsche Angaben oder nachträgliche Manipulationen in der Schuldurkunde. Datierte man den Tag der Darlehensauszahlung zurück, fielen für diesen Zeitraum selbstverständlich auch die entsprechenden Zinsen an, die der Bewucherte zusätzlich zur eigentlichen Zins- und Tilgungssumme zu leisten hatte.[1080]

Eine besonders ungewöhnliche und dreiste Form der Umgehung der Zinsgesetze herrschte in der bayerischen Pfalz[1081] vor. Die Wucherer bedienten sich dort paradoxerweise der geltenden Gesetzeslage, um das an sich rechtswidrige Geschäft zu legitimieren. Nach Art. 7 des dort geltenden Code civil konnten die Parteien einen Rechtsstreit zunächst von einem Friedensrichter entscheiden lassen. Hintergrund der

---

1074 `Bericht des Rechtspflege-Ausschusses der ersten Kammer der Stände über den Gesetz-Entwurf, die Einführung einer Wechselordnung betreffend, erstattet von Herrn Vicekanzler Dr. Löbell, Kassel, den 1. März 1859` *(Bestand StaatsArchV Marburg (Hess)/Akte Best. 73 Nr. 1507)*; ähnlich auch in der Begründung zum Gesetzentwurf des späteren Reichswuchergesetzes v. 1880, Stenogr. Ber. RT., 4. Lp., III. Session 1880, 3. Band, Aktenstück Nr. 58, S. 374; vgl. auch Rizy, S. 227.

1075 Vgl. Berndt, Wucher-Gesetze, S. 72; Goldschmidt, Verhandlungen 6. DJT, Band I, S. 227 (232); Merckel, Zins-Wucher, S. 9; Bauer, Raiffeisengenossenschaften, S. 47.

1076 Vgl. Braun/Wirth, S. 200.

1077 Vgl. Merckel, Zins-Wucher, S. 15; Braun/Wirth, S. 198.

1078 Vgl. Merckel, Zins-Wucher, S. 16; weitere Fälle zur Umgehung durch Zession bei Braun/Wirth, S. 196ff.

1079 Vgl. dazu Braun/Wirth, S. 198f.

1080 Vgl. Bauer, Raiffeisengenossenschaften, S. 49; Merckel, Zins-Wucher, S. 19.

1081 Vgl. Merckel, Zins-Wucher, S. 6f.

Norm war die (gerade derzeit wieder sehr relevante) gesetzgeberische Absicht, das Gerichtssystem mittels dieser `Schnellverfahren` durch Zeit- und Kostenersparnis zu entlasten.[1082] Die unseriösen Kapitalgeber machten sich die oftmals nur begrenzte Erfahrung jener Friedensrichter hinsichtlich der bis zur Unkenntlichkeit verschleierten Wuchergeschäfte konsequent zu Nutze.[1083] Unter dem Vorwand eines fingierten Rechtsstreits, wie bspw. über die Ausbedingung mehrerer Zahlungsfristen, erlangten die Wucherer in solchen Fällen für das ausbeuterische Geschäft legitimierende Progationsurteile, denen die gleiche Rechtskraft wie den üblichen Urteilen mit all der diesen anhaftenden Folgerechte zukam.[1084] *„Von jener Befugniß des Art. 7 machten nun die Wucherer einen sehr häufigen Gebrauch, und erwirkten sich dadurch rechtskräftige Urtheile über ihre aus wucherischem Gewinn bestehenden Forderungen, wodurch sie zugleich das Recht zur hypothekarischen Einschreibung erlangten."*[1085] Die Folge dessen war, daß der Wucher in der bayerischen Pfalz während dieser Periode nach offiziellem Verständnis als wenig existent erachtet wurde.

Die sich dergestalt sukzessiv ausbreitende Ausbeutung führte in der ersten Hälfte des 19. Jahrhunderts zu katastrophalen Mißständen, und dies, wie die *`Hessische Morgen Zeitung`* feststellt, *„namentlich auf dem Lande"*.[1086]
In diesem Zusammenhang sei jedoch noch angemerkt, daß die sonstigen Kreditoperationen entgegen jener ländlichen Tendenz auf einem stabilen Niveau blieben. Im Verlauf der ersten Hälfte des Jahrhunderts läßt sich nach der kurzzeitigen Phase wirtschaftlicher und politischer Krisen bis 1820 sogar ein allgemein sinkender Verkehrszinsfuß für Preußen[1087] und die übrigen deutschen Staaten[1088] feststellen. Die hierfür verantwortliche Grundlage ist der eminente Bedeutungsanstieg des Kreditverkehrs, dessen positiv wirkender, konkurrenzbedingter `Orientierungsprozeß` gerade nicht die ländlichen Gebiete erfaßte. Freilich soll dies nicht bedeuten, daß es außerhalb der landwirtschaftlich geprägten Regionen keinen Wucher gegeben hätte. Auch die kleinen städtischen Handwerker mußten, um ihr, durch die Einführung der allgemeinen Gewerbefreiheit hervorgerufenes Kapitalbedürfnis befriedigen zu können, teilweise horrende Zinsleistungen erbringen. Die Bemühungen Schulze-Delitzschs verdeutlichen dies.

[1082] Merckel, Zins-Wucher, S. 7.
[1083] Merckel, Zins-Wucher, S. 6.
[1084] Merckel, Zins-Wucher, S. 6.
[1085] Merckel, Zins-Wucher, S. 6.
[1086] *„Hessische Morgen Zeitung"* v. 06.03.1888, Artikel „Die Entwicklung der Wuchergesetzgebung im ehemaligen Kurfürstenthum Hessen." *(Bestand BArchV, Akte R 3001/6251)*; für Kurhessen wird die außerordentliche Armut auf dem Land auch durch den `Bericht des Abgeordneten Pfeiffer, namens des Rechtspflege-Ausschusses, über die dermalige Lage der landständischen Geschäfts-Verhältnisse (Kassel, 29. Februar 1832)` festgestellt: *„Der Ausschusse hält diese Vorlegung* (Vorlage eines Gesetzentwurfes über die Gründung einer Kreditkasse, Anm. des Verf.) *um so mehr für dringend nothwendig, (...) bei der gegenwärtigen Verarmung des Landes." (Bestand StaatsArchV Marburg (Hess)/Akte Best. 73 Nr. 974).*
[1087] Vgl. Voye, Zinsarten, S. 21.
[1088] Vgl. Caro, S. 131.

Gleichwohl sinkt der statistische Verkehrszinsfuß im Verlauf der Periode sogar unter die gesetzlich fixierte Marke. Der durchschnittliche Bankendiskont in Preußen fällt von 1830 bis 1844 von ca. 5% auf 4%, der Marktdiskont im gleichen Zeitraum von ca. 5% auf 3,75%.[1089] Was den sicheren privaten Hypothekenkredit angeht, so ist dieser auch in dieser Phase den durchschnittlich geringsten Schwankungen und Preisen unterworfen.[1090] Auf statistischer Grundlage städtischer Hypothekenbücher aus der Zeit zwischen 1830 und 1850 fallen nach *Julius Kahn* derartige Zinssätze bis zur Hälfte – also 2½% - des gesetzlichen (privaten) Zinsmaximums, namentlich in Sachsen, Hannover, Mecklenburg, Oldenburg und Westfalen.[1091] Die exemplarischen Hypothekenbuchauszüge weisen Einschreibungen von durchschnittlich in Karlsruhe und Heidelberg 4%, Lahr und Bruchsal 4½%, Reutlingen und Stuttgart zwischen 4 und 5%, Gera, Kassel, Detmold, Schleiz und Schweinfurt 3½%, München, Passau, Nürnberg, Bayreuth, Kempten und Regensburg 4%, Bremen 3 bis 3½%, Hamburg 2,8%, Brandenburg und Vorpommern 3½ bis 4%, Danzig 5 bis 6%, Breslau 4½% und Berlin 4 bis 5% auf.[1092]

Die hier auftretenden Unterschiede waren im wesentlichen lokalen Gründen zuzuordnen, wie bspw. gesteigerter Bautätigkeit oder entsprechender gesetzlicher Grundlagen.[1093]

Unter Heranziehung derartiger Daten erscheint die ländliche Situation dagegen umso dramatischer. Die eigentlich zur Verhinderung dieses paradox anmutenden Zustandes dienenden Zins-Wucher-Gesetze erwiesen sich dabei nicht als wucherbekämpfendes und opferschützendes Element, sondern erreichten in einem Fall von klassischer Kontraproduktivität mittelbar genau das Gegenteil.

4. Die Allgemeine Deutsche Wechselordnung von 1848

Im Zusammenhang mit den dargestellten Umständen, Folgen und Hintergründen dieser Epoche ist des weiteren die Allgemeine Deutsche Wechselordnung von 1848 von Interesse.

Mit Entstehung des Deutschen Zollvereins[1094] erhielt das Bedürfnis, ein für alle deutschen Staaten geltendes Wechselrecht zu schaffen, seinen nachhaltigen Ausdruck auf den Münchener Zollvereinskonferenzen des Jahres 1836.[1095] Hintergrund war die

---

1089 Voye, Zinsarten, S. 39.
1090 Kahn, Zinsfuß, S. 13; vgl.auch Caro, S. 131.
1091 Kahn, Zinsfuß, S. 84.
1092 Kahn, Zinsfuß, S. 83ff.
1093 Vgl. Kahn, Zinsfuß, S. 83.
1094 Vgl. zum Zollverein v.a. Lütge, Deutsche Sozial- und Wirtschaftsgeschichte, S. 413ff.
1095 Vgl. Braun, Lehre vom Wechsel, S. 22ff; Grünhut, Wechselrecht, S. 254ff; Jacobi, Wechsel- und Scheckrecht, S. 10f; Lehmann, S. 95ff; Renaud, S. 10ff; Canstein, Lehrbuch des Wechselrechts, S. 44.

gerade auf dem Gebiet des Wechselrechts bestehende Zersplitterung, die hier den deutschen Partikularismus im Rechtsleben in besonderem Maße offenbar werden ließ. Nicht nur nahezu jeder Staat besaß eigene Bestimmungen für dieses Rechtsgebiet, sondern auch etliche Städte für ihren regional charakterisierten Handelsverkehr.[1096] Noch in den ersten dreißig Jahren des Jahrhunderts wurden regionale Wechselordnungen geschaffen oder bestehende Gesetze verändert, so in Weimar 1819[1097], Naumburg 1819, Anhalt-Dessau 1822, Hannover 1822[1098], Rostock 1822, Lübeck 1823 und Offenbach 1829.[1099] Bis zur Einführung der Allgemeinen Deutschen Wechselordnung bestanden auf deutschem Boden somit nicht weniger als 56 verschiedene Wechselgesetze, von denen manche wesentlich in ihren Prinzipien voneinander abwichen.[1100]

Bis zum Jahr 1846 brachten die Zollvereinskonferenzen für die Schaffung eines einheitlichen deutschen Wechselrechts keinen Durchbruch, ehe auf der 8. Generalkonferenz der Antrag auf eigene Beratungen zum Wechselrecht gestellt und bestätigt wurde.[1101] Auf Initiative Preußens ergingen durch eine \`Denkschrift vom 31. August 1847\` Einladungen an alle deutschen Staaten – folglich über die Staaten des Zollvereins hinaus – zur gemeinsamen Beratung. Die \`Leipziger Wechselkonferenz\` wurde am 20. Oktober 1847 eröffnet und endete nach 35 Sitzungen am 09. Dezember 1847 mit dem Ergebnis, einer ausgearbeiteten deutschen Wechselordnung.[1102] Die Grundlage der Beratungen bildete der preußische Gesetzentwurf zur Denkschrift vom 31. August, in der das Ziel wie folgt formuliert wird:

> *„In den zum Zollverein verbundenen Staaten wird überall schon seit längerer Zeit das Bedürfniß empfunden, das den Verhältnissen der jetzigen Zeit nicht mehr entsprechende Wechselrecht einer Revision und Umarbeitung zu unterwerfen. Je allgemeiner dies Bedürfniß sich geltend machte, desto mehr mußte der Wunsch laut werden, sich nicht darauf zu beschränken, in jedem einzelnen Staate etwas Besseres als das Bestehende promulgirt zu sehen, sondern den Versuch zu machen, ob sich nicht durch Vereinigung der bis jetzt isolirten Bestrebungen und durch gegenseitigen Austausch der verschiedenartigen Ansichten und Erfahrungen jedenfalls etwas an sich Vollkommeneres erreichen, vielleicht aber auch eine Gemeinschaftlichkeit und Gleichförmigkeit des Wechselrechts herbeiführen lasse."* [1103]

[1096] Grünhut, Wechselrecht, S. 255; Jacobi, Wechsel- und Scheckrecht, S. 10.
[1097] Vorhanden im *Bestand HptStaatsArchV Wiesbaden (Hess)/Akte Abt. 210 Nr. 11222.*
[1098] Vorhanden im *Bestand HptStaatsArchV Hannover (Nieders)/Akte Hann. Des. 26a Nr. 715 (fol. 76).*
[1099] Vgl. insges. auch Lehmann, S. 95.
[1100] Grünhut, Wechselrecht, S. 255; Jacobi, Wechsel- und Scheckrecht, S. 10.
[1101] Vgl. Braun, Lehre vom Wechsel, S. 23ff; Lehmann, S. 96; Renaud, S. 10f.
[1102] Vgl. Lehmann, S. 97; Renaud, S. 11; Jacobi, Wechsel- und Scheckrecht, S. 10; Grünhut, Wechselrecht, S. 256f; Braun, Lehre vom Wechsel, S. 26ff.
[1103] Preußische \`Denkschrift, die Berathungen über ein allgemeines Deutsches Wechselrecht betreffend\` v. 31.08.1847 *(Bestand HptStaatsArchV Hannover (Nieders)/Akte Hann. Des. 26a Nr. 715) (fol. 45).*

Im Hinblick auf die ökonomischen Hintergründe ergänzen verschiedene Schriften der Staaten die Konferenzgrundlagen. In einem `Vortrag der (Badischen) Großherzoglichen Regierungscommission zur Wechsel-Ordnung` vom Januar 1848 heißt es: *„Die engere Verbindung, in welche die Staaten des deutschen Bundes durch das Band einer gemeinsamen Zollvereinigung, den aufblühenden Verkehr und die vervielfältigten Communicationsmittel getreten sind, machen das Bedürfniß einer gleichartigen Gesetzgebung unter den einzelnen Staaten immer dringender."* [1104]
Ähnliche Stimmen sind auch aus Sachsen (*„...was die Handelswelt in richtiger Erkenntniß oder doch in richtigem Gefühl eines gemeinschaftlichen Bedürfnisses durch Gewohnheit bereits im Verkehr festgestellt hatte; und hatten die Fortschritte, welche das Wechselgeschäft praktisch erfahren, die positive Gesetzgebung längst überholt..."* [1105]) und Braunschweig[1106] zu bestätigen.
Die in Leipzig erarbeitete `Deutsche Wechselordnung` wurde in den Jahren 1848 bis 1851 in den meisten deutschen Staaten im Wege der Partikulargesetzgebung eingeführt, namentlich in Sachsen-Meiningen[1107], Nassau[1108], Preußen[1109], Braunschweig[1110], Reuß-Schleiz[1111], Baden[1112], Hamburg[1113], Frankfurt[1114], Oldenburg[1115], Hannover[1116], Sachsen[1117], Coburg-Gotha[1118], Bremen[1119], Lübeck[1120], Mecklenburg-Schwerin[1121], Mecklenburg-Strelitz[1122], Württemberg[1123], Waldeck[1124], Hessen-Darmstadt[1125], Lippe-Detmold[1126], Weimar-Eisenach[1127], Österreich[1128] und Bayern[1129].[1130] Später erfolgte diese Einführung nur in Kurhessen (1859), Holstein

---

1104 `Vortrag der Großherzoglichen Regierungscommission zur Wechsel-Ordnung, Beilage Nr. 1 zum Protokoll der 11. öffentlichen Sitzung vom 17. Januar 1848 der zweiten Kammer der Badischen Stände`, S. 165 *(Bestand HptStaatsArchV Wiesbaden (Hess)/Akte Abt. 210 Nr. 11222).*
1105 `Bericht der Königlich Sächsischen Regierung zum Wechselrecht` v. 11.08.1847 *(Bestand HptStaatsArchV Wiesbaden (Hess)/Akte Abt. 210 Nr. 11222).*
1106 `Patent die Einführung der Wechselordnung und des Wechselproceßgesetzes betreffend`, Erläuterungen hierzu (11.01.1849) *(Bestand HptStaatsArchV Wiesbaden (Hess)/Akte Abt. 210 Nr. 11222).*
1107 G.v. 22.04.1848.
1108 G.v. 25.10.1848.
1109 G.v. 06.01.1849.
1110 Pat.v. 11.01.1849.
1111 Höchste VO v. 15.01.1849.
1112 G.v. 19.02.1849.
1113 VO. v. 21.02.1849.
1114 EinführungsG.v. 10.03.1849.
1115 G.v. 31.03.1849.
1116 G.v. 07.04.1849.
1117 G.v. 25.04.1849.
1118 AusführungsG.v. 25.04.1849 für Gotha, bzw. G.v. 27.06.1849 für Coburg.
1119 VO. v. 23.04.1849.
1120 G.v. 28.04.1849.
1121 VO. v. 28.04.1849.
1122 VO. v. 28.04.1849.
1123 G.v. 06.05.1849; beachte die Besonderheit dieses Datums in bezug auf die Zinsgesetzgebung, vgl. dazu in diesem Gliederungsabschnitt unten.
1124 EinführungsG.v. 30.05.1849.
1125 G.v. 04.06.1849.
1126 Einführungs-Bestimmungen v. 05.07.1849.
1127 G.v. 13.07.1849.
1128 Kaiserliches Decret v. 25.01.1850.
1129 EinführungsG.v. 25.07.1850.

(1854), Lauenburg (1858) und Schaumburg-Lippe (1862).[1131] Auch inhaltlich wurde die Leipziger Wechselordnung in der Mehrzahl der deutschen Staaten formell unverändert als `Allgemeine Deutsche Wechselordnung` publiziert und umgesetzt; Änderungen und Ergänzungen erfolgten zumeist lediglich im Hinblick auf den, den Landesgesetzen anzupassenden Wechselprozeß.[1132]

Wesentliches Merkmal des neuen Wechselgesetzes war die in § 1 statuierte allgemeine Wechselfähigkeit, nach der jeder wechselfähig war, welcher sich auch durch Verträge verpflichten konnte.[1133] Demgegenüber hatte man in den früheren Wechselgesetzen, von dem Gesichtspunkt ausgehend, daß der Staat unkundige Bürger vor den Gefahren der Wechselverpflichtungen schützen müsse, große Reihen von Personenklassen die Fähigkeit, sich zu Wechselschuldnern zu machen, abgesprochen. Beispielhaft insoweit ist die 1819 eingeführte `Großherzoglich Sachsen-Weimar-Eisenachische Wechsel-Ordnung`, die zur Wechselfähigkeit bestimmte:

> *§ 2.*
> *In der Regel kann jeder nach Wechselrecht sich verbindlich machen und Rechte erwerben, welcher gültig Verträge schließen kann.*
>
> *§ 3.*
> *Unfähig sich nach Wechselrecht zu verbinden sind:*
> *1) Alle activen Diener der Kirche und Soldaten von Officier abwärts.*
> *Die übrigen in öffentlichen Civil- oder Militairdienst stehenden Personen sind zwar wechselfähig; wenn sie aber in Folge der von ihnen eingegangenen Wechselgeschäfte es bis zur wirklichen Vollstreckung der persönlichen Haft kommen lassen, so ist das ein rechtmäßiger Grund, sie ihres Dienstes zu entstetzen.*
> *2) Bauern und Handwerker, sofern die letztern nicht zugleich Handelsgeschäfte treiben.*
> *3) Studenten.*
> *4) Personen, die noch in väterlicher Gewalt stehen, sie hätten denn eigenes ihrer Verwaltung unterworfenes Vermögen.*
> *5) Minderjährige ohne Beitritt ihres Vormundes, sie hätten denn Volljährigkeitserklärung erlangt.*

[1130] Die Daten zur partikularrechtlichen Umsetzung der Allgemeinen Deutschen Wechselordnung nebst verschiedenartigen einzelstaatlichen Bestimmungsbesonderheiten finden sich in der `Beilage zum Vortrage des am 2. März 1854 niedergesetzten Bundestags-Ausschusses, den Artikel 2 der allgemeinen deutschen Wechselordnung betreffend.` *(Bestand HptStaatsArchV Hannover (Nieders)/Akte Hann. Des. 26a Nr. 716) (fol. 19ff)*; vgl. auch Renaud, S. 12ff; vgl. ebenso Braun, Lehre vom Wechsel, S. 30f.

[1131] Lehmann, S. 97.

[1132] Renaud, S. 15.

[1133] Vgl. Borchardt, Allgemeine Deutsche Wechselordnung, S. 2ff; Hagen, Allgemeine Deutsche Wechselordnung, S. 2ff; Braun, Lehre vom Wechsel, S. 33f; Grünhut, Lehrbuch des Wechselrechts, S. 44.

6) Weiber, ausgenommen, wenn sie selbst Kaufmannsgeschäfte auf alleinige Rechnung oder in Gesellschaft mit andern betreiben, und in Handelsgeschäften auf die eine oder die andere Art Wechselverbindlichkeiten eingegangen haben.
7) Moralische Personen.[1134]

Friedrich Weißmann umschreibt 1880 den Wechselausschluß dieser Klassen zum 'eigenen Schutze' (in mittelbarem Zusammenhang zum Reichswuchergesetz von 1880 wird in diesem Jahr, vor allem in Baden, die Frage nach Einschränkung der Wechselfähigkeit wiederum diskutiert, jedoch schnell wieder mit Rücksicht auf den weitläufigen Handelsverkehr verworfen[1135]) als Scheinheiligkeit der Gesetzgeber: *„Mit demselben Recht, mit dem man die Wechselgefahr gesetzlich verhüten will, könnte ein Gesetz gebieten, daß auf Eisenbahnen nur die korporierte Gilde, - andere Muttersöhne aber nur auf gemeinen Knüppeldämmen fahren müßten, nur damit sie auf Eisenbahnen nicht die Hälse brechen."* [1136] Mit der Allgemeinen Deutschen Wechselordnung hatte sich sodann die Erkenntnis durchgesetzt, daß der Schuldnerschutz auch zum Nachteil der Gläubiger gereiche und das es den Interessen des Handels besser entspreche, den Gläubiger vor dem 'leichtsinnigen Schuldner' als Schutzobjekt vorzuziehen.[1137]

Von Bedeutung für die Zins-Wucher-Gesetzgebung war das neue Wechselrecht durch die Zinsbestimmungen Württembergs.[1138] Württemberg hatte bereits mit dem Polizeistrafgesetzbuch vom 02. Oktober 1839 die Befugnis, höhere Zinsen als die gesetzlichen zu bedingen, von der Wechselfähigkeit abhängig gemacht. Obgleich dessen Art. 66 bestimmte, daß bei *„Anlehen"* weiterhin das 6%ige Maß des Gesetzes

---

[1134] 'Großherzoglich Sachsen-Weimar-Eisenachische Wechsel-Ordnung von 1819' *(Bestand HptStaatsArchV Wiesbaden (Hess)/Akte Abt. 210 Nr. 11222)*; inhaltlich ähnlich, nur unter positiver Auflistung der wechselfähigen Personen in § 3, die 1822 für das Königreich Hannover eingeführte Wechsel-Ordnung *(Bestand HptStaatsArchV Hannover (Nieders)/Akte Hann. Des. 26a Nr. 715) (fol. 76)*.

[1135] Vgl. zur Diskussion in Baden ein im Bundesarchiv Berlin archiviertes Schreiben an das Großherzoglich Badische Justizministerium v. 10.07.1880 *(Bestand BArchV, Akte R 3001/3286)*; vgl. auch Isopescul-Grecul, Das Wucherstrafrecht, S. 200 m.w.Verw. auf Sitzungen des RT., die Wechselfrage betreffend. In der Begründung zum (abschließenden) Gesetzentwurf zum späteren Reichswuchergesetz von 1880, vgl. Stenogr. Ber. RT., 4. Lp., III. Session 1880, 3. Band, Aktenstück Nr. 58, S. 371ff, heißt es diesbezüglich: *„Der Wechsel hat längst aufgehört, ein wesentliches kaufmännisches Kredit- und Zahlungsmittel zu sein... Die Frage der allgemeinen Wechselfähigkeit greift weit über die Zins- und Wucherfrage hinaus..."*, a.a.O., S. 373.

[1136] Weißmann, Wucher-Frage, S. 21.

[1137] Ursprünglich ging bei der Leipziger Konferenz der preußische Entwurf davon aus, die Wechselfähigkeit von der Darlehensfähigkeit abhängig zu machen. Dies wurde jedoch auf der Sitzung v. 22.10.1847 mit nur einer Gegenstimme verworfen; vgl. 'Protocolle der zur Berathung einer Allgemeinen Deutschen Wechsel-Ordnung in der Zeit vom 20sten October bis zum 9ten December 1847 in Leipzig abgehaltenen Conferenz', S. 5f *(Bestand HptStaatsArchV Wiesbaden (Hess)/Akte Abt. 210 Nr. 11222)*, ebenso vorhanden im *Bestand HptStaatsArchV Hannover (Nieders)/Akte Hann. Des. 26a Nr. 715*; die i.d.Zshg. ebenso relevanten 'Berichte der Handelsgesetzgebungskommission zu Nürnberg bezüglich einer Allgemeinen Deutschen Wechsel-Ordnung' v. 1858 sind vorhanden im *BArchV Frankfurt a.M., Akte DB 1, Nr. 495*.

[1138] Vgl. dazu auch oben B.I.1a).

vom 26. Februar 1836[1139] gelte, erweiterte Art. 75 die Bestimmungen. Nach diesem wurde statuiert, *„daß die Vorschrift eines nicht zu überschreitenden Zinsmaßes unter Anderem auf Anlehen an solche Personen keine Anwendung finden solle, welchen unbedingte Wechselfähigkeit zukomme“*.[1140] Ergebnis der Allgemeinen Deutschen Wechselordnung, resp. deren partikularrechtlicher Umsetzung in Württemberg (06. Mai 1849) war, daß, wie *Ernst Bezold* in Anlehnung an den Reichstagsabgeordneten *Dr. Braun* zitiert, *„eines schönen Morgens, ohne daß ein Mensch daran gedacht hatte, und ohne daß die württembergische Gesetzgebung irgend eine Anstrengung hatte zu machen brauchen, für alle Schwaben alle Zinsbeschränkungen plötzlich verschwunden“* [1141] waren. Jener Abgeordnete Braun kommentierte in Bezugnahme auf die partikularrechtliche Umsetzung der Wechselordnung ab 1849 in süffisanter, gleichwohl durchaus ernster Feststellung: *„...und zwar merkten sie es damals wirklich noch nicht gleich, (...), sie merkten es vielmehr erst nach Jahr und Tag“*.[1142] Was den Abgeordneten Braun zu dieser Bemerkung bewog, bzw. ob diesem nähere Informationen diesbezüglicher 'leichtfertiger' Rechtsanalysen des württembergischen Gesetzgebers vorlagen, läßt sich nicht mehr feststellen. Was dieser Bemerkung jedoch nachträglich entgegenzuhalten ist, ist eine im Hauptstaatsarchiv Stuttgart archivierte Note des württembergischen Justizministeriums an das Innenministerium 'in Betreff der durch die zu verabschiedende Wechselordnung eintretenden Abänderung der Wucher-Gesetze' vom 07. Februar 1848.[1143] In dieser Note heißt es in konkretem Bezug zur umzusetzenden allgemeinen Wechselfähigkeit: *„Da hierdurch der Kreis der wechselfähigen Personen im Vergleich mit dem bestehenden Rechte bedeutend erweitert wird, der Art. 75 des Polizeistraf-Gesetzes aber bestimmt, daß die Vorschrift eines nicht zu überschreitenden Zinsmaßes auf Anlehen an unbedingt wechselfähige Personen keine Anwendung finde; so ist von selbst klar, daß durch die Promulgation der – in ihren einzelnen Bestimmungen keiner Modifikation fähigen – allgemeinen deutschen Wechselordnung für Württemberg die bestehenden Wuchergesetze wesentlich abgeändert werden. Es wird deßhalb die Frage einer gleichbaldigen Erörterung zu unterwerfen seyn...“* [1144] Bedenkt man, daß die Note gerade zwei Monate nach Abschluß der Leipziger Konferenzen und mehr als ein Jahr vor Einführung der Wechselordnung in Württemberg verfaßt ist, so wird man keinesfalls von einem Überraschungseffekt für den württembergischen Gesetzgeber sprechen können. Vielmehr muß man annehmen, daß die entstehende Folge der allgemeinen Zinsfreiheit bewußt in Kauf genommen oder gar zielgerichtet gewollt wurde.

[1139] Vgl. zum 'Gesetz, betreffend den Bezug des sechsten Zinsguldens' oben B.I.1b).

[1140] So die Gesetzesanalyse im 'Vortrag der Civilkammer des Königl. Ober-Tribunals wegen Einführung des Bundesgesetzes vom 14. Nov. 1867' (gerichtet an das Königl. Justiz-Ministerium) *(Bestand HptStaatsArchV Stuttgart (B-W)/Büschel E 302 Nr. 874)*.

[1141] Bezold, Gesetzgebung des Deutschen Reiches, S. 21.

[1142] Zitiert bei Bezold, Gesetzgebung des Deutschen Reiches, S. 21.

[1143] 'Abschrift Note des Justizministeriums an das K. Ministerium des Innern in Betreff der durch die zu verabschiedende Wechselordnung eintretenden Abänderung der Wucher-Gesetze v. 7. Februar 1848' *(Bestand HptStaatsArchV Stuttgart (B-W)/Büschel E 302 Nr. 874)*.

[1144] Note des Justizministeriums, a.a.O.

Gleichwohl brachte dieser `Zufall` den Umstand mit sich, daß Württemberg – unabhängig von der schon seit 1809 in Baden geltenden relativen Zinsfreiheit – die zweite Gesetzgebungsperiode der `absoluten` Zinsfreiheit einleitete.
In bezug auf die Bekämpfung der Kreditnot und auch der damit verbundenen Wucherausbreitung versprach man sich von der allgemeinen Wechselfähigkeit eine sich `zusätzlich ergebende` Linderung der Probleme, vornehmlich für Handwerker und kleinere Gewerbetreibende. In einem gutachterlichen Bericht vom 04. Juli 1856 des Kommissarius des Königlichen Stadtgerichts Berlin über die Vor- und Nachteile der allgemeinen Wechselfähigkeit heißt es dazu:

> *„Die Wechsel bis zum Betrage von 50 Thalern vermitteln hauptsächlich den Geschäftsverkehr der Handwerker und kleinen Gewerbetreibenden mit Fabrikanten und Kaufleuten. Vor Einführung der Deutschen Wechsel-Ordnung war es für den Handwerker, der nur mittelst des Credits, welchen er genießt, sein Geschäft zu betreiben vermag, mit vielen Schwierigkeiten verknüpft, seinen Bedarf auf große Geschäfte zu erhalten. Der reelle Großhändler ließ sich mit ihm nicht gern in Verkehr ein, weil er keine Sicherheit in Händen hatte (...) Seitdem aber der Handwerkerstand der Wechselfähigkeit theilhaftig geworden, ist auch der Credit desselben im Wachsen begriffen. (...) Die Gewißheit, bei ausbleibender Zahlung in wenigen Tagen ihre Forderung exekutorisch betreiben zu können, veranlaßt sie , solchen Leuten Credit zu geben."* [1145]

Schon 1846 gingen auch in Nassau vielfach unterzeichnete Bittschriften bezüglich der Erweiterung der Wechselfähigkeit ein, deren Begründungen jene vorteilhafte Wirkung auf den kleinkaufmännischen Kredit umschrieben.[1146] Ähnlichen Inhalts auch die Ausführungen des Kurhessischen Vicekanzlers *Löbell* (*„Der Wechsel dient vorzugsweise dem Handelsverkehr, weil er dem Credite dient, und der Credit der Lebensnerv des Handels ist."* [1147]) und der Frankfurter Handelskammer (*„So ist die neue Allgemeine Wechsel-Ordnung durchaus begrüßenswerth, verbessert sie doch den Waaren- und Geldverkehr. Selbst der kleinste Kaufmann ist in der Lage, an jenem theil zu haben."* [1148]).
Gleichwohl findet man vereinzelte Stimmen, die sich durch die Erweiterung der Wechselfähigkeit – wie aus einem Schreiben des Königlich Hannoverschen Finanzministeriums an das Königliche Justizministerium vom 23. September 1847 hervor-

---

[1145] `Gutachtlicher Bericht des Kommissarius des Königlichen Stadtgerichtes zu Berlin vom 4. Juli 1856 über die Vortheile und Nachtheile der allgemeinen Wechselfähigkeit aus practischem Gesichtspunkte`, Spalte 2 *(Bestand StaatsArchV Marburg (Hess)/Akte Best. 73 Nr. 1507).*
[1146] `Bericht der Bittschriften-Kommission vom 18. Mai 1846` *(Bestand HptStaatsArchV Wiesbaden (Hess)/Akte Abt. 210 Nr. 11222).*
[1147] `Kurhessische Landtags-Verhandlungen – Erste Kammer (Kurh. Landtagsverhandl. I. K., 1858/1860), Protocoll der fünften öffentlichen Sitzung vom 11. April 1859, Referent Vicekanzler Dr. Löbell`, S. 66 (67) (Auszug) *(Bestand StaatsArchV Marburg (Hess)/Akte Best. 73 Nr. 1507).*
[1148] `Erklärung der Frankfurter Handelskammer zur Änderung des Wechselrechtes an das Rechnei- und Renten-Amt der freien Stadt Frankfurt vom 30. Mai 1849` *(Bestand Inst.f.Stgesch.Ffm./Akte Rep. 799 Nr. 170).*

geht – auch eine *„Überwindung der Noth des armen Landmannes durch Credit“* [1149] erhoffen. Der nunmehr allgemeingültige Wechsel sei, so die kurhessischen Abgeordneten *Gebhard* und *Reisauer*, ebenso für den Bauern eine Gelegenheit, um nicht der Ausbeutung anheim zu fallen.[1150] Der Wechsel erleichtere die (seriöse) Kreditaufnahme, denn er böte weit größere Sicherheit für den Gläubiger, die vor allem in der *„strengen Execution“* der Wechselforderungen begründet sei.[1151]
In der Tat erwies sich der Wechsel nach der Einführung des neuen Wechselrechts für kleinere Kaufleute und auch Handwerker als brauchbares und belebendes Element für deren Personalkredit. Dies beweist die positive Einschätzung diesbezüglich durch das oben erwähnte, resümierende Gutachten des Kommissarius des Königlichen Stadtgerichts Berlin aus dem Jahre 1856. Neben der angesprochenen strengen Exekutionsmöglichkeit der Forderungen durch den Gläubiger, boten die Veräußerungsmöglichkeit der Wechselurkunde (resp. der dieser innewohnenden Forderung), der Wechselprotest, die generell gesicherte Verpflichtung des Ausstellers auf unbedingte Zahlung der eingetragenen Summe, bzw. Schadensersatzleistung oder notwendiger Rückgriff auf andere Güter zur Schadloshaltung, und die durch den Wechselprozeß gewährte Schnelligkeit bei der Umsetzung der Ansprüche ausreichende Sicherheiten für Darlehensvergaben.[1152]
Was einen vermeintlich positiven Einfluß auf den ländlichen Kredit angeht, so erwiesen sich dergestalte Hoffnungen allerdings als Trugschluß. Die zitierten kurhessischen Abgeordneten Gebhard und Reisauer verwiesen in ihrem Bericht, trotz der überwiegend hoffnungsfrohen Erwartungen hinsichtlich einer solchen Krediterleichterung, auf die Gefahren, welche nicht zu leugnen seien, *„als der Unkundige von dem Wucherer zur Unterzeichnung eines Wechsels leicht überredet werden kann“*.[1153] Die allgemeine Wechselfähigkeit erwies sich nach ihrer Einführung als dort vorteilhaft für den Personalkredit, wo durch jene Erleichterung für den Verkehr auch positiv wirtschaftliche Wirkungen auf den Wechselschuldner zu erwarten waren. Eine grundlegende Kreditwürdigkeit war insoweit Voraussetzung, um in den Genuß des Personalkredits durch Wechselverbindlichkeit zu kommen; die Wechselverpflichtungsmöglichkeit hob keinesfalls die per se bestehende Kreditunwürdigkeit auf, wie diese als Akzessorietät zum Kleinbauernkredit gehandelt wurde. Die meisten der vor 1848 für wechselunfähig Erklärten, Arbeiter, Tagelöhner und Kleinbauern, kamen überhaupt gar nicht in die Lage, seriöse Wechselschulden zu machen, weil ihnen niemand, der gesetzestreu war, auf Wechsel Geld vergab. Es gehörte stets ein gewisser Kredit

---

[1149] `Schreiben des Königlich Hannoverschen Finanz-Ministeriums an das Königliche Justiz-Ministerium vom 23. September 1847` *(Bestand HptStaatsArchV Hannover (Nieders)/Akte Hann. Des. 26a Nr. 715) (fol. 63).*
[1150] `Bericht der Abgeordneten Gebhard und Reisauer, Namens des Rechtspflege-Ausschusses der zweiten Ständekammer, über den Gesetzentwurf, die Einführung einer Wechselordnung betreffend`, Spalte 7f *(Bestand StaatsArchV Marburg (Hess)/Akte Best. 73 Nr. 1507).*
[1151] a.a.O., Spalte 8.
[1152] Vgl. Lehmann, S. 5f, 25; Grünhut, Lehrbuch des Wechselrechts, S. 5, 20; Knies, S. 169.
[1153] Bericht der Abgeordneten Gebhard und Reisauer, a.a.O., Spalte 11.

dazu, also entweder Vermögen (kein ländliches Kleingrundstück, das, wie oben beschrieben, starken Wertschwankungen und Desinteresse seitens der seriösen Kapitalgeber unterworfen war) oder Aussicht auf Vermögen, um Wechselschulden zu machen.[1154]

In Zusammenhang mit der wirtschaftlichen Situation der Bauern waren auf dem Land die Wucherer die eigentlichen Nutznießer des neuen Wechselrechts. Der erwähnte Kommissarius des Königlichen Stadtgerichts Berlin äußert sich zu den negativen Wirkungen der allgemeinen Wechselfähigkeit wie folgt: *„Ein anderweitiger, scheinbar durch die allgemeine Wechselfähigkeit hervorgerufener Uebelstand ist der, daß viele ihren Wechselschulden erlegen sind* (nach dem Kurhessischen Vicekanzler Löbell stieg die Zahl der Wechselklagen in Berlin ab 1848 bis einschließlich 1854 um ca. das 15(!)fache, von 908 auf 13.992[1155], Anm. des Verf.). *(...) Es kann somit nicht unerwähnt bleiben, daß der Wucher ein willkommenes Feld der Ausbeute in der Verleihung der allgemeinen Wechselfähigkeit gefunden hat."* [1156]

Die Wucherer bedienten sich bei der durch sie durchgeführten Ausbeutung auf dem Land der neuen Möglichkeiten, um ihre (noch) verschleierten Geschäfte auf zusätzlich sicheren Boden zu stellen[1157], bzw. um ihre hochverzinsten Forderungen mittels der Wechselklagen rechtlichen Nachdruck zu verleihen.[1158] Mancherlei Skeptiker sahen sich wohl durch diese Entwicklungen bestätigt, denn an Warnungen, vor allem von offizieller Seite an die Bevölkerung, hatte es nicht gefehlt. In einer im Großherzogtum Darmstadt 1849 allgemein ausgehängten Bekanntmachung zur neuen Wechselordnung hieß es:

> *„...Diese allgemeine Wechselfähigkeit bezieht sich nicht blos auf die Personen, welche zuerst das Wechselgeschäft eingehen, sondern umfaßt auch alle diejenigen, welche mit diesem Geschäfte später auf eine im Wechselgesetze bestimmte Weise in Berührung kommen.*
> *Ein so einfaches Mittel, sich streng zu verbinden, kann, falls es unrichtig aufgefaßt oder leichtsinnig gebraucht wird, sehr nachtheilige Folgen haben, besonders wenn Verschmitztheit und Habsucht sich vereinigen, um die Unerfahrenheit, dem Leichtsinn und die augenblickliche Verlegenheit auszubeuten. Es wäre zu beklagen, wenn ein zur Hebung des Handels und der bürgerlichen Nahrung eingeführtes Rechtsinstitut zur Verschleierung von Wucher und Betrug mißbraucht würde. Die Staatsregierung sieht sich daher um so mehr veranlaßt, die Staatsangehörigen auf die wesentlichen Folgen der wechselrechtlichen Verbindlichkeiten aufmerksam zu machen, als beide Kammern der*

[1154] Lehmann, S. 109.
[1155] \`Bericht des Rechtspflege-Ausschusses der ersten Kammer der Stände über den Gesetz-Entwurf, die Einführung einer Wechsel-Ordnung betreffend, erstattet von Herrn Vicekanzler Dr. Löbell, Kassel, den 1. März 1859\`, S. 18 *(Bestand StaatsArchV Marburg (Hess)/Akte Best. 73 Nr. 1507).*
[1156] Gutachtlicher Bericht des Kommissarius des Königlichen Stadtgerichts zu Berlin v. 04.07.1856, a.a.O., Spalte 6.
[1157] Vgl. von Stein, Der Wucher und sein Recht, S. 106f.
[1158] So auch bestätigend ein \`Bericht des Königlichen Obergerichts zu Hannover über verschiedene Urteile vom 25. Februar 1857\` bzgl. mehrfach viel zu hoch verzinster Wechselforderungen *(Bestand HptStaatsArchV Hannover (Nieders)/Akte Hann. Des. 26a Nr. 716) (fol. 79).*

> *Stände den Wunsch ausgesprochen haben, daß die Regierung eine solche Bekanntmachung erlassen möge."*[1159]

Die weitere Entwicklung dieser Verhältnisse für den kleinbäuerlichen Kredit war – vor allem in der vom gesetzlich fixierten Zinsfuß `befreiten` zweiten Periode – daß der Wechsel eine der genutzten Möglichkeiten der Wucherer war, die sodann legitimierten horrenden Zinsforderungen in eine schnell klagbare Rechtsgrundlage zu fassen. Man muß aber annehmen, daß dieser Umstand die Bewucherung in der zweiten Gesetzgebungsphase nicht unbedingt verschlimmerte. Vielmehr zeigte er für den Wucherer variablere Wege auf, denn seit jeher nutzte dieser die sich ihm bietenden gesetzlichen Möglichkeiten bis zur Neige aus. Diese Möglichkeiten, resp. Grundlagen der Bewucherung in der zweiten Phase der Zins-Wucher-Gesetzgebung, waren vielmehr im nun auch staatlich apostrophierten Dogma des freien Spiels der Kräfte zu finden.

[1159] `Bekanntmachung, die wesentlichsten aus Wechseln hervorgehenden Verbindlichkeiten und deren Folgen betreffend. Darmstadt, dem 4. Juni 1849. Das Großherzoglich Hessische Ministerium der Justiz` *(Bestand StaatsArchV Darmstadt (Hess)/Akte G 21A/Konv. 1363/1.).*

II. Die Zins-Wucher-Frage unter der `Herrschaft` von ökonomischem Liberalismus und klassischer Nationalökonomie

1. Deutschland und Europa unter dem Einfluß des Wirtschaftsliberalismus

Die beiden ersten Jahrzehnte nach der Mitte des 19. Jahrhunderts werden allgemein als Epoche des Hochliberalismus bezeichnet. Der Siegeslauf liberaler Theorie beruhte vornehmlich auf dem Prinzip der wirtschaftlichen Freiheit, die als Ausgangspunkt jedweder individuellen Freiheit verstanden wurde. Die klassische, auf dem aufklärerischen Liberalismus begründete Richtung des ökonomischen Leitbildes, gewann in Europa in der ersten Hälfte des Jahrhunderts schnell an Boden und dominierte weitgehend das politische, wirtschaftliche und rechtliche Weltbild Europas und vor allem Deutschlands in dieser Zeit.[1160] Seinen Ursprung fand dieser wirtschaftliche Liberalismus in England als unmittelbare Reaktion auf das Versagen des protektionistischen Merkantilsystems zu Beginn der `industriellen Revolution`.[1161]
Das Prinzip des ökonomischen Liberalismus war jedoch weit mehr, als ein bloßes wirtschaftstheoretisches Modell. Man muß dieses auf ökonomischen Grundlagen aufbauende Prinzip vielmehr als ein gesellschaftliches Ideal seiner Zeit begreifen, das Antworten auf neuartige unbeantwortete Fragen und Lösungen für Probleme der Gesellschaftsveränderung versprach.
Fester Bestandteil dieses Verständnisses war der Glaube an ein naturgesetzliches Gebot der sich selbst regulierenden `natürlichen Ordnung`. Der Menschheit sei eine Harmonieautomatik, ein `ordre naturel` immanent, das durch die – auf der Basis falscher Werte – umstrukturierte Gesellschaft verloren gegangen sei. Theoretischer Ausgangspunkt dieses Ideals war die ökonomische Wertlehre *Adam Smiths*. Smith ging von der Ansicht aus, daß der private Egoismus mit den Interessen der Allgemeinheit übereinstimme, indem die sich so entfaltende freie Konkurrenz ein maximales Sozialprodukt erzeuge. Die so erzielte größtmögliche Produktmenge ergebe zugleich den höchstmöglichen Wohlstand des einzelnen. Mit dieser Vorstellung wendet sich Smith vom menschenverachtenden Weg des `reinen` Industriekapitalismus und seines auf die Unternehmer beschränkten Egoismus ab. Das Prinzip des allgemeinen Egoismus und seines Strebens nach Gewinn und Genuß durch den einzelnen fördere vielmehr die gesamte Volkswirtschaft, die Zufriedenheit der Gesellschaft und führe folglich zu einer gerechteren Menschheit.[1162] Das postulierte Ideal der Vertreter des Wirtschaftsliberalismus reichte somit von volkswirtschaftlicher Analyse bis zu den metaphysischen Grundlagen des menschlichen Glücks. Das Glück wird nach *Jeremias Bentham* – wie auch bei Adam Smith – durch den hedonistischen Egois-

---

[1160] Vgl. Berthold, Wirthschaft und Recht, S. 485.
[1161] Boelcke in HdWw, S. 32 (41).
[1162] Vgl. Bleugels, Entwicklung der deutschen Volkswirtschaftslehre, S. 2; Boelcke in HdWw, S. 32 (41); Raffel, Freihändler, S. 176f; Oppenheimer, Lehrmeinungen, S. 101ff.

mus des einzelnen erreicht.[1163] Das 'greatest happiness principle' Benthams geht wie bei *Cobden* und *Prince-Smith* sogar so weit, in dem auf freiem ökonomischen Handeln beruhenden Grundsatz das wirksamste Mittel zu sehen, Kriege zu verhüten.[1164] John Prince-Smith äußerte sich diesbezüglich schon 1841 auf einer Tagung des volkswirtschaftlichen Kongresses: *„Wäre es erst soweit, daß man in jedem Ausländer einen guten Kunden sähe, so würde man viel weniger geneigt sein, auf ihn zu schießen."* [1165]

Obgleich man die pazifistischen, metaphysischen und ethischen Hintergründe des theoretischen Wirtschaftsliberalismus hervorheben muß, wäre es falsch, in diesem ein 'sozialorientiertes' Modell zu sehen. Wenn man auch den materiellen Wohlstand des einzelnen apostrophierte, so war dies doch nur ein notwendiger Bestandteil der Gesamttheorie. Die gezielte Verbesserung der mit dem Industriealisierungsprozeß zusammenhängenden sozialen Probleme war kein erstrebtes Ziel des Wirtschaftsliberalismus. Im Gegenteil dazu wird die Realität der strukturschwachen 70er Jahre gerade diese Schwächen der Ideale offenbaren und eine Richtungsveränderung der Volkswirtschaftslehre bewirken.

a) Prinzipien des ökonomischen Liberalismus

Die Grundprinzipien des ökonomischen Liberalismus wurden durch die Vertreter der 'klassischen Nationalökonomie' theoretisiert und erörtert. Ausgangspunkt sind dabei die Theorien des Naturrechts und des politischen und geistig-kulturellen Liberalismus.[1166] Die nationale Idee dagegen trat in dieser Zeitspanne gegenüber der allgemein- und vor allem wirtschaftsliberalen Idee zurück.[1167] Die reale Wirtschaft und ihre wirtschaftspolitischen Leitlinien verbanden sich mit den Grundsätzen der klassischen Nationalökonomie, die das freie Spiel der Kräfte in der Ökonomie proklamierte. Die klassische Nationalökonomie und der sich auf ihren Erkenntnissen entwickelnde wirtschaftliche Liberalismus operierte mit den ewigen Rechten des Individuums an freier Entfaltung, so daß es innerhalb der Ökonomie zu einem freien Spiel der Kräfte komme und automatische Selbstfindungsprozesse ausgelöst würden.[1168] Der Wirtschaftsprozeß sei somit, solange er aus den autonomen Entscheidungen der Beteiligten hervorgehe, ein rechtsfreier Naturprozeß.[1169] Aus dem Prinzip der Rechtsfreiheit, eines staatlichen 'laisser-faire', folgerte und propagierte man den Freihandel. Das freie Spiel der ökonomischen Kräfte verbiete jegliche Einmischung des Staates;

[1163] Hanisch, Liberalismus, S. 1.
[1164] Mayer, Freihandelslehre, S. 46; Hanisch, Liberalismus, S. 1f.
[1165] Zitiert nach Mayer, Freihandelslehre, S. 46.
[1166] Lütge, Deutsche Sozial- und Wirtschaftsgeschichte, S. 421.
[1167] Lütge, Deutsche Sozial- und Wirtschaftsgeschichte, S. 421.
[1168] Vgl. Luig, Vertragsfreiheit und Äquivalenzprinzip, S. 171 (182f).
[1169] Vgl. Mestmäcker, Hand des Rechts, S. 156; Raiser in Festschrift Juristentag, S. 101 (116).

auch durch die Gewährung der absoluten Vertragsfreiheit solle somit das Spiel der wirtschaftlichen Kräfte im Markt gefördert werden, um letztlich die Steigerung des Wohlstands herbeizuführen.[1170] Vor allem aber geboten die Freihandelsgrundlagen dem Staat, den Bürgern volle Freiheit in der Verfolgung ihrer Interessen zu gewähren und sich nicht in deren Geschäfte zu mischen[1171], was im Ergebnis der Forderung einer vollkommenen freien Privatautonomie gleichkam.[1172]
Der Freihandel, das freie Spiel der Kräfte am Markt war dabei für die klassische Nationalökonomie das Werkzeug zur Umsetzung des Ideals, das zum Gleichgewicht der Wirtschaft führe.[1173] In scharfem Gegensatz zur ständisch gebundenen Privilegiengesellschaft mit ihrem, durch restriktive gesetzliche Grundlagen eingeschränkten Marktsystem, in dem der Gewinn des einen meist den Verlust des anderen und damit der gesamten Volkswirtschaft bedeutete, postulierten die Klassiker der Ökonomie die freihändlerische Wettbewerbsgesellschaft. Die dem einzelnen zugedachte Rolle im freihändlerischen Ideal konnte dieser nur erfüllen, wenn seine Autonomie gewährleistet und sein Recht auf persönliche Entfaltung nicht eingeschränkt war.[1174] Das private Eigentum sei hier das schützenswerteste Moment, das durch die Freiheit des einzelnen überhaupt erst entstehen könne. Somit sei die persönliche Freiheit Anfang und gleichzeitig vollziehender Schutzmechanismus des Eigentums und dürfe keinesfalls durch staatliche Kontrollelemente behindert werden.

Ausgangspunkt der Lehre der klassischen Nationalökonomie ist – wie bereits erwähnt – die Wertlehre des schottischen Ökonomen und Moralphilosophen *Adam Smith*, der in seinem 1776 erschienenen Werk `An Inquiry into the Nature and Causes of the Wealth of Nations` erläutert[1175]: *„Räumt man also alle Begünstigungs- oder Beschränkungssysteme völlig aus dem Wege, so stellt sich das klare und einfache System der natürlichen Freiheit von selbst her. Jeder Mensch hat, solange er nicht die Gesetze der Gerechtigkeit übertritt, vollkommene Freiheit, sein Interesse auf seine eigene Weise zu verfolgen und seine Industrie sowohl als sein Kapital mit der Industrie und den Kapitalien anderer Menschen oder anderer Klassen von Leuten in Konkurrenz zu bringen."* [1176]
Die Verwaltung durch den Staat ist nach Smith stets nur ein Notbehelf. Das Eingreifen des Staates müsse streng auf diejenigen Fälle beschränkt werden, in denen Handlungen des einzelnen unmöglich seien.[1177] Ansonsten müsse allgemeine Freiheit und vor allem Handelsfreiheit herrschen. Der entscheidende Grund für die Han-

---

[1170] Vgl. Raiser in Festschrift Juristentag, S. 101 (130); Schmude in Festschrift Ballerstedt, S. 481 (484); vgl. ebenso Caro, S. 30.
[1171] Raiser in Festschrift Juristentag, S. 101 (116).
[1172] Mayer-Maly in Festschrift Korinek, S. 151 (153).
[1173] Boelcke in HdWw, S. 32 (41).
[1174] Vgl. Boelcke in HdWw, S. 32 (41).
[1175] Vgl. auch oben Fn. 252.
[1176] Aus `An Inquiry into the Nature and Causes of the Wealth of Nations`, zitiert nach Oppenheimer, Lehrmeinungen, S. 102.
[1177] Oppenheimer, Lehrmeinungen, S. 103.

delsfreiheit ergebe sich aus dem Nutzen, den der Verbraucher und letztlich die Volkswirtschaft davon habe. Die Vermehrung aller so entstehenden Güter und Kapitalien mache die `natürliche` Überlegenheit des Freihandels aus.[1178]
Sowohl Smith als auch nahezu alle anderen klassischen Ökonomen sehen den volkswirtschaftlichen Nutzen in der Bereicherung der Wirtschaft durch Produktionsgüter und entwickeln somit eine wesentliche Begründung für das streng kapitalistische Unternehmertum und den Industrialisierungsprozeß im 19. Jahrhundert. Zur Darstellung ihrer Verteilungstheorien innerhalb der Volkswirtschaft bedienen sie sich der Analyse von Produktions- und Reproduktionsbedingungen[1179], was auch – darauf wird einzugehen sein – die Frage nach der Rolle des Kapitals und des Kredits mit einschließt. Nach diesen Produktionskriterien stuft Smith in seiner Wertlehre auch die einzelnen Erwerbszweige ein und sieht den kaufmännischen Handel in diesem Zusammenhang als den niedrigsten Wohlstandsbeitrag an, da dieser so gut wie keine Gütervorteile für die Gesellschaft erzeuge.[1180] Dennoch diene selbst der Handel im freien Verkehr der Volkswirtschaft, da er Kapital erzeuge, das wiederum - ganz im Sinne des natürlichen Harmonie- und Ausgleichideals - umsetzbarer Bestandteil des Produktionskreislaufes werden könne. Mit dem Argument dieser natürlichen Kapitalregulierung begründet Smith auch den Freihandel im nationenübergreifenden Sinn. Die Erwerbszweige, die den größten Profit abwerfen, seien diejenigen, die billiger produzieren als die gleichartigen Produktionszweige anderer Länder. So ergibt sich für das Smithsche Freihandelsargument, daß eine Nation nur das produzieren solle, was sie am billigsten herstellen könne, und das sie alles das frei einführen solle, was sie nicht so billig wie diese liefern könne.[1181] Smith fordert dementsprechend, daß sich die einzelnen Nationen ausschließlich mit den ihnen eigentümlichen Produktionszweigen befassen, die sich aus den natürlichen Verhältnissen und Anlagen ergeben. Dies sei die natürliche und produktivste Kapitalverwendung, die zu ihrer Durchführung den Freihandel erfordere.[1182]

Gleichgültig unter welchem Aspekt die ökonomischen Thesen von Smith betrachtet werden, gründen sie doch immer aus dem Prinzip der im Wirtschaftsverkehr unerläßlichen absoluten Freiheit des einzelnen und der damit verbundenen Rechtsfreiheit und Eigentumsgarantie.[1183] Dies ist der rote Faden, der sich durch die Schriften der

---

[1178] Vgl. Raffel, Freihändler, S. 176f; ebenso Oppenheimer, Lehrmeinungen, S. 101, 108; Damaschke, Nationalökonomie, S. 388.
[1179] Schefold/Carstensen, S. 63 (63).
[1180] Raffel, Freihändler, S. 177.
[1181] Raffel, Freihändler, S. 179.
[1182] Raffel, Freihändler, S. 179; zum internationalen Freihandel äußert sich auch *Prince-Smith* im Jahre 1860 in Köln wie folgt: *„Denn aus welchem erdenklichen Grunde sollte eine Ausschließung erfolgen?* (eine Ausschließung anderer Nationen vom Freihandel, Anm. des Verf.) *Wenn es unbedingt zu unserem eigenem Vortheil ist, uns gegen einen Ersatz, den wir freiwillig gewähren, begehrte Befriedigungsmittel anbieten zu lassen von Allen, die „ja" sagen, soll sich dies volkswirthschaftliche Grundverhältniß rein umkehren in Bezug auf Solche, die „oui" oder „yes" sagen?"*, Prince-Smith, S. 89 (92).
[1183] Vgl. Raiser, `Vertragsfreiheit heute`, S. 1 (2); Schmude in Festschrift Ballerstedt, S. 481 (484); Damaschke, Nationalökonomie, S. 388.

klassischen Nationalökonomie zieht und das Wesen des ökonomischen Liberalismus prägt. Ebenso gleichgültig ist dabei, ob – wie bei Smith – der ökonomische Aspekt im Vordergrund steht, oder wie bei Jeremias Bentham der metaphysische. Nach dem metaphysischen Aspekt der individuellen Freiheit bei Bentham bestimmt diese und ihre darauf aufbauenden psychischen Regungen auch das allgemeine menschliche Handeln. Diese legten den Standard für Recht und Unrecht fest und erheben damit das dem Individuum Nützliche zur Richtschnur des menschlichen Sollens.[1184]
Das Prinzip der Freiheit, des `laisser-faire`, der Unabhängigkeit vom staatlichen Zwang beherrscht die auf Smith aufbauende klassische Nationalökonomie. Die Vertreter dieser *„Modewissenschaft"* [1185] des 19. Jahrhunderts, *James Mill*, *Robert Malthus*, *Robert Torrens*, *John Stuart Mill*, *Jean Baptiste Say*, *William Senior* und *David Ricardo*[1186] orientieren sich ohne Ausnahme an diesen Prinzipien.[1187] Unter letzterem wird die klassische Nationalökonomie in die Richtung bewegt, die ihr schließlich zum `Verhängnis` wird. Ricardo wandelt die Nationalökonomie, den ökonomischen Liberalismus und den Freihandel zur `Klassenwaffe der kapitalistischen Unternehmer`; die Theorien der Ökonomie werden zur Anweisung und Leitlinie des Reichwerdens und des Prinzips des `make money`.[1188] Der Freihandel wendet sich innerhalb dieser Interpretationsschiene – wogegen sich vor allem Jean Baptiste Say wendet[1189] - zum bloßen Leitfaden des vom unsozialen Egoismus beherrschten Strebens nach materiellem Glück, zur möglichst reichlichen Befriedigung aller Wünsche.[1190]

Was bezüglich der nationalökonomischen Grundsätze bei Engländern und Franzosen eine Frage von Zweckmäßigkeitserwägungen war, wird im *„zum Doktrinarismus neigenden Deutschland"* zur Weltanschauung.[1191] *Friedrich List* bemerkte kritisch zu dieser deutschen Eigenart:

> *„(...) So hat sich Deutschland ganz verschiedenartig von allen übrigen Nationen ausgebildet. Anstatt, daß wie anderswo die höhere Geistesbildung mehr aus der Entwicklung der materiellen Produktivkräfte erwuchs, ist in Deutschland die Entwicklung der materiellen Produktivkräfte hauptsächlich aus der ihr vorangegangenen Geistesbildung erwachsen. So ist die ganze jetzige Bildung der Deutschen gleichsam eine theoretische. Daher denn auch das viele Unpraktische und Linkische, was in unseren Tagen fremden Nationen an den Deutschen auffällt. Sie befinden sich zur Zeit in dem Fall eines Individuums, das früher des Gebrauchs seiner Gliedmaßen beraubt, das Stehen und Gehen, das Essen und Trinken, das Lachen und Weinen theoretisch erlernte und dann erst zu praktischen Übungen schritt. Daher die Vorliebe der Deutschen*

1184 Stavenhagen, Wirtschaftstheorie, S. 59.
1185 Schefold/Carstensen, S. 63 (63).
1186 Vgl. auch oben Fn. 253.
1187 Vgl. Schefold/Carstensen, S. 63 (63f).
1188 Mayer, Freihandelslehre, S. 14ff, 17; vgl. auch Hanisch, Liberalismus, S. 4.
1189 Vgl. Schefold/Carstensen, S. 63 (64).
1190 Vgl. Hanisch, Liberalismus, S. 4.
1191 Mayer, Freihandelslehre, S. 47; vgl. auch Boelcke in HdWw, S. 32 (41f).

> *für philosophische Systeme und kosmopolitische Träume. Der Geist, der in den Angelegenheiten dieser Welt sich nicht bewegen konnte, suchte sich im Reich der Spekulation zu ergehen. Nirgends hat daher auch die Lehre Adam Smiths und seiner Jünger größeren Anhang gefunden als in Deutschland ..."* [1192]

Obgleich in Preußen-Deutschland noch in der ersten Hälfte des 19. Jahrhunderts der Einfluß der Kantschen Ethik spürbar ist, orientiert sich die deutsche Nationalökonomie doch ab Mitte des Jahrhunderts nahezu vorbehaltlos an den Smithschen Lehren.[1193] Auch der politische und rechtspolitische Aktionismus, wie Bauernbefreiung, Freisetzung der gewerblichen Wirtschaft durch die Gewerbefreiheit und die Aufhebung der Zünfte, Handels- und Niederlassungsfreiheit und Zollabbau wies deutlich in diese Richtung und veränderte sukzessive die Staats- und Gesellschaftsnatur. Überall wirkte zur Mitte des 19. Jahrhunderts das (ökonomie-)liberale Glaubensbekenntnis von der freien Konkurrenz als dem wichtigsten Hebel des Fortschritts und vom freien Markt als der Stätte vollkommener Gerechtigkeit.[1194]

In Deutschland ist es vor allem *John Prince-Smith*, von Geburt Engländer, ab 1830 Bürger Preußens[1195] und Gründer der deutschen Freihandelspartei, der die freihändlerischen Ideale als doktrinäre Überlebensnotwendigkeit postuliert. Wie bereits erwähnt vertritt Prince-Smith die These, daß uneingeschränkte Handelsfreiheit auf ökonomischer Grundlage zum Pazifismus führe. Alle produktiv Schaffenden tragen nach diesem System über die Zufälligkeiten staatlicher Abgrenzungen hinaus zur Vermehrung der Befriedigungsmittel für die gesamte Menschheit bei.[1196] Die Freihandelsfrage ist für Prince-Smith von überragender Bedeutung für die Volkswirtschaft und die allgemeine Freiheit deren unerläßliche Bedingung. Die Freiheit des sich selbst überlassenen Marktes löse ein doppeltes Problem. Einmal das der Produktion, indem sie eine zweckmäßige Vermehrung der Sachgüter sichere und zum anderen das der Äquivalenz, indem sie eine gerechte Verteilung der Befriedigungsmittel gewährleiste.[1197] Völlige Marktfreiheit ist für den Kopf der deutschen Freihandelslehre der sicherste Garant für wirtschaftliche Gerechtigkeit, wie umgekehrt nach seiner Meinung jeglicher Zwang im volkswirtschaftlichen Verkehr an die Stelle der Gerechtigkeit das Prinzip der Willkür setze.[1198]

Der Staat und die Legislative ist folglich bei Prince-Smith wie bei allen anderen Klassikern der Nationalökonomie nur eine \`Instanz des letzten Ausweges\`, ein ausfüh-

---

[1192] Friedrich List, zitiert nach Mayer, Freihandelslehre, S. 47f.
[1193] Boelcke in HdWw, S. 32 (41f).
[1194] Boelcke in HdWw, S. 32 (42).
[1195] John Prince-Smith (1809-1874) wurde in Preußen Mitglied des Abgeordnetenhauses, 1871-73 Mitglied des Deutschen Reichstages. Als geistiges Oberhaupt der von ihm gegründeten Freihandelspartei und des Kongresses deutscher Volkswirte war er der wohl einflußreichste Verfechter freihändlerischer Ideale im Deutschland des 19. Jahrhunderts, vgl. Mayer, Freihandelslehre, S. 40f, 50ff; vgl. ebenso die Biographie von Otto Wolf, John Prince-Smith, eine Lebensskizze, Berlin 1880.
[1196] Mayer, Freihandelslehre, S. 42f.
[1197] a.a.O., S. 44.
[1198] a.a.O., S. 44f.

rendes Organ zur Sicherung der Freiheit. Dieses freihändlerische Ideal verdeutlicht Prince-Smith in einer 1860 in Köln gehaltenen Grundsatzrede zur Freiheit des Handels:

> *„In der Freihandelsfrage liegt also eigentlich die Frage über die Bedeutung und die Kompetenz der Staatsgewalt in bezug auf das internationale Wirthschaftsleben. Die Anschauung hiervon, die sich verbreitet und befestigt, muß die Auffassung staatlicher Einrichtungen und internationaler Politik wesentlich bestimmen. Die Freihandelsfrage ist eine Frage von weltpolitischer Bedeutung. (...)*
> *Der volkswirthschaftliche Zweck, Vermehrung der Befriedigungsmittel, wird durch Arbeitstheilung erzielt. Und herbeigeführt wird die Arbeitstheilung durch die Gelegenheit zum Austausch. (...) Der Markt ist das eine große volkswirthschaftliche Institut, welches alles volkswirthschaftliche Leben bestimmt und regelt; er weist Jedem seinen Arbeitszweig an, mißt Jedem den Ersatz für seine Leistung zu; er stellt eine Gemeinschaft unter den unabhängig Wirthschaftenden her; er verwirklicht die Einheit in der Freiheit, wahrt die Freiheit in der Einheit. Der Markt ist das Zentralorgan, das Herz, welches den Kreislauf des Wirthschaftslebens bewirkt, den Nahrungsstrom in sich aufnimmt und bis in alle Glieder wieder fortschnellt. Das Lebensprinzip des Marktes aber, die Bedingung seines organischen Spieles, ist die Freiheit. (...)*
> *Zwang in den volkswirthschaftlichen Verkehr einführen, heißt Willkür an die Stelle der Gerechtigkeit setzen, das Gleichgewicht zwischen Produktion und Verbrauch umstoßen, - das volkswirthschaftliche Lebensprinzip, welches die Freiheit ist, verletzen. Und doch ist die Versuchung für Einzelne groß, vermittelst der Staatsgewalt, das Spiel des volkswirthschaftlichen Verkehrs zu fälschen. (...) Schreiend genug ist schon die Ungerechtigkeit einer solchen Einmischung der Staatsgewalt, um dem Einen auf Kosten des Andern Vortheil zuzuwenden. Aber noch schreiender ist die Unwirthschaftlichkeit derselben. (...) Der volkswirthschaftliche Zweck, nämlich die möglichste Vermehrung und gerechteste Vertheilung der Befriedigungsmittel, wird durch unbedingte Freiheit des Verkehrs auf das vollständigste gewährleistet; hierzu bedarf es durchaus keiner Einmischung der Staatsgewalt.“* [1199]

Gerade die deutsche Nationalökonomie ist es, die mit Argumentationen wie der \`Hemmung des göttlichen Schöpfungswerkes\`[1200] versucht, vor allem den gesetzlichen Schutzbereich des Vertrages seiner ethischen Grundlage zu entheben und als kontraproduktiv zu charakterisieren. Der Staat solle sich das wirtschaftspolitische \`laisser-faire\` zu eigen machen und der privatautonomen Gestaltungsfreiheit die Wege ebnen.[1201] Sowohl die unbeschränkte Privatautonomie, als auch Eigentums-, Handels- und Gewerbefreiheit sind die geforderten Grundlagen des freiheitlichen Programms zur Erreichung des sittlich-gesellschaftlichen, politischen, wirtschaftlichen und auch rechtlichen Liberalismusideals.[1202]

[1199] Prince-Smith, S. 89 (89, 91).
[1200] Winkel, Umschwung, S. 3 (4).
[1201] Vgl. Raiser, \`Vertragsfreiheit heute\`, S. 1 (2).

Was den Einfluß auf die Rechtspolitik in Deutschland nach der Mitte des Jahrhunderts angeht, so läßt sich mit einigem Recht behaupten, daß eine ökonomietheoretische Doktrin selten eine derartige rechtliche Manifestierung erfuhr wie die des ökonomischen Liberalismus. Die Zins-Wucher-Gesetzgebung – dies wird sich zeigen – verdeutlicht dies beispielhaft. Dem Prinzip des Liberalismus dieser Phase unterfällt noch das heutige Privatrecht, wenn auch unter (notwendiger) Relativierung durch sittlich-ethische Grundsätze. Diese Grundsätze waren es, die gleichzeitig mit dem Höhepunkt der Vorherrschaft des Ideals des uneingeschränkten freien Verkehrs auch seinen Niedergang und eine Trendwende in der Nationalökonomie einleiteten.

Zu sehr zeigte sich zum Ende der hochkonjunkturellen 60er Jahre und mit Beginn der Gründerkrisen ab 1873[1203], daß die Theorien der klassischen Nationalökonomie `Schönwetterlehren` waren, die sich in den *„Disharmonien"* zur Wirklichkeit offenbarten.[1204] Die Hoffnung der deutschen Nationalökonomen auf den `freihändlerisch motivierten Pazifismus` zerschlugen sich schon allein durch die außenpolitische Umkehr Bismarcks hin zum Protektionismus.[1205] Weit bedeutender war jedoch die soziale Problematik der Industrealisierung.[1206] Freie Märkte waren zwar liberal, aber nicht demokratisch, weil sie den materiellen Ausgleich nicht gewährleisteten. Gleichheit auf dem Markt bedeutete nur, daß die Individuen im allgemeinen gleiche Chancen entsprechend ihres persönlichen Beitrages zur Produktion hatten.[1207] Die liberalen Ökonomielehren erhoben die produktive Arbeit zur Reichtumsquelle, den Markt zum Regulator des materiellen Wohlstands und die individuelle Selbstverantwortung zum wirtschaftlichen Entscheidungsprinzip und verhalfen somit dem kapitalistischen Industriesystem mit seinen sozialen Problemen zum Durchbruch.[1208] Obgleich der individuelle Wohlstand stets hervorgehoben wurde, so war seine Individualität doch nur auf diejenigen beschränkt, die ohnehin Profite erwirtschaften konnten, so daß allein aufgrund dessen schon der postulierte innere Ausgleich des Marktes versagen mußte.

Die zunehmenden sozialen Probleme und die nunmehr ihre Schwächen offenbarende klassische Nationalökonomie veranlaßte die Theorie, einen Umdenkungsprozeß einzuleiten und vom ricardianischen Dogma abzurücken. Die neue `historisch-ethische` Richtung der Volkswirtschaft erkannte, daß Gesellschaft und Wirtschaft mit Hilfe sozialer Reformen und staatlichen Lenkmechanismen umgebildet werden müsse.[1209] In diesem Zusammenhang ist der Verein für Socialpolitik von besonderer Be-

---

1202 Vgl. Raiser in Festschrift Juristentag, S. 101 (130); ders., `Vertragsfreiheit heute`, S. 1 (2).

1203 Vgl. Wehler in Festschrift Rosenberg, S. 66 (93ff).

1204 Bleugels, Entwicklung der deutschen Volkswirtschaftslehre, S. 4; vgl. auch Berthold, Wirthschaft und Recht, S. 485.

1205 Vgl. Borchardt, Europäische Wirtschaftsgeschichte, S. 196f; Wehler in Festschrift Rosenberg, S. 66 (102f).

1206 Vgl. dazu oben A.II.1b).

1207 Boelcke in HdWw, S. 32 (42).

1208 Boelcke in HdWw, S. 32 (42).

1209 Winkel, Umschwung, S. 3 (12); vgl. auch Schefold/Carstensen, S. 63 (64); Borchardt, Europäische Wirtschaftsgeschichte, S. 196f.

deutung.[1210] Entgegen dem naturgesetzlichen Harmonieglauben der Klassiker sei staatliche Ordnung nunmehr Voraussetzung, den Wirtschaftsmarkt zu regenerieren und einen Ausgleich der sozialen Faktoren im Hinblick auf den Staatserhalt zu erreichen.[1211] Dieser wirtschaftswissenschaftliche Umschwung sei in diesem Zusammenhang jedoch nur der Vollständigkeit halber erwähnt. Die zweite Gesetzgebungsperiode der Zins-Wucher-Gesetzgebung wird sich indes – entsprechend der ökonomischen Bedeutung des Kredits für den freihändlerischen Marktfluß – ganz nach den Theorien der klassischen Nationalökonomie richten.

b) Kredit und Zins in der klassischen Nationalökonomie

Gerade die klassische Nationalökonomie war es, die sich mit der theoretischen Einordnung von Kredit und Zins in den wirtschaftlichen Ablauf beschäftigte.[1212] Man befaßte sich dabei weniger mit der rechtspolitischen Frage nach der Freigabe des Zinses durch den Gesetzgeber und damit einhergehender ethischer Grundsätze, als vielmehr mit Versuchen, die wesentlichen Elemente der produktiv geprägten Industrieökonomie in analytische Abhängigkeitsstrukturen zu kleiden. Für die Theoretiker der klassischen Nationalökonomie bestand hier nicht das Problem eines zu bestimmenden, fixen Grundzinssatzes, da der Zins selbst – ganz im Sinne des freihändlerischen Ideals – als variable Größe der Ökonomie und somit als Folge von Angebot und Nachfrage gesehen wurde.[1213] Man beschäftigte sich vielmehr mit der Frage nach der Rechtfertigung des Zinses im Produktionsprozeß, bzw. seiner Stellung im Schaffensprozeß des gesellschaftlichen Wohlstands.[1214] Damit einher ging die Frage nach der Rolle des Kredits im Ablauf des wirtschaftlichen Geschehens und inwieweit dieser notwendig ist, den ökonomischen Prozeß in seinem theoretisch bestimmten sowie erfahrungsmäßigen Verlauf zu ermöglichen und zu erklären.[1215]
In weiterem Zusammenhang stand der Versuch – je mehr die Investition zu produktivem Einsatz in den Vordergrund trat – einen Faktor innerhalb des Produktionsprozesses und der Gesamtwirtschaft zu ermitteln, der die sich natürlich entwickelnde Zinshöhe zu bestimmen in der Lage war.[1216]
Zur Entwicklung von entsprechenden Lösungsansätzen bedurfte es der Einordnung des Kapitals in den Produktionsprozeß; das Kapital selbst wurde als Mittel zum Er-

---

[1210] Vgl. oben A.II.1b)aa).
[1211] Vgl. Lütge, Deutsche Sozial- und Wirtschaftsgeschichte, S. 448; Winkel, Umschwung, S. 3 (12); Wehler in Festschrift Rosenberg, S. 66 (103f).
[1212] Vgl. Lutz, Handwörterbuch der Sozialwissenschaften, S. 434 (437ff, 435f).
[1213] Vgl. Elster, Zins, S. 1015 (1015f); Boelcke in HdWw, S. 32 (42); Forstmann, Geld und Kredit, S. 273; Kruse, Nationalökonomie, S. 176.
[1214] Vgl. Matzelt, Zinstheorien, S. 2; Caro, S. 84ff; Elster, Zins, S. 1015 (1015); Lutz, Handwörterbuch der Sozialwissenschaften, S. 434 (435).
[1215] Wagner, Kredittheorien, S. 1.
[1216] Vgl. Kruse, Nationalökonomie, S. 176; Forstmann, Geld und Kredit, S. 273f.

werb von Kapitalgütern (einschließlich der Arbeitskraft) zum Zwecke produktiver Verwendung und somit als Regulator des Wirtschaftslebens verstanden.[1217] Die klassischen Ökonomen gingen bei ihren Erklärungen somit der Frage einer Einordnung des Kapitals und des Zinses in den gesamten Produktionsprozeß nach, innerhalb dessen die Verhältnisse zwischen Produktions- und Reproduktionsbedingungen, Arbeit, Lohn und Kapital in analytische Abhängigkeitsverhältnisse gesetzt wurden.[1218] Vor allem der Arbeitslohn war hier eine zusätzlich zu bestimmende Größe, um diesen als Bewertungsmaßstab in die theoretisierte Struktur einfließen lassen zu können.[1219] Die hier relevanten Lohntheorien wurden bereits angesprochen.[1220]

Hinzu trat die Beachtung anderweitiger kausaler Momente, die Einfluß auf Angebot und Nachfrage nach Kapital haben und ihrerseits den Zins und seine Höhe im Produktionsprozeß beeinflußen.[1221]

Die Behandlung der Zinsfrage war durch diese Zusammenhänge für die klassische Nationalökonomie zunächst also die Frage nach dem `Wertschaffungsprozeß` in der industrialisierten Produktionsökonomie. Um dieses Verständnis und den Ansatz der Klassiker der Ökonomie nach Smith, Ricardo, Mill, Say, Senior, Stuart Mill u.a. zu verdeutlichen, läßt sich folgendes Denkschema aufstellen: die Unternehmer kaufen Grundgüter, die zur Produktion vonnöten sind, wie bspw. Rohstoffe, Maschinen und auch Arbeitskräfte. Diese werden im Rahmen der Produktion in primäre Güter, also Endprodukte umgesetzt. Dabei fällt für den Unternehmer, abzüglich einer eigenen `Entlohnung`, ein im Verhältnis zur Größe ihres Geschäftskapitals stehender Wertgewinn ab.[1222] Sowohl Grundgüter als auch primäre Güter repräsentieren einen bestimmten Wert, deren Differenz den klassischen Zinstheorien zufolge den `Kapitalausgleich` für den langwierigen (Re-)Produktionsprozeß darstellt. Dieser basiert darauf, daß der Investor (der Unternehmer) sein investiertes Kapital innerhalb dieses (Re-)Produktionsprozesses nicht verwenden kann, ähnlich der Situation des Darlehensgebers. Das Umsetzen der primären Güter auf dem Markt ergibt einen `Profit`, bzw. nach Marx einen `Mehrwert`[1223] gegenüber den Investitionen. Dieser Profit oder Mehrwert, also die bestimmbare Wertsummendifferenz zwischen Grundgütern und primären Gütern wird von seiten der klassischen Nationalökonomie als der eigentliche Kapitalzins bezeichnet und in Verbindung zur Dauer des (Re-)Produktionsprozesses gesetzt.[1224]

Ganz im Sinne der Freihandelsideale des ökonomischen Liberalismus und der `geistigen` Nähe der klassischen Nationalökonomie zum unternehmerischen Produkti-

---

[1217] Vgl. Gerloff, Geld und Gesellschaft, S. 162; Stavenhagen, Wirtschaftstheorie, S. 44.
[1218] Vgl. Schefold/Carstensen, S. 63 (63).
[1219] Vgl. dazu Lutz, Handwörterbuch der Sozialwissenschaften, S. 434 (435).
[1220] Vgl. oben A.II.1b)aa).
[1221] Vgl. Forstmann, Geld und Kredit, S. 274; Blaug, Systematische Theoriegeschichte, Band 1, S. 65f.
[1222] Vgl. Matzelt, Zinstheorien, S. 12f.
[1223] Vgl. auch oben A.II.1b)aa).
[1224] Vgl. Matzelt, Zinstheorien, S. 12f; vgl. ebenso Blaug, Systematische Theoriegeschichte, Band 2, S. 38, 175.

onsprozeß ist nach diesen Vorstellungen nicht das Darlehen, sondern der produktive Wirtschaftsprozeß primärer Ansatzpunkt des Zinses. Da der ökonomische Produktionsprozeß aufgrund unterschiedlichster Faktoren nie über längeren Zeitraum konstant sein kann, ist auch der daraus resultierende Kapitalzins nicht zu fixieren und durch ein gesetzliches Maximum nicht zu begrenzen. Diese Erkenntnis ist – vereinfacht ausgedrückt – der Grundtenor der klassischen Zinstheorien.
Die wichtigsten Zinstheorien bauen auf dieser Erkenntnis die Rechtfertigungsbegründung und die Zinshöhenbestimmungen des Kapitalzinses auf:

- die 'Produktivitätstheorie' beruft sich darauf, daß Arbeit, die durch Kapital gestützt wird, produktiver ist; die erhöhte Produktivität sei das Ergebnis des Kapitals, das die Arbeitsergebnisse fördert[1225];

- die 'Kapitalnutzungstheorie' weist darauf hin, daß der Kapitaleigentümer, wenn er die Nutzung des Kapitals anderen überlasse, ein Opfer bringe, da er in dieser Zeit keinen Rückgriff hierauf nehmen könne[1226];

- die 'Funktionärtheorie' verweist auf die Funktion des Unternehmers als kundigen Verwalter des Kapitals mit entsprechend berechtigender Entlohnung[1227];

- die 'Abstinenztheorie' bezieht sich direkt auf die Abstinenz des im Produktionsprozeß investierten Kapitals und somit auf die für den Unternehmer fehlende Möglichkeit der anderweitigen Investitionen[1228];

.- die 'Ausbeutungstheorie(n)' schließlich nähern sich dieser Problematik auf anderem Wege. Nicht die Rechtfertigung des Zinsertrages ist Mittelpunkt der Überlegung, sondern es wird in einem ineinander übergehenden Zusammenhang zu den Lohntheorien nach der gerechten Verteilung des Ertrages gefragt. Dieser Kern der sozialistischen Thesen verneint die Gerechtigkeit, da der Ertrag das ausschließliche Ergebnis der Arbeit sei; die Partizipation derer, die diese Arbeit leisten, sei jedoch in keinster Weise gegeben.[1229]

Die Zinstheorien sind in der – vor allem wirtschaftswissenschaftlichen – Literatur eingehend behandelt worden.[1230] In Anbetracht der Komplexität dieser vornehmlich

---

1225 Vgl. Böhm-Bawerk, Zins, S. 1130 (1133); Elster, Zins, S. 1015 (1016); Lutz, Handwörterbuch der Sozialwissenschaften, S. 434 (435f).
1226 Elster, Zins, S. 1015 (1016); Böhm-Bawerk, Zins, S. 1130 (1134).
1227 Elster, Zins, S. 1015 (1016).
1228 Vgl. Lutz, Handwörterbuch der Sozialwissenschaften, S. 434 (436); Elster, Zins, S. 1015 (1016); Böhm-Bawerk, Zins, S. 1130 (1134).
1229 Vgl. Elster, Zins, S. 1015 (1016); Lutz, Handwörterbuch der Sozialwissenschaften, S. 434 (436, 438); vgl. auch Kurz, S. 106f.
1230 Vgl. dazu Böhm-Bawerk, Zins, S. 1130 (1130ff); Stavenhagen, Wirtschaftstheorie, S. 43ff; Lutz, Handwörterbuch der Sozialwissenschaften, S. 434 (434ff); Carell, S. 262ff; Wagner, Kredittheorien, S.

ökonomietheoretischen Materie und der – hinsichtlich der Thematik dieser Arbeit – gebotenen Kürze einer derartigen Darstellung, soll an dieser Stelle auf die einschlägige Literatur Bezug genommen werden. Gleichwohl rechtfertigt noch ein weiterer Umstand die Beschränkung der Theoriendarstellung auf einen skizzenartigen Überblick der Grundthesen. In bezug auf die Frage, inwieweit die theoretischen Zinsanalysen der klassischen Ökonomie Einfluß auf die Rechtspolitik und die damit verbundene sukzessive Aufgabe der Zinsbestimmungen hatten, ist jenen Theorien nur ein mittelbarer Bezug zu attestieren. Der zweifellos in dieser Epoche bestehende Einfluß des freihändlerischen Ideals der klassischen Nationalökonomie auf die Zinsgesetzgebung geht dagegen lediglich von den angesprochenen Grundlagen der Theorien aus, namentlich von dem dort als variabel vorausgesetzten, sich lediglich nach Angebot und Nachfrage richtenden Marktzins.
Der in der Nationalökonomie unbestrittene Ausgangspunkt für alle hierauf aufbauenden weiteren Überlegungen, bildet in der Rechtspolitik das Hauptkriterium der Diskussion. Der Wirtschaftstheorie war hier folglich die Rolle vorbehalten, den *„Kampf gegen die Negativeinschätzung des Zinses“* [1231] einzuleiten. Innerhalb der rechtspolitischen Behandlung dieser Frage wurde auf die strengen Zinstheorien als solche keinerlei Rückgriff genommen. Vielmehr wird auf seiten der Befürworter einer Aufgabe der Zinsgesetze ein argumentativer Bezug lediglich zu den Grundthesen der Klassiker hinsichtlich einer generellen volkswirtschaftlichen Notwendigkeit des freien Zinses hergestellt.

Von großem Einfluß auf die Rechtspolitik sind die Schriften *Benthams* (`Defence of usury`, 1787) und *Turgots* (`Mémoire sur le prêt à interêt et sur le commerce de fers`, 1789[1232]).[1233]
Bentham sah im sich selbst entwickelnden Zinsmechanismus den überragenden Regulator des gesamten Wirtschaftslebens.[1234] Jeder Eingriff des Staates in diesen Mechanismus bedeute einen automatischen Mißgriff[1235], denn die staatliche Beschränkung des Zinsfußes auf einen bestimmten Maximalzinssatz bedeute eine erhebliche

1ff; Elster, Zins, S. 1015 (1015ff); Matzelt, Zinstheorien, S. 1ff; Forstmann, Geld und Kredit, S. 273ff; vgl. ebenso Mark Blaug, Systematische Theoriegeschichte der Ökonomie, Bände 1 und 2, München 1971/72; Eugen von Böhm-Bawerk, Kapital und Kapitalzins, 1. Abt., Geschichte und Kritik der Kapitalzins-Theorien, Innsbruck 1884; Knut Wicksell, Über Wert, Kapital und Rente nach den neueren nationalökonomischen Theorien, Jena 1893; Joseph A. Schumpeter, Theorie der wirtschaftlichen Entwicklung, Neudruck der Ausgabe Leipzig 1912, Berlin 1952; Alexander Mahr, Untersuchungen zur Zinstheorie, Jena 1929; Ernst Peltzer, Der reale Kapitalzins und der Darlehenszins, Jena 1932; Walter Eucken, Kapitaltheoretische Untersuchungen, Jena 1934; Otto Kraus, Zins und Produktion, München 1936; ders., Der Kapitalzins im Kreuzfeuer, München 1951; Friedrich A. Lutz, Zinstheorie, Zürich und Tübingen 1956; vgl. auch ders., Handwörterbuch der Sozialwissenschaften, S. 434 (449 m.w.Verw.).
[1231] Buchholz, Zinsgesetzgebung, S. 1761 (1761).
[1232] Die Abfassung durch Turgot erfolgte bereits zwanzig Jahre zuvor.
[1233] Vgl. Stavenhagen, Wirtschaftstheorie, S. 43f; Bauer, Raiffeisengenossenschaften, S. 38f; Caro, S. 20ff; Knies, S. 355f; Peschke, Handwörterbuch der Staatswissensch., S. 1081 (1088f); Isopescul-Grecul, Das Wucherstrafrecht, S. 143; Böhm-Bawerk, Zins, S. 1130 (1131).
[1234] Stavenhagen, Wirtschaftstheorie, S. 44.
[1235] Peschke, Handwörterbuch der Staatswissensch., S. 1081 (1089).

Beschränkung der für die Volkswirtschaft so wichtigen persönlichen Freiheit.[1236] Es sei weder zur Erhaltung noch zur Ruhe der Gesellschaft notwendig, Erwachsenen ein Gängelband in Form gesetzlicher Schutzmechanismen anzulegen, um zu verhüten *„daß sie sich nicht selbst Schaden thun"*.[1237] Den möglichen Einwand, der Staat sei zum Schutz seiner Bürger verpflichtet, widerlegte Bentham mit dem Argument, jeder wisse selbst am besten, was für ihn gut sei; denn *„wenn es eine Thorheit sei, daß ein Blinder den andern führe, was müsse man erst von dem sagen, der, wie der Staat, notwendig blind, darauf bestehe, die Sehenden zu führen"*.[1238]
Ergebnis sei nach Bentham, daß der Staat die Armen von der Wohltat des Kredits ausschließe[1239] und schließlich seien hohe Zinsen immer noch besser als gar kein Kredit. Die Leichtsinnigen verdienten keinen Schutz; es sei ganz richtig, daß das Geld aus der Tasche des Verschwenders in die des sparsamen Kaufmanns fließe.[1240] Kredite seien eine Wohltat für die Menschen, so daß die Wucherer folglich eher Lob als Tadel verdienten.[1241] Überhaupt sei das Wucherproblem nach Bentham eher ein Neidgespinst, entsprungen aus christlicher Lehre vom Verzicht auf irdische Güter und allgemeinem Judenhaß. Was die Gesetze angeht, so riefen diese die Wirkung hervor, daß sich das Angebot von Kapital am Geldmarkt bedeutend vermindere und daher die übrig gebliebenen Darleiher der ungeschwächten Nachfrage gegenüber umso höhere Forderungen stellten, *„als sie nun eine Risikoprämie für den Fall der Entdeckung ihres verbotenen Gewerbes zu den früher beanspruchten Zinsen hinzurechnen"*.[1242] Nur völlige wirtschaftliche Freiheit führe zu einem Ausgleich und in der Folge zu angemessenen Zinsen.
Nur zwei Jahre nach Benthams Veröffentlichung erschien die Schrift Turgots. In dieser fordert Turgot von der französischen Regierung die völlige Aufgabe der gesetzlichen Zinsbeschränkungen. Hintergrund sind die zu dieser Zeit in Frankreich zunehmenden Gläubigerdenunziationen durch Kapitalschuldner, die auf diesem Wege versuchten, sich ihrer Verbindlichkeiten zu entledigen.[1243] Turgot formulierte in Anlehnung an Adam Smith und das Freihandelsideal das Prinzip, Geld sei eine Ware wie jede andere, ihr Preis, der Zins, das Ergebnis von Angebot und Nachfrage. Die subjektiv auf Schuldnerseite mit dem Darlehen verbundenen Hoffnungen und Absichten seien gleichgültig; vielmehr müsse er es als Wohltat verstehen, vom Kapitaleigentümer ein Darlehen zu erhalten.[1244] Aufgrund dessen ist der Kapitalgeber nach Turgot auch befähigt, soviel an Zins zu fordern, wie es seinem Interesse entspricht. Die unausweichliche Konsequenz müsse in Anlehnung an Überlegungen von Montesquieu

---

1236 Braun/Wirth, S. 125.
1237 Caro, S. 20.
1238 Caro, S. 20; vgl. auch Bauer, Raiffeisengenossenschaften, S. 38.
1239 Peschke, Handwörterbuch der Staatswissensch., S. 1081 (1089).
1240 Vgl. Braun/Wirth, S. 3f.
1241 Vgl. Peschke, Handwörterbuch der Staatswissensch., S. 1081 (1089); Caro, S. 21.
1242 Caro, S. 22; Peschke, Handwörterbuch der Staatswissensch., S. 1081 (1089).
1243 Peschke, Handwörterbuch der Staatswissensch., S. 1081 (1088f); Caro, S. 23.
1244 Vgl. Caro, S. 24.

die Aufhebung aller Zins-Wucher-Gesetze sein, so daß nicht das Gesetz, sondern das freie Spiel der Kräfte am Markt und die Konkurrenz den Zinsfuß senke.[1245]

Soweit sich die klassische Nationalökonomie explizit mit den Zinsgesetzen befaßt, findet man immer wieder das freihändlerische Grundargument, daß nur die staatliche Zurückhaltung die natürliche Kapitalregulierung fördere.[1246] Die Freiheit des Eigentums und der damit verbundenen Verfügungsrechte führe bei schrankenloser Zurückhaltung des Staates zu der Konkurrenz, welche die Bewucherung vermeide.[1247] Darin eingeschlossen sei auch die natürliche Regulierung derjenigen Faktoren, welche die Höhe des Darlehenszinses bestimmten; sowohl Risikoprämien als auch gerechtfertigte 'Entlohnung' des Kapitalgebers fänden durch sich harmonisierende Vergleichswerte ihr gerechtes Maß.[1248]
Diese, dem postulierten Freihandel immanente Konzeption des staatlichen Rückzugs auf allen marktbetreffenden Gebieten, ist das wesentliche Argument, das sich die Befürworter der Zinsfreigabe zu eigen machen. Dieses Argument beruhte weniger auf den – aus heutiger Sicht – teils grotesken Theorien zur Rechtfertigung des Zinses, als vielmehr bereits auf den Grundprinzipien des ökonomischen Liberalismus. Dadurch, daß die klassische Nationalökonomie die Freiheit des Zinses als unwidersprechlich voraussetzte, schuf sie das Klima, das die bedeutende Kehrtwende in der Zins-Wucher-Gesetzgebung überhaupt erst ermöglichte.

2. Der Einfluß des ökonomischen Liberalismus auf die Rechtspolitik

Der Einfluß der nationalökonomischen Thesen auf die Rechtspolitik und die Frage nach einer Aufhebung der gesetzlichen Zinsbeschränkungen ist innerhalb der ersten beiden Jahrzehnte nach der Jahrhundertmitte außerordentlich groß. Vor allem kommt es in juristischer Literatur[1249] und Lehre zu einem *„Feldgeschrei der Freunde und Gegner der Zinsfreiheit"*.[1250]

1245 Peschke, Handwörterbuch der Staatswissensch., S. 1081 (1089); Caro, S. 24; vgl. auch Braun/Wirth, S. 4f.
1246 Vgl. Raffel, Freihändler, S. 179.
1247 Schmidt, Sittenwidrigkeit, S. 137.
1248 Vgl. von Schwarze, Reichsgesetz betreffend den Wucher vom 24. Mai 1880, S. 13f.
1249 Vgl. dazu v.a. Peter Franz Reichensperger, Gegen die Aufhebung der Zinswuchergesetze, Berlin 1860; Theobald Rizy, Über Zinstaxen und Wuchergesetze, Wien 1859; Johann Friedrich Merckel, Über den Zins-Wucher, Heidelberg 1855; Karl Braun/Max Wirth, Die Zins-Wucher-Gesetze, Mainz 1856; Albert Berndt, Die Wucher-Gesetze und ihre Aufhebung, Berlin 1857; Karl Pfeiffer (Anonymus), Gegen die Schrift des Dr. Theobald Rizy über Zinstaxen und Wuchergesetze, Stuttgart 1859; Peter Franz Reichensperger, Die Zins- und Wucherfrage, Berlin 1879; Wilhelm Endemann, Die Bedeutung der Wucherlehre, Berlin 1866; Heinrich Jaques, Die Wuchergesetzgebung und das Civil- und Strafrecht, Wien 1867; Franz Xaver Funk, Zins und Wucher, Tübingen 1868; Anton Randa, Zur Lehre von den Zinsen und der Conventionalstrafe, Wien 1869; Levin Goldschmidt, „Gutachten über die Aufhebung der Wuchergesetze" in Verhandlungen des Sechsten Deutschen Juristentages, Band I, S. 227-

Obgleich dieses Zitat *Friedrich Weißmanns* den Eindruck der quantitativen Ausgeglichenheit der widerstreitenden Interessen vermittelt, so ist doch entgegen einer derartigen Vermutung eher davon zu sprechen, daß warnende Worte der Gegner einer absoluten Zinsfreiheit in der Minderheit waren. Zu groß war in dieser Phase der alles beherrschende Einfluß der heilsversprechenden Ideale des Liberalismus, von deren dogmatisierter Harmonieautomatik sich auch die Rechtswissenschaft nicht frei machen konnte und Bedenken insoweit überwiegend fruchtlos verhallten.[1251] Man gewinnt bei näherer Befassung mit dieser Thematik den Eindruck, daß – obgleich den der Nationalökonomie zugeneigten Denkern dieser Zeit keinerlei Opportunismus unterstellt werden soll – diejenigen, die sich gegen dieses *„Gemeingut der gebildeten Welt"* [1252] stellten, als wissenschaftlich `rückständige Brunnenvergifter` betrachtet wurden.

Dennoch – oder gerade deswegen – wehren sich verschiedene Gegner einer Aufhebung der Zinsbeschränkungen mit Vehemenz gegen die Ausrufung einer Diktatur des Starken. Der Wiener Oberlandesgerichtspräsident *Rizy* erinnerte an die Worte *von Iherings*, der gesagt hatte: *„Unbeschränkte Verkehrsfreiheit ist ein Jagdpaß für Räuber und Piraten mit dem Rechte der freien Pürsch auf Alle, die in ihre Hände fallen – wehe dem Schlachtopfer! Daß die Wölfe nach Freiheit schreien, ist begreiflich. Wenn aber die Schafe in ihr Geschrei einstimmen, so beweisen sie damit nur, daß sie eben Schafe sind."* [1253]
In seiner Schrift `Ueber Zinstaxen und Wuchergesetze` aus dem Jahr 1859 betont Rizy diesen vermeintlichen Irrweg der Nationalökonomie und des Prinzips des freien Zinses. In den *„Niederungen der bürgerlichen Gesellschaft, wo die Anleihen fast niemals zu productiven Zwecken, sondern gewöhnlich nur in bitterster Noth gemacht werden"*, könne vom nationalökonomischen Ideal einer Harmonieautomatik und eines natürlichen Ausgleichs zwischen Angebot und Nachfrage keine Rede sein.[1254] Hier sei, so Rizy, nicht das Konkurrenzverhältnis bestimmender Zinspreisfaktor, sondern lediglich die Not der Darleiher und die Gewinnsucht der Kapitalisten.[1255] Vor diesem sozialen Hintergrund, der gerade nicht durch die Einführung absoluter Vertragsfreiheit verbessert werden könne, käme den Wuchergesetzen als Rechtsinstituten die Bedeutsamkeit zu, die rechtliche und sittliche Ordnung *„in den aus dem Zinsvertrage entstehenden Verhältnissen aufrecht zu erhalten"*.[1256] Die Wuchergesetze könnten

271, Berlin 1865; zum gleichen Gegenstand „Gutachten des Dr. Schaffrath in Dresden", ebenda, S. 395-421.
1250 Weißmann, Wucher-Frage, S. 17.
1251 Vgl. Isopescul-Grecul, Das Wucherstrafrecht, S. 151.
1252 So der Wiener Oberlandesgerichtspräsident Rizy im Jahre 1865, zitiert nach Luig, Vertragsfreiheit und Äquivalenzprinzip, S. 171 (188).
1253 Zitiert nach Caro, S. 50.
1254 Rizy, S. 19.
1255 a.a.O., S. 20.
1256 a.a.O., S. 224f.

den Bedrückungen weitaus wirksamer entgegentreten und die Darleiher in ihrer Gewinnsucht beschränken.[1257]

Immer wieder taucht bei den Verteidigern der Wuchergesetze auch ein anderes Argument auf – so auch bei Rizy – bei dem man sich auf Erfahrungen verschiedener Staaten mit der Zinsgesetzgebung beruft. Österreich, Preußen und Frankreich und die dort (für Österreich und Preußen: `noch`) bestehenden Abneigungen gegen eine Freiheit des Zinsfußes werden hier als weitsichtige Vorbilder genannt, deren Anschauungen beispielhaft seien: *„Haben denn die Gesetzgeber Oesterreichs, Preußens, Frankreichs gar keine Wissenschaft gekannt, als sie die Wuchergesetze festhielten?"*.[1258] Vor allem aber wird das Beispiel Norwegens angeführt.[1259] Dort wurde nach der Einführung der gesetzlichen Freigabe der Zinsen 1842 bereits nach kurzer Zeit eine erhebliche Steigerung der Ausbeutung festgestellt, die zu Demonstrationen und eine Sturm von Petitionen für die Wiedereinführung des ursprünglich gesetzlich stipulierten 4%igen Zinsfußes führte, ehe mit Gesetz vom 15. September 1851 dem Verlangen nach Wiedereinführung eines Zinsgesetzes (sodann 6%iger Zinsfuß) nachgegeben wurde.[1260] Derartige Vorgänge würden nach Rizy von den Befürwortern der Gesetzesaufgaben *„ziemlich allgemein mit Stillschweigen übergangen"*, seien aber doch gerade derartige Beispiele dazu prädestiniert, die zukünftigen Folgen eines Nachgebens zugunsten des absoluten Liberalismus aufzuzeigen.[1261] Die am Zinsfuß orientierten Gesetze hätten sich dagegen bewährt; zwar seien auch unter diesen Ausbeutungen zu beklagen, allerdings handele es sich hier um Ausnahmen.[1262] Seit Aufgabe der Restriktionen des kanonischen Rechts befänden sich Darleiher und Darlehenssuchender in dieser Ordnung der Dinge *„in dem behaglichsten Zustande; zwischen dem Geldsuchenden und dem Capitalisten war endlich ein segensreicher Friede gestiftet"*.[1263] Vor diesem Hintergrund muß der Gesetzgeber nach Rizy auch ein Interesse an der Aufrechterhaltung derartiger Regelungen haben. Zwar werde immer wieder das Argument angebracht, die Wuchergesetze seien nicht in der Lage Bedrückungen abzuhalten, jedoch müsse dem entgegengehalten werden, daß der diesbezügliche gesetzliche Versuch niemals gelingen könne.[1264] Obwohl es auch Strafbestimmungen gegen den Diebstahl gäbe, dieser auch oftmals vorkomme, sei *„noch Niemand zu Sinn gekommen, auf diese Wahrnehmung hin die Wirksamkeit der gegen den Diebstahl gerichteten Strafgesetze in Zweifel zu ziehen, oder wohl gar die Abschaffung derselben zu beantragen"*.[1265] Deshalb und auch ob ihres nach Rizy unzweifelhaft bestehenden Erfolges seien die Zinswucherbestim-

---

[1257] a.a.O., S. 225.
[1258] a.a.O., S. 32.
[1259] Vgl. dazu auch unten B.II.3..
[1260] Vgl. dazu Rizy, S. 165f Fn.*.
[1261] a.a.O., S. 165.
[1262] a.a.O., S. 193.
[1263] a.a.O., S. 195.
[1264] a.a.O., S. 228f.
[1265] a.a.O., S. 230.

mungen unentbehrlich. Das überall postulierte Freiheitsideal und das damit verbundene absolute Eigentumsrecht wirke in diesem Zusammenhang *„nur als ein kindisches Spiel mit Worten“* [1266], was es aus Gründen zur Vermeidung von wirtschaftlichen Mißverhältnissen auch bleiben müsse:

> *„Die Gegner der Wuchergesetze pflegen sich nämlich mit großer Emphase wider die Zumuthung zu erheben, daß die Bürger bei ihren Uebereinkünften an eine Taxe gebunden, oder durch was immer für gesetzliche Bestimmungen in der beliebigen Ordnung ihrer Vertragsverhältnisse sollten beirrt werden können. Es sei dieß eine nicht zu duldende Beschränkung der persönlichen Freiheit, es sei ein roher Eingriff in das Eigenthumsrecht der Einzelnen, eine brutale Verletzung der natürlichen Rechtsgesetze. (...) Wie strenge auch die Begriffe seien, welche man über die Unverletzlichkeit der natürlichen Freiheit und über die Heiligkeit des Eigenthumes hegen mag, selbst der oberflächlichste Beobachter wird sich bei einiger Aufmerksamkeit der Bemerkung schwerlich entziehen können, daß die Ausübung dieser wichtigen Rechte überall den mannigfaltigsten Beschränkungen thatsächlich unterzogen werde und vernünftiger Weise unterzogen werden müsse, wenn die bürgerliche Gesellschaft nicht fortwährend den unleidlichsten Mißverhältnissen anheimfallen soll...“* [1267]

Auch *Peter Franz Reichensperger,* Leitfigur des politischen Katholizismus und (eingeschränkt) *Johann Friedrich Merckel* sprechen sich gegen die Aufhebung der Wuchergesetze aus. Reichensperger verweist wie Rizy auf negative Erfahrungen der Geschichte. Österreich habe mit seinem 'Josefinischen Patent' vom 29. Januar 1787[1268] bewiesen, daß der von den Ökonomen versprochene Kapitalstrom in einer Phase völliger Zinsfreiheit nicht nur wenig hilfreich sei, sondern gar nicht erst auftrete.[1269] Dagegen sei damals *„die Habsucht, vom Kappzaume heilsamer Furcht befreit, durch die Lockungen überschwänglicher Gewinne gar bald zu Ausschreitungen hingerissen, deren Schamlosigkeit jede Vorstellung überstieg“*.[1270] Die Befürworter einer Freigabe – deren ausschließliche Feststellung darauf hinziele, daß dieser Versuch in Österreich gescheitert sei – müßten daher den Schluß ziehen, daß die bloße theoretische Richtigkeit einer solchen Reform nicht genüge, um deren sofortige praktische Verwirklichung zu rechtfertigen.[1271] Nicht minder schwere Erfahrungen habe Frankreich ab dem 11. April 1793 gemacht.[1272] Auch hier habe ein *„unangemessener Wucher“* gewütet, der eine Verarmung des Landes hervorgerufen habe, so daß schließlich mit dem Gesetz vom 03. September 1807 die Rückkehr zum gesetzlich festgelegten Zinsmaß von 5 und 6% vollführt worden sei, was nunmehr auch für die derzeitigen Verhältnisse Beweiskraft habe.[1273] Reichensperger beruft sich hier ausdrücklich

---

[1266] a.a.O., S. 245.
[1267] a.a.O., S. 222, 223.
[1268] Vgl. dazu oben A.II.2a)cc).
[1269] Reichensperger, S. 32.
[1270] a.a.O., S. 32.
[1271] a.a.O., S. 33.
[1272] Vgl. dazu auch oben A.II.2a)cc).
[1273] a.a.O., S. 34.

auf die Rechtfertigung des französischen Gesetzes durch den Staatsrat *Jaubert*, der sich folgendermaßen äußerte:

> *„Es ist anerkannt, daß der übermäßige Zinssatz das Eigenthum in seinen Grundfesten erschüttert; daß er die Landwirthschaft untergräbt; daß er die Eigenthümer verhindert, Verbesserungen vorzunehmen und damit auch die Quellen der Industrie zerstört; daß er durch die verderbliche Leichtigkeit, sich beträchtliche Gewinne zu verschaffen, die Bürger von nützlichen und bescheidenen Gewerben abhält, und daß er endlich dahin führt, ganze Familien zu zerrütten und in Verzweiflung zu stürzen. (...) Der Grundsatz, welcher hier Alles beherrscht, ist der der Erhaltung der bürgerlichen Ordnung. (...) Neben dem Grundsatze, daß Jedermann von seiner Sache Gebrauch machen könne, giebt es noch einen andern, eben so wahren, daß es nämlich dem Staate daran gelegen sein muß, darüber zu wachen, daß das Vermögen nicht verschleudert, die Familien nicht zerrüttet werden, und das das augenblickliche Bedürfniß listige und verschlagene Menschen nicht in den Stand setze, sich des Eigenthums Anderer um einen Spottpreis zu bemächtigen. (...) Das Gesetz muß das Allgemeine vor Augen haben und für das allgemeine Interesse Sorge tragen."* [1274]

Ebenso weist Reichensperger auf das Beispiel Norwegens hin.[1275]

Merckel erörtert die Problematik in seiner 1855 erschienenen Schrift 'Ueber den Zins-Wucher' weniger im Sinne eines Verteidigungsplädoyers zugunsten der bestehenden Regelungen, sondern rekurriert primär auf Besonderheiten und regionale Verhältnisse der Zinsausbeutung in der bayerischen Pfalz unter der dortigen Geltung des französischen Rechts. Dennoch bezieht er sich auch auf die in Frankreich gemachten negativen Erfahrungen.[1276] Durch die eingeführte Zinsfreiheit habe man den unglücklichen Schuldner vollends der Habgier der Wucherer preisgegeben, die dieser auch schamlos ausgenutzt habe.[1277] *„Der Wucher, den kein gesetzliches Band mehr in Schranken hielt, durchbrach wie ein feindlicher Ueberfall die bürgerliche Gesellschaft."* [1278] Obwohl sich Merckel nahezu ausschließlich – und auch kritisch – mit der bestehenden Zinsgesetzgebung befaßt (besonders mit der Problematik der Umgehungsgeschäfte), wird er verschiedentlich, bspw. von *Knies*[1279], explizit als Verteidiger der Wuchergesetze neben Rizy und Reichensperger gestellt. Jedoch kritisiert Merckel auch die Starre der Zinsmaxima und deren mangelnde rechtliche Differenzierungsfähigkeit bei grob unterschiedlichen Darlehenskonditionen von 7% und bspw. 100% (die beiderlei als Wucher gleich geahndet werden)[1280], weswegen dieser aufgrund jener Ausführungen nicht als ausdrücklicher Verfechter des gesetzlichen

---

[1274] Zitiert nach Reichensperger, S. 34f.
[1275] Vgl. a.a.O., S. 36.
[1276] Vgl. Merckel, Zins-Wucher, S. 20ff.
[1277] a.a.O., S. 21.
[1278] a.a.O., S. 21.
[1279] Vgl. Knies, S. 360; vgl. auch Luig, Vertragsfreiheit und Äquivalenzprinzip, S. 171 (176 Fn. 28).
[1280] Vgl. Knies, S. 359f.

status quo zu erkennen ist. Aufgrund dessen sollte Merckel in diesem Zusammenhang unter Vorbehalt den Verteidigern der Zinsgesetze zugeordnet werden.

Neben derlei primär juristischen Schriften finden sich in der zweiten Hälfte des 19. Jahrhunderts auch Veröffentlichungen, die einen anderen Bewertungsschwerpunkt zur Zinswucherfrage einnehmen. Erwähnenswert ist hier das `Separatvotum zum socialpolitischen Comité, eingesetzt vom deutschen Katholikentag` des *Freiherrn von Vogelsang*.

Auch hier wird der Zins und der Wucher nachhaltig verurteilt und als *„tiefste Erniedrigung der sittlichen Natur des Menschen"* beschrieben.[1281] Die anachronistische Besonderheit der Schrift ist jedoch die hier propagierte Definition des Zinswuchers, nach der – ganz im Sinne der kanonischen Lehre des Mittelalters – jede Form des Zinses Wucher sei. Vogelsang verweist darauf, daß *„mit dem größten Recht Zinsdarlehen und Wuchergeschäft verhaßt"* seien, weil hier der Erwerb aus dem Geld selbst entspringe.[1282] Nur zur Erleichterung des Tausches sei das Geld aufgekommen, der Zins aber vermehre es an sich selbst, so daß *„diese Art von (Geld-)Erwerbskunst"* auch *„die widernatürlichste von allen"* sei.[1283] Daß eine derartige Stellungnahme zur hier relevanten Problematik eine Ausnahmeerscheinung darstellt – selbst im Rahmen der Überlegungen des politischen Katholizismus – bedarf keiner weiteren Erläuterung.

Den Verteidigern der Wuchergesetze steht in der ökonomietheoretischen und vor allem juristischen Literatur der 50er und 60er Jahre eine große Reihe von liberal orientierten Veröffentlichungen gegenüber, deren Ziel es ist, die Absurdität des überholten Festhaltens an gesetzlichen Zinsobergrenzen aufzuzeigen.

Von herausragender Bedeutung für die Rechtspolitik ist ein Gutachten des berühmten Handelsrechtlers *Levin Goldschmidt*[1284] anläßlich des VI. Deutschen Juristentages 1865, innerhalb dessen dieser eine umfassende `Beleuchtung der Wuchergesetze und das Ergebnis der bei deren Bestand und nach deren Aufhebung gemachten Erfahrungen` darstellt und sich in allen Hauptpunkten mit Entschiedenheit gegen die Zinstaxen ausspricht.

Goldschmidt, 1875 in Berlin Inhaber der ersten deutschen Handelsprofessur, war der wohl einflußreichste Wirtschaftsjurist seiner Zeit. In seinen handelsrechtlichen und handelsrechtsgeschichtlichen Arbeiten bemühte sich Goldschmidt auch um die Verbindung von römischrechtlichen und nichtrömischrechtlichen Sätzen und vor allem

---

1281 Vogelsang, Zins und Wucher, S. 73.

1282 Vogelsang, Zins und Wucher, S. 72.

1283 Vogelsang, Zins und Wucher, S. 72; vom kanonistischen Standpunkt aus argumentiert auch Funk, Zins und Wucher, Tübingen 1868.

1284 Vgl. zur Person Goldschmidts u.a. Eisenhardt, Rechtsgeschichte, S. 396 Rdnr. 566; s. zu Goldschmidt ebenso Karsten Schmidt in: Deutsche Juristen jüdischer Herkunft, hrsg. v. Heinrichs, Franzki, Schmalz und Stolleis, München 1993, S. 215-230; Ch. Bergfeld in: Juristen, hrsg. v. Michael Stolleis, München 1995, S. 243f.

um die Einbeziehung wirtschaftswissenschaftlicher Erkenntnisse in die Gesetzgebung und die praktische Rechtsanwendung.

Die geltenden Zinstaxen seien nach Goldschmidt grundfalsch, da sie jeglichen individuellen Umstand der zu einem Darlehensvertrag führe, gleich behandelten und interpretierten.[1285] Es sei vielmehr auch auf die Einzelumstände des Geschäftes zu schauen, die nicht selten auch eine Sicherheitsprämie für den Gläubiger rechtfertigten. Gerade deshalb könne nicht in jedem hohen Zinssatz gleichzeitig eine Ausbeutung des Schuldners erblickt werden.[1286] Es könne nach Goldschmidt nicht die Pflicht des Staates sein, *„jede Unsittlichkeit zu ahnden, vertragsfähige Personen gegen Gefahren der Art im Verkehr zu schützen oder gar deren Benachtheiligung durch freien Vertrag unter Strafe zu stellen“*.[1287] Deswegen sei es auch übertrieben, die üblichen Realzinssätze, die im Verkehr zu Recht im Schnitt zwischen 8-14% lägen, als Wucher zu bezeichnen.[1288] Denn schon Savigny habe erkannt, daß die bloße Höhe der Zinsen allein keinen Maßstab für die Sittlichkeit des Verhaltens gewähre: *„Die Ueberschreitung der Zinstaxe, einer rein positiven Schranke des Kapitalverkehrs, zu einer Unsittlichkeit stempeln, heißt das Sittengesetz in eine ganz ungehörige, niedere Sphäre herabziehen.“* [1289] Goldschmidt nahm in diesem Zusammenhang an, daß die Aufhebung der Zinssätze gerade im Interesse der Kapitalbedürftigen liege. Die vollständige Wirkungslähmung der *„notorisch“* umgangenen Wuchergesetze schaffe zwar nicht den Wucher, jedoch beförderten sie diesen, *„indem sie objektiv den Zinsfuß steigern, subjektiv den Kreis der Darlehensgeber beschränken, und zwar auf eine, sei es von Natur unsittliche, sei es durch die Gewöhnung der Gesetzesüberschreitung unsittlich gewordene Klasse...“* [1290] Mit der Beseitigung der Zinstaxen aber steige nicht allein die Nachfrage, sondern auch das Angebot der Kapitalien, so daß das befürchtete Ansteigen des Zinsfußes im Wege dieses vermehrten Kapitalangebots reguliert werden könne.[1291] Die Wucherer sähen sich sodann der Konkurrenz der *„bisher zurückhaltenden, vorsichtigen und ehrlichen Leute“* ausgesetzt, so daß dieses Klima die Möglichkeit schaffe, Kapitalien, die bisher nur für 10% und mehr zu haben waren, nunmehr zu 6 oder 7% zu erhalten.[1292] Vornehmlich diejenigen, die wenig Sicherheit bieten könnten, seien hier die vorrangigen Nutznießer[1293], da selbst der Habgierigste diesen Vorwand nicht mehr zur Ausbeutung zu nutzen in der Lage sei.[1294]

Vor allem im Hinblick auf die massive Weigerung der Großgrundbesitzer, sich für eine Aufhebung der Zinstaxen auszusprechen – worauf im Rahmen der preußischen

---

[1285] Goldschmidt, Verhandlungen 6. DJT, Band I, S. 227 (235).
[1286] a.a.O., S. 237.
[1287] a.a.O., S. 271; vgl. auch Bauer, Raiffeisengenossenschaften, S. 41.
[1288] a.a.O., S. 236.
[1289] a.a.O., S. 239.
[1290] a.a.O., S. 240; vgl.auch Luig, Vertragsfreiheit und Äquivalenzprinzip, S. 171 (186).
[1291] a.a.O., S. 243; vgl. auch Buchholz, Zinsgesetzgebung, S. 1761 (1762).
[1292] a.a.O., S. 243.
[1293] a.a.O., S. 243, 241.
[1294] Vgl. auch Luig, Vertragsfreiheit und Äquivalenzprinzip, S. 171 (186).

Verhältnisse noch einzugehen sein wird – betont Goldschmidt auch die positive Wirkung des freien Zinses auf sichere Anlagen. Goldschmidt argumentiert hier bewußt mit den seitens des Grundbesitzes befürchteten Folgen einer Instabilität der an sich sicheren Hypothekenkredite, die durch Ausnahmesituationen innerhalb des Kapitalflußes zu Kündigungen und außerordentlichen Verteuerungen der Hypothekendarlehen führen könne. Ergebnis seien derartige Kündigungen bei einem freien Zins aber nicht. Denn wäre nach diesem eine nachträgliche Anpassung des vertraglichen Zinsmaßes an die Bedingungen statthaft, *„so würde durch ein meist vorübergehendes Opfer diese Gefahr wesentlich verringert, ja in der Regel gänzlich abgewendet..."* [1295]

Was eine der Hauptargumentationen der Verteidiger der Wuchergesetze im Hinblick auf die negativ gemachten Erfahrungen mit der Zinsfreigabe in Österreich, Frankreich und Norwegen angeht, so verwirft Goldschmidt diese Beispiele mit weitergehenden Erläuterungen. Bezüglich der Situation in Norwegen sei stets unterschlagen worden, daß die Wiedereinführung der Zinstaxen im Jahre 1851 wiederum 1857 zugunsten der Zinsfreiheit rückgängig gemacht worden sei.[1296] Auch Österreich und vor allem Frankreich seien aufgrund der besonderen zeitlichen Umstände kaum auf die 'derzeitigen' Verhältnisse übertragbar; in Frankreich seien die beobachteten Ausbeutungen vielmehr die Folge der Assignatenwirtschaft und der späten Revolutionszeit.[1297] Wenn man sich schon auf gemachte staatliche Erfahrungen berufe, so solle man sich auch der durchweg positiven Ergebnisse der (teilweisen) Zinsfreigaben in Großbritannien, Kanada, Spanien, Peru, Sardinien, den Niederlanden, Schweden, Belgien und der Schweiz entsinnen.[1298] In Deutschland habe nach Goldschmidt zudem die preußische Zinsgesetzsuspension 1809/10 und die gesetzlichen Zinsfreigaben in Baden und Württemberg[1299] durchweg positive Wirkungen erzielt.[1300] Die sukzessive Gesetzesaufgabe (Sachsen-Weimar-Eisenach, Oldenburg, Bremen, Sachsen-Coburg, Lübeck, Frankfurt a.M., Sachsen) der deutschen Staaten verdeutliche dies.[1301]

Goldschmidt schließt sein Gutachten mit dem recht kurzgehaltenen Vermerk ab, daß in den Fällen, in denen eine tatsächlich zu verurteilende Ausbeutung vorliege, meist die allgemeinen Strafgesetze gegen den Betrug zur Ahndung ausreichten, da derartigen Ausbeutungen oftmals auch eine Täuschung über Modalitäten der Schuld immanent sei.[1302]

1295 a.a.O., S. 243f.
1296 a.a.O., S. 244f.
1297 a.a.O., S. 246.
1298 a.a.O., S. 248ff.
1299 Vgl. dazu oben B.I.1b) und B.I.4..
1300 a.a.O., S. 254, 256f.
1301 a.a.O., S. 259ff.
1302 a.a.O., S. 271; vgl. zum Gutachten Goldschmidt u.a. Landau, § 247 BGB, S. 385 (397f).

Auch der Dresdner Anwalt *Schaffrath* verteidigt in seinem Gutachten zum 6. Deutschen Juristentag eine Aufhebung der gesetzlichen Zinsbeschränkungen. Das bekannte Gesetz der freien Konkurrenz schaffe den notwendigen Ausgleich im Kreditverkehr.[1303] Dagegen hätten nach Schaffrath die gesetzlichen Bestimmungen versagt[1304], schon allein deswegen, weil Geld im nationalökonomischen Sinn bloße Ware sei, die deshalb auch so behandelt werden müsse.[1305] Man könne diese Ware nicht reglementieren, ihre *„Leichtbeweglichkeit"* entziehe sich jeglicher starren Kontrolle des Staates.[1306] Vor allem ließen die unterschiedlichen Ausprägungen der beim Kredit einfließenden Wertfaktoren – wie eine Assekuranzprämie – die Vorherrschaft einer *„willkürlichen Grenze"* nicht zu.[1307] Wie Goldschmidt beurteilt auch Schaffrath die Argumentation der Zinstaxenbefürworter bezüglich der von Österreich, Frankreich und Norwegen gemachten negativen Erfahrungen mit der Zinsfreigabe[1308] und spricht sich im Ergebnis ebenso vehement für die Aufhebung der Zinstaxen aus.

Der Wiener Hof- und Gerichtsadvokat *Heinrich Jaques* spricht sich in seiner 1867 erschienenen Schrift \`Die Wuchergesetzgebung und das Civil- und Strafrecht\` ebenso deutlich für eine Anpassung der Zinsbestimmungen an \`natürliche ökonomische Gesetzmäßigkeiten\` aus: *„Es ist deßhalb ein fundamentales und unumstößliches inneres Gesetz, daß Angebot und Nachfrage den Preis des Bodens, der Arbeit und des Capitales als natürliche Regulatoren bestimmen."* [1309]

Es gäbe keinerlei Rechtfertigung, dem Kapital in dieser Hinsicht eine Ausnahmestellung einzuräumen; vielmehr müsse man umdenken und sich den Gegebenheiten des neuartigen, übernationalen Kapitalmarkts anpassen.[1310] Das Kapital suche seine Anlage dort, wo es bei voller Sicherheit die höchstmögliche Entlohnung erhalte, folglich dort, wo keinerlei gesetzliche Bestimmungen den natürlichen Kapitalgewinn beeinträchtigten.[1311] An diesem Prinzip könne keine staatliche Gesetzgebung etwas ändern, im Gegenteil, man vergrößere nur die Schwierigkeiten, indem man den seriösen Kapitalisten aus der Konkurrenz des Angebots herausdränge.[1312]

Ähnlich wie in der Schrift von Karl Braun und Max Wirth verweist Jaques auf die unausweichliche Folge der Kapitalverteuerung, indem solches nur noch von derlei Kapitalisten angeboten werde, die bereit seien, die Gesetze zu umgehen. Die Monopolstellung erlaube es den Ausbeutern, durch nichts zu rechtfertigende Assekuranzprämien für die Gefahr einer strafrechtlichen Ahndung einzufordern, so daß man wohl mit einigem Recht behaupten könne, daß es die Wuchergesetze seien, die den Wu-

[1303] Schaffrath, Verhandlungen 6. DJT, Band I, S. 395 (397).
[1304] a.a.O., S. 398.
[1305] a.a.O., S. 400ff.
[1306] a.a.O., S. 403.
[1307] a.a.O., S. 405.
[1308] a.a.O., S. 418f.
[1309] Jaques, Wuchergesetzgebung, S. 12.
[1310] a.a.O., S. 13, 15.
[1311] a.a.O., S. 15.
[1312] a.a.O., S. 18.

cher schafften.[1313] Der Staat müsse jetzt wach werden und die *„ganz falsch angewendete Sentimentalität, welche hier den Staat zum Curator aller Unbesonnenen und Leichtsinnigen zu machen sich bemüht"*, abstreifen[1314]; der eingeschlagene Weg des Zinsmaximums bewirke dort, wo er zum Wohle der Bürger wirken sollte, genau das Gegenteil:

> *„Der Gesetzgeber will mit dem gesetzlichen Zinsfuße die Maximalgrenze des Zinsfußes fixieren; aber willkührlich und den Anforderungen des concreten Lebens widerstreitend, wie es solch' eine Norm ist, bewirkt er damit etwas, was er am allerwenigsten erreichen wollte: die Fixierung auch einer Minimalgrenze des Zinsfußes. Die Bestimmung einer solchen Grenze der Zinshöhe enthält, wie es die Praxis in allen analogen Fällen zeigt, gleichsam die stillschweigende Aufforderung nicht innerhalb derselben zu bleiben, sondern bis an die äußerste Grenze des Erlaubten heranzukommen. Das gesetzliche Zinsenmaß versteht sich gleichsam von selbst; es wird in gewöhnlichen Verhältnissen ohne alle Erörterung angenommen, es wird vermuthet. Während also der Gesetzgeber nur das Maß geschaffen haben möchte, welches nicht überschritten werden soll, hat er die gewöhnliche Zinsenhöhe normirt, unter welche auch dann nicht hinuntergegangen wird, wenn es die Verhältnisse vollkommen rechtfertigen würden."* [1315]

Die wesentlichen Argumente hinsichtlich der Nachteile der Wuchergesetze aus der Schrift von *Karl Braun* und *Max Wirth* wurden bereits im Rahmen der ersten Gesetzgebungsperiode angesprochen.[1316]

Auch *Albert Berndt*, *Anton Randa* und *Wilhelm Endemann* sprechen sich für den am Verkehr orientierten, gesetzesunabhängigen Zins aus.
Berndt bezieht sich in seinen Ausführungen primär auf die bekannte nationalökonomische These der natürlichen Preisentwicklung im Verkehr für die Ware Geld[1317]: *„Ist Geld seiner Natur nach eine Waare, so muß es hinsichtlich der Höhe seines Preises, d.h. also der Zinsen, dem Gesetze folgen, welches die Nationalöconomie aus der Erfahrung und Wissenschaft heraus für den Preis der übrigen Waaren als unbestreitbar festgestellt hat: Der Preis der Waaren richtet sich nach dem Verhältniß von Nachfrage und Angebot derselben."* [1318] Die Wertbildung werde zudem durch bekannte und auch notwendige Faktoren wie der Assekuranzprämie bestimmt.[1319] Deshalb sei es nach Berndt absolut unmöglich, daß der Gesetzgeber variable Faktoren solcher Art gesetzlich fixieren könne.[1320] Ließe er hier der `Natur` den freien Lauf,

---

[1313] a.a.O., S. 18f.
[1314] a.a.O., S. 21f.
[1315] a.a.O., S. 24.
[1316] Vgl. dazu oben B.I.3b); vgl. Braun/Wirth, S. 2, 5, 10, 12f, 15f, 125, 210, 213ff, 222f, 224, 227ff.
[1317] Berndt, Wucher-Gesetze, S. 47ff.
[1318] a.a.O., S. 48.
[1319] a.a.O., S. 50.
[1320] a.a.O., S. 53.

führe dies im Hinblick auf die kreditwucherische Ausbeutung zur erhofften Ruhe und Ordnung in der Bevölkerung.

Randa bleibt in seinen Begründungen an der Oberfläche, bezeichnet allerdings die gesetzliche Regulierung der Zinstaxen als *„ökonomische Verkehrtheit"* und *„juristische Verirrung"*.[1321] Beispielhafter Bezug wird auf die Staaten genommen, die dem Grundsatz der freien Übereinkunft beim Zinsgeschäft Rechnung tragen.

Endemann schließlich betont ebenso die Notwendigkeit der freien Selbstbestimmung der Parteien beim Zinsgeschäft, je unentbehrlicher der Kredit im Wirtschaftsprozeß werde.[1322]

Die sich in der Literatur widerspiegelnde Tendenz zur vorrangigen Befürwortung der unbeschränkten Freiheit im Kapitalverkehr läßt sich auch auf den gesamten Bereich der rechtspolitischen Diskussion übertragen. Eine ausdrückliche Ablehnung dieser Entwicklung findet sich nur selten. An die Spitze der Kritik stellt sich in dieser Phase – mit einigem Erfolg – der (vornehmlich preußische) Großgrundbesitz, der bei einer Aufgabe der Zinsbeschränkungen um seine, zunehmend auf Leihkapital basierende, wirtschaftliche Existenz fürchtet. Hierauf soll im Rahmen der Darstellung der preußischen Zinsgesetzentwicklung näher eingegangen werden.
Die Großunternehmen, vor allem die der Großindustrie, verhalten sich äußerst zurückhaltend. Der Grund ist hier in der relativen Unabhängigkeit von den Zinsgesetzvorgaben zu sehen, da man weitgehend seine eigenen Anleihe- und Kapitalsammlungsformen außerhalb des staatlichen Zugriffs- und Steuerungsbereiches entwickelt und gefestigt hatte.[1323]

Auch anderweitige Stellungnahmen finden sich ebenso immer wieder, die – entsprechend der Ansicht in der Wissenschaft – eine Herbeiführung der Kapitalfreiheit fordern. Zum großen Teil sind dies lobbyistische Schriften mittelständischer Wirtschaftsvertreter, wie bspw. des \`Volkswirthschaftlichen Vereins zu Frankfurt/M.\`. In

---

[1321] Randa, Lehre von den Zinsen, S. 3.
[1322] Endemann, S. 6; vgl. zu den Befürwortern in der Literatur auch *Bülau*: *„...die Aufhebung aller Beschränkungen der Zinsnahme würde das Angebot von Kapital für nichtversicherte Geschäfte beträchtlich erhöhen, dadurch den Zinsfuß wirksam mindern und in kurzem den Charakter des Geldwuchers zu einem veralteten machen..."*, sowie *Berner*: *„So wird durch die freie Mitbewerbung das richtige Verhältniß hergestellt zwischen dem Werthe der Waren und ihren Verkaufspreisen. Die freie Mitbewerbung ist demnach das natürliche Gesetz der Preisregulierung für die ganze bürgerliche Gesellschaft. Wer dies Gesetz durch Kunstgriffe beseitigt, der beseitigt die wahren Preise."*, Bülau und Berner zitiert nach Luig, Vertragsfreiheit und Äquivalenzprinzip, S. 171 (176 Fn. 28); vgl. auch von Stein, Der Wucher und sein Recht, S. 16f; vgl. auch zu den Stellungnahmen von Rau und Roscher v.a. Knies, S. 360f.
[1323] Buchholz, Zinsgesetzgebung, S. 1761 (1762).

seinem Flugblatt vom 04. März 1862[1324] verweist dieser auf die Richtigkeit einer Aufhebung der Wuchergesetze. Man müsse mit einer Aufhebung dem Umstand Rechnung tragen, daß der seriöse Kaufmann, der mitunter statt der erlaubten 5% aus existenziellen Gründen 5 ¼% oder 5 ¾% Zins erheben müsse, nicht mit derartigen Ausbeutern gleichgesetzt werden könne, die von notleidenden Menschen 25% und mehr einforderten.[1325] Zudem müsse der Gesetzgeber endlich die Notwendigkeit variabler Assekuranzprämien anerkennen, jedoch nur solche, die sich auf die angebotenen wirtschaftlichen Sicherheiten bezögen. Die Wirkung der Zinsbeschränkungen sei dagegen, daß der kleine Handwerker oder Bauer häufig dergestalte Assekuranzprämien entrichten müsse, deren Rechtfertigung seitens der Ausbeuter die erhöhte Gefahr einer Verurteilung sei. Die Zinsgesetze seien somit in höchstem Grade kontraproduktiv. Dabei würden die Kleingewerbetreibenden doch *„gerne eine ihren Verhältnissen angemessen hohe Assecuranzprämie zahlen; allein achtungswerthe Kapitalisten lassen sich zu einer gesetzwidrigen Vereinbarung nicht herbei, und so fallen sie einer andern Klasse von Geldmännern in die Hände, die weder den Richter noch den Teufel scheuen; die Zinsgesetze werden Gesetze für nicht gegen den Wucher“.*[1326]

Eine sehr ähnliche Argumentation findet sich in einem Schreiben des `Wormser Lokalgewerbevereins` an den Präsidenten des Gewerbevereins Darmstadt vom 30. Dezember 1865 in Betreff dringlicher Notwendigkeit einer Aufhebung der Wuchergesetze.[1327] Auch hier wird die Verhinderung von Risikoprämien durch die Wuchergesetze beklagt, was hieße, den Geldinhaber als Darleiher zu *„fesseln“*.[1328] Dies hemme den von Tag zu Tag wachsenden Verkehr und erweise sich obendrein als nutzlos für diejenigen, die durch die Zinsgesetze geschützt werden sollten. Die mit den Zinstaxen verbundenen Hoffnungen hätten sich ohnehin als illusorisch erwiesen, *„weil es tausend offene und verdeckte Wege“* zur Umgehung der Vorschriften gäbe.

Der `Österreichische Verein für volkswirthschaftlichen Fortschritt` stellt schlußendlich in seinen Mitteilungen Nr. 38 vom 09. November 1867 fest, *„daß alle Zinsbeschränkungen wirthschaftlich nicht zu rechtfertigen, dem Gesammtwohl in höchstem Grade nachtheilig“* und daß *„sie endlich praktisch völlig undurchführbar“* seien.[1329]

[1324] `Die gesetzlichen Zinsbeschränkungen, Flugblatt No. 8 des Volkswirthschaftlichen Vereins zu Frankfurt/M. v. 4. März 1862, zugestellt an das Rechnei- und Renten-Amt der Freien Stadt Frankfurt am Main` *(Bestand Inst.f.Stgesch.Ffm./Akte Rep. 799 Nr. 972).*

[1325] a.a.O.

[1326] a.a.O.

[1327] `Schreiben vom 30. Dezember 1865, Betreff Aufhebung der Wuchergesetze. Der Vorstand des Lokalgewerbevereins in Worms (gez. der Schriftführer Dr. Schröder) an den Präsidenten des Gewerbevereins Herrn Geheimrath Eckhardt, Hochwohlgeboren in Darmstadt` *(Bestand StaatsArchV Darmstadt (Hess)/Akte G 21 A/Konv. 1680/1-3).*

[1328] a.a.O.

[1329] `Mittheilungen des Vereins für volkswirthschaftlichen Fortschritt, No. 38, Wien, den 9. November 1867` *(Bestand BArchV, Akte R 3001/6245, 6246 (Mikrofilm-Nr. 21943)).*

Betrachtet man sich verschiedene gesetzgeberische Stellungnahmen dieser Periode, so fällt auf, wie sehr jene Thesen der Befürworter der Zinsgesetzaufgabe die Begründungen prägten. Beispielhaft ist insoweit der `Bericht des zweiten Ausschusses der 2. Ständekammer des Großherzogtums Hessen-Darmstadt betreffend den Gesetzentwurf, die Höhe des Zinsatzes bei Darlehen und die Strafbarkeit des Wuchers`:

> *„...so stellt sich der Zins von volkswirthschaftlichem Standpunkte aus (...) als Preiß dar, um welchen eine Summe Geldes als Waare oder auch als Mittel zur Gewinnung von Waaren zum Gebrauch überlassen oder belassen wird; (...) Jeder Preis hängt aber vorzugsweise von Angebot und Nachfrage ab. (...) Es ist darum einleuchtend, daß ein Fixieren des Zinsfußes für alle Zeiten, für alle Geschäfte, für alle Personen und für alle Orte ein mehr oder weniger gewaltthätiger Versuch ist, den ganz naturgemäßen und berechtigten Einfluß aller jener Momente auf die Bildung des Zinsfußes zum Voraus zu beseitigen. (...) Von volkswirthschaftlichem Standpunkte aus erweist sich daher die Fixierung eines Zinsmaximums entweder als ungerechter, den veränderten und verändlerichen Preiß des Capitals in unzulässiger Weise ignorirender Zwang oder als ohnmächtiger Versuch die zwingende Macht wirthschaftlicher Gesetze durch staatlicher Verbote zu bekämpfen. (...) denn wer höhere Zinsen geben will, wird, wenn er auch dabei die wirthschaftlichen Rücksichten zu seinem Nachtheile vernachlässigen sollte, trotz der gesetzlichen Zinstaxe, Wege genug finden, um zu seinem Zwecke zu gelangen... – der redliche Kapitalist, der die gesetzlichen Vorschriften achtet, wird sein Geld dahin geben, wo er es, ohne gegen das Gesetz zu verstoßen, nutzbarer anlegen kann, er wird es dadurch dem kleinen Verkehr entziehen und die Folge kann nur die sein, daß der kleine Verkehr mit seinen Bedürfnissen nach Kapital in die Hände gewissenloser Individuen fällt... Die Aufrechterhaltung der gesetzlichen Zinstaxe läßt sich (...) nicht vertheidigen. Denn die Zinstaxe ist, beim Lichte betrachtet, nichts Anderes, als ein ungerechtfertigter Eingriff in die Freiheit des Eigenthums."* [1330]

Demgegenüber sind veröffentlichte Warnungen vor den Folgen der Freigabe eine Seltenheit[1331] in dieser Phase und somit nicht als argumentative Einschränkungen in den gesetzgeberischen Stellungnahmen zu finden.

[1330] `Bericht des zweiten Ausschusses über: 1) den Antrag des Abg. Dumont, die Aufhebung der gesetzlichen Beschränkungen des Zinsfußes betr. (Beil. Nr. 50); 2) den Gesetzentwurf, die Höhe des Zinssatzes bei Darlehn und die Strafbarkeit des Wuchers betr. (Beil. Nr. 164-166); erstattet von dem Abgeordneten Hallwachs. Beilage Nr. 227 zum 39. Protokoll vom 28. Juni 1867 der zweiten Kammer der Stände, S. 2ff *(Bestand StaatsArchV Darmstadt (Hess)/Akte G 21 A/Konv. 1680/1-3)*; ähnlich bereits die Motive zum Gesetzentwurf, Beilage Nr. 166 zum 24. Protokoll vom 16. Mai 1867 *(Bestand a.a.O.)*.

[1331] Eine der wenigen Äußerungen hinsichtlich befürchteter negativer Folgen der Zinsfreigabe findet sich in einer Anfrage des Schweizerischen Bundesrates an das Nassauische Staatsministerium bezüglich des Diskussionsstandes in Nassau: *„Einer solchen Maßregel steht nur theilweise die Besorgniß entgegen, daß die Beseitigung aller Beschränkungen des Zinsfußes für den Landwirth die nachtheilige Folge haben könnte, daß der Zins für Darlehen, die auf Grundeigenthum versichert sind, über das bisherige Maß von 5% dauernd steigen dürfte." (Bestand HptStaatsArchV Wiesbaden (Hess)/Akte Abt. 210 Nr. 12638) (fol. 38).*

Es wirkt fast wie das berühmte `Pfeifen im Walde`, wenn man sich das Gedicht von *Justus Verus* betrachtet, das vor diesem Hintergrund im `Elbinger Anzeiger` vom 29. Juli 1857 erschien:

> *„Von allen Thieren, die im Luftkreis schweben,*
> *In Seen schwimmen, auf dem Erdball leben,*
> *Vom Missisippi bis zum Anadyr,*
> *sind Wuch'rer mit das schädlichste Gethier!*
> *Eigennutz spricht alle Sprachen, spielt alle Rollen*
> *selbst die der Uneigennützigkeit. Ja, unter allen schlimmen*
> *Dingen das Schlimmste mit, ist der Wuchermensch!*
> *Er ist Verführer und Betrüger in Einem!*
> *Sein Herz ist das Einmaleins; seine Seele die Ziffern!*
> *Er verabscheut nicht, um sich nur multiplizieren zu können;*
> *er spekuliert auf Hunger und Mangel aller Art, auf Pest und*
> *Blut; alle Plagen Aegyptiens vereinigen sich in ihm!*
> *(...)*
> *Und diese Blutegel gefährlichster Art wollen noch mehr*
> *Schwimmraum? Wollen die Wuchergesetze aufgehoben haben!*
> *Wollen unbeschränkten Zinsfuß! Ei ja doch! Das hieße:*
> *den Ichneumon tödten, der das Wucherkrokodil schreckt,*
> *verscheucht, vernichtet!"* [1332]

3. Die Aufgabe der Zins-Wucher-Gesetze

Nicht nur in Deutschland setzt sich der Einfluß der liberalen Ideale durch, sondern auch in weiten Teilen Europas. Der anfänglich theoretischen Tendenz zur Aufgabe aller Zinsbeschränkungen folgt die unumstößliche Gewißheit in der Rechtspolitik, dem neuen Wirtschaftsverkehr und den damit einhergehenden kulminierenden Problemen nur mit absoluter Freiheit im Kapitalverkehr begegnen zu können. An die Stelle des versagenden ethischen Schutzauftrages der Gesetze tritt die Hoffnung, einen wirkungsvolleren Wohlstandsautomatismus in der Gesellschaft durch die Kraft des freien Individuums zu etablieren.

Innerhalb Europas kommt es nach der Mitte des Jahrhunderts zur kompletten oder teilweisen Aufgabe der Zinsbeschränkungen, so in Großbritannien[1333], Norwegen[1334],

---

[1332] Gedicht von Justus Verus, abgedruckt im *„Elbinger Anzeiger"* v. 29.07.1857, Ausgabe No. 60 *(Bestand GStA PK (Berlin, Preußen)/Akte I. HA. Rep. 84a Nr. 5717) (fol. 198).*

[1333] Aufgabe jeglicher Zinsbeschränkung durch G.v. 10.08.1854 mit Ausnahme besonderer Regelungen für Pfandleiher; vgl. Jaques, Wuchergesetzgebung, S. 39f; Bezold, Gesetzgebung des Deutschen Reiches, S. 19; Randa, Lehre von den Zinsen, S. 3; Landau, § 247 BGB, S. 385 (388); Peschke, Handwörterbuch der Staatswissensch., S. 1081 (1091).

[1334] In Norwegen hob man die Wuchergesetze im Jahre 1842 auf, kehrte mit G.v. 15.09.1851 zur Fixierung des Zinsfußes zurück und erneuerte die Aufhebung mit G.v. 12.10.1857. Dies galt für solche Darlehen, die gegen Verschreibung ohne Sicherung durch Eintragung auf Grundeigentum oder Ver-

Schweden[1335], Spanien[1336], Sardinien (resp. Königreich Italien)[1337], den Niederlanden[1338], Belgien[1339], Dänemark[1340], Portugal[1341] und der Schweiz.[1342]
Innerhalb des deutschen Staatenbundes ist die Zinsfreiheit bereits 1809 in Baden und 1849 in Württemberg gesetzliche Grundlage. Zu den Besonderheiten der diesbezüglichen Entwicklung in diesen Staaten wurde bereits Stellung genommen. Obgleich Württemberg häufig als direkter Beginn der auf dem Liberalismusideal basierenden Zinsgesetzaufgabe gesehen wird, kann man jedoch eine derartige Feststellung aufgrund der damit verbundenen Umstände nur unter Vorbehalt gestatten.[1343]
Sachsen-Weimar-Eisenach gibt sodann durch Verordnung vom 13. Januar 1858 den Zins frei.[1344] Es folgt Oldenburg durch Gesetz vom 18. Juni 1858:

> *Gesetz, betreffend Aufhebung der Beschränkungen des vertragsmäßigen Zinsfußes*
>
> *Art. 1. Die bestehenden Beschränkungen des vertragsmäßigen Zinsfußes sind aufgehoben.*
> *Art. 2. Die privatrechtlichen Bestimmungen in Ansehung der Zinsen über den Betrag der Hauptschuld und der Zinsen von Zinsen bleiben in Kraft.*
> *Die bisherigen polizeilichen oder strafrechtlichen Folgen der Ueberschreitung solcher gesetzlichen Bestimmungen in Ansehung der Zinsen fallen weg.*[1345]

---

pfändung einer auf Grundeigentum eingetragenen Schuldurkunde für einen 6 Monate nicht übersteigenden Zeitraum gewährt wurden; vgl. auch Isopescul-Grecul, Das Wucherstrafrecht, S. 162; Randa, Lehre von den Zinsen, S. 3.

1335 Das Norwegische G.v. 12.10.1857 wurde mit G.v. 13.09.1864 auch auf Schweden ausgedehnt; vgl. auch Isopescul-Grecul, Das Wucherstrafrecht, S. 162; Bezold, Gesetzgebung des Deutschen Reiches, S. 19.

1336 In Spanien wurde durch G.v. 14.03.1856 die unbeschränkte Zinsfreiheit eingeführt, jedoch bei Überschreitung von 5% unter Bedingung schriftlicher Errichtung des Zinsvertrages; vgl. Jaques, Wuchergesetzgebung, S. 41; Bezold, Gesetzgebung des Deutschen Reiches, S. 20.

1337 Volle Zinsfreiheit für Sardinien mit G.v. 05.06.1857 unter Bedingung der Schriftlichkeit des Zinsvertrages; spätere Ausdehnung des G. auf ganz Italien; vgl. auch Jaques, Wuchergesetzgebung, S. 41; Isopescul-Grecul, Das Wucherstrafrecht, S. 162.

1338 Versuchsweise Einführung der Zinsfreiheit mit G.v. 29.12.1857; vgl. Bezold, Gesetzgebung des Deutschen Reiches, S. 20; Jaques, Wuchergesetzgebung, S. 41.

1339 Nahezu komplette Aufhebung aller Zinsbeschränkungen durch G.v. 05.05.1865. Das G. ließ jedoch den Art. 494 des cod. pénal belge unberührt, der die gewohnheitsmäßige Überschreitung der gesetzlichen Zinstaxe unter Mißbrauch der Schwäche und Leidenschaften des Darlehensnehmers unter Strafe stellte; vgl. Bezold, Gesetzgebung des Deutschen Reiches, S. 20; Isopescul-Grecul, Das Wucherstrafrecht, S. 162.

1340 Aufhebung der Zinsbeschränkungen mit G.v. 06.04.1855 mit Ausnahme der Hypothekendarlehen. Bei diesen konnte ein höherer Zinssatz durch Ministerialentschluß gestattet werden; vgl. Jaques, Wuchergesetzgebung, S. 42; Bezold, Gesetzgebung des Deutschen Reiches, S. 20.

1341 Durch das Handelsgesetzbuch v. 1833 auf 6% festgelegter Zinsfuß, der jedoch unter Schriftlichkeitserfordernis höher ausbedungen werden konnte (unabhängig von einer Kaufmannseigenschaft); vgl. Bezold, Gesetzgebung des Deutschen Reiches, S. 20; Jaques, Wuchergesetzgebung, S. 42.

1342 Zinsfreiheit in verschiedenen Kantonen seit den 50er Jahren, vgl. dazu v.a. Jaques, Wuchergesetzgebung, S. 42.

1343 Vgl. dazu oben B.I.4..

1344 Gesetzliche Umsetzung mit dem 04.05.1858.

1345 Abgedruckt auch bei Jaques, Wuchergesetzgebung, S. 139.

Bremen hebt die Zinstaxen durch Gesetz vom 27. Dezember 1858 auf[1346], Sachsen-Coburg mit Gesetz vom 10. Februar 1860 unter Rückgriff auf die Beschränkungen des Oldenburgischen Gesetzes.[1347] Es folgen Lübeck (Gesetz vom 23./25. Juni 1862)[1348] und Frankfurt a.M. (Gesetz vom 02. Februar 1864):

Gesetz der Freien Stadt Frankfurt, die Zinsen betreffend (Auszug)

§ 1

Die gesetzlichen Beschränkungen des vertragsmäßigen Zinsfußes sind aufgehoben.

§ 2

Die Höhe der gesetzlichen Zinsen, insbesondere auch die Verzugszinsen ist Sechs vom Hundert jährlich.

§ 5

Zinsen von rückständigen Zinsen sind (...) nur zu entrichten:
a) wenn solche bedungen sind,
b) im Rechtsstreite aus den eingeklagten Zinsen vom Tag der Klagbehändigung an,
und zwar in dem Fall unter a) nach dem vertragsmäßigen, in dem Fall unter b) nach dem gesetzlichen Zinsfuß, letzteres auch dann, wenn ein niedriger Zinsfuß bedungen sein sollte.

1346 Auf der Basis der vorübergehenden Verordnung v. 06.01.1858, betreffend die Suspension der gesetzlichen Beschränkungen des vertragsmäßigen Zinssatzes:
§. 1. Die gesetzlichen Beschränkungen des vertragsmäßigen Zinssatzes treten mit dem 1. Januar 1859 außer Kraft.
§. 2. Bei einer präferenzmäßigen Vertheilung kommen die das gesetzliche Maß überschreitenden Zinsen erst nach der Befriedigung aller Gläubiger der präferenzmäßig zu vertheilenden Masse, sowohl hinsichtlich des Capitals, als hinsichtlich der ihnen gebührenden, das gesetzliche Maß nicht überschreitenden Zinsen ihrer Forderungen zur Zahlung, und zwar lediglich nach Maßgabe (pro rata) des Betrages solcher Zinsen, ohne Rücksicht auf eine Priorität, und ohne Rücksicht darauf, ob die Zinsen seit dem letzten Jahre oder seit längerer Zeit rückständig sind.; abgedruckt auch bei Jaques, Wuchergesetzgebung, S. 140.

1347 *Art. 1. Die bestehenden Beschränkungen des vertragsmäßigen Zinsfußes sind aufgehoben.*
Art. 2. Wird die Zahlung eines Capitals verzögert, so bleibt, wenn ein höherer als der für Verzugszinsen bestehende Zinsfuß bedungen war, dieser höhere Zinsfuß auch für die Verzugszinsen maßgebend.
Art. 3. Die privatrechtlichen Bestimmungen in Ansehung der Zinsen von Zinsen, sowie der den Betrag des Capitals übersteigenden rückständigen Zinsen, und die für Privat-Leihinstitute rücksichtlich des Zinsfußes gegebenen Vorschriften werden durch dieses Gesetz nicht geändert.; abgedruckt auch bei Jaques, Wuchergesetzgebung, S. 139.

1348 *Gesetz, die Aufhebung der bisherigen Beschränkungen des Zinsfußes betreffend* (Auszug):
Art. 1. Die hier noch bestehenden Beschränkungen des vertragsmäßigen Zinsfußes sind aufgehoben.
Art. 2. Die Höhe der gesetzlichen Zinsen, insbesondere auch die Verzugszinsen, bleibt wie bisher, in der Regel fünf vom Hundert jährlich; bei Handelsgeschäften jedoch wird dieselbe auf sechs vom Hundert jährlich bestimmt.
Art. 4. Die gemeinrechtlichen Bestimmungen, nach welchen Zinsen von Zinsen überall nicht, und rückständige Zinsen nur in so weit sie nicht die Summe des Capitals übersteigen, gefordert werden können, sind aufgehoben.
Art. 5. Für das öffentliche Leihhaus, ingleichen für den gewerbmäßigen Betrieb des Leihens auf Pfänder bleiben auch bezüglich der Zinsen die Bestimmungen der Leihhausordnung vom 7. Juli 1855, sowie der Verordnung vom 5. März 1856, den Betrieb des Leihens auf Pfänder als Gewerbe betreffend, in Kraft.; abgedruckt auch bei Jaques, Wuchergesetzgebung, S. 140f.

§ 6

Die Zinsen können in ihrem Gesammtbetrag das Kapital übersteigen.[1349]

Im Königreich Sachsen werden durch Gesetz vom 25. Oktober 1864 ebenfalls sowohl die zivilrechtlichen als auch strafrechtlichen Verbote der Überschreitung des Zinssatzes aufgehoben. Ganz im Sinne der ökonomieliberalen Thesen heißt es in den Motiven des grundlegenden Regierungsentwurfes zur überholten gesetzlichen Vertragsbeschränkung:

> *„Es wird von der Wissenschaft nicht mehr als Aufgabe der Gesetzgebung betrachtet, die nach Angebot und Nachfrage sich richtenden Preise durch polizeiliche Vorschriften zu regeln, und selbst von Denen, welche dem Staate diese Aufgabe zu stellen geneigt sein möchten, wird deren Erfüllung als unmöglich erkannt und zugestanden, daß die dadurch zu erlangenden Vortheile durch größere Nachtheile aufgewogen werden. (...) In der That hat auch die Ueberzeugung von der Nothwendigkeit völliger Beseitigung der bisherigen Zinsbeschränkungen nicht nur in den Kreisen des Handels und der Gewerbe in der neuesten Zeit immer weitere Verbreitung gefunden, sondern es ist auch von dem Landesculturrathe bereits vor mehreren Jahren ein ausdrücklicher Antrag auf Erlaß eines entsprechenden Gesetzes gestellt und so der Beweis geführt worden, daß selbst der Landwirth, der mehr als viele Andere in der Lage ist, durch Immobiliarpfand sich Credit zu verschaffen, unter den Fesseln jener Gesetze leidet.“* [1350]

Obgleich den Motiven die Tatsache einer schon seit längerem in Sachsen gehegten zinsfreiheitlichen Überzeugung immanent erscheint, so ist demgegenüber jedoch festzuhalten, daß dies vielmehr ein eher kurzfristiger Prozeß war. Noch im ersten Entwurf eines sächsischen BGB von 1860 legt man den vertragsmäßigen Zinssatz auf 6% fest.[1351] Auch die fertiggestellte Textform des Sächsischen BGB enthielt in § 676 Satz 2 noch eine Blankettnorm, welche die Frage nach der Höhe des Zinssatzes noch zu bestimmenden Gesetzen überließ.[1352]

In Anlehnung an das sardische Gesetz vom 05. Juni 1856, das auch in der deutschen Rechtspolitik auf Anerkennung stieß, bestimmte das sächsische Gesetz vom 25. Oktober 1864, daß bei Darlehen mit einem höherem als dem gesetzlichen Zinsfuß nach einem halben Jahr eine halbjährige Kündigung durch den Schuldner zulässig sei.[1353] Grundlage des sächsischen Gesetzes war ein Regierungsentwurf vom 21.

[1349] Auszug nach `Gesetz- und Statuten-Sammlung der Freien Stadt Frankfurt`, XVI (1862-1866), S. 119f.

[1350] `Motiven zu dem Entwurf zu einem Gesetze, die Aufhebung der Zinsbeschränkungen betreffend vom 21. Januar 1864`, Akten des sächsischen Landtags 1863/64, 1. Abt., 2. Bd., Drucks. Nr. 36, S. 319 (321f) *(Bestand HptStaatsArchV Stuttgart (B-W)/Büschel E 302 Nr. 874) (fol. 130).*

[1351] Landau, § 247 BGB, S. 385 (395).

[1352] § 676 Satz 2: *Über die Höhe der vertragsmäßigen Zinsen bestimmen besondere Gesetze.*; Landau, § 247 BGB, S. 385 (395); vgl. auch Schober, S. 43ff.

[1353] *Königlich Sächsisches Gesetz vom 25. October 1864, betreffend die Aufhebung der Zinsbeschränkungen* (Auszug):

Januar 1864, in dessen Motiven es zu diesem Kündigungsrecht hieß, der Schuldner solle so die Möglichkeit haben, von einer günstigen Wendung des Geldmarktes Gebrauch zu machen, wenn die Forderung höherer Zinsen nur vorübergehend berechtigt sei.[1354] Zu den Hintergründen dieses aber nicht nur auf ethischen Schuldnerschutzmotiven basierenden Kündigungsrechtes soll – aufgrund der Ähnlichkeit der widerstreitenden Interessen – im Rahmen der preußischen Gesetzesentwicklung weiterer Bezug genommen werden.

In Hamburg werden die allgemeinen Zinsbeschränkungen durch die §§ 30, 33 des Einführungsgesetzes zum ADHGB (22. Dezember 1865) aufgehoben[1355]; es folgen im Rahmen der staatlichen Gesetzgebung Braunschweig (Gesetz vom 18. April 1867)[1356] und Hessen-Darmstadt mit Gesetz vom 04. August 1868.[1357] Bayern hob zwar bereits 1861 die gegen den Zinswucher bestehenden Strafgesetze auf, erhielt jedoch die zivilrechtlichen Zinsbeschränkungen aufrecht. Auf das die zivilrechtliche Seite behandelnde Gesetz vom 05. Dezember 1867, wie auch auf die österreichische Zinsgesetzgebung, wird im Rahmen des \`Gesetzes für den Norddeutschen Bund betreffend die vertragsmäßigen Zinsen vom 14.11.1867\` einzugehen sein.

Mit der sukzessive sich entwickelnden einzelstaatlichen Zinsbeschränkungsaufgabe in Deutschland einher ging in dieser Phase auch die erste diesbezügliche bundesweite Rechtsvereinheitlichung. Das ADHGB von 1861/62[1358] - das im Sinne der angestrebten deutschen Wirtschaftseinheit in der Tradition von Deutschem Zollverein und Allgemeiner Deutscher Wechselordnung stand – bestimmte in Art. 292 II, daß bei Darlehenshingaben an einen Kaufmann und bei Schulden eines Kaufmanns aus

---

§. 1. Das 16. Capitel im 2. Theile des Strafgesetzbuches vom 11. August 1855 (Gesetz- und Verordnungsblatt vom J. 1855 S. 272 fg.), sowie alle die Ueberschreitung eines bestimmten Zinsfußes betreffenden Vorschriften werden hiermit aufgehoben.
§. 2. Derjenige, welcher für eine Schuld dem Gläubiger größere Vortheile als die Verzinsung nach jährlich 6 vom 100 gewährt oder zusagt, ist zu einer halbjährigen Kündigung des Vertrages befugt. Jedoch kann er von diesem Befugnisse nicht unmittelbar bei Eingehung des Vertrages, sondern erst nach Ablauf eines halben Jahres Gebrauch machen. Vertragsbestimmungen, durch welche diese Vorschrift zum Nachtheile des Schuldners beschränkt oder aufgehoben wird, sind ungiltig.
§. 3. Auf Schuldverschreibungen, welche unter den gesetzlichen Voraussetzungen auf jeden Inhaber gestellt werden, sowie auf Darlehen, welche ein Kaufmann empfängt, und auf Schulden eines Kaufmannes aus seinen Handelsgeschäften leidet die im §. 2 enthaltene Vorschrift keine Anwendung.; vgl. auch Bezold, Gesetzgebung des Deutschen Reiches, S. 21; Jaques, Wuchergesetzgebung, S. 43; Landau, § 247 BGB, S. 385 (395ff).

1354 \`Motiven\` (s. Fn. 1350), S. 321 (323) *(Bestand a.a.O.)*.

1355 Vgl. Isopescul-Grecul, Das Wucherstrafrecht, S. 163.

1356 Vgl. die Entwicklungsübersicht zu den staatlichen Zinsgesetzgebungen in der \`Begründung zum Entwurf eines Gesetzes, betreffend den Wucher vom 13. März 1880\`, Stenogr. Ber. RT., 4. Lp., III. Session 1880, 3. Band, Aktenstück Nr. 58, S. 371 (372).

1357 Das \`Gesetz für den Norddeutschen Bund betreffend die vertragsmäßigen Zinsen vom 14.11.1867\` erreichte sowohl in Hessen-Darmstadt als auch in Baden erst durch Protokoll v. 15.11.1870 (Verfassung des Deutschen Bundes, Art. 80 I 6) und Protokoll v. 25.11.1870 (Art. 2 Nr. 6 I 1 (Bundes-Gesetzblatt 1870, S. 647, 650, 654)) Geltung.

1358 Vgl. zur Entstehungsgeschichte Eisenhardt, Rechtsgeschichte, S. 396 Rdnr. 565; Schlosser, S. 144f.

seinen Handelsgeschäften mehr als 6% Zinsen jährlich bedungen werden konnten.[1359] Obgleich man inhaltlich am handelsgeschäftsüblichen 6%igen Zinsfuß festhielt, blieb dieser aufgrund der bedingungslosen Zulässigkeit höher verzinster Vereinbarungen bloße Makulatur. Gemäß Art. 287 lag der gesetzliche Zinssatz, insbesondere auch der Verzugszinsen, bei eben jenen 6% p.a.. Allerdings betonte die Kommission zur Beratung des ADHGB ausdrücklich, daß die gesetzliche Zinshöhe auch nicht als Maßstab für eine im Einzelfall in Zweifel stehende Zinshöhe diene. Der Richter müsse sich bei der Auslegung des mutmaßlichen Willens der Parteien nicht an die Vorgabe der gesetzlichen Zinsen halten, sondern sei davon gänzlich unabhängig.[1360]

Mit der Einführung, bzw. einzelstaatlichen Umsetzung des ADHGB wurde somit auch die Festsetzung des Zinsfußes in Handelssachen der freien Vereinbarung der Parteien überlassen.[1361] Gerade den Kaufleuten sei, so die Kommission zur Beratung des ADHGB, eine gewisse Vertrautheit mit Geldgeschäften zuzusprechen und durch die neue Bestimmung sei es für die Kaufleute leichter, Geld für kurzfristige Transaktionen dargeliehen zu bekommen.[1362]

Durch die bundesweite Umsetzung des ADHGB, sowie der recht weitgefaßten Kaufmannseigenschaft (Art. 4, 271, 272) des Gesetzes kam der Regelung des Art. 292 II somit die wesentliche Bedeutung zu, *„daß für den bei weitem größten Theil aller hiesigen Transaktionen die Zinstaxe durch das Handelsgesetzbuch beseitigt"* wurde.[1363]

a) Die Schwierigkeiten der Zinstaxenaufgabe in Preußen

Preußen tut sich dagegen mit der Aufgabe der Zinstaxen äußerst schwer. So \`progressiv\` Preußen noch 1809/10 mit der kurzfristig in Kraft gesetzten Suspension der Zinsbeschränkungen der Handelskrise entgegentrat, so sehr hemmen die im Königreich bestehenden Machtverhältnisse zur Mitte des Jahrhunderts die Anpassung an die rechts- und wirtschaftsliberalen Strömungen.

Zwar wurde bereits 1848 – nachdem sich zuvor bereits die Provinzialstände im Jahre 1844 für die Aufhebung aller Wuchergesetze ausgesprochen hatten[1364] - unter dem

---

[1359] Vgl. Dernburg, Preuß. Privatrecht, S. 87; Stobbe, Band III, § 236, S. 352f; Gad, Allgemeines Deutsches Handelsrecht, S. 107f.

[1360] Tapp, S. 71.

[1361] Vgl. Gareis, Handelsrecht, S. 486; vgl. dazu auch die stark unter dem Einfluß der Thesen der klassischen Nationalökonomie stehenden Erläuterungen von Goldschmidt zu den Grundbegriffen des Handels, der Produktivitätsfaktoren und des Kredits, Goldschmidt, Handbuch des Handelsrechts, S. 288ff.

[1362] Tapp, S. 70; eine Argumentation, die im übrigen auch schon bei der preußischen Zinsfreiheitsbestimmung für Großhändler gem. ALR II 8 § 692 grundlegend war, vgl. oben B.I.1..

[1363] Aus \`Die gesetzlichen Zinsbeschränkungen, Flugblatt No. 8 des Volkswirthschaftlichen Vereins zu Frankfurt/M. v. 4. März 1862, zugestellt an das Rechnei- und Renten-Amt der Freien Stadt Frankfurt am Main\` *(Bestand Inst.f.Stgesch.Ffm./Akte Rep. 799 Nr. 972).*

[1364] Caro, S. 33.

liberalen Ministerium Camphausen das Ziel einer Aufgabe aller Zinsbeschränkungen verfolgt, jedoch schnell wieder nach dem Sturz desselben im Juni 1848 verworfen.[1365] Erst zur Zeit der großen Wirtschaftskrise 1857/58[1366] kamen die Überlegungen zur Einführung der Zinsfreiheit unter dem konservativen Ministerium Manteuffel wieder auf. Bereits 1856 zeigte die Krise – bei deren Ausbruch die Preise erstmals deutlich schneller als die Löhne zu steigen begannen[1367] - ihren Einfluß auf das preußische Wirtschaftsgebiet. Obgleich die sich auch für Preußen abzeichnenden negativen Einwirkungen der primäre Grund für die neuerliche Beschäftigung mit der Aufgabe der Zinstaxen war, war man sich zu diesem Zeitpunkt – vor allem im Justizministerium – durchaus auch über die durch die gesetzliche Situation hervorgerufenen Mißstände der kleinen Landwirte bewußt. In einem an den Justizminister *Simons* gesandten Votum des `Chefs des Ministeriums für die landwirthschaftlichen Angelegenheiten` vom 17. Juni 1856[1368] bezieht sich dieser auf die bestehende Kapitalnot der Bauern, der mit der Aufhebung des gesetzlichen Zinsfußes möglicherweise Einhalt geboten werden könne.[1369] Gleichzeitig befürchtet man aber in der Folge einen im Verkehr unbeschränkt steigenden Geschäftszins, der auch die sicheren Kredite wie die der Hypothekendarlehen miteinbeziehe.[1370]

Dennoch entschließt sich das Ministerium Manteuffel, vor allem auf Drängen des Handelsministers *von der Heydt*, weitere Schritte zur Einführung der Zinsfreiheit zu unternehmen. Von der Heydt erbat daraufhin – nachdem das Abgeordnetenhaus kurz zuvor der Regierung die Aufhebung aller Wuchergesetze empfohlen hatte[1371] - Stellungnahmen zu dieser Frage von allen preußischen Handelskammern und kaufmännischen Korporationen, die sich im Verhältnis von 29 zu 3 Gutachten für eine Aufhebung aussprachen.[1372] Wesentliches Argument war dabei, wie aus einem Bericht des Handelsministeriums hervorgeht[1373], daß andere europäische Staaten, allen voran England, in dieser Hinsicht positive Erfahrungen gesammelt hätten. Der Markt reguliere sich selbst, wovon gerade die sicheren Darlehen durch einen fallenden

---

[1365] Unter dem Justizminister Bornemann wurde im Mai 1848 ein Gesetzentwurf ausgearbeitet, dessen § 1 lautete: *„Bei Darlehens- und anderen rechtlichen Geschäften steht es jedermann frei, sich beliebige Zinsen mit rechtlicher Wirkung auszubedingen. Dergleichen Zinsen dürfen, auch wenn sie den Satz Fünf von Hundert überschreiten, hypothekarisch versichert und in das Hypothekenbuch eingetragen werden.“*; s. dazu Landau, § 247 BGB, S. 385 (389); vgl. auch Isopescul-Grecul, Das Wucherstrafrecht, S. 154.

[1366] Vgl. dazu v.a. Hans Rosenberg, Die Weltwirtschaftskrise 1856 – 1859, 2. Auflage, Göttingen 1974.

[1367] Bark, S. 186.

[1368] `Votum des Chefs des Ministeriums für die landwirthschaftlichen Angelegenheiten (ad. No. 4578. I. Ang.). Seiner Excellenz dem Königlichen Geheimen Staats- und Justizminister Herrn Simons vorzulegen vom 17. Juni 1856 (Berlin)` *(Bestand GStA PK (Berlin, Preußen)/Akte I. HA. Rep. 84a Nr. 5717) (fol. 91f)*.

[1369] Bestand a.a.O. *(fol. 91)*.

[1370] Bestand a.a.O. *(fol. 91)*.

[1371] Vgl. Isopescul-Grecul, Das Wucherstrafrecht, S. 155.

[1372] Landau, § 247 BGB, S. 385 (389f).

[1373] `Bericht des preußischen Ministers für Handel, Gewerbe und öffentliche Arbeiten an die Königl. Regierung zu Düsseldorf vom 12. Januar 1857 betreffend die Anfragen an sämtliche Handelskammern und kaufmännische Korporationen über die Aufhebung der Wuchergesetze` *(Bestand HptStaatsArchV Düsseldorf (NRW)/Akte Reg. Düsseldorf Nr. 2040) (fol. 2f)*.

Zinssatz profitierten.[1374] Man gab jedoch die Anregung, ein gesetzliches Kündigungsrecht als Schutzmaßnahme bei unsicheren Sicherheitsleistungen vorzusehen.[1375] Trotz der positiven Reaktionen scheiterte von der Heydt am Widerstand des Justizministers Simons, der noch keine endgültige gesetzliche Maßnahme befürwortete.[1376]

Erst durch die zunehmenden Belastungen der Wirtschaftskrise kam es am 27. November 1857 zu einer von der Regierung kurzfristig beschlossenen Verordnung, welche die Zinsbeschränkungen für die Dauer von drei Monaten suspendierte[1377]:

> *Verordnung, betreffend die Suspension der Beschränkungen des vertragsmäßigen Zinsfußes.*
>
> *Wir Friedrich Wilhelm, von Gottes Gnaden König von Preußen, verordnen unter Vorbehalt der Genehmigung beider Häuser des Landtages unserer Monarchie, auf den Antrag unseres Staatsministeriums, was folgt:*
>
> *§. 1. Für die Dauer von drei Monaten vom Tage dieser Verordnung ab treten die bestehenden Beschränkungen des vertragsmäßigen Zinsfußes außer Kraft. Die höheren als die bisherigen zulässigen Zinsen können für einen längeren als zwölfmonatlichen Zeitraum nicht bedungen werden.*
>
> *§. 2. Die Bestimmungen des Gesetzes vom 2. März d. J. über das unerlaubte Creditgeben an Minderjährige (G.S. S. 111), sowie die in den Pfandleihreglements enthaltenen Beschränkungen werden durch diese Verordnung nicht abgeändert.*
> *Gegeben Berlin den 27. November 1857.*[1378]

In der die Verordnung begründenden Denkschrift zeigt sich, wie sehr man in Preußen die allgemeine Frage nach einer dauerhaften Aufgabe der Zinsbeschränkungen umging und damit auch die speziell mit den Zins-Wucher-Bestimmungen verbundenen existenziellen Probleme der unter der Ausbeutung leidenden Landbevölkerung: *„Bei dieser Lage der Dinge konnte die Regierung von der Erörterung der Frage absehen: ob Beschränkungen des Zinsfußes überhaupt gerechtfertigt sind oder nicht. Sie mußte anerkennen, daß diese Beschränkungen, unter den augenblicklich obwalten-*

1374 Eine ähnliche Stellungnahme findet sich im 'Bericht des Landrathes des Kreises Rheinbach vom 27. Februar 1857 zu den Vorteilen der Aufhebung der Zinsgesetze'. Auch hier wird die Zinsfrage ausschließlich aus nationalökonomischem Blickwinkel betrachtet, nach dem sich auch der Kredit ausnahmslos nach Angebot und Nachfrage richtet. Herrsche ein Überschuß an angebotenen Kapitalien (wie durch den freien Markt hervorgerufen werde), so werde das Kapital auf natürlichem Wege automatisch billiger und ein jeder, der Kapital aufnehmen wolle, sei fortan in der Lage dazu. *(Bestand HptStaatsArchV Düsseldorf (NRW)/Akte Reg. Köln Nr. 2121) (fol. 29).*

1375 Bericht des preußischen Ministers für Handel, Gewerbe und öffentliche Arbeiten, a.a.O. *(fol. 2).*

1376 Landau, § 247 BGB, S. 385 (390).

1377 Vgl. dazu Bark, S. 187ff; Caro, S. 33; Landau, § 247 BGB, S. 385 (390); Reichensperger, S. 2; Blömer, Agrarkredit Westfalen, S. 37; Bezold, Gesetzgebung des Deutschen Reiches, S. 22.

1378 Abgedruckt auch bei Bark, S. 187; ebenso bei Jaques, Wuchergesetzgebung, S. 136.

den Verhältnissen, mit dem öffentlichen Interesse nicht vereinbar seien, und deshalb, für die Dauer dieser Verhältnisse, aus dem Wege geräumt werden müßten." [1379] Ausschließlicher Ansatzpunkt für die Suspension war die gesamtwirtschaftliche Krisensituation, die nunmehr auch die Kredite für die mittleren Gewerbe, Kaufleute und Produzenten stark verteuerte (oder Kredite generell nicht mehr zu erhalten waren), so daß man ernstlich um den Wohlstand des preußischen Staates besorgt war:

> *„Kredite, bisher bereitwillig gewährt, wurden zurückgezogen oder beschränkt, neue Engagements wurden vermieden. Das Kapital trat vom Markte zurück. Diese Erscheinungen nahmen die volle Aufmerksamkeit der Regierung in Anspruch. Konnte sie auch von der durch den späteren Verlauf bestätigten Ueberzeugung ausgehen, daß Produktion und Handel des Landes im Ganzen sich in einer gesunden Lage befänden und daß übertriebene Spekulationen nur in vergleichsweise beschränktem Umfange bei uns stattgefunden hätten, so durfte sie sich doch nicht verhehlen, daß das eingetretene allgemeine Mißtrauen in seiner weiteren Entwickelung die Fortdauer dieses befriedigenden Zustandes ernstlich bedrohe."* [1380]

In bezug auf die mit der Verordnung beabsichtigten Wirkungen heißt es:

> *„Das allgemeine Mißtrauen, welches sich der Gemüther bemächtigt hatte, war offenbar die bedrohlichste Seite der Lage; es handelte sich daher vor allen Dingen darum: ob dem erschütterten Kredit eine Stütze dargeboten werden könne. (...) Wohl aber hielt sie ihn* (die Regierung den Staat, Anm. des Verf.) *für berufen, dafür Sorge zu tragen, daß der Privatkredit alle Hülfsmittel, welche er aus sich selbst schöpfen kann, vollständig anzuwenden im Stande sei, also die Hindernisse zu entfernen, welche der Beseitigung des Kredits durch dessen eigene Kräfte im Wege stehen möchten. Ein solches Hinderniß war in den gesetzlichen Beschränkungen des vertragsmäßigen Zinssatzes zu erkennen."* [1381]

Die Verordnung wurde – aufgrund der mit der Krise verbundenen Dringlichkeit wurde diese innerhalb nur eines Tages beschlossen – von beiden Häusern des Landtages genehmigt.[1382] Mit Rücksicht auf das Herrenhaus wurde dabei betont, daß die Aufhebung der Beschränkungen nur eine solche auf Zeit sei. Vor allem hob der ohnehin der Aufgabe der Zinsgesetze kritisch gegenüberstehende Justizminister Simons hervor, *„die Verordnung habe der definitiven Entscheidung über die Wucher-Gesetze nicht vorgreifen sollen"*, der Justizminister *„sei bisher gegen Aufhebung der Wucher-*

[1379] 'Denkschrift, betreffend die Verordnung wegen Suspension der Beschränkungen des vertragsmäßigen Zinssatzes', S. 6 *(Bestand GStA PK (Berlin, Preußen)/Akte I. HA. Rep. 84a Nr. 5718) (fol. 15d).*

[1380] Denkschrift, S. 5 *(Bestand a.a.O.) (fol. 15c).*

[1381] Denkschrift, S. 6 *(Bestand a.a.O.) (fol. 15c).*

[1382] Im Herrenhaus geschah dies jedoch unter ausdrücklichem Verweis auf die Mißbilligung des vorschnellen Regierungshandelns; vgl. auch Isopescul-Grecul, Das Wucherstrafrecht, S. 155; Reichensperger, S. 2.

Gesetze gewesen, habe aber der Suspension derselben auf Zeit als unbedenklich beigestimmt".[1383]
Die sich verbessernde wirtschaftliche Lage verhindert sodann die Verlängerung der Verordnung um weitere drei Monate.
Bereits zu Beginn des Jahres 1858 holt die Regierung umfangreiche amtliche Berichte zu den Wirkungen der zeitweiligen Aufhebung der Zinsbeschränkungen ein, deren Inhalt überwiegend positiv ist. Bspw. wird aus der Rheinprovinz nahezu übereinstimmend die Befürchtung entkräftet, die Suspension der Zinsbeschränkungen könne zu einem Ansteigen des allgemeinen Zinsmaßes führen.[1384] Auch bezüglich der vor allem vom Herrenhaus befürchteten Folgen eines Ansteigens des Zinsfußes bei hypothekarisch gesicherten Darlehen vermitteln die Darstellungen einen überwiegend positiven Eindruck. So berichtet das Appellationsgericht Frankfurt/Oder, *„daß eine Erhöhung des Zinssatzes hypothekarisch eingetragener Kapitalien über den höchsten früher zuläßigen Zinssatz von 5% hinaus hier überall nicht stattgefunden hat"*.[1385] Ein beigefügter Auszug aus dem Hypothekenbuch, beinhaltend die in der Zeit nach Inkraftsetzung der Verordnung gemachten Eintragungen, belegt die Feststellung:
Danach wurde zunächst auf ein städtisches Grundstück die Kapitalsumme von 15.000 Talern zu 4%iger Verzinsung eingetragen.
Es folgten die Kapitalsumme 12.000 Taler auf ein Rittergut zu 4 ½%iger Verzinsung,

- die Kapitalsumme 16.400 Taler auf ein Fabriketablissement zu 5%iger Verzinsung,
- die Kapitalsumme 11.500 Taler auf ein Fabriketablissement zu 5%iger Verzinsung,
- die Kapitalsumme 18.000 Taler auf ein Rittergut zu 4 ½%iger Verzinsung,
- die Kapitalsumme 22.515 Taler auf eine städtische und ländliche Besitzung zu 5%iger Verzinsung,
- die Kapitalsumme 23.500 Taler auf ein Rittergut zu 5%iger Verzinsung sowie
- die Kapitalsumme 12.000 Taler auf ein Rittergut zu 5%iger Verzinsung.[1386]

[1383] So im `Bericht über die Gesetzes-Vorlage, betreffend die Suspension der Beschränkungen der vertragsmäßigen Zinsen`, Drucks.-No. 22, Berichterstatter Abgeordneter Wagener (Neustettin), Haus der Abgeordneten, IV. Lp., III. Session 1857/58 *(Bestand GStA PK (Berlin, Preußen)/Akte I. HA. Rep. 84a Nr. 5718) (fol. 44)*.
[1384] Vgl. dazu die Stellungnahmen des Barmener Oberbürgermeisters v. 18.02.1858 *(fol. 89)*, des Landrates des Kreises Grevenbroich v. 06.02.1858 *(fol. 80)*, des Landrates des Kreises Moers v. 09.02.1858 *(fol. 81)*, des Landrates des Kreises Geldern v. 11.02.1858 *(fol. 82)* und des Landrates des Kreises Elberfeld v. 16.02.1858 *(fol. 87)*, alle *Bestand HptStaatsArchV Düsseldorf (NRW)/Akte Reg. Düsseldorf Nr. 2040*; vgl. ebenso die Stellungnahmen des Landrates des Kreises Aachen v. 08.02.1858 *(fol. 10)*, des Landrates des Kreises Jülich v. 08.02.1858 *(fol. 40)*, des Landrates des Kreises Erkelenz v. 11.02.1858 *(fol. 42)*, des Landrates des Kreises Eupen v. 13.02.1858 *(fol. 45)* sowie des Landrates des Kreises Heinsberg v. 19.02.1858 *(fol. 51)*, alle *Bestand HptStaatsArchV Düsseldorf (NRW)/Akte Reg Aachen Nr. 7894*.
[1385] Bericht des Appellationsgerichts Frankfurt an der Oder v. 22.01.1858 über die Wirkungen der Verordnung v. 27.11.1857 *(Bestand GStA PK (Berlin, Preußen)/Akte I. HA. Rep. 84a Nr. 5724) (fol. 7)*.
[1386] a.a.O. *(fol. 8)*.

Ähnliche Verhältnisse sind aus Königsberg (bis 6%)[1387], Marienwerder (bis 6%)[1388], Stettin (bis 8%)[1389], Coeslin (bis 8%)[1390], Bromberg (bis 8%)[1391], Breslau (bis 8%)[1392] und Glogau (bis 5%)[1393] zu bestätigen.

Trotz der Berichte kommt es zunächst von seiten der Regierung zu keiner neuerlichen Initiative, ehe aber unter dem liberalen Ministerium Hohenzollern die Überlegungen neu aufgegriffen werden. Anlaß war eine Petition des Abgeordnetenhauses an das Staatsministerium vom 28. Februar 1859 zwecks Aufhebung der Wuchergesetze.[1394] Sowohl im Handelsministerium von der Heydt, als auch im Justizministerium Simons werden im gleichen Jahr Entwürfe ausgearbeitet, die in einer Kommissionssitzung aus Vertretern der beteiligten Ministerien (Innen, Finanzen, Handel, Landwirtschaft, Justiz) am 18. November 1859 beraten werden.[1395] Während der Entwurf des Handelsministeriums auf bedingungsloser Zinsfreiheit fußte, beinhaltete der Justizministeriumsentwurf in seinem § 4 ein einschränkendes Kündigungsrecht, das in Anlehnung an den Art. 3 des bereits erwähnten sardischen Gesetzes vom 05. Juni 1857[1396] formuliert war: *„Eine Kapitalschuld, für welche höhere als die bisher zulässig gewesenen Zinsen bedungen sind, kann der Schuldner nach Ablauf von drei Jahren seit Abschluß des Vertrages jederzeit dem Gläubiger zurückzahlen, auch wenn ein späterer Zahlungstermin verabredet ist. Er hat jedoch sechs Monate vorher dem Gläubiger davon eine schriftliche Anzeige zu machen, welche zugleich als Verzichtleistung auf einen verabredeten späteren Zahlungstermin gilt.“* [1397] Die diesbezüglichen Motive des Justizministeriums betonen die Notwendigkeit eines solchen Kündigungsrechts für den Schuldner; diesem solle so die Möglichkeit gegeben werden, hoch ausbedungene Zinskonditionen in Zeiten einer verbesserten Konjunkturlage anpassen zu können.[1398] Die beratende Kommission lehnte jedoch das Kündigungsrecht mit dem Verweis auf eine zu weitgehende Einschränkung des Freiheitsprinzips ab.[1399]

Am 16. Januar 1860 legte die Regierung dem Abgeordnetenhaus ihren endgültigen Gesetzentwurf vor, nachdem man zuvor in großem Maße Anhörungen zu dieser Frage bei den Handelskammern, kaufmännischen Korporationen, Provinzial-, Verwal-

---

[1387] Bericht v. 26.01.1858 *(fol. 14)*.
[1388] Bericht v. 25.01.1858 *(fol. 21)*.
[1389] Bericht v. 26.01.1858 *(fol. 23)*.
[1390] Bericht v. 23.01.1858 *(fol. 29)*.
[1391] Bericht v. 29.01.1858 *(fol. 37)*.
[1392] Bericht v. 29.01.1858 *(fol. 42f)*.
[1393] Bericht v. 22.01.1858 *(fol. 45)*.
[1394] Landau, § 247 BGB, S. 385 (390).
[1395] Landau, § 247 BGB, S. 385 (390); Bark, S. 191.
[1396] Vgl. dazu oben B.II.3..
[1397] Abgedruckt bei Landau, § 247 BGB, S. 385 (390f).
[1398] Die Motive bezüglich des § 4 des Justizministeriumsentwurfes sind wörtlich abgedruckt bei Landau, § 247 BGB, S. 385 (391f).
[1399] Vgl. Landau, § 247 BGB, S. 385 (391f).

tungs- und Justizbehörden, landwirtschaftlichen Kreditverbänden und dem Landes-Ökonomie-Kollegium durchgeführt hatte.[1400]

> *Entwurf. Gesetz, betreffend die Aufhebung der Beschränkungen des vertragsmäßigen Zinssatzes.*
>
> *§. 1. Die bestehenden Beschränkungen des vertragsmäßigen Zinssatzes und der Höhe der Konventionalstrafen, welche statt der Zinsen für den Fall der zur bestimmten Zeit nicht erfolgenden Rückzahlung eines Darlehns bedungen werden, sind aufgehoben.*
>
> *§. 2. Wird die Zahlung eines Kapitals verzögert, so bleibt, wenn ein höherer als der für Zögerungszinsen bestehende Zinsfuß bedungen war, dieser höhere Zinsfuß auch für die Zögerungszinsen maßgebend.*
>
> *§. 3. Die privatrechtlichen Bestimmungen in Ansehung der Zinsen von Zinsen und die für die gewerblichen Pfandleih-Anstalten gegebenen Vorschriften werden durch dieses Gesetz nicht geändert.*[1401]

In den Motiven nähert sich der Gesetzgeber – im Gegensatz zur Begründung der Verordnung von 1857 – den bekannten Thesen der Nationalökonomie an: *„Bei dem gegenwärtigen Stande volkswirthschaftlicher Erkenntniß lassen sich die, durch die sogenannten Wucher-Gesetze festgestellte Zinsbeschränkungen nicht mehr dadurch rechtfertigen, daß der Gesetzgeber berufen oder im Stande sei, den Preis für die Benutzung des Kapitals überhaupt in der ihm geeignet scheinenden Weise zu begrenzen..."* [1402]
Man rekurriert auf das Prinzip der Freiheit im Verkehr und verweist auf die notwendige Betrachtung des Kapitals als Ware, das, wie alle anderen Waren auch, seinen Preis aus dem Verhältnis von Angebot und Nachfrage bezieht. Gleichzeitig aber, und dies ist im Hinblick auf die bis zu diesem Zeitpunkt festzustellende überwiegende Ignorierung der tatsächlichen Ausbeutungsverhältnisse bemerkenswert, läßt sich der Gesetzgeber in den Motiven überwiegend zu den juristischen und wirtschaftlichen Problemfeldern der Zins-Wucher-Gesetze aus. Die Darstellung umfaßt dabei eine sehr genaue analytische Beschreibung der im Rahmen der ersten Gesetzgebungsperiode erläuterten Wirkungen des stipulierten Zinsfußes, die in Teilen sehr stark an die Schrift von Karl Braun und Max Wirth erinnert:

> *„Statt nämlich diejenigen Kapitalisten, welchen der gesetzliche Zinsfuß als zu niedrig nicht zusagt, zur Gewährung von Darlehnen gegen eine diesen Zins-*

[1400] Isopescul-Grecul, Das Wucherstrafrecht, S. 155; Bark, S. 191.
[1401] 'Entwurf zum Gesetz, betreffend die Aufhebung der Beschränkungen des vertragsmäßigen Zinssatzes. Beglaubigt durch den Justiz-Minister Simons' (1860), vorhanden im *Bestand GStA PK (Berlin, Preußen)/Akte I. HA. Rep. 84a Nr. 5719 (fol. 6).*
[1402] 'Motive zu dem Entwurf eines Gesetzes, betreffend die Aufhebung der Beschränkungen des vertragsmäßigen Zinssatzes' (1860), S. 5 *(Bestand GStA PK (Berlin, Preußen)/Akte I. HA. Rep. 84a Nr. 5719) (fol. 7).*

> *fuß nicht übersteigende Zins-Vergütung zu zwingen, veranlassen die Zinsbeschränkungen dieselben vielmehr entweder zur Anlegung ihrer Kapitalien in Unternehmungen oder Kredit-Geschäften, welche eine höhere Kapitals-Nutzung in Aussicht stellen, oder zur Stipulirung der gewünschten höheren Vergütung in einer vom Verbots-Gesetz nicht erreichbaren Form. Im ersteren Falle bleibt dem bedrängten Darlehnssucher die ihm nöthige Hülfe durch Verweigerung des Darlehns gänzlich versagt; im zweiten erweist sich wenigstens der vom Gesetz ihm zugedachte Schutz gegen die Zahlung hoher Zinsen als wirkungslos. – Und gerade zur Erreichung dieses letzteren Zieles auf gesetzlich nicht strafbarem Wege bieten sich für den Darlehnsgeber die mannigfaltigsten Mittel dar.“* [1403]

Man räumt also ein, daß es gerade die zum Schutz gedachten Gesetze sind, die den *„häufigen“* Wucher dort fördern, wo er auch den wirtschaftlich existenziellsten Schaden anrichtet. Zudem wird der richtige Bezug zur grundlegenden Kreditnot gezogen, die es den Wucherern ermöglichte, Zinskonditionen mittels verschiedenster Formen der Umgehungsgeschäfte in nahezu beliebiger Höhe auszubedingen:

> *„Auf diese Weise drängen die Wuchergesetze selbst den ehrliebenden und soliden Kapitalisten vom Geldmarkte (...) weg, und führen denjenigen, der am meisten billiges Geld braucht, den Unbemittelten, also mit weniger Kredit Versehenen, dessen Schutz sie doch gerade bezwecken, in die Hände der wirklichen Wucherer, welche ihm in aller Form Rechtens durch Wechselkauf oder Hypotheken-Cession jeden beliebigen Zinssatz abnehmen...“* [1404]

Die Motive zum Gesetzentwurf vom 16. Januar 1860 sind umso bemerkenswerter, verdeutlicht man sich die nur knapp zwei Jahre zuvor gemachten Begründungen zur Suspensionsverordnung, die einen ausschließlichen Bezug zur Handelskrise herstellte. Folglich muß auch davon ausgegangen werden, daß die zuvor durchgeführten weitgefächerten Anhörungen einen wesentlichen Einfluß auf die Zinsgesetzbeurteilung der preußischen Regierung hatten.
Obgleich der Entwurf im Abgeordnetenhaus auf breite Zustimmung stößt – ausgenommen vorrangig bei *Reichensperger* (Zentrum, vormals katholische Fraktion), der sich in der zuständigen Kommission mit Vehemenz gegen den Entwurf und die damit verbundene Aufgabe der Zinsbeschränkungen aussprach[1405] - scheitert die gesetzliche Umsetzung am massiven Widerstand im Herrenhaus.[1406]

Jener Widerstand im preußischen Herrenhaus repräsentierte die einflußreichste Gegnerschaft gegenüber den liberalen Tendenzen zur absoluten Zinsfreigabe in dieser Phase. Bei der Meinungsbildung im Herrenhaus waren vorrangig die Interessen

---

[1403] Motive, S. 6 *(Bestand a.a.O.) (fol. 7).*
[1404] Motive, S. 7 *(Bestand a.a.O.) (fol. 8).*
[1405] Caro, S. 33f.
[1406] Der Entwurf wurde zunächst von der Kommission mit 13 zu 1 Stimmen abgelehnt, an deren Begründung man sich sodann im Herrenhausplenum mit 93 zu 8 Stimmen anschloß; vgl. Caro, S. 34f; Reichensperger, S. 2; Jaques, Wuchergesetzgebung, S. 42.

der Großgrundbesitzer vertreten worden, die im Falle einer Zinsfreigabe vor allem die Zinserhöhung bei Hypothekendarlehen und damit um ihre vorrangig auf Leihkapital basierende wirtschaftliche Existenz fürchteten.[1407]

Hintergrund dessen war die immense Verschuldung des – vornehmlich ostelbischen – Großgrundbesitzes, der sich in einer schier unüberwindbaren Kreditfalle befand.[1408] Die Gutsbesitzer hatten häufig die eigenen Erwerbsmöglichkeiten bei der betriebswirtschaftlichen Planung überschätzt und waren von den in den zwanziger Jahren beginnenden Ertragssteigerungen geblendet worden.[1409] Fruchtwechselwirtschaft, gründlichere und tiefere Bearbeitung des Bodens, die Umgestaltung der Viehhaltung, Verbesserungen der landwirtschaftlichen Gerätschaften und vor allem die Einführung des künstlichen Düngers hatten die Reinerträge für die großen Güter in die Höhe schnellen lassen.[1410] Von dieser Gestaltung der Reinerträge wurden auch die Preise für den großen Grundbesitz beeinflußt; es kam zu Preissteigerungen im Verlauf der Jahre zwischen ca. 1820 und 1870, die im Bereich von 400-500% lagen.[1411] Die Güter des Großgrundbesitzes wurden zunehmend zum Spekulationsobjekt, was zur Überspekulation aufgrund einer massiven Überschätzung der Bodenwerte führte. Die gewinnorientierte Bewirtschaftung der Güter bedeutete gleichzeitig steigende Kosten, die zu gesteigerter Verschuldung führten.[1412] Hinzu kamen sich vergrößernde Getreideimportzahlen, die finanziell ausgeglichen werden mußten, so daß mangelndes eigenes Betriebskapital durch zusätzliches Leihkapital ersetzt werden mußte.[1413] Die langen Produktions- und Reproduktionsphasen verstärkten die Notwendigkeit der Kreditaufnahme. Dennoch vergrößerte man bereitwillig die Schuldenaufnahme in Erwartung weiterer Wertsteigerung des Bodens und größerer Reinerträge, so daß sich die finanzielle Last zunehmend zur Überlast steigerte, die noch dadurch verstärkt wurde, daß infolge der sich erhöhenden Agrarpreise auch der reale Zinsfuß bei Privathypotheken in den 50er Jahren von 4 auf 5% anstieg.[1414]

Allein diese nur geringfügige Steigerung des Zinsfußes bei Privathypotheken brachte große Teile des preußischen Großgrundbesitzes wirtschaftlich ins Wanken; denn trotz des Kreditbezugs von den `preußischen Landschaften` war man weiterhin auf zusätzlichen Privatkredit angewiesen.[1415] Dennoch zahlte man *„billige Zinsen und*

[1407] Vgl. Landau, § 247 BGB, S. 385 (392).
[1408] Vgl. Weißmann, Wucher-Frage, S. 15, 48f.
[1409] Vg. dazu Abel, Agrarkrisen, S. 208ff.
[1410] Abel, Agrarkrisen, S. 254.
[1411] Bspw. wurde das Rittergut Naulin im Kreis Pyritz in Pommern 1838 zu 278.100 RM verkauft und im Jahre 1871 für 738.000 RM übernommen. In Holstein wurde ein Großgut im Jahre 1819 für 84.000 RM gekauft, 1852 für 260.000 RM verkauft, ehe es dann wieder 1862 für 510.000 RM und im Jahre 1871 für 855.000 RM veräußert wurde, Zahlen nach Abel, Agrarkrisen, S. 254.
[1412] Vgl. Klein, Geschichte der deutschen Landwirtschaft, S. 125f.
[1413] Bülow-Cummerow, S. 16f.
[1414] Abel, Agrarkrisen, S. 257.
[1415] Vgl. zum Kreditvergabeprinzip der `Landschaften` auch Aereboe, Agrarpolitik, S. 522f; vgl. auch oben B.I.3a)aa)aaa).

sah fortwährend die Erträge seines Grundstückes sich vergrößern" [1416]; bei der Ausgabe seiner insoweit sicheren Hypotheken konnte der Grundbesitz auch ohne Überschreitung der Zinstaxen weiterhin mit ausreichendem Kapitalzufluß rechnen.[1417]
Die große Problematik bestand jedoch in dem Umstand, daß man sich bei der Kalkulation – trotz des billigen Kredits – stets am Rande der wirtschaftlichen Belastbarkeit bewegte und zusätzliche, in der Kalkulation nicht vorgesehene, Kapitalinvestitionen meist mit dem Konkurs gleichzusetzen waren. Vor diesem existenzbedrohenden Hintergrund fürchtete der preußische Großgrundbesitz die Zinsfreigabe wie 'der Teufel das Weihwasser'. Die Aufgabe der Beschränkungen bedeute auch die 'exorbitante' Verteuerung der sicheren Hypothekendarlehen. Man müsse damit rechnen, daß maßlos erhöhte Stundungsentgelte entrichtet werden müßten, neue Kredite nur überteuert zu erhalten seien oder bestehende Hypothekendarlehen gekündigt würden und nur unter massiver Steigerung des Zinsfußes weiterführbar seien. Das Appellationsgericht Breslau führte im Rahmen der Berichterstattung zu den Wirkungen der Suspensionsverordnung von 1857 einen Vorfall an, der die Befürchtungen des Großgrundbesitzes beschreibt. Obgleich die hier dargestellte Zinssteigerung im Vergleich zur sonstigen wucherischen Ausbeutung der Kleinbauern eher marginal erscheint, war eine solche Erhöhung doch geeignet, viele Großgüter in ihrem wirtschaftlichen Bestand zu gefährden:

> *„Auf Cziasnau, Kreis Cublinitz, der Frau von Frankenberg gehörig, sind für den Grafen Gasczinsky zu Dresden 12.000 Taler eingetragen. Diese waren gekündigt und sollten zu Weihnachten des Jahres zurückgezahlt werden. Die Schuldnerin hat nicht zahlen können, und dadurch Stundung verlangt, daß sie für das Jahr 1858 in einer vor einem hiesigen Notar aufgenommenen Urkunde den Zinsfuß von 5 auf 8% erhöht hat."* [1418]

Das gesetzliche, auf einer 6-Monatsfrist basierende Kündigungsrecht des Gläubigers bei – den üblicherweise unbefristeten – Kreditverträgen war der größte Unsicherheitsfaktor für den Großgrundbesitz[1419] und bedeutete gleichzeitig die unabwendbare Zinsfußsteigerung für die bestehenden Schuldenlasten bei einer Freigabe der Zinsbeschränkungen. Im Falle der Kündigung war der Darleiher gezwungen, ab dem Tage der Kündigungserklärung *„ein erhebliches Kapital (...) innerhalb eines halben Jahres abzuzahlen"* [1420], was aber nur äußerst selten aus eigener Kraft gelingen konnte. Die Folge dessen mußte ein das übliche Zinsenmaß übersteigendes Stundungsentgelt sein, oder man mußte anderweitige Kapitalgeber akquirieren, deren Konditionen

---

[1416] So Devaranne in seiner Schrift 'Beitrag zur Frage: Wie weit läßt sich die Aufhebung der Wuchergesetze rechtfertigen? Mit besonderer Rücksicht auf Preußen', Breslau 1860, S. 16 *(Bestand GStA PK (Berlin, Preußen)/Akte I. HA. Rep. 84a Nr. 5719) (fol. 74).*
[1417] Buchholz, Zinsgesetzgebung, S. 1761 (1762).
[1418] 'Bericht des Appellationsgerichts Breslau vom 29. Januar 1858, betreffend die Suspension der Beschränkungen des vertragsmäßigen Zinssatzes' *(Bestand GStA PK (Berlin, Preußen)/Akte I. HA. Rep. 84a Nr. 5724) (fol. 42f).*
[1419] Vgl. dazu von Saenger, ländliches Creditwesen, S. 18f; Aereboe, Agrarpolitik, S. 472f.

nunmehr von Vertragsbeginn an den bisherigen Zinsfuß überstiegen.[1421] In einer im Januar 1857 in Berlin erschienenen Schrift anonymer Herkunft heißt es dementsprechend zu den Folgen einer Aufhebung der Wuchergesetze: *„Wenn beim Hypotheken-Verkehr der Zinssatz frei gegeben wird, so wird der ländliche (...) Grundbesitzer ruinirt, denn, wenn schon wie jetzt, die erste pupillarische sichere Hypothek mit 5% verzinst werden muß, so ist die natürliche Folge, daß die zweite Hypothek mit 6% und die nachfolgenden Hypotheken, die eine mindere Sicherheit gewähren, einen viel höheren Zins werden tragen müssen, oder gar nicht zu beschaffen sein werden. Der ländliche Grundbesitzer kann aber solchen erhöhten Zins nicht ertragen, die Besitzer werden dadurch total verarmen."* [1422]
Auch die *`Düsseldorfer Zeitung`* verweist auf die Gefahren für den Grundbesitz: *„Wenn aber nun thatsächlich die Erfahrung lehrt, daß Inhaber von größeren Gütern bei rationellem Betrieb dem Boden nur 3-4 Procent abzuringen im Stande sind, wie sollen sie denn im Stande sein können, für ihre hypothekarischen Aufnahmen 6, 7 oder noch höhere Procente Zinsen zu zahlen, ohne der allmäligen Verarmung und vielleicht schließlich dem Subhastationsrichter zu verfallen."* [1423]

Für den preußischen Großgrundbesitz war die Frage nach der Aufgabe der Zinsbeschränkungen folglich eine existenzielle Frage. In erster Linie war das preußische Herrenhaus die Institution, die zur Wahrung der eigenen wirtschaftlichen Interessen am effektivsten instrumentalisiert wurde und für die `Schwierigkeiten` bei der gesetzlichen Durchsetzung der Zinsfreigabe in Preußen verantwortlich zeichnete, was auch der *`Volkswirthschaftliche Verein zu Frankfurt/M.`* 1862 kritisierte: *„Allein da sind nun die Interessen des Grundbesitzes (...), die so creditbedürftig sind und wie man sagt, nur mit einem mäßigen Zinsfuß bestehen können. Und der Zinsfuß müßte ja sofort, wenn die Zinstaxe fiele, - das ist die Meinung – wie die Sehne eines losgeschossenen Bogens emporschnellen. Zwar weiß Jedermann, daß gerade in der Landwirthschaft das Betriebskapital sehr hohe Zinsen einbringt, und um so höhere, je größer das Kapital ist. Allein nichts destoweniger sind es gerade diese junkerlichen socialistischen Ansichten und Interessen, welche z.B. in Preußen ganz allein die Aufhebung der Zinstaxe bisher verhindert haben."* [1424]

Aufgrund dieser Hintergründe war bereits von vornherein nicht mit einer Zustimmung des Herrenhauses zum Gesetzentwurf vom Januar 1860 zu rechnen, wenn dies auch

---

[1420] Von Saenger, ländliches Creditwesen, S. 18.
[1421] Vgl. von Saenger, ländliches Creditwesen, S. 18f.
[1422] `Die Aufhebung der Wuchergesetze und der Ruin der Grundbesitzer.`, Schrift Berlin, Januar 1857, unterzeichnet mit B.B. *(Bestand GStA PK (Berlin, Preußen)/Akte I. HA. Rep. 84a Nr. 5718) (fol. 34).*
[1423] *„Düsseldorfer Zeitung"* unbekannten Datums, Artikel „Die Abschaffung der sogenannten Wuchergesetze." *(Bestand GStA PK (Berlin, Preußen)/Akte I. HA. Rep. 84a Nr. 5720) (fol. 52).*
[1424] `Des Volkswirthschaftlichen Vereins zu Frankfurt/M., Flugblatt No. 8, „Die gesetzlichen Zinsbeschränkungen.", zugestellt an das Rechnei- und Renten-Amt der Freien Stadt Frankfurt am Main` v. 04.03.1862 *(Bestand Inst.f.Stgesch.Ffm./Akte Rep. 799 Nr. 972).*

letztlich mit einer, die eigentlichen Umstände konterkarierenden Stellungnahme begründet wurde: *„...daß der Wunsch nach Beseitigung der Wuchergesetze mehr auf Seite der Darleiher als der Kapitalsuchenden sich finde und daß es äußerst bedenklich auf das Rechtsbewußtsein des Volkes wirken müsse, wenn so verächtliche und verachtende Handlungsweisen, wie die des Wucherers, ungestraft blieben, ja sogar die daraus hervorgegangenen Ansprüche auf dem Wege des Rechtes erzwingbar werden sollten.“* [1425]
Weiteren Anträgen aus den Jahren 1861 und 1862 wurde ebenso die Zustimmung verweigert.[1426]

Im Jahre 1866 kam der Frage nach Aufhebung der Zinsbeschränkungen erneute Bedeutung zu, als eine neuerliche Kreditkrise auch den preußischen Wirtschaftsraum – der ohnehin durch die Kriegsbelastungen 1864 und durch den sich anbahnenden Konflikt mit Österreich geschwächt war – erfaßte. Wiederum erließ die Regierung zur dringend erforderlichen Erleichterung der Kreditbeschaffung am 12. Mai des Jahres eine Verordnung, durch die – zur Umgehung einer nachträglichen Ablehnung im Herrenhaus – nur für alle nicht hypothekarisch gesicherten Darlehen die Zinsfreiheit eingeführt wurde, die jedoch in ihrer Rechtsgeltung nicht befristet war[1427]:

> *Königliche Verordnung vom 12. Mai 1866 über die vertragsmäßigen Zinsen.*
>
> *§. 1. Die bestehenden Beschränkungen des vertragsmäßigen Zinssatzes und der Höhe der Conventionalstrafen, welche statt der Zinsen für den Fall der zur bestimmten Zeit nicht erfolgenden Rückzahlung eines Darlehens bedungen werden, sind für Darlehen, zu deren Sicherheit nicht unbewegliches Eigenthum verpfändet wird, aufgehoben. Dergleichen Darlehen kann der Schuldner, auch wenn ein späterer Zahlungstermin verabredet ist, jederzeit kündigen und nach Ablauf einer dreimonatigen Frist zurückzahlen, sofern der Zinssatz oder die Conventionalstrafe sechs Procent übersteigt.*
>
> *§. 2. Wird die Zahlung eines solchen Capitals - §. 1 – verzögert, so bleibt, wenn ein höherer als der für Zögerungszinsen bestehende Zinssatz bedungen war, dieser höhere Zinssatz auch für die Zögerungszinsen maßgebend.*
>
> *§. 3. Die privatrechtlichen Bestimmungen in Ansehung der Zinsen von Zinsen und die für die gewerblichen Pfandleih-Anstalten gegebenen Vorschriften werden durch dieses Gesetz nicht geändert.*
>
> *§. 4. Diese Verordnung tritt mit dem Tage ihrer Verkündigung in Wirksamkeit.*[1428]

[1425] Zitiert nach Caro, S. 34; vgl. auch Bauer, Raiffeisengenossenschaften, S. 40.
[1426] Isopescul-Grecul, Das Wucherstrafrecht, S. 155.
[1427] Landau, § 247 BGB, S. 385 (392f).
[1428] Abgedruckt auch bei Jaques, Wuchergesetzgebung, S. 136f; ebenso bei Bark, S. 196f.

Als besondere Schuldnerschutzmaßnahme war vor allem das sehr extensiv ausgerichtete Kündigungsrecht vorgesehen, nachdem der Schuldner das mit mehr als 6% verzinsliche Darlehen jederzeit mit Rückzahlungsmöglichkeit nach drei Monaten kündigen konnte. Zu diesem Schutzmechanismus entschloss man sich, da man davon ausging, daß die Aufhebung der Zinsbeschränkungen in der Krisensituation Kreditaufnahmen nur zu ausgesprochen hohen Zinsen ermöglichen würde und der Schuldner auf diesem Wege vor einer dauerhaft hohen Belastung bewahrt werden sollte.[1429] Das Abgeordnetenhaus gab dieser Verordnung die gemäß Art. 63 der Verfassung notwendige nachträgliche Zustimmung.[1430] Im Herrenhaus entschloß man sich ebenfalls mehrheitlich, trotz heftiger Widerstände, der Verordnung mit Rücksicht auf die Regierung nachträglich zuzustimmen, zumal durch die Verordnung der hypothekarisch gesicherte Kredit von der Zinsfreigabe nicht erfaßt wurde.[1431] Gerade aber der letzte Aspekt konnte den Befürwortern einer liberalen Zinsgesetzgebung nicht weitreichend genug erscheinen; der grundlegenden Freiheit des Kapitalverkehrs wäre durch diese Einschränkung im Vorhinein das bedeutende Moment des umfassenden \`natürlichen Marktausgleiches\` abgesprochen worden. Aufgrund dessen brachte der nationalliberale *Eduard Lasker* am 12. Januar 1867 im Abgeordnetenhaus einen Antrag ein, wonach zum einen die Zinsfreiheit auch für hypothekarisch gesicherte Darlehen eingeführt werden sollte und zum anderen das Kündigungsrecht der Verordnung ersatzlos aufgehoben werden sollte.[1432]

Lasker, wesentlicher politischer Vertreter der Liberalen, verdeutlichte mit diesem Antrag neuerlich die radikale Position des ökonomischen Liberalismus. Der diesbezügliche Gegenpart in der allgemein- als auch wirtschaftspolitischen Diskussion wurde – neben dem die Interessen des Großgrundbesitzes vertretenden konservativen Flügel – vornehmlich vom politischen Katholizismus, allen voran durch Peter Franz Reichensperger, repräsentiert. Hier wandte man sich weiterhin vehement gegen eine absolute Freigabe des Zinses, die gleichzeitig die für die Existenz des Zentrums wesentlichen kanonischen Grundsätze in Frage gestellt hätte.

Auf Empfehlung der Regierung änderte Lasker jedoch wenig später den Antrag dahingehend, daß das Kündigungsrecht mit Rücksicht auf die notwendige Zustimmung des Herrenhauses in den Entwurf neu eingearbeitet wurde.[1433]

Dieser Umstand verdeutlicht, daß das – auch im Zinsgesetz des Norddeutschen Bundes vom 14. November 1867 dergestalt vorhandene – Kündigungsrecht *„kein allgemeines Institut des Schuldnerschutzes"* war, *„sondern ein ad hoc gefundenes Aushilfsmittel, um einer bestimmten Gruppe potentieller Schuldner den Übergang zur*

[1429] Landau, § 247 BGB, S. 385 (393); vgl. zu den Motiven auch Bark, S. 197f.
[1430] Isopescul-Grecul, Das Wucherstrafrecht, S. 155f; Caro, S. 34; Landau, § 247 BGB, S. 385 (394).
[1431] Vgl. Jaques, Wuchergesetzgebung, S. 43; Caro, S. 34f; Isopescul-Grecul, Das Wucherstrafrecht, S. 156.
[1432] Vgl. Stenogr. Ber. Abgeordnetenhaus, 9. Lp., I. Session 1866/67, Bd. III, S. 1429; Landau, § 247 BGB, S. 385 (394); Isopescul-Grecul, Das Wucherstrafrecht, S. 156; Caro, S. 34f.
[1433] Vgl. Stenogr. Ber. Abgeordnetenhaus, 9. Lp., I. Session 1866/67, Bd. III, S. 1582, 1597, 1585.

Zinsfreiheit zu erleichtern".[1434] Im Abgeordnetenhaus fand der sodann neu eingebrachte Entwurf Laskers große Zustimmung.[1435] Im Herrenhaus setzte man im Mai 1867 eine Kommission zur Beratung dieses Antrags ein[1436], die laut Bericht bereits die Verordnung von 1866 als bloßes *„Experiment"* und *„Umstandmaßregel"* der Krisenzeit betrachtete; eine über die Verordnung hinausgehende gesetzliche Maßnahme lehnte die Kommission jedoch ab.[1437] Obgleich das Herrenhaus aufgrund des Sessionsschlusses kein endgültiges Beschlußverfahren durchführte, war eine Ablehnung des Laskerschen Gesetzentwurfes im Herrenhaus abzusehen.[1438] Eine Aussicht auf Veränderung der konservativen Haltung des die Interessen des Großgrundbesitzes zäh verteidigenden Herrenhauses war nicht zu erwarten, so daß sich das im übrigen Deutschland in dieser Phase gesetzlich manifestierende liberale Prinzip der absoluten Zinsfreiheit in Preußen auf gesetzgeberischem Wege nicht durchsetzen ließ. Die liberalen Strukturveränderungen in der Zinsgesetzgebung scheiterten hier in der Konsequenz an einem diesbezüglich unabänderlichen Machtvakuum, das aufgrund der Verteidigung persönlicher und existenzieller Interessen keinerlei weitergehende Kompromißfähigkeit zuließ.

Abschließend sei an dieser Stelle noch einmal das sächsische Gesetz vom 25. Oktober 1864 erwähnt.[1439] Auch in Sachsen standen sich im Rahmen dieser Gesetzesschaffung die Interessen der bürgerlich-liberalen Reformer und des konservativen Großgrundbesitzes gegenüber.[1440] Während man sich aber in Preußen auf seiten des Grundbesitzes nicht zur Zustimmung bezüglich einer Zinsfreiheit bei hypothekarisch gesicherten Darlehen durchringen konnte, statuierte das Sächsische Gesetz mit Zustimmung des Grundbesitzes die unbeschränkte Zinsfreiheit. Allerdings beharrte man bei den Beratungen in der ersten Kammer – im wesentlichen die Vertretung der adligen Grundbesitzer – auf dem bereits erwähnten einschränkenden Schuldnerkündigungsrecht. In Sachsen rang man bei den Diskussionen um die Zinstaxenaufgabe weniger um die Zustimmung des Grundbesitzes, als vielmehr um eine Zustimmung in der zweiten Kammer, der bürgerlichen Volksvertretung, zum beschränkenden Kündigungskautel, das man für den natürlichen Kapitalfluß als schädlich erachtete.[1441]
Wohl auch im Hinblick auf die preußischen Schwierigkeiten entschied man sich letztlich, der Zinsfreigabe unter Einschränkung des Kündigungsrechts zuzustimmen. Aber auch in Sachsen zeigt sich, daß das gesetzlich fixierte Kündigungsrecht weniger

---

1434 So zu Recht Landau, § 247 BGB, S. 385 (393).
1435 Vgl. Stenogr. Ber. Abgeordnetenhaus, 9. Lp., I. Session 1866/67, Bd. III, S. 1593.
1436 Vgl. dazu den `Bericht der Zweiten Kommission über den Gesetz-Entwurf, betreffend die Aufhebung der Beschränkungen des vertragsmäßigen Zinsfußes bei Darlehen, zu deren Sicherheit unbewegliches Eigenthum verpfändet wird (Nr. 7 der Drucksachen)` *(Bestand GStA PK (Berlin, Preußen)/Akte I. HA. Rep. 84a Nr. 5720) (fol. 14ff).*
1437 Vgl. den Bericht der Zweiten Kommission, S. 2, 4ff *(Bestand a.a.O.) (fol. 14, 15, 16).*
1438 Vgl. Isopescul-Grecul, Das Wucherstrafrecht, S. 156; Landau, § 247 BGB, S. 385 (394).
1439 Vgl. oben B.II.3..
1440 Vgl. dazu v.a. Landau, § 247 BGB, S. 385 (395ff).
1441 Landau, § 247 BGB, S. 385 (396).

durch einen ethischen Schuldnerschutzaspekt motiviert war, sondern vielmehr auf einer taktischen Grundlage basierte, um die liberale Idee einer Aufgabe der Zinsbeschränkungen überhaupt erst zu ermöglichen.

b) Das 'preußische' Gesetz für den Norddeutschen Bund, betreffend die vertragsmäßigen Zinsen vom 14. November 1867

Mit dem 'Gesetz für den Norddeutschen Bund betreffend die vertragsmäßigen Zinsen' vom 14. November 1867 wurde der eigentliche Höhepunkt der liberalen Zins-Wucher-Gesetzgebung erreicht. Das Gesetz war das Ergebnis der langjährigen Erfahrungen mit der gesetzlichen Zinsfreigabe, vereinheitlichte die Zinsbestimmungen für die Staaten des Norddeutschen Bundes und *„bildete den Abschluß einer organischen Entwickelung der Gesetzgebung"*.[1442] Es wäre allerdings falsch, diesem Gesetz im Rahmen der legislativen Entwicklung seit 1848 uneingeschränkte Eigenbedeutung zuzumessen. Demgegenüber muß man die Regelung primär als eine solche interpretieren, die es – aufgrund der politischen Entwicklung – ermöglichte, das liberale Ansinnen der absoluten Zinsfreiheit auf einem 'gesetzgeberischen Schleichweg' auch in Preußen durchzusetzen. Die beharrliche Verweigerung der Zustimmung des preußischen Herrenhauses zur uneingeschränkten Zinstaxenaufgabe konnte auf das Verfahren im Norddeutschen Bund nicht übertragen werden.
Aufgrund dessen brachte Lasker einen Gesetzentwurf am 21. September 1867 im Reichstag des Norddeutschen Bundes ein.[1443] Der Entwurf sah in § 1 die uneingeschränkte Zinsfreiheit für Darlehen und andere kreditierte Forderungen vor. § 2 gab dem Schuldner bei Verträgen über 6%iger Verzinsung ein jederzeitiges Kündigungsrecht mit Rückzahlungsfrist nach Ablauf von sechs Monaten. Obgleich Lasker das Kündigungsrecht nicht als notwendig erachtete, hielt er doch mit der Erklärung daran fest, daß er damit nur 'Schwierigkeiten' für die Einführung der Zinsfreiheit beim Bundesrat als dem zweiten Legislativorgan verhindern wolle.[1444] Bevor es zur Beratung im Plenum kam, wurden weitere Anträge gestellt (*Endemann*, *von Schwarze*, *Ausfeld*)[1445], die jedoch ausnahmslos wie der Laskersche Entwurf auf der vertraglichen Zinsfreiheit fußten und im wesentlichen Modifikationen zu diesem darstellten. Lediglich der Antrag des Sozialdemokraten *von Schweitzer* machte die vertragliche Zinsfreiheit von der kreditierten Forderung abhängig. Nach diesem Ergänzungsantrag

---

1442 Von Schwarze, Reichsgesetz betreffend den Wucher vom 24. Mai 1880, S. 9.
1443 Vgl. Isopescul-Grecul, Das Wucherstrafrecht, S. 156; Landau, § 247 BGB, S. 385 (398); Bezold, Gesetzgebung des Deutschen Reiches, S. 24ff; die Anträge Lasker und Endemann sind bei Bezold, S. 4f abgedruckt; eine Zusammenstellung sämtlicher Abänderungsanträge findet sich bei Schober, S. 55ff.
1444 Stenogr. Ber. Norddt. RT., 1. Lp., Sitzungs-Periode 1867, Bd. I, S. 348; Landau, § 247 BGB, S. 385 (398).
1445 Vgl. Schober, S. 55ff; Bezold, Gesetzgebung des Deutschen Reiches, S. 24f.

sollte der § 1 des Laskerschen Entwurfes zum Schutze des Kleinkredits bis zu einer Kapitalforderung von 100 Talern als unanwendbar erklärt werden.[1446]

In der 7. Sitzung des Reichstages am 24. September 1867 wurde der Vorschlag des Präsidenten *Simson*, die Anträge sogleich der Schlußberatung zuzuweisen, einstimmig beschlossen.[1447] Die Schlußberatung folgte in der 17. Sitzung vom 10. Oktober 1867.[1448] Im Eingangsvortrag des Berichterstatters *von Salzwedel* verdeutlichten sich bereits frühzeitig die Befürchtungen um den Großgrundbesitz. Nach von Salzwedel war die Debatte nichts anderes, als die Frage nach der Aufhebung der Zinsbeschränkungen bei hypothekarisch gesicherten Darlehen für Preußen, da die für bewegliches Pfand vorgesehenen Taxen überall - auch in Preußen - beseitigt seien.[1449] In Anbetracht der mit einer solchen Aufhebung verbundenen Gefahren für den Grundbesitz müßten auch die diesbezüglichen Bedenken geäußert werden. Der Freihandel sei durchaus etwas wertvolles, jedoch nur dort, wo er keinen vorhersehbaren Schaden anrichte. Der Grundbesitz aber werde unter einer Aufgabe sämtlicher Zinsbeschränkungen leiden. Wesentliches Argument von Salzwedels sind dabei die besonderen Bewirtschaftungsverhältnisse der Landgüter, deren Kapitalnutzung durch die langen Produktionsphasen stark eingeschränkt sei, so daß die zu entrichtenden Zinsen den Eigentümer umso härter träfen, da sie nicht Investitionskapital, sondern die Rente verminderten.[1450] Insoweit sei das Gesetz solange abzulehnen, ehe nicht ein Gesetz über Hypothekenbanken fertiggestellt werde, welches die notwendigen Schutzgrundlagen schaffe.[1451]

Vereinzelt schloss man sich dieser Haltung an, so vor allem auf konservativer Seite der preußische Geheime Regierungsrat *Wagener*, der die Ablehnung des Laskerschen Entwurfes und zugleich, wie von Salzwedel, die Schaffung gesetzlicher Grundlagen zur Unterstützung des Grundbesitzes durch Hypothekenbankinstitute forderte.[1452]

Jedoch handelte es sich bei der die Interessen des Großgrundbesitzes vertretenden Antragsopposition quantitativ um eine Minderheit, deren 'argumentative Schlagkraft' zusätzlich durch den Redeeingriff des Bundeskanzlers *Bismarck* gemindert wurde. Bismarck deutete als Vertreter der preußischen Regierung im Bundesrat unmißverständlich die dortige Zustimmungsbereitschaft zum Gesetzentwurf Lasker an, verwies im weiteren aber auf seine persönliche Bereitschaft, eine Reform der Hypothekengesetzgebung im Interesse des Grundbesitzes voranzutreiben:

[1446] Vgl. Bezold, Gesetzgebung des Deutschen Reiches, S. 24.
[1447] Stenogr. Ber. Norddt. RT., 1. Lp., Sitzungs-Periode 1867, Bd. I, S. 68.
[1448] Stenogr. Ber. Norddt. RT., 1. Lp., Sitzungs-Periode 1867, Bd. I, S. 323ff.
[1449] Stenogr. Ber. Norddt. RT., 1. Lp., Sitzungs-Periode 1867, Bd. I, S. 324.
[1450] Stenogr. Ber. Norddt. RT., 1. Lp., Sitzungs-Periode 1867, Bd. I, S. 324.
[1451] Stenogr. Ber. Norddt. RT., 1. Lp., Sitzungs-Periode 1867, Bd. I, S. 325.
[1452] Vgl. Stenogr. Ber. Norddt. RT., 1. Lp., Sitzungs-Periode 1867, Bd. I, S. 335ff, vgl. auch S. 334, 339, 347.

> *„Ich würde als Vertreter der Preußischen Regierung dem Principe, welches dem Laskerschen Antrag zu Grunde liegt, nicht entgegentreten können, auch wenn es nicht gelänge, die Verbindung mit der Reform der Hypotheken-Gesetzgebung, welche hier von dieser Seite des Hauses (rechts) angestrebt wird, herbeizuführen. Wohl aber halte ich diese Verbindung in hohem Grade für wünschenswerth, und würde, wenn sie hier in dieser Versammlung nicht herbeigeführt werden könnte, doch mich für verpflichtet halten, den Versuch zu machen, ob ich auf dem Gebiete der Bundes-Gesetzgebung glücklicher bin in den Bemühungen, unsere Hypotheken-Gesetzgebung von ihren Schäden zu heilen, als bisher auf dem der Landes-Gesetzgebung...“* [1453]

Kritik an der absoluten Zinsfreigabe kam auch vom sächsischen Generalstaatsanwalt *von Schwarze*, der – obgleich ein vehementer Verfechter der Zinsfreiheit – als einziger Redner in der Debatte auch auf Gefahren für den materiell minderbemittelten Kreditsucher durch potentiell auftretende Bewucherung hinwies. Der große nationalökonomische Grundsatz von Angebot und Nachfrage versage im Kleinverkehr. Denn dort bestimme nicht das ökonomische Element den Kapitalpreis, sondern ausschließlich *„Noth und Elend auf dieser einen Seite, Habsucht und Herzlosigkeit auf der anderen“*.[1454] Es sei auch Aufgabe des Staates, denjenigen zu schützen, *„welcher sich scheut, auf den großen Geldmarkt hinzutreten, sondern aus Rücksicht vielleicht auf seine Stellung, seine Familie oder andere Verhältnisse zu dem Wucherer im Geheimen geht“*.[1455] Vor diesem Hintergrund sei eine Aufgabe sämtlicher Zinsbeschränkungen ohne weitere Schutzmechanismen eine Mißachtung der staatlichen Fürsorgepflicht.

Im Plenum stößt derlei Kritik jedoch überwiegend auf Ablehnung. Die Redebeiträge der Kritiker der Zinsfreigabe vermitteln in der Schlußberatung überwiegend einen zurückhaltenden Eindruck. Offensichtlich sah man sich, aufgrund des abzusehenden Abstimmungsergebnisses, in der Position, einen \`Kampf gegen Windmühlen\` auszufechten. Die \`Reformer\` betonten die hervorragenden Eigenschaften des freien Kapitalverkehrs zum Wohle der Bürger. Dort, wo die Zinsfreiheit vollends eingeführt sei, sei keine negative Veränderung des Zinsfußes zu beklagen.[1456] Im Gegenteil dazu blühe dort das Kreditwesen auf und erschaffe damit auch dem kleinen Mann diesbezügliche Erleichterung. Wirklich zu \`leiden\` hätten unter der Aufgabe der Zinsbeschränkungen nur die Wucherer, denen man aber unzweifelhaft keinerlei Mitleid entgegenbringen müßte. Der Coreferent der Schlußdebatte, der Wiesbadener Abgeordnete *Carl Braun*, führte zur großen Heiterkeit im Plenum an: *„Wissen Sie wohl, meine Herren, wer der größte Feind der Zinsfreiheit ist? Das sind die gewerbsmäßigen verbrecherischen Wucherer, die wollen auch jetzt noch die Zinsbeschränkungen*

[1453] Stenogr. Ber. Norddt. RT., 1. Lp., Sitzungs-Periode 1867, Bd. I, S. 344.
[1454] Stenogr. Ber. Norddt. RT., 1. Lp., Sitzungs-Periode 1867, Bd. I, S. 332.
[1455] Stenogr. Ber. Norddt. RT., 1. Lp., Sitzungs-Periode 1867, Bd. I, S. 333.
[1456] So der Abgeordnete Braun mit Blick auf die Erfahrungen in Baden, Stenogr. Ber. Norddt. RT., 1. Lp., Sitzungs-Periode 1867, Bd. I, S. 328.

aufrecht erhalten. Dieselben erinnern mich an den Ausspruch eines berühmten Wilddiebs, den ich in jüngeren Jahren als Untersuchungsrichter öfter in Behandlung nehmen mußte. Ich machte demselben während der Jagdanarchie von 1848 die Bemerkung, die jetzige Zeit werde ihm wohlgefallen. Allein er sagte: „Eine elende Zeit ist das, - jeder Pfuscher geht jetzt wilddieben!"“ [1457]

Vor der Schlußberatung kam es zur Zurücknahme einzelner Anträge, bzw. zur Einigung der verbliebenen Antragsteller auf einen, dem Laskerschen Antrag weitgehend entsprechenden Gesetzentwurf.[1458] Dieser Gesetzentwurf fand schließlich fast einmütige Zustimmung.[1459]
Für das erlassene Gesetz war ein zeitlicher Geltungstermin nicht eingesetzt worden. Gemäß Art. 2 der Verfassung der Norddeutschen Bundes erlangte das Gesetz verbindliche Rechtskraft 14 Tage nach `Verkündigung von Bundeswegen` durch das Bundesgesetzblatt, somit am 03. Dezember 1867.[1460]
In seinen wichtigsten Normen, §§ 1, 2, bestimmte das `Gesetz, betreffend die vertragsmäßigen Zinsen`:

> *§. 1. Die Höhe der Zinsen, so wie die Höhe und die Art der Vergütung für Darlehen und für andere creditirte Forderungen, ferner Conventionalstrafen, welche für die unterlassene Zahlung eines Darlehens oder einer sonst creditirten Forderung zu leisten sind, unterliegen der freien Vereinbarung. Die entgegenstehenden privatrechtlichen und strafrechtlichen Bestimmungen werden aufgehoben.*
>
> *§. 2. Derjenige, welcher für eine Schuld dem Gläubiger einen höheren Zinssatz als jährlich sechs von Hundert gewährt oder zusagt, ist zu einer halbjährigen Kündigung des Vertrages befugt. Jedoch er kann von dieser Befugniß nicht unmittelbar bei Eingehung des Vertrages, sondern erst nach Ablauf eines halben Jahres Gebrauch machen.*
> *Vertragsbestimmungen, durch welche diese Vorschrift zum Nachtheil des Schuldners beschränkt oder aufgehoben wird, sind ungiltig.*
> *Auf Schuldverschreibungen, welche unter den gesetzlichen Voraussetzungen auf jeden Inhaber gestellt werden, so wie auf Darlehen, welche ein Kaufmann empfängt, und auf Schulden eines Kaufmannes aus seinen Handelsgeschäften leiden die in diesen Paragraphen enthaltenen Vorschriften keine Anwendung.*[1461]

[1457] Stenogr. Ber. Norddt. RT., 1. Lp., Sitzungs-Periode 1867, Bd. I, S. 349; ähnlich auch der Justizrat Russell, a.a.O., S. 335.
[1458] Vgl. dazu Bezold, Gesetzgebung des Deutschen Reiches, S. 29.
[1459] Vgl. zum Abstimmungsverfahren Stenogr. Ber. Norddt. RT., 1. Lp., Sitzungs-Periode 1867, Bd. I, S. 357ff.
[1460] Veröffentlichung im Bundesgesetzblatt (Norddt. Bund) am 19.11.1867, S. 159f.
[1461] Stenogr. Ber. Norddt. RT., 1. Lp., Sitzungs-Periode 1867, II Anlagen, Anlage 88 (S. 142f); das Gesetz ist abgedruckt bei Bezold, Gesetzgebung des Deutschen Reiches, S. 5ff; ebenso bei Randa, Lehre von den Zinsen, S. 43f.

Bezugnehmend auf den ursprünglichen Laskerschen Entwurf erfuhr das Kündigungsrecht in § 2 die wesentlichste Änderung. Die `jederzeitige` Kündigungsbefugnis des Schuldners wurde zugunsten des Gläubigers dahingehend abgemildert, daß eine solche nunmehr erst nach einem halben Jahr nach Vertragsschluß zulässig sein sollte.[1462] In diesem Punkt setzte sich der sächsische Generalstaatsanwalt von Schwarze durch, der ein jederzeitiges Kündigungsrecht des Schuldners als nicht *„ganz mit der bona fides vereinbar"* ansah.[1463]
Mit Beitritt von Baden, Hessen-Darmstadt und Württemberg zum Norddeutschen Bund am 15., bzw. 25. November 1870 erreichte das Bundesgesetz auch dort `indirekte` Rechtskraft.[1464] Zwar wurde in Art. 80 der `Verfassung des Deutschen Bundes von 1870` erklärt, daß sämtliche Gesetze des Norddeutschen Bundes zu Gesetzen des neuen Deutschen Bundes werden sollten, jedoch bezog sich dies zunächst ausdrücklich nur auf Baden und Hessen-Darmstadt.[1465] Durch den `verspäteten` Beitritt Bayerns und Württembergs bedurfte die Verfassung und ihr Art. 80 einer neuerlichen Revision, die durch das Verfassungsänderungsgesetz vom 16. April 1871 vollzogen wurde und das Bundesgesetz vom 14. November 1867 zum sodann auch in diesen Staaten direkt geltenden Reichsgesetz erhob.[1466]

Unsicherheit bestand jedoch trotz der Erhebung zum Reichsgesetz bezüglich einer räumlich uneingeschränkten Geltung des Kündigungsrechts aus § 2, da § 5 des Gesetzes eine diesbezügliche landesrechtliche Vorbehaltsklausel statuierte: *„Den Landesgesetzen bleibt vorbehalten, zu bestimmen, daß die im §. 2. dieses Gesetzes eingeräumte Kündigungsbefugniß des Schuldners gänzlich wegfalle, oder daß ein höherer Zinssatz, als sechs Prozent, oder eine längere Kündigungsfrist, als sechs Monate, für die bezeichnete Befugniß maßgebend sei." Paul Hinschius* vertrat zu dieser Regelungsunklarheit die Ansicht, daß in all denjenigen Bundesstaaten, die schon vor 1867 Zinsfreiheit ohne Kündigungsrecht gekannt hatten, das Kündigungsrecht damit stillschweigend ausgeschlossen sei, und auch durch das Gesetz von 1867 nicht eingeführt sei.[1467] *Stobbe* ging dagegen davon aus, daß nur eine ausdrückliche Ausschließung der Kündigungsbefugnis in § 5 des Norddeutschen Gesetzes zur Nichtgeltung führen könne.[1468] Diese Frage wurde anfänglich vor allem in Württemberg diskutiert, da das Verfassungsänderungsgesetz vom 16. April 1871 für das Königreich verschiedene ausdrückliche gesetzliche Vorbehalte, bspw. für das

---

[1462] Vgl. Bezold, Gesetzgebung des Deutschen Reiches, S. 39; vgl. auch Dernburg, Preuß. Privatrecht, S. 88; Stobbe, Band III, § 236, S. 354f.
[1463] Stenogr. Ber. Norddt. RT., 1. Lp., Sitzungs-Periode 1867, Bd. I, S. 332.
[1464] Vgl. Protokoll v. 15.11.1870 (Verfassung des Deutschen Bundes, Art. 80 I 6) und Protokoll v. 25.11.1870, Art. 2 Nr. 6 I 1 (Bundesgesetzblatt 1870, S. 647, 650, 654).
[1465] Vgl. Bezold, Gesetzgebung des Deutschen Reiches, S. 9.
[1466] Vgl. Bezold, Gesetzgebung des Deutschen Reiches, S. 9f; vgl. auch Blömer, Agrarkredit Westfalen, S. 37; Hohendorf, S. 48; Zimmermann, S. 146; Isopescul-Grecul, Das Wucherstrafrecht, S. 163; Bauer, Raiffeisengenossenschaften, S. 41.
[1467] Landau, § 247 BGB, S. 385 (399).
[1468] Stobbe, Band III, § 236, S. 355 Fn. 45; vgl. auch Landau, § 247 BGB, S. 385 (400).

Rinderpestgesetz und Regelungen des Post- und Telegraphenwesens, konzedierte.[1469] Dies zeigt sich in einem, die diesbezüglichen Anwendungszweifel bestätigenden Bericht der `Civilkammer des Königlichen Ober-Tribunals` an das Königliche Justizministerium vom 21. Februar 1871.[1470] Aufgrund der geringen praktischen Bedeutung der Kündigungsklausel wird diese Frage in der Folge jedoch keiner endgültigen reichsgesetzlichen Klärung unterzogen.

In Bayern dagegen fand das zum Reichsgesetz erhobene Bundesgesetz vom 14. November 1867 generell keine Anwendung.[1471] Dort hatte man mit dem 05. Dezember 1867 – nach fast einjähriger Vorbereitung in der bayerischen Kammer der Abgeordneten[1472] - ein Gesetz verabschiedet, das in Bayern nunmehr endgültig (nach der nur strafrechtlichen Wuchergesetzaufgabe 1861) die Zinsen der freien Vereinbarung überließ.[1473] Im Gegensatz zu den Regelungen des Bundesgesetzes vom 14. November 1867 hatte man hier jedoch kein die Zinsfreiheit einschränkendes Kündigungsrecht vorgesehen.[1474] In Bayern sah man aufgrund des umfassend ausgearbeiteten eigenen Zinsgesetzes keine Veranlassung, auch das Reichsgesetz zu übernehmen.[1475] Zudem sei das Reichsgesetz nach Ansicht der bayerischen Regierung nur unter größten Schwierigkeiten an das erst am 29. April 1869 erlassene Zivilprozeßgesetzbuch anpaßbar.[1476] Der bayerische Justizminister *Lutz* betonte zur mangelnden Dringlichkeit einer Gesetzesübernahme: *„Bayern hat sich fast gleichzeitig mit der Gesetzgebung des Norddeutschen Bundes mit derselben Materie wie das Gesetz vom 5. December 1867 befaßt. Beide Gesetze kommen im Wesentlichen auf dasselbe hinaus. Sie begründen über die Frage der Zulässigkeit freier Vereinbarung über die Zinshöhe im Wesentlichen in ganz Deutschland, uns eingerechnet, Rechtsgleichheit."* [1477] Gleichzeitig wurde recht unverhohlen festgestellt, daß man die eigene Bestimmung ohne Kündigungsrecht für die bessere Gesetzesvariante halte: *„Das*

[1469] Vgl. dazu Bezold, Gesetzgebung des Deutschen Reiches, S. 10.
[1470] `An das Königl. Justiz-Ministerium, Bericht der Civilkammer des Königl. Ober-Tribunals betreffend die Einführung des für den norddeutschen Bund am 14. Nov. 1867 erlassenen Gesetzes über die vertragsmäßigen Zinsen in Württemberg. 21. Februar 1871` *(Bestand HptStaatsArchV Stuttgart (B-W)/Büschel E 302 Nr. 874) (fol. 36ff)*; letztendlich kommt man in dem Bericht zu dem Ergebnis, daß durch die seit 1849 bestehende unbeschränkte Zinsfreiheit in Verbindung mit der Vorbehaltsklausel des § 5 eine Anwendung des Kündigungsrechts für Württemberg ausgeschlossen sei.
[1471] Ebenso ab 1871 nicht in Elsaß-Lothringen, vgl. Mandry, S. 409.
[1472] Eine das bayer. Gesetz v. 05.12.1867 betreffende Sammlung Stenographischer Berichte der Kammer der Abgeordneten ist vorhanden im *Bestand HptStaatsArchV München (Bay)/Akte MJu Nr. 12647.*
[1473] Abdruck des Gesetzes bei Randa, Lehre von den Zinsen, S. 44; ebenso bei Bezold, Gesetzgebung des Deutschen Reiches, S. 7f.
[1474] Vgl. Mandry, S. 409; Stobbe, Band III, § 236, S. 353f; von Gierke, Band III, § 198, S. 587 Fn. 103.
[1475] Der bayerische Beitrittsvertrag zum Deutschen Bund v. 23.11.1870 sah bezüglich des die Gesetzesübernahme betreffenden Art. 80 in Ziffer III §. 8 die Regelung vor, daß die Initiative für die Ausdehnung der Norddeutschen Legislation – mit Ausnahme des Wahlgesetzes v. 31.05.1869 – der bayerischen Regierung vorbehalten sein sollte; vgl. dazu auch Bezold, Gesetzgebung des Deutschen Reiches, S. 10f.
[1476] Bezold, Gesetzgebung des Deutschen Reiches, S. 11.
[1477] Zitiert nach Bezold, Gesetzgebung des Deutschen Reiches, S. 12.

bayerische Gesetz geht nur in mehrfacher Beziehung weiter als das norddeutsche Gesetz. Sofern es sich darum fragen könnte, einfach das norddeutsche Gesetz bei uns einzuführen, ohne daß Anderes aufrecht erhalten wird, so würde man uns in Bayern zumuthen, einen Rückschritt zu machen." [1478] Vor allem bei den Nationalliberalen im Reichstag, vorrangig bei Lasker, stieß man mit dieser Entscheidung auf großes Verständnis.[1479]

In Österreich bestand seit dem 14. Juni 1868 völlige Freiheit von allen Zinsbeschränkungen. Zunächst hatte man dort durch ein Gesetz vom 14. Dezember 1866 die Zinstaxenbestimmungen von 1803 abgeschafft, jedoch in § 3 ein Wucherdelikt geschaffen, nachdem derjenige sich strafbar machte, *„welcher die Notlage, den Leichtsinn, die Unerfahrenheit oder Verstandesschwäche des Anleihers zu dessen empfindlichem Nachteil mißbraucht, um für sich oder andere, unter was immer für einer Form einen Vorteil zu bedingen, welcher zu dem am Ort üblichen Zinsenmaße und zu den mit seiner Leistung etwa verbundenen Auslagen, Verlustes oder sonstigen Opfern im auffallenden Mißverhältnis steht"*.[1480]
Obgleich man hier eine beachtenswerte Bestimmung geschaffen hatte, die dem modernen deutschen Wucherverbot sehr nahe kam, mußte eine derartige Sanktionsnorm in der Hochphase des Liberalismus jedoch auf erheblichen Widerstand stoßen, was auch durch die Stellungnahme des \`Österreichischen Vereins für volkswirthschaftlichen Fortschritt\` verdeutlicht wird:

> *„Wenn wir es deshalb von vornherein dankbar anerkennen, dass das sogenannte Gesetz vom 14. December 1866 sich in seinen Eingangsbestimmungen, d.h. in dem ersten Absatze des §. 1 u. im §. 2 auf den richtigen Standpunct gestellt hat, indem es dem freien Willen der Parteien bei der Feststellung der Darlehensbedingungen offenen Spielraum zu gewähren verheisst, so müssen wir es andererseits ebenso unumwunden aussprechen, dass diese Verordnung in ihrem §. 3 und in allen folgenden auf den völlig antiquirten und unhaltbaren Standpunct der Wucherbeschränkungen und namentlich der niemals zu rechtfertigenden speciellen Wucherstrafgesetze zurückgekehrt ist."* [1481]

[1478] Zitiert nach Bezold, Gesetzgebung des Deutschen Reiches, S. 12.
[1479] *Lasker* hielt es in Anspielung auf das seiner Ansicht nach zu weitgehende Kündigungsrecht für *„ganz angemessen, daß Bayern es vorzieht, seine mehr vorgeschrittenen Bestimmungen nicht dem Reichsgesetze zu Liebe zu opfern. Wir selbst, die Urheber des Gesetzes (...) sind im Jahre 1867 gezwungen gewesen, dem Zinsgesetze mehrere, wie wir glaubten, schlimme Punkte einzufügen (...), und wir selbst haben, um nicht anderen Staaten, welche einen weiteren Fortschritt bereits gemacht hatten, schlechtere Bestimmungen aufzuzwingen, die Gesetzgebung der Einzelnstaaten gelten lassen..."*, zitiert nach Bezold, Gesetzgebung des Deutschen Reiches, S. 12f.
[1480] Vgl. Peschke, Handwörterbuch der Staatswissensch., S. 1081 (1092); Luig, Vertragsfreiheit und Äquivalenzprinzip, S. 171 (177); Schmidt, Sittenwidrigkeit, S. 137f.
[1481] \`Mittheilungen des Vereins für volkswirthschaftlichen Fortschritt., No. 38, Wien, den 9. November 1867\` *(Bestand BArchV, Akte R 3001/6245, 6246 (Mikrofilm-Nr. 21943)); Randa* spricht von einem warnenden Beispiel, das zeige, *„wie Gesetze nicht abgefaßt sein sollen"*, Randa. Lehre von den Zinsen, S. 4 Fn. 2; vgl. zur Kritik auch Luig, Vertragsfreiheit und Äquivalenzprinzip, S. 171 (177).

Aufgrund der massiven Kritik verkündet man am 14. Juni 1868 ein neues Gesetz, das alle Grenzen der Zinsnahme auch für Österreich beseitigt.[1482]

4. Auswirkungen der Zinsfreigabe

Das, was man sich allgemein von der Aufgabe sämtlicher Zinsbeschränkungen an positiven Wirkungen für den Verkehr erhofft hatte, trat nicht ein. Es ist wohl eher anzunehmen, daß sich die Ausbeutungsproblematik verschärfte, diese zumindest aber mit zunehmender Dauer absoluter Zinsfreiheit in der Öffentlichkeit stärker denn je diskutiert wurde. Das Ideal, daß das freie Spiel der Kräfte normale Verhältnisse von selbst herbeiführt, hatte kaum irgendwo so sehr Schiffbruch erlitten, wie auf dem Gebiete des Kreditverkehrs.[1483]

Wenn diese These dahingehend ausgelegt werden soll, daß die grenzenlose Freiheit des Marktes außerhalb des spezifizierten Kapitalverkehrs keine – läßt man die sich ohne Zweifel katastrophal entwickelnden Verhältnisse des durch die Freiheit beförderten Industrialisierungsprozesses außer acht – außergewöhnlich negativen Wirkungen hervorrief, vielmehr in Teilen sogar positive Entwicklungen durch die Befreiung von staatlichen Handelsrestriktionen zeitigte, so ist der These zuzustimmen. Sollte die These aber dergestalt interpretiert werden, daß man in der Phase der absoluten Zinsfreiheit eine massive Steigerung der Ausbeutungsverhältnisse im Kreditverkehr zu verzeichnen hatte, so kann man dies nur eingeschränkt unterschreiben.

Sicherlich steht es außer Frage, daß sich die theoretischen Modelle von Nationalökonomie und Rechtspolitik bezüglich des Kreditverkehrs in der Praxis nicht verwirklichten. Vielmehr mußte man feststellen, daß es von der neuen Freiheit zur Rücksichtslosigkeit nur ein kleiner Schritt war und der materielle Vorteil häufig auf seiten der skrupellosen Teilnehmer am Markt zu finden war.[1484] Das Klagen über den Wucher häufte sich in dieser Zeit und die Mißstände waren keinesfalls geringer als vor der Zinsfreigabe.[1485] Dieser Aspekt ist aber auch gleichzeitig der entscheidende, denn eine definitive Steigerung der – zweifellos übermäßig auftretenden – wucherischen Ausbeutung in der Phase des beschränkungslosen Kapitalverkehrs läßt sich nicht ohne Zweifel attestieren.[1486] Die *'Volkszeitung'* schrieb diesbezüglich in ihrer Ausgabe vom 10. November 1879: *„Wie viel der Wucher finanziell und moralisch rui-*

[1482] Das Gesetz ist abgedruckt bei Randa, Lehre von den Zinsen, S. 42, vgl. auch 28ff; vgl. auszugsweise auch Schmidt, Sittenwidrigkeit, S. 138.

[1483] Vgl. Luig, Vertragsfreiheit und Äquivalenzprinzip, S. 171 (182).

[1484] Hedemann, S. 3.

[1485] Vgl. bspw. die Ausführungen der Abgeordneten Reichensperger (S. 739f, 742), von Kleist-Retzow (S. 746f), Dreyer (S. 756) und Freiherr von Marschall (S. 765) in der 30. Sitzung des RT am 31.03.1879, Stenogr. Ber. RT., 4. Lp., II. Session 1879, 1. Band.

[1486] Vgl. dazu auch den Bericht der XII. Reichstagskommission (Beratung der Anträge zum späteren Reichswuchergesetz v. 24.05.1880), Stenogr. Ber. RT., 4. Lp., III. Session 1880, 3. Band, Aktenstück Nr. 58, S. 380.

nirt, wie viele er an den Bettelstab gebracht (...) hat, wird nie festgestellt werden; aber groß ist die Zahl derjenigen, größer als man vielleicht auch nur ahnen mag, die in Folge ihres Irrthums oder Leichtsinns der Wucher als Opfer gefordert hat." [1487] Definitive Zahlen oder vergleichende Statistiken zur Phase der Zinsmaximabestimmungen liegen bezüglich des Ausmaßes wucherischer Ausbeutung aus dieser Zeit nicht vor – wie auch, war doch jedes vertraglich vereinbarte Zinsmaß nach dem Gesetz rechtmäßig. Auf Initiative des Bundesrates äußerten sich 1879 sämtliche Hauptstellen der Deutschen Reichsbank zu der Frage, ob seit 1867 eine Vermehrung von Wucherfällen zu konstatieren sei, was mehrheitlich verneint wurde[1488]. Hinsichtlich dieser Feststellungen ist aber zu bezweifeln, ob alle Gesellschaftsschichten in die Überlegungen miteinbezogen und nicht etwa die vom Bankenkredit weitgehend ausgeschlossenen ärmeren Bevölkerungsschichten als wucheranfälligster Gesellschaftsteil übergangen wurden. Unabhängig davon war die Bewucherungsproblematik ohnehin ein Problem derjenigen Bevölkerungsschichten, denen organisierte Kreditanstalten nicht zur Verfügung standen und somit ein Problem des Privatkredits. Vor allem aufgrund dieses falschen Ansatzpunktes hatte man sich mit dieser Umfrage an die Falschen gewendet.[1489] Demgegenüber wird in nahezu jeder Veröffentlichung zum Ende der 70er Jahre von einer *„Überhandnahme des Wuchers"*[1490] gesprochen, *„welcher zu einer Landescalamität sich entwickelt und einen allgemeinen Nothschrei erweckt hat"*.[1491]

Dieser Situationsumschreibung wird man beipflichten müssen, denn die quantitativen Ausmaße der Bewucherung waren nach der Zinsfreigabe noch immer dramatisch. Man begann in dieser Phase jedoch erstmalig, die Gefahr und Ausbreitung der Bewucherung richtig einzuschätzen, nachdem sich sukzessive zeigte, daß der uneingeschränkt freie Markt nicht das Allheilmittel war, das man in ihn in einer Art von 'kritikunfähiger Aufbruchsmentalität' hineininterpretiert hatte. Daraus entsprang auch der auftretende 'Notschrei' über die entstandenen Kalamitäten; 'über Nacht' war man sich über die Fehlbarkeit des alles beherrschenden Dogmas bewußt geworden und nunmehr dazu fähig, die Nachteile dieses Gesellschaftsideals unverklärt wahrzunehmen.

Obwohl man heute die Frage nach einer quantitativen Steigerung der Ausbeutung nicht mehr genau beantworten kann, so bleibt doch die Feststellung, daß die unter

---

[1487] *„Volkszeitung"* v. 10.11.1879, Artikel „Revision der Wuchergesetze." *(Bestand BArchV, Akte R 3001/6251).*

[1488] Nach von Schwarze, Reichsgesetz betreffend den Wucher vom 24. Mai 1880, S. 10f; ähnlichen Inhalts auch die 1879 im RT eingegangenen 399 Petitionen von Vorschußvereinen, Vorschußbanken und Sparvereinen, vgl. die Schrift von Wilhelm Röhrich, 'Empfiehlt sich die Wiedereinführung von Zinstaxen und Wuchergesetzen und die Beschränkung der allgemeinen Wechselfähigkeit?, Stuttgart 1879', S. 39 *(Bestand BArchV, Akte R 101/881).*

[1489] Caro, S. 45.

[1490] So bspw. in der Petition der 'Vereinigung der Steuer- und Wirthschafts-Reformer' an den RT v. 25.02.1880 *(Bestand BArchV, Akte R 101/881)*; ebenso mit gleicher Wortwahl von Schwarze, Reichsgesetz betreffend den Wucher vom 24. Mai 1880, S. 11.

[1491] Von Schwarze, Reichsgesetz betreffend den Wucher vom 24. Mai 1880, S. 11; so auch Reichensperger, S. 70; vgl. dazu auch Blömer, Agrarkredit Westfalen, S. 38.

den Zinsmaximabestimmungen existierende Bewucherung – vor allem in der Landwirtschaft – nicht abnahm. Sicher ist demgegenüber, daß die 'qualitative Bewucherung' in ihren Ausmaßen an Dramatik und Radikalität die früheren Verhältnisse übertraf. Vertraglich ausbedungene Zinskonditionen über 200% p.a. waren keine Seltenheit und auch 1000%ige Vereinbarungen fanden Eingang in die Schuldurkunden. Die ausbedungenen Forderungen waren nicht selten von einer derartigen Höhe, daß sich die Rechtsprechung – wie bereits eingangs erwähnt wurde[1492] - in ihren Urteilen mitunter weigerte, der liberalen Gesetzgebung zu folgen. Von seiten der Gerichte wurde es als besonders beunruhigend empfunden, das wucherische Gebaren unter rechtlichen Schutz zu stellen und zudem erforderliche Rechtshilfe zur oftmals damit verbundenen Ruinierung des Schuldners zu gewähren.[1493] Infolgedessen finden sich in den 70er Jahren vereinzelte Urteile, nach denen der Mißbrauch der Vertragsfreiheit im Sinne der liberalen Gesetzgebung zwar nicht für wucherisch, aber für sittenwidrig erklärt wird.[1494]

Die Häufigkeit dieses Mißbrauchs der Vertragsfreiheit und auch die besondere Dramatik der Einzelfälle zeigte auf, wie sehr die theoretischen Modelle der klassischen Nationalökonomie in der Praxis versagten. Statt des apostrophierten Harmonieideals und des sich selbst heilenden Verkehrs brach ein 'Krieg aller gegen alle' aus, in dem die wirtschaftlich schwächeren Marktteilnehmer hoffnungslos unterlegen waren.[1495] Und noch nicht einmal die Marktteilnahme aller ergab sich im täglichen Verkehr, denn an denen, die schon früher außerhalb des regulären Wirtschaftslebens standen, ging auch jetzt jegliche ökonomische Balance vorbei. Die den Markt – vorrangig den Kapitalmarkt – nach den Thesen der Nationalökonomie gesundenden Konkurrenzverhältnisse drangen gerade nicht in die Bevölkerungsschichten vor, deren Kapitalbedürfnis nicht aus produktivem Zweck, sondern aus der Not heraus entsprang.[1496] An einer Kreditvergabe zugunsten derartig wirtschaftlich instabiler Schuldner bestand von seiten der Kapitalgeber auch weiterhin kein gesteigertes Interesse, woran auch der nunmehr gesetzlich rechtmäßige Risikoprämienaufschlag nichts änderte. Statt dessen investierten die Kapitalgeber wie früher in unterschiedlichste Anlageoptionen, deren Sicherheitsrisiko kalkulierbar, deren Rendite aber dennoch reizvoll war.[1497]

Hinzu trat hier der für den Kapitalverkehr nachteilige Umstand des Mangels an barem Geld, der in den Überlegungen und Diskussionen zur absoluten Zinsfreigabe vor

[1492] Vgl. dazu oben A.I..

[1493] Vgl. dazu den Bericht der XII. Reichstagskommission (Beratung der Anträge zum späteren Reichswuchergesetz v. 24.05.1880), Stenogr. Ber. RT., 4. Lp., III. Session 1880, 3. Band, Aktenstück Nr. 58, S. 381; ähnlich auch später in der Begründung zu dem Entwurf von 1892, Stenogr Ber. RT., 8. Lp., II. Session 1892/93, 1. Anlagenband, Nr. 70, S. 424; vgl. auch Reichensperger, S. 8.

[1494] Vgl. dazu v.a. Luig, Vertragsfreiheit und Äquivalenzprinzip, S. 171 (178ff m.w.Verw.); Reichensperger, S. 8.

[1495] Bauer, Raiffeisengenossenschaften, S. 41.

[1496] Reichensperger, S. 41.

[1497] Vgl. auch oben B.I.3a)bb).

1867 keinerlei Rolle spielte, aber für die Verhinderung der Ausweitung der Konkurrenzverhältnisse von Bedeutung war. Auf diesen Mangel und seine Kausalität für das Scheitern der Konkurrenzausgleichs im Kapitalverkehr wies auch der Strafrechtler und Landgerichtsrat *Dr. Kronecker* in einem 1880 erstellten Gutachten zur Wuchergesetzgebung hin.[1498] In Deutschland hätte man nach Kronecker mit dieser Entwicklung auf seiten der Ökonomen rechnen müssen, da der geringe Kapitalfluß – hervorgerufen durch geringen Geldumlauf[1499] - keinesfalls imstande war, ausgleichende Konkurrenzverhältnisse im gesamten Markt zu erzeugen.[1500] Statt dessen sei das begehrte bare Geld dort verblieben, wo es auch füher bereits im Umlauf war, und habe außerhalb dieser Marktbereiche zwangsläufig den Zinsfuß erhöht, da dort die unbefriedigte Kapitalnachfrage unverändert hoch blieb.[1501] Das bei der Durchsetzung der Zinsfreiheit vielgerühmte Beispiel Englands habe nicht zuletzt aufgrund seiner *„jahrhundertealten Kultur"* eines baren Kapitalmarktes die Erfolge mit der Zinsfreiheit erzielt, auf die man in Deutschland gehofft hatte.[1502] Das dort vorhandene Vermögen habe zu einem großen Kapitalangebot geführt, somit auch den Zinsfuß gesenkt und die für den Wucher häufig ursächliche Grundstücksverpfändung von Beginn an verhindert.[1503]

Der Umstand des geringen Geldumlaufs in dieser Zeitspanne wurde später auch vom Statistischen Reichsamt bestätigt, das einen der wesentlichen Gründe dafür in der preußischen Darlehenskassengesetzgebung sah, da man in Preußen mit Gesetz vom 30. Juni 1867 die weitere Ausgabe von Darlehenskassenscheinen untersagte. Zweck der Bestimmung war die Erhöhung der Staatskontrollfähigkeit bei in den Verkehr gelangenden Zahlungsmitteln. Damit habe man aber gleichzeitig den bis dato umlaufenden Darlehenskassenscheinen die Wirkung als stabiles Zahlungsmittel genommen und somit das bare Kapital des Marktes verringert.[1504]

Vor diesen Hintergründen verblieb es gerade in den ländlichen Bezirken bei den bekannten Konstellationen im Kreditverkehr. Die Kapitalgeber besaßen weiterhin ihre Monopolstellung und nutzten diese auch weidlich aus, zumal der Gesetzgeber den

---

[1498] `Darstellung der Wuchergesetzgebung von Dr. Kronecker` 1880 *(Bestand BArchV, Akte R 3001/6253, 6254 (Mikrofilm-Nr. 21945)).*

[1499] Nach einer Studie des Stat. Reichsamtes wird der in dieser Phase bestehende Umlauf von Landespapiergeld, inklusive des Notenumlaufes durch Ausgabe von Privatnotenbanken, zum 31.12.1874 als geringfügig eingeschätzt. Nach dieser Studie ergibt sich als Umlauf von Landespapiergeld (in Millionen Mark) für Preußen (61, 4), Bayern (36, 0), Sachsen (36, 0), Württemberg (10, 3), Baden (11, 1), Hessen (7, 4), Mecklenburg-Schwerin (3, 0), Sachsen-Weimar (1, 8), Mecklenburg-Strelitz (2, 4), Braunschweig (3, 0), Sachsen-Meiningen (1, 8), Sachsen-Altenburg (1, 5), Sachsen-Coburg-Gotha (1, 8), Anhalt (2, 8), Schwarzburg-Sondershsn. (0, 5), Schwarzburg-Rudolstadt (0, 6), Waldeck (0, 6), Reuß ältere Linie (0, 4), Reuß jüngere Linie (1, 0) und Schaumburg-Lippe (1, 0), nach `Der gesamte deutsche Geldumlauf 1876-1914 nach dem Stat. Reichsamt` *(Bestand BArchV, Akte R 3102/2606).*

[1500] `Darstellung der Wuchergesetzgebung von Dr. Kronecker` 1880, S. 54 *(Bestand BArchV, Akte R 3001/6253, 6254 (Mikrofilm-Nr. 21945)).*

[1501] a.a.O., S. 54.

[1502] a.a.O., S. 54.

[1503] a.a.O., S. 55.

[1504] Nach Gutachten des Stat. Reichsamtes, `Der deutsche Geldumlauf vom Wiener Münzvertrag bis zum Ausbruch des Weltkrieges (1854-1914)`, S. 33 *(Bestand BArchV, Akte R 3102/2546).*

Wucherern durch die liberale Gesetzgebung nunmehr auch ein rechtliches Ausbeutungsprivileg an die Hand gegeben hatte, das dem persönlichen Egoismus keine Schranken mehr setzte.[1505] Kurzfristige existenzielle Kapitalbedürfnisse, allgemeine Notsituationen, Mangel an Bildung, die Scham über die finanziellen Schwierigkeiten und die mangelnde Rechtskenntnis der Schuldner waren einmal mehr die Grundlagen, die von seiten der Ausbeuter genutzt wurden, um die horrenden Zinssätze abzupressen.[1506] Zinssätze von 20-25% wurden dabei als gemäßigt bezeichnet[1507], 75-100% nach einem Bericht des Königlich Bayerischen Staatsministeriums des Innern als `normal` empfunden.[1508] Das Königliche Oberamtsgericht in Horb/Schwarzwald berichtet von einem Fall nach der Zinsfreigabe in Württemberg, bei dem die vom Darlehensgläubiger eingeklagte Summe unter Einrechnung der Zinsen für den Zeitraum von zwei Jahren gemäß Schuldschein 1400 Gulden betrug; die eigentlich dargeliehene Summe betrug dabei lediglich 130 Gulden.[1509] In einem anderen Fall erwirkte der Inhaber eines Wechsels über 150 RM vor dem Kreisgericht Wreschen die Verurteilung des Schuldners zur Leistung der ausbedungenen Konventionalstrafe von 5 RM täglich, mithin einem Zinssatz von 1200% p.a..[1510]

Über ähnliche Vertragskonditionen wird nach der Zinsfreigabe 1868 auch in Österreich geklagt, vor allem aus den, bereits zu Zeiten der gesetzlichen Zinsbeschränkungen als `wucheranfällig` bekannten Bezirken Galiziens.[1511] Auch dort überstiegen die vertraglichen Zinssätze die dargeliehene Kapitalsumme *„in der Regel um das Drei-, Vier-, Fünf-., ja Zehnfache“*; selbst die günstigsten Kredite waren nicht zu Konditionen unter 30-40% zu erhalten.[1512] Die Zahl der Grundstückszwangsversteigerungen stieg nach der Zinsfreigabe im Jahre 1868 um 65%, 1873 um 274%, 1874 um 525% und 1876 um 814%.[1513]

1505 Schwarz, S. 9; Schack, Deutschland, S. 12; Caro, S. 180; vgl. auch Hübner, § 86, S. 541.

1506 Vgl. dazu auch den Bericht der XII. Reichstagskommission (Beratung der Anträge zum späteren Reichswuchergesetz v. 24.05.1880), Stenogr. Ber. RT., 4. Lp., III. Session 1880, 3. Band, Aktenstück Nr. 58, S. 382; vgl. auch Reichensperger, S. 41, 71, 73.

1507 Reichensperger, S. 8.

1508 `Bericht des Königlichen Staatsministeriums des Innern an das Staats-Ministerium des Königlichen Hauses und des Aeußern, Sept. 1877` *(Bestand HptStaatsArchV München (Bay)/Akte MInn Nr. 66439).*

1509 `Bericht des Königl. Oberamtsgerichts Horb an den Königlichen Gerichtshof zu Tübingen vom 26. August 1854` *(Bestand HptStaatsArchV Stuttgart (B-W)/Büschel E 302 Nr. 874).*

1510 Nach Reichensperger, S. 8.

1511 Vgl. dazu auch die Sammlung Stenogr. Prot. zu den Sitzungen des Österreichischen Hauses der Abgeordneten der VIII. Session 1877 im Bestand BArchV, Akte R 3001/6250; vgl. ebenso Caro, S. 176ff.

1512 `Bericht des Ausschusses des Abgeordnetenhauses über die Regierungsvorlage, betreffend Abhilfe wider unredliche Vorgänge bei Creditgeschäften in Galizien und Krakau`, VIII. Session 1877, S. 5 *(Bestand BArchV, Akte R 3001/6250)*; Caro berichtet von Fällen mit bis zu 500%iger Verzinsung, Caro, S. 188.

1513 a.a.O., S. 5; vgl. auch Caro, S. 180; auch aus der Bukowina wird über außergewöhnlich hohe Zinsvereinbarungen berichtet. Röhrich listet als nachweisbar dazu auf: 43x15%, 26x18%, 12x24%, 12x30%, 44x36%, 12x42%, 79x48%, 15x54%, 63x60%, 27x72%, 2x75%, 3x80%, 5x96%, 2x100%, 1x106%, 2x109%, 1x116%, 5x120%, 2x122%, 1x123%, 1x128% und 1x185%, nach der `Schrift von Wilhelm Röhrich, Empfiehlt sich die Wiedereinführung von Zinstaxen und Wuchergesetzen und die Beschränkung der allgemeinen Wechselfähigkeit?, Stuttgart 1879`, S. 14 *(Bestand BArchV, Akte R 101/881).*

Auch hier wurden – wie im Deutschen Reich – die besonderen wirtschaftlichen Verhältnisse der Kleinbauern skrupellos ausgenutzt. Oftmals wurden dabei die geforderten Zinsleistungen als Tages- oder Wochensätze in den Schuldurkunden vermerkt, um so den Vereinbarungen einen unverfänglicheren Charakter zu geben.[1514] Selbst wenn sich das Opfer über die Höhe der eingegangenen Verpflichtungen im klaren war, konnte der Wucherer zumeist mit der Vertragsunterzeichnung rechnen, da dieser trotz der Forderungen für den Kleinbauern ein Garant für die Geheimhaltung der \`schändlichen\` Kreditaufnahme war.[1515] Befand sich der Kapitalsucher erst einmal in den \`Fängen\` des Wucherers, konnte er sich – wie auch vor der gesetzlichen Zinsfreigabe – nur schwerlich daraus befreien. Die \`*Schlesische Presse*\` beschreibt in ihrer Ausgabe vom 28. Juli 1879 einen berichtenswerten Fall, der die existenzielle Not des Schuldners sowie die Verwerflichkeit des wucherischen Handelns exemplarisch verdeutlicht:

> *„Erst kürzlich wurde ein Fall bekannt, wo eine arme Witwe sich genöthigt sah, da ihre in der Ehe erzielten Ersparnisse aufgezehrt waren, sich an einen Geldverleiher zu wenden, um den fälligen Miethzins von etwa dreißig Gulden für einige Wochen zu borgen; als Sicherheit ließ er sich den Größten Theil des Mobiliars (...) verpfänden; als Zinsen für die dreißig Gulden wurde für die drei Wochen nur die kleine Summe von acht Gulden verlangt. Der Termin, an dem die Rückzahlung stattfinden sollte, kam heran, und die Witwe hatte unter Anstrengung aller ihrer Kräfte (...) nur 35 Gulden zusammenbringen können und überbrachte diese dem Geldgeber. Der Biedermann nahm das Geld, zuckte indessen die Achsel und gestattete eine weitere Stundung der noch fehlenden 5 Gulden nur gegen die Unterschrift eines Wechsels von sage 60 Gulden, allerdings für 3 Monate; die Pfändverschreibung vergaß der Edle ebenfalls zurückzugeben. Natürlich konnte die Witwe, als der Verfalltag herankam, wieder nicht zahlen, wurde verklagt, und mußte ihr Mobiliar, die Betten, auf denen sie mit ihren zwei Kindern nach schwerer Arbeit Ruhe gesucht, durch den Gerichtsvollzieher forttragen sehen; sie war eine Bettlerin, die nichts mehr ihr eigen nannte. Es kam aber noch besser! Der Geldgeber machte ihr das gütige Angebot, er wolle ihr ihr bisheriges Mobiliar für weitere Zeit „miethweise" überlassen gegen den billigen Zins von 75 Kreuzern täglich; die Unglückselige sah sich rettungslos verloren, ging auch darauf ein, arbeitete die Nächte hindurch am Waschkübel, um den hungrigen Kindern Brot und Obdach zu schaffen und dem „Helfer" sein Blutgeld pünktlich zu entrichten; endlich warf sie die übermenschliche Anstrengung auf's Krankenbett und brachte sie dem Tode nahe..."*[1516]

Was den ländlichen Großgrundbesitz im Hinblick auf seine mit der Zinsfreigabe verbundenen Befürchtungen angeht, so läßt sich eine dadurch verursachte Vermehrung der Konkurse nicht feststellen. Zwar ergab eine in Preußen 1896 vorgenommene Erhebung, daß nur 25, 1% der großbäuerlichen Betriebe unverschuldet waren, doch

---

[1514] Caro, S. 189f.
[1515] Caro, S. 187.

ist ein kausales Verhältnis zwischen erhöhter Verschuldung und gesetzlicher Zinsfreigabe nicht belegbar.[1517] Der Großgrundbesitz war größtenteils in der für ihn günstigen Lage, dem im Privatkreditbereich steigenden Zinsfuß durch vermehrte Kapitalaufnahme im Bankenbereich auszuweichen und so die Kreditkosten weitgehend stabil zu halten. Dabei kam den Großgrundbesitzern die sich in den 70er Jahren durch vielfache Neugründungen hervorgerufene – vor allem von Hypothekenbanken – verbessernde Bankenstruktur zugute. Die zumeist bestehende Verschuldung der Großgüter wurde dagegen durch andere Faktoren wie schrumpfenden Reinerträgen, steigender Löhne, die bereits beschriebene Überspekulation (Überschätzung der Bodenwerte) und vor allem durch den bis zur staatlichen Hinwendung zum Protektionismus bestehenden nahezu freien Getreideimporten erzeugt.[1518]
Im Gegensatz zur primär die Kleinbauern betreffenden Ausbeutungssituation in der Phase der gesetzlich stipulierten Zinsmaxima war jedoch in den 70er Jahren auch eine Tendenz zur Ausbeutung von Beamten und Offizieren festzustellen.[1519] Obgleich in dieser Gesellschaftsschicht vorkommende Kreditgeschäfte bei weitem nicht die Dimensionen der existenziellen Bewucherung auf dem Land erreichten, waren jetzt doch auch hier die Nachteile der beschränkungslosen Zinsfreiheit spürbar. Dabei traten bestimmte Gruppen von Kapitalgebern zielgerichtet innerhalb dieser Kreise in Erscheinung und spekulierten auf den Leichtsinn und die Naivität der zumeist jungen Schuldner bei der Darlehensaufnahme.[1520] Die auf der Basis derartiger Geschäfte erhobenen Wechselklagen erhöhten sich in der Zeitspanne zwischen 1872 und 1879 um ca. 59%.[1521]
In Verruf gerieten in dieser Zeit auch die privaten Pfandleihgeschäfte und Rückkaufshändler, welche bewegliche Sachen unter Gewährung des Rückkaufsrechts gewerbsmäßig ankauften.[1522] Allein in Berlin existierten im Jahre 1874 1000 private Pfandleihgeschäfte, die zu 80% liehen und Rückkaufsgeschäfte, die Gegenstände Kapitalbedürftiger unter dem Vorbehalt des Rückkaufs mit einem Nutzen von durchschnittlich 60-100% ankauften.[1523] Im Verlaufe der 70er Jahre hatten sich in nahezu

---

[1516] *„Schlesische Presse"* v. 28.07.1879, Artikel „Zur Wucherfrage." *(Bestand BArchV, Akte R 3001/6251).*

[1517] Vgl. Klein, Geschichte der deutschen Landwirtschaft, S. 124f.

[1518] Vgl. Klein, Geschichte der deutschen Landwirtschaft, S. 124ff.

[1519] Vgl. Isopescul-Grecul, Das Wucherstrafrecht, S. 196; Schmidt, Wucher und Ausbeutung, S. 180, dort auch Fn. 4; Weißmann, Wucher-Frage, S. 49.

[1520] So auch die *„Schlesische Zeitung"* v. 25.03.1879, Artikel „Die Bekämpfung des Wuchers." *(Bestand BArchV, Akte R 3001/6251)*; ähnlich auch die *„Volkszeitung"* v. 15.02.1879, Artikel „Nochmals die Wuchergesetzgebung." *(Bestand a.a.O.).*

[1521] Weißmann, Wucher-Frage, S. 49.

[1522] Vgl. dazu Goldschmidt, System des Handelsrechts, S. 174; Bericht der XII. Reichstagskommission (Beratung der Anträge zum späteren Reichswuchergesetz v. 24.05.1880), Stenogr. Ber. RT., 4. Lp., III. Session 1880, 3. Band, Aktenstück Nr. 58, S. 391f; Caro, S. 37; Blömer, Agrarkredit Westfalen, S. 12.

[1523] Caro, S. 37; 80-100% Gewinn wird auch nach der *„Gewerblichen Zeitschrift. Organ für die nationale Industrie und das Wohl ihrer Arbeiter"* als *„nichts Ungewöhnliches"* bezeichnet, Ausgabe No. 26, Düsseldorf, März 1879, Artikel „Pfandleiher und Rückkaufshändler." *(Bestand BArchV, Akte R 101/880).*

allen größeren deutschen Städten derartige Gewerbe eingerichtet, so bspw. im Jahre 1879 in Elberfeld 24, Düsseldorf 29, Krefeld 24 und Mönchengladbach 12.[1524] Vor allem aufgrund der rechtlichen Situation war der Rückkaufshandel ein \`Schößling\` der schon zuvor existierenden Pfandleihgeschäfte und zugleich eine typische Erscheinung dieser Zeit. Gemäß § 4 des norddeutschen Zinsgesetzes von 1867 waren die beschränkenden landesrechtlichen Regelungen zu den Pfandleihanstalten aufrechterhalten worden. Für Preußen bspw. galt somit zwar das \`Pfand- und Leihreglement\` vom 13. März 1787[1525] fort, gelangte aber in der täglichen Rechtspraxis nur sehr selten zur Anwendung, so daß sich die privaten Pfandleiher bei ihren Vertragsschlüssen in den seltensten Fällen an die dort gegebenen gesetzlichen Beschränkungen hielten.[1526] Gänzlich frei von gesetzlichen Vorgaben waren dagegen die Händler bei der Ausübung des Rückkaufshandels, der in der Phase liberaler Vorherrschaft zunehmend zur Erzielung weit überhöhter Gewinne genutzt wurde. Hier befand man sich in einem weitgehend \`rechtsfreien\` Raum, da die preußischen Gerichte die Anwendung des zinsbeschränkenden Pfand- und Leihreglements für dieses Gewerbe ausschlossen.[1527] Obgleich in einer im März 1879 veröffentlichten Verteidigungsschrift des \`Neuen Vereins der Berliner Rückkaufshändler\`[1528] betont wird, auch das Rückkaufsgeschäft beruhe auf dem rechtlich legitimierten freien Konsens der Vertragsparteien, stand dieses städtische Gewerbe gegenüber den auf dem Land ihr Unwesen treibenden Wucherern in nur wenig nach. Der Rückkaufshandel, so der Berliner Verein, sei für den fließenden Kapitalverkehr von größter Bedeutung und könne sich rühmen, auch den kapitalbedürftigeren Klassen bares Geld zu verschaffen, das dort oftmals so dringend benötigt werde.[1529]
Der tatsächliche Realitätsbezug solcher Argumentationen war jedoch gering und aus der dargestellten Entwicklung hinlänglich bekannt. Vielmehr handelte es sich hier um die üblichen Floskeln der nicht auf die gesellschaftliche Wohltat, sondern lediglich auf maximalen persönlichen Gewinn ausgerichteten Händler. Einziger Unterschied zu den auf dem Land auftretenden Wucherern war das \`Opferklientel\`, das nunmehr auch im Bereich der kleinen Handwerker und der Arbeiter zu finden war.

Obwohl sich somit für die Phase der auf den Idealen des Liberalismus beruhenden absoluten Zinsfreiheit nicht ohne Zweifel eine mengenmäßige Steigerung der Bewu-

---

[1524] Zahlen nach der *„Gewerblichen Zeitschrift"*, a.a.O.
[1525] Vgl. dazu oben B.I.1..
[1526] *„Gewerbliche Zeitschrift"*, a.a.O.
[1527] So die *„Gewerbliche Zeitschrift"*, a.a.O.
[1528] \`Ein Wort über den Unterschied zwischen Rückkauf und Wucher.\`, veröffentlicht vom Neuen Verein der Berliner Rückkaufshändler, 22.03.1879 *(Bestand BArchV, Akte R 3001/6245, 6246 (Mikrofilm-Nr. 21943))*.
[1529] a.a.O.; ähnlichen Inhalts auch eine zweite, an den RT gerichtete Schrift des Berliner Rückkaufshändlervereins aus dem selben Jahr. Nur durch den Rückkaufshandel finde danach der materiell Minderbemittelte seine *„Zuflucht ins Kapital"*, die ihm vor allem durch die königlichen Leihhäuser nicht geboten werde *(Bestand HptStaatsArchV München (Bay)/Akte MInn Nr. 66443)*.

cherung feststellen läßt, so läßt sich doch eine qualitative Veränderung der wucherischen Ausbeutung attestieren.

Auch bleibt festzuhalten, daß – wenn sich denn die Ausbeutungsausmaße nicht erhöhten – keinesfalls nach Aufgabe der gesetzlichen Zinsbeschränkungen eine Situationsverbesserung eintrat. Demzufolge erwiesen sich die zur Zinsfreiheit führenden hoffnungsvollen ökonomischen und rechtspolitischen Modelle als bloßes Theorienwerk, das auch die diesbezüglichen liberalen Prinzipien und Ideale spätestens zum Ende der 70er Jahre auf dem Gebiet der Zins-Wucher-Gesetzgebung als Luftschlösser enttarnte.

III. Die Entstehung des modernen gesetzlichen Wucherverbots

1. \`Rückkehr zur Vernunft\`

Die beschriebenen wirtschaftlichen Folgen der absoluten Zinsfreigabe und die sich nach dem offensichtlichen Scheitern des radikalen Liberalismus durchsetzende \`geistige Erneuerungsfähigkeit\` schaffen die Grundlagen für die sich nunmehr entwikkelnde Neuorientierung auf dem Gebiet der Wuchergesetzgebung.

Sowohl Volkswirtschaftslehre als auch Rechtslehre wenden sich der notwendigen Ergänzung des liberalen Grundgedankens durch ethisch-moralische Aspekte zu. Im Mittelpunkt der neuen historisch-ethischen Richtung in der Volkswirtschaftslehre[1530] steht jetzt die Erkenntnis, daß allein das freie Spiel der Kräfte nicht automatisch auch Gerechtigkeit entwickelt, sondern die Freiheit des Verkehrs durch eine auf historischen Erfahrungen aufbauende Ethik begrenzt werden muß.[1531] Grundlage dessen mußte die gesetzliche Gewähr der Gerechtigkeit bei Tauschoperationen sein, so daß wiederum der Ruf nach sinnvoller Beschränkung der Vertragsfreiheit laut wurde. Es ging also in der 3. Periode um den schwierigen Schritt von der bloßen Freierklärung zur Reinerhaltung des Verkehrslebens.[1532]

Man nimmt folglich in dieser Phase von den Gesetzen aus der Zeit der \`Herrschaft\` des ökonomischen Liberalismus wieder Abstand, zieht die gesetzgeberischen Folgerungen aus den nachteiligen Erfahrungen dieser Epoche und kehrt zur Regelung eines gesetzlichen Wucherverbots zurück.[1533] Jene Wucherregelung beendet aufgrund ihrer Rechtstechnik gleichzeitig die Tradition des stipulierten Zinsmaximums und bedeutet ebenso die endgültige gesetzgeberische Hinwendung zur modernen Individualwucherbestimmung. Obgleich dabei der zivilrechtliche Regelungsbereich zunächst nur sekundäres Beiwerk ist, steht der anfänglich vorrangig behandelte straf-

---

1530 Vgl. auch oben B.II.1b).
1531 Luig, Vertragsfreiheit und Äquivalenzprinzip, S. 171 (183).
1532 So zu Recht Hedemann, S. 132.
1533 Schmidt, Sittenwidrigkeit, S. 139.

rechtliche Normcharakter bald mit diesem inhaltlich im Einklang.[1534] Die ursprüngliche Betonung des strafrechtlichen Aspektes ist in erster Linie vor den Eindrücken der katastrophalen Bewucherungssituation zum Ende der 70er Jahre zu erblicken. Der Wucher sei, wie es der deutschkonservative Abgeordnete *von Kleist-Retzow* ausdrückte, zunächst nur *„von der nationalökonomischen und vor allem von der sittlich-strafrechtlichen"* Seite aus zu behandeln, um der Hoffnung auf Ausrottung dieses *„furchtbaren Schwindelgeschäfts"* ausreichende Nahrung geben zu können.[1535]

a) Das Reichsgesetz betreffend den Wucher vom 24. Mai 1880

Die Ausbeutungsverhältnisse und die sich vermehrt darum rankenden Diskussionen erhöhen zum Ende der 70er Jahre den Druck auf den Gesetzgeber, wiederum eine Richtungsänderung in der Zins-Wucher-Gesetzgebung einzuleiten. Die ungehemmte Freiheit und ihre dramatischen Folgen schärfte in der Bevölkerung das Empfinden für die negativen gesellschaftlichen Wirkungen. Der Wucher und die, die ihn ausübten, waren keine Erscheinungen mehr des Untergrundes, sondern tagtägliche unübersehbare Realität, die sich jetzt auch der gerichtlichen Hilfe zur Eintreibung ihrer Forderungen bedienten. Die Öffentlichkeit mußte nunmehr Notiz davon nehmen, *„wie Blutsauger schlimmster Art von Rechtswegen ihre Klagen gewannen, und wie die Gerichte ohnmächtig dagegen waren, mochten auch die Schuldner die skrupellose Uebervorteilung einwenden"*.[1536]

Bereits 1877 hatte die österreichische Gesetzgebung auf die geänderte Situation reagiert. Dort hatte der galizische Landtag 1874 in einer Eingabe an die österreichische Regierung über die dort vermehrt auftretenden dramatischen Zustände Bericht erstattet.[1537] Am 21. November des gleichen Jahres erging im österreichischen Abgeordnetenhaus auf Betreiben der galizischen Mitglieder des Hauses eine Initiative zur weiteren Beratung dieser Thematik.[1538] In der Folge befaßte sich zunächst ein Regierungsausschuß des Abgeordnetenhauses mit dieser Frage, der in seinem Abschlußbericht vermerkte: *„Die Regierung wird aufgefordert, in Erwägung zu ziehen, inwieferne den beunruhigenden wirthschaftlichen Zuständen, welche durch übermäßige Verschuldung des kleineren Grundbesitzes insbesondere in Galizien zu Tage*

[1534] Vgl. Hedemann, S. 132f.
[1535] Stenogr. Ber. RT., 4. Lp., II. Session 1879, 1. Band, S. 747.
[1536] Peschke, Handwörterbuch der Staatswissensch., S. 1081 (1092).
[1537] Vgl. dazu auch oben B.I.3b).
[1538] Vgl. den Bericht des österreichischen Justizministers Glaser im Abgeordnetenhaus am 28.04.1877, Stenogr. Prot. Haus der Abgeordneten, VIII. Session 1877, 251. Sitzung, S. 8537ff *(Bestand BArchV, Akte R 3001/6250)*.

getreten sind, durch Abänderung der Civilgesetzgebung und allenfalls der Strafgesetzgebung entgegengewirkt werden könnte." [1539]
Infolgedessen legte die kaiserliche Regierung dem Abgeordnetenhaus einen Gesetzentwurf vor, der im Jahre 1877 im Abgeordnetenhaus debattiert[1540] und schließlich angenommen wurde. Somit ergeht im Jahre 1877 ein auf Galizien und die Bukowina beschränktes `Gesetz, betreffend Abhilfe wider unredliche Vorgänge bei Creditgeschäften`. Dieses erklärt denjenigen wegen Wuchers für strafbar, der bei Gewährung eines Darlehens mit dem Kreditnehmer Bedingungen vereinbart, von denen er weiß, daß sie durch die Maßlosigkeit der dem Kreditgeber zugestandenen Vorteile das wirtschaftliche Verderben des Kreditnehmers herbeiführen oder befördern müssen und dies dem Kreditnehmer infolge seiner Verstandesschwäche, Unerfahrenheit oder Gemütsaufregung nicht erkennbar ist.[1541]
Aus der Begründung der Regierungsvorlage geht jedoch hervor, daß man die üblicherweise mit der Wuchergesetzgebung verbundene Frage nach einer sinnvollen zivilrechtlichen Einschränkung der Vertragsfreiheit offensichtlich umgehen wollte. Vielmehr basierte die strafrechtliche Norm unter sonstiger Aufrechterhaltung der Freiheit des vertragsmäßigen Zinsfußes ausschließlich auf dem Grundgedanken einer Nähe des Wuchers zum Betrug und damit verbundener Grenzfälle: *„Es ist eine allgemein bekannte Thatsache, daß gewisse Classen von Creditgeschäften sich so nahe an der Grenze des Betruges bewegen, daß Diejenigen, welche als Creditgeber regelmäßig mit solchen sich befassen, leicht in Gefahr kommen, diese Grenze zu überschreiten, eine Gefahr, von welcher nur Derjenige frei bleibt, welcher nicht bloß bestrebt ist, nichts Strafbares zu unternehmen, sondern sich von jeder unredlichen Bereicherung auf Kosten Anderer zu enthalten."* [1542] Dieser Grundgedanke blieb auch in der inhaltlich weitgehend identischen Fassung erhalten, die das Gesetz vom 28. Mai 1881 aufwies, das auf dringendes Verlangen der Landtage anderer Kronländer hin auf ganz Österreich ausgedehnt wurde.[1543]

1539 `Bericht des Ausschusses über die Regierungsvorlage, betreffend Abhilfe wider unredliche Vorgänge bei Creditgeschäften in Galizien und Krakau`, S. 1 *(Bestand BArchV, Akte R 3001/6250).*
1540 Vgl. dazu Stenogr. Prot. Haus der Abgeordneten, VIII. Session 1877, 250. Sitzung v. 26.04. (S. 8495ff), 251. Sitzung v. 28.04. (S. 8527ff), 253. Sitzung v. 04.05. (S. 8581ff) und 254. Sitzung v. 08.05. (S. 8603ff), vorhanden im *Bestand BArchV, Akte R 3001/6250.*
1541 Vgl. Blodig, S. 26ff; Peschke, Handwörterbuch der Staatswissensch., S. 1081 (1092).
1542 `Erläuternde Bemerkungen zu dem Gesetzentwurfe für Galizien, betreffend Abhilfe wider unredliche Vorgänge bei Creditgeschäften`, S. 3 *(Bestand BArchV, Akte R 3001/6250).*
1543 Reichsgesetzblatt (für die im Reichsrathe vertretenen Königreiche und Länder), Jahrgang 1881, Nr. 47, S. 161f.

§. 1.

Wer bei Gewährung oder Verlängerung von Credit, den Leichtsinn oder die ihm bekannte Nothlage, Verstandesschwäche, Unerfahrenheit oder Gemütsaufregung des Creditnehmers dadurch ausbeutet, daß er sich oder einem Dritten Vermögensvortheile versprechen oder gewähren läßt, welche durch ihre Maßlosigkeit das wirthschaftliche Verderben des Creditnehmers herbeizuführen oder zu befördern geeignet sind, macht sich eines Vergehens schuldig und wird mit strengem Arreste in der Dauer von einem bis zu drei Monaten und mit Geld von 100 fl. bis zu 500 fl. bestraft.
Derselben strafbaren Handlung macht sich schuldig und unterliegt derselben Strafe, wer eine Forderung erwirbt und dieselbe weiter veräußert oder geltend macht, von der er weiß, daß sie auf die vorstehend angegebene Art entstanden ist.

Auch in Deutschland gründet sich der legislative Umschwung zunächst auf der Situationserörterung auf Landtagsebene[1544], deren Hintergrund verstärkt eingehende Petitionen, Gerichtsberichte oder – wie in Bayern – Anträge zur Ergreifung gesetzlicher Maßnahmen von Provinziallandtagen sind.[1545] Exemplarisch heißt es in einer an den Landtag Hessen-Darmstadt gerichteten und umfangreich unterzeichneten Petition des Jahres 1879:

> *„Es ist ganz unbestreitbar, daß in den letzten Jahren, seitdem die Geldverleiher beliebig hohe Zinsen und „Provisionen" nehmen dürfen, ohne sich die Strafe des Gesetzes zuzuziehen, das Uebel immer weiter um sich gegriffen hat und dem allgemeinen Wohlstand immer gefährlicher geworden ist. Namentlich aber geräth der Stand der Landwirthe, der bei den gegenwärtigen schlechten Zeiten die Geldknappheit am allermeisten empfindet, immerhin in die Hände gewissenloser Wucherer, die seine Noth ausbeuten und eine sichere Existenz nach der anderen untergraben und vernichten. Hier muß der Staat helfen, daß nicht die nützlichste Klasse der Staatsbürger von einer handvoll betrügerischer Ausbeuter ganz und gar zu Grunde gerichtet werde."* [1546]

Neben der Diskussion in Hessen-Darmstadt kommt es in Preußen und Bayern zu entsprechenden Landtagsdebatten, die gleichsam auf die Initiative des Zentrums zurückgingen. Vor allem in Bayern dringt man mit seinem Anliegen durch. Dort kam es am 18. Januar 1879 zur Debatte über einen vom Abgeordneten *Schels* eingebrachten Antrag, nach dem das Königliche Staatsministerium einen Antrag beim Bundesrat auf gesetzliche Maßnahmenergreifung des Reichstages gegen das Überhandnehmen des Wuchers erwirken sollte.[1547] Ergebnis der Debatte ist die parteienübergreifende und unter großer Mehrheit beschlossene Annahme des Antrags in der Kammer der Abgeordneten.[1548] Selbst auf seiten der Regierung – vertreten durch den Justizminister *von Fäustle*[1549] und den Innenminister *von Pfeufer*[1550] - findet die hinter dem Antrag stehende Absicht der Wiedereinführung von Wucherbestimmungen ihre (vorsichtige) Unterstützung.

In Preußen dagegen scheitert eine am 21. November 1878 eingereichte Interpellation des Abgeordneten *von Schorlemer-Alst*, betreffend die Anfrage an die Königliche Staatsregierung, *„ob dieselbe gewillt ist, im Bundesrathe des Deutschen Reiches gesetzgeberische Maßregeln gegen den Ueberhand nehmenden Wucher zu bean-*

[1544] Vgl. Isopescul-Grecul, Das Wucherstrafrecht, S. 194; von Schwarze, Reichsgesetz betreffend den Wucher vom 24. Mai 1880, S. 4.

[1545] So die *„Volkszeitung"* v. 14.02.1879, Artikel „Nochmals die Wuchergesetzgebung." *(Bestand BArchV, Akte R 3001/6251).*

[1546] 'Gehorsamste Bitte der Unterzeichneten an die Großherzogliche hohe Staatsregierung. Betreffend: Petition der Unterzeichneten, betreffend die Abänderung der bestehenden Wuchergesetzgebung' 1879 *(Bestand StaatsArchV Darmstadt (Hess)/Akte G 21A/Konv. 1680/1-3).*

[1547] Stenogr. Ber. Verh. bayer. Kammer der Abg. 1879, Bd. III, 66. Sitzung v. 18.01.1879, S. 89.

[1548] Vgl. Stenogr. Ber. Verh. bayer. Kammer der Abg. 1879, Bd. III, 66. Sitzung v. 18.01.1879, S. 108ff.

[1549] Stenogr. Ber., a.a.O., S. 89ff.

[1550] Stenogr. Ber., a.a.O., S. 92ff.

tragen...".[1551] Der preußische Justizminister *Leonhardt* äußerte sich in der Hauptdebatte am 26. November 1878 dem Antrag gegenüber zurückhaltend, dennoch nicht grundsätzlich ablehnend:

> *„Die Königliche Regierung ist zu ihrem Bedauern nicht in der Lage, auf die Anfrage eine präcise bejahende oder verneinende Antwort zu ertheilen. Eine solche Antwort hat zu ihrer nothwendigen Voraussetzung eine eingehende und umfassende Prüfung der Verhältnisse, insbesondere des Bedürfnisses und der Möglichkeit des wirksamen legislativen Vorgehens, eine Prüfung, die längere Zeit in Anspruch nimmt, schon allein mit Rücksicht auf die Herbeischaffung des die Prüfung bedingenden oder dieselbe fördernden Materials. Uebrigens erkläre ich, daß die Königliche Regierung die Bedeutung des Gegenstandes der Interpellation in keiner Weise verkennt und demselben nach wie vor ein lebhaftes Interesse widmen wird."* [1552]

Obgleich ein Einlenken von Regierungsseite in Aussicht gestellt wurde, findet die Interpellation im Abgeordnetenhaus keine Mehrheit, da sich vor allem die Nationalliberalen ganz entschieden gegen jedweden Versuch wendeten, durch die Gesetzgebung auf dem Gebiet der Vertragsfreiheit einzuschreiten. Der nationalliberale Abgeordnete *Meyer* sah gemäß der liberalen Tradition folgerichtig *„in der Interpellation den stärksten aggressiven Vorstoß gegen die ganze Gesetzgebung der letzten 10 Jahre, der bisher versucht worden ist...".*[1553] Bezugnehmend auf die Haltung der Liberalen merkte Meyer an: *„...ich sehe darin* (in der Interpellation, Anm. des Verf.) *den präzisesten Ausdruck der Repristiuationsgelüste, die sich geltend machen, und für mich und für einen Theil meiner Freunde ist deswegen der erste Augenblick der genehmste, um zu bekunden, daß wir einer derartigen Strömung uns widersetzen werden, unbekümmert um die Zustände, die wir für vorübergehende halten."* [1554]

Obgleich die Interpellation zur Wucherfrage im preußischen Abgeordnetenhaus scheitert, kommt es dennoch im Reichstag zur weiteren Erörterung der Thematik.
Dort legte der von Beginn an gegen die Zinsfreiheit kämpfende Zentrumsabgeordnete und Leitfigur des politischen Katholizismus *Peter Franz Reichensperger*[1555] am 04. März 1879 einen Gesetzentwurf zur Wiedereinführung eines Zinshöchstsatzes vor.[1556]
Reichensperger stellte den wohl vehementesten und gleichzeitig einflußreichsten Verfechter der Zinsmaximaregelungen und damit des Schuldnerschutzes dar. Bedingt durch die Grundsätze der kanonischen Rechtslehre erschien für das Zentrum

---

[1551] Stenogr. Ber. Haus der Abgeordneten, 13. Lp., III. Session 1878/79, Drucks. Nr. 21.
[1552] Stenogr. Ber. Haus der Abgeordneten, 13. Lp., III. Session 1878/79, S. 34.
[1553] Stenogr. Ber., a.a.O., S. 34.
[1554] Stenogr. Ber., a.a.O., S. 34; ähnlich auch die Rede Windthorsts, a.a.O., S. 43ff.
[1555] Peter Franz Reichensperger (1818-1892), Jurist und Politiker, gemeinsam mit seinem Bruder August einer der Begründer der Zentrumspartei.
[1556] Stenogr. Ber. RT., 4. Lp., II. Session 1879, 4. Band, Anlagen, Drucks. Nr. 40; vgl. auch Geiershöfer, S. 4; Dehnel, S. 40f; Griesinger, S. 16; Hartmann, S. 12; Hohendorf, S. 49.

und den politischen Katholizismus eine gänzliche Freigabe von Schuldnerschutzmomenten als ein Verstoß gegen jegliche sittliche Moral.

Gemäß § 1 des Entwurfes Reichenspergers bestimmte sich die Höhe der Zinsen – ähnlich den Regelungen des ALR[1557] - nach der Unterscheidung für Handelsgeschäfte (6%) und andere Geldforderungen (5%), gemäß § 3 konnte der Zinssatz jedoch entsprechend der lokalen Gegebenheiten im Maximum bei 8% liegen. Ziel der Regelung des § 3 war die Überwindung der den Zinsfußbestimmungen traditionell innewohnenden Starre durch ein 'flexibles Maximum'. In der Rechtsfolge sah der Entwurf sowohl zivil- als auch strafrechtliche Regelungen vor, wobei letztere nur eintreten sollten, wenn die Überschreitung der zulässigen Zinsen gewohnheitsmäßig und unter Verschleierung des Sachverhalts bewirkt wurde (§ 6). Gemäß § 7 des Antrags kamen die Faktoren der Ausbeutung der Not, der Unerfahrenheit und des Leichtsinns als Straferhöhungsgründe in Betracht. In den zivilrechtlichen Bereichen folgte Reichensperger traditionellen Mustern. Nach § 3 des Entwurfes sollten die über den gesetzlich zugelassenen Zinssatz (vorzeitig) abgezogenen oder gezahlten Beträge vom Kapital abzuziehen sein und innerhalb von drei Jahren mit Zinsen zurückgefordert werden können.

Dem Entwurf Reichenspergers setzten die deutschkonservativen Abgeordneten *von Flottwell, von Marschall* und vor allem *Hans-Hugo von Kleist-Retzow*[1558], enger Freund Bismarcks und leidenschaftlicher Verteidiger der Junkerinteressen, ihrerseits am 14. März 1879 einen bemerkenswerten Gesetzentwurf entgegen.[1559] Hier findet sich erstmalig – abgesehen von den bereits erwähnten vereinzelten partikularstrafrechtlichen Regelungen[1560] - der 'tatbestandsmäßig bewegliche', mit unbestimmten Rechtsbegriffen arbeitende Normtyp, der schließlich im Mai des folgenden Jahres mit unwesentlichen Veränderungen Gesetz werden sollte. Der deutschkonservative Entwurf v. Kleist-Retzow ersetzte somit die klassische, streng am Zinsfuß orientierte Bestimmung des Wuchers durch eine im Einzelfall materiell zu bestimmende Definition. Von der begriffswesentlichen Voraussetzung einer Ausbeutung ausgehend erblickte die Regelung die übrigen Begriffsmerkmale darin, daß sich jemand *„für die Hingabe eines Darlehens oder für die Stundung einer Geldforderung übermäßige Vorteile vorbedingt oder gewähren läßt, welche mit dem Geleisteten selbst nach den vorliegenden besonderen Verhältnissen in auffälligem Mißverhältnis stehen"*. Im Gegensatz zum Antrag Reichenspergers enthielt der Entwurf v. Kleist-Retzow jedoch keine Bestimmung über die zivilrechtlichen Folgen. Vielmehr sollte das Strafgesetzbuch und sein § 302 um eine Strafandrohung unter Benutzung der Wucherdefinition um einen § 302a ergänzt werden. Der ebenfalls gemäß Antrag in das StGB einzufügen-

---

[1557] ALR I 11, §§ 804, 805, II 8 § 695.

[1558] Hans-Hugo von Kleist-Retzow (1814-1892), Vorsitzender des sog. 'Junkerparlaments' (18./19.08.1848), langjähriger enger Freund Bismarcks, Mitglied des Konservativen Partei.

[1559] Stenogr. Ber. RT., 4. Lp., II. Session 1879, 4. Band, Anlagen, Drucks. Nr. 55; vgl. auch Hohendorf, S. 49; Griesinger, S. 16; Dehnel, S. 41; Hartmann, S. 12; Geiershöfer, S. 4.

[1560] Vgl. dazu oben A.II.1c)bb)aaa).

de § 302b beinhaltete Straferhöhungsgründe („*gewerbs- oder gewohnheitsmäßig*" betriebender Wucher), § 302c erweiterte die Bestimmungen der §§ 302a und b auf Pfandleiher und Rückkaufshändler.

Die im Reichstag eingebrachten Entwürfe ernteten in der Öffentlichkeit und vor allem in der Presse nachhaltige Reaktionen. Wie im Reichstag war auch die Interpretation und Beurteilung der Anträge in der Presselandschaft zunächst gespalten. Die Befürworter des Reichenspergerschen Entwurfes feierten die Rückbesinnung des Staates auf seine Schutzpflichten als endgültige `Niederlage` des radikalen Liberalismus.[1561] Durch die Debatte im Reichstag zeige der Staat, daß er nicht länger gewillt sei, sich der den Wucher bekämpfenden Volksströmung zu widersetzen.[1562] Wenngleich die Kritik am Entwurf v. Kleist-Retzow eher gemäßigt ausfällt, so bevorzugt man doch die `traditionelle` Definition des Wucherverbots des Entwurfes Reichensperger. Obgleich mittels der Zinsmaxima keine Ausrottung des Wuchers in „*absolut vollkommener Weise zu erzielen*" sei, so zeige sich durch die Verwendung derartig bekannter Gesetze dennoch, daß bei dem „*Kampfe der Individuen um's Dasein*" nicht länger zugeschaut werde.[1563]
Gerade dieser Aspekt wird von den dem Reichenspergerschen Antrag kritisch gegenüberstehenden Pressestimmen als „*bedenklicher schädlicher Rückschritt*" gewertet.[1564] Die „*Schwärmerei*" Reichenspergers „*für die mittelalterlichen Institutionen*" berge die Gefahr eines Rückfalls in die alten Fehler bei der Wuchergesetzgebung; zu oft habe sich in der Vergangenheit gezeigt, daß derartige Bestimmungen nicht den Schuldner, sondern den Ausbeutern helfe und schließlich zur Schädigung ganzer Wirtschaftsbereiche führe.[1565]
Auffällig ist bei den Pressebeurteilungen, daß eine Interpretation und Analyse des v. Kleist-Retzowschen Entwurfes ausnahmslos unterbleibt. Lediglich die mit dem Antrag verbundene positive Tendenz und Bereitwilligkeit zum Kampf gegen den Wucher wird ausdrücklich hervorgehoben. Ganz offensichtlich war man mit der rechtlichen

---

[1561] So die „*Germania Zeitung*" v. 08.04.1879, Artikel „Die Erfolge der Wucherdebatte im Reichstage." *(Bestand BArchV, Akte R 3001/6251).*

[1562] „*Germania Zeitung*" v. 08.04.1879, Artikel „Die Erfolge der Wucherdebatte im Reichstage." *(Bestand a.a.O.)*; ähnlich die „*Itzehoer Nachrichten*" unbek. Datums 1879, Artikel „Die Wucherfrage im Reichstage." *(Bestand a.a.O.).*

[1563] „*Schlesische Zeitung*" v. 25.03.1879, Artikel „Die Bekämpfung des Wuchers." *(Bestand a.a.O.).*

[1564] „*Berliner Nachrichten*" v. 05.03.1879, Artikel „Gegen den Wucher." *(Bestand a.a.O.).*

[1565] „*Volkszeitung*" v. 09.03.1879, Artikel „Der Antrag Reichensperger." *(Bestand a.a.O.)*; „*Berliner Nachrichten*" v. 05.03.1879, Artikel „Gegen den Wucher." *(Bestand a.a.O.)*; „*Börsen Courier*" v. 04.04.1879, Artikel „Die Wucherfrage im Reichstage." *(Bestand a.a.O.)*; interessant ist in diesem Zusammenhang auch die Haltung der bayerischen Staatsregierung zum Entwurf Reichenspergers. Obgleich die Anträge zur Wucherfrage in der bayerischen Kammer der Abgeordneten auch von Regierungsseite unterstützt wurden, hält man den traditionellen Entwurf Reichenspergers für den falschen Weg. Wichtigstes Argument ist dabei – wie aus einem `Schreiben des bayerischen Justizministers von Fäustle an den bayerischen König` v. 30.04.1879 hervorgeht – daß die Erfahrung gelehrt habe, „*daß ein vom Staate festgesetztes Zinsmaximum jeweils schließlich zum Zinsminimum geworden ist*". *(Bestand HptStaatsArchV München (Bay)/Akte MInn Nr. 66443).*

Analyse dieser neuartigen Wucherdefinition überfordert oder nicht bereit, eine wissenschaftlich unsichere Bewertung vorzunehmen.

In der durch die erste Beratung über die Anträge am 31. März 1879 hervorgerufenen Debatte wurde allseits zugegeben, daß das gemeingefährliche Überhandnehmen des Wuchers das Einschreiten der Gesetzgebung erfordere[1566], da, so Reichensperger, *„unter unseren Augen Nothstände hervorgetreten sind, welche längst nicht mehr einen bloß privaten oder lokalen Charakter haben, sondern eine öffentliche Kalamität geworden sind..."* [1567] Gerade *„die mittleren und unteren Klassen des Bürgerthums, der kleine Handwerker, der Bauer, der Beamte sähen sich angewiesen auf in der Nähe wohnende Kapitalbesitzer"*, so daß durch derartige Abhängigkeiten auch das liberale Marktkonzept versagen mußte.[1568] Im Gegensatz zu den hoffnungsvollen liberalen Theorien habe der freie Kapitalmarkt nach der völligen Zinsfreigabe 1867 dem Wucher Tür und Tor geöffnet und große Teile des Volkes *„in den nothwendigen Ruin"* getrieben.[1569] Gemäß des Inhalts der Entwürfe bestand ebensolche Einigkeit in bezug auf den ausschließlichen Zusammenhang von Wucher und Zinsgeschäft. Wucher sei auch *„heute noch analog dasselbe Verhältnis, welches im Mittelalter zu der extremen Maßregel des Zinsverbotes geführt"* habe[1570]; von Kleist-Retzow merkte gleichsam an, daß der Wucher ausschließlich im Rahmen *„der großen Masse der Darlehen"* [1571] zu sehen sei. Bezüglich der Normentechnik der eingebrachten Entwürfe verteidigte Reichensperger vehement die Regelung des Zinsmaximums. Frankreich habe mit dem erfolgreichen napoleonischen Zins-Wucher-Gesetz von 1807 bewiesen, daß nur ein auf der Basis des stipulierten Zinsfußes funktionierendes Gesetz Aussicht auf Lösung der Wucherproblematik zu bieten in der Lage sei.[1572] Vor allem aber wurde durch Reichensperger Vorwürfen widersprochen, die dem Zinsmaximum in der Rechtspraxis eine zu große Starre vorwarfen. Vielmehr müsse sich die Justiz den sich wandelnden Umständen anpassen und diese lebensnah auslegen, zumal *„die Justiz doch ganz andere Erkenntnisquellen hat, als jeder einzelne"*.[1573]

Dem wurde in erster Linie vom nationalliberalen Abgeordneten *Dreyer* widersprochen, der die tiefgehende Abneigung der Liberalen gegenüber dem traditionellen Entwurf Reichenspergers deutlich offenbarte. Die Liberalen sahen man in dem Entwurf der deutschkonservativen Antragsteller offensichtlich das \`geringere Übel\` gegenüber dem bisher bekämpften Zinsmaximum und der damit verbundenen \`Fesselung\` des Kapitalverkehrs. Ganz im Sinne der liberalen Thesen wurde von Dreyer

---

[1566] 30. Sitzung, Stenogr. Ber. RT., 4. Lp., II. Session 1879, 1. Band, S. 739ff.
[1567] Stenogr. Ber. RT., a.a.O., S. 739; ebenso v. Kleist-Retzow, a.a.O., S. 747.
[1568] Stenogr. Ber. RT., a.a.O., S. 742.
[1569] Stenogr. Ber. RT., a.a.O., S. 742.
[1570] Reichensperger, Stenogr. Ber. RT., a.a.O., S. 742.
[1571] Stenogr. Ber. RT., a.a.O., S. 747.
[1572] Stenogr. Ber. RT., a.a.O., S. 742.
[1573] Stenogr. Ber. RT., a.a.O., S. 743.

mehrfach darauf hingewiesen, daß man dem Kapitalgeber nicht mehr gesetzlich vorschreiben dürfe, welchen Nutzen er aus seinem Geld zu ziehen habe. Zudem spreche gegen ein gesetzliches Zinsmaximum die Erfahrung aus der Geschichte, *„daß mit einer derartigen Zinsbeschränkung immer das Umgekehrte erreicht wird von dem, was man will, weil sich das Geld von Darlehensgeschäften weg auf andere Unternehmungen wendet"*, oder mittels Umgehungsgeschäften dort verbleibt, um den Wucher zu begründen.[1574]

Bezüglich der rechtlichen Folgen des Wuchergeschäfts kam es zur umstrittenen Frage nach zivilrechtlichen Regelungen, wie es der Entwurf Reichenspergers vorsah. Hierzu wurde von v. Kleist-Retzow geltend gemacht, daß dieses Problem der Jurisprudenz und letztlich den entscheidenden Gerichten zu überlassen sei. Hätten die Gerichte erst einmal die Strafbarkeit des wucherischen Geschäfts bestimmt, so müßte man sich von Amts wegen auch mit der zivilrechtlichen Seite auseinandersetzen. Im Ergebnis sei die zivilrechtliche Gestaltung ohnehin primär eine Frage der Landesgesetzgebung; für Preußen sei eine solche Bestimmung alleine schon wegen der Regelung aus I 5 §§ 51, 68 ALR[1575] überflüssig, nach der Verträge über unerlaubte Handlungen nichtig waren.[1576] Dreyer wiederum verwies für die Rechtspraxis gar auf die Möglichkeit einer analogen Anwendung der laesio enormis, ohne dieses jedoch normieren zu wollen, da eine angemessene zivilrechtliche Regelung generell sehr schwierig zu treffen sei.[1577] Umstritten war in diesem Zusammenhang ebenso, ob nicht in vielen Fällen bereits die Anfechtung wegen Irrtums oder Zwangs ein geeignetes Hilfsmittel sein könne.[1578]

Aufgrund der sich abzeichnenden Schwierigkeit einer Mehrheitsfindung im Plenum und der uneinheitlichen Tendenz in der Debatte werden die Entwürfe einer einundzwanzigköpfigen Kommission[1579] zur Vorberatung und Berichterstattung zugewiesen.[1580] Jene XII. Reichstagskommission wählte zu ihrem Vorsitzenden den freikonservativen sächsischen Generalstaatsanwalt *Dr. Friedrich Oskar von Schwarze*, der im Jahre 1867 im norddeutschen Reichstag zusammen mit dem nationalliberalen Abgeordneten Lasker die völlige Freigabe des Zinssatzes durchgefochten hatte. Nach sechs Beratungssitzungen erstattete die Kommission am 13. Juni 1879 Bericht.

[1574] Stenogr. Ber. RT., a.a.O., S. 757.

[1575] ALR I 5 § 51: *„Verträge, wodurch jemand zu absolut unmöglichen Handlungen oder Leistungen verpflichtet werden soll, sind nichtig."*; ALR I 5 § 68: *„Verträge über unerlaubte Handlungen gelten ebenso wenig, als über unmögliche."*.

[1576] Stenogr. Ber. RT., a.a.O., S. 752.

[1577] Stenogr. Ber. RT, a.a.O., S. 757f.

[1578] So Dreyer, Stenogr. Ber. RT., a.a.O., S. 758; ebenso im Bericht der XII. Reichstagskommission, Stenogr. Ber. RT., 4. Lp., II. Session 1879, 6. Band, Aktenstück Nr. 265, S. 1602.

[1579] Zur Zusammensetzung der Kommission vgl. von Schwarze, Reichsgesetz betreffend den Wucher vom 24. Mai 1880, S. 4f; ebenso Henle, S. 5.

[1580] Der Bericht der Kommission ist abgedruckt in Stenogr. Ber. RT., 4. Lp., II. Session 1879, 6. Band, Aktenstück Nr. 265, S. 1597ff; ebenso in Stenogr. Ber. RT., 4. Lp., III. Session 1880, 3. Band, Aktenstück Nr. 58, Anlage B, S. 379ff.

Dieser Bericht räumt zunächst ein, daß die Hoffnungen, die sich an die Aufhebung der gesetzlichen Zinstaxe durch das norddeutsche Gesetz vom 14. November 1867 geknüpft hätten, nicht erfüllt worden seien.[1581] Vielmehr hätten in nahezu allen deutschen Staaten die Klagen und Beschwerden über die wucherische Ausbeutung in ganz auffälliger Weise zugenommen, was unter anderem auch durch die Pressereaktionen verdeutlicht worden sei.[1582] Eine besondere Dramatik erhielten diese Umstände nach Ansicht der Kommission, weil die das Gesamtwohl schädigenden Zustände keinesfalls eine nur *„vorübergehende, augenblickliche Strömung"* seien, sondern solche, deren Ende ohne gesetzliches Eingreifen nicht abzusehen sei.[1583] Zudem habe die Entwicklung der letzten Zeit gezeigt, daß die Ausbeutung nunmehr neben dem Bereich der kleinen Grundbesitzer auf dem Land auch andere Berufsklassen wie Kleinstbetriebe, Handwerker und vor allem Beamte ergriffen habe. Dies basiere vornehmlich auf den 1867 falsch eingeschätzten Kapitalverkehrsverhältnissen. Man hatte bei der Zinsfreigabe gehofft, so die Kommission, daß mit der Aufhebung der Taxen der kleine Kapitalist veranlaßt werden würde, *„seine verfügbaren Gelder in Darlehen an Kreditsuchende für einen etwas höheren Zinsfuß, als den zeither gesetzlichen, anzulegen und dadurch sich eine höhere Rente zu sichern, während er zeither durch das Wuchergesetz an jeder höheren Benutzung gehindert worden sei"*.[1584]

Die Kommission räumt laut Bericht jedoch ein, daß die jüngere Erfahrung gelehrt habe, daß gerade innerhalb der ärmeren Klassen die Kapitalsituation geblieben sei, wie sie auch zuvor war. Der dort weiter bestehende Mangel an barem Geld habe die Wucherer in ihrer Monopolstellung eher gestärkt denn geschwächt. Der solide Kapitalanleger zeige auch weiterhin kein Interesse, den unsicheren Kapitalsuchern Darlehen zu vergeben; statt dessen strebe dort der Wucherer, durch die gesetzliche Situation bestärkt, mühelosen übermäßigen Gewinn an.[1585] Deswegen habe auch das zum Schutz gedachte Kündigungsrecht im norddeutschen Gesetz vom 14. November 1867 versagt, denn die weiterhin bestehenden Abhängigkeitsverhältnisse hätten dazu geführt, daß von der Vorschrift *„beinahe niemals Gebrauch gemacht worden"* sei.[1586]

Vor diesen Hintergründen war die Kommission der Meinung, daß eine Ausgleichung der schweren Übelstände auf naturgemäßem Wege nicht zu erwarten sei und der Gesundungsprozeß des Kapitalverkehrs sich nicht von selbst vollziehen werde, sondern daß stattdessen auf dem Gesetzgebungswege Abhilfe geschaffen werden müsse. Dagegen dürfe auch nicht eingewendet werden, daß niemals mit einem Wuchergesetz die Ausbeutung völlig beseitigt werden könne, weil mit gleichem Recht auch

---

[1581] Vgl. dazu die Stellungnahmen der Rechtspolitik oben B.II.2..

[1582] Kommissionsbericht, Stenogr. Ber. RT., 4. Lp., II. Session 1879, 6. Band, Aktenstück Nr. 265, S. 1598, 1599.

[1583] Kommissionsbericht, a.a.O., S. 1598.

[1584] Kommissionsbericht, a.a.O., S. 1598.

[1585] Kommissionsbericht, a.a.O., S. 1598.

[1586] Kommissionsbericht, a.a.O., S. 1599.

von der Ahndung anderer verbrecherischer Handlungen abgesehen werden müßte. Der Gesetzgeber sei verpflichtet, gegen ein gemeingefährliches Gebaren selbst dann einzuschreiten, wenn er sich eingestehen muß, daß es in einzelnen Fällen der Intelligenz der Gesetzesübertreter gelingen werde, die Bestimmung zu umgehen.
Hinzu trete ein ethisch-sittliches Moment, das dem Gesetzgeber die unumgängliche Pflicht zum Einschreiten auferlege. Die Ausbreitung des Wuchers und die staatliche Passivität gefährde in höchstem Grade das *„sittliche Volksbewußtsein"*. Darin komme zugleich eine Aufforderung an die Gesetzgebung zum Ausdruck, gegen derartiges Verhalten einzuschreiten, welches der öffentlichen Moral in solchem Maße widerspricht.[1587]
Ausdrücklich betonte die Kommission diesbezüglich, daß nicht die Rettung bankrotter Existenzen, sondern der Schutz der geordneten Existenzen vor gewinnsüchtiger Ausbeutung zufälliger Notstände das maßgebende Moment sei.[1588] Gleichwohl stellte man klar, daß bei der zu schaffenden gesetzlichen Bestimmung nicht der präventive, sondern der repressive Aspekt Vorrang haben müsse. Deshalb fiele diese Aufgabe auch der Strafgesetzgebung zu, da nur diese die nötige Hilfe gewähren könne: *„Allein der Strafschutz des Staates tritt hier helfend ein, weil in dem geschilderten Gebahren eine schwere Gefährdung des Gemeinwesens selbst und seiner wirthschaftlichen Grundlagen zu Tage tritt."* [1589]
Eine Erörterung der zivilrechtlichen Seite lehnte die Kommission dagegen mit 11 gegen 1 Stimme als verfrüht und für die Bekämpfung des Wuchers als wenig hilfreich ab.[1590] Es handele sich gegenwärtig lediglich um die strafrechtliche Behandlung der Sache. Zur Zeit würde durch Heranziehung zivilrechtlicher Bestimmungen in den Gesetzentwurf die eigentliche Tendenz desselben abgeändert und er mit einer Beigabe belastet werden, die möglicherweise auf ihn nachteilig zurückwirken könnte. Dagegen werde man in der Praxis in den bestehenden zivilrechtlichen Vorschriften über Ansprüche aus unerlaubten Handlungen die nötige Anleitung zur Beurteilung der zivilrechtlichen Folgen eines wucherischen Geschäfts finden.[1591]
Zum Entwurf Reichenspergers vertrat die Kommission die Ansicht, daß die Freiheit der Zinshöhe trotz aller damit verbundenen ausbeuterischen Zusammenhänge unangetastet bleiben müsse. Es seien weder nationalökonomische, noch juristische, noch ethische Gründe vorhanden, um die Zinsfreiheit wieder zu beschränken. Wesentlich sei einerseits, daß derartig künstliche Grenzen nicht mit der Entwicklung sowie den Bedürfnissen des Geldverkehrs vereinbar seien. Andererseits wurde in dem Bericht betont, daß in der öffentlichen Meinung nicht derjenige als Wucherer bezeichnet werde, der sich ein oder zwei Prozent mehr ausbedinge, sondern Wucherer sei nach dem Rechtsgefühl nur derjenige, der die Not, den Leichtsinn, oder die Ge-

[1587] Kommissionsbericht, a.a.O., S. 1599.
[1588] Kommissionsbericht, a.a.O., S. 1599.
[1589] Kommissionsbericht, a.a.O., S. 1602.
[1590] Kommissionsbericht, a.a.O., S. 1602.
[1591] Kommissionsbericht, a.a.O., S. 1611.

schäftsunerfahrenheit des Schuldners zur Erzielung eines übermäßigen Gewinns für sich ausnutze.[1592] Der Antrag Reichenspergers wurde deshalb von der Kommission mit 14 gegen 5 Stimmen abgelehnt.

Aufgrund dessen lehnte man sich im anschließenden Entwurf eng an den Antrag v. Kleist-Retzow an. Einen etwaigen Bezug zum Betrugstatbestand – wie im österreichischen Gesetz von 1877 – lehnte die Kommission dagegen ab. Notlage sowie Mißbrauch der Unerfahrenheit und des Leichtsinns seien die charakteristischen Momente des strafbaren Wuchers.[1593] Eine dem Betrug immanente Täuschung liege beim Wucher aber nur in den seltensten Fällen vor.

In bezug auf die neuartige Fassung einer rechtlich unbestimmten Definition des Wuchers vermerkte die Reichstagskommission ausdrücklich, daß eine solche mit den hergebrachten Redaktionsweisen und formellen Schuldefinitionen des Wucherverbots nicht zu vergleichen sei. Die *„moderne Strafgesetzgebung"* der neueren Zeit passe sich zunehmend derartigen Prinzipien an, befreie den Richter sukzessive von jenen Schuldefinitionen und gebe statt dessen lediglich die maßgebenden Grundsätze vor, die ein lebenskundiger und verständiger Richter im Einzelfall zu bewerten habe.[1594] Im Interesse der Sachlage und der Feststellung einer sittlichen Verschuldung des Täters im einzelnen Fall hätten alle Gesetzbücher der neueren und neuesten Zeit durch derartig gestaltete Formeln versucht, dem vorhandenen Bedürfnis nach einer freieren Stellung des Richters Abhilfe zu schaffen. Somit könne nach der Kommission erreicht werden, *„daß der Richter in verständiger Auffassung des Gesetzes auch das Gesetz selbst zu einer dem Sinne desselben entsprechenden Geltung bringen werde, sobald man ihn aus dem Zwange einer kasuistischen Schuldefinition erlösen und durch das Mittel der freien Beweiswürdigung ihm es ermöglichen werde, jeden Fall in seiner besonderen Eigenart und individuellen Gestaltung nach dem Gesetze zu beurtheilen".*[1595]

Der Kommissionsentwurf wurde schließlich in folgender Fassung vorgeschlagen:

Art. 1

Hinter dem § 302 StGB werden folgende neue Paragraphen eingeschaltet:

§ 302a. Wer unter Ausbeutung der Notlage, des Leichtsinns oder der Unerfahrenheit eines Andern für ein Darlehen oder im Falle der Stundung einer Geldforderung sich oder einem Dritten Vermögensvorteile versprechen oder gewähren läßt, welche den üblichen Zinsfuß dergestalt überschreiten, daß nach den Umständen des Falls die Überschreitung in auffälligem Mißverhältnisse zu der Leistung steht, wird wegen Wuchers mit Gefängnis bis zu 6 Monaten oder mit Geldstrafe bis zu 1.500 Mark bestraft.

[1592] Kommissionsbericht, a.a.O., S. 1602.
[1593] Kommissionsbericht, a.a.O., S. 1602.
[1594] Kommissionsbericht, a.a.O., S. 1603.
[1595] Kommissionsbericht, a.a.O., S. 1603.

§ 302b. Wer sich oder einem Dritten die wucherlichen Vermögensvorteile (§ 302a) verschleiert oder wechselmäßig oder unter Verpfändung der Ehre, auf Ehrenwort, eidlich oder unter ähnlichen Versicherungen oder Beteuerungen versprechen läßt, wird mit Gefängnis bis zu einem Jahre oder mit Geldstrafe bis zu 3.000 Mark bestraft. Neben der Gefängnisstrafe kann auf Verlust der bürgerlichen Ehrenrechte erkannt werden.

§ 302c. Dieselben Strafen treffen denjenigen, welcher mit Kenntnis des Sachverhalts eine Forderung der vorbezeichneten Art erwirbt und entweder dieselbe weiter veräußert oder die wucherlichen Vermögensvorteile geltend macht.

§ 302d. Wer den Wucher gewerbs- oder gewohnheitsmäßig betreibt, wird mit Gefängnis nicht unter drei Monaten und zugleich mit Geldstrafe von 150 bis zu 6.000 Mark bestraft. Auch kann auf Verlust der bürgerlichen Ehrenrechte erkannt werden.

Art. 2

§ 360 Nr. 12 StGB wird durch folgende Bestimmung ersetzt:

Wer als Pfandleiher oder Rückkaufshändler bei Ausübung seines Gewerbes den darüber erlassenen Anordnungen zuwiderhandelt, insbesondere den für sie landesgesetzlich bestimmten oder in Ermangelung landesgesetzlicher Vorschriften von der Landesregierung zu bestimmenden Zinsfuß überschreitet.[1596]

Der Bericht der Kommission gelangte im Reichstag 1879 nicht mehr zur Verhandlung.[1597] Da jedoch im preußischen, badischen und sächsischen Landtag die durch den Wucher hervorgebrachten Notstände wiederholt erörtert werden, kommt es bereits in der darauf folgenden Session zu weiteren Maßnahmen auf Reichsebene.[1598] Am 13. März 1880 wird dem Reichstag ein entsprechender Gesetzentwurf des Bundesrates zur weiteren Verhandlung vorgelegt.[1599] Dieser Entwurf adaptierte weitgehend wortgetreu den von der Reichstagskommission aufgestellten Entwurf, änderte diesen lediglich redaktionell in § 302a und Art. 2 ab und verschärfte die Strafdrohungen.[1600]

In seiner Entwurfsbegründung verweist der Bundesrat[1601] auf die Richtigkeit der Kommissionsausführungen bezüglich der bestehenden wirtschaftlichen Notstände. Dennoch fühlt man sich offensichtlich verpflichtet, die gesetzliche Aufhebung der Zinstaxen im Jahre 1867 aus der Sicht des Gesetzgebers zu rechtfertigen. So sei die

[1596] Gemäß abgedrucktem Kommissionsbericht in Stenogr. Ber. RT., 4. Lp., III. Session 1880, 3. Band, Aktenstück Nr. 58, S. 395.

[1597] Dennoch wird auch dem Kommissionsbericht in der Presse Interesse entgegengebracht. So berichtet bspw. die *„Provinzial-Correspondenz"* v. 30.07.1879 über zwei Seiten über die Erkenntnisse und Vorschläge der Reichstagskommission, Artikel „Die Strafbarkeit des Wuchers." *(Bestand BArchV, Akte R 3001/6251).*

[1598] Isopescul-Grecul, Das Wucherstrafrecht, S. 198; vgl. auch Henle, S. 32.

[1599] Stenogr. Ber. RT., 4. Lp., III. Session 1880, 3. Band, Aktenstück Nr. 58, S. 371.

[1600] Von Schwarze, Reichsgesetz betreffend den Wucher vom 24. Mai 1880, S. 6; Isopescul-Grecul, Das Wucherstrafrecht, S. 198; Henle, S. 33ff.

[1601] Stenogr. Ber. RT., 4. Lp., III. Session 1880, 3. Band, Aktenstück Nr. 58, S. 371ff.

gesetzliche Bestimmung vom 14. November 1867 keinesfalls als ein aus wirtschaftspolitischen Doktrin entsprungener Versuch zu bezeichnen, sondern sei vielmehr aus den zuvor gemachten langjährigen Erfahrungen hervorgegangen.[1602] Die Wuchergesetze seien abgeschafft worden, weil sie sich als ungerecht, unwirksam und schädlich erwiesen hätten und die sittliche staatliche Pflicht es erfordert habe.

Zudem könne nicht bewiesen werden, so der Bundesrat weiter, daß nach der Zinsfreigabe eine quantitative Steigerung der Ausbeutungsverhältnisse stattgefunden habe.[1603] Dennoch leide die Strafgesetzgebung augenscheinlich unter einer *„Lücke"*, die nunmehr geschlossen werden müsse.[1604] Die Kommission habe hierzu die richtige gesetzliche Grundlage vorgelegt, die zu Recht auf einer Beibehaltung der Zinsfreiheit basiere, aber das Wuchergeschäft andererseits durch eine bewegliche Bestimmung sanktioniere.

Einen derartigen Tatbestand zu normieren sei jedoch nicht leicht. Auf der einen Seite stehe die Notwendigkeit, bei der außerordentlichen Biegsamkeit und Verschiedenartigkeit der Wucherfälle den Tatbestand weit genug zu fassen, um dem Gesetz die ihm mögliche Wirksamkeit zu sichern. Auf der anderen Seite bestehe die berechtigte Gefahr, daß ein zu weiter Tatbestand an sich lautere Geschäfte erfasse und somit den Verkehr schädige.[1605] Vor allem dieser Aspekt rechtfertigt nach Ansicht des Bundesrates den Kommissionsvorschlag auf Geldkreditgeschäfte zu beschränken[1606], was sich jedoch in der Folgezeit als bedeutende Fehleinschätzung erweisen wird.

Im Hinblick auf die zivilrechtliche Behandlung der Frage weicht der Bundesrat indes wesentlich vom Kommissionsbericht und –entwurf ab. Auch die früheren Gesetze gegen den Wucher hätten in ihren Bestimmungen die zivilrechtliche Seite nicht außer acht gelassen. Ein bloßer Verweis auf die landesrechtlichen Regelungen sei dagegen nicht ausreichend, da die sich dadurch nicht unerheblich ergebenden Abweichungen Raum für erhebliche Bedenken böten.[1607] Vor allem führten die sehr verschiedenartigen Regelungen über etwaige Rückforderungsrechte des Schuldners dazu, daß ein Eintritt dementsprechender unterschiedlicher Folgen gesetzgeberisch als nicht ratsam erachtet werden müsse.[1608] Zudem könne wohl kaum *„eine vorgängige Bestrafung des Wucherers materiell als Voraussetzung für die Ungültigkeit des Geschäfts aufgestellt"* werden, sowie eine Beurteilung der zivilrechtlichen Folgen ausschließlich dem Strafrichter zugewiesen werden.[1609] Aufgrunddessen fügte der Bundesrat in seinem Entwurf folgenden Art. 3 ein:

[1602] Begründung zum Bundesratsentwurf, a.a.O., S. 372.
[1603] Begründung zum Bundesratsentwurf, a.a.O., S. 373.
[1604] Begründung zum Bundesratsentwurf, a.a.O., S. 374.
[1605] Begründung zum Bundesratsentwurf, a.a.O., S. 374.
[1606] Begründung zum Bundesratsentwurf, a.a.O., S. 374.
[1607] Begründung zum Bundesratsentwurf, a.a.O., S. 375.
[1608] Begründung zum Bundesratsentwurf, a.a.O., S. 376.
[1609] Begründung zum Bundesratsentwurf, a.a.O., S. 376.

Verträge, welche gegen die Vorschriften der §§ 302a, 302b StGB verstoßen, sind ungültig.
Sämtliche von dem Schuldner oder für ihn geleisteten Vermögensvorteile (§ 302a) müssen zurückgewährt und verzinst werden. Hierfür sind diejenigen, welche sich des Wuchers schuldig gemacht haben, solidarisch verhaftet, der nach § 302c des StGB Schuldige jedoch nur in Höhe des von ihm oder einem Rechtsnachfolger Empfangenen. Die Verpflichtung eines Dritten, welcher sich des Wuchers nicht schuldig gemacht hat, bestimmt sich nach den Vorschriften des bürgerlichen Rechts.
Der Gläubiger ist berechtigt, das aus dem ungültigen Vertrage Geleistete zurückzufordern; für diesen Anspruch haftet die für die vertragsmäßige Forderung bestellte Sicherheit. Die weitergehenden Rechte eines Gläubigers, welchem nach den Bestimmungen des bürgerlichen Rechts die Ungültigkeit des Vertrages nicht entgegengesetzt werden kann, werden hierdurch nicht berührt.[1610]

Wesentliches Element des Art. 3 war, daß nicht mehr, wie früher, nur die Zinsstipulation, soweit sie über ein bestimmtes Maß hinausging, für ungültig erklärt wurde. Nichtig wurde nunmehr, sowohl in seinem die Zinsen, als auch das Kapital betreffenden Inhalt, das gesamte Geschäft.

Der Reichstag erörterte den Entwurf des Bundesrates zunächst in erster Lesung am 08. April 1880[1611] und verwies ihn an eine aus 21 Mitgliedern bestehende Kommission, zu deren Vorsitzenden die Abgeordneten Reichensperger und v. Marschall gewählt wurden.[1612] Wie die Motive des Bundesratsentwurfes sich wiederholt auf den ersten Kommissionsbericht bezogen, so geschah dies auch seitens der neuen Kommission. In ihrer ausschließlich mündlichen Darlegung der Beratungsergebnisse schlug die Kommission nur eine Änderung des Entwurfes vor; diese betraf die in Art. 3 des Entwurfes verordnete Rückgewährung der geleisteten Vermögensvorteile und bestimmte als Ergänzung, daß die betreffende Summe vom Tage des Empfangs an zu verzinsen sei.[1613]
Die zweite Beratung des Entwurfes folgte am 20. und 22. April[1614], die dritte Beratung am 07. Mai 1880.[1615] In diesen Beratungen spielte die eigentliche Wucherdefinition des § 302a keine – abgesehen vom Vorstoß des *Grafen von Bismarck*, der gegen sämtliche Redner wiederum das Zinstaxenprinzip verteidigte[1616] - wesentliche Rolle mehr. Dagegen war der Art. 3 des Bundesratsentwurfes und mit ihm die Frage nach

---

[1610] Stenogr. Ber. RT., 4. Lp., III. Session 1880, 3. Band, Aktenstück Nr. 58, S. 371.
[1611] Stenogr. Ber. RT., 4. Lp., III. Session 1880, 1. Band, S. 562ff.
[1612] Von Schwarze, Reichsgesetz betreffend den Wucher vom 24. Mai 1880, S. 7; vgl. auch Henle, S. 45.
[1613] So von Schwarze, Reichsgesetz betreffend den Wucher vom 24. Mai 1880, S. 7.
[1614] Stenogr. Ber. RT., 4. Lp., III. Session 1880, 2. Band, S. 823ff, 843ff.
[1615] Stenogr. Ber. RT., 4. Lp., III. Session 1880, 2. Band, S. 1212ff.
[1616] 34. Sitzung, 20.04., Stenogr. Ber. RT., 4. Lp., III. Session 1880, 2. Band, S. 828ff; ein Antrag des Grafen v. Bismarck, wonach der strafbare Wucher auch bei Vorliegen der im Bundesratsentwurf aufgestellten Voraussetzungen erst mit der Überschreitung einer gesetzlich festgelegten Zinsgrenze beginnen sollte, wurde im Plenum abgelehnt.

den kondiktionsrechtlichen Folgen des Wuchergeschäfts Hauptgegenstand der Diskussion. Soweit die ausdrückliche zivilrechtliche Regelung befürwortet wurde[1617], betonte man, daß die Rechte des Wucherers am Kapital erhalten bleiben sollten, da dem Wucherer andernfalls eine unverhältnismäßige Härte auferlegt würde und es zu einer rechtspolitisch unerwünschten Bereicherung des Schuldners käme. Auf nationalliberaler Seite wehrte man sich gegen die mit der Nichtigkeit des Wuchergeschäfts verbundenen Komplettrückgewährung der Leistungen. Ein Antrag des Abgeordneten Lasker ging deshalb dahin, den kondiktionsrechtlichen Anspruch des Schuldners auf die über den gesetzlichen Zinsfuß hinausgehenden Zinsleistungen zu beschränken.[1618] Im Hinblick auf die notwendige Konsequenz des grundsätzlich gewählten Systems der Totalungültigkeit wurde der Antrag im Plenum jedoch abgewiesen. Die Zinsen seien ohne Rechtsgrund bezahlt worden und für eine Verpflichtung zur Entrichtung der gesetzlichen Zinsen böte der Vertrag keine juristische Grundlage mehr.[1619] Ein weiterer Antrag Laskers[1620], wonach die Verjährungsfrist des Rückforderungsanspruchs aus dem wucherischen Vertrag auf fünf Jahre verkürzt werden sollte, wurde angenommen.

Die Bundesratsvorlage wurde unter Fassungsänderung des Art. 3 in der dritten Beratung vom 07. Mai 1880 angenommen. Der so gestaltete Entwurf erhielt am 13. Mai 1880 die Zustimmung des Bundesrates, wurde am 24. Mai 1880 vom Kaiser vollzogen und im Reichsgesetzblatt veröffentlicht.[1621] Gemäß Art. 2 der Reichsverfassung erlangte das Gesetz am 14. Juni 1880 Wirksamkeit:

> *Art. 1*
> *Hinter den § 302 des Strafgesetzbuches für das Deutsche Reich werden die folgenden neuen §§ 302a, 302b, 302c, 302d eingestellt:*
>
> *§ 302a*
> *Wer unter Ausbeutung der Notlage, des Leichtsinns oder der Unerfahrenheit eines Anderen für ein Darlehen oder im Falle der Stundung einer Geldforderung sich oder einem Dritten Vermögensvorteile versprechen oder gewähren läßt, welche den üblichen Zinsfuß dergestalt überschreiten, daß nach den Umständen des Falles die Vermögensvorteile in auffälligem Mißverhältnisse zu der Leistung stehen, wird wegen Wuchers mit Gefängnis bis zu sechs Monaten und zugleich mit Geldstrafe bis zu dreitausend Mark bestraft. Auch kann auf Verlust der bürgerlichen Ehrenrechte erkannt werden.*
> *§ 302b*
> *Wer sich oder einem Dritten die wucherischen Vermögensvorteile (§ 302a) verschleiert oder wechselmäßig oder unter Verpfändung der Ehre, auf Ehren-*

[1617] Ausdrücklich dagegen der Abg. Witte, Stenogr. Ber. RT., 4. Lp., III. Session 1880, 2. Band, S. 1219ff; ebenso Abg. Lasker, a.a.O., S. 848.
[1618] Stenogr. Ber. RT., 4. Lp., III. Session 1880, 4. Band, Drucks. Nr. 129; vgl. auch Lasker in Stenogr. Ber. RT., 4. Lp., III. Session 1880, 2. Band, S. 838ff, 846ff.
[1619] Vgl. den Abg. von Marschall, Stenogr. Ber. RT., 4. Lp., III. Session 1880, 2. Band, S. 854.
[1620] Stenogr. Ber. RT., 4. Lp., III. Session 1880, 4. Band, Drucks. Nr. 134.
[1621] RGBl. Nr. 10, 1880, S. 109ff.

wort, eidlich oder unter ähnlichen Versicherungen oder Beteuerungen versprechen läßt, wird mit Gefängnis bis zu einem Jahr und zugleich mit Geldstrafe bis zu sechstausend Mark bestraft. Auch kann auf Verlust der bürgerlichen Ehrenrechte erkannt werden.

§ 302c

Dieselben Strafen (§ 302a, § 302b) treffen denjenigen, welcher mit Kenntnis des Sachverhalts eine Forderung der vorbezeichneten Art erwirbt und entweder dieselbe weiter veräußert oder die wucherischen Vermögensvorteile geltend macht.

§ 302d

Wer den Wucher gewerbs- oder gewohnheitsmäßig betreibt, wird mit Gefängnis nicht unter drei Monaten und zugleich mit Geldstrafe von einhundertfünfzig bis zu fünfzehntausend Mark bestraft. Auch ist auf Verlust der bürgerlichen Ehrenrechte zu erkennen.

Art. 2

Der § 360 Nr. 12 des StGB in der durch das Gesetz vom 26. Februar 1876 festgestellten Fassung wird durch nachstehende Bestimmung ersetzt:

§ 360 Nr. 12

Wer als Pfandleiher oder Rückkaufshändler bei ausübung seines Gewerbes den darüber erlassenen Anordnungen zuwiderhandelt, insbesondere den durch Landesgesetz oder Anordnung der zuständigen Behörde bestimmten Zinsfuß überschreitet.

Art. 3

Verträge, welche gegen die Vorschriften der §§ 302a, 302b des StGB verstoßen, sind ungültig.

Sämtliche vom Schuldner oder für ihn geleisteten Vermögensvorteile (§ 302a) müssen zurückgewährt und vom Tage des Empfangs an verzinst werden. Hierfür sind diejenigen, welche sich des Wuchers schuldig gemacht haben, solidarisch verhaftet, der nach § 302c des StGB Schuldige jedoch nur in Höhe des von ihm oder einem Rechtsnachfolger Empfangenen. Die Verpflichtung eines Dritten, welcher sich des Wuchers nicht schuldig gemacht hat, bestimmt sich nach den Vorschriften des bürgerlichen Rechts.

Das Recht der Rückforderung verjährt in fünf Jahren seit dem Tage, an welchem die Leistung erfolgt ist.

Der Gläubiger ist berechtigt, das aus dem ungültigen Vertrage Geleistete zurückzufordern; für diesen Anspruch haftet die für die vertragsmäßige Forderung bestellte Sicherheit. Die weitergehenden Rechte eines Gläubigers, welchem nach den Bestimmungen des bürgerlichen Rechts die Ungültigkeit des Vertrages nicht entgegengesetzt werden kann, werden hierdurch nicht berührt.

Mit diesem Gesetz war für das gesamte Deutsche Reich erstmalig ein elastischer, auf die individuelle Ausbeutungslage des Opfers abstellender Wuchertatbestand geschaffen worden[1622], der zugleich die moderne Wuchergesetzgebung etablierte. Es hatte die Erkenntnis gesiegt, *„daß der Wucher nicht als Überschreitung einer polizei-*

[1622] Vgl. von Gierke, Band III, § 198, S. 588; vgl. zum zentralen Element der \`Ausbeutung\` Betz, S. 11ff; Griesinger, S. 18ff.

lichen Zinsschranke, sondern als eine im Einzelfall Rechtsgüter verletzende Handlung unter Strafe zu stellen sei, und daß die Strafe mithin niemanden treffen dürfe, der eigenem Gewinn, ohne andere auszubeuten, nachgeht".[1623] [1624]

Auf die bei der Entwicklung des Wuchergesetzes vom 24. Mai 1880 gemachten Fehler wurde bereits Bezug genommen.[1625] Im Laufe der Anwendung des Gesetzes zeigte sich nämlich, daß dieses nach verschiedenen Richtungen hin Mängel aufwies und somit das Wucherproblem nur an der Oberfläche streifte, die Wurzel aber unberührt ließ.

So fiel nur die Kreditgewährung mittels *„Darlehen"* oder mittels *„Stundung einer Geldforderung"* unter das Wuchergesetz, so daß es den Ausbeutern häufig ein leichtes war, selbst bei der Ausübung des von der Definition ureigenst erfaßten Darlehenswuchers mittels einer Einkleidung in andere Geschäftsformen straflos zu bleiben.[1626] In diesem Zusammenhang offenbarte sich der ganz große Mangel des Wuchergesetzes von 1880, dessen Hintergrund der Bundesrat in seiner Entwurfsbegründung zwar erkannt, bei der Ausgestaltung seines Entwurfes jedoch unterschätzt und nicht weiter verfolgt hatte: *„Die Besorgniß vor zu großer Ausdehnung* (des Wuchertatbestandes und einer damit verbundenen Gefahr der Hemmung des redlichen Verkehrs, Anm. des Verf.) *rechtfertigt zunächst (...) den Thatbestand auf Geldkreditgeschäfte zu beschränken."* [1627]

Dieser wesentliche Mangel bestand darin, daß die Verbotsnormen des Gesetzes nur den Kreditwucher umfaßten, sonstige wucherische Rechtsgeschäfte aber unberührt ließen, was auch die *'Münchner Neuesten Nachrichten'* 1892 zutreffend analysierten: *„Das Wuchergesetz hat den Wucher nur mit Rücksicht auf das Darlehensgeschäft, also den Geldverkehr in's Auge gefaßt, dagegen die wucherische Ausbeutung, welche die dem Naturalverkehr vor sich geht, nicht berücksichtigt..."* [1628]

Vor dem Hintergrund der Entwicklung des Wucherverbots und seiner Nähe zum Kreditgeschäft ist diese Interpretation des Gesetzgebers verständlich. Dennoch hätten aber doch gerade auch die historischen Erfahrungen – vornehmlich aus der Zeit der Zinsmaximaregelungen zu Beginn des Jahrhunderts – mit verschiedensten Formen von Umgehungsgeschäften[1629] begründete Bedenken an der zu einseitig orientierten Bestimmung hervorrufen müssen. Das Fehlen derartiger Überlegungen in der Entwicklungsphase des Gesetzes zeigt, daß neuerlich die Marktverhältnisse verkannt und offensichtlich auch aus der jüngeren Gesetzesgeschichte nicht ausreichend ge-

---

[1623] Isopescul-Grecul, Das Wucherstrafrecht, S. 131; vgl. auch Hartmann, S. 13.
[1624] Vgl. dazu auch oben A.II.1c)bb).
[1625] Vgl. oben v.a. A.II.1c)bb).
[1626] Isopescul-Grecul, Das Wuchersrafrecht, S. 200; Schwarz, S. 10.
[1627] Begründung zum Bundesratsentwurf, a.a.O., S. 374.
[1628] *„Münchner Neueste Nachrichten"* v. 28.10.1892, Artikel „Die Erweiterung des Wuchergesetzes." *(Bestand BArchV, Akte R 3001/6251)*; vgl. auch Lilienthal, Wucher auf dem Lande, S. 157 (205); Lenzen, S. 3.
[1629] Vgl. oben B.I.3b).

lernt wurde. Hinzu trat der nachteilige Umstand, daß selbst bei der Erfassung des Kreditwuchers eine allzu mißverständliche Formulierung gewählt worden war. So konnte man, wie es die Gerichte taten, die Formulierung *„für"* ein Darlehen so verstehen, daß sich die Vermögensvorteile des Gläubigers ausdrücklich auf das gewährte Darlehen beziehen mußten.[1630] Ein nur mittelbarer oder verdeckter Zusammenhang reichte danach nicht aus. Obgleich diese Auslegung nicht dem Sinn des Gesetzes entsprach, gelangte sie in dieser Form auf seiten der Richter oft zur Anwendung, so daß *„eine große Zahl von Wuchergeschäften wegen der (...) undeutlichen Fassung des Gesetzes straflos ausgingen"*.[1631] Ein wesentlicher Grund dafür war in der in ihrer positivistischen Tradition verhafteten Richterschaft zu erblicken, die sich generell nur mit Mühe zu einer freieren Auslegung der Gesetzestexte durchringen konnte.
Die Folgen dieser Mängel des Wuchergesetzes vom 24. Mai 1880 stehen diametral im Gegensatz zu den erhofften Wirkungen. So bemerkenswert und fortschrittlich die Bestimmung von ihrer rechtstechnischen Seite aus betrachtet war, so ineffektiv und auch kontraproduktiv war sie für ihr eigentliches Ziel einer Bekämpfung der wucherischen Ausbeutung.

b) Die Ausbeutungsverhältnisse nach Inkrafttreten des Reichsgesetzes

Die Mängel des Wuchergesetzes vom 24. Mai 1880 zeigten in der tagtäglichen Verkehrspraxis ihre Wirkung. In zunehmendem Maße vermehrten sich im gesamten Reich Klagen über verheerende Schäden, hervorgerufen durch katastrophale wucherische Ausbeutung.
Die Statistiken ergaben innerhalb der ersten fünf Jahre nach Inkrafttreten des Reichsgesetzes jedoch ein anderes Bild. So registrierten die Kriminalstatistiken bezüglich ergangener Verurteilungen von Wucherern durch die deutschen Oberlandesgerichte in der Zeit von 1882-1885: Augsburg 0, Bamberg 7, Berlin 16, Braunschweig 6, Breslau 40, Kassel 7, Celle 6, Köln 26, Colmar 7, Darmstadt 5, Dresden 19, Frankfurt a.M. 8, Hamburg 3, Hamm 5, Jena 4, Karlsruhe 14, Kiel 6, Königsberg 7, Marienwerder 19, München 20, Naumburg 7, Nürnberg 9, Oldenburg 0, Posen 6, Rostock 7, Stettin 14, Stuttgart 19 und Zweibrücken 2.[1632]
Mit derlei Widersprüchen sieht man sich im Rahmen des Wucherproblems aber auch in den 80er Jahren nicht zum erstenmal konfrontiert. Eine Beurteilung über das Auftreten wucherischer Ausbeutung ausschließlich nach diesen Zahlen vorzunehmen hätte geheißen, Deutschland in dieser Phase als wucherfreies Land zu bezeichnen und damit gleichzeitig an der Realität vorbeizusehen.

[1630] Isopescul-Grecul, Das Wucherstrafrecht, S. 200f.
[1631] Isopescul-Grecul, Das Wucherstrafrecht, S. 201.
[1632] Zahlen nach Lilienthal, Wucher auf dem Lande, S. 157 (158f).

Die Wucherverhältnisse hatten sich gegenüber dem Anfang des Jahrhunderts nicht geändert. Der Wucher war auch zum Ende des Jahrhunderts ein Delikt, das aufgrund seines besonderen Täter-Opfer-Verhältnisses vor den Augen der Behörden weitgehend im Dunkeln blieb. Gerade das Opfer hatte weiterhin vielfach begründetes Eigeninteresse, sein Leid still zu tragen und auf behördliche Hilfe zu verzichten.[1633] Hinzu trat die (zumeist vorhandene) Fähigkeit der Wucherer, die Lücken der Gesetzgebung zielgerichtet auszunutzen und die ausbeuterischen Geschäfte vielfach in rechtsgemäße Varianten zu kleiden. Insoweit läßt sich auch mit einigem Zynismus davon sprechen, daß die Verurteilungsstatistiken lediglich Klarheit über die Tatsache einer in Kreisen der Wucherer auftretenden `Unfähigkeit` zur Gesetzesumgehung brachten.

Die massiv auftretende Ausbeutung entwickelte sich in den 80er Jahren zu einem gesellschaftlichen Problem, das in der Öffentlichkeit diskutiert und auch mit allgemeinem Mißfallen betrachtet wurde, da man negative Auswirkungen auf die gesamte Wirtschaftslage befürchtete. Der *`Hannoversche Courier`* schreibt in seiner Ausgabe vom 03. März 1883:

> *„Schon lange ist von verschiedensten Seiten darauf aufmerksam gemacht, daß eine Hauptgefahr für unsere kleineren Grundbesitzer in der wucherischen Ausbeutung durch Gelddarleiher bestehe, welche ein aus irgend einer Ursache hervorgegangenes Geldbedürfniß der Grundbesitzer benutzen, um dieselben nach Vorstreckung der benöthigten Geldsumme in immer vollständigere pecuniäre Abhängigkeit von sich zu bringen, so daß demselben schließlich nichts Anderes übrig bleibt, als endlich ihren gesammten Grundbesitz in den Händen der Darleiher oder der von ihnen vorgeschobenen Strohmänner zu lassen. (...) Ein Wuchergesetz ist erlassen zur Bestrafung derartiger Manipulationen, doch wissen die vorliegenden Berichte nicht allzuviel von seiner Wirksamkeit zu rühmen, da die Wucherer meist in undurchdringliches Dunkel sich zu hüllen verstehen und nur selten dem Arme des Gesetzes erreichbar sind."* [1634]

Vor dem Hintergrund der steten Präsenz dieser Thematik in der Öffentlichkeit verwundert es mithin nicht, daß sich etliche Schriften in dieser Phase finden, die sich dieser Problematik widmen. Auf die diesbezüglich herausragende Bedeutung der Schrift des Vereins für Socialpolitik wurde bereits hingewiesen.[1635]

Was jedoch bei den Veröffentlichungen auffällt, ist die ausnahmslose inhaltliche Orientierung auf den Opferbereich der Kleinbauernschaft. Auch dieser Umstand ist durchaus nicht weiter verwunderlich, da die Landwirtschaft `traditionsgemäß` auch

---

[1633] Vgl. Lilienthal, Wucher auf dem Lande, S. 157 (194).

[1634] *„Hannoverscher Courier"* v. 03.03.1883, Artikel „Der Wucher auf dem Lande." *(Bestand BArchV, Akte R 3001/6251)*; das Interesse der Öffentlichkeit an der Wucherproblematik in dieser Zeit zeigt sich auch an verschiedenen Ausgaben der *„Münchner Neuesten Nachrichten"*. In den Ausgaben v. 19., 20. und 28.08.1887 wird diese Thematik ganzseitig auf der ersten Seite behandelt, Artikel „Bekämpfung des Wuchers auf dem Lande." (28.08.), „Der Wucher auf dem Lande." (19.08.), „Formen des Wuchers auf dem Lande." (20.08.) *(Bestand HptStaatsArchV München (Bay)/Akte MInn Nr. 72589).*

[1635] Vgl. oben A.II.1c)aa).

weiterhin derjenige Stand innerhalb der Gesellschaft war, der den Wucherern die größten und am sichersten durchzusetzenden Gewinne versprach. Der in der Periode der Zinsfreiheit auftretende Wucher in der Beamtenschaft war dagegen mit der Schaffung des Wuchergesetzes von 1880 weitgehend abgeklungen, weshalb dem Wuchergesetz diesbezüglich eine durchaus positive Wirkung zu attestieren ist. Zur Umgehung der Bestimmungen des Reichsgesetzes war eine Verlagerung der ausbeuterischen Aktivitäten vom typischen Kreditgeschäft weg auf andere Rechtsgeschäftsformen notwendig geworden. Derartige Verlagerungen setzten allerdings weiteren Sachbesitz oder Sacheigentum voraus, der bei der Beamtenschaft nur in geringem Maße vorhanden war, so daß hier weitergehende Aktivitäten der Wucherer in den seltensten Fällen lohnten. Dagegen bot der Kleingrundbesitz auf dem Land – wie auch zum Beginn des Jahrhunderts – die mannigfachsten Möglichkeiten für die Ausbeuter, ihre Wuchergeschäfte außerhalb des gesetzlich sanktionierten Wucherbereichs in entsprechend sichere Rechtsformen zu kleiden. Gleichzeitig repräsentierte vor allem der dortige Grund und Boden einen Wert, der eine entsprechend reizvolle Gewinnerwartung bot.

Dazu kamen die altbekannten Hintergründe der ländlichen Bewucherung, die im wesentlichen seit dem Beginn des Jahrhunderts die gleichen geblieben waren.[1636] Noch immer drückten die Bauern hohe Grundschulden, die vornehmlich aus früheren Ausbeutungen und der Bauernbefreiung hervorgegangen waren. Hinzu traten existenzielle Not und bitterste Armut, die nicht selten durch Mißernten, Krankheiten, Brände oder Viehseuchen verstärkt wurde.[1637] Dies erhöhte den Investitionsbedarf, um einerseits den Betrieb am Leben zu erhalten, andererseits aber auch um Steuern entrichten zu können. Die Aufnahme von seriösem gewerblichem oder privatem Kredit war weiterhin nur sehr schwer möglich. Grund und Boden boten zu geringe Sicherheit, Personalkredit kam von vornherein in den seltensten Fällen in Betracht.[1638] Zudem vermied der Bauer aus Furcht und Scham jeglichen förmlichen Akt (bspw. Grundbucheinsichtnahmen), der im Rahmen des redlichen Verkehrs ein grundsätzliches Erfordernis war. Dies war beim wucherischen Kredit jedoch keine Voraussetzung. Der Wucherer bot schnelle und formlose \`Hilfe\` und zeigte sich zudem verschwiegen.[1639] Die Gutgläubigkeit, der Leichtsinn und die geschäftliche Unerfahrenheit der Bauern machte es den Wucherern darüberhinaus leicht, ihre Konditionen durchzusetzen. Zu letzterem trat die mangelnde Bildung und die Schwierigkeiten der Bauern, selbst einfachste Rechnungen nachzuvollziehen:

> *„Wenn man auf dem Markte in Czernowitz ein Dutzend Hühner kauft, das Stück zu 15 Kreuzer und nun dem Bauern weitläufig vorrechnet, dass man ihm 1, 80 fl. schuldig sei, so glaubt er das zunächst nicht im mindesten; er holt*

[1636] Vgl. oben B. und B.I.2. und B.I.3b).
[1637] Lilienthal, Wucher auf dem Lande, S. 157 (193f).
[1638] Lilienthal, Wucher auf dem Lande, S. 157 (194).
[1639] Lilienthal, Wucher auf dem Lande, S. 157 (194).

sich von einem Nachbar eine Portion Maiskörner, zählt langsam 12 Häufchen von je 15 Körnern auf und dann die 180 Korn für Korn zusammen." [1640]

Ergebnis dessen war auch nach 1880 eine, wie es der Heinsberger Amtsgerichtsrat *Schacht* im Jahre 1890 ausdrückt, *„katastrophale Lage der Landbevölkerung"*.[1641] Im Gegensatz zur früheren ländlichen Bewucherung konnte nunmehr eine zügellose Ausbreitung der Bewucherung festgestellt werden, die sämtliche Geschäftstätigkeiten des Kleinbauern betraf. Der Deutsche Landwirtschaftsrat stellte 1889 fest: *„Durch die Erhebungen, welche in einer Anzahl deutscher Staaten über die Sorge der Landwirthschaft in den letztverflossenen Jahren angestellt wurden, ist die Aufmerksamkeit weiter Kreise auf den in manchen Gegenden in bedenklichster Weise sich geltend machenden Wucher wieder von Neuem gelenkt worden. Die ländliche Bevölkerung hat unter den verschiedensten Arten des Wuchers – Vieh- und Waarenwucher, Grundstück- und Geldwucher – vorzugsweise zu leiden."* [1642]

In jener Vervielfältigung der Ausbeutungsvarianten spiegelte sich der bereits mehrfach angesprochene Hauptmangel des Reichswuchergesetzes wider. Die ausschließliche Sanktionierung des Kreditwuchers förderte wie zu Zeiten der Zinsmaximabestimmungen die Verlagerung der Ausbeutung auf andere Geschäftsformen, denen ein Austauschverhältnis zugrundelag. Neben den Kreditwucher trat somit der Bereich des Sachwuchers, der den Ausbeutungen beim Darlehensvertrag in seinen negativen Folgen in nichts nachstand.[1643] Die wesentlichen Variationen des auftretenden Wuchers – die auch vom Deutschen Landwirtschaftsrat als vorrangig bezeichnet wurden – waren auch Gegenstand der näheren Untersuchung des Vereins für Socialpolitik.[1644] Die bereits dazu gemachten Ausführungen[1645] sollen an dieser Stelle ergänzt werden.

[1640] Platter, Der Wucher in der Bukowina, zitiert nach Wilhelm Röhrich, `Empfiehlt sich die Wiedereinführung von Zinstaxen und Wuchergesetzen und die Beschränkung der allgemeinen Wechselfähigkeit?, Stuttgart 1879`, S. 15 *(Bestand BArchV, Akte R 101/881)*.

[1641] `Bericht des Amtsgerichtsrathes Schacht aus Heinsberg an den Königlichen Regierungspräsidenten in Aachen vom 20. März 1890` *(Bestand HptStaatsArchV Düsseldorf (NRW)/Akte Reg. Aachen Nr. 7894) (fol. 110)*; ähnlich auch die Stellungnahmen der Landräte des Landkreises Eupen v. 10.04. *(fol. 112)* und des Landkreises Geilenkirchen v. 12.04. *(fol. 118)*.

[1642] `Schreiben des Deutschen Landwirthschaftsraths an die preußische Staatsregierung vom 18. Mai 1889` *(Bestand StaatsArchV Detmold (NRW)/Akte L 80 II A, Gruppe 1, Titel 1 Nr. 4 Bd. I)*; die sich mit dem Reichswuchergesetz v. 1880 befassende XVII. Plenarversammlung des Jahres 1889 des Deutschen Landwirthschaftsraths ist abgedruckt im Archiv des Deutschen Landwirthschaftsraths, XIII. Jahrgang 1889, Heft Nr. 12, vorhanden im Bestand *BArchV, Akte R 3001/6247, 6248 (Mikrofilm-Nr. 21944)*.

[1643] Vgl. zu dieser Entwicklung auch oben B.I.3b).

[1644] Vgl. zur genauen Fragestellung der Untersuchung des 35. Bandes, Der Wucher auf dem Lande, oben A.II.1c)aa).

aa) Geld- und Kreditwucher

Hatte der Gesetzgeber gehofft, mit dem Reichswuchergesetz wenigstens das primär auftretende kreditwucherische Treiben zu begrenzen, so wurde er spätestens seit der Veröffentlichung der Erhebungen des Vereins für Socialpolitik im Jahre 1887 eines Besseren belehrt. Die kleinbäuerlichen Verhältnisse wiesen nur wenig Unterschiede zur Situation zum Beginn des Jahrhunderts auf[1646] und die kreditwucherischen Gestaltungsformen waren allgemein bekannt: Berechnung einer hohen Provision für die Beschaffung von barem Geld, Kauf mit Wiederkauf, Verschreibung einer bedeutend größeren als der wirklich überlassenen Summe, Manipulationen der Schuldurkunde, Berechnung der Zinsen auf kürzere Zeiträume u.s.w.. Die diese Umstände hervorrufende Grundlage war die zu enge Definition des Kreditwuchers in Art. 1, § 302a StGB des Reichswuchergesetzes, der lediglich überhöhte Zinsforderungen im Rahmen des Darlehensvertrages und überhöhte Stundungsgebühren einer Geldforderung als strafbar erkannte; alle übrigen Fälle wucherischer Ausbeutung in Zusammenhang mit der Kreditgewährung erfaßte die Norm nicht, so daß den phantasievollsten Umgehungsgeschäften Tür und Tor geöffnet war.

Dazu gehörten häufig verschiedenste Formen des bekannten Prinzips des Kaufs mit Wiederkauf, bzw. anderweitiger Zusammenhänge von Darlehensgeschäft und angeschlossenen Kaufverträgen[1647]:

> *„Der geldbedürftige Bauer wird genöthigt, dem Wucherer ein etwa um die Hälfte mehrwertiges Grundstück zum Betrage des gewünschten Darlehns zu verkaufen, welches er dann zum wahren Werthe zurückkauft, unter der Bedingung, daß der Kaufpreis mit den gesetzlichen Zinsen in einigen Jahresraten zurückbezahlt wird. Der Gläubiger empfängt mithin einen höheren Betrag als er dargeliehen hat und erhält diesen auch noch verzinst.“* [1648]

Ähnlich auch ein dergestalter Fall, bei dem der Darleiher gleichzeitig mit dem Empfang des Darlehens dem Darlehensgeber ein Grundstück zu einem Preis abkaufen mußte, welches den wahren Wert mehrfach überstieg. Befand sich ein Schuldner am Zahlungstermin nicht in der Lage, seine Schuld zurückzuzahlen, so mußte er – dem vorherigen Falle in entsprechender Weise – dem Gläubiger ein Grundstück zu einem weit höheren als dem wahren Wert abkaufen.[1649] An der Tagesordnung war ebenso der an das Darlehensgeschäft angeschlossene Kaufvertrag über landwirtschaftliche Erzeugnisse. Die Wucherer verschafften sich über das verhältnismäßige Zinsmaß hinausgehende Vorteile dadurch, daß sie sich hochwertige Handelsgewächse wie

---

[1645] Oben A.II.1c)aa).
[1646] Vgl. oben B.I.2. und B.I.3b).
[1647] Vgl. auch oben B.I.3b).
[1648] Ministerialrat Metz über den Wucher in Elsaß-Lothringen, Verein für Socialpolitik, Band XXXV., S. 3.

Tabak oder Hopfen weit unter dem Marktpreis von ihren Darlehensnehmern verkaufen ließen.[1650]

Solche Naturalabgaben ersetzten auch die übermäßigen Stundungsgebühren. Die Wucherer legten zudem häufig den Termin für die Rückzahlung des Darlehens bewußt auf einen Zeitpunkt, an dem die Bauern erfahrungsgemäß – wie bspw. kurz vor der Ernte – kein Geld hatten.[1651] Die Verlängerung der Frist ließen sich die Wucherer großzügig in Warenform `entschädigen`.
Die (unerwartete) Rückforderung der Darlehenssumme war überhaupt ein beliebtes Mittel der Ausbeuter. In den Schuldscheinen fand sich oft die Vereinbarung, daß die Schuld `auf erste Anforderung` fällig sei, von der auch weidlich Gebrauch gemacht wurde:

> *„Ein junger Mann leiht kurz vor seiner Verheirathung 900 Mark auf Handschein. Kurz nach der Heirath hat der Mann Unglück mit seinen Pferden, so daß er mehrere neue kaufen muß. Da auf einmal erscheint der Gläubiger, welcher vorgestreckt hat, und behauptet, selbst in Geldverlegenheit zu sein. Der junge Bauer war zu stolz, sich anderwärts das Geld zu leihen. Auf vieles Bitten ließ sich der Wucherer endlich bestimmen, ihm das Kapital zu belassen auf Wechsel von 3 Monaten. Diese Wechsel wurden 10 Jahre prolongirt mit einem jedesmaligen Auffschlage von 10 Prozent. Nach Ablauf dieses Zeitraumes war der Wert des Hofes beliehen und der Bauer mußte seinen Wanderstab nehmen.“* [1652]

Übermäßige Stundungs- und Verzugsgebühren wurden auch in die Kapitalsumme mit einberechnet. Hierzu stellte der Wucherer lediglich einen neuen Wechsel oder Schuldschein aus, dessen eingetragene Kapitalsumme sodann aus der dargeliehenen Summe und den wucherischen Aufschlägen bestand.[1653]

Die bekannte Provisionszahlung zur Umgehung hoher Zinsen war nicht weniger häufig vorzufinden. Die eigentliche, vom Bauer zu erbringende Zinsleistung befand sich in aller Regel im bekannten Rahmen von 5-6%. Hinzu kamen jedoch die exorbitant hohen Provisionsforderungen, die zumeist zur eigentlichen Darlehenssumme hinzugerechnet und mitverzinst wurden:

[1649] Ministerialrat Metz über den Wucher in Elsaß-Lothringen, a.a.O., S. 3.
[1650] Bericht des Ministerialrats Buchenberger über den Wucher in Baden, a.a.O., S. 25f; vgl. ebenso den Bericht des Freiherrn von Cetto über den Wucher im *„diesrheinischen“* Bayern, a.a.O., S. 88f.
[1651] Vgl. den Bericht des Ministerialrats Buchenberger für Baden, a.a.O., S. 24f; den Bericht des Advokatanwalts Mahla für die bayerische Rheinpfalz, a.a.O., S. 115; den Bericht des Kaplans Dasbach für das triersche Land, a.a.O., S. 151f und den Bericht über den Wucher im Regierungsbezirk Kassel, a.a.O., S. 221.
[1652] Bericht des Redakteurs des Vereinsorgans des westfälischen Bauernvereins Faßbender für die Provinz Westfalen, a.a.O., S. 231.
[1653] Vgl. den Bericht über den Wucher in der Provinz Hannover, a.a.O., S. 246.

„Ein Jude aus Neumagen lieh am 10. November 1878 einem Bauer aus Osann 100 Thaler; der Bauer mußte einen Schuldschein über 150 Thaler ausstellen. Die Schuldsumme war fällig schon am 1. Januar 1879. (...) Denselben Bauer (...) lieh ein Handelsmann aus Wittlich in kurzen Fristen 60 Mark, 180 Mark und 90 Mark; die betreffenden Schuldscheine lauteten über 90 Mark, 270 Mark und 120 Mark." [1654]

Oft wurden auch die Zinsen nicht nach Jahresprozenten, sondern auf kürzere Zeiträume – 4-5% für einen Monat – berechnet, oder die Zinsen nicht im Verhältnis zur Gesamtsumme festgesetzt, sondern nach der Münzeinheit (5-10 Pfennig wöchentlicher Zins von der Mark). Ergebnis solcher Vertragsgestaltungen waren verwirrende Regelungen der Zinsschuld:

„Auf solche Weise können leicht Zinsen mit 60, 80 und mehr Prozent erhoben werden, ohne daß der rechnungsungeübte Schuldner dahinter kommt; auch giebt er sich mit einer genauen Berechnung der so bedungenen Zinsen deshalb nicht viel Mühe, weil er das Geld doch auf nicht zu lange Zeit entlehnen will und bei nächster Gelegenheit abzahlen zu können hofft." [1655]

Derartigen Verwirrungsgestaltungen war der Bauer hilflos ausgeliefert. Falsch aufaddierte Summen, Urkundsvernichtungen und zwei- oder dreimalige Berechnung der Zinsen, die zur Kapitalsumme hinzugerechnet wurden, kamen noch zu den sonstigen Praktiken der Wucherer hinzu.[1656]

bb) Viehwucher

Die Wucherei in Zusammenhang mit Viehgeschäften war ähnlich gestaltungs- und umfangreich wie die Ausbeutung bei Kreditgeschäften, meist sogar untrennbar mit diesen verbunden. Wesentliche Arten des Viehgeschäfts, die vornehmlich zur Ausbeutung genutzt wurden, waren der Viehkauf und die Viehleihe.
Häufigste und einfachste Form des Wuchers beim Viehkauf war die Übervorteilung beim Kaufvertrag. Der Viehhändler kaufte dem Bauern gutes Vieh zu geringen Preisen ab oder verkaufte ihm schlechtes Vieh zu hohen Preisen.[1657] Vor allem zur Erreichung eines günstigen Erwerbs wendeten die Wucherer mittels der Hilfe von Strohmännern verschiedenste Mittel an. Mehrere solcher Gehilfen gerierten sich als Vie-

---

[1654] Bericht des Kaplans Dasbach für das triersche Land, a.a.O., S. 154.
[1655] Bericht des Freiherrn von Cetto für das *„diesrheinische"* Bayern, a.a.O., S. 88.
[1656] Vgl. den Bericht des Landrats Knebel für das preußische Saargebiet, a.a.O., S. 132.
[1657] Vgl. Sombart, Volkswirtschaft, S. 336f.

hankäufer bei dem verkaufswilligen Bauer, boten zunehmend weniger und stellten ein weiteres Sinken der Preise in Aussicht.[1658]

In diesem Zusammenhang kam es auch zu allerlei Betrugshandlungen, vor allem im Hinblick auf Gewährleistungsrechte, namentlich durch Mängelverschweigung beim Verkauf, das Verhindern gerichtlicher Schritte bis die gesetzliche Gewährleistungsfrist abgelaufen war oder die falsche Behauptung, es liege ein Mangel beim angekauften Tier vor, um sodann den Preis zu mindern.[1659] Hilfreich für die Wucherer war auch hier die Naivität der Bauern und deren nicht selten bereits bestehende Kapitalabhängigkeit von den Händlern.[1660]

Sehr beliebt waren bei den Wucherern auch die `Viehumtauschgeschäfte`. Danach wurde minderwertiges Vieh verkauft, dessen Nutzlosigkeit vom Bauern bald angeprangert wurde. Großzügig fand sich der Wucherer bereit, das Vieh gegen Aufgeld, Naturalien, Provisionen etc. umzutauschen, oder den Umtausch in Verbindung zu einem Kreditgeschäft zu setzen[1661]:

> *„Durch fortgesetzten Viehumtausch, verbunden mit Geldleihgeschäften, entsteht ein äußerst verwickeltes Schuldverhältniß, über welches der Landwirth um so weniger klar werden kann, als eine geregelte Abrechnung nie stattfindet. Durch wiederholte Ab- und Zuschreibungen, durch das Hereinziehen der alten Schulden, Vermischung von baaren Darlehen mit Viehkaufsforderungen, Kapitalisierung der Zinsen und Provisionen ist zuletzt eine Klarstellung über die eigentlichen Viehkaufsschulden und eine Trennung der baaren Darlehen von Kaufsschulden gar nicht mehr möglich. Nicht selten kommt dann der Fall vor, daß sich bei genauer Prüfung derselben ein Stück Vieh mehr ergiebt als der Schuldner wirklich erhalten hat. Sobald die Vermögenslage des Landwirths ruinirt ist, erhält der Schuldner zum Schluß nochmals theures Vieh aufgenöthigt und der Kaufpreis wird mit der Gesammtschuld durch gerichtliches Urtheil gesichert. Kurz vor dem Vollstreckungsverfahren nimmt der Wucherer das zuletzt gegebene Vieh zurück und hält dennoch seine Forderung in der Gantmasse aufrecht.“*[1662]

[1658] Vgl. den Bericht des Advokatanwalts Mahla für die bayerische Rheinpfalz, Verein für Socialpolitik, Band XXXV., S. 116; ebenso den Bericht des Generalsekretärs von Mendel für Oldenburg, a.a.O., S. 253f.

[1659] Vgl. den Bericht des Landrats Knebel für das preußische Saargebiet, a.a.O., S. 130; Bericht des Redakteurs des Vereinsorgans des westfälischen Bauernvereins für die Provinz Westfalen, a.a.O., S. 235; Bericht des Generalsekretärs von Mendel für Oldenburg, a.a.O., S. 254; Bericht des Kaplans Dasbach für das triersche Land, a.a.O., S. 156ff.

[1660] Vgl. zu dergestalten Abhängigkeitsverhältnissen Ministerialrat Metz für Elsaß-Lothringen, a.a.O., S. 7; Ministerialrat Buchenberger für Baden, a.a.O., S. 37f; Landrat Knebel für das preußische Saargebiet, a.a.O., S. 132; den Bericht über die Verhältnisse in der Rheinprovinz, a.a.O., S. 195; den Bericht des Dr. Franz für Thüringen, a.a.O., S. 268f; Wanderlehrer Schneider für die Provinz Brandenburg, a.a.O., S. 291.

[1661] Vgl. Ministerialrat Metz für Elsaß-Lothringen, a.a.O., S. 7; Ministerialrat Buchenberger für Baden, a.a.O., S. 33; Advokatanwalt Mahla für die bayerische Rheinpfalz, a.a.O., S. 117; Bericht über die Verhältnisse in der Rheinprovinz, a.a.O., S. 195.

[1662] Bericht des Ministerialrats Buchenberger für Baden, a.a.O., S. 39; vgl. auch den Bericht des Landrats Knebel für das preußische Saargebiet, a.a.O., S. 130; Bericht des Redakteurs des Vereinsorgans des westfälischen Bauernvereins für die Provinz Westfalen, a.a.O., S. 234; Bericht des Dr. Franz für Thüringen, a.a.O., S. 268.

Im Rahmen der Viehleihe bestand die einfachste Ausbeutungsform in der Vermietung von Vieh gegen einen bestimmten Mietzins, der dann regelmäßig unverhältnismäßig hoch war. Aus dem Regierungsbezirk Kassel wird berichtet:

> *„Das Viehleihgeschäft wird vielfach betrieben, indem der Händler ein Stück Vieh – meist solches, welches sonst nicht gut unterzubringen – dem Leiher gegen Entschädigung, welche öfter ganz oder zum Theil in Naturalien besteht, und mit dem Werthe des Thieres bezw. dem aus dem letzteren zu ziehenden Nutzen in keinem Verhältniß steht, überläßt, sich das Eigenthum oder Vorkaufsrecht vorbehält, geeignetenfalls ein noch schlechteres dafür umtauscht u.s.w. Dabei wird meist vom Verleiher noch vorbehalten, daß das zu erwartende Fohlen, Kalb, Lamm dem Verleiher verbleibt, der dasselbe dann je nach den Verhältnissen anderweit mit Vortheil verkauft oder dem Leiher zu hohem Preise überläßt, sogar wieder in Leihe giebt. Die Gelegenheit, öfter nach dem leihweise überlassenen Thier zu sehen, wird dann natürlich benutzt um dem Leiher Geld, Waaren, Branntwein u.s.w. aufzudringen und so denselben nach und nach ganz in die Gewalt zu bekommen.“* [1663]

Eine weitere Variation der Ausbeutung war die werterhöhende Viehverstellung, bei der der Händler das Vieh unter der Bedingung in den Stall des Bauern stellte, daß diesem nur die Milch, die Arbeitsleistung und der Dünger zum Vorteil gereicht. Meist wurde dazu von den Händlern nur minderwertiges, wenig genährtes Vieh verstellt, welches dann wieder herausgefordert wurde, nachdem es gut genährt war.[1664] Zu derartigen Wucherpraktiken gehörte auch der Verkauf schlecht genährten Viehs unter Eigentumsvorbehalt.[1665]
Auch bei den Viehverstellungsverträgen spekulierten die Wucherer auf die mangelnden Rechenkünste und die Gutgläubigkeit der Bauern. Beispielhaft ist hierfür die sog. \`Aufzuchtspacht\`, mithin einem Vertrag zur Aufzucht eines Kalbes auf Teilung des Nutzens, welcher auflösend bedingt war bis das Kalb \`zu zweit oder zu dritt stand\`, also selbst Kälber geworfen hatte:

> *„Der Viehhändler N. leiht dem Bauern S. ein Kalb im Werthe von 50 Mark zum halben Nutzen auf so lange, bis dieses Stück Vieh noch zwei Kälber geworfen haben wird. Nach vier Jahren wird alsdann das Vieh verkauft, und es ergiebt sich folgender Erlös:*

Werth der Kuh	*300 Mark*
Werth des ersten Kalbes	*150 Mark*
Werth des zweiten Kalbes	*50 Mark*
Summa	*500 Mark*

[1663] Bericht über den Wucher im Regierungsbezirk Kassel, a.a.O., S. 222f.
[1664] Vgl. Bericht des Freiherrn von Cetto für das *„diesrheinische“* Bayern, a.a.O., S. 94.
[1665] Vgl. dazu den Bericht des Ministerialrats Buchenberger für Baden, a.a.O., S. 38; den Bericht des Landtagsabgeordneten Schade für das Großherzogtum Hessen, a.a.O., S. 78; Freiherr von Cetto für das *„diesrheinische“* Bayern, a.a.O., S. 93f; den Bericht über den Wucher in der Provinz Sachsen, a.a.O., S. 264; Dr. Franz für Thüringen, a.a.O., S. 268; Wanderlehrer Schneider für die Provinz Brandenburg, a.a.O., S. 292; Landrat von Nathusius für die Provinz Posen, a.a.O., S. 312.

Davon erhält jeder die Hälfte, macht 250 Mark. Der Bauer würde, wenn er sich bei Beginn des Geschäftes 50 Mark geliehen und mit 5 Prozent verzinst hätte, nach vier Jahren an Kapital, Zinsen und Zinseszinsen nur 60 Mark 79 Pfg. zu zahlen gehabt haben.
Er hätte dann aus den drei Stück Vieh erlöst 500 Mark. Er hätte dann zu zahlen gehabt nur 60 Mark 79 Pfg. Folglich ist ihm entgangen ein Gewinn von 439 Mark 31 Pfg.
Der Händler hatte vor vier Jahren angelegt den Betrag von nur 50 Mark. Er erhält nicht blos diese 50 Mark zurück, sondern noch dazu 200 Mark als Zinsen für vier Jahre. Er hat also sein Kapital genau zu 100 Prozent verzinst." [1666]

Sowohl beim Viehwucher als auch beim Warenwucher – auf den ebenfalls noch einzugehen sein wird – kam für die Bauern erschwerend hinzu, daß die entsprechenden Geschäftsbereiche nahezu ausschließlich in den Händen der bereits erwähnten Zwischenhändler lagen.[1667] Die besondere Problematik lag dabei in der Monopolstellung jener Zwischenhändler. Die Landverfassungsreform des 19. Jahrhunderts entließ die Kleinbauernschaft zwar in eine \`formale Freiheit\`, eine \`materielle Freiheit\` brachte sie jedoch nicht mit sich. Vielmehr befand sich der Bauer in einem allumfassenden Konkurrenzverhältnis, innerhalb dessen von Waffengleichheit keine Rede sein konnte. Während der Großgrundbesitz die großen Abnehmermärkte für agrarische Produkte beherrschte, mußte der Kleingrundbesitz froh sein, wenn ihm überhaupt jemand die geringen Produktmengen abnahm. In diesem Zusammenhang sei auf die Ausführungen zur volkswirtschaftlichen Ausdehnung und Verschmelzung der internationalen Märkte zum Ende des 19. Jahrhunderts hingewiesen.[1668]
Diese Nische besetzten Zwischenhändler, die zumeist eine gute Markt- und Konjunkturübersicht besaßen und die Abhängigkeit der Bauern von derartigen \`Hofhändlern\` häufig schamlos ausnutzten. Der Kleinbauer tätigte ohne \`seinen\` Hofhändler nur selten An- oder Verkäufe, nicht einmal mit den nächsten Nachbarn. Den Händlern brachten die Bauern dagegen größtes Vertrauen entgegen, das sich diese sukzessive durch geschickt eingesetzte Großzügigkeit erschlichen. Hinzu kam, daß die Händler beim Kauf Kredit gewährten. In einem am 22. Februar 1888 gehaltenen Vortrag über die Schädlichkeit des landwirtschaftlichen Zwischenhandels äußert sich der Königliche Ökonomierat *von Mendel*[1669] wie folgt:

„Es ist der Zwischenhandel, der besonders in seinem Verkehr mit dem kleineren Landwirth sich vielfach als sehr schädlich erweist. (...) In raffinirtester Weise wird der ahnungslose Bauer in dieser Richtung hintergangen und ihm der Kampf ums Dasein in der traurigen Zeit unendlich mehr noch erschwert... Im Zwischenhandel finden Sie den unwiderleglichen Beweis, daß ganze Gegenden, besonders im südlichen und südwestlichen Deutschland, vom schwer-

---

[1666] Bericht des Kaplans Dasbach für das triersche Land, a.a.O., S. 168f.
[1667] Vgl. oben A.II.1a) und 1c)aa).
[1668] Vgl. oben A.II.1a).
[1669] Vgl. auch oben A.II.1a).

sten Viehwucher heimgesucht sind, welcher in einer Art von Sklaventhum ausgeartet ist, in dem die armen Opfer allmählich verbluten.“ [1670]

cc) Warenwucher

Der Warenwucher trat vornehmlich in drei verschiedenen Gestaltungsformen auf: zu billiger Einkauf, zu teurer Verkauf und Verkauf überflüssiger Dinge.
Im ersteren Falle erwarben die Wucherer die Agrarprodukte weit unter dem Marktpreis. Dabei spielten Täuschungen wie solche über Marktverhältnisse eine Rolle, als auch die direkte Ausnutzung der Notlage der Bauern. Vor allem in Zeiten der bäuerlichen Geldknappheit traten die Wucherer auf den Plan, namentlich vor der Ernte. Innerhalb solcher Phasen wurde die finanzielle Notlage meist dazu genutzt, die gesamte Ernte im voraus zu einem geringen Preis zu erwerben, was die Bauern mitunter in den Ruin stürzte.[1671] Umso drastischer gestalteten sich die Preiskonditionen, wenn sich der veräußernde Bauer ohnehin bereits als Schuldner in den Händen des Käufers befand. Dem Verkauf gleichzusetzen waren die unter den gleichen Vorzeichen abgewickelten Tauschgeschäfte.[1672] Hinzu traten die obligatorischen Kreditgeschäfte, so daß mit der wachsenden Abhängigkeit des Bauern vom Wucherer weitere Ausbeutungsgeschäfte unweigerlich folgten.
Auch der Verkauf notwendiger Waren wie bspw. Dünge- oder Futtermittel wurde oftmals unter wucherischen Bedingungen vollzogen.[1673]
Besonders häufig war jedoch der sog. \`Aufschwatzhandel\` oder \`Hausierhandel\`, bei dem sich vornehmlich die Zwischenhändler durch den preislich weit überhöhten Verkauf zumeist nutzloser Gegenstände Vorteile verschafften.[1674] Hier war zum einen

---

[1670] \`Vortrag des Königlichen Oekonomie-Raths Herrn von Mendel in Halle a.S., gehalten zu Berlin, am 22. Februar 1888, in der XIII. Generalversammlung der Vereinigung der Steuer- und Wirthschafts-Reformer, Der Zwischenhandel, seine Bedeutung, seine Gefahren für die Produktion, insbesondere für die Landwirthschaft., Berlin 1888 (Verlag des Bureaus der Steuer- und Wirthschafts-Reformer)\`, S. 6, 7, 8 *(Bestand HptStaatsArchV Stuttgart (B-W)/Büschel E 130a Nr. 1072)*; vgl. auch zum Zwischenhandel im Band XXXV. des Vereins für Socialpolitik den Bericht des Dr. Dehlinger für Württemberg, S. 55; den Bericht des Landtagsabgeordneten Schade für das Großherzogtum Hessen, a.a.O., S. 77; den Bericht des Freiherrn von Cetto für das *„diesrheinische“* Bayern, a.a.O., S. 91; den Bericht des Advokatanwalts Mahla für die bayerische Rheinpfalz, a.a.O., S. 116; den Bericht des Landrats Knebel für das preußische Saargebiet, a.a.O., S. 129; den Bericht über den Wucher im Regierungsbezirk Kassel, a.a.O., S. 221.

[1671] Vgl. den Bericht des Ministerialrats Metz für Elsaß-Lothringen, a.a.O., S. 10; Bericht des Freiherrn von Cetto für das *„diesrheinische“* Bayern, a.a.O., S. 102; Bericht des Ministerialrats Buchenberger für Baden, a.a.O., S. 46.

[1672] Vgl. den Bericht über den Wucher in der Rheinprovinz, a.a.O., S. 197; den Bericht über den Wucher im Regierungsbezirk Kassel, a.a.O., S. 224.

[1673] Vgl. den Bericht über den Wucher in der Rheinprovinz, a.a.O., S. 198; Bericht des Generalsekretärs von Mendel für Oldenburg, a.a.O., S. 255; Bericht über den Wucher in der Provinz Sachsen, a.a.O., S. 261; Bericht des Dr. Franz für Thüringen, a.a.O., S. 267; Bericht des Direktors des landwirthschaftlichen Zentralvereins zu Kiel für Schleswig-Holstein, a.a.O., S. 287.

[1674] Vgl. den Bericht des Landtagsabgeordneten Schade für das Großherzogtum Hessen, a.a.O., S. 74, 79; Bericht über den Wucher im Regierungsbezirk Kassel, a.a.O., S. 225; Bericht des Redakteurs

der Verkauf selbst Bestandteil des wucherischen Akts, als auch andererseits die damit wiederum verbundenen Kreditgeschäfte. Die Zwischenhändler nutzten dabei ihre 'Vertrauensstellung' zum Bauern, um dessen Abhängigkeit zu vergrößern. Konnte der Bauer zum Verfalltage des letzten, zum Kauf verschiedenster Gegenstände vergebenen Kredits nicht zahlen, mußte er weitere nutzlose Dinge zu immer höheren Preisen erwerben, so daß sich der Bauer nach einiger Zeit gänzlich in der Hand der Händler befand.[1675]

dd) Grundstückswucher

Unter den zeitgenössischen Wucherberichten nimmt der Grundstückswucher einen besonderen Platz ein. Soweit in den Archiven Berichte und Gutachten zum Wucher aus der Zeit zwischen 1880 und 1890 vorzufinden sind, handelt es sich bei diesen nahezu ausnahmslos um solche über den Grundstückswucher. Zur Ergänzung der folgenden Ausführungen soll zusätzlich auf die bereits oben gemachten Erörterungen hingewiesen werden.[1676]

Obgleich der Grundstückswucher eine besondere Rolle in den Berichterstattungen der Zeit zum Ende des 19. Jahrhunderts einnimmt, ist dieser jedoch nur unter Vorbehalt den übrigen Wucherformen zuzuordnen. Vielmehr handelte es sich hierbei mehrheitlich um die Konsequenz der bereits zuvor auf die Spitze getriebenen Bewucherung. Die Ausschlachtung der Grundstücke, die Parzellierung und Weiterveräußerung der Ländereien ('Güterschlächterei', 'Hofmetzgerei') stellte lediglich den Zwangsvollstreckungszugriff der Wucherer dar, der durch die vielfältigsten Ausbeutungen vorbereitet wurde. Über die bekannten Ausbeutungspraktiken der Wucherer, die zielgerichtet vor die Zwangsvollstreckung der Grundstücke vorgeschaltet waren, berichtet das Königliche Amtsgericht in Marsberg:

> *„Zunächst sucht der Geschäftsmann mit dem Bauer auf irgend eine Weise in geschäftliche Verbindung zu treten, er zeigt sich gefällig und freundlich, nimmt im Tauschhandel jede Waare, borgt gern und hilft bereitwillig in jeder Gelegenheit. Mit der Einforderung etwa rückständiger Kaufgelder, Zinsen u.s.w. hat er durchaus keine Eile, im Gegentheil geht sein Streben dahin, daß der*

---

des Vereinsorgans des westfälischen Bauernvereins Faßbender für die Provinz Westfalen, a.a.O., S. 233; Bericht über den Wucher in der Provinz Sachsen, a.a.O., S. 264; zum Hausierhandel findet sich vor allem im *Bestand HptStaatsArchV München (Bay)/Akte MH Nr. 8671-8691, 14583-14620* eine große Anzahl zeitgenössischer Berichte. Verkaufsobjekte waren hier vielfach Kruzifixe, Gipsfiguren, Schwarzwälder Uhren, Steingutwaren, Teppiche, Wetzsteine etc.; derartige Verkäufe wurden auch vom 'General-Comité des landwirthschaftlichen Vereins in Bayern' als die schwerwiegendste Bewucherungsform für die Landwirtschaft im Königreich angesehen *(Bestand HptStaatsArchV München (Bay)/Akte MInn Nr. 66443)*.

[1675] Vgl. den Bericht des Redakteurs des Vereinsorgans des westfälischen Bauernvereins Faßbender für die Provinz Westfalen, a.a.O., S. 232.

[1676] Vgl. oben A.II.1c)aa).

> *Bauer zu einer vollständigen Abtragung seiner Schuld niemals kommt. In Folge dessen wird die Geschäftsverbindung immer inniger, das Vertrauen des Bauern zu dem Geschäftsmann steigt, gewöhnt sich immer mehr daran, alle seine kleinen Einkäufe gerade bei diesem Geschäftsmann zu besorgen. Nach Belieben werden Abschlagszahlungen gemacht und kleine Darlehen aufgenommen. Die Abschlagszahlungen werden bald auf diese, bald auf jene Forderung, bald auf Zinsen verrechnet, regelmäßige Abrechnungen unterbleiben, die Uebersicht über die wahre Geschäftslage wird immer schwieriger und geht schließlich dem Bauern bei seiner geschäftlichen Erkenntniß ganz verloren."* [1677]

Hinzu kamen in aller Regel Überschuldungen der Bauern, die durch den sog. `Landhunger` hervorgerufen wurden. Grundbesitz in jeder Form bedeutete wirtschaftliche Unabhängigkeit, soziales Ansehen und wirtschaftliche Macht, so daß bei den Bauern vielfach die Neigung bestand, weit über ihre finanziellen Kräfte hinaus Land zu erwerben. Zudem wurde der Landbesitz als wirtschaftliche Notwendigkeit betrachtet, denn die meist zu kleinen Besitzungen ernährten die kleinbäuerlichen Familien mehr schlecht als recht:

> *„Auf dem Lande werde der Bauer nur geschätzt und geachtet nach Verhältniß der Zahl seiner Aecker, seiner Pferde und seines Rindviehes und folgeweise treibe der Ehrgeiz ihn immer und immer wieder zu neuen Erwerbungen. Da der Bauer für wohlhabend gehalten sein wolle, so suche er seine Schulden zu verbergen und ziehe deshalb viele unbekannte oder heimlich gehaltene Schulden einer einzigen bekannten vor. Biete sich Gelegenheit zum Kauf, so entscheide immer seine Begierde nach Grundeigenthum, er denke nicht an die Zukunft, oder hoffe auf den Eintritt guter Ernten, den Anfall einer Erbschaft und ähnliche glückliche Ereignisse, welche ihm die Zahlung des Kaufgeldes ermöglichen würden."* [1678]

Waren die Bauern dann nach Ansicht der Wucherer `reif`, wurde der landwirtschaftliche Grund der Zwangsversteigerung zugeführt. In der Regel kauften die Wucherer dort das Grundstück selbst, um es als Wucherobjekt weiter benutzen zu können. Mit dem Zeitpunkt der Zwangsversteigerungen beginnt gleichsam der Bereich, der den eigentlichen Begriff des Grundstückwuchers rechtfertigt. Vielfach führten die wucherischen Forderungsgläubiger des ruinierten Bauern die Versteigerung selbst durch und trieben dort mit Hilfe von Strohmännern, Alkohol und kleinen Präsenten die Erlöse in schwindelerregende Höhen. Der Ablauf derartiger Versteigerungen wurde bereits dargestellt.[1679]

[1677] `Rescript, M. I. 4173, betreffend Grundstückswucher des Königl. Amtsgerichts zu Marsberg v. 17. Dezember 1889` *(Bestand GStA PK (Berlin, Preußen)/Akte I. HA. Rep. 84a Nr. 47239) (fol. 74)*; ähnlichen Inhalts auch der Bericht des Königl. Amtsgerichts Schwerte v. 10.12.1889 *(fol. 114f)*.

[1678] Bericht des Ministerialrats Metz für Elsaß-Lothringen, Verein für Socialpolitik, Band XXXV., S. 2; vgl. ebenso den Bericht über den Wucher im Regierungsbezirk Kassel, a.a.O., S. 223f.

[1679] Vgl. oben S. 86f; vgl. auch den Bericht des Dr. Franz für Thüringen, a.a.O., S. 279; Bericht des Gutsbesitzers Dehlinger für Württemberg, a.a.O., S. 57.

Traten die Wucherer nicht als Veräußerer bei Zwangsversteigerungen in Erscheinung, bot der Forderungsankauf von den Grundstücksverkäufern Gelegenheit zu weiteren wucherischen Ausbeutungen. Den Verkäufern kamen solche Forderungsankäufe gegen bar nicht ungelegen, mußten sie doch oft jahrelang auf die Zahlungen der Kaufpreisraten warten. Den wucherischen Händlern brachte das Geschäft nicht nur einen Preisnachlaß von 8-10%, sondern vor allem auch neue Schuldner, die auswucherbar waren.[1680]
Erwarb der Wucherer ein Grundstück selbst, folgte in aller Regel das, was als 'Güterschlächterei' bezeichnet und vielfach mit dem Begriff des Grundstückwuchers assoziiert wurde. Der Ankauf der Grundstücke zum Zwecke des parzellenweisen Wiederverkaufs durch die Händler beinhaltete unweigerlich die nächsten Übervorteilungen, da die Parzellen den Bauern zu weit überhöhten Preisen angeboten und verkauft wurden. Spekuliert wurde vor allem auf den Landhunger der Kleinbauern, der seitens der Verkäufer durch mannigfache Verlockungen weiter angefacht wurde. Trotz weit überhöhter Preise gab es genug Bauern, die sich gern auf solche Käufe einließen, da die Händler ihnen zudem Kredit gewährten und lange Zahlungsfristen versprachen. Konnte – wie zumeist – nicht gezahlt werden, nahm das Geschäft seinen üblichen ausbeuterischen Gang. Die Stundung der fälligen Forderung geschah nur gegen Gewährung wucherischer Vorteile, die wiederum die verschiedensten Varianten aufwiesen. Sehr häufig war in diesem Zusammenhang der Gutstausch, der dem sich im Zahlungsverzug befindenen Käufer mit all seinen vermeintlichen Vorteilen schmackhaft gemacht wurde:

> *„Der Baumeister eines größeren Herrschaftsguts hatte sich im Laufe seiner Dienstzeit ein Vermögen von etwa 12000 Mark zurückgelegt. Damit kaufte er von einem berüchtigten Wucherer und Güterhändler der benachbarten Stadt eine unrentable Sommerwirthschaft, deren wahrer Werth etwa 10000 Mark betragen mochte, um den Preis von 30000 Mark. Alsbald im Laufe des ersten Winters war der Mann nicht mehr im Stande, seinen Verpflichtungen nachzukommen; in Folge dessen nahm ihm der Händler die Wirthschaft wieder ab und verhandelte ihm, „um ihm eine Existenz zu schaffen", ein verkommenes Bauerngut auf Sandboden auf die Weise, daß er den einfältigen Mann selbst „zur Erkundigung an Ort und Stelle" hinschickte, woselbst diesem das Gut in den Wirtshäusern von eigens dazu aufgestellten und mit Freibier bestochenen Kreaturen des Händlers ausnehmend gelobt und als ganz vorzüglich geschildert wurde. Daraufhin machte der Baumeister das Geschäft, erwarb das Anwesen und war nach dem zweiten halben Jahr seiner Selbständigkeit den letzten Rest seines binnen 25jähriger Dienstzeit erworbenen Kapitals glücklich los, so daß er jetzt mit Frau und Töchtern bettelarm von Unterstützung lebt."*[1681]

[1680] Vgl. dazu den Bericht des Ministerialrats Metz für Elsaß-Lothringen, a.a.O., S. 4; Bericht des Landrats Knebel für das preußische Saargebiet, a.a.O., S. 135; Bericht des Dr. Franz für Thüringen, a.a.O., S. 270; Bericht des Kaplans Dasbach für das triersche Land, a.a.O., S. 175.
[1681] Bericht des Freiherrn von Cetto für das *„diesrheinische"* Bayern, a.a.O., S. 99.

Hintergrund derartiger Verhältnisse war zumeist der angesprochene Verkauf der Parzellen an die Bauern, dessen preisliche Konditionen sich nur in den seltensten Fällen in verhältnismäßigem Rahmen bewegte:

> *„1874 verkaufte V. in Hausstadt ein gut von ca. 300 Morgen an H. in Saarlouis für 40000 Thaler, zahlbar in zehn Jahresraten. Der Ansteigerer parzellierte und versteigerte von dem Gute für 38000 Thaler, ebenfalls zahlbar in zehn Jahresraten mit 5% Zinsen und 8 1/3% Aufgeld, behielt aber von dem Gute 70 Morgen Wiesen, 120 Morgen Ackerland, 60 Morgen Wald, hatte also ein Geschäft gemacht von 120-140% Gewinn."* [1682]

Ob nun die tatsächliche Grundstückswuchersituation in Deutschland nach 1880 die besondere gutachterliche Aufmerksamkeit rechtfertigt, ist nicht zweifelsfrei zu belegen. Dagegen spricht zunächst eine im Jahr 1888 veröffentlichte Statistik des `Königlich preussischen statistischen Bureaus` über die Ursachen von landwirtschaftlichen Grundstückszwangsversteigerungen während der Jahre 1886/87.[1683]
Der Wucher spielt danach für Preußen als alleinige Ursache oder Mitursache für die Zwangsversteigerungen ländlicher Grundstücke eine eher untergeordnete Rolle: Provinz Ostpreußen (Gesamtzwangsversteigerungen: 435/Wucher als alleinige Ursache: 2/Wucher als Mitursache: 19), Provinz Westpreußen (318/7/14), Provinz Brandenburg (185/1/9), Provinz Pommern (123/1/5), Provinz Posen (323/2/16), Provinz Schlesien (452/3/15), Provinz Sachsen (131/0/4), Provinz Schleswig-Holstein (115/2/3), Provinz Hannover (137/1/7), Provinz Westfalen (107/1/5), Provinz Hessen-Nassau (164/7/28), Provinz Rheinland (331/2/14) und Provinz Hohenzollern (14/0/1).[1684]
Gleichwohl merkt man zu Recht erläuternd an: *„Es ist zu berücksichtigen, dass gerade diese Ursache* (des Wuchers, Anm. des Verf.), *welche von den Betheiligten gewöhnlich geheim zu halten versucht wird und seltener als andere in greifbaren Erscheinungen zu Tage tritt, sich der statistischen Erfassung häufig entziehen wird."* [1685]

Wie diese Zahlen ermittelt wurden, läßt sich nicht feststellen. Fest steht jedoch, daß die Wucherursache für die angefallenen Zwangsversteigerungen nach dieser Statistik nur eine unter mehreren überprüften Ursachen war. Ohne die Zahlen in Frage zu

---

[1682] Lilienthal, Wucher auf dem Lande, S. 157 (183); vgl. auch im Band XXXV. des Vereins für Socialpolitik den Bericht des Ministerialrats Buchenberger für Baden, S. 45; Bericht des Gutsbesitzers Dehlinger für Württemberg, a.a.O., S. 56f; Bericht des Freiherrn von Cetto für das *„diesrheinische"* Bayern, a.a.O., S. 97; Bericht des Landrats Knebel für das preußische Saargebiet, a.a.O., S. 127; Bericht des Redakteurs des Vereinsorgans des westfälischen Bauernvereins für Westfalen, a.a.O., S. 237; Bericht über den Wucher in der Provinz Sachsen, a.a.O., S. 262; Bericht des Landrats von Nathusius für die Provinz Posen, a.a.O., S. 313.

[1683] `Die Ursachen der Zwangsversteigerungen vorwiegend land- und forstwirthschaftlich benutzter Grundstücke in Preussen während des Rechnungsjahres 1886/87. Sonderabdruck aus der *„Zeitschrift des Königlich preussischen statistischen Bureaus, Jahrgang 1887."*, Berlin 1888` *(Bestand BArchV, Akte R 101/881).*

[1684] a.a.O., S. 6.

[1685] a.a.O., S. 5.

stellen, bleiben doch – wie selbst vom Ersteller der Statistik eingeräumt wurde – berechtigte Zweifel über die hinter dieser Statistik stehenden Aussage einer 'beiläufigen Wucherproblematik'. Vielmehr wird man anderen Aussagen mehr Glauben schenken müssen, nach denen gerade der Grundstückswucher ein massiv auftretendes Problem auf dem Land war.

Dies wird bestätigt durch den Referenten zum Problem des Grundstückswuchers in den Verhandlungen der XXXIV. Plenarversammlung des Deutschen Landwirtschaftsrats des Jahres 1906. Gerade in den Jahren 1888, 1889 und 1890 seien die wucherischen Güterzertrümmerungen, so *Freiherr von Cetto*, in bedeutenden Zahlen nachzuweisen. Danach wurden allein in Bayern in diesen drei Jahren aufgrund wucherischer Ausbeutung 1425 Anwesen zertrümmert.[1686]

Im Geheimen Staatsarchiv Preußischer Kulturbesitz findet sich zu dieser Frage eine größere Menge von zeitgenössischen Berichten, die gleichsam das mit dem Grundstückswucher verbundene Problem für die Landwirtschaft nach 1880 bestätigen. Nach einem Bericht des Präsidenten des Königlichen Oberlandesgerichts Naumburg vom 17. Januar 1890 seien allein für den Oberlandesgerichtsbezirk in der Zeit von 1879-1889 911 auf den Wucher zurückzuführende Güterausschlachtungen feststellbar gewesen.[1687] Nach einem Bericht des Kasseler Oberlandesgerichtspräsidenten vom 18. März 1890 seien ab 1874 im Bezirk des Königlichen Amtsgerichts Fulda 122 derartige *„Ausschlachtungen"* aktenkundig geworden, jedoch sei tatsächlich von einer viel höheren Zahl auszugehen.[1688]

Aufgrund derartiger Stellungnahmen sowie den einzelnen Ausführungen im 35. Band des Vereins für Socialpolitik von 1887 läßt sich folglich für den Grundstückswucher von einem bedeutenden Existenzproblem für die Kleinlandwirtschaft sprechen. Zudem ist aufgrund der nahezu reichsweiten Darstellung in letzterem davon auszugehen, daß grundstückswucherfreie Regionen die Ausnahme darstellten.

[1686] 'Verhandlungen der XXXIV. Plenarversammlung des Deutschen Landwirtschaftsrats 1906, Bericht des Referenten Freiherr von Cetto in der Verhandlung v. 06.02.1906, S. 622 *(Bestand StaatsArchV Detmold (NRW)/Akte L 80 II A, Gruppe 1, Titel 1 Nr. 4 Bd. I)*.

[1687] 'Bericht des Präsidenten des Königlichen Oberlandes-Gerichts und des Königl. Ober-Staats-Anwalts Naumburg vom 17. Januar 1890 betreffend den Grundstückswucher' *(Bestand GStA PK (Berlin, Preußen)/Akte I. HA. Rep. 84a Nr. 47239) (fol. 235)*; ähnlich der Bericht des Präsidenten des Königlichen Oberlandes-Gerichts in Hamm v. 13.02.1890. Nach diesem trete der Grundstückswucher vor allem in den Umgegenden von Münster, Bielefeld und Coesfeld auf *(Bestand a.a.O.) (fol. 1ff)*.

[1688] 'Anlage 1 zum Bericht des Oberlandesgerichts-Präsidenten und des Oberstaatsanwalts in Cassel vom 18. März 1890, I. 2235, betreffend Erstreckung des Wuchers; Verzeichnis der in dem Bezirke des Königlichen Amtsgerichts zu Fulda in der Zeit vom 1. Juli 1874 bis zum heutigen Tage ausgeschlachteten Güter' *(Bestand GStA PK (Berlin, Preußen)/Akte I. HA. Rep. 84a Nr. 47238) (fol. 159ff)*; ähnliche Darstellungen sind auch von anderen Amtsgerichten nachzuweisen *(Bestand GStA PK (Berlin, Preußen)/Akte I. HA. Rep. 84a Nr. 47240)*, namentlich von den Amtsgerichten Lissa i.P. v. 05.12.1889 *(fol. 117)*, Bentschen v. 30.11.1889 *(fol. 124)*, Graetz v. 04.12.1889 *(fol. 128)*, Meseritz v. 27.11.1889 *(fol. 130)*, Schwerin v. 02.12.1889 *(fol. 133)*, Unruhstadt v. 04.12.1889 *(fol. 134)*, Jarotschin v. 29.11.1889 *(fol. 141)*, Kempen (Posen) v. 03.12.1889 *(fol. 142)*, Pinne v. 29.11.1889 *(fol. 146)*, Samter (Posen) v. 02.12.1889 *(fol. 154)*, Schrimm v. 02.12.1889 *(fol. 156)*, Wronke v. 01.12.1889 *(fol. 162)* und Schneidemühl v. 31.12.1889 *(fol. 171)*.

Eine derartige Ausnahme stellten die Verhältnisse im Fürstentum Lippe dar. Leider findet sich in der Berichtzusammenstellung des Vereins für Socialpolitik keinerlei Stellungnahme zur lippischen Situation. Dennoch unterstreichen einige behördliche Schriftstücke des Jahres 1889 aus Lippe-Detmold, daß dort die Erscheinungsform der Güterschlächterei durch die Grundstücke betreffende Kolonatregelung weitgehend ausgeschlossen war.

Das Kolonat (colonatus, colonus) war in seiner ursprünglichen römischrechtlichen Bedeutung die Bezeichnung für ein Erbpachtverhältnis eines Kleinpächters zu seinem Grundherrn, der Eigentümer der Landparzelle war. Die Pächter waren persönlich frei, dinglich aber unfrei.[1689] Das Erbpachtverhältnis (emphyteuse) gestattete dem Pächter trotz der dinglichen Unfreiheit jedoch eine Reihe von eigentumsähnlichen Sonderrechten. So besaß der Erbpächter das Recht auf vollen Fruchtgenuß und Kulturveränderung, das Recht zur dinglichen Klage (die actio in rem vectigalis, eine utilis rei vindicatio), das Recht der vollen Ausübung des fremden Eigentums (eigentumsähnliches Recht) und ein eingeschränktes Verfügungsrecht am Erbpachtrecht.[1690] Dem gegenüber stand die Verpflichtung zur Zinszahlung (canon, vectigal), das Gut nicht zu verschlechtern und dem Herrn – der Staat, Kirche oder ein Privatmann sein konnte – eine beabsichtigte Veräußerung anzuzeigen, damit dieser im Verkaufsfalle von seinem Vorkaufsrecht (ius protimiseos) Gebrauch machen konnte.[1691]

In Deutschland wurde die römische emphyteuse mit der Rezeption des römischen Rechts als die gemeinrechtliche Form der Erbpacht aufgenommen und auch partikularrechtlich als Kolonatsprinzip verschiedenartig geregelt. Durch die Agrarverfassungsreformen des 19. Jahrhunderts wurde das Erbpacht- und Kolonatsprinzip in Deutschland weitgehend beseitigt und die Erbpacht in Eigentum verwandelt mit dem nunmehr uneingeschränkt freien Bauern als Eigentümer. Die tatsächliche Aufgabe der partikularrechtlichen Bestimmungen dauerte jedoch in einzelnen deutschen Staaten bis zum Ende des Jahrhunderts, wobei es anzumerken gilt, daß derartige Bestimmungen mit dem eigentlichen Ursprungsprinzip einer strengen Erbpacht nur noch in Teilbereichen übereinstimmten.[1692]

Im Fürstentum Lippe bestand noch im Jahre 1889 der erbpachtimmanente Gedanke des `geteilten` Eigentums für Grund und Boden fort, nach dem der lippische Staat die Funktion eines überwachenden Grundherrn wahrnahm, soweit kein vertragliches Kolonatsverhältnis zwischen einem Pächter und einem privaten Grundherrn bestand. Die diesbezügliche Bestimmung im Fürstentum Lippe untersagte eine ohne Genehmigung der fürstlichen Regierung durchgeführte Trennung oder parzellenweisen Veräußerung der Kolonaten, bzw. Grundstücke, auch dann, wenn eine Zerschlagung

---

[1689] Langhammer, Kolonat, Sp. 945f; vgl. auch Hausmaninger/Selb, S. 42.
[1690] Sohm, Institutionen, S. 449f; Schaper, Kolonat, S. 485.
[1691] Sohm, Institutionen, S. 451.
[1692] Vgl. Schaper, Kolonat, S. 486.

durch einen privaten Kolonatsgrundherrn oder einen kolonatsfreien Eigentümer vorgenommen werden sollte.
Vor diesem Hintergrund verweisen die fürstlichen Verwaltungsämter in Detmold und Blomberg im Jahre 1889 auf das dortige Nichtauftreten des Grundstückwuchers.[1693] Obgleich Bestrebungen zur Zerschlagung von Grundstücken vorhanden gewesen seien, seien solche jedoch an der Genehmigungsverweigerung der fürstlichen Regierung gescheitert. Durch die Regierung genehmigt wurden im Rahmen von Kolonatsverhältnissen dagegen nur solche vom Privatgrundherrn beantragte Bodenzerteilungen, *„wenn bei ungünstigen Vermögensverhältnissen dem Besitzer und dessen Familie ein Theil des Colonats erhalten werden konnte"*.[1694] Unabhängig von Kolonatsverhältnissen seien Arrealsabspaltungen bei größeren privaten Gütern dann genehmigt worden, so der Detmolder Kataster-Inspektor *Roth* in einem anderen Schreiben, wenn Teile dieser Güter für den Grundbesitzer nicht mehr *„rationell"* bewirtschaftbar waren.[1695] Im Schreiben des Fürstlichen Verwaltungsamts Detmold heißt es abschließend: *„Da im hiesigen Lande der Grundsatz der Untheilbarkeit der Kolonate gesetzlich besteht und ohne Genehmigung Hochfürstlicher Regierung einzelne Grundstücke nicht getrennt oder veräußert, (...) auch nicht vereinigt werden dürfen, so ist gegen die Güterschlächterei, wo sie beabsichtigt wird, genügende Vorkehrung durch die vorhandenen gesetzlichen Bestimmungen getroffen, um welche uns andere Länder beneiden werden."* [1696]
Vor dem Hintergrund dieser Darstellungen muß folglich festgestellt werden, daß der die Landbevölkerung massiv belastende Grundstückswucher im Fürstentum Lippe nicht in der Form auftrat, wie er sich in den Berichten der Schrift des Vereins für Socialpolitik darstellt. Dennoch muß ebenso festgehalten werden, daß die mit dem Wucher im gesamten 19. Jahrhundert gemachten Erfahrungen den Schluß rechtfertigen, daß auch in Lippe-Detmold mit Grundstücken verbundene Ausbeutungen vorkamen, die der behördlichen Aufmerksamkeit entgingen.

ee) Ausbeutungen außerhalb des landwirtschaftlichen Bereiches

Berichte über Ausbeutungen außerhalb des landwirtschaftlichen Bereiches finden sich in der Zeit nach 1880 kaum. Es wäre jedoch unrealistisch anzunehmen, daß gerade der Kreditwucher nicht auch im städtischen Bereich bei Kleinverdienern weiter-

[1693] 'Schreiben des Fürstlichen Verwaltungsamtes in Detmold an die Hochfürstliche Regierung den Grundstückswucher betreffend vom 8. Juni 1889' *(Bestand StaatsArchV Detmold (NRW)/Akte L 80 II A, Gruppe 1, Titel 1 Nr. 4 Bd. I)*; 'Schreiben des Fürstlichen Verwaltungsamtes in Blomberg an die Hochfürstliche Regierung Güterschlächterei betr. vom 20. Juni 1889' *(Bestand a.a.O.)*.
[1694] Schreiben des Fürstlichen Verwaltungsamts Blomberg, a.a.O..
[1695] 'Schreiben des Kataster-Inspektors Roth an die Hochfürstliche Regierung, Detmold, d. 15. Juli 1889' *(Bestand StaatsArchV Detmold (NRW)/Akte L 80 II A, Gruppe 1, Titel 1 Nr. 4 Bd. I)*.
[1696] Schreiben des Fürstlichen Verwaltungsamts Detmold, a.a.O..

hin vorgekommen und das Reichswuchergesetz nicht umgangen worden wäre. Hintergrund dessen blieb die Ausnutzung der Notlage, der Unerfahrenheit, der mangelnden Bildung und der Naivität der Schuldner. Was das Ausnutzen der Naivität angeht, so war dies jedoch keine Ursache, die ausschließlich in den niederen Gesellschaftsschichten beheimatet gewesen wäre. In seiner Ausgabe vom 14. Februar 1888 stellt das *`Berliner Tageblatt`* spöttisch fest, daß eine solche Bewucherungsursache nicht selten auch in Kreisen *„jüngerer, oft noch sehr junger Kavaliere"* und der *„flotten Söhne reicher, aber ökonomisch veranlagter Väter"* zu finden sei.[1697] Die sich auf `Freiersfüßen` befindenden *„Jünglinge"* zögen die Wucherer an, die den Kavalieren durch wucherischen Kredit die Möglichkeit eröffneten, die `Herzensdamen` zu beeindrucken. Blindlings werde der Wechsel unterschrieben, den dann der *„gestrenge Papa"* einzulösen habe.

Obgleich die hier beschriebene Variation des Wuchers aufgrund ihres zweifellos humoristischen Hintergrundes erwähnenswert erscheint, so ist eine derartige Form der Bewucherung nicht in Gleichklang zu den beschriebenen existenzvernichtenden Ausbeutungen in der Landwirtschaft zu setzen und sollte deshalb unter Vorbehalt der Wucherproblematik zugeordnet werden.

2. Die gesetzliche Weiterentwicklung zum modernen Wucherverbot

a) Reaktionen auf die Ausbeutungsverhältnisse

Mit der Veröffentlichung des 35. Bandes des Vereins für Socialpolitik im Jahre 1887, enthaltend die Berichte und Gutachten zum regionalen Wucherauftreten, findet eine Zäsur in der öffentlichen Behandlung der Wucherfrage statt. Die Schrift stößt – trotz verschiedentlich auftretender Kritik am vermeintlich suggestiven Charakter der den Berichten zugrundegelegten Fragebögen[1698] - auf reges Interesse und fördert neuerlich die Diskussion um die Wuchergesetzgebung und deren notwendige Veränderungen. Auf seiten des Vereins für Socialpolitik folgt im Jahre 1888 eine Wucherenquête, die am 28. September in Frankfurt a.M. behandelt wurde.[1699] Bezüglich der Berichte und Gutachten im 35. Band wird festgestellt, daß diese bedauerlicherweise keine genauen Angaben über Verbreitung und Umfang des Wuchers lieferten und damit eine statistische Erfassung des Wucherproblems nicht möglich sei, welches jedoch

---

1697 *„Berliner Tageblatt"* v. 14.02.1888, Artikel „Der Uhren- und Brillanten-Wucher." *(Bestand GStA PK (Berlin, Preußen)/Akte I. HA. Rep. 84a Nr. 5721) (fol. 113).*

1698 Vgl. zu den Vorgaben des Vereins oben A.II.1c)aa); Beispiele derartiger Suggestivfragen: Wer trieb hauptsächlich Wucher? Wurde immer das bessere Vieh gegen das schlechtere getauscht? Wurde der Warenwucher durch die Kreditierung des Saatguts gegen Aushaltung eines Anteils an der Ernte getrieben?, vgl. dazu Gorges, Sozialforschung in Deutschland, S. 177ff.

1699 Schriften des Vereins für Socialpolitik, Band 38 (Verhandlungen von 1888), Der ländliche Wucher, die Mittel zu seiner Abhülfe, Leipzig 1889.

unzweifelhaft als solches bestehe.[1700] Eine Notwendigkeit zur Erweiterung des Reichsgesetzes von 1880 sieht man zwar nicht – obgleich die repressiven Maßnahmen gegen den Wucher zu verstärken seien – jedoch empfiehlt man anderweitige präventive Hilfsmaßnahmen für die ärmeren Regionen im Reich. Vor allem sei die genossenschaftliche und kommunale Kreditorganisationsstruktur im Sinne des Raiffeisenschen Musters zu verbessern, notfalls auch unter staatlicher Mithilfe. Ebenso sei die Förderung der Bildung, der Selbständigkeit und des kaufmännischen Wissens bei den Bauern ein erfolgsversprechendes Mittel, den zunehmenden Ausbeutungsverhältnissen entgegenzuwirken.[1701]

Sowohl die Veröffentlichungen des Vereins für Socialpolitik, als auch im Reichstag eingehende Petitionen rufen eine erneute Befassung mit der Wucherfrage auf der legislativen Ebene hervor. Von Bedeutung ist dabei eine Petition des Vorstands des 'Vereins gegen den Wucher im Saargebiet', die dieser im Januar 1888 dem Reichstag überwies, mit der Bitte um Überprüfung folgender gesetzlicher Maßregeln[1702]:

1. die Ausdehnung der strafrechtlichen Bestimmungen gegen den Wucher auf alle belasteten Verträge;
2. eine gesetzliche Einschränkung des gewerbsmäßigen Handels mit ländlichen Grundstücken, welche dessen Auswüchse zu beseitigen geeignet erscheint;
3. ein strafgesetzliches Verbot bei der Gelegenheit öffentlicher Immobiliarverkäufe üblichen unentgeltlichen Verabfolgung geistiger Getränke.

Von erwähnenswertem Interesse ist in diesem Zusammenhang eine weitere, im Mai 1888 an den Bundesrat überwiesene Eingabe des 'Vorstand der Vereinigung der Steuer- und Wirthschafts-Reformer'.[1703] Diese Eingabe erfolgte als Reaktion auf den – bereits erwähnten – in Berlin am 22. Februar vor dem Verein gehaltenen Vortrag des Königlichen Ökonomierats von Mendel über die Schädlichkeit des landwirtschaftlichen Zwischenhandels. In dieser Eingabe heißt es:

> *„Die „Vereinigung der Steuer- und Wirthschafts-Reformer" erkennt in dem in Zahl und Ansprüchen über das natürliche und nothwendige Maß hinaus entwickelten Zwischenhandel eine wesentliche Schädigung und Gefährdung der Landwirthschaft. Ihre gegenwärtige Nothlage läßt diesen Uebelstand doppelt schwer empfinden. Die Vereinigung wünscht deshalb die allgemeine Aufmerksamkeit der Landwirthe auf diesen Zwischenhandel zu lenken und empfiehlt zur Bekämpfung desselben die Gründung genossenschaftlicher Vereinigungen und den Erlaß beziehungsweise die Verschärfung gesetzlicher Maßregeln gegen den Waarenwucher, sowie weitere Verbesserungen auf dem Gebiete des Kredit- und Transportwesens."* [1704]

[1700] Vgl. Gorges, Sozialforschung in Deutschland, S. 181f.
[1701] Vgl. Gorges, Sozialforschung in Deutschland, S. 163.
[1702] 'Petition des Vereins gegen den Wucher im Saargebiet, unterzeichnet durch den Vorstand. An den Reichstag des deutschen Reiches in Berlin' *(Bestand BArchV, Akte R 101/881)*.
[1703] 'Resolutionsübersendung an den Hohen Bundesrath mit der Bitte um Kenntnißnahme und Prüfung. Der Vorstand der Vereinigung der Steuer- und Wirthschafts-Reformer. Berlin, den 18. Mai 1888' *(Bestand HptStaatsArchV Stuttgart (B-W)/Büschel E 130a Nr. 1072)*.
[1704] Eingabe der Vereinigung der Steuer- und Wirthschats-Reformer, a.a.O..

Im 12. Bericht der Petitionskommission des Reichstages, die diesen dem Reichstag bereits Ende Februar 1888 vorlegt, nimmt man unter Bezugnahme auf die Petition des Vereins gegen den Wucher im Saargebiet zur Situation Stellung.[1705] Die Petition des Vereins gegen den Wucher im Saargebiet verweise auf das zunehmende Auftreten der Wucherer auf dem Lande und deren *„unheilvolle Thätigkeit auf die Erfindung neuer oder auf die Ausbildung alter, nicht vom Strafgesetzbuche getroffener Formen der wucherischen Ausbeutung"*.[1706] Neben den bekannten, in der Schrift des Vereins für Socialpolitik aufgeführten Wuchervariationen, verweise die Petition auch ausdrücklich auf die Gefahren und Kalamitäten, die durch die öffentlichen Immobiliarversteigerungen und damit verbundenen Verabreichungen geistiger Getränke aufträten.[1707] Der Verein gebe, so die Petitionskommission, zu bedenken, ob nicht eine Ausdehnung der strafrechtlichen Vorschriften auf alle belastenden Verträge nach dem Vorbild des § 533 des Badischen Strafgesetzbuches vom 06. März 1845[1708] in Betracht zu ziehen sei.[1709] Die Kommission selbst bestätigt das in dem dargestellten Umfang vorliegende Ausbeutungsproblem auf dem Land, vor allem unter Verweis auf die Ausführungen des Vereins für Socialpolitik.[1710] Auch von anderen Vereinen, in der Tagespresse und von einzelnen Autoren, wie durch den Rechtsgelehrten *von Lilienthal*[1711], sei vielfach bezeugt worden, daß der Wucher in zahlreichen Gegenden seit Inkrafttreten des Reichsgesetzes von 1880 nicht schwächer, sondern mächtiger geworden sei.

Aufgrund des Berichts der Petitionskommission überweist der Reichstag in seiner 56. Sitzung am 08. März 1888[1712] Petition und Kommissionsbericht dem Reichskanzler zur weiteren Erwägung, ohne jedoch eine allzu schnelle Ergreifung von Maßnahmen zu erwarten.[1713]

Auf seiten der Reichsregierung wird die Frage nach einer Ausdehnung der Wuchergesetzgebung zunächst unter Hinzuziehung verschiedener Bundesregierungen – vornehmlich der preußischen – erörtert, die weitere amtliche Ermittlungen veranlassen. In Preußen ergehen durch das Landwirtschaftsministerium an die Regierungs-

---

[1705] Stenogr. Ber. RT., 7. Lp., II. Session 1887/88, Drucks. Nr. 172.
[1706] 12. Bericht der Petitionskommission, a.a.O., S. 1.
[1707] 12. Bericht der Petitionskommission, a.a.O., S. 4.
[1708] Vgl. dazu oben A.II.1c)bb)aaa).
[1709] 12. Bericht der Petitionskommission, a.a.O., S. 5.
[1710] 12. Bericht der Petitionskommission, a.a.O., S. 5.
[1711] Karl von Lilienthal, Der Wucher auf dem Lande, in ZStW 8, S. 157-221, Berlin, Leipzig, Wien 1888; die hervorragende Arbeit *v. Lilienthals* leidet aus der Sicht des heutigen, dem modernen Rechtsstaatsprinzip verhafteten Lesers unter einem haarsträubenden Gedanken, die wucherischen Ausbeutungen zu bekämpfen. Den Wucher würde es nach v. Lilienthal empfindlich treffen, *„wenn man es den Rechtsanwälten ausdrücklich untersagte, Vertretungen in Sachen zu übernehmen, von denen sie wissen oder den Umständen nach annehmen müssen, daß es sich dabei um wucherische Geschäfte handelt"*. Eine derartige Maßnahme sei deshalb gerechtfertigt, da der Wucherer die staatliche, zur Verfolgung von Rechtsansprüchen gewährte Hilfe häufig mißbrauche; von Lilienthal, a.a.O., S. 157 (215f).
[1712] Stenogr. Ber. RT., 7. Lp., II. Session 1887/88, S. 1366ff.
[1713] Vgl. den Abg. Bormann, Stenogr. Ber. RT., 7. Lp., II. Session 1887/88, S. 1367.

präsidenten gerichtete Aufforderungen zur weiteren Stellungnahme[1714], die gleichsam die ländliche Wucherproblematik bestätigen.[1715]
Der 13. Bericht der Petitionskommission des Reichstages vom 17. Februar 1891[1716] verweist auf neuerlich eingegangene Petitionen, vornehmlich von Darlehenskassenvereinen des Regierungsbezirkes Kassel und des Königreiches Bayern. Gestützt auf den 12. Bericht beschließt die Kommission eine Weiterleitung an den Reichstag mit der Empfehlung eines Überweisungsbeschlusses an den Reichskanzler. Dies geschieht in der 120. Sitzung des Reichstages am 17. November 1891.[1717]

b) Das Gesetz betreffend Ergänzung der Bestimmungen über den Wucher vom 19. Juni 1893

Am 23. Dezember 1892 legt der Reichskanzler nach Beschluß des Bundesrates dem Reichstag einen Gesetzentwurf, betreffend Ergänzung des Reichsgesetzes von 1880 vor.[1718] Nach diesem Entwurf erfuhr der § 302a StGB eine – den Erfahrungen nach 1880 entsprechend – dahingehende Änderung, daß dessen Tatbestand neben der bisherigen Erfassung des Darlehens und der Stundung einer Geldforderung nunmehr auch alle anderen zweiseitigen Rechtsgeschäfte erfassen sollte, die demselben *„wirthschaftlichen Zweck dienen"*. Der neu einzufügende Sachwucherparagraph § 302e StGB setzte nunmehr die Lehren um, die man aus den Folgen der zu engen, auf den Kreditwucher beschränkten Bestimmung von 1880 gezogen hatte. Danach wurde die Strafbarkeit auf diejenigen Fälle ausgedehnt, bei denen jemand gewerbs- oder gewohnheitsmäßig bei anderen als in § 302a genannten Rechtsgeschäften sich oder einem Dritten auffällige Vermögensvorteile hatte versprechen oder gewähren lassen. Als Konsequenz der Erweiterung des § 302e wurde auch die zivilrechtliche Nichtigkeitsfolge des Art. 3 entsprechend ergänzt. Mit der Einfügung des § 367 Nr.

[1714] Das Schreiben des preußischen Ministeriums für Landwirtschaft, Domänen und Forsten v. 01.02.1890 – gerichtet an die Regierungspräsidenten in Aachen, Köln, Koblenz, Düsseldorf, Trier, Sigmaringen, Arnsberg , Kassel, Wiesbaden und Erfurt – bezieht sich auf die Erhebungen des Vereins für Socialpolitik und die Petition des Vereins gegen den Wucher im Saargebiet. Die Fragestellung entspricht den Überprüfungsempfehlungen der Petition des Vereins gegen den Wucher im Saargebiet *(Bestand GStA PK (Berlin, Preußen)/Akte I. HA. Rep. 84a Nr. 5721) (fol. 207)*; ebenso vorhanden im *Bestand HptStaatsArchV Düsseldorf (NRW)/Akte Reg. Aachen Nr. 7894 (fol. 85f)*.

[1715] Vgl. die Begründung zum Regierungsentwurf des Gesetzes, betreffend Ergänzung der Bestimmungen über den Wucher, Stenogr. Ber. RT., 8. Lp., II. Session 1892/93, 1. Anlagenband, Drucks. Nr. 70, S. 424; vgl. auch *Bestand GStA PK (Berlin, Preußen)/Akte I. HA. Rep. 84a Nr. 5721.*

[1716] Stenogr. Ber. RT., 8. Lp., I. Session 1890/91, Drucks. Nr. 283.

[1717] Stenogr. Ber. RT., 8. Lp., I. Session 1890/91, 5. Band, S. 2900ff.

[1718] Stenogr. Ber. RT., 8. Lp., II. Session 1892/93, 1. Anlagenband, Drucks. Nr. 70; vgl. diesbezüglich die RT-Debatten v. 23.01. (28. Sitzung) und 24.01.1893 (29. Sitzung), Stenogr. Ber. RT., 8. Lp., II. Session 1892/93, 1. Band, S. 642ff, 655ff; ebenso die Debatten v. 14.04. (75. Sitzung) und 17.04.1893 (76. Sitzung), Stenogr. Ber. RT., 8. Lp., II. Session 1892/93, 3. Band, S. 1841ff, 1860ff; ebenso den Bericht der X. Kommission, Stenogr. Ber. RT., 8. Lp., II. Session 1892/93, 2. Anlagenband, Drucks. Nr. 141.

16 StGB reagierte man auch auf die häufig geschilderten Verhältnisse in Zusammenhang mit der Verabreichung alkoholischer Getränke bei öffentlichen Versteigerungen. Danach war zu bestrafen, *„wer den über das Abhalten von öffentlichen Versteigerungen und über das Verabfolgen geistiger Getränke vor und bei öffentlichen Versteigerungen erlassenen polizeilichen Anordnungen zuwiderhandelt"*. Art. 4 gebot, von bestimmten Ausnahmen abgesehen, demjenigen, der gewerblich Kredit- und Geldgeschäfte betrieb, seinen Schuldnern nach Schluß eines jeden Rechnungsjahres eine schriftliche Rechnung mitzuteilen. Diese mußte außer dem Ergebnis des Rechnungsabschlusses auch erkennen lassen, wie dieses entstanden war. Damit bezog man sich auf die von Wucherern bekanntermaßen häufig angewendete Methode, das Opfer über die Höhe der Schuld im unklaren und somit sukzessive die immer größer werdende Abhängigkeit entstehen zu lassen.[1719]

In der recht allgemein gehaltenen Entwurfsbegründung räumt man ein, daß mit der sich ausschließlich gegen den Kreditwucher richtenden Vorschrift des Gesetzes vom 24. Mai 1880 kein Mittel gegeben sei, mit dem man der wucherischen Ausbeutung entgegentreten könne.[1720] Dennoch dürfe man sich auch bei einer Ergänzung der Wucherbestimmungen nicht der Hoffnung hingeben, daß mit einer solchen der Wucher in seiner Wurzel zu treffen sei. Vielmehr sei dieser primär eine Erscheinung anderer wirtschaftlicher Hintergründe, namentlich von Notständen in den Erwerbs- und Absatzverhältnissen, der Zwerggüterwirtschaft, des weiterhin bestehenden Mangels an seriösem Kredit, des Hangs der Bevölkerung zu übermäßigen Ausgaben sowie der dort oftmals fehlenden Tatkraft und Intelligenz.[1721] Deshalb sei neben der Gesetzgebung die Förderung verschiedenster Maßnahmen privater Art auf diesen Gebieten erforderlich, so daß der Gesetzgebung lediglich eine mitwirkende Aufgabe zufalle. Freilich bedeute dies nach der Entwurfsbegründung nicht, daß mit den gesetzlichen Erweiterungen kein Erfolg zu erwarten sei. Gerade die Strafandrohung biete ein geeignetes Mittel zur Abwehr ausbeuterischer Geschäfte.[1722]
Des weiteren verweist man in der Begründung – wie bereits in den Diskussionen der Jahre 1879/80 um die Schaffung der damaligen Wucherbestimmung – auf ein sittliches Gebot zum gesetzgeberischen Einschreiten:

> *„Für die sittliche Anschauung und das Rechtsbewußtsein des Volkes stellt sich, weit über die Grenzen des eigentlichen Kreditwuchers hinaus, die planmäßige Ausbeutung der Nothlage oder der sonstigen wirthschaftlichen Schwäche Anderer nicht nur als moralisch verwerflich, sondern auch als Verstoß gegen die Rechtsordnung dar. Es muß daher die Achtung vor der Rechtspflege und das Vertrauen in die Fürsorge des Staats für den Schwa-*

[1719] Vgl. auch Isopescul-Grecul, Das Wucherstrafrecht, S. 201f; Henle, S. 72.
[1720] Begründung zum Gesetzentwurf, betreffend Ergänzung der Bestimmungen über den Wucher, Stenogr. Ber. RT., 8. Lp., II. Session 1892/93, 1. Anlagenband, Drucks. Nr. 70, S. 423.
[1721] Begründung zum Gesetzentwurf, a.a.O., S. 424.
[1722] Begründung zum Gesetzentwurf, a.a.O., S. 424.

chen erschüttern, wenn die Gerichte nicht im Stande sind, ein geschäftliches Treiben, das der Volksüberzeugung als Wucher gilt, zu ahnden, vielmehr, selbst bei offenkundiger Sachlage, sich gezwungen sehen, für die der Ausbeutung dienenden Rechtsgeschäfte dem Gläubiger die staatliche Hülfe zu gewähren." [1723]

Hinsichtlich der Entwurfsausgestaltung verweist man bei der Ergänzung des § 302a StGB auf eine bisher zu eng ausgelegte Fassung des Kreditwuchers. Der Zusatz bezwecke, den Geschäftsgebaren entgegenzutreten, durch welche die Wucherer die Vorschriften des Gesetzes zu umgehen suchten.[1724]
Zudem habe die Erfahrung der letzten Jahre gelehrt, daß sich die wucherische Ausbeutung der verschiedenartigsten Rechtsgeschäfte bediene. In Anlehnung an die Berichte des Vereins für Socialpolitik stellt die Entwurfsbegründung fest, daß der diesbezügliche Hintergrund im planmäßigen Bestreben der Wucherer bestehe, sukzessive die Herrschaft über die gesamte wirtschaftliche Existenz des Schuldners zu erlangen.[1725] Die drückender werdenden Schuldverpflichtungen nötigten den Schuldner, seine Erzeugnisse weit unter Wert den Wucherern in Zahlung zu geben oder anderweitige Verträge einzugehen. In solchen Fällen zielgerichteter *„Aussaugung"* versagten die Strafbestimmungen gegen den Kreditwucher überall da, wo der ursächliche Zusammenhang zwischen der Ausbeutung und einem Kreditbedürfnis des Geschädigten entweder nicht vorhanden oder noch nicht nachweisbar sei.[1726] Dies sei gleichsam die Berechtigung für die über den Kreditwucher hinaus sanktionierende Norm des § 302e, mittels derer eine wirksame Abhilfe gegen die Ausbeutungen erhofft werden könne. Den mit einer derartigen Ausweitung des Wucherverbots verbundenen Befürchtungen einer Gefährdung des *„reellen Geschäftsverkehrs"* werde sehr verantwortungsbewußt Rechnung getragen. Der Entwurf lasse daher die Strafbarkeit erst dann eintreten, wenn eine Gewerbs- oder Gewohnheitsmäßigkeit der wucherischen Ausbeutung vorliege.[1727]

Dieses einschränkende Moment wurde in der ersten Beratung des Entwurfes in der 28. und 29. Sitzung des Reichstages am 23. und 24. Januar 1893 mehrheitlich begrüßt.[1728] Ebenso wurde die Ergänzung des Art. 3, nach der die zivilrechtlichen Folgen auf alle gegen § 302e StGB verstoßenden Rechtsgeschäfte ausgedehnt wurde, nicht weiter problematisiert. Der Regierungsentwurf wurde im Anschluß an eine zwanzigköpfige Kommission[1729] - unter Vorsitz des Zentrumsabgeordneten *Freiherr*

[1723] Begründung zum Gesetzentwurf, a.a.O., S. 424.
[1724] Begründung zum Gesetzentwurf, a.a.O., S. 425.
[1725] Begründung zum Gesetzentwurf, a.a.O., S. 425.
[1726] Begründung zum Gesetzentwurf, a.a.O., S. 425.
[1727] Begründung zum Gesetzentwurf, a.a.O., S. 425.
[1728] Stenogr. Ber. RT., 8. Lp., II. Session 1892/93, 1. Band, S. 642ff, 655ff; anderer Ansicht in der Debatte v. 23.01. der konservative Abg. Giese, a.a.O., S. 642ff.
[1729] Vgl. Geiershöfer, S. 7.

von Buol-Berenberg und des konservativen Abgeordneten *Giese* – zur Vorberatung und Berichterstattung überwiesen.

Im vorgelegten Kommissionsbericht[1730] betonte man zugleich, das in der Änderung des § 302a und im einzufügenden § 302e der unzweifelhafte Schwerpunkt der Regierungsvorlage zu sehen sei.[1731] Über diese wenig beratungsintensive Feststellung kam man zu Beginn der Beratungen jedoch nicht hinaus. Es entspann sich sogleich eine Generaldiskussion, die durch die sich in der Minderheit befindende Gegnerschaft der Vorlage initiiert wurde.
Von den Gegnern wurde hervorgehoben, daß eine gesetzliche Umsetzung des Entwurfes bedeutende Gefahren für den Verkehr und das gesamte wirtschaftliche Leben zur Folge haben müsse.[1732] Bereits unter der Herrschaft des Reichsgesetzes von 1880 habe sich gezeigt, daß die dort niedergelegten unbestimmten Merkmale verschiedenartigste Auslegungen in der Rechtsprechung und der Öffentlichkeit hervorgerufen hätten. Ein solcher Zustand führe in der Konsequenz zu vollkommener Rechtsunsicherheit, so daß man sich fragen müsse – da dieser Zustand schon jetzt zu beklagen sei – was erst passiere, wenn die Bestimmungen um eine weitere, schwer faßbare Sachwucherregelung erweitert würden.[1733] Die Folgen könnten nur verheerend sein, da sich jeder redliche Geschäftsmann in Unkenntnis der tatsächlichen Gesetzeslage lieber eines lukrativen Geschäftes enthielte, als die Gefahr einzugehen, sich strafbar zu machen.
Des weiteren wurde von den Gegnern des Entwurfs kritisiert, die vorgesehenen Vorschriften würden dem Denunziantentum Vorschub leisten. Jeder, der ein für ihn anfänglich akzeptables Geschäft eingegangen sei, werde sich, wenn ihn dieses Geschäft später reue, für übervorteilt erachten und *„den Staatsanwalt anrufen"*.[1734] Auch wurde betont, die Bestimmungen könnten den erstrebten Zweck nie erreichen, da der Wucher primär ein wirtschaftlicher Übelstand sei, der auch entsprechend bekämpft werden müsse; bloße Strafmaßnahmen könnten dagegen nie zum erhofften Erfolg führen.[1735] Abschließend verwiesen die Gegner der Vorlage auf das bereits unter der Vorherrschaft des ökonomischen Liberalismus dienende Hauptargument, derartige Beschränkungen bedeuteten einen *„verhängnißvollen Einbruch in die Vertragsfreiheit"*.[1736]
Die Bedenken setzten sich innerhalb der Kommission jedoch nicht durch. Von den Befürwortern der Gesetzesvorlage wurde unter enger Anlehnung an die Begründung

---

[1730] Bericht der X. Kommission, Stenogr. Ber. RT., 8. Lp., II. Session 1892/93, 2. Anlagenband, Drucks. Nr. 141.
[1731] Kommissionsbericht, a.a.O., S. 761.
[1732] Kommissionsbericht, a.a.O., S. 762.
[1733] Kommissionsbericht, a.a.O., S. 762.
[1734] Kommissionsbericht, a.a.O., S. 762.
[1735] Kommissionsbericht, a.a.O., S. 763.
[1736] Kommissionsbericht, a.a.O., S. 763.

der Regierungsvorlage entgegnet, die Befürchtungen seien in ihrer Gesamtheit unbegründet.
Eine Behinderung des seriösen und redlichen Verkehrs sei ausgeschlossen; insbesondere geschehe dies nicht durch eine Erweiterung der Bestimmungen um einen § 302e StGB, da diesem zu Recht die Beschränkung einer gewerbs- oder gewohnheitsmäßigen Begehung auferlegt sei.[1737] Auch dürfe es eine Diskussion um die bereits seit dem Gesetz von 1880 fixierten variablen Begrifflichkeiten nicht mehr geben, da *„die neuere Strafgesetzgebung dahin neige, den Richter von beengenden Schuldefinitionen zu befreien, ihm vielmehr dafür allgemeine Normen und Direktiven zu geben und hierdurch in den Stand zu setzen, jeden Fall in seiner besonderen Eigenart und individuellen Gestaltung nach dem Sinne des Gesetzes zu beurtheilen"*.[1738] Allerdings würden sich die Gegner der Vorlage den Dank der Bevölkerung verdienen, wenn sie, statt die Normierung des Tatbestandes lediglich zu tadeln, eine bestimmtere Definition fänden. Der Vorwurf, die erweiterten Bestimmungen förderten das Denunziantentum, könne ebenfalls nicht gelten. Der Staatsanwalt werde in den meisten Fällen aus der Art der Denunziation entnehmen können, ob die Beschuldigung begründet sei und *„auf frivole Anzeige überhaupt nicht verfügen"*.[1739] Bezüglich des Vorwurfs, der Entwurf werde den Wucher ebensowenig aus der Welt schaffen wie das alte Wuchergesetz, wurde insoweit Recht gegeben, daß die gesetzlichen Maßnahmen allein nicht ausreichend sein könnten. Wie in der Begründung der Regierungsvorlage verwies man auf seiten der Befürworter auf zusätzlich notwendige Privatmaßnahmen.[1740] Schließlich wies man den Standpunkt zurück, der neue Entwurf beinhalte einen folgenschweren Eingriff in die Vertragsfreiheit. Die eigentliche Grundlage des Zivilrechts bliebe weiterhin unangetastet; gleichwohl müsse der Vertragsfreiheit überall da eine Grenze gesetzt werden, wo ihre Ausübung eine Verletzung der guten Sitten und der öffentlichen Ordnung bedeute.[1741] Schon aus diesen Gründen habe der Gesetzgeber gerade im vorliegenden Falle die Verpflichtung, auf die wirtschaftliche Situation zu reagieren und eine Erweiterung der Bestimmungen festzulegen.
In der anschließenden Spezialdebatte wurde sich weitgehend der Regierungsvorlage angeschlossen. Bezüglich des § 302e kam es jedoch – verwunderlicherweise – zunächst zu einer inhaltlichen Kehrtwende. Auf Antrag wurde die Einschränkung der gewerbs- oder gewohnheitsmäßigen Begehung aus dem Entwurf gestrichen, da nunmehr mehrheitlich argumentiert wurde, im Volksbewußtsein stehe der Sachwucher dem Kreditwucher gleich.[1742] Beide würden als gleich verwerflich und gleich verbrecherisch empfunden, so daß es das Volk nicht verstehen würde, wenn der ein-

---

[1737] Kommissionsbericht, a.a.O., S. 763.
[1738] Kommissionsbericht, a.a.O., S. 763.
[1739] Kommissionsbericht, a.a.O., S. 764.
[1740] Kommissionsbericht, a.a.O., S. 764.
[1741] Kommissionsbericht, a.a.O., S. 764.
[1742] Kommissionsbericht, a.a.O., S. 766.

zelne Fall des Sachwuchers ungesühnt bliebe, und erst ein mehrmaliges Ausbeuten die Strafbarkeit bedinge. Im logischen Widerspruch dazu wurde der Sachwucher gegenüber dem Kreditwucher eingeschränkt, indem man die Begehungsmodalitäten der Ausbeutung des Leichtsinns und der Unerfahrenheit fallen ließ. Jedoch wurde dieser Schritt in der zweiten Lesung wieder rückgängig gemacht, da sich endgültig mehrheitlich durchsetzte, daß gerade die beim Warengeschäft durchaus auftretende Möglichkeit einer – durch eine günstige Situation hervorgerufene – einmalige Übervorteilung des Geschäftspartners keine strafrechtliche Ahndung rechtfertige.[1743] An Art. 4 kritisierte man einheitlich, daß eine solche Bestimmung im Verkehr, vor allem bei Banken und geschäftlich erfahrenen Kaufleuten, schwer durchzuführen sei und letztlich den Verkehr durch eine *„Unsumme von Mühe und zeitraubender Schreibarbeit"* behindere.[1744]

Erwähnenswert ist im Rahmen der Kommissionsberatungen noch der bei der Diskussion um den § 302a StGB eingebrachte Antrag, in diesen zusätzlich *„oder in Bezug auf einen Arbeitsvertrag"* einzuschalten.[1745] Obgleich die Antragsteller im Kommissionsbericht generell nicht benannt werden, ist hier – neben allgemeinen politischen Erwägungen – auch aufgrund der Zusammensetzung der Kommission auf eine sozialdemokratische Initiative (der Reichstagsabgeordnete *Stadthagen* war Kommissionsmitglied) zu schließen. In der heutigen Gesellschaftsordnung werde, so die Antragsteller, jeder Arbeiter ständig bewuchert, da man seine Arbeitskraft ausnutze, um übermäßige Vermögensvorteile zu erlangen.[1746] Dies sei eine sich täglich wiederholende Erscheinung und müsse deshalb ebenso ausdrücklich in der Wucherbestimmung mit aufgenommen werden. Es wurde aber mehrheitlich darauf hingewiesen, daß dies überflüssig sei. Der Arbeitsvertrag sei ein zweiseitiges, belastendes Rechtsgeschäft; es stehe daher außer Zweifel, daß der Wucherbegriff auch auf Ausbeutungen im Arbeitsverhältnis durch § 302e StGB Anwendung finde.[1747] Bezüglich der Bewucherungsproblematik beim Arbeitsvertrag wird ergänzend auf die obigen Ausführungen Bezug genommen.[1748] Zudem soll an dieser Stelle noch einmal ausdrücklich darauf hingewiesen werden, daß auch die Arbeiterentlohnung und die damit verbundene ausbeuterische Problematik ein – oftmals übergangener – Bestandteil der gesetzgeberischen Hinwendung zur modernen Individualwucherbestimmung darstellte.

Im letztendlich beschlossenen Kommissionsentwurf verblieb man überwiegend bei den Bestimmungen der Regierungsvorlage. Lediglich der Art. 4 erfuhr eine dahingehende Veränderung, daß die Vorschrift bei:

[1743] Kommissionsbericht, a.a.O., S. 771.
[1744] Kommissionsbericht, a.a.O., S. 772.
[1745] Kommissionsbericht, a.a.O., S. 766.
[1746] Kommissionsbericht, a.a.O., S. 767.
[1747] Kommissionsbericht, a.a.O., S. 766.
[1748] Vgl. oben A.II.1b).

1. öffentlichen Banken, Notenbanken, Bodenkreditinstituten und Hypothekenbanken auf Aktien, sowie bei
2. Kaufleuten im Geschäftsverkehr mit Kaufleuten, deren Firma in das Handelsregister eingetragen ist,
nicht anzuwenden sei.[1749]

Die anschließenden Debatten im Reichstag brachten weder neue Argumentationen, noch führten sie zu einer wesentlichen Änderung des Entwurfs. Lediglich um den § 302e StGB sowie Art. 4 wurde wiederum diskutiert, nachdem dort in zweiter Beratung[1750] des Kommissionsentwurfes am 14. April 1893 die §§ 302a, 302d, 367 Nr. 16 und der Art. 3 angenommen worden waren. In jener Debatte erwiesen sich die bereits im Kommissionsbericht vorgebrachten Argumente als erneuter Diskussionsinhalt. In der dritten Beratung des Reichstages am 27. und 28. April 1893[1751] wurde die Regierungsvorlage, unter Einschluß von § 302e StGB und Art. 4 in veränderter Fassung[1752], akzeptiert und sodann in der 87. Sitzung vom 02. Mai 1893 in der in dritter Lesung beschlossenen Fassung[1753] nach bewirkter Gesamtabstimmung angenommen.[1754] Am 19. Juni 1893 erhielt das Gesetz nach Zustimmung des Bundesrates die kaiserliche Unterschrift und trat gemäß Art. 2 der Reichsverfassung am 08. Juli 1893 in Kraft.[1755]

Am 16. Mai 1894 erließ der Gesetzgeber noch das \`Gesetz betreffend die Abzahlungsgeschäfte\`[1756], das als ergänzende Bestimmung als \`Wuchergesetz im weiteren Sinne\` verstanden werden kann. § 7 des Gesetzes bedrohte den Verkauf oder die sonstige auf die gleichen wirtschaftlichen Zwecke abzielende Veräußerung von Lotterielosen, Inhaberpapieren mit Prämien oder Bezugs- und Anteilsscheinen auf solche Lose oder Inhaberpapiere gegen Teilzahlungen mit Geldstrafe.[1757] Mit dieser Bestimmung bezweckte man nicht nur den Schutz des unerfahrenen, bedürftigen oder leichtsinnigen Schuldners vor ausbeuterischen Kreditgeschäften; es sollte gleichzeitig auch verhindern, daß sich durch die verlockenden Zahlungsbedingungen bei der Allgemeinheit der Hang nach arbeitlosem Zufallsgewinn ausbreitete.[1758]

Mit dem Inkrafttreten des Gesetzes vom 19. Juni 1893 lag nunmehr ein gesetzliches Wucherverbot vor, dessen Anwendungsbereich sich auf alle Arten von Kreditgeschäften, sowie gemäß § 302e StGB auf Rechtsgeschäfte jeglicher Art erstreckte;

[1749] Abdruck des Kommissionsentwurfes, a.a.O., S. 774f.
[1750] Vgl. Stenogr. Ber. RT., 8. Lp., II. Session 1892/93, 3. Band, S. 1841ff, 1860ff.
[1751] Vgl. Stenogr. Ber. RT., 8. Lp., II. Session 1892/93, 3. Band, S. 2042ff, 2053ff.
[1752] Vgl. Isopescul-Grecul, Das Wucherstrafrecht, S. 201f; Geiershöfer, S. 7f.
[1753] Stenogr. Ber. RT., 8. Lp., II. Session 1892/93, Drucks. Nr. 212.
[1754] Stenogr. Ber. RT., 8. Lp., II. Session 1892/93, 4. Band, S. 2102.
[1755] RGBl., S. 197-199; kompletter Abdruck des Gesetzes auch bei Geiershöfer, S. 9ff.
[1756] RGBl., S. 450.
[1757] Isopescul-Grecul, Das Wucherstrafrecht, S. 202.
[1758] Vgl. Isopescul-Grecul, Das Wucherstrafrecht, S. 202f.

Kreditwucher und Sachwucher waren gleichgestellt. Auf die diesbezügliche Kritik wurde bereits hingewiesen.[1759] Was den Sachwucher angeht bleibt jedoch festzuhalten, daß dieser lediglich die Fälle gewerbs- oder gewohnheitsmäßig begangener Ausbeutungen sanktionierte, was Skeptiker zu der formal richtigen Behauptung veranlassen könnte, es seien durch dieses Gesetz noch immer nicht alle Wucherformen erfaßt worden.
Fest steht jedoch, daß die mit den wucherspezifischen Wirtschaftsverhältnissen korrelierende Entwicklung der Zins-Wucher-Gesetzgebung, bzw. des gesetzlichen Wucherverbots im allgemeinen, im 19. Jahrhundert mit dem Inkrafttreten dieses Gesetzes endet. Die unzweifelhaft mit der Wuchergesetzgebung in gegenseitiger Abhängigkeit stehenden wirtschaftlichen Verhältnisse, resp. der durch Ausbeutung hervorgerufenen wirtschaftlichen Existenznot der \`niederen\` Bevölkerungsschichten, erfuhr an dieser Stelle einen Einschnitt, denn die aus weitesten Bevölkerungsschichten kommenden Klagen über den Wucher verstummten nach dieser gesetzlichen Regelung fast vollständig. Einen entsprechenden Beweis liefert die Tatsache, daß die §§ 302a bis e StGB bis zur Einführung der den Mietwucher betreffenden Vorschrift des § 302f StGB im Jahre 1971 und der Neugestaltung des Wucherstrafrechts durch das \`Erste Gesetz zur Bekämpfung der Wirtschaftskriminalität\` vom 29. Juli 1976, von unwesentlichen Änderungen abgesehen[1760], unverändert blieben. Neben den repressiven Bestimmungen des StGB bildete dabei selbstverständlich auch die präventiv wirkende Norm des § 138 II BGB die entsprechende Basis, die aber nicht direkt der stringent auf die Wirtschaftsverhältnisse zurückzuführenden gesetzlichen Entwicklung zugeordnet werden kann, da diese vielmehr eine unumgängliche Notwendigkeit im Grundprinzip der neu zu schaffenden Zivilrechtskodifikation darstellte.
Das Prinzip des modernen gesetzlichen Individualwucherverbots – die auf jedwede Form eines Rechtsgeschäfts anwendbare, unbestimmt abstrakte Ermittlung eines Leistungsmißverhältnisses – war mit dem Reichsgesetz vom 19. Juni 1893 legislativ umgesetzt worden, wenngleich auch die eigentlich technische Umsetzung innerhalb einer einzigen Norm erst mit dem § 138 II BGB erfolgte.
Die nunmehr vorliegende strafrechtliche Regelung des Wucherproblems war das Ergebnis der – sowohl positiven als auch negativen – Erfahrungen, die man im Verlauf des 19. Jahrhunderts auf gesetzgeberischem, gesellschaftlichem und wirtschaftlichem Sektor gesammelt hatte.

[1759] Vgl. oben A.II.1c)bb)bbb).
[1760] Änderungen durch Art. 3 des Gesetzes zur Änd. des RStGB v. 04.09.1941 (RGBl., S. 549) und das 1. Str.RG v. 25.06.1969 (BGBl., S. 645).

c) Die Wucherbestimmung des BGB, § 138 II

Bereits in den Vorarbeiten zum BGB trat die Frage nach einer Regelung auf, welche ein vertragliches Leistungsmißverhältnis zivilrechtlich zu regeln imstande war. Gedanklicher Ansatzpunkt war dabei zunächst die laesio enormis.[1761] Jedoch wurde diese Überlegung bereits in den Motiven des ersten Entwurfes mit Rücksicht auf den Grundsatz der Vertragsfreiheit sowie den mit der laesio enormis verbundenen Schwierigkeiten, konkrete Maßstäbe zur Ausgestaltung zu finden, wieder verworfen.[1762] Noch in der dem Reichstag zur Beschlußfassung vorgelegten Fassung hatte der Entwurf des BGB keine ausdrückliche Regelung des Wuchers vorgesehen.[1763] Hintergrund dessen war einerseits weiterhin die Angst, eine derartige Bestimmung könne das unumstößliche Prinzip der Vertragsfreiheit zu sehr einengen, sowie andererseits die parallele Entwicklung der spezifischen Wuchergesetzgebung, die auch den zivilrechtlichen Aspekt in ihre Regelungen mit einbezog, so daß man eine zusätzliche Vorschrift im BGB für überflüssig hielt.[1764]

Über die Frage nach Inhalt und Standort einer zivilrechtlichen Vorschrift über den Wucher hatte zuvor bereits das preußische `Königliche Landes-Oekonomie-Kollegium` verhandelt. Aus den negativen Erfahrungen des `radikalen` Liberalismus nach 1867 ergebe sich, daß eine schrankenlose Vertragsfreiheit kein erstrebenswerter Rechtszustand sei; vielmehr biete die absolute Vertragsfreiheit dem wirtschaftlich Stärkeren die Handhabe zur Unterjochung fremden Willens und sei eine stumpfe Waffe in der Hand des wirtschaftlich Schwachen.[1765] Allerdings lehnte man die Rückkehr zu den älteren kasuistischen Regelungen, insbesondere zum Prinzip eines Zinsmaximums, strikt ab und forderte ein generelles Wucherverbot, das der Wuchervielfalt Rechnung trage.[1766] Zudem solle das unabdingbare Kündigungsrecht des Schuldners bei Darlehen mit mehr als 6%iger Verzinsung gesetzlich aufgenommen werden.[1767] Uneinigkeit bestand im Kollegium jedoch, ob eine Wucherbestimmung im BGB aufzunehmen oder in einer Spezialgesetzgebung zu regeln sei. Vorgebracht wurde, daß es ein überaus wichtiger Aspekt sei, daß das BGB selbst dem Eindruck schrankenloser Vertragsfreiheit entgegentrete.[1768] Demgegenüber setzt sich aber der Standpunkt durch, daß eine Wuchervorschrift durch ein Spezialgesetz geregelt werden müsse. Das BGB solle ein möglichst dauerndes, systematisches und von Zeitverhältnissen unabhängiges, reines Privatrecht aufstellen. Dagegen re-

---

[1761] Vgl. Luig, Vertragsfreiheit und Äquivalenzprinzip, S. 171 (197).
[1762] Luig, Vertragsfreiheit und Äquivalenzprinzip, S. 171 (198).
[1763] Stenogr. Ber. RT., 9. Lp., IV. Session 1895/97, Drucks. Nr. 87; vgl. auch Jacobs/Schubert, Beratungen des Bürgerlichen Gesetzbuchs, §§ 1-240, Teil 1, S. 734.
[1764] Vgl. die Denkschrift zum Recht der Schuldverhältnisse in Mugdan, Band II, S. 1232ff (1234); Schmidt, Sittenwidrigkeit, S. 140; Luig, Vertragsfreiheit und Äquivalenzprinzip, S. 171 (198f).
[1765] Verhandlungen des Königl. Landes-Oekonomie-Kollegiums, a.a.O., S. 155.
[1766] Verhandlungen des Königl. Landes-Oekonomie-Kollegiums, a.a.O., S. 156.
[1767] Vgl. zum diesbezüglichen Beschluß des Königl. Landes-Oekonomie-Kollegiums v.a. Landau, § 247 BGB, S. 385 (401f).
[1768] Verhandlungen des Königl. Landes-Oekonomie-Kollegiums, a.a.O., S. 258f.

gele eine Wuchervorschrift ein zeitlich überschaubares Phänomen, so daß bei Aufnahme einer solchen das Gesetzbuch möglicherweise wieder bald abgeändert werden müsse. Vor allem aber befürchtete man weiterhin, daß durch die Aufnahme eines Wuchertatbestands das Prinzip der Vertragsfreiheit `verwässert` werde.[1769]

Bei diesem Grundsatz bleibt es zunächst; lediglich das unabdingbare Kündigungsrecht wird durch die zweite Kommission zum BGB-Entwurf aufgenommen.[1770] Im Ergänzungsgesetz vom 19. Juni 1893 manifestiert sich somit vorerst der Gedanke, einer vom BGB abgesonderten Kongruenz von Strafbarkeit und zivilrechtlicher Nichtigkeit des wucherischen Rechtsgeschäfts.
Erst die vom Reichstag am 06. Februar 1896 eingesetzte XII. Kommission bringt den Wandel[1771] und empfiehlt die Verankerung eines zivilrechtlichen Wuchertatbestandes im BGB, und zwar als Spezialvorschrift zusätzlich zu einem generellen Verbot sittenwidriger Geschäfte und ohne die 1893 im Strafrecht beim Sachwucher eingeführten Merkmale der Gewerbs- und Gewohnheitsmäßigkeit.[1772] In der Formulierung lehnt man sich eng an die §§ 302a und 302e StGB an, nach der sowohl kreditwucherische als auch sachwucherische Verträge stets zivilrechtlich ungültig sein sollen. Eine derartige Bestimmung sei nach Ansicht der Kommission deshalb wichtig, weil eine notwendige Nichtigkeit wucherischer Verträge auch und gerade in den Fällen eintreten müsse, die außerhalb des im Strafgesetzbuch geregelten Erfordernisses einer gewerbs- oder gewohnheitsmäßigen Begehung stünden. Aus diesem Grunde lehnte man in der Kommission auch die Überlegung ab, eine Wuchervorschrift als Unterfall des heutigen § 134 BGB zu normieren, da somit derartige Fälle – als nicht vom StGB sanktioniert – weiterhin zivilrechtlicher Gültigkeit unterlegen wären. Zudem legt man besonderen Wert darauf, *„eine so wichtige, ins Civilrecht tief eingreifende Vorschrift im BGB nicht unerwähnt zu lassen"*.[1773]

Um die Frage, ob im BGB überhaupt eine Wucherregelung wünschenswert sei und wenn ja, wo der rechte Standort einer solchen Norm sein solle, ging es auch in der Diskussion im Reichstag im Rahmen der 110. Sitzung.[1774]
Der Berichterstatter der XII. Reichstagskommission, der nationalliberale *Prof. Dr. Enneccerus*, mahnte, der Staat dürfe ein Geschäft nicht für rechtsverbindlich erklären und somit mit Zivilrechtsschutz ausstatten, welches er im Wiederholungsfalle für strafbaren Wucher erkläre.[1775] Deshalb gehöre, so der Sozialdemokrat *Stadthagen*

[1769] Luig, Vertragsfreiheit und Äquivalenzprinzip, S. 171 (199).
[1770] Vgl. Landau, § 247 BGB, S. 385 (401ff).
[1771] Vgl. den Bericht der XII. Reichstagskommission, Stenogr. Ber. RT., 9. Lp., IV. Session 1895/97, Drucks. Nr. 440.
[1772] Luig, Vertragsfreiheit und Äquivalenzprinzip, S. 171 (199f); vgl. auch Mugdan, Band I, S. 970.
[1773] Stenogr. Ber. RT., 9. Lp., IV. Session 1895/97, S. 1957; vgl. auch Luig, Vertragsfreiheit und Äquivalenzprinzip, S. 171 (200).
[1774] 110. Sitzung des RT, Stenogr. Ber. RT., 9. Lp., IV. Session 1895/97, S. 2755ff; vgl. auch Mugdan, Band I, S. 1003ff.
[1775] Mugdan, Band I, S. 1022.

und der Zentrumsabgeordnete *Gröber*, nach den schlechten Erfahrungen nach 1867 eine ausdrückliche Vorschrift gegen den Wucher in das BGB, die eine klare Umschreibung des materiellen Wucherbegriffs als eindeutige Anweisung an den Richter und als prinzipielle Begrenzung der Vertragsfreiheit enthalte. Für Stadthagen[1776] ging dabei der Begriff der 'guten Sitten' nicht weit genug und wollte diesen durch den Begriff der 'öffentlichen Ordnung' ersetzt wissen. Dieser Begriff sei weitergehend als die 'guten Sitten'; deshalb müsse eine Wucherregelung darunter fallen, da der Wucher *„eine tatsächliche Sklaverei zu schaffen geeignet ist"*.[1777] Gröber[1778] sprach sich in diesem Punkt gegen Stadthagen aus und verwies auf die Forderung einer besonderen Regelung des Wuchers in Absatz 2 des heutigen § 138, weil sonst die Gefahr der alten Praxis bestehe, den Wucher nicht als Verstoß gegen die guten Sitten zu sehen und damit der Norm die ausdrückliche Betonung einer notwendigen zivilrechtlichen Nichtigkeit des wucherischen Geschäfts zu nehmen. Die Regelungsbedürftigkeit im BGB selbst stehe außer Frage, da die Wucherproblematik von so großer Bedeutung sei, daß das BGB einer Normierung nicht ausweichen dürfe. Durch eine spezialgesetzliche Behandlung werde die Wucherfrage dagegen so dargestellt, als ob sie nur vorübergehend bekämpft werden solle, was der dieser immanenten Bedeutung jedoch nicht nachkomme. Die im bestehenden Spezialgesetz vom 19. Juni 1893 niedergelegten strafrechtlichen Bestimmungen könnten auf die gefährlichsten Fälle beschränkt bleiben. Dagegen müsse das generelle wucherische Geschäft – auch außerhalb des beim Sachwucher fixierten Erfordernisses einer gewerbs- oder gewohnheitsmäßigen Begehung – stets als Zivilunrecht qualifiziert werden.
Diese Ansicht Gröbers wurde mehrheitlich im Plenum geteilt. Ebenso sprach sich der Kommissar des Bundesrates, *Prof. Dr. Gebhard*[1779], sowie der Abgeordnete *Dziembowski-Pomian*[1780] für die polnische Fraktion für eine dergestalte Aufnahme des Wuchertatbestandes auf. Seitens Dziembowski-Pomians wurde sogar vorgeschlagen, für die Nichtigkeit eines Geschäftes das Mißverhältnis allein, ohne weitere subjektive Voraussetzungen, genügen zu lassen.
Die Gegnerschaft der Aufnahme einer Wuchervorschrift fand sich in den Reihen der Deutsch-Konservativen, der Freisinnigen und der Deutschen Volkspartei. Der Abgeordnete *Haußmann*[1781] verwies auf die Überflüssigkeit einer solchen Bestimmung; der Wucher sei im Strafrecht schon ausreichend berücksichtigt. Als Vertreter des bekannten 'radikalen' Liberalismusprinzips äußerte sich der freisinnige Abgeordnete *Lenzmann* – offensichtlich das Scheitern der Zinsfreigabe nach 1867 verdrängend – zur Notwendigkeit eines den Wucher betreffenden Schutzmechanismusses:

[1776] Mugdan, Band I, S. 1004ff, 1019f.
[1777] Mugdan, Band I, S. 1005.
[1778] Mugdan, Band I, S. 1011ff, 1020f.
[1779] Mugdan, Band I, S. 1017.
[1780] Mugdan, Band I, S. 1017f.
[1781] Mugdan, Band I, S. 1010f, 1018f.

„Sie müssen den Schwachen, dessen Schwachheit oft nur in Denkträgheit besteht, nicht überall mit dem Richter schützen wollen; der einzelne muß im wirtschaftlichen Leben sich selbst schützen und sich vor Leichtsinn hüten und wenn ein solcher Leichtsinniger sich einmal verbrennt, so ist das für ihn ganz heilsam..." [1782]

Auf seiten der Gegner wurde befürchtet, die Vorschrift gefährde das Gebot der Vertragstreue und belaste jedes lukrative Geschäft mit der Gefahr der Nichtigkeit, da der Richter bei jedem Mißverhältnis zwischen Leistung und Gegenleistung auf das subjektive Merkmal des Leichtsinns oder der Unerfahrenheit schließen könne. Das allgemeine Verbot sittenwidriger Rechtsgeschäfte müsse einen ausreichenden Schutz bieten.[1783]

Die Allianz von Zentrum, Sozialdemokratie, Nationalliberalen und polnischer Fraktion verhalf schließlich dem § 138 II BGB zu einer Mehrheit von 212 Stimmen bei insgesamt 397 Reichstagsabgeordneten.[1784] Durch den erst nachträglich eingefügten[1785] Art. 47 des Einführungsgesetzes zum BGB vom 18. August 1896 wurde sodann die zivilrechtliche Bestimmung des Art. 3 des Reichsgesetzes von 1880/93 aufgehoben. Zivilrechtlich wurden die Folgen des Wuchers nunmehr ausschließlich durch das BGB erfaßt[1786], die strenge Kongruenz zwischen strafrechtlichem und zivilrechtlichem Wucherverbot entfiel.

Es hatte sich somit endgültig der Grundsatz durchgesetzt, daß eine schrankenlose Vertragsfreiheit in letzter Konsequenz auch für das liberale Zivilrechtssystem schädlich ist. Man hatte erkannt, daß die Ignorierung negativer, durch extensiven Geset-

---

1782 Mugdan, Band I, S. 1016.

1783 Vgl. Luig, Vertragsfreiheit und Äquivalenzprinzip, S. 171 (201).

1784 Stenogr. Ber. RT., 9. Lp., IV. Session 1895/97, S. 2772; Luig, Vertragsfreiheit und Äquivalenzprinzip, S. 171 (201).

1785 Vgl. Mugdan, Band I, S. 314f.

1786 *Art. 3 des Gesetzes betreffend Ergänzung der Bestimmungen über den Wucher v. 19.06.1893: Verträge, welche gegen die Vorschriften der § 302a, 302b, 302e des Strafgesetzbuchs verstoßen, sind ungiltig.*
Sämmtliche von dem Schuldner oder für ihn geleisteten Vermögensvortheile (§ 302a, 302e) müssen zurückgewährt und vom Tage des Empfanges an verzinst werden. Hierfür sind diejenigen, welche sich des Wuchers schuldig gemacht haben, solidarisch verhaftet, der nach § 302c des Strafgesetzbuchs Schuldige jedoch nur in Höhe des von ihm oder einem Rechtsnachfolger Empfangenen. Die Verpflichtung eines Dritten, welcher sich des Wuchers nicht schuldig gemacht hat, bestimmt sich nach den Vorschriften des bürgerlichen Rechts.
Das Recht der Rückforderung verjährt in fünf Jahren seit dem Tage, an welchem die Leistung erfolgt ist.
Der Gläubiger ist berechtigt, das aus dem ungiltigen Vertrage Geleistete zurückzufordern; für diesen Anspruch haftet die für die vertragsmäßige Forderung bestellte Sicherheit. Die weiter gehenden Rechte eines Gläubigers, welchem nach den Bestimmungen des bürgerlichen Rechts die Ungiltigkeit des Vertrages nicht entgegengesetzt werden kann, werden hierdurch nicht berührt.
Abs. 1 des Art. 3 wurde durch § 138 II erfaßt. Abs. 2 wurde durch die Vorschriften der §§ 812, 817ff, 823ff ersetzt. Abs. 3 wurde durch § 852 ersetzt, wonach der Anspruch auf Herausgabe einer Bereicherung in 30 Jahren, der Anspruch auf Schadensersatz wegen der unerlaubten Handlung in 3 Jahren verjährt. Abs. 4 wurde durch § 812 ersetzt. Die besondere Begünstigung, die Halbsatz 2 von Satz 1 dem Gläubiger dadurch gewährte, daß die für die vertragsgemäße Forderung vom Schuldner bestellte Sicherheit auch für die Rückforderung haftete, fiel dagegen fort.

zesliberalismus hervorgerufener Wirtschaftsverhältnisse das Scheitern einer, der modernen Ökonomie anzupassenden, Gesetzgebung zur Folge haben muß. Gleichzeitig trug man damit aber auch den Anforderungen Rechnung, welche die sich wandelnde Gesellschaftsstruktur mit sich brachte und erfüllte durch die Bestimmung des § 138 II BGB ebenso *„ein kleines Stückchen Sozialpolitik"*.[1787]
Mit der Schaffung der strafrechtlichen Bestimmungen der §§ 302a ff und der zivilrechtlichen Regelung des § 138 II zog der Gesetzgeber die richtigen Konsequenzen aus der Entwicklung der letzten hundert Jahre. Die gemachten Erfahrungen der zuvor gesetzlich fixierten Extreme in der Wuchergesetzgebung waren offensichtlich notwendig, um das moderne Individualwucherverbot den neuen Zeiten entsprechend zu gestalten. Gegenüber der nahezu schrankenlosen Wirtschaftsfreiheit des Hochliberalismus brachten die neuen Regelungen zwar bedeutende Beschränkungen, jedoch wurde dem rücksichtslosen Egoismus eine Grenze gesetzt. Gleichzeitig aber verfiel man nicht mehr in den Fehler, komplizierte Lebensvorgänge durch schematische Regeln meistern zu wollen, deren Folgen in höchstem Grade kontraproduktiv waren. Die moderne Verkehrswirtschaft und die damit verbundenen sozialen Probleme forderten eine neue Form der Gesetzgebung zum Schutz vor wucherischer Ausbeutung anstreben. Diese wurde im modernen und elastischen Individualwucherverbot als Mittelweg zu den früheren Regelungsarten gefunden und umgesetzt.

C. Zusammenfassung

Die Entwicklung der Zins-Wucher-Gesetzgebung in Deutschland im 19. Jahrhundert verdeutlicht beispielhaft, wie eng der historische Zusammenhang zwischen frühkapitalistischer Wirtschaft, Wirtschaftspolitik und gesetzlichen Bestimmungen zum Schutze der Vertragsgerechtigkeit war.

Die modernen Regelungen des gesetzestechnisch flexiblen Individualwucherverbots sind dabei das Ergebnis einer legislativen Entwicklung, deren eigentlicher Beginn erst mit dem 19. Jahrhundert einsetzt, obgleich gesetzliche Bestimmungen gegen den Wucher bereits mit dem frühen römischen Recht existierten.

Den unmittelbaren Übergang zur heutigen Wuchergesetzgebung bilden dabei zunächst jedoch die wirtschaftlichen unf gesellschaftlichen Veränderungen im letzten Drittel des 19. Jahrhunderts. Vor allem in dieser Phase wird deutlich, daß sowohl das nach historischen als auch nach modernen Maßstäben generell zu bemessende Auftreten wucherischer Ausbeutung keinen korrelierenden Zusammenhang zu wirtschaftlichen Rezessionsphasen aufweist. Vielmehr verdeutlicht das gleichzeitige

---

[1787] So der Abg. Stadthagen, Mugdan, Band I, S. 1019.

Auftreten von massiver Bewucherung und prosperierender Volkswirtschaftslage in dieser Phase die Unabhängigkeit der Ausbeutung von ökonomischen Konjunkturverhältnissen. Bedeutend sind in diesem Zusammenhang vor allem die einseitig auf Anbieterseite auftretenden Monopolstrukturen, die sich verstärkende Ausbeutungsverhältnisse hervorrufen können und gerade nicht die Folgen rezessiver Wirtschaftsverhältnisse sind. Unterstützt wird diese These auch durch die rechts- und wirtschaftspolitischen Hintergründe des heute geltenden Gesetzes gegen Wettbewerbsbeschränkungen.
Obgleich die unterschiedlichen Stockungsphasen die deutsche Wirtschaft im letzten Drittel des 19. Jahrhunderts immer wieder belasteten, kam es doch in dieser Zeit zu einer außerordentlichen Steigerung der Wirtschaftskraft. Gleichzeitig nahmen jedoch die Ausbeutungsprobleme dieses Jahrhunderts nicht ab; vielmehr wurde die Ausbeutung als gesellschaftliches Problem auffälliger. Massive Bewucherung einerseits und das entstehende \`Dogma\` des übergreifenden gesellschaftlichen Wohlstands andererseits ließen die Gefahren für die Bevölkerung und auch den Bestand des noch jungen Staates deutlich zu Tage treten.

Von herausragender Bedeutung für das Auftreten des Wuchers im 19. Jahrhundert waren vornehmlich die sozialen Faktoren. Eine offensichtliche Ausbeutungsproblematik des 19. Jahrhunderts war dabei die mit der Industrialisierungsphase einhergehende Lohnbewucherung der Arbeiter. Obgleich jene Problematik zum Ende des 19. Jahrhunderts zunehmend unter dem Gesichtspunkt des vertraglichen Leistungsmißverhältnisses und damit der Wuchergesetzgebung betrachtet wurde, spielte diese bei der Hinwendung zum modernen Wucherverbot eine nur untergeordnete Rolle.
Dagegen erwies sich als entscheidend in diesem Zusammenhang die Situation der Kleinlandwirtschaft. Die auf dem Agrarsektor im gesamten 19. Jahrhundert massiv auftretenden Ausbeutungsverhältnisse bestimmen unmittelbar die gesetzgeberische Hinwendung zum modernen flexiblen Prinzip der Wucherbekämpfung. Die Kleinbauern waren im gesamten Jahrhundert derjenige Gesellschaftsteil, welcher der Bewucherung am schlimmsten ausgeliefert war. Naivität, mangelnde Bildung, Unwissenheit im geschäftlichen Verkehr, Gutgläubigkeit und bereits durch die Agrarreformen bestehende Schuldenlasten waren der Nährboden, auf dem die Wucherer ihre \`existenzvernichtende Saat\` ausbrachten. Die Folgen waren während des gesamten Jahrhunderts immer neu verarmende Regionen, in denen die ursprünglich durch die Agrarreformen befreiten Bauern wieder einer auf den neuerlichen Verschuldungen basierenden Leibeigenschaft verfielen.

Der darauf aufbauende gesetzliche Entwicklungsschritt in den letzten zwanzig Jahren des 19. Jahrhunderts war jedoch nur die Quintessenz der Erfahrungen, die man durch die radikalen Brüche in der Wuchergesetzgebung in diesem Jahrhundert hindurch gesammelt hatte. Die Entwicklung dieser Gesetzgebung läßt sich in diesem

Zeitraum auf drei wesentliche Perioden reduzieren, deren legislativer Kampf gegen den Wucher die Reaktionen auf die bestehenden Ausbeutungsverhältnisse waren. Gleichzeitig beschränkt man in diesem Jahrhundert den Kampf gegen den Wucher jedoch überwiegend auf das Leistungsmißverhältnis im Kreditverkehr.
Es ist der Zinswucher und die ihn betreffende Gesetzgebung, die man im 19. Jahrhundert nahezu ausschließlich mit dem Wucher assoziiert. Ausgehend vom eminenten Bedeutungsverlust aller anderen, nicht zinsspezifischen gemeinrechtlichen Vertragskontrollinstrumentarien bildet die den Zinswucher betreffende Gesetzgebung den Ausgangspunkt für die Entwicklung zum heutigen allumfassenden Individualwucherverbot. Die sich dabei herauskristallisierenden drei Gesetzgebungsperioden mit ihren radikalen Umbrüchen basieren vor allem auf der Grundlage der wirtschaftspolitischen `Leitlinien` und der realen wirtschaftlichen – vor allem landwirtschaftlichen – Verhältnisse.

Die erste Gesetzgebungsperiode zeichnet sich durch das legislative Festhalten am traditionellen Prinzip des Zinsmaximums aus. Andererseits setzen sich zunehmend die liberalen Tendenzen durch; auf dem Land kommt es im Zuge dessen auch zur Umbildung der sozialrechtlichen Verfassung und damit zur sog. Bauernbefreiung. Im Verlauf bis zur Mitte des Jahrhunderts wird sich zeigen, daß diese gegensätzlichen Strukturen miteinander unvereinbar sind und in der Folge gerade die Kleinbauern unter einer existenzgefährdenden und im wesentlichen neuartigen Kreditnot zu leiden haben. Jene Kreditnot macht in der ersten Hälfte des Jahrhunderts die Wucheropfer auch für Ausbeutung anfällig. Der Bankenkredit spielt in dieser Phase ohnehin innerhalb der `unteren` Gesellschaftsschichten keine Rolle, so daß der private Kredit das einzige Mittel für die Bauern darstellte, Kapitalkraft zur Erhaltung der Kleinbetriebe zu erlangen. Gleichsam zeigten die seriösen Kapitalgeber kein gesteigertes Interesse, ihr Kapital in derart risikobehaftete Vertragsverhältnisse zu investieren, zumal die bestehenden gesetzlichen Beschränkungen einen finanziellen Risikoausgleich verhinderten. Die Folge dessen war, daß nur unseriöse Kapitalgeber ihr Kapital zu Konditionen vergaben, die weit über den stipulierten Vorgaben lagen. Neben dem Geschäftsrisiko ließen sich diese Kapitalgeber auch die Risiken der Gesetzesübertretung ausgleichen. Diese Umstände bereiten folglich den Nährboden für die auf dem Land dramatisch auftretenden Ausbeutungsverhältnisse, durch die in der Folge komplette Landstriche der Existenznot verfielen.

Geprägt durch den Einfluß des ökonomischen Liberalismus und seines in Deutschland zum Dogma stilisierten Prinzips des freien Spiels der Kräfte gelangt man ab der Mitte des Jahrhunderts zu der Ansicht, einen radikalen Umbruch auch in der Zins-Wucher-Gesetzgebung einleiten zu müssen, um der Bewucherungsprobleme Herr zu werden.

Folglich überwindet man das starre gemeinrechtliche Instrumentarium des stipulierten Zinsfußes und gibt im diametralen Gegensatz dazu den Zinssatz gänzlich frei. Dahinter steht in der Rechtspolitik die Hoffnung, der so angefachte Wettbewerb werde nunmehr die seriösen und gesetzestreuen Kapitalgeber dazu bewegen, Kredit unter verhältnismäßigen Konditionen auch für die Landwirtschaft anzubieten. Zwar werde der Kredit durch den Aufschlag von Geschäftsrisikoprämien zunächst teurer, jedoch werde dies durch die neu entstehenden Marktverhältnisse im Laufe der Zeit ausgeglichen.
Diese Hoffnung erfüllt sich indes nicht. Vielmehr wird man im Verlauf der 70er Jahre und der wiederum dramatisch auftretenden Bewucherung feststellen, daß man bei der Entwicklung der Zins-Wucher-Gesetzgebung nur von einem Extrem in das andere verfallen ist. Weiterhin verzichtet der seriöse Kapitalgeber auf die Kreditvergabe auf dem Land, so daß die Freiheit der Gesetze nunmehr Kreditverträge zu Konditionen schafft, die Zinsansprüche in unvorstellbaren Höhen nach sich ziehen.

Aufgrunddessen leitet man 1880 die `Rückkehr zur Vernunft` ein und erläßt ein Wuchergesetz mit einer das Leistungsmißverhältnis flexibel definierenden Formulierung. Jedoch macht man bei der Schaffung des Gesetzes den schwerwiegenden Fehler, nicht auf die sich verändernden Marktverhältnisse zu reagieren und assoziiert folglich den Wucher wie im bisherigen Verlauf des Jahrhunderts ausschließlich mit dem Kreditbereich.
Vor allem ist es wieder die Kleinlandwirtschaft, die unter daraus resultierender Ausbeutung zu leiden hat. Augenscheinlich ist jedoch diesmal, daß sich die Ausbeutungsvariationen vergrößern und vom 1880 strafrechtlich sanktionierten Kreditwucherbereich in den Sachwucherbereich verlagern. Primär ist es der Grundstücksbereich, der das Ziel der wucherischen Transaktionen wird.
Mit der Wuchergesetznovelle von 1893 trägt man diesem Umstand Rechnung und entwickelt schließlich mit dem § 138 II BGB auch die entsprechende zivilrechtliche Norm, die durch ihre gänzlich abstrakte Formulierung auch die Wuchergesetzgebung an die Herausforderungen der Moderne anpaßt.

Man hatte nunmehr mit den aus der Novelle von 1893 hervorgegangenen strafrechtlichen Bestimmungen und der privatrechtlichen Norm des § 138 II BGB das moderne Individualwucherverbot geschaffen, das in seinem Ergebnis die Summe der Lehren darstellte, die man aus dem Scheitern der vorhergehenden Gesetzgebungsperioden ziehen mußte.
Um etwas beständig Positives zu entwickeln muß man – auch der Gesetzgeber – ausreichend negative Erfahrungen sammeln, welche die Gefahr eines neuerlichen Irrweges mit zunehmender Dauer begrenzen. Die Entwicklung der Zins-Wucher-Gesetzgebung im 19. Jahrhundert ist ein gutes Beispiel dafür.

Literaturverzeichnis

Abel, Wilhelm
Agrarkrisen und Agrarkonjunktur
2. Auflage, Hamburg, Berlin 1966
(zit.: Abel, Agrarkrisen)

Ackermann, Brunhilde
Wettbewerbsrecht
Berlin, Heidelberg 1997
(zit.: Ackermann)

Aereboe, Friedrich
Agrarpolitik
Berlin 1928
(zit.: Aereboe, Agrarpolitik)

Alsberg, Max
Preistreibereistrafrecht (früher Kriegswucherstrafrecht)
6. Auflage, Berlin 1920
(zit.: Alsberg)

Amm, Till
Rechtsgeschäft, Gesetzesverstoss und § 134 BGB
Diss. Bochum 1982
(zit.: Amm)

Anschütz, Gerhard
Die Verfassung des Deutschen Reichs vom 11. August 1919
13. Auflage, 3. Bearbeitung, Berlin 1930
(zit.: Anschütz, Verfassung des Deutschen Reichs)

Aristoteles
Nikomachische Ethik
Aristoteles Werke in Deutscher Übersetzung
Band 6. Übersetzt und kommentiert von Franz Dirlmeier
8. Auflage, Berlin 1983
(zit.: Aristoteles, Nikomachische Ethik)

Arnold, Walter / Lamparter, Fritz H.
Friedrich Wilhelm Raiffeisen
Neuhausen, Stuttgart 1986
(zit.: Arnold/Lamparter)

Bar, Carl Ludwig von
Theorie und Praxis des internationalen Privatrechts
Band 2
Neudruck der 2. Auflage Hannover 1889, Aalen 1966
(zit.: von Bar, Band 2)

Bark, Thomas
Vertragsfreiheit und Staat im Kapitalismus
Diss. Frankfurt a.M. 1978
(zit.: Bark)

Bartling, Hartwig
„Monopolistische Konkurrenz"
in: Handwörterbuch der Wirtschaftswissenschaft, Fünfter Band, S. 281-286
Stuttgart, New York, Tübingen, Göttingen 1980
(zit.: Bartling, Handwörterbuch der Wirtschaftswissensch.)

Bauer, Katja
Der Beitrag der Raiffeisengenossenschaften zur Überwindung des Wuchers
Münster 1993
(zit.: Bauer, Raiffeisengenossenschaften)

Bauer-Mengelberg, Rudolf
Knebelungsverträge
Rechtsfragen der Praxis, Band 19/20
Berlin 1929
(zit.: Bauer-Mengelberg, Knebelungsverträge)

Beaucamp, Eugène
Die Lex Anastasiana von Thomasius zum BGB
Diss. Köln 1994
(zit.: Beaucamp, Lex Anastasiana)

Bechtold, Rainer
Kartellgesetz. Gesetz gegen Wettbewerbsbeschränkungen
Kommentar
2. Auflage, München 1999
(zit.: Bechtold)

ders.
„Das neue Kartellgesetz"
in: NJW 1998, S. 2769-2774
(zit.: Bechtold in NJW 98)

Becker, Christoph
Die Lehre von der laesio enormis in der Sicht der heutigen Wucherproblematik. Ausgewogenheit als Vertragsinhalt und § 138 BGB.
Beiträge zur Neueren Privatrechtsgeschichte, Band 10, zugl. Diss. Köln 1990
Köln, Berlin, Bonn, München 1993
(zit.: Becker, laesio enormis)

Bender, Rolf
„Probleme des Konsumentenkredits"
in: NJW 1980, S. 1129-1136
(zit.: Bender, Konsumentenkredit)

Berndt, Albert
Die Wucher-Gesetze und ihre Aufhebung
Berlin 1857
(zit.: Berndt, Wucher-Gesetze)

Berner, Alexander
Die Theorie vom Arbeitslohn
Berlin 1911
(zit.: Berner, Arbeitslohn)

Berolzheimer, Fritz
System der Rechts- und Wirtschaftsphilosophie
Band 4. Philosophie des Vermögens
Neudruck der Ausgabe 1907, Aalen 1963
(zit.: Berolzheimer, Wirtschaftsphilosophie, Band 4)

Berthold, A.
Wirthschaft und Recht im neunzehnten Jahrhundert
Berlin 1901
(zit.: Berthold, Wirthschaft und Recht)

Betz, Anton
Der Wucher. Nach dem Strafgesetzentwurf von 1927
Diss. Erlangen 1931
(zit.: Betz)

Bezold, Ernst
„Reichsgesetz, betreffend die vertragsmäßigen Zinsen, vom 14. November 1867"
in: Die Gesetzgebung des Deutschen Reiches mit Erläuterungen
Erster Theil: Bürgerliches Recht. Band I, S. 3-44
Erlangen 1879
(zit.: Bezold, Gesetzgebung des Deutschen Reiches)

Biedenkopf, Kurt
„Über das Verhältnis wirtschaftlicher Macht zum Privatrecht"
in: Festschrift zum 70. Geburtstag von Franz Böhm, S. 113-135
Karlsruhe 1965
(zit.: Biedenkopf, wirtschaftliche Macht)

Bismarck, Otto von
Gedanken und Erinnerungen
Ungekürzte Ausgabe. Beruhend auf der Ausgabe herausgegeben von Gerhard Ritter und Rudolf Stadelmann (Friedrichsruher Ausgabe Band 13,1932)
2. Auflage, München, Berlin 1982
(zit.: Bismarck, Gedanken und Erinnerungen)

Blaug, Mark
Systematische Theoriegeschichte der Ökonomie
Band 1, München 1971
Band 2, München 1972
(zit.: Blaug, Systematische Theoriegeschichte)

Bleugels, Wilhelm
Die Kritik am wirtschaftlichen Liberalismus in der Entwicklung der deutschen Volkswirtschaftslehre
München, Leipzig 1935
(zit.: Bleugels, Entwicklung der deutschen Volkswirtschaftslehre)

Blodig, Hermann
Der Wucher und seine Gesetzgebung
Wien 1892
(zit.: Blodig)

Blömer, Maria
Die Entwicklung des Agrarkredits in der preußischen Provinz Westfalen im 19. Jahrhundert
Schriftenreihe des Instituts für bankhistorische Forschung e.V., Band 16
Frankfurt a.M. 1990
(zit.: Blömer, Agrarkredit Westfalen)

Bochenski, Joseph M. / Niemeyer, Gerhart (Hrsg.)
Handbuch des Weltkommunismus
Freiburg, München 1958
(zit.: Bochenski/Niemeyer)

Böhm, Franz
„Das Problem der privaten Macht"
in: Reden und Schriften, S. 25-45
Karlsruhe 1960
(zit.: Böhm, Das Problem der privaten Macht)

Böhm-Bawerk, Eugen von
„Zins"
in: Handwörterbuch der Staatswissenschaften, achter Band, S. 1130-1143
4. Auflage, Jena 1928
(zit.: Böhm-Bawerk, Zins)

Boelcke, Willi Alfred
„Liberalismus"
in: Handwörterbuch der Wirtschaftswissenschaft, Band 5, S. 32-47
Stuttgart, New York, Tübingen, Göttingen 1980
(zit.: Boelcke in HdWw)

Boese, Franz
Geschichte des Vereins für Socialpolitik 1872-1932
Berlin 1939
(zit.: Boese)

Borchardt, K.
Europäische Wirtschaftsgeschichte (The Fontana Economic History of Europe)
Band 4: Die Entwicklung der industriellen Gesellschaften
Stuttgart, New York 1977
(zit.: Borchardt, Europäische Wirtschaftsgeschichte)

Borchardt, S.
Die Allgemeine Deutsche Wechselordnung und die die Ergänzung und Erläuterung derselben betreffende Novelle mit den von den deutschen Gerichtshöfen ausgesprochenen Grundsätzen des Wechselrechts nebst Bemerkungen
3. Auflage, Berlin 1864
(zit.: Borchardt, Allgemeine Deutsche Wechselordnung)

Bornemann, W.
Systematische Darstellung des Preussischen Civilrechts
3. Band
2. Auflage, Berlin 1843
(zit.: Bornemann)

Brackenhoeft, T.
„Inwiefern ist das Berufen auf die s.g. Lex Anastasiana eine Einrede und der Beweis vom debitor cessus zu führen ?"
in: AcP 23 (1840), S. 189-216
(zit.: Brackenhoeft in AcP 23 (1840))

Braßloff, Stephan
„Zur Lehre von der laesio enormis im byzantinischen Recht"
in: ZVR, Band 27 (1912), S. 261-273
(zit.: Braßloff in ZVR 27)

Braun, Adolf
Geldrevolution und Arbeitslohn
Berlin 1920
(zit.: Braun, Geldrevolution)

Braun, Karl / Wirth, Max
Die Zins-Wucher-Gesetze
Mainz 1856
(zit.: Braun/Wirth)

Braun, Johann Baptist
Die Lehre vom Wechsel nach der allgemeinen deutschen Wechselordnung mit besonderer Rücksicht auf die Einführungs-Gesetze in den einzelnen deutschen Staaten, sowie mit Beifügungen der Entscheidungen der oberen und obersten Gerichtshöfe Deutschlands und Oesterreichs
Leipzig 1868
(zit.: Braun, Lehre vom Wechsel)

Brentano, Lujo
Über das Verhältniß von Arbeitslohn und Arbeitszeit zur Arbeitsleistung
2. Auflage, Leipzig 1893
(zit.: Brentano, Arbeitszeit)

Brinkmann, Carl
„Geschichtliche Wandlungen in der Idee des gerechten Preises"
in: Geschichte der Volkswirtschaftslehre, hrsg. von Antonio Montaner, S. 356ff
Köln, Berlin 1967
(zit.: Brinkmann, Idee des gerechten Preises)

Brox, Hans
Allgemeiner Teil des Bürgerlichen Gesetzbuchs
15. Auflage, Köln, Berlin, Bonn, München 1991
(zit.: Brox, Allgemeiner Teil)

Buchholz, Stephan
„Zinsgesetzgebung"
in: Handbuch der Quellen und Literatur der Neueren Europäischen Privatrechtsgeschichte (Hrsg. Helmut Coing)
3. Band, 2. Teilband. Das 19. Jahrhundert. Gesetzgebung zum allgemeinen Privatrecht und zum Verfahrensrecht, S. 1761-1765
München 1982
(zit.: Buchholz, Zinsgesetzgebung)

Bülow, Peter
Konsumentenkredit in der neueren höchstrichterlichen Rechtsprechung
Köln 1989
(zit.: Bülow, Konsumentenkredit)

ders.
Sittenwidriger Konsumentenkredit
2. Auflage, Köln 1992
(zit.: Bülow)

Bülow-Cummerow, Ernst Gottfried
Ueber Preußen's landschaftliche Creditvereine, die Reformen, deren sie bedürfen, und über ein richtiges System der Boden-Nutzung und Schätzung
2. Auflage, Berlin 1843
(zit.: Bülow-Cummerow)

Bürge, Alfons
Rechtsdogmatik und Wirtschaft
Berlin 1987
(zit.: Bürge)

Bundesminister der Justiz (Hrsg.)
Bekämpfung der Wirtschaftskriminalität. Erster Teilbericht der Sachverständigenkommission zur Bekämpfung der Wirtschaftskriminalität
Bonn 1976 und Schlußbericht der Sachverständigenkommission zur Bekämpfung der Wirtschaftskriminalität, Bonn 1980
(zit.: Tagungsberichte der Sachverständigenkommission)

Bundessekretariat der Jungsozialisten (Bonn) (Hrsg.)
Programme der deutschen Sozialdemokratie.
Sonderdruck für den Vorstand der Sozialdemokratischen Partei Deutschlands, Bonn
Hannover 1963
(zit.: Programme der deutschen Sozialdemokratie)

Burchardi, Georg Christian
„Beweislast in Betreff der Lex Anastasiana"
in: AcP 18 (1835), S. 197-224
(zit.: Burchardi in AcP 18 (1835))

Bydlinski, Franz
Privatautonomie und objektive Grundlagen des verpflichtenden Rechtsgeschäftes
Wien, New York 1967
(zit.: Bydlinski, Privatautonomie und objektive Grundlagen)

Callmann, Rudolf
Das Deutsche Kartellrecht
Kommentar
Berlin 1934
(zit.: Callmann)

Canstein, Raban Freiherr von
Lehrbuch des Wechselrechts
Berlin 1890
(zit.: Canstein, Lehrbuch des Wechselrechts)

Carell, Erich
Allgemeine Volkswirtschaftlehre
10. Auflage, Heidelberg 1963
(zit.: Carell)

Caro, Leopold
Der Wucher – eine sozialpolitische Studie
Leipzig 1893
(zit.: Caro)

Chambon, Eduard
Beiträge zum Obligationenrecht
Jena 1851
(zit.: Chambon)

Chorinsky, Carl
Der Wucher in Oesterreich
Wien 1877
(zit.: Chorinsky)

Commichau, Gerhard / Schwartz, Harald
Grundzüge des Kartellrechts
München 1981
(zit.: Commichau/Schwartz)

Conrad, J.
Grundriss zum Studium der politischen Oekonomie
Erster Teil: Nationaloekonomie
3. Auflage, Jena 1900
(zit.: Conrad, Oekonomie)

Conze, Werner
„Sozialgeschichte 1850-1918“
in: Aubin, Hermann / Zorn, Wolfgang (Hrsg.), Handbuch der deutschen Wirtschafts- und Sozialgeschichte
Band 2, S. 602-684
Stuttgart 1976
(zit.: Conze, Sozialgeschichte)

Dahn, Felix
Deutsches Rechtsbuch
Nördlingen 1877
(zit.: Dahn)

Damaschke, Adolf
Geschichte der Nationalökonomie
Erster Band
12. Auflage, Jena 1920
(zit.: Damaschke, Nationalökonomie)

Dehnel, Wilhelm Heinrich Erich
Kreditwucher nach geltendem Deutschem und Schweizerischem Strafrecht
Diss. Erlangen 1933
(zit.: Dehnel)

Deniau, J. F.
Der gemeinsame europäische Markt
Hamburg 1961
(zit.: Deniau, Der gemeinsame europäische Markt)

Dernburg, Heinrich
Lehrbuch des Preußischen Privatrechts und der Privatrechtsnormen des Reichs
2. Band
5. Auflage, Halle 1897
(zit.: Dernburg, Preuß. Privatrecht)

ders.
Pandekten
2. Band
4. Auflage, Berlin 1894
(zit.: Dernburg)

Deutscher Genossenschafts- und Raiffeisenverband e.V. (Hrsg.)
Was den einzelnen nicht möglich ist, das vermögen viele
Zum 100. Todesjahr von Friedrich Wilhelm Raiffeisen
Neuwied 1988
(zit.: Deutscher Genossenschafts- und Raiffeisenverband e.V. (Hrsg.))

Dipper, n. ben.
„Änderungen des Wirtschaftsstrafgesetzes 1954"
in: BB 1957, S. 20-22
(zit.: Dipper in BB 1957)

Dittrich, Johannes
Der Darlehensvertrag in seiner rechtlichen Ausgestaltung
Theorien zur Vertragsgestaltung und praktische Aspekte des Darlehensstreits
Diss. Marburg 1978
(zit.: Dittrich)

Dobretsberger, Josef
Freie oder gebundene Wirtschaft, Zusammenhänge zwischen Konjunkturverlauf und Wirtschaftsform
München, Leipzig 1932
(zit.: Dobretsberger)

Dreiss, Wolfgang / Eitel-Dreiss, Monika
Erstes Gesetz zur Bekämpfung der Wirtschaftskriminalität vom 29. Juli 1976 (BGBl. I S. 2034)
Bergisch Gladbach 1977
(zit.: Dreiss/Eitel-Dreiss)

Ebinger, Barbara
Der unbestimmte Rechtsbegriff im Recht der Technik
Berlin 1993 (zugl. Diss. Bayreuth 1991)
(zit.: Ebinger, Der unbestimmte Rechtsbegriff im Recht der Technik)

Eger, Otto
Das Recht der deutschen Kartelle
Berlin 1932
(zit.: Eger)

Egner, Erich
Der Sinn des Monopols in der gegenwärtigen Wirtschaftsordnung
Berlin 1931
(zit.: Egner, Wirtschaftsordnung)

Eichhorn, Carl Friedrich
Einleitung in das deutsche Privatrecht mit Einschluß des Lehenrechts
Göttingen 1823
(zit.: Eichhorn)

Eisenhardt, Ulrich
Deutsche Rechtsgeschichte
3. Auflage, München 1999
(zit.: Eisenhardt, Rechtsgeschichte)

Elster, Alexander
„Zins"
in: Handwörterbuch der Rechtswissenschaft, Band 6, S. 1015-1018
Berlin, Leipzig 1929
(zit.: Elster, Zins)

Emmerich, Volker
Kartellrecht
8. Auflage, München 1999
(zit.: Emmerich)

Emmerich, Volker / Kessler, Ronald
Probleme der Konsumentenkredite
Frankfurt a. M. 1986
(zit.: Emmerich/Kessler)

Endemann, Wilhelm
Die Bedeutung der Wucherlehre
Berlin 1866
(zit.: Endemann)

Engels, Friedrich
Zur Wohnungsfrage
Neudruck Berlin (Ost) 1948
(zit.: Engels, Zur Wohnungsfrage)

Engisch, Karl
Auf der Suche nach der Gerechtigkeit
Hauptthemen der Rechtsphilosophie
München 1971
(zit.: Engisch, Gerechtigkeit)

Erman, Walter
Handkommentar zum Bürgerlichen Gesetzbuch
1. Band. §§ 1-853
9. Auflage, Münster 1993
(zit.: Bearbeiter in Erman)

Esser, Josef / Weyers, Hans-Leo
Schuldrecht
Besonderer Teil. Teilband 1
5. Auflage, Heidelberg, Karlsruhe 1977
(zit.: Esser/Weyers)

Eucken, Walter
Die Grundlagen der Nationalökonomie
7. Auflage, Berlin, Göttingen, Heidelberg 1959
(zit.: Eucken, Grundlagen der Nationalökonomie)

Fernis, Hans-Georg / Haverkamp, Heinrich
Grundzüge der Geschichte – Von der Urzeit bis zur Gegenwart
18. Auflage, Frankfurt a. M. 1975
(zit.: Fernis/Haverkamp)

Finis, Beate
Wirtschaftliche und außerwirtschaftliche Beweggründe mittelständischer Genossenschaftspioniere des landwirtschaftlichen Bereichs
Berlin 1980
(zit.: Finis, Beweggründe)

Flume, Werner
Allgemeiner Teil des Bürgerlichen Rechts
Zweiter Band. Das Rechtsgeschäft
4. Auflage, Berlin, Heidelberg, New York 1992
(zit.: Flume)

ders.
„Rechtsgeschäft und Privatautonomie"
in: Festschrift zum Hundertjährigen Bestehen des Deutschen Juristentages 1860-1960
Band I, S. 135-238
Karlsruhe 1960
(zit.: Flume, Rechtsgeschäft und Privatautonomie)

Förster, Franz
Preußisches Privatrecht
2. Band
7. Auflage, Berlin 1896
(zit.: Förster)

Forstmann, Albrecht
Geld und Kredit
Erster Teil. Die Grundlagen der Geld- und Kredittheorie
Göttingen 1952
(zit.: Forstmann, Geld und Kredit)

Franke, Wilhelm A.
Rechtsvergleichende Beiträge zum Problem des Missverhältnisses von Leistung und Gegenleistung bei Vertragsabschluss
Diss. Frankfurt a. M. 1969
(zit.: Franke)

Franssen, Everhardt
„(Un)bestimmtes zum unbestimmten Rechtsbegriff"
in: Festschrift für Wolfgang Zeidler, Band 1, S. 423-454
Berlin, New York 1987
(zit.: Franssen, (Un)bestimmtes zum unbestimmten Rechtsbegriff)

Franz, Günther (Hrsg.)
Quellen zur Geschichte des Deutschen Bauernstandes in der Neuzeit
Freiherr vom Stein-Gedächtnisausgabe
Band XI. der Ausgewählten Quellen zur Deutschen Geschichte der Neuzeit
München, Wien 1963
(zit.: Franz, Quellen)

Friauf, Karl Heinrich
Kommentar zur Gewerbeordnung – GewO
Gewerberechtlicher Teil §§ 1-34c
Loseblatt (1960, 1989, 1998, Neuwied)
(zit.: Bearbeiter in Friauf)

Fricke, Dieter
Die deutsche Arbeiterbewegung 1869-1890. Ihre Organisation und Tätigkeit
Leipzig 1964
(zit.: Fricke)

Friedlein, Curt
Lernbuch und Repetitorium der Geschichte der Philosophie
5. Auflage, Berlin 1931
(zit.: Friedlein)

Furtwängler, Franz Josef
Die Gewerkschaften. Ihre Geschichte und internationale Auswirkung
Hamburg 1956
(zit.: Furtwängler)

Gad, Christian Moritz Adolph
Handbuch des Allgemeinen Deutschen Handelsrechts
Erster Theil: Engeres Handelsrecht
Berlin 1863
(zit.: Gad, Allgemeines Deutsches Handelsrecht)

Gamm, Otto-Friedrich von
Kartellrecht
Kommentar zum Gesetz gegen Wettbewerbsbeschränkungen und zu Art. 85, 86 EWGV
2. Auflage, Köln, Berlin, Bonn, München 1990
(zit.: von Gamm)

Gareis, Karl
Das Deutsche Handelsrecht
6. Auflage, Berlin 1899
(zit.: Gareis, Handelsrecht)

Gassner, Ulrich M.
Grundzüge des Kartellrechts
München 1999
(zit.: Gassner)

Geiershöfer, Karl
Das geltende deutsche Wucherrecht mit besonderer Berücksichtigung des Gesetzes vom 19. Juni 1893
Nürnberg 1894
(zit.: Geiershöfer)

Gengler, Heinrich Gottfried
Das Deutsche Privatrecht
4. Auflage, Erlangen, Leipzig 1892
(zit.: Gengler)

Genzmer, Erich
„Die antiken Grundlagen der Lehre vom gerechten Preis und der laesio enormis"
in: Zeitschrift für ausländisches und internationales Privatrecht, Jahrgang 11 (1937) – Sonderband, S. 25-64
(zit.: Genzmer)

Gerber, Carl Friedrich von
System des Deutschen Privatrechts
17. Auflage, Jena 1895
(zit.: von Gerber)

Gerloff, Wilhelm
Geld und Gesellschaft
Frankfurt am Main 1952
(zit.: Gerloff, Geld und Gesellschaft)

Gerster, Richard
Ausbeutung
Agonie eines wirtschaftswissenschaftlichen Begriffs
Zürich 1973
(zit.: Gerster, Ausbeutung)

Gierke, Otto von
Deutsches Privatrecht
Band III, Schuldrecht
München, Leipzig 1917
(zit.: von Gierke, Band III)

ders.
„Die Wurzeln des Dienstvertrages"
in: Festschrift für Heinrich Brunner zum fünfzigjährigen Doktorjubiläum am 8. April 1914, S. 37-68
München, Leipzig 1914
(zit.: von Gierke, Wurzeln des Dienstvertrages)

Giese, Friedrich
Die Verfassung des Deutschen Reiches
8. Auflage, Berlin 1931
(zit.: Giese, Verfassung des Deutschen Reiches)

Gilles, Peter
„Partnervorschlagsdienst als Werkvertrag"
in: MDR 1983, S. 712-716
(zit.: Gilles in MDR 83)

Gleiss, A.
„Wettbewerbsbeschränkungen"
in: BB 1953, S. 337-339
(zit.: Gleiss in BB 1953)

Gloy, Wolfgang
Handbuch des Wettbewerbsrechts
2. Auflage, München 1997
(zit.: Bearbeiter in Gloy)

Glück, Christian Friedrich
Ausführliche Erläuterung der Pandekten
17. Band
Erlangen 1815
(zit.: Glück)

Goldschmidt, Levin
„Gutachten über die Aufhebung der Wuchergesetze"
in: Verhandlungen des Sechsten Deutschen Juristentages, Band I, S. 227-271
Berlin 1865
(zit:: Goldschmidt, Verhandlungen 6. DJT, Band I)

ders.
Handbuch des Handelsrechts
Erster Band, erste Abtheilung
Erlangen 1864
(zit.: Goldschmidt, Handbuch des Handelsrechts)

ders.
System des Handelsrechts
4. Auflage, Stuttgart 1892
(zit.: Goldschmidt, System des Handelsrechts)

Gorges, Irmela
Sozialforschung in Deutschland 1872-1914
Gesellschaftliche Einflüsse auf Themen- und Methodenwahl des Vereins für Socialpolitik
Königstein 1980
(zit.: Gorges, Sozialforschung in Deutschland)

Graf von Westphalen, Friedrich / Emmerich, Volker / Rottenburg, Franz von
Verbraucherkreditgesetz
Kommentar
2. Auflage, Köln 1996
(zit.: Graf von Westphalen/Emmerich/von Rottenburg)

Griesinger, Robert Arnold
Der Wucher nach geltendem deutschen Strafrecht und in den Entwürfen zu einem Allgemeinen Deutschen Strafgesetzbuch
Diss. Tübingen 1931
(zit.: Griesinger)

Grünhut, C. S.
Wechselrecht
Erster Band
Leipzig 1897
(zit.: Grünhut, Wechselrecht)

ders.
Lehrbuch des Wechselrechts
Leipzig 1900
(zit.: Grünhut, Lehrbuch des Wechselrechts)

Häussler, Arthur
Die Stellung des Sachwuchers im deutschen Wucherstrafrecht
Diss. Erlangen 1931
(zit.: Häussler)

Hagen, Emil
Die Allgemeine Deutsche Wechselordnung und das Deutsche Wechselstempelgesetz
2. Auflage, Leipzig 1875
(zit.: Hagen, Allgemeine Deutsche Wechselordnung)

Haller, Heinz
Das Problem der Geldwertstabilität
2. Auflage, Stuttgart, Berlin, Köln, Mainz 1966
(zit.: Haller, Geldwertstabilität)

Hanisch, Johannes
Die Neubegründung des wirtschaftlichen und sozialen Liberalismus
Diss. Münster 1932
(zit.: Hanisch, Liberalismus)

Harenberg, Friedrich
Kontrolle sittenwidriger, wucherischer und unangemessen hoher Preise durch die Rechtsprechung
Diss. Göttingen 1981
(zit.: Harenberg)

Hartmann, Otto
Das Wucherstrafrecht in Geschichte, Gegenwart und in den Entwürfen zu einem deutschen Strafgesetzbuch
Diss. Tübingen 1933
(zit.: Hartmann)

Hausmaninger, Herbert / Selb, Walter
Römisches Privatrecht
Wien, Köln 1981
(zit.: Hausmaninger/Selb)

Haussherr, Hans
Wirtschaftsgeschichte der Neuzeit vom Ende des 14. bis zur Höhe des 19. Jahrhunderts
4. Auflage, Köln, Wien 1970
(zit.: Haussherr)

Hedemann, Justus Wilhelm
Die Fortschritte des Zivilrechts im XIX. Jahrhundert, Erster Teil
Berlin 1910
(zit.: Hedemann)

Heintzeler, Wolfgang
Volkskapitalismus
Düsseldorf, Wien 1968
(zit.: Heintzeler, Volkskapitalismus)

Hempfing, Werner
Die Kartellverordnung
Verordnung gegen Mißbrauch wirtschaftlicher Machtstellungen vom 2. November 1923
Berlin 1930
(zit.: Hempfing, Kartellverordnung)

Henle, Wilhelm
Die Wuchergesetze vom 24. Mai 1880 und 19. Juni 1893
München 1894
(zit.: Henle)

Herkner, Heinrich
Die Arbeiterfrage
Band 2
7. Auflage, Berlin, Leipzig 1921
(zit.: Herkner, Arbeiterfrage)

Herrmann, A.
„Noch einige Bemerkungen über die Lex Anastasiana"
in: AcP 31 (1848), S. 63-83
(zit.: Herrmann in AcP 31 (1848))

Herrmann, Johannes
„Der Gedanke des iustum pretium in der Antike"
in: Beiträge zur Diskussion um das „pretium iustum", S. 9-21
Erlangen 1982
(zit.: Herrmann, iustum pretium)

Heusler, Andreas
Institutionen des Deutschen Privatrechts
Band I
Leipzig 1885
(zit.: Heusler, Band I)

Hippel, Fritz von
Das Problem der rechtsgeschäftlichen Privatautonomie
Tübingen 1936
(zit.: von Hippel)

ders.
Zum Aufbau und Sinnwandel unseres Privatrechts
Tübingen 1957
(zit.: von Hippel, Sinnwandel unseres Privatrechts)

Hölder, Eduard
Kommentar zum Allgemeinen Theil des Bürgerlichen Gesetzbuchs
München 1900
(zit.: Hölder)

Höppner, Horst-Dieter
„Das Steuerrecht und der gerechte Preis"
in: Festschrift für Gerhard Wacke zum 70. Geburtstag, S. 125-137
Köln-Marienburg 1972
(zit.: Höppner, Steuerrecht)

Hohendorf, Andreas
Das Individualwucherstrafrecht nach dem ersten Gesetz zur Bekämpfung der Wirtschaftskriminalität von 1976
Berlin 1982
(zit.: Hohendorf)

Hohenstein, Adolf
Zur Darlehenslehre nach BGB
Diss. Erlangen 1907
(zit.: Hohenstein)

Holzapfl, Walter
„Besprechung zu Nicklisch, Fritz in BB 1973, S. 53-58"
in: BB 1973, S. 682-683
(zit.: Holzapfl in BB 1973)

Holzschuher, Rudolf von
Theorie und Casuistik des gemeinen Civilrechts
III. Band (Obligationenrecht), bearb. von Johannes E. Kuntze
3. Auflage, Leipzig 1864
(zit.: Holzschuher, Theorie)

Honig, Detlev
Wucher. Nach §§ 340, 341 des Entwurfs von 1927
Diss. Erlangen 1929
(zit.: Honig)

Hoppmann, Erich
Marktmacht und Wettbewerb
Recht und Staat in Geschichte und Gegenwart, Heft 471
Tübingen 1977
(zit.: Hoppmann, Marktmacht und Wettbewerb)

Hopt, Klaus J. / Mülbert, Peter O.
„Die Darlehenskündigung nach § 609a BGB"
in: WM 1990, Sonderbeilage Nr. 3/1990, S. 3-20
(zit.: Hopt/Mülbert, Darlehenskündigung)

Hromadka, Wolfgang
Die Arbeitsordnung im Wandel der Zeit: dargestellt am Beispiel der Hoechst AG
Köln, Berlin, Bonn, München 1979
(zit.: Hromadka)

Huber, Ernst Rudolf
Deutsche Verfassungsgeschichte seit 1789
Band III. Bismarck und das Reich
3. Auflage, Stuttgart, Berlin, Köln, Mainz 1988
(zit.: Huber, Band III)

Hübner, Rudolf
Grundzüge des Deutschen Privatrechts
Leipzig 1908
(zit.: Hübner)

Hueck, Alfred / Nipperdey, Hans Carl
Lehrbuch des Arbeitsrechts
Band I
7. Auflage, Berlin, Frankfurt a. M. 1963
(zit.: Hueck/Nipperdey, Band I)

Immenga, Ulrich / Mestmäcker, Ernst-Joachim
GWB. Kommentar
2. Auflage, München 1992
(zit.: Bearbeiter in Immenga/Mestmäcker)

Institut für Marxismus-Leninismus beim ZK der SED (Hrsg.)
Geschichte der deutschen Arbeiterbewegung – Chronik Teil I
Von den Anfängen bis 1917
Berlin (Ost) 1965
(zit.: Institut für Marxismus-Leninismus, Chronik)

Isopescul-Grecul, Constantin
Das Wucherstrafrecht
Der Kredit- und Barwucher
I. Band
Leipzig 1906
(zit.: Isopescul-Grecul, Das Wucherstrafrecht)

Jacobi, Ernst
Wechsel- und Scheckrecht unter Berücksichtigung des ausländischen Rechts
Berlin 1956
(zit.: Jacobi, Wechsel- und Scheckrecht)

Jacobs, Horst Heinrich / Schubert, Werner
Die Beratungen des Bürgerlichen Gesetzbuchs, Materialien zur Entstehungsgeschichte des BGB – Einführung, Biographien, Materialien
Berlin, New York 1978
(zit.: Jacobs/Schubert, Beratungen des Bürgerlichen Gesetzbuchs)

Jaques, Heinrich
Die Wuchergesetzgebung und das Civil- und Strafrecht
Wien 1867
(zit.: Jaques, Wuchergesetzgebung)

Jobs, Friedhelm
Otto von Gierke und das moderne Arbeitsrecht
Diss. Frankfurt a. M. 1968
(zit.: Jobs)

Julitz, Lothar
„Der Export ist wieder Motor"
in: Frankfurter Allgemeine Zeitung vom 18. November 1999, Nr. 269, S. 17
(zit.: Julitz in FAZ vom 18. November 1999)

Kahn, Julius
Geschichte des Zinsfusses in Deutschland seit 1815 und die Ursachen seiner Veränderung
Stuttgart 1884
(zit.: Kahn, Zinsfuß)

Kaiser, Andreas
Zum Verhältnis von Vertragsfreiheit und Gesellschaftsordnung während des 19. Jahrhunderts
Diss. Berlin 1973
(zit.: Kaiser)

Kant, Immanuel
Schriften in: Immanuel Kants Werke
Schriften von 1783-1788
Herausgegeben von Artur Buchenau und Ernst Cassirer
Band IV (Band I-XI)
Berlin 1922
(zit.: Kant in Immanuel Kants Werke, Band IV)

Kartte, Wolfgang
Ein neues Leitbild für die Wettbewerbspolitik
Köln 1969
(zit.: Kartte, Leitbild für die Wettbewerbspolitik)

Kaser, Max
Römisches Privatrecht
13. Auflage, München 1983
(zit.: Kaser, Römisches Privatrecht)

ders.
Römische Rechtsgeschichte
Zweiter Nachdruck der 2. Auflage Göttingen 1967,
Göttingen 1978
(zit.: Kaser)

Kaskel, Walter / Dersch, Hermann
Arbeitsrecht
5. Auflage, Berlin, Göttingen, Heidelberg 1957
(zit.: Kaskel/Dersch)

Keller, Friedrich Ludwig von
Pandekten
Leipzig 1861
(zit.: von Keller)

Kessler, Ronald
Probleme des Konsumentenratenkredites
Frankfurt a. M. 1985
(zit.: Kessler, Probleme des Konsumentenratenkredites)

Kiesewetter, Bruno
Grundlagen und Wandlungen der Weltwirtschaft
Berlin 1944
(zit.: Kiesewetter)

Kittner, Michael / Pieper, Ralf
Arbeitsschutzrecht
Kommentar für die Praxis
Frankfurt a. M. 1999
(zit.: Kittner/Pieper)

Klein, Ernst
Geschichte der deutschen Landwirtschaft im Industriezeitalter
Wiesbaden 1973
(zit.: Klein, Geschichte der deutschen Landwirtschaft)

Klönne, Arno / Reese, Hartmut
Die deutsche Gewerkschaftsbewegung
Hamburg 1984
(zit.: Klönne/Reese)

Kloepfer, Michael / Veit, Günther
„Grundstrukturen des technischen Arbeitsschutzrechts"
in: NZA 1990, S. 121-130
(zit.: Kloepfer/Veit in NZA)

Knies, Karl
Geld und Credit
Zweite Abteilung. Erste Hälfte. Der Credit
Neudruck der Ausgabe Berlin 1876/79, Leipzig 1931
(zit.: Knies)

Koch, Walter
Der Genossenschaftsgedanke F.W. Raiffeisens
Paderborn, Würzburg 1991
(zit.: Koch, Genossenschaftsgedanke)

Köhler, Helmut
„Möglichkeiten richterlicher Monopolpreiskontrolle"
in: ZHR 137 (1973), S. 237-259
(zit.: Köhler, Monopolpreiskontrolle)

Königliches Landes-Oekonomie-Kollegium
„Verhandlungen des Königl. Landes-Oekonomie-Kollegiums über den Entwurf eines bürgerlichen Gesetzbuches für das Deutsche Reich"
in: Landwirthschaftliche Jahrbücher, Band XVIII., Ergänzungsband II
Berlin 1890
(zit.: Verhandlungen des Königl. Landes-Oekonomie-Kollegiums)

Krahmer, n. ben.
Der Darlehensbegriff des BGB
Halle 1900
(zit.: Krahmer)

Kraut, Wilhelm Theodor
Grundriß zur Vorlesungen über das Deutsche Privatrecht
6. Auflage, Berlin, Leipzig 1886
(zit.: Kraut)

Krelle, Wilhelm
„Lohn (I) Theorie"
in: Handwörterbuch der Sozialwissenschaften, Band 7, S. 1-16
Stuttgart, Tübingen, Göttingen 1961
(zit.: Krelle, HdSw)

Kreller, Hans
Römisches Recht
II. Grundlehren des gemeinen Rechts
Wien 1950
(zit.: Kreller)

Kroeschell, Karl
Deutsche Rechtsgeschichte
Band 2 (1250-1650)
Hamburg 1973
(zit.: Kroeschell, Band 2)

Krüll, Philipp
Teutsches Privatrecht
Landshut 1805
(zit.: Krüll)

Kruse, Alfred (Hrsg.)
Nationalökonomie
Ausgewählte Texte zur Geschichte einer Wissenschaft
Stuttgart 1960
(zit.: Kruse, Nationalökonomie)

Kuczynski, Jürgen
Die Geschichte der Lage der Arbeiter in Deutschland von 1789 bis in die Gegenwart
Band I. Zweiter Teil. 1871 bis 1932
6. Auflage, Berlin (Ost) 1954
(zit.: Kuczynski, Lage der Arbeiter)

Kübler, Bernhard
Geschichte des Römischen Rechts
Leipzig, Erlangen 1925
(zit.: Kübler)

Külp, Bernhard
„Lohntheorie"
in: Handwörterbuch der Wirtschaftswissenschaften, Band 5, S. 73-99
Stuttgart, New York, Tübingen, Göttingen 1980
(zit.: Külp, HdWw)

Kuhlenbeck, Ludwig
Das Bürgerliche Gesetzbuch für das Deutsche Reich
1. Band
2. Auflage, Berlin 1903
(zit.: Kuhlenbeck)

Kurz, Heinz D. (Hrsg.)
Adam Smith (1723-1790) – Ein Werk und seine Wirkungsgeschichte
Marburg 1990
(zit.: Kurz)

Lackner, Karl
Strafgesetzbuch mit Erläuterungen
21. Auflage, München 1995
(zit.: Lackner)

Landau, Peter
„Die Gesetzgebungsgeschichte des § 247 BGB. Zugleich ein Beitrag zur Geschichte der Einführung der Zinsfreiheit in Deutschland"
in: Beiträge zur Rechtsgeschichte. Gedächtnisschrift für Hermann Conrad.
Herausgegeben von Gerd Kleinheyer und Paul Mikat. S. 385-408
Paderborn, München, Wien, Zürich 1979
(zit.: Landau, § 247 BGB)

ders.
„Hegels Begründung des Vertragsrechts"
in: ARSP 59 (1973), S. 117-138
(zit.: Landau, Hegels Begründung)

Landmann, Robert von / Rohmer, Gustav
Kommentar zur Gewerbeordnung
Band 2, 2. Teil
München, Berlin 1953
(zit.: Landmann/Rohmer)

Langhammer, W.
„Kolonat, Kolone"
in: Handwörterbuch zur Deutschen Rechtsgeschichte, hrsg. von Adalbert Erler und Ekkehard Kaufmann, Sp. 945-952
Band 2
Berlin 1978
(zit.: Langhammer, Kolonat)

Laufs, Adolf
Rechtsentwicklungen in Deutschland
Berlin, New York 1973
(zit.: Laufs, Rechtsentwicklungen in Deutschland)

Lehmann, Heinrich Otto
Lehrbuch des Deutschen Wechselrechts
Stuttgart 1886
(zit.: Lehmann)

Leipziger Kommentar
Strafgesetzbuch
Hrsg. Jescheck, Hans-Heinrich / Ruß, Wolfgang / Willms, Günther
Sechster Band (§§ 263-302a)
10. Auflage, Berlin, New York 1988
(zit.: Bearbeiter in LK)

Lenin, Vladimir Iljic
Ausgewählte Werke
Staat und Revolution in Ausgewählte Werke, Band II
Moskau 1946/47
(zit.: Lenin, Ausgewählte Werke, Band II)

Lenzen, Josef
Die Rechtsfolgen der Nichtigkeit des wucherischen Geschäfts
Diss. Köln 1933
(zit.: Lenzen)

Leuer, Thomas
Zum Begriff des wesentlichen Wettbewerbs im Sinne des Oligopoltatbestandes unter besonderer Berücksichtigung des Preisparameters
Diss. Münster 1984
(zit.: Leuer)

Lexis, Wilhelm
Die Kultur der Gegenwart
Teil II, Band X: Allgemeine Volkswirtschaftslehre
2. Auflage, Leipzig, Berlin 1913
(zit.: Lexis, Volkswirtschaftslehre)

Lilienthal, Karl von
„Strafrechtliche Behandlung des Kriegswuchers – Sozialwirtschaftliche und sozialethische Vorgänge und Erfahrungen"
in: ZStW 38 (1917), S. 202-206
(zit.: von Lilienthal, Sozialwirtschaftliche und sozialethische Vorgänge)

ders.
„Der Wucher auf dem Lande"
in: ZStW Band 8, S. 157-221
Berlin, Leipzig, Wien 1888
(zit.: von Lilienthal, Wucher auf dem Lande)

Lindacher, Walter
„Grundsätzliches zu § 138 BGB – Zur Frage der Relevanz subjektiver Momente"
in: AcP 173 (1973), S. 124-136
(zit.: Lindacher, Grundsätzliches zu § 138 BGB)

Lindenlaub, Dieter
„Richtungskämpfe im Verein für Sozialpolitik"
in: Vierteljahresschrift für Sozial- und Wirtschaftsgeschichte
Beiheft 52, Wiesbaden 1967
(zit.: Lindenlaub)

Lippik, Marlis
Die Entstehung des Sparkassenwesens in Schleswig-Holstein 1790-1864
Wachholtz 1987
(zit.: Lippik, Sparkassenwesen)

Liszt, Franz von
Die Grenzgebiete zwischen Privatrecht und Strafrecht
Berlin, Leipzig 1889
(zit.: von Liszt)

Lobe, Adolf
„Wucher und Ausbeutung Minderjähriger"
in: Handwörterbuch der Rechtswissenschaft, Band 6, S. 964-966
Berlin, Leipzig 1929
(zit.: Lobe, HdRw, Band 6)

Löw, Konrad
Marxismus – Quellenlexikon
Köln 1985
(zit.: Löw)

Lütge, Friedrich
Deutsche Sozial- und Wirtschaftsgeschichte
2. Auflage, Berlin, Göttingen, Heidelberg 1960
(zit.: Lütge, Deutsche Sozial- und Wirtschaftsgeschichte)

Luig, Klaus
„Vertragsfreiheit und Äquivalenzprinzip im gemeinen Recht und im BGB"
in: Festschrift für Helmut Coing zum 70. Geburtstag, Ius commune, Sonderheft 17, S. 171-206
Frankfurt a. M. 1982
(zit.: Luig, Vertragsfreiheit und Äquivalenzprinzip)

ders.
„Bemerkungen zum Problem des gerechten Preises bei Christian Thomasius"
in: Tradition und Entwicklung, Gedenkschrift für Johann Riederer, hrsg. von Karl-Heinz Pollock, S. 167-179
Passau 1981
(zit.: Luig, Christian Thomasius)

Lutz, Friedrich A.
„Zins"
in: Handwörterbuch der Sozialwissenschaften, Band 12, S. 434-452
Stuttgart, Tübingen, Göttingen 1965
(zit.: Lutz, Handwörterbuch der Sozialwissenschaften)

Mandry, Gustav
Der civilrechtliche Inhalt der Reichsgesetze
4. Auflage, Freiburg, Leipzig, Tübingen 1898
(zit.: Mandry)

Mangold, Claus
Das Rückforderungsrecht des Wucherers
Diss. Marburg 1938
(zit.: Mangold, Das Rückforderungsrecht des Wucherers)

Mann, Golo
Deutsche Geschichte des 19. und 20. Jahrhunderts
Frankfurt a. M. 1958
(zit.: Mann)

Marx, Karl
Das Kapital
Band I
Hamburg 1867
(zit.: Marx, Das Kapital, Band I)

Marx, Karl / Engels, Friedrich
Das Kommunistische Manifest
10. Auflage, Berlin 1931
(zit.: Marx/Engels, Kommunistisches Manifest)

Matzelt, Fritz
Über einige Zinstheorien
Diss. Breslau 1939
(zit.: Matzelt, Zinstheorien)

Mayer, Georg
Die Freihandelslehre in Deutschland
Ein Beitrag zur Gesellschaftslehre des wirtschaftlichen Liberalismus
Jena 1927
(zit.: Mayer, Freihandelslehre)

Mayer-Maly, Theo
Römisches Recht
2. Auflage, Wien, New York 1999
(zit.: Mayer-Maly, Römisches Recht)

ders.
„Privatautonomie und Wirtschaftsverfassung"
in: Festschrift für Franz Korinek zum 65. Geburtstag, S. 151-157
Wien, Freiburg, Basel 1972
(zit.: Mayer-Maly in Festschrift Korinek)

ders.
„Der gerechte Preis"
in: Festschrift für Heinrich Demelius zum 80. Geburtstag, S. 139-154
Wien 1973
(zit.: Mayer-Maly, gerechter Preis)

Medicus, Dieter
„Schutzbedürfnisse (insbesondere der Verbraucherschutz) und das Privatrecht"
in: JuS 1996, S. 761-767
(zit.: Medicus, Schutzbedürfnisse)

Meiwes, Heinz-Günther
Probleme des Ratenkredits
3. Auflage, Düsseldorf 1988
(zit.: Meiwes)

Menger, Anton
Über die sozialen Aufgaben der Rechtswissenschaft
2. Auflage, Wien, Leipzig 1905
(zit.: Menger, Soziale Aufgaben)

Merckel, Johann Friedrich
Ueber den Zins-Wucher, nach dem in der bair. Pfalz geltenden franz. Gesetz vom 3. Sept. 1807 in Vergleichung mit anderen Gesetzgebungen
Heidelberg 1855
(zit.: Merckel, Zins-Wucher)

Messner, Johannes
Die soziale Frage
6. Auflage, Innsbruck, Wien, München 1956
(zit.: Messner)

Mestmäcker, Ernst-Joachim
„Über das Verhältnis des Rechts der Wettbewerbsbeschränkungen zum Privatrecht"
in: AcP 168 (1968), S. 235-262
(zit.: Mestmäcker, Wettbewerbsbeschränkungen)

ders.
Die sichtbare Hand des Rechts
Über das Verhältnis von Rechtsordnung und Wirtschaftssystem
Baden-Baden 1978
(zit.: Mestmäcker, Hand des Rechts)

ders.
Der verwaltete Wettbewerb
Tübingen 1984
(zit.: Mestmäcker, Wettbewerb)

ders.
„Das Verhältnis des Rechts der Wettbewerbsbeschränkungen zum Privatrecht"
in: DB 1968, S. 787-791
(zit.: Mestmäcker in DB 1968)

Meyer im Hagen, Ralph
Die Deutsche Wuchergesetzgebung 1880-1976
Diss. Kiel 1991
(zit.: Meyer im Hagen)

Mitteis, Heinrich
Deutsches Privatrecht
2. Auflage, München, Berlin 1953
(zit.: Mitteis)

Molitor, Erich / Hueck, Alfred / Riezler, Erwin
Der Arbeitsvertrag und der Entwurf eines Allgemeinen Arbeitsvertragsgesetzes
Mannheim, Berlin, Leipzig 1925
(zit.: Molitor/Hueck/Riezler)

Molitor, Erich / Gierke, Otto von
Pommersche Lebensbilder
Band 1
Stettin 1934
(zit.: Molitor/von Gierke)

Molitor, Erich
„Zur Geschichte des Arbeitsvertrages"
in: ZHR Band 87 (1924), S. 371-398
(zit.: Molitor, Geschichte des Arbeitsvertrages)

Mühlenbruch, Christian Friedrich
Die Lehre von der Cession der Forderungsrechte
3. Auflage, Greifswald 1836
(zit.: Mühlenbruch, Forderungsrechte)

ders.
Lehrbuch der Pandektenrechte
2. Teil
Halle 1836
(zit.: Mühlenbruch, Pandekten)

Müller-Emmert, Adolf / Maier, Bernhard
„Das Erste Gesetz zur Bekämpfung der Wirtschaftskriminalität"
in: NJW 1976, S. 1657-1664
(zit.: Müller-Emmert/Maier)

Müller-Gugenberger, Christian / Bieneck, Klaus
Wirtschaftsstrafrecht
3. Auflage, Münster, Köln 2000
(zit.: Müller-Gugenberger/Bieneck)

Müller-Uri, Rolf
Kartellrecht (GWB)
Köln, Berlin, Bonn, München 1989
(zit.: Müller-Uri)

Münchener Kommentar zum Bürgerlichen Gesetzbuch
Hrsg. Kurt Rebmann, Franz Jürgen Säcker
Band 1. Allgemeiner Teil (§§ 1-240)
3. Auflage, München 1993
(zit.: Bearbeiter in MüKo)

Mugdan, Benno
Die gesamten Materialien zum Bürgerlichen Gesetzbuch für das Deutsche Reich
Band I. Einführungsgesetz und Allgemeiner Teil
Band II. Recht der Schuldverhältnisse
Neudruck der Ausgabe Berlin 1899, Aalen 1979
(zit.: Mugdan)

Neef, Helmut
Deutschland und die deutsche Arbeiterbewegung im 19. Jahrhundert
2. Auflage, Berlin (Ost)1964
(zit.: Neef)

Neumann, Max
Geschichte des Wuchers in Deutschland
Neudruck der Auflage Halle 1865, Berlin, Leipzig 1969
(zit.: Neumann, Geschichte des Wuchers in Deutschland)

Nicklisch, Fritz
„Bindung an das Angebot bei Verstößen gegen das Baupreisrecht?"
in: BB 1973, S. 53-58
(zit.: Nicklisch in BB 1973)

Nipperdey, Thomas
Deutsche Geschichte 1800-1866
6. Auflage, München 1983
(zit.: Nipperdey, Geschichte)

Ogris, Werner
„Geschichte des Arbeitsrechts vom Mittelalter bis in das 19. Jahrhundert"
in: Recht der Arbeit, 20 (1967), S. 286-297
(zit.: Ogris, Geschichte des Arbeitsrechts)

Olshausen, Eberhard von
„Zivil- und wirtschaftsrechtliche Instrumente gegen überhöhte Preise"
in: ZHR 146 (1982), S. 259-295
(zit.: von Olshausen, Zivil- und wirtschaftsrechtliche Instrumente)

Oppenheimer, Franz
Arbeitslohn
Jena 1926
(zit.: Oppenheimer)

ders. (Hrsg.)
Geschichte der volkswirtschaftlichen Lehrmeinungen
Deutsche Ausgabe des französischen Originals von Charles Gide und Charles Rist
Jena 1923
(zit.: Oppenheimer, Lehrmeinungen)

Otto, Harro
„Neue Tendenzen in der Interpretation der Tatbestandsmerkmale des Wuchers beim Kreditwucher"
in: NJW 1982, S. 2745-2750
(zit.: Otto in NJW 82)

Palandt, Otto
Bürgerliches Gesetzbuch
57. Auflage, München 1998
(zit.: Bearbeiter in Palandt)

Peschke, Kurt
„Wucher"
in: Handwörterbuch der Staatswissenschaften, Band 8, S. 1081-1108
4. Auflage, Jena 1928
(zit.: Peschke, Handwörterbuch der Staatswissensch.)

Planitz, Hans
Deutsches Privatrecht
3. Auflage, Wien 1948
(zit.: Planitz)

Pohl, Hans
Kartelle und Kartellgesetzgebung in Praxis und Rechtsprechung vom 19. Jahrhundert bis zur Gegenwart
Nassauer Gespräche der Freiherr-vom-Stein-Gesellschaft, Band 1
Stuttgart, Wiesbaden 1985
(zit.: Bearbeiter in Pohl, Kartelle und Kartellgesetzgebung)

Pohl, Manfred
Einführung in die Deutsche Bankengeschichte
Frankfurt a. M. 1976
(zit.: Pohl, Bankengeschichte)

Prince-Smith, John
„Rede in Köln aus dem Jahre 1860 über die Freiheit des Handels"
in: Kleines Lesebuch über den Liberalismus, S. 89-96
Friedrich-Naumann-Stiftung
Sankt Augustin 1992
(zit.: Prince-Smith)

Puchta, Georg Friedrich
Pandekten
3. Auflage, Leipzig 1845
(zit.: Puchta, Pandekten)

ders.
Vorlesungen über das heutige römische Recht (=Pandekten)
2. Band
5. Auflage, Leipzig 1863
(zit.: Puchta, Vorlesungen)

Raffel, Friedrich
Englische Freihändler vor Adam Smith
Ein Beitrag zur Geschichte der Politischen Oekonomie
Tübingen 1905
(zit.: Raffel, Freihändler)

Raiser, Ludwig
„Vertragsfunktion und Vertragsfreiheit"
in: Festschrift zum Hundertjährigen Bestehen des Deutschen Juristentages 1860-1960, Band I, S. 101-134
Karlsruhe 1960
(zit.: Raiser in Festschrift Juristentag)

ders.
„Vertragsfreiheit heute"
in: JZ 58, S. 1-8
(zit.: Raiser, 'Vertragsfreiheit heute')

Randa, Anton
Zur Lehre von den Zinsen und der Conventionalstrafe
Wien 1869
(zit.: Randa, Lehre von den Zinsen)

Rebe, Bernd
Privatrecht und Wirtschaftsordnung
Bielefeld 1978
(zit.: Rebe)

Reichensperger, Peter Franz
Die Zins- und Wucherfrage
Berlin 1879
(zit.: Reichensperger)

Reinhardt, Rudolf
„Der gerechte Preis, ein Bestandteil unserer Rechtsordnung?"
in: Festschrift für Heinrich Lehmann, S. 221-237
Berlin 1937
(zit.: Reinhardt in Festschrift Lehmann)

Renaud, Achilles
Lehrbuch des Allgemeinen Deutschen Wechselrechts
Gießen 1868
(zit.: Renaud)

Rennpferd, Maren
Lex Anastasiana, Schuldnerschutz im Wandel der Zeiten
Diss. Göttingen 1991
(zit.: Rennpferd)

Rittner, Fritz
Wettbewerbs- und Kartellrecht
6. Auflage, Heidelberg 1999
(zit.: Rittner)

ders.
Die Ausschließlichkeitsbindungen in dogmatischer und rechtspolitischer Betrachtung
Düsseldorf 1957
(zit.: Rittner, Ausschließlichkeitsbindungen)

Rizy, Theobald
Ueber Zinstaxen und Wuchergesetze
Wien 1859
(zit.: Rizy)

Robert, Rüdiger
Konzentrationspolitik in der Bundesrepublik – Das Beispiel der Entstehung des Gesetzes gegen Wettbewerbsbeschränkungen
Berlin 1976
(zit.: Robert, Konzentrationspolitik)

Rodenberg, Eberhard
Die Industriealisierung in der Weltwirtschaft
Diss. Jena 1930
(zit.: Rodenberg, Industriealisierung)

Roquette, Hermann
Wucher im Zivilrecht, insbesondere Mietwucher
Rechtsfragen der Praxis, Band 12
Berlin 1929
(zit.: Roquette, Wucher im Zivilrecht)

Rosenthal, Heinrich / Bohnenberg, Heinrich
Bürgerliches Gesetzbuch
15. Auflage, Köln, Berlin, Bonn, München 1965
(zit.: Rosenthal/Bohnenberg)

Rühle, Klaus
Das Wucherverbot – effektiver Schutz des Verbrauchers vor überhöhten Preisen?
Berlin 1978
(zit.: Rühle)

Sack, Rolf
„Das Anstandsgefühl aller billig und gerecht Denkenden und die Moral als Bestimmungsfaktoren der guten Sitten"
in: NJW 1985, S. 761-769
(zit.: Sack, Anstandsgefühl)

Saenger, C. von
Die Reform des ländlichen Creditwesens
Bromberg 1857
(zit.: von Saenger, ländliches Creditwesen)

Salter, Ernest J. / Thomas, Stephan
Taschenbuch des Kommunismus in These und Gegenthese
3. Auflage, Bad Godesberg 1963
(zit.: Salter/Thomas)

Sartorius von Waltershausen, A.
Deutsche Wirtschaftsgeschichte 1815-1914
2. Auflage, Jena 1923
(zit.: Sartorius von Waltershausen)

Savigny, Friedrich Carl von
System des heutigen Römischen Rechts
Bände I-VIII
Berlin 1840-1849
(zit.: Savigny, System)

Schack, Gerhard
Raiffeisen in Deutschland
Idee, Organisation und gegenwärtiger Stand des ländlichen Genossenschaftswesens im Bundesgebiet
3. Auflage, Neuwied a. Rhein 1961
(zit.: Schack, Deutschland)

Schaffrath, n. ben.
„Gutachten. Sind die Wuchergesetze aufzuheben? Ist die Festsetzung des Zinsfußes lediglich der Vereinbarung der Paciscenten zu überlassen?"
in: Verhandlungen des Sechsten Deutschen Juristentages, Band I, S. 395-421
Berlin 1865
(zit.: Schaffrath, Verhandlungen 6. DJT, Band I)

Schaper, n. ben.
„Kolonat"
in: Rechtslexikon. Encyklopädie der Rechtswissenschaft, hrsg. von Franz von Holtzendorff, S. 485-486
Zweiter Teil. Zweiter Band
3. Auflage, Leipzig 1881
(zit.: Schaper, Kolonat)

Schauer, Renate
Grenzen der Preisgestaltungsfreiheit im Strafrecht: eine Untersuchung zum Verhältnis von Wucher und Betrug
München 1989
(zit.: Schauer, Grenzen der Preisgestaltungsfreiheit)

Schefold, Bertram / Carstensen, Kristian
„Die klassische Politische Ökonomie"
in: Geschichte der Nationalökonomie, herausgegeben von Otmar Issing, S. 63ff
3. Auflage, München 1994
(zit.: Schefold/Carstensen)

Schering, n. ben.
Allgemeines Landrecht für die Preußischen Staaten
Band I und III
2. Auflage, Berlin 1869
(zit.: Schering)

Schlosser, Hans
Grundzüge der Neueren Privatrechtsgeschichte
5. Auflage, Heidelberg 1985
(zit.: Schlosser)

Schmelz, Karl-Joachim
Der Verbraucherkredit
München 1989
(zit.: Schmelz)

Schmidt, Helmut
Die Lehre von der Sittenwidrigkeit der Rechtsgeschäfte in historischer Sicht
Berlin 1973
(zit.: Schmidt, Sittenwidrigkeit)

Schmidt, Ingo
Wettbewerbspolitik und Kartellrecht
3. Auflage, Stuttgart, New York 1990
(zit.: Schmidt, Kartellrecht)

Schmidt, Richard
„Wucher und Ausbeutung"
in: Vergleichende Darstellung des Deutschen und Ausländischen Strafrechts (Hrsg. Karl Birkmeyer u.a.). Besonderer Teil.
VIII. Band, S. 161ff
Berlin 1906
(zit.: Schmidt, Wucher und Ausbeutung)

Schmoller, Gustav
Ueber einige Grundfragen des Rechts und der Volkswirtschaft, ein offenes Sendschreiben an Herrn Professor Dr. Heinrich von Treitschke
Jena 1875
(zit.: Schmoller, Grundfragen des Rechts)

Schmude, Jürgen
„Verbraucherschutz und Vertragsfreiheit"
in: Festschrift für Kurt Ballerstedt zum 70. Geburtstag, S. 481-498
Berlin 1975
(zit.: Schmude in Festschrift Ballerstedt)

Schober, Friedrich Maximilian
Das Bundesgesetz vom 14.11.1867
Diss. Leipzig 1872
(zit.: Schober)

Schönke, Adolf / Schröder, Horst
Strafgesetzbuch
Kommentar
24. Auflage, München 1991
(zit.: Bearbeiter in Schönke/Schröder)

Schreuer, Hans
Deutsches Privatrecht
Stuttgart 1921
(zit.: Schreuer)

Schröder, Richard
Lehrbuch der Deutschen Rechtsgeschichte
3. Auflage, Leipzig 1898
(zit.: Schröder)

Schröder, Richard / Künßberg, Eberhard von
Lehrbuch der deutschen Rechtsgeschichte
2. Teil, 4. Periode
7. Auflage, Leipzig, Berlin 1932
(zit.: Schröder/von Künßberg)

Schulze, Wolfgang Georg
Die laesio enormis in der deutschen Privatrechtsgeschichte
Diss. Münster 1973
(zit.: Schulze)

Schumann, Harald
„Das Jahrhundert des Kapitalismus: Die Globalisierung – Revolution des Kapitals"
in: „Der Spiegel", Ausgabe Nr. 25 vom 21.06.1999, S. 122-137
(zit.: Schumann in „Der Spiegel" vom 21.06.1999, Ausgabe Nr. 25)

Schwark, Eberhard
Rechtsfragen des Konsumentenkredits
Frankfurt a. M. 1986
(zit.: Schwark)

Schwarz, Werner
Der Wucher im geltenden Strafrecht und in den Entwürfen zu einem Deutschen und einem Allgemeinen Deutschen Strafgesetzbuch
Diss. Tübingen 1931
(zit.: Schwarz)

Schwarze, Friedrich Oskar von
Reichsgesetz betreffend den Wucher vom 24. Mai 1880
Erlangen 1881
(zit.: von Schwarze, Reichsgesetz betreffend den Wucher)

Schweppe, Albrecht
Das Römische Privatrecht in seiner heutigen Anwendung
3. Band
4. Auflage, Göttingen 1831
(zit.: Schweppe)

Seyfert, Wolfgang
Zins und wirtschaftliche Entwicklung
Köln, Berlin, Bonn, München 1985
(zit.: Seyfert, Zins)

Sieveking, Heinrich
Wirtschaftsgeschichte
Berlin 1935
(zit.: Sieveking)

Simitis, Konstantin
Gute Sitten und ordre public
Diss. Marburg 1958
(zit.: Simitis, Gute Sitten und ordre public)

Sintenis, Karl Friedrich Ferdinand
Das practische gemeine Civilrecht
2. Band, Das Obligationenrecht
Leipzig 1847
(zit.: Sintenis)

Söllner, Alfred
Grundriß des Arbeitsrechts
10. Auflage, München 1990
(zit.: Söllner)

Soergel, Hans Theodor
Kommentar zum Bürgerlichen Gesetzbuch
Band 1. Allgemeiner Teil (§§ 1-240)
12. Auflage, Stuttgart, Berlin, Köln, Mainz 1988
(zit.: Bearbeiter in Soergel)

Sohm, Rudolph
Institutionen
Geschichte und System des Römischen Privatrechts
15. Auflage, München, Leipzig 1917
(zit.: Sohm, Institutionen)

Sombart, Werner
Der moderne Kapitalismus
Zweiter Band, zweiter Halbband: Das europäische Wirtschaftsleben im Zeitalter des Frühkapitalismus vornehmlich im 16., 17. und 18. Jahrhundert
5. Auflage, München, Leipzig 1922
(zit.: Sombart, Der moderne Kapitalismus, Band II. 2.)

ders.
Die deutsche Volkswirtschaft im neunzehnten Jahrhundert und im Anfang des 20. Jahrhunderts
5. Auflage, Berlin 1921
(zit.: Sombart, Volkswirtschaft)

Spiegel, Der
„Aufstieg und Krise des Sozialstaats – Der soziale Staat"
in: Ausgabe Nr. 27 vom 05.07.1999, S. 66-78
(zit.: Der Spiegel)

Staudinger, Julius von
Kommentar zum Bürgerlichen Gesetzbuch mit Einführungsgesetz und Nebengesetzen
Erstes Buch. Allgemeiner Teil §§ 134 – 163
13. Auflage, Berlin 1996
(zit.: Bearbeiter in Staudinger)

Stavenhagen, Gerhard
Geschichte der Wirtschaftstheorie
2. Auflage, Göttingen 1957
(zit.: Stavenhagen, Wirtschaftstheorie)

Stein, Lorenz von
Der Wucher und sein Recht
Wien 1880
(zit.: von Stein, Der Wucher und sein Recht)

Steindl, Harald
„Zur Genese des Privatrechts als allgemeines Wirtschaftsrecht"
in: Festschrift für Helmut Coing zum 70. Geburtstag, Ius commune, Sonderheft 17, S. 349-386
Frankfurt a. M. 1982
(zit.: Steindl in Festschrift Coing)

Steindorff, Ernst
„Wirtschaftsordnung und –steuerung durch Privatrecht?"
in: Festschrift für Ludwig Raiser zum 70. Geburtstag, S. 621-643
Tübingen 1974
(zit.: Steindorff in Festschrift Raiser)

Steinmetz, Wolfgang
Sittenwidrige Ratenkreditverträge in der Rechtspraxis
Köln, Berlin, Bonn, München 1985
(zit.: Steinmetz)

Stobbe, Otto
Handbuch des Deutschen Privatrechts
3. Band
3. Auflage, Berlin 1898
(zit.: Stobbe, Band III)

Stolper, Gustav / Häuser, Karl / Borchardt, Knut
Deutsche Wirtschaft seit 1870
Tübingen 1964
(zit.: Stolper/Häuser/Borchardt)

Tapp, Gregor
Die Entwicklung der Vertragsfreiheit im Wirtschaftsleben Altpreußens während des 19. Jahrhunderts
Diss. Bonn 1980
(zit.: Tapp)

Tettinger, Peter J. / Wank, Rolf
Gewerbeordnung
6. Auflage, München 1999
(zit.: Bearbeiter in Tettinger/Wank)

Theimer, Walter
Der Marxismus
Lehre – Wirkung – Kritik
Bern 1950
(zit.: Theimer)

Thibaut, Anton Friedrich
System des Pandektenrechts
Erster Band
8. Auflage, Jena 1834
(zit.: Thibaut, System)

ders.
Theorie der logischen Auslegung des römischen Rechts
2. Auflage, Altona 1806
(zit.: Thibaut, logische Auslegung)

Thiel, Rudolf
Luther
Band 2. Von 1522 bis 1546
Berlin 1935
(zit.: Thiel, Luther)

Tröndle, Herbert / Fischer, Thomas
Strafgesetzbuch und Nebengesetze
Kommentar
49. Auflage, München 1999
(zit.: Bearbeiter in D/F)

Vangerow, Karl Adolph von
Lehrbuch der Pandekten
3. Band
6. Auflage, Marburg 1856
(zit.: Vangerow)

Verein für Socialpolitik (Hrsg.)
Schriften des Vereins für Socialpolitik
Band XXX. Die Wohnungsnoth der ärmeren Klassen in deutschen Großstädten und Vorschläge zu deren Abhülfe (erster Band).
Leipzig 1886
(zit.: Verein für Socialpolitik, Band 30)

ders.
Schriften des Vereins für Socialpolitik
Band XXXI. Die Wohnungsnoth der ärmeren Klassen in deutschen Großstädten und Vorschläge zu deren Abhülfe (zweiter Band)
Leipzig 1886
(zit.: Verein für Socialpolitik, Band 31)

ders.
Schriften des Vereins für Socialpolitik
Band XXXV. Der Wucher auf dem Lande. Berichte und Gutachten
Leipzig 1887
(zit.: Verein für Socialpolitik, Band 35)

Vogelsang, Freiherr Carl von
Zins und Wucher
Ein Separatvotum in dem vom deutschen Katholikentage eingesetzten socialpolitischen Comité
Wien 1884
(zit.: Vogelsang, Zins und Wucher)

Vogt, Stefan
Lexikon des Wettbewerbsrechts
München 1994
(zit.: Vogt)

Vortmann, Jürgen
Verbraucherkreditgesetz
Kommentar
Stuttgart, Berlin, Köln 1991
(zit.: Vortmann)

Voye, Ernst
Über die Höhe der verschiedenen Zinsarten und ihre wechselseitige Abhängigkeit
Die Entwicklung des Zinsfusses in Preussen von 1867 bis 1900
Sammlung nationalökonomischer und statistischer Abhandlungen des staatswissenschaftlichen Seminars zu Halle a.d.S., 35. Band
Jena 1902
(zit.: Voye, Zinsarten)

Wagner, Adolf
Lehrbuch der politischen Ökonomie
1. Band. Allgemeine oder theoretische Volkswirtschaftslehre
1. Teil: Grundlegung
2. Auflage, Leipzig, Heidelberg 1879
(zit.: Wagner, Lehrbuch der politischen Ökonomie, Band 1/1)

Wagner, Valentin Fritz
Geschichte der Kredittheorien
Neudruck der Ausgabe Wien 1937, Aalen 1966
(zit.: Wagner, Kredittheorien)

Warneyer, Otto
Kommentar zum Bürgerlichen Gesetzbuch für das Deutsche Reich
Erster Band
2. Auflage, Tübingen 1930
(zit.: Warneyer)

Weber, Adolf
Weltwirtschaft
München 1932
(zit.: Weber, Weltwirtschaft)

Wehler, Hans-Ulrich
„Theorieprobleme der modernen deutschen Wirtschaftsgeschichte (1800-1945)"
in: Festschrift für Hans Rosenberg, S. 66-107
Berlin 1970
(zit.: Wehler in Festschrift Rosenberg)

Weiske, Julius
Grundsätze des teutschen Privatrechts nach dem Sachsenspiegel
Leipzig 1826
(zit.: Weiske)

Weiss, Egon
Institutionen des römischen Privatrechts
2. Auflage, Stuttgart 1949
(zit.: Weiss)

Weißmann, Friedrich
Die Wucher-Frage
Chur 1880
(zit.: Weißmann, Wucher-Frage)

Wetter, Gustav A.
Der dialektische Materialismus
2. Auflage, Wien 1953
(zit.: Wetter)

Wieacker, Franz
Privatrechtsgeschichte der Neuzeit
2. Auflage, Göttingen 1967
(zit.: Wieacker)

ders.
„Das Bürgerliche Recht im Wandel der Gesellschaftsordnungen"
in: Festschrift zum Hundertjährigen Bestehen des Deutschen Juristentages 1860-1960
Band II, S. 1-18
Karlsruhe 1960
(zit.: Wieacker in Festschrift Juristentag)

Wiedemann, Gerhard
Handbuch des Kartellrechts
München 1999
(zit.: Bearbeiter in Wiedemann)

Wiedmann, Wolfgang
Der Begriff des „Monopolizing" in einem rechtsvergleichenden System von Wettbewerbsbeschränkungen
München 1982
(zit.: Wiedmann)

Wimmer, Konrad / Stöckl-Pukall, Ernst
Die Preisangabenverordnung der Banken
München 1998
(zit.: Wimmer/Stöckl-Pukall)

Windscheid, Bernhard
Lehrbuch des Pandektenrechts
2. Band
7. Auflage, Frankfurt a. M. 1891
(zit.: Windscheid)

Winkel, Harald
„Der Umschwung der wirtschaftswissenschaftlichen Auffassungen um die Mitte des 19. Jahrhunderts"
in: Wissenschaft und Kodifikation des Privatrechts im 19. Jahrhundert.
Hrsg. Helmut Coing und Walter Wilhelm
Band IV. Eigentum und industrielle Entwicklung, Wettbewerbsordnung und Wettbewerbsrecht, S. 3-18
Frankfurt a. M. 1979
(zit.: Winkel, Umschwung)

Winter, Paul
Bürgerliches Gesetzbuch nebst Einführungsgesetz
Berlin 1900
(zit.: Winter, Bürgerliches Gesetzbuch)

Wohlgemuth, Heinz
Deutschland und die deutsche Arbeiterbewegung von der Jahrhundertwende bis 1917
2. Auflage, Berlin (Ost) 1964
(zit.: Wohlgemuth)

Wysocki, Josef
Untersuchungen zur Wirtschafts- und Sozialgeschichte der deutschen Sparkassen im 19. Jahrhundert
Hrsg. Gesellschaft zur Förderung der wissenschaftlichen Forschung über das Spar- und Girowesen e.V.
Forschungsberichte Band 11
Stuttgart 1980
(zit.: Wysocki, Sparkassen)

Zimmermann, Reinhard
Richterliches Moderationsrecht oder Totalnichtigkeit?
Berlin 1979
(zit.: Zimmermann)

Archivalien[1]

Bundesarchiv Berlin (zit.: *Bestand BArchV*)

Akte R 3001[2] Nr. 6251, 6252 (Mikrofilm-Nr. 21945)
(Bestand Reichsjustizministerium)
„Äußerungen der Presse zur Wucherfrage (1878-1893)"

Akte R 3001 Nr. 3286 (Mikrofilm-Nr. 20881)
(Bestand Reichsjustizministerium)
„Ermittlungen betr. einige Abänderungen der Wechselordnung in Baden Juli 1880-Sept. 1880"

Akte R 3001 Nr. 6245-6248 (Mikrofilm-Nr. 21943, 21944)
(Bestand Reichsjustizministerium)
„Wuchergesetze Okt. 1867-Juni 1893"

Akte R 3001 Nr. 6249 (Mikrofilm-Nr. 21945)
(Bestand Reichsjustizministerium)
„Wuchergesetze Dez. 1893-Jan. 1921"

Akte R 3001 Nr. 6250 (Mikrofilm-Nr. 21945)
(Bestand Reichsjustizministerium)
„Österreichische Wuchergesetzgebung März 1875-April 1917"

Akte R 3001 Nr. 6253 (Mikrofilm-Nr. 21945)
(Bestand Reichsjustizministerium)
„Darstellung der Wuchergesetzgebung von Dr. Kronecker"

Akte R 3001 Nr. 6254 (Mikrofilm-Nr. 21945)
(Bestand Reichsjustizministerium)
„Reichsgerichtliche Entscheidungen über Wucher, Mai 1891-November 1903"

Akte R 101 Nr. 880, 881 (Mikrofilm-Nr. 30924)
(Bestand Reichstag 1867-1945)
„Aufhebung der Wucher-Gesetze, Bd. 1 1867 Sept.–1879 Juni, Bd. 2 1880 März–1892 März"

---

[1] Bei den hier unter der Bestandssignatur verzeichneten Archivalien handelt es sich um unter der entsprechenden Signatur in den Archiven gelagerte Akten, bzw. `Büschel` (s. Hauptstaatsarchiv Stuttgart). Diese sind entweder als Originalakten der administrativen Stellen oder als Archivakten der Archive abgelegt und bezeichnet.
Verwendet wurden themenspezifische handschriftliche oder gedruckte Materialien aus den Akten, bzw. Büschel. Die genaue Materialbezeichnung wurde in den relevanten Fußnoten angegeben. Soweit diese Materialien in den Akten, bzw. Büschel foliiert waren, wurde dies hinter der Bestandssignatur angegeben.
[2] Ehemals Bestand Zentrales Staatsarchiv Potsdam

Akte R 3102 Nr. 2606
(Bestand Statistisches Reichsamt)
„Der gesamte deutsche Geldumlauf 1876-1914"

Akte R 3102 Nr. 2546
(Bestand Statistisches Reichsamt)
„Der deutsche Geldumlauf vom Wiener Münzvertrag bis zum Ausbruch des Weltkrieges (1858-1914)"

Bundesarchiv Frankfurt a.M. (zit.: *Bestand BArchV*)

Akte DB 1 Nr. 151, 6
(Bestand Deutscher Bund)
„Gesetzgebung des Bundes. Verhandlungen der Bundestagskommission zu Dresden für ein Bundesgesetz über die Rechtsgeschäfte und Schuldverhältnisse (Obligationenrecht), 1862-1866 mit Vollmachten der Kommissionsmitglieder"

Akte DB 1 Nr. 181
(Bestand Deutscher Bund)
„Denkschrift zu dem Entwurf einer Verordnung, die Verhältnisse der Juden betreffend"

Akte DB 1 Nr. 494
(Bestand Deutscher Bund)
„Einführung einer allgemeinen deutschen Wechselordnung"

Akte DB 1 Nr. 495
(Bestand Deutscher Bund)
„Handelsgesetzgebungskommission zu Nürnberg bezüglich einer Allgemeinen Deutschen Wechselordnung"

Hessisches Staatsarchiv Marburg (zit.: *Bestand StaatsArchV Marburg (Hess)*)

Akte Best. 73 Nr. 974
(Bestand Hessische Landstände 1509-1866)
„Entwerfung eines Zivil- und eines Strafgesetzbuches. Enthält auch: Fragen der Zivil- und der Strafprozeßordnung, 1831-1849, 1864-1865"

Akte Best. 73 Nr. 1507
(Bestand Hessische Landstände 1509-1866)
„Einführung einer Wechselordnung (Erste Ständekammer), 1858-1859"

Akte Best. 250 Nr. 459
(Bestand Kurhessisches Justizministerium (1711) 1821-1867)
„(Überlegungen zur Verhütung) des Wuchers, 1828, 1848"

Hessisches Staatsarchiv Darmstadt (zit.: *Bestand StaatsArchV Darmstadt (Hess)*)

Akte G 21 A Konv. 1363/1.
(Bestand Justizministerium)
*„Wechselrecht, allgemeines deutsches Wechselrecht, Scheckgesetz:
1. Die Einführung eines gemeinsamen deutschen Wechselrechts, Band III (1861-1909)"*

Akte G 21 A Konv. 1680
(Bestand Justizministerium)
*„Strafgesetzbuch. Wucher. § 302
(Materielle Justiz in Strafsachen, Gesetze und Verordnungen)"*

Akte G 23 E 5., 1552, 558
(Bestand Oberappellationsgericht, Band 3: Zivilprozesse der Provinz Oberhessen 1730-1880)
„Prozesse mit jüdischen Gemeinden und Einzelpersonen"

Hessisches Hauptstaatsarchiv Wiesbaden (zit.: *Bestand HptStaatsArchV Wiesbaden (Hess)*)

Akte Abt. 210 Nr. 12638
(Bestand Herzoglich Nassauisches Staatsministerium)
„Bestrafung des Zinswuchers 1819-1854"

Akte Abt. 210 Nr. 11222
(Bestand Herzoglich Nassauisches Staatsministerium)
„Erlaß eines Gesetzes über das Wechselrecht 1846-1866"

Niedersächsisches Hauptstaatsarchiv Hannover (Außenstelle Pattensen) (zit.: *Bestand HptStaatsArchV Hannover (Nieders)*)

Akte Hann. Des. 26a Nr. 3879
(Bestand Akten des Königlich Hannoverschen Justizministeriums, 19 Jhdt. mit Vorakten des 17. und 18. Jhdts.)
„Der Entwurf eines Gesetzes die Errichtung von Privatkreditanstalten zur Beförderung der Ablösung von Grundlasten betreffend, 1836"

Akte Hann. Des. 26a Nr. 715, 716
(Bestand Akten des Königlich Hannoverschen Justizministeriums, 19 Jhdt. mit Vorakten des 17. und 18. Jhdts.)
„Die Allgemeine Deutsche Wechselordnung. Vol. I und II, 1847, 1852ff"

Akte Hann. Des. 26a Nr. 469
(Bestand Akten des Königlich Hannoverschen Justizministeriums, 19 Jhdt. mit Vorakten des 17. und 18. Jhdts.)
„Aufhebung der Lex Anastasiana, 1852ff"

Akte Hann. Des. 26a Nr. 76
(Bestand Akten des Königlich Hannoverschen Justizministeriums, 19 Jhdt. mit Vorakten des 17. und 18. Jhdts.)
„Verordnung vom 20. Februar 1824. Landesherrliche Erklärung, wie das gesetzliche Verbot zu verstehen sei, nach welchem die Zinsen nicht über den Betrag des Capitals laufen sollen, 1824"

Nordrhein-Westfälisches Staatsarchiv Detmold (zit.: *Bestand StaatsArchV Detmold (NRW)*)

Akte L 75, IV. Abtlg., 19. Nr. 1
(Bestand Kabinettsministerium)
„Verschiedene Vorschläge zur Errichtung von Kreditanstalten im hiesigen Lande und gemeinsame Angelegenheiten der Landeskreditinsitute, 1855-1908"

Akte L 75, IX. Abtlg., 3. Nr. 3
(Bestand Kabinettsministerium)
„Die allgemeine deutsche Wechselordnung 1854-1932"

Akte L 77a, D. 1. 3687/112, 16
(Bestand Lippische Regierung)
„Anfrage über den Zinsfuß, 1839"

Akte L 80 II A, Gruppe 1, Titel 1, Nr. 4 Bd. I
(Bestand Lippische Regierung – Wirtschaftsabteilung)
„Grundstückswucher, Güterschlächterei, 1889"

Baden-Württembergisches Hauptstaatsarchiv Stuttgart (zit.: *Bestand HptStaatsArchV Stuttgart (B-W)*)

Büschel E 146 Nr. 6434
(Bestand Ministerium des Innern III)
„Auslegung des Gesetzes über den sechsten Zinsgulden, Festlegung der Provisionshöhe bei Kreditgeschäften, Beratungen über die Neufassung des Wucherstrafgesetzes und Berichte der Oberämter über Auswirkungen dieses Gesetzes, Bitte der französischen Regierung um Mitteilung der württembergischen Zinsvorschriften, 1807-1812, 1825-1863"

Büschel E 146 Nr. 6437
(Bestand Ministerium des Innern III)
„Zins und Kapitalrückforderungen sowie Anträge von Württembergern aus den Oberämtern Rottenburg, Schorndorf, Stuttgart, Tettnang, Tübingen, Ulm, Vaihingen, Wangen, Weinsberg und Wiblingen auf Erlassung ihrer Strafen in Wuchervergehen, 1825-1848"

Büschel E 302 Nr. 873
(Bestand Justizministerium II 1806-1923)
„Gesetzgebung betr. die Erhebung von Zinsen beim Geldverleih, 1815-1818, 1823-1833"

Büschel E 302 Nr. 874
(Bestand Justizministerium II 1806-1923)
„Desgleichen, enthält u.a. Angleichung der württembergischen Zinsgesetze an die des Norddeutschen Bundes, 1833-1836, 1848, 1859-1872"

Büschel E 130a Nr. 1072
(Bestand Staatsministerium 1876-1927)
„Landwirtschaft, Weinbau, Forst- und Fischereiwesen, 1866-1888, 1904, 1910, 1918-1927"

Nordrhein-Westfälisches Hauptstaatsarchiv Düsseldorf (zit.: *Bestand HptStaats-ArchV Düsseldorf (NRW)*)

Akte Reg. Aachen Nr. 7791
(Bestand Regierung Aachen, Handel und Gewerbe, Konzessionen, Gewerbl. Schulen)
„Konsum-Vereine, 1891-1907"

Akte Reg. Aachen Nr. 7894
(Bestand Regierung Aachen, Handel und Gewerbe, Konzessionen, Gewerbl. Schulen)
„Wuchergesetz, 1857-1893"

Akte Reg. Düsseldorf Nr. 2040
(Bestand Regierung Düsseldorf, Handel und Gewerbe)
„Abänderung der Wuchergesetze, 1857-1865"

Akte Reg. Köln Nr. 2121
(Bestand Regierung Köln, Handel und Gewerbe)
„Abänderung der Wuchergesetze, 1857-1893"

Institut für Stadtgeschichte Frankfurt a. M.[3] (zit.: *Bestand Inst.f.Stgesch.Ffm.*)

Akte Rep. 799 Nr. 170
(Bestand Rechneiamt nach 1816)
„Die Einführung eines allgemeinen Wechselrechts für die Zollvereinsstaaten betr. 1847. Ite. Sig. 4/10."

---

[3] Vormals Stadtarchiv Frankfurt a. M.

Akte Rep. 799 Nr. 972
(Bestand Rechneiamt nach 1816)
„Revision der gesetzlichen Bestimmungen über Zinsbeschränkungen betr. 1857. Alte Sig. 10/146."

Bayerisches Hauptstaatsarchiv München (zit.: *Bestand HptStaatsArchV München (Bay)*)

Akte MJu Nr. 12647
(Bestand Justizministerium)
„Gesetz vom 5.12.1867 über die Abänderung der gesetzlichen Bestimmungen über die Zinsen, 1867-1879"

Akte MJu Nr. 12646
(Bestand Justizministerium)
„Der Zinsfuß bei nicht bedungenen Zinsen, 1842-1843"

Akte MInn Nr. 72589
(Bestand Innenministerium)
„Wucher; Handel mit Besoldungsscheinen; Übertragung der Judicatur an die Polizei; Judicatur in Wechselsachen; dem Wechselgericht Recurs in einem Ewig-Geld-Darlehen, 1803-1893"

Akte MInn Nr. 66439
(Bestand Innenministerium)
„Wucher, Betrug, Fälschung, Kollektive, Bd. I. 1862-1897"

Akte MInn Nr. 66443
(Bestand Innenministerium)
„Wucher-Gesetz, Bd. I. 1879-1892"

Akte MInn Nr. 66444
(Bestand Innenministerium)
„Wucher-Gesetz, Bd. II. 1893-1904"

Geheimes Staatsarchiv Preussischer Kulturbesitz Berlin (zit.: *Bestand GStA PK (Berlin, Preußen)*)

Akte I. HA. Rep. 84a Nr. 5717
(Bestand Justizministerium (Dahlem))
„Wuchergesetzgebung (1834-1857)"

Akte I. HA. Rep. 84a Nr. 5718
(Bestand Justizministerium (Dahlem))
„Wuchergesetzgebung (1858-1859)"

Akte I. HA. Rep. 84a Nr. 5719
(Bestand Justizministerium (Dahlem))
„Wuchergesetzgebung (1860-1867)"

Akte I. HA. Rep. 84a Nr. 5720
(Bestand Justizministerium (Dahlem))
„Wuchergesetzgebung (1867-1880)"

Akte I. HA. Rep. 84a Nr. 5721
(Bestand Justizministerium (Dahlem))
„Wuchergesetzgebung (1880-1891)"

Akte I. HA. Rep. 84a Nr. 5722
(Bestand Justizministerium (Dahlem))
„Wuchergesetzgebung (1892-1933)"

Akte I. HA. Rep. 84a Nr. 5724
(Bestand Justizministerium (Dahlem))
„Gutachtliche Äußerungen der Obergerichte über die Wirkung der zeitweisen Aufhebung der Beschränkung des vertragsmäßigen Zinssatzes (1858)"

Akte I. HA. Rep. 84a Nr. 5725
(Bestand Justizministerium (Dahlem))
„Äußerungen der Presse über den Wucher (1878-1929)"

Akte I. HA. Rep. 84a Nr. 47238
(Bestand Justizministerium (ehemals Merseburg))
„Gutachtliche Äußerungen über die Wuchergesetzgebung (versch.)"

Akte I. HA. Rep. 84a Nr. 47239
(Bestand Justizministerium (ehemals Merseburg))
„Gutachtliche Äußerungen über die Wuchergesetzgebung (versch.)"

Akte I. HA. Rep. 84a Nr. 47240
(Bestand Justizministerium (ehemals Merseburg))
„Gutachtliche Äußerungen über die Wuchergesetzgebung (versch.)"

Peter Lang · Europäischer Verlag der Wissenschaften

Stephanie Wolff-Rohé

Der Reichsverband der Deutschen Industrie 1919-1924/25

Frankfurt/M., Berlin, Bern, Bruxelles, New York, Oxford, Wien, 2001. 454 S.
Europäische Hochschulschriften: Reihe 3, Geschichte und ihre Hilfswissenschaften. Bd. 892
ISBN 3-631-37516-6 · br. € 65.40*

Mit der Gründung des Reichsverbandes der Deutschen Industrie (RDI) gelang 1919 in Deutschland erstmals die Schaffung eines einheitlichen industriellen Spitzenverbandes. Thema der Arbeit ist die Geschichte dieses Verbandes in der Anfangsphase der Weimarer Republik. Einerseits wird dabei die Arbeit des RDI als Interessenvertretung der deutschen Industrie gegenüber staatlichen Instanzen dargestellt; andererseits wird dokumentiert, daß der Verband ein wichtiges Forum zur Austragung von Konflikten innerhalb der Industrie bildete. Die Studie beleuchtet gleichzeitig eine konfliktreiche Phase deutscher Geschichte, die geprägt war durch die Niederlage im Ersten Weltkrieg und die große Inflation.

Aus dem Inhalt: Die Entwicklung des industriellen Verbandswesens bis 1919 · Die Gründung des RDI · Die Auseinandersetzungen um die Neugestaltung des Wirtschaftslebens · Außen- und Reparationspolitik · Hyperinflation und Stabilisierung

Frankfurt/M · Berlin · Bern · Bruxelles · New York · Oxford · Wien
Auslieferung: Verlag Peter Lang AG
Jupiterstr. 15, CH-3000 Bern 15
Telefax (004131) 9402131

*inklusive der in Deutschland gültigen Mehrwertsteuer
Preisänderungen vorbehalten

Homepage http://www.peterlang.de

www.ingramcontent.com/pod-product-compliance
Ingram Content Group UK Ltd.
Pitfield, Milton Keynes, MK11 3LW, UK
UKHW021238031026
15588UKWH00001B/139

9 783631 392584